KB145219

임베디드 리눅스 프로그래밍 완전정복 3/e

Korean edition copyright © 2024 by aCORN Publishing Co. All rights reserved.

Copyright © Packt Publishing 2021.
First published in the English language under the title
'Mastering Embedded Linux Programming - Third Edition - (9781789530384)'

이 책은 Packt Publishing과 에이콘출판㈜가 정식 계약하여 번역한 책이므로
이 책의 일부나 전체 내용을 무단으로 복사, 복제, 전재하는 것은 저작권법에 저촉됩니다.

임베디드 리눅스 프로그래밍 완전정복 3/e

김기주 · 김병극 · 송지연 옮김
프랭크 바스케즈 · 크리스 시먼즈 지음

i!i
에이콘

 에이콘출판의 기틀을 마련하신 故 정완재 선생님 (1935-2004)

저를 진심으로 환영해주신 오픈소스 소프트웨어 커뮤니티(특히 Yocto 프로젝트)와
심야의 하드웨어 해킹을 인내해준 아내 데보라에게 이 책을 바친다.
세상은 리눅스에서 실행된다.

– 프랭크 바스케즈 Frank Vasquez

| 옮긴이 소개 |

김기주(kiju98@gmail.com)

포스텍 컴퓨터공학과와 동 대학원을 졸업한 뒤, 지금은 elastic.co에서 에듀케이션 아키텍트Education Architect로 전 세계에 일래스틱서치Elasticsearch를 알리고 있다. 공저로 『Security PLUS for UNIX』(영진닷컴, 2000), 역서로 에이콘출판사의 『임베디드 프로그래밍 입문』(2006), 『실시간 UML 제3판』(2008), 『리눅스 API의 모든 것』(2012), 『(개정3판) 리눅스 실전 가이드』(2014), 『한눈에 빠져드는 셸 스크립트 2/e』(2018), 『임베디드 리눅스 프로그래밍 완전정복 2/e』(2019), 『페도라로 실습하는 리눅스 시스템 관리 Vol.1』(2022)이 있다.

김병극(byungkeuk.kim@gmail.com)

웹 개발자로 소프트웨어 개발을 시작했으며, 피처폰의 자바 관련 업무를 맡았던 것을 계기로 썬 마이크로시스템즈와 오라클에서 자바 VM 개발 업무를 수행했다. 현재는 SCA 도구인 블랙 덕Black Duck의 기술 지원 및 오픈소스 거버넌스, 컴플라이언스 컨설팅 업무를 맡고 있으며, 역서로는 에이콘출판사의 『한눈에 빠져드는 셸 스크립트 2/e』(2018), 『임베디드 리눅스 프로그래밍 완전정복 2/e』(2019), 『실습으로 배우는 하드웨어 보안』(2020)이 있다.

송지연 (onsjy12@gmail.com)

지엔텔, 노키아 지멘스 네트웍스에서 근무한 경험이 있는 WCDMA, LTE 분야의 통신 기술 엔지니어 출신으로, 취미로 팀을 만들어 개발에 한동안 푹 빠져 있기도 했다. 현재는 주 전공인 소프트웨어 개발 분야로 돌아온 후 오라클 개발 팀을 거쳐 로쿠Roku에서 PM으로 근무 중이며, 역서로는 『스프링 핵심 노트』(한빛미디어, 2015)와 에이콘출판사의 『(개정3판) 리눅스 실전 가이드』(2014), 『한눈에 빠져드는 셸 스크립트 2/e』(2018), 『임베디드 리눅스 프로그래밍 완전정복 2/e』(2019) 등이 있다.

2007년 안드로이드가 발표된 이후 리눅스 커널은 임베디드 장치에서, 어쩌면 PC를 포함한 모든 디지털 기기에서 가장 널리 쓰이는 운영체제 커널로 자리매김했다. 안드로이드 외에 삼성전자의 스마트 TV에 쓰이는 Tizen(https://www.tizen.org)과, 미국 팜Palm사가 개발한 후 HP를 거쳐 LG전자 스마트 TV에 탑재된 webOS(http://webostv.developer.lge.com)도 리눅스에 기반을 두고 있다. 또한 자동차 업계에서도 리눅스를 이용한 범용 플랫폼을 만들고자 계속 노력 중이다.

이런 흐름 속에서 이 책의 2판에 이어 3판을 번역하게 돼 기쁘다. 이 책은 임베디드 리눅스를 이용해 장치를 만들 때 고려해야 할 하드웨어 관련 사항, 툴체인과 부트로더 선택, 커널 구성과 루트 파일시스템 생성, 빌드 시스템 선택, 플래시 메모리, 장치 드라이버, 시스템 부트 과정뿐 아니라 만들어진 임베디드 리눅스 플랫폼 위에서 프로그래밍할 때 고려해야 할 프로세스와 스레드, 메모리 관리, 디버깅, 프로파일링, 실시간 프로그래밍 관련 내용 등도 다룬다. 3판에서는 리눅스와 Yocto 프로젝트 버전을 비롯해 전체적으로 최신 내용을 반영해 업데이트되고 상세한 설명이 추가됐으며, 모던 빌드 시스템인 CMake와 파이썬 관련 내용이 추가됐다.

임베디드 리눅스 플랫폼을 만들고 그 위에서 프로그래밍하기 위한 전반적인 내용을 다루고 있으므로, 기존에 RTOS를 사용하다가 리눅스로 전환하려는 사람들에게 도움이 될 것이다. 빌드 시스템의 경우 요즘 리눅스에 기반을 둔 플랫폼과 애플리케이션들을 한꺼번에 빌드하도록 도와주는 Yocto 프로젝트가 많이 쓰이고 있는데, 이 역시 다루고 있으므로 유용하다. 또한 스레드에 대해서도 일반 스케줄링 정책과 실시간 스케줄링 정책을 구별해 설명하고 있어 그 차이를 이해하는 데 도움을 줄 것이다.

리눅스는 임베디드 시스템뿐만 아니라 전통적으로 유닉스가 주로 쓰이던 서버에도 널리 사용된다. 메모리 크기만 다를 뿐 기본적인 작동 방식은 같으므로, 리눅스에 익숙하면 임베디드 시스템에서 서버에 이르기까지 쉽게 적용해 사용할 수 있다는 뜻이다.

2판을 번역한 세 역자가 다시 힘을 모았다. 바쁜 와중에도 애써주신 두 분께 감사드리며, 좋은 기회를 주신 에이콘출판사 여러분께 다시 한 번 감사드린다.

내가 처음으로 임베디드 시스템 소프트웨어를 개발하던 때에 비해 개발 환경이 많이 좋아졌고 임베디드 시스템의 성능도 획기적으로 향상돼 응용할 수 있는 영역이 매우 넓어졌으므로, 이 책을 통해 많은 분이 흥미로운 임베디드 시스템 소프트웨어를 개발할 수 있게 되길 바란다.

– 김기주

| 지은이 소개 |

프랭크 바스케즈 Frank Vasquez

가전제품을 전문으로 하는 독립 소프트웨어 컨설턴트로, 임베디드 리눅스 시스템을 설계하고 구축한 10년 이상의 경험을 갖고 있다. 그 기간 동안 랙마운트 DSP 오디오 서버, 잠수용 수중 음파 탐지기 캠코더, 소비자 IoT 핫스팟을 비롯한 수많은 장치를 출하했으며, 임베디드 리눅스 엔지니어가 되기 전에는 IBM에서 DB2 데이터베이스 커널 개발자로 일했다. 현재 실리콘밸리에 살고 있다.

크리스 시먼즈 Chris Simmonds

영국 남부에 거주하는 소프트웨어 컨설턴트이자 트레이너로, 근 20년 동안 오픈소스 임베디드 시스템을 설계하고 구축해왔다. 임베디드 리눅스, 리눅스 장치 드라이버, 안드로이드 플랫폼 개발에 대한 전문 교육 및 멘토링 서비스를 제공하는 2net Ltd의 설립자이자 수석 컨설턴트이며 ARM, 퀄컴Qualcomm, 인텔Intel, 에릭슨Ericsson, 제너럴 다이내믹스 General Dynamics를 비롯한 임베디드 업계의 여러 대기업에서 엔지니어를 교육했다. 또한 임베디드 리눅스 콘퍼런스와 임베디드 월드를 비롯한 여러 오픈소스 및 임베디드 관련 콘퍼런스에서도 다수의 강연을 진행하고 있다.

| 기술 감수자 소개 |

네드 콘즈 Ned Konz

'스터전의 법칙Sturgeon's law'을 믿고 모든 것의 나머지 10%를 처리하려고 노력하는 독학자다. 지난 45년간의 업무 경험에는 산업 기계, 소비자, 의료 기기를 위한 소프트웨어와 전자 설계는 물론 HP 연구소HP Labs의 앨런 케이 팀과 함께 한 사용자 인터페이스 연구도 포함된다. 고급 SONAR 시스템, 검사 카메라, 글로우포지Glowforge 레이저 절단기 등의 장치에 리눅스를 내장했으며, 현재는 시애틀에 있는 Product Creation Studio의 수석 임베디드 시스템 프로그래머로서 다양한 클라이언트 제품을 위한 소프트웨어와 전자 제품을 설계하고 있다. 여가 시간에는 전자 기기를 만들고 록 밴드에서 베이스를 연주하며, 각각 4,500마일이 넘는 두 번의 단독 자전거 여행을 경험하기도 했다.

아낌없이 지원해준 아내 낸시와 나를 기술 감수자로 추천해준 프랭크 바스케즈에게 감사한다.

켐 라지 Khem Raj

전자/통신공학 우등학사학위를 보유하고 있다. 소프트웨어 시스템 분야에 20년 동안 몸담으면서, 신생 기업과 포춘Fortune 500대 기업을 아우르는 다양한 조직을 거쳤다. 그 기간 동안 운영체제, 컴파일러, 컴퓨터 프로그래밍 언어, 확장 가능한 빌드 시스템, 시스템 소프트웨어의 개발 및 최적화를 수행했다. 오픈소스에 열정적이며, Yocto 프로젝트와 같은 인기 있는 오픈소스 프로젝트를 유지 관리하는 오픈소스 기여자로서 왕성하게 활동 중이다. 오픈소스 회의에서 자주 연설하며, 열렬한 독자이자 평생 학습자다.

차례

1부 — 임베디드 리눅스의 요소

1장   시작   043

2부 — 시스템 아키텍처와 설계 결정

9장   저장소 전략 수립   351

10장   소프트웨어 업데이트

11장   장치 드라이버 인터페이스

12장   브레이크아웃 보드를 이용한 프로토타이핑   491

18장   메모리 관리

4부 ─ 디버깅과 성능 최적화

19장   GDB로 디버깅하기   751

들어가며

리눅스^{Linux}는 지난 수년간 임베디드 컴퓨팅에서 중추적인 역할을 해왔다. 그럼에도 이 주제를 전반적으로 다루는 책은 지금껏 너무나 적었다. 이 책은 그 '결핍'을 해소하고자 만들어졌다. '임베디드 리눅스^{embedded Linux}'라는 용어는 잘 정의돼 있지 않지만, 온도조절 장치에서부터 Wi-Fi 라우터, 산업용 제어 장치에 이르기까지 광범위한 장치 안에 들어 있는 운영체제에 적용될 수 있다. 하지만 이들은 모두 동일한 기본적인 오픈소스 소프트웨어를 기반으로 만들어졌다. 이것이 내가 엔지니어로서 쌓았던 경험과 교육 과정을 개발하는 과정에서 축적해온 자료를 기반으로 이 책에서 설명하는 기술이다.

기술은 멈춰 있는 법이 없다. 임베디드 컴퓨팅에 기반을 둔 산업은 주류 컴퓨팅과 마찬가지로 무어의 법칙에 민감하다. 무어의 법칙이 암시하는 기하급수적인 성장은 이 책의 1판이 출간된 이래로 놀랍도록 많은 것이 바뀌었음을 뜻한다. 3판은 리눅스 5.4, Yocto 프로젝트 3.1^(Dunfell), Buildroot 2020.02 LTS 등 주요 오픈소스 요소들의 최신 버전을 이용하도록 완전히 개정됐다. Autotools 외에도, 최근 들어 많이 채택되는 최신 빌드 시스템 CMake 역시 다룬다.

이 책은 실제 프로젝트에서 마주칠 주제들을 순서대로 다룬다. 처음 8개 장은 프로젝트의 초기 단계에 해당한다. 툴체인과 부트로더, 커널을 고르는 것 같은 기본적인 내용을 다루며, Buildroot와 Yocto 프로젝트를 예로 사용해 임베디드 빌드 시스템의 개념을 소개한다. Yocto 프로젝트를 깊이 다루면서 1부는 끝난다.

2부, 즉 9장부터 15장까지는 본격적으로 개발이 시작되기 전에 내려야 하는 설계 결정들을 살펴본다. 파일시스템, 소프트웨어 업데이트, 장치 드라이브, init 프로그램, 전원 관리 등의 주제를 다룬다. 12장은 브레이크아웃 보드^{breakout board}를 이용한 신속한 프로토타이핑^{rapid prototyping}을 위한 다양한 기법(회로도^{schematics}를 읽는 방법, 헤더를 납땜하는 방법, 로직 애널라이저를 이용한 시그널 트러블슈팅 방법 등)을 소개한다. 14장은 Buildroot를 자세히 살펴본다. BusyBox runit을 이용해 시스템 소프트웨어를 여러 서비스로 나누는 방법도 배울 것이다.

3부, 즉 16, 17, 18장은 프로젝트의 구현 단계에 도움이 될 것이다. 머신러닝 애플리케이션이 계속해서 세상을 풍미함에 따라 점점 중요성이 커지는 파이썬Python 패키징과 의존 관계 관리에서 시작한다. 그다음에는 다양한 형태의 프로세스 간 통신과 멀티스레드 프로그램으로 우선 옮겨 간다. 리눅스가 메모리를 관리하는 방법을 자세히 살펴본 다음, 다양한 도구를 사용해 메모리 사용량을 측정하고 메모리 누수memory leak를 알아내는 방법을 보여주면서 마무리한다.

4부, 19장과 20장에서는 문제를 찾아내고 병목을 식별하기 위해 리눅스가 제공하는 여러 디버그 도구와 프로파일링 도구를 효과적으로 활용하는 방법을 보여준다. 19장은 GDB로 원격 디버깅을 하기 위해 비주얼 스튜디오 코드Visual Studio Code를 설정하는 방법을 설명한다. 20장은 BPF를 다루는데, BPF는 리눅스 커널 안쪽을 추적하는 향상된 프로그래밍적 추적이 가능한 새로운 기술이다. 마지막 장에서는 몇 가지 이야기를 엮어 실시간 애플리케이션에 리눅스를 사용하는 방법을 설명한다.

각 장은 임베디드 리눅스의 주요 영역을 다루고 있다. 여러분이 일반적인 원칙을 배울 수 있도록 배경도 설명하지만, 각각의 영역을 설명하는 자세한 예제 또한 포함한다. 이 책은 이론서로 볼 수도 있고 예제 기반의 활용서로 볼 수도 있지만, 이 두 가지 모두의 관점에서 활용할 때 가장 유용하다. 즉, 이론을 이해하고 실제로 해보는 것이다.

⁞⁞ 이 책의 대상 독자

임베디드 컴퓨팅과 리눅스에 관심이 있고 자신들의 지식을 해당 주제의 다양한 분야로 확장하려는 개발자를 위한 책이다. 리눅스 명령줄Linux command line의 기초를 이해하는 독자가 읽기 적합하며, 프로그래밍 예제에서는 C와 파이썬 언어에 대한 실무 지식이 있다고 가정하고 설명한다. 몇 개의 장은 임베디드 타깃 보드에 들어가는 하드웨어에 초점을 두므로, 하드웨어와 하드웨어 인터페이스에 익숙하면 분명히 이점이 있을 것이다.

⠿ 이 책에서 다루는 내용

1장. 시작 임베디드 리눅스 생태계를 살펴보고, 프로젝트를 시작할 때 시스템 설계자가 어떤 선택을 할 수 있는지를 설명한다.

2장. 툴체인을 배우자 툴체인의 요소를 설명하고, 타깃 보드용으로 크로스 컴파일하기 위한 툴체인을 만드는 방법을 보여준다. 어디서 툴체인을 구할 수 있는지 살펴보고, 소스 코드로부터 빌드하는 방법을 자세히 설명한다.

3장. 부트로더에 대한 모든 것 리눅스 커널을 메모리로 로드하는 부트로더의 역할을 설명하고 U-Boot와 Bareboot를 예로 사용한다. 이어서 장치 트리도 설명한다. 장치 트리는 하드웨어의 자세한 내용을 부호화하는 수단으로, 거의 대부분의 임베디드 리눅스 시스템에 쓰인다.

4장. 커널 구성과 빌드 임베디드 시스템용 커널을 고르고 장치 내의 하드웨어를 위해 구성하는 방법에 대한 정보를 제공한다. 리눅스를 새로운 하드웨어에 이식하는 방법도 다룬다.

5장. 루트 파일시스템 만들기 루트 파일시스템 구성법에 대한 단계별 안내를 통해 임베디드 리눅스 구현의 사용자 공간 부분 뒤에 감춰진 아이디어를 소개한다.

6장. 빌드 시스템 선택하기 앞의 네 장에서 설명한 단계를 자동화하는 두 가지 임베디드 리눅스 빌드 시스템(Buildroot와 Yocto 프로젝트)을 다룬다.

7장. Yocto를 이용한 개발 기존 BSP 레이어 위에 시스템 이미지를 빌드하고, Yocto 확장 SDK를 이용해 온보드 소프트웨어 패키지onboard software package를 빌드하고, 런타임 패키지 관리가 포함된 완전한 자신의 임베디드 리눅스 배포판을 작동시키는 방법을 보여준다.

8장. Yocto의 내부를 살펴보자 Yocto의 고유한 멀티 레이어 접근 방법에 대한 설명을 포함해, 빌드 워크플로와 아키텍처를 살펴본다. 또한 기초적인 BitBake 문법 및 의미를 실제 레시피recipe 파일에서 뽑아낸 예를 통해 자세히 살펴본다.

9장. 저장소 전략 수립 플래시 메모리를 관리함으로써 생기는, 플래시 칩과 임베디드

MMC^{eMMC} 패키지 등의 문제를 알아본다. 각각에 따라 적용할 수 있는 파일시스템을 설명하고, 이미 배치돼 있는 장치의 펌웨어를 갱신하는 기법도 다룬다.

10장. 소프트웨어 업데이트 완전 관리형 OTA$^{Over\ The\ Air}$를 포함해, 장치가 배치된 다음에 소프트웨어를 업데이트하는 다양한 방법을 검토한다. 논의되는 핵심 주제는 신뢰성과 보안이다.

11장. 장치 드라이버 인터페이스 커널 장치 드라이버가 하드웨어와 상호작용하는 방법을 간단한 드라이버의 작동 예제와 함께 설명한다. 또한 사용자 공간에서 장치 드라이버를 호출하는 다양한 방법도 설명한다.

12장. 브레이크아웃 보드를 이용한 프로토타이핑 미리 만들어진 비글본 블랙$^{BeagleBone\ Black}$용 데비안 이미지와 주변 기기 브레이크아웃 보드$^{peripheral\ breakout\ board}$를 이용해 하드웨어와 소프트웨어를 빠르게 프로토타이핑하는 방법을 보여준다. 데이터시트를 읽고, 보드의 전선을 연결하고, 장치 트리 바인딩을 멀티플렉스하고, SPI 시그널을 분석하는 방법을 배울 것이다.

13장. 시스템 구동: init 프로그램 나머지 시스템을 시작하는 첫 번째 사용자 공간 프로그램인 init에 대해 이야기한다. 다양한 부류의 임베디드 시스템에 적합한 세 가지 버전의 `init` 프로그램(비교적 간단한 BusyBox init에서 복잡한 systemd까지)을 설명한다.

14장. BusyBox runit Buildroot를 이용해 시스템을 systemd에서 제공하는 프로세스 감시와 로깅이 가능한 분리된 BusyBox runit 서비스로 나누는 방법을 보여준다.

15장. 전원 관리 동적 주파수/전압 제어, 더 깊은 유휴 상태 선택, 시스템 중단$^{system\ suspend}$ 등 전력 소비를 최소화하도록 리눅스를 튜닝하는 다양한 방법을 고려한다. 목표는 장치가 배터리를 이용해서 더 오래 실행되도록 하고 발열을 줄이는 것이다.

16장. 파이썬 패키징하기 파이썬 모듈을 함께 배포하기 위한 몇 가지 방법을 소개하고 각각의 방법이 적합한 상황을 설명한다. 여기서는 pip, 가상 환경, conda, 도커^{Docker}를 다룬다.

17장. 프로세스와 스레드 애플리케이션 프로그래머의 관점에서 임베디드 시스템을 설명한다. 프로세스와 스레드, 프로세스 간 통신, 스케줄링 정책을 살펴본다.

18장. 메모리 관리 가상 메모리의 개념을 살펴보고 주소 공간을 메모리 매핑으로 나누는 방법을 소개한다. 또한 메모리 사용량을 정확히 측정하고 메모리 누수를 감지하는 방법도 설명한다.

19장. GDB로 디버깅하기 GNU 디버거^{GDB}를 디버그 에이전트와 함께 사용해 원격으로 타깃 장치에서 실행되는 애플리케이션을 디버깅하는 방법을 설명한다. 계속해서 이 모델을 확장해 커널 디버그 스텁과 KGDB를 활용해 커널 코드를 디버깅하는 방법도 보여준다.

20장. 프로파일링과 추적 시스템 성능을 측정하는 데 사용할 수 있는 기술을 설명한다. 전체 시스템 프로필에서 시작해 병목 현상으로 인해 성능이 저하되는 특정 영역으로 좁혀간다. 또한 애플리케이션에서 스레드 동기화와 메모리 할당의 정확성을 검사하는 도구인 Valgrind를 알아본다.

21장. 실시간 프로그래밍 커널 구성과 실시간 `PREEMPT_RT` 커널 패치 등을 비롯해 리눅스에서의 실시간 프로그래밍에 대해 자세히 설명하고, 실시간 대기 시간을 측정하는 도구들도 살펴본다. 커널 추적 도구인 Ftrace를 이용해 커널 지연 시간을 측정하고 다양한 커널 구성의 효과를 보여준다.

⁝⁝ 이 책을 최대한 활용하는 방법

이 책에서 사용하는 소프트웨어는 모두 오픈소스다. 대부분의 경우 이 책을 쓸 당시의 최신 안정 버전을 사용했으며, 특정 버전에 국한되지 않은 주요 기능을 설명하려고 노력했다. 하지만 명령의 일부 세부 사항은 이후의 버전에서 동작하도록 수정해야 할 수도 있다.

이 책에서 다루는 하드웨어/소프트웨어	OS 요구 사항
비글본 블랙	해당 없음
라즈베리 파이 4	해당 없음
QEMU (32비트 ARM)	리눅스(모든 배포판)
Yocto 프로젝트 3.1(Dunfell)	호환되는 리눅스 배포판*
Buildroot 2020.02 LTS	리눅스(모든 배포판)
Crosstool-NG 1.24.0	리눅스(모든 배포판)
U-Boot v2021.01	리눅스(모든 배포판)
리눅스 커널 5.4	리눅스(모든 배포판)

* 자세한 사항은 웹 사이트(https://docs.yoctoproject.org/brief-yoctoprojectqs/index.html)에 있는 Yocto 프로젝트 퀵 빌드 가이드(Yocto Project Quick Build guide)의 '호환 가능한 리눅스 배포판(Compatible Linux Distribution)' 절을 살펴보길 바란다.

임베디드 시스템 개발에는 두 가지 시스템이 사용된다. 프로그램을 개발하는 데 사용되는 호스트와 프로그램을 실행하는 타깃이다. 호스트 시스템의 경우 우분투 20.04를 사용했고, 대부분의 리눅스 배포판은 약간의 수정만으로 작동할 것이다. 리눅스를 가상 머신에서 게스트로 실행할 수도 있지만, Yocto 프로젝트를 이용해 배포판을 만드는 등의 작업은 상당히 부담스러운 일이고 실제 기계에 설치된 리눅스에서 실행하는 것이 더 낫다는 사실을 알아야 한다.

나는 본보기로 세 가지 타깃(QEMU 에뮬레이터와 비글본 블랙, 라즈베리 파이 4)을 선택했다. QEMU를 사용하면 대부분의 예를 추가 하드웨어 없이 실행해볼 수 있다. 한편 어떤 것들은 실제 하드웨어가 있으면 더 잘 동작하므로, 이런 점을 고려해서 비싸지 않고 폭넓게 이용 가능하며 커뮤니티 지원이 매우 좋은 비글본 블랙을 선택했다. 3판에서는 내장된 Wi-Fi와 블루투스 지원 때문에 라즈베리 파이 4가 추가됐다. 물론 이들 세 가지에서만 가능한 것은 아니다. 이 책에 담긴 생각은 여러분에게 문제에 대한 일반적인 해법을 제공하고 있으므로 폭넓은 범위의 타깃 보드에 적용할 수 있다.

예제 코드 다운로드

이 책에서 사용된 예제 코드는 팩트출판사 웹 사이트(http://www.packtpub.com/support)를 방문해 이메일을 등록하면 파일을 직접 받을 수 있으며, 깃허브GitHub(https://github.com/PacktPublishing/Mastering-Embedded-Linux-Programming-Third-Edition)에서도 예제 코드를 다운로드할 수 있다.

또한 에이콘출판사의 도서정보 페이지(http://www.acornpub.co.kr/book/embedded-linux-3e)에서도 동일한 파일을 다운로드할 수 있다.

컬러 이미지 다운로드

이 책에 사용된 스크린샷과 다이어그램의 컬러 이미지를 담은 PDF 파일이 별도로 제공된다. 팩트출판사 웹 사이트(http://www.packtpub.com/sites/default/files/downloads/9781789530384_ColorImages.pdf)와 에이콘출판사의 도서정보 페이지(http://www.acornpub.co.kr/book/embedded-linux-3e)에서 컬러 이미지를 다운로드할 수 있다.

편집 규약

이해를 돕고자 다루는 정보에 따라 글꼴 스타일을 다르게 적용했다. 이러한 스타일의 예와 의미는 다음과 같다.

텍스트 내 코드: 텍스트에서 코드 단어는 다음과 같이 표기한다. "네트워크의 호스트 쪽을 구성하려면 UML 프로젝트의 tunctl 명령이 필요하다."

코드 블록은 다음과 같이 표기한다.

```
#include <stdio.h>
#include <stdlib.h>
int main (int argc, char *argv[])
{
    printf ("Hello, world!\n");
```

```
    return 0;
}
```

명령행 입력이나 출력은 다음과 같이 표기한다.

```
$ sudo tunctl -u $(whoami) -t tap0
```

고딕: 화면상에 표시되는 메뉴나 버튼은 다음과 같이 표기한다. "Etcher에서 **Flash**를 클릭해 이미지를 작성하라."

NOTE

경고나 중요한 노트는 이와 같이 나타낸다.

TIP

팁과 요령은 이와 같이 나타낸다.

⁞⁞ 고객 지원

문의: 메일 제목에 책 제목을 적어서 feedback@packtpub.com으로 이메일을 보내면 된다. 이 책과 관련해 문의 사항이 있다면 questions@packtpub.com으로 이메일을 보내주길 바란다. 한국어판에 관한 질문은 이 책의 옮긴이나 에이콘출판사 편집 팀(editor@acornpub.co.kr)으로 문의할 수 있다.

정오표: 내용을 정확하게 전달하고자 최선을 다했지만, 실수가 있을 수 있다. 이 책에서 문제점을 발견했다면 출판사로 알려주길 바란다. 팩트출판사 웹 사이트(www.packtpub.com/submit-errata)에서 책 제목을 선택하고 **Errata Submission Form** 링크를 클릭한 후 세부 사항을 입력하면 된다. 한국어판의 정오표는 에이콘출판사의 도서정보 페이지(http://www.acornpub.co.kr/book/embedded-linux-3e)에서 찾아볼 수 있다.

저작권 침해: 인터넷에서 어떤 형태로든 팩트출판사 서적의 불법 복제물을 발견하면 해

당 주소나 웹 사이트의 이름을 알려주길 바란다. 의심되는 불법 복제물의 링크를 copyright@packtpub.com으로 보내주면 된다.

1부

임베디드 리눅스의 요소

1부의 목표는 개발 환경을 준비하고 다음 단계를 위해 작업 플랫폼을 만드는 데 도움을 주는 것이다. 이를 흔히 '보드 브링업board bring-up' 단계라고 한다.

1부는 다음 장들로 이뤄져 있다.

- 1장. 시작

- 2장. 툴체인을 배우자

- 3장. 부트로더에 대한 모든 것

- 4장. 커널 구성과 빌드

- 5장. 루트 파일시스템 만들기

- 6장. 빌드 시스템 선택하기

- 7장. Yocto를 이용한 개발

- 8장. Yocto의 내부를 살펴보자

01

시작

다음 프로젝트를 막 시작하려고 하는데, 이번에는 리눅스를 사용할 예정이다. 키보드에 손가락을 얹기 전에 무엇을 생각해야 할까? 먼저 임베디드 리눅스를 전반적으로 살펴보고, 리눅스가 왜 널리 퍼졌는지, 오픈소스 라이선스가 무엇을 암시하는지 그리고 리눅스를 실행하기 위해 어떤 종류의 하드웨어가 필요한지 알아보자.

리눅스는 1999년 즈음에 처음으로 임베디드 디바이스에 쓸 만해졌다. 이는 액시스(www.axis.com)가 처음으로 리눅스로 구동되는 네트워크 카메라를 출시했을 때이고, 티보(www.tivo.com)가 처음으로 DVR^{Digital Video Recorder}을 출시했을 때다. 1999년 이후로 리눅스는 훨씬 더 보편화돼, 이제는 여러 종류의 제품에 선택되는 운영체제가 됐다. 2021년에는 약 20억 개의 장치가 리눅스를 실행하고 있었다. 거기에는 안드로이드(리눅스 커널을 사용)를 실행하는 수많은 스마트폰과 수억 개의 셋톱박스, 스마트 TV, Wi-Fi 라우터뿐만 아니라 비교적 수가 적은 차량 진단 장치, 저울, 산업용 장치, 의료 감시 장치도 포함된다.

1장에서는 다음과 같은 주제들을 다룰 것이다.

- 리눅스 선택하기

- 리눅스를 선택하지 말아야 할 때

- 참여 단체들

- 프로젝트 생명주기

- 오픈소스

- 임베디드 리눅스를 위한 하드웨어 선택하기

- 이 책에서 사용하는 하드웨어

- 개발 환경

⠿ 리눅스 선택하기

리눅스가 널리 보급된 이유는 무엇일까? 그리고 왜 TV처럼 단순한 것이 화면에 스트리밍 비디오를 표시하기 위해 리눅스와 같은 복잡한 것을 실행해야 할까?

그에 대한 간단한 대답은 무어의 법칙이다. 인텔의 공동 창업자인 고든 무어는 1965년에 칩에 집적되는 요소들의 밀도가 2년마다 대략 두 배가 되리라고 예측했다. 이는 데스크톱, 랩톱, 서버뿐만 아니라 우리가 일상생활에서 설계하고 사용하는 여러 장치에도 적용된다. 대부분의 임베디드 디바이스의 심장부에는 하나 이상의 프로세서 코어를 포함하고 주메모리, 대량 저장 공간, 여러 종류의 주변 기기와 연결되는 고도로 집적된 칩이 있다. 이를 SoC^System on Chip라고 하며, 무어의 법칙에 따라 복잡도를 더해가고 있다. 전형적인 SoC에는 수천 페이지에 이르는 기술 참고 문서가 딸려 있다. 이제 TV는 옛날 아날로그 TV처럼 단순히 영상을 보여주기만 하는 것이 아니다.

영상 스트림은 디지털이고, 암호화돼 있을 수 있으며, 이미지를 만들기 위해 처리가 필요할 수도 있다. TV는 인터넷에 연결돼 있고(또는 곧 연결될 것이고), 스마트폰, 태블릿, 홈 미디어 서버로부터 콘텐츠를 받을 수 있다. 또는 TV로 게임을 할 수 있는(또는 곧 할 수 있게 될 것이다) 등 그 활용 폭이 넓다. 따라서 이 정도의 복잡도를 다루려면 제대로 된 운영체제가 필요하다.

리눅스가 채택된 요인으로는 다음과 같은 것들이 있다.

- 리눅스는 필요한 기능을 갖고 있다. 좋은 스케줄러와 좋은 네트워크 스택이 있고, USB, Wi-Fi, 블루투스와 여러 종류의 저장 매체를 지원하며, 멀티미디어 장치를 잘 지원하는 등 모든 요건을 만족한다.

- 리눅스는 SoC 설계 중 매우 흔히 볼 수 있는 ARM, MIPS, x86, 파워PC 등 광범위한 프로세서 아키텍처에 이식돼 있다.

- 리눅스는 오픈소스이므로 필요에 따라 소스를 구해 수정할 수 있는 자유가 있다. 직접 하거나 누군가를 시켜서 특정 SoC 보드나 장치를 위한 BSP[Board Support Package]를 만들 수 있다. 주류 소스 코드에 없는 프로토콜, 기능, 기술을 추가할 수 있으며 메모리와 저장 공간을 절약하도록 필요 없는 기능을 제거할 수 있다. 리눅스는 유연하다.

- 리눅스는 활성화된 커뮤니티를 갖고 있는데, 리눅스 커널의 경우 매우 활성화돼 있다. 10~12주마다 새로운 커널 버전이 출시되고, 각 버전은 1,000명 이상의 개발자가 작성한 코드를 담고 있다. 활성화된 커뮤니티가 있다는 것은 리눅스가 최신이고 현재의 하드웨어, 프로토콜, 표준을 지원함을 뜻한다.

- 오픈소스 라이선스는 소스 코드에 대한 접근을 보장한다. 특정 벤더에 종속되지 않는다.

이런 이유로, 리눅스는 복잡한 장치를 위한 이상적인 선택이다. 하지만 몇 가지 경고할 것이 있다. 무엇보다 복잡하기 때문에 이해하기 어렵다. 빠르게 움직이는 개발 프로세스와 오픈소스의 분산된 구조 때문에 사용법을 익히고 변화에 따라 계속해서 재학습하는 데 약간의 노력을 쏟아야 한다. 이 책이 그 과정에 도움이 되길 바란다.

⠿ 리눅스를 선택하지 말아야 할 때

리눅스가 당신의 프로젝트에 알맞을까? 리눅스는 해결하고자 하는 문제가 복잡한 경우에 적합하다. 리눅스는 연결성과 견고성, 복잡한 사용자 인터페이스가 필요할 때 특히 좋다. 하지만 리눅스가 모든 문제를 해결해주는 것은 아니다. 그러므로 여기서는 당신이 뛰어들기 전에 고려해야 할 몇 가지 사항을 나열해본다.

- 하드웨어의 능력이 충분한가? VxWorks 같은 전통적인 RTOS^{Real-Time Operating System}에 비해 리눅스는 훨씬 더 많은 자원을 요구한다. 최소한 32비트 프로세서와 훨씬 더 많은 메모리가 필요하다. 전형적인 하드웨어 요구 사항을 다루는 절에서 관련 내용을 더 자세히 살펴본다.

- 알맞은 기술을 갖고 있는가? 프로젝트의 초기(보드 브링업)에는 리눅스 자체뿐만 아니라 리눅스와 하드웨어 사이의 관계에 대한 구체적인 지식이 필요하다. 마찬가지로 디버그와 애플리케이션 튜닝 때도 그 결과를 해석할 수 있어야 한다. 해당 기술을 자체적으로 갖고 있지 않다면, 일부 작업을 아웃소싱하고 싶을 수도 있다. 물론 이 책을 읽는 것이 도움이 된다.

- 실시간 시스템인가? 리눅스는 특정 사항에 주의하기만 하면 여러 가지 실시간 활동을 처리할 수 있다. 특정 사항은 21장, '실시간 프로그래밍'에서 자세히 다루겠다.

- 코드에 규제 승인이 필요한가(의료, 자동차, 항공 우주 등)? 규제 검증과 확인에 따르는 부담으로 인해 다른 OS가 더 나은 선택이 될 수 있다. 이런 환경에서 사용하기 위해 리눅스를 선택하더라도, 현재 개발 중인 제품과 비슷한 기존 제품에 리눅스를 공급한 회사에서 상업적으로 사용 가능한 배포판을 구입하는 것이 합리적일 수 있다.

이들 사항을 꼼꼼히 고려하길 바란다. 아마도 성공적인 프로젝트를 위해서는 리눅스를 실행하는 비슷한 제품들을 살펴보고 어떻게 만들어졌는지를 알아보는 것이 가장 바람직하다. 성공 사례를 따르는 것이다.

⁞⁞⋟ 참여 단체들

오픈소스 소프트웨어는 어디서 왔을까? 누가 작성할까? 특히 임베디드 개발의 핵심 요소들(툴체인, 부트로더, 커널, 루트 파일시스템상의 기본 유틸리티들)과 어떤 관계가 있을까?

주요 단체는 다음과 같다.

- **오픈소스 커뮤니티**: 이것이 결국 당신이 사용할 소프트웨어를 만들어내는 엔진이다. 커뮤니티는 개발자들로 이뤄진 느슨한 연맹으로, 커뮤니티들 중 다수는 비영리 조직이나 학술 기관, 회사로부터 어떤 형태로든 자금을 조달받는다. 커뮤니티들은 다양한 프로젝트의 목표를 위해 함께 협조한다. 크고 작은 여러 커뮤니티가 있는데, 이 책에서 활용할 것들로는 리눅스, U-boot, BusyBox, Buildroot, Yocto 프로젝트와 GNU 우산 아래에 있는 여러 프로젝트가 있다.

- **CPU 아키텍트**: 우리가 사용하는 CPU를 설계하는 회사들이다. 여기서 중요한 것으로는 ARM/Linaro(ARM Cortex-A), 인텔(x86과 x86_64), SiFive(RISC-V), IBM(파워PC) 등이 있다. 이들 회사는 기본 CPU 아키텍처를 구현하거나, 최소한 지원하는 데 영향을 준다.

- **SoC 벤더**(브로드컴, 인텔, 마이크로칩, NXP, 퀄컴, TI 등): 이들은 CPU 설계자로부터 커널과 툴체인을 받아 자신의 칩을 지원하도록 수정한다. 또한 레퍼런스 보드reference board(개발 보드와 제품을 만드는 데 쓰이는 설계)를 만든다.

- **보드 벤더와 OEM**: 이들은 SoC 벤더로부터 레퍼런스 설계를 받아서 특정 제품(예: 셋톱 박스나 카메라)에 끼워넣거나, 좀 더 범용적인 개발 보드를 만든다(예: 어드밴텍Advantech과 콘트론 Kontron). 또 다른 중요한 범주로는 비글보드beagleboard/비글본BeagleBone과 라즈베리 파이 같은 저가 개발 보드가 있는데, 이들은 스스로의 부가 소프트웨어/하드웨어 생태계를 만들어냈다.

- **상업용 리눅스 공급업체**: 지멘스(멘터Mentor), 타임시스Timesys, 윈드리버Wind River 같은 회사는 여러 산업(의료, 자동차, 항공 우주 등)에서 엄격한 규제 검증과 확인을 거친 상업용 리눅스 배포판을 제공한다.

이들이 '사슬chain'을 만들고, 흔히 그 끝에 당신의 제품이 있게 된다. 즉, 구성 요소를 마음대로 고를 수 없다는 뜻이다. 몇몇 드문 경우를 제외하고는 간단히 kernel.org에서 최신 커널을 가져올 수 없다. 최신 커널은 당신이 사용하는 칩이나 보드를 지원하지 않기 때문이다.

이것은 임베디드 개발에서 아직 해결되지 않은 문제다. 이상적으로는 사슬상의 각 고리에 있는 개발자들이 각자의 변경 사항을 주 코드 저장소(업스트림upstream)에 넣을 것 같지만, 사실은 그렇지 않다. 주 코드 저장소에 머지merge되지 않은 수천 개의 패치를 담고 있는 커널도 드물지 않다. 게다가 SoC 벤더들은 최신 칩용으로만 오픈소스 요소를 활발하게 개발하는 경향이 있으므로, 나온 지 2~3년 이상 지난 칩들은 지원이 끊겨 갱신되지 않게 마련이다.

결과적으로 대부분의 임베디드 설계는 옛 버전의 소프트웨어에 기반을 두게 된다. 옛 버전은 새 버전에 있는 보안 패치가 되지 않고, 성능 향상이나 기능 추가도 되지 않는다. 하트블리드Heartbleed(OpenSSL 라이브러리 버그)나 셸쇼크Shellshock(bash 셸 버그) 같은 문제도 수정되지 않은 채로 출시된다. 이 문제는 나중에 보안이라는 주제로 더 자세히 다루겠다.

이 문제를 어떻게 해결할까? 먼저 벤더(NXP, 텍사스 인스트루먼트Texas Instruments, 자일링스Xilinx 등)에게 갱신 정책, 커널 버전 갱신 주기, 현재 커널 버전, 직전 커널 버전 등을 물어본다. 주 코드 저장소의 변경 사항을 머지하는 정책은 무엇인가? 어떤 벤더들은 이런 일들을 매우 잘하고 있다. 이런 칩을 선호해야 한다.

그다음으로는 자급자족을 더 많이 하는 것이다. 이 책의 첫 부분에서는 의존 관계를 더 자세히 설명하고 어느 부분을 스스로 해결할 수 있는지 보여주려고 한다. 대안을 살펴보지 않고 SoC나 보드 벤더가 제공하는 패키지를 맹목적으로 사용하는 것은 좋지 않다.

⁝⁝ 프로젝트 생명주기

이 책은 프로젝트의 단계에 따라 네 부분으로 나뉘어 있다. 각 단계가 반드시 순차적인 것은 아니다. 흔히 단계들은 서로 겹치며 이전에 한 일들을 수정하기 위해 되돌아가야 할 것이다. 하지만 이 단계들은 프로젝트의 진행에 따라 개발자가 몰두하는 부분을 나타낸다.

- 임베디드 리눅스의 요소들(1장부터 8장)은 나중의 단계들을 위해 개발 환경을 설정하고 작동하는 플랫폼을 만드는 데 도움이 될 것이다. 이 단계를 흔히 '보드 브링업 board bring-up' 단계라고 한다.

- 시스템 아키텍처와 설계상의 선택들(9장부터 15장)은 프로그램과 데이터의 저장소, 커널 디바이스 드라이버와 애플리케이션 사이에 어떻게 일을 나눌지, 시스템을 어떻게 초기화할지에 관한 설계상의 선택을 할 때 도움이 될 것이다.

- 임베디드 애플리케이션 작성(16장과 18장)은 파이썬 애플리케이션을 패키징하고 배포하는 방법, 리눅스 프로세스와 스레드 모델을 효과적으로 사용하는 방법, 자원이 한정된 장치에서 메모리를 관리하는 방법을 보여준다.

- 디버깅과 성능 최적화(19장과 21장)는 애플리케이션과 커널의 코드를 추적, 프로파일링, 디버깅하는 방법을 기술한다. 마지막 장은 필요한 경우 실시간 동작을 위해 설계하는 방법을 설명한다.

이제 이 책의 1부를 구성하는 임베디드 리눅스의 네 가지 기본 요소를 살펴본다.

임베디드 리눅스의 4요소

모든 프로젝트는 이들 4요소(툴체인, 부트로더, 커널, 루트 파일시스템)를 구하고, 구미에 맞도록 수정하고, 배포하면서 시작한다. 이것이 이 책의 첫 번째 부분에서 다루는 주제다.

- **툴체인**toolchain: 타깃 장치를 위한 코드를 만드는 데 필요한 컴파일러와 기타 도구로 구성된다.

- **부트로더**bootloader: 보드를 초기화하고 리눅스 커널을 로드하는 프로그램

- **커널**: 시스템의 심장부로, 시스템 자원을 관리하며 하드웨어와의 접점이다.

- **루트 파일시스템**: 커널이 초기화를 끝낸 뒤 실행되는 라이브러리와 프로그램을 담고 있다.

물론 여기서 언급되지 않은 다섯 번째 요소가 있다. 그것은 당신의 임베디드 애플리케이션에 고유한 프로그램의 묶음으로, 식료품의 무게를 재든, 영화를 보여주든, 로봇을 제어하든, 드론을 날리든, 해당 장치를 해당 장치답게 만들어주는 것이다.

흔히 SoC나 보드를 살 때, 이들 요소 전부나 일부를 패키지로 제공받을 것이다. 하지만 앞서 말한 이유들 때문에 이들이 당신을 위한 최선의 선택이 아닐 수 있다. 이 책의 첫 여섯 개 장은 올바른 선택을 할 수 있도록 배경지식을 제공할 것이며, 전체 과정을 자동화하는 두 가지 도구(Buildroot와 Yocto 프로젝트)를 소개할 것이다.

오픈소스

임베디드 리눅스의 요소들은 오픈소스이므로, 지금이야말로 오픈소스의 의미가 무엇인지, 오픈소스가 왜 그렇게 동작하는지, 오픈소스가 당신이 오픈소스를 이용해서 만들 폐쇄형proprietary 임베디드 디바이스에 어떻게 영향을 주는지를 생각할 좋은 시간이다.

라이선스

오픈소스에 대해 말할 때는 흔히 'free'라는 단어가 쓰인다. 이 주제를 새롭게 접한 사람들은 흔히 이것을 '돈을 내지 않는다'는 뜻으로 생각하고, 오픈소스 소프트웨어 라이선스가 해당 소프트웨어를 무료로 사용해서 시스템을 개발하고 배포할 수 있음을 보장한다는 뜻으로 생각한다. 하지만 여기서 더욱 중요한 뜻은 '자유'다. 소스 코드를 자유로이 구해서 구미에 맞도록 수정하고 다른 시스템에 재배포할 수 있다. 이들 라이선스는 당신에게 이런 권리를 준다. 바이너리를 공짜로 복사할 수 있지만 소스 코드를 주지 않는 쉐어웨어 라이선스나, 상업적 목적이 아닌 개인적 사용 같은 특정 조건에서 소프트웨어를 공짜로 사용하게 해주는 기타 라이선스와 비교해보라. 이것들은 오픈소스가 아니다.

오픈소스 라이선스를 갖고 작업한다는 것의 의미를 이해하는 데 도움을 주기 위해 몇 가지를 언급하고자 한다. 하지만 나는 변호사가 아닌 엔지니어라는 사실을 밝혀두고자 한다. 다음은 해당 라이선스를 내가 이해하고 해석한 내용이자 방식이다.

오픈소스 라이선스는 크게 두 가지로 나뉜다. GPL^{General Public License} 같은 카피레프트 ^{copyleft} 라이선스와 BSD, MIT 라이선스 같은 허용적인^{permissive} 라이선스다.

허용적인 라이선스는 본질적으로 라이선스의 조건을 변경하지 않는 한 당신이 소스 코드를 수정하고 당신이 고른 시스템에 사용하는 것을 허용한다. 즉, 한 가지 제약 사항만 지키면 해당 코드를 빌드해서 폐쇄형 시스템에 넣는 것을 포함해 당신이 원하는 대로 할 수 있다.

GPL 라이선스는 비슷하지만, 당신의 최종 사용자에게 소프트웨어를 구하고 수정할 권리를 전달하도록 강요하는 조항을 담고 있다. 다시 말해, 당신의 소스 코드를 공유하는 것이다. 한 가지 방법은 소스 코드를 공개 서버에 올려서 완전히 공개하는 것이다. 또 다른 방법은 당신의 최종 사용자가 소스 코드를 요청하면 제공한다는 문서를 통해 해당 사용자에게만 제공하는 것이다. GPL은 심지어 GPL 코드를 폐쇄형 프로그램에 넣는 것을 금지한다. 그렇게 하면 전체 프로그램에 GPL이 적용된다. 즉, GPL과 폐쇄형 코드를 한 프로그램에 섞을 수 없다. 리눅스 커널을 제외하고, GCC^{GNU Compiler Collection}와 GNU 디버거^{GNU Debugger}뿐만 아니라 GNU 프로젝트와 관련해 무료로 사용할 수 있는 많은 도구가 GPL에 속한다.

그럼 라이브러리는 어떨까? 라이브러리가 GPL로 라이선스돼 있다면, 해당 라이브러리와 링크된 모든 프로그램도 GPL이 된다. 하지만 대부분의 라이브러리는 LGPL^{Lesser General Public License}로 라이선스된다. 이런 경우, 해당 라이브러리를 폐쇄형 프로그램과 링크할 수 있다.

NOTE

> 위의 설명은 모두 GPL v2와 LGPL v2.1에 한정된다. 최신 GPL v3와 LGPL v3를 말하자면, 이들에 대해서는 논란이 많고 나 역시 그 의미를 완전히 이해하지 못한다는 점을 인정해야겠다. 하지만 그 의도는 어떤 시스템 안의 GPL v3와 LGPL v3 요소라도 최종 사용자가 교체할 수 있도록 하는 것이고, 이는 곧 모든 사람을 위한 오픈소스 소프트웨어의 정신이다.

GPL v3와 LGPL v3에도 문제가 있다. 어떤 리눅스 장치는 가입 수준 등의 제약에 따른 정보 접근에 쓰이고, 소프트웨어의 주요 경로를 교체하면 그 제약이 풀릴 수 있다. 셋톱박스가 이 범주에 든다. 보안 문제도 있다. 장치의 소유자가 시스템 코드에 접근할 수 있으면, 환영받지 않는 침입자도 그럴 수 있다. 일반적인 방어는 커널 이미지에 권위자, 즉 벤더가 서명을 해둬서 허가 없이 갱신할 수 없도록 하는 것이다. 이것이 내 장치를 수정할 나의 권리를 침해하는가? 서로 다른 의견이 있을 수 있다.

NOTE

티보(TiVo) 셋톱박스는 이 논란의 중요한 부분이다. 티보는 GPL v2로 라이선스된 리눅스 커널을 사용한다. 티보는 그들이 수정한 커널의 소스 코드를 제공하므로 라이선스를 준수한다. 티보는 또한 자신이 서명한 커널 바이너리만을 로드하는 부트로더를 갖고 있다. 결과적으로 사람들은 티보 박스용 수정 커널을 빌드할 수는 있지만, 하드웨어에 로드할 수는 없다. FSF(Free Software Foundation)는 이것이 오픈소스 소프트웨어의 정신을 따르지 않는다고 보며, 이런 방식을 '티보이제이션(tivoization)'이라고 한다. GPL v3와 LGPL v3는 명시적으로 이런 일이 생기는 것을 막기 위해 작성됐다. 어떤 프로젝트, 특히 리눅스 커널은 v3 라이선스 채택을 꺼려왔는데, 장치 제조사들에게 제약을 주기 때문이다.

⁝⁝ 임베디드 리눅스를 위한 하드웨어 선택하기

임베디드 리눅스 프로젝트에 쓸 하드웨어를 설계하거나 고를 때, 무엇을 주의해야 할까?

첫째, 커널이 지원하는 CPU 아키텍처다(물론 새로운 아키텍처를 스스로 추가할 계획이 아닐 경우에). 리눅스 5.4 소스 코드를 보면 25가지 아키텍처가 있는데, 각각은 /arch 디렉터리의 서브디렉터리에 들어 있다. 모두 32비트 또는 64비트 아키텍처이고, 대부분 MMU$^{Memory\ Management}$ ^{Unit}가 있지만 일부 없는 것도 있다. 제일 흔하게 볼 수 있는 것이 ARM, MIPS, 파워PC, x86인데, 각각 32비트와 64비트 변종이 있고 모두 MMU가 있다.

이 책의 대부분은 이 부류의 프로세서를 염두에 두고 쓰였다. MMU가 없고 uClinux(마이크로컨트롤러 리눅스$^{microcontroller\ Linux}$)라는 리눅스의 부분 집합을 실행하는 프로세서들도 있다. 이런 프로세서에는 ARC$^{Argonaut\ RISC\ Core}$, 블랙핀^{Blackfin}, 마이크로블레이즈^{Microblaze}, 니오스^{Nios} 등이 포함된다. 다소 특화된 주제이므로, 이 책에서 uClinux를 가끔 언급하겠지만 자세히 다루지는 않겠다.

둘째, 적절한 크기의 램^{RAM}이 필요할 것이다. 16MiB라면, 리눅스를 실행하는 데 절반 정도를 쓰겠지만 적당한 최소 크기라고 할 수 있다. 시스템의 구석구석을 최적화할 준비가 돼 있다면 심지어 4MiB에서도 리눅스를 실행할 수 있다. 램 크기를 더 줄일 수도 있겠지만, 어느 선을 지나면 더 이상 리눅스라고 할 수 없게 된다.

셋째, 비휘발성 메모리가 있다. 흔히 플래시 메모리를 사용하는데, 8MiB이면 웹캠이나 간단한 라우터 같은 간단한 장치에 충분하다. 램과 마찬가지로, 정말 원한다면 좀 더 작은 저장 공간을 갖고 작동하는 리눅스 시스템을 만들 수 있겠지만, 크기가 작아질수록 더 힘들어진다. 리눅스는 원시^{raw} NOR/NAND 플래시 칩과 컨트롤러가 내장된 플래시 managed flash(SD 카드, eMMC 칩, USB 플래시 메모리 등)를 포함하는 광범위한 플래시 저장 장치를 지원한다.

넷째, 디버그 포트는 매우 유용하며, UART 기반 시리얼 포트를 선호한다. 양산 보드에는 없어도 되지만, 보드 브링업, 디버그, 개발이 훨씬 쉬워진다.

다섯째, 아무것도 없이 시작할 때는 소프트웨어를 로드할 방법이 필요하다. 몇 년 전에는 이를 위해 보드를 JTAG^{Joint Test Action Group} 인터페이스에 연결해야 했지만, 요즘 SoC는 착탈식 매체(특히 SD 카드와 마이크로SD 카드)나 시리얼 인터페이스(UART나 USB 등)로부터 직접 부트 코드를 로드할 수 있다.

이런 기본적인 것들 외에도, 하드웨어가 특정 작업을 수행하기 위해 필요한 인터페이스가 있다. 주류 리눅스는 수천 가지 장치를 위한 오픈소스 드라이버와 SoC 제조사가 제공하는 드라이버(품질은 천차만별이다), 설계에 포함된 서드파티 칩의 OEM이 제공하는 드라이버를 담고 있지만, 일부 제조사의 약속과 능력에 대해 앞서 말한 것을 기억하길 바란다. 임베디드 장치의 개발자로서, 많은 시간을 서드파티 코드를 검토하고 수정하는 데 보낼 것이다. 해당 코드를 갖고 있지 않다면, 제조사와 연락하는 데 많은 시간을 보내게 될 것이다. 마지막으로는 해당 장치에 고유한 인터페이스를 위한 장치 지원을 작성하거나, 작성해줄 사람을 찾아야 할 것이다.

⁂ 이 책에서 사용하는 하드웨어

이 책의 예제는 보편적으로 만들고자 노력했지만, 의미가 있고 따라 하기 쉽도록 하기 위해 특정 하드웨어를 선택해야 했다. 세 가지 전형적인 장치를 사용했는데, 라즈베리 파이 4, 비글본 블랙, QEMU다. 첫 번째는 시장에서 가장 인기 있는 ARM 기반 단일 보드 컴퓨터다. 두 번째는 흔히 구할 수 있고 저렴한 개발 보드로, 진지한 임베디드 하드웨어에 쓰일 수 있다. 세 번째는 임베디드 하드웨어를 대표하는 다양한 시스템을 만드는 데 쓸 수 있는 에뮬레이터다. QEMU만 쓰고 싶지만, 다른 모든 에뮬레이터와 마찬가지로 실제 장치와 똑같지는 않다. 라즈베리 파이 4와 비글본을 사용하면, 진짜 하드웨어와 접하고 진짜 LED가 반짝이는 것을 보는 만족감을 얻게 될 것이다. 이제 비글본 블랙은 나온 지 몇 년이 지났지만, 여전히 오픈소스 하드웨어(라즈베리 파이 4와 달리)로 남아 있다. 이는 비글본 블랙이나 파생 제품을 자신의 제품에 넣고자 하는 누구든 보드 설계를 자유롭게 얻을 수 있다는 뜻이다.

어쨌든 이들 셋 중 한 플랫폼이나 실제 임베디드 하드웨어를 갖고 있다면, 그 하드웨어를 이용해 최대한 많은 예제를 시험해보길 바란다.

라즈베리 파이 4

이 글을 쓰는 시점에서 라즈베리 파이 4 모델 B는 라즈베리 파이 재단에서 생산한 주력 소형 듀얼 디스플레이 데스크톱 컴퓨터다. 관련 사항은 웹 사이트(https://www.raspberrypi.org/) 에서 확인할 수 있다. 파이 4의 기술 사양은 다음과 같다.

- 브로드컴 BCM2711 1.5GHz quad-core Cortex-A72 (Arm v8) 64비트 SoC

- 2, 4, 8GiB DDR4 램

- 2.4GHz와 5.0GHz 802.11ac wireless, 블루투스 5.0, BLE

- 디버깅과 개발을 위한 시리얼 포트

- 부팅 장치로 사용될 수 있는 마이크로SD 슬롯

- 보드에 전원을 공급하는 데 쓰이는 USB-C 커넥터

- 풀사이즈 USB 3.0 호스트 포트 2개와 풀사이즈 USB 2.0 호스트 포트 2개

- 기가비트 이더넷 포트

- 비디오/오디오 출력용 마이크로 HDMI 포트

또한 HAT^{Hardware Attached on Top}라는 매우 다양한 도터 보드가 있는 40핀 확장 헤더가 있어 보드를 다양한 작업에 적용할 수 있다. 하지만 이 책의 예제에는 HAT가 필요치 않다. 대신 파이 4의 내장 Wi-Fi와 블루투스(비글본 블랙에는 없음)를 사용할 것이다.

보드 외에 필요한 것은 다음과 같다.

- 3A 이상을 공급할 수 있는 5V USB-C 전원 공급 장치

- Adafruit 954 같은 3.3V 로직 레벨^{logic-level} 핀이 있는 USB-to-TTL 시리얼 케이블

- 마이크로SD 카드와 개발 PC나 노트북에서 마이크로SD 카드로 파일을 복사할 수 있는 수단. 소프트웨어를 보드에 로드하기 위해 필요할 것이다.

- 이더넷 케이블과 라우터. 일부 예제는 네트워크 연결을 요구한다.

다음은 비글본 블랙이다.

비글본 블랙

비글본과 나중에 나온 비글본 블랙은 CircuitCo LLC가 만든 작은 (신용카드 크기의) 개발 보드를 위한 오픈 하드웨어 설계다. 관련 정보는 주로 웹 사이트(https://www.beagleboard.org/)에서 찾을 수 있다. 주요 사양은 다음과 같다.

- TI AM335x 1GHz ARM® Cortex-A8 Sitara SoC

- 512MiB DDR3 램

- 2 또는 4GiB 8비트 eMMC 온보드 플래시 저장소

- 디버깅/개발용 시리얼 포트

- 마이크로SD 커넥터. 부트 장치로 쓸 수 있다.

- 미니 USB OTG 클라이언트/호스트 포트. 보드 전원 공급용으로도 쓸 수 있다.

- 풀사이즈 USB 2.0 호스트 포트

- 10/100 이더넷 포트

- HDMI 비디오/오디오 출력 포트

그 밖에, 케이프^{cape}라고도 하는 다양한 도터 보드를 연결할 수 있는 46핀 확장 헤더가 있어 보드를 여러 가지 경우에 적용할 수 있다. 하지만 이 책의 예제를 위해서는 어떤 케이프도 연결할 필요가 없다.

보드 외에 필요한 것은 다음과 같다.

- 마지막 항목이 없을 경우, 전원 공급용 미니 USB-to-USB-A 케이블(보드와 함께 제공된다)

- 보드가 제공하는 6핀 3.3볼트 TTL 레벨 신호에 연결할 수 있는 시리얼 케이블. 비글보드 웹 사이트에 호환되는 케이블의 링크가 있다.

- 마이크로SD 카드와 개발 PC나 노트북에서 마이크로SD 카드로 파일을 복사할 수 있는 수단. 소프트웨어를 보드에 로드하기 위해 필요할 것이다.

- 이더넷 케이블과 라우터. 일부 예제는 네트워크 연결을 요구한다.

- 1A 이상을 공급할 수 있는 5V 전원 공급 장치

이 외에도 12장, '브레이크아웃 보드를 이용한 프로토타이핑'은 다음과 같은 것들을 요구한다.

- SparkFun 모델 GPS-15193 브레이크아웃 보드

- Saleae Logic 8 로직 애널라이저$^{logic\ analyzer}$. 이 장치는 비글본 블랙과 NEO-M9N 간의 SPI 통신용 핀을 조사하는 데 사용된다.

QEMU

QEMU는 에뮬레이터다. 여러 변종이 있는데, 각각 특정 프로세서 아키텍처와 해당 아 키텍처로 만들어진 다수의 보드를 에뮬레이트할 수 있다. 예를 들어,

- **qemu-system-arm**: ARM

- **qemu-system-mips**: MIPS

- **qemu-system-ppc**: 파워PC

- **qemu-system-x86**: x86과 x86_64

아키텍처별로 QEMU는 다양한 하드웨어를 에뮬레이트하는데, 그 목록은 -machine help 옵션으로 볼 수 있다. 각 기계^{machine}는 해당 보드에서 흔히 볼 수 있는 대부분의 하 드웨어를 에뮬레이트한다. 로컬 파일을 에뮬레이트된 디스크 드라이브로 사용하는 것 같은, 하드웨어를 로컬 자원에 연결하는 옵션도 있다.

예는 다음과 같다.

```
$ qemu-system-arm -machine vexpress-a9 -m 256M -drive
file=rootfs.ext4,sd -net nic -net use -kernel zImage -dtb
vexpress- v2p-ca9.dtb -append "console=ttyAMA0,115200 root=/
dev/mmcblk0" -serial stdio -net nic,model=lan9118 -net
tap,ifname=tap0
```

위의 명령줄에 쓰인 옵션은 다음과 같다.

- **-machine vexpress-a9**: Cortex A-9 프로세서가 장착된 ARM Versatile Express 개발 보드를 에뮬레이트한다.

- **-m 256M**: 램 크기를 256MiB로 설정한다.

- **-drive file=rootfs.ext4,sd**: sd 인터페이스를 로컬 파일 rootfs.ext4(파일시스템 이미지를 담고 있다)에 연결한다.

- **-kernel zImage**: 리눅스 커널을 이름이 zImage인 로컬 파일에서 로드한다.

- **-dtb vexpress-v2p-ca9.dtb**: 장치 트리를 로컬 파일 vexpress-v2p-ca9.dtb에서 로드한다.

- **-append "..."**: 이 문자열을 커널 명령줄에 추가한다.

- **-serial stdio**: 시리얼 포트를 QEMU를 실행한 터미널에 연결한다. 흔히 시리얼 콘솔을 통해 에뮬레이트된 기계에 로그온하기 위해 사용된다.

- **-net nic,model=lan9118**: 네트워크 인터페이스를 만든다.

- **-net tap,ifname=tap0**: 네트워크 인터페이스를 가상 네트워크 인터페이스 tap0에 연결한다.

네트워크의 호스트 측을 설정하려면 UML^User Mode Linux 프로젝트의 tunctl 명령이 필요하다. 데비안과 우분투에서 이 패키지의 이름은 uml-utilities이다.

```
$ sudo tunctl -u $(whoami) -t tap0
```

이 명령은 이름이 tap0이고 에뮬레이트된 QEMU 기계의 네트워크 제어기에 연결된 네트워크 인터페이스를 만든다. 다른 인터페이스와 똑같은 방법으로 tap0을 설정할 수 있다.

이들 옵션 모두는 이 책에서 나중에 자세히 설명한다. 대부분의 예제에서 Versatile Express를 사용하겠지만, 다른 기계나 아키텍처도 쉽게 사용할 수 있을 것이다.

⁝⊱ 개발 환경

이 책에서는 개발 도구와 대상 운영체제/애플리케이션 모두 오픈소스 소프트웨어만을 사용했다. 개발 시스템으로는 리눅스를 사용할 것으로 가정한다. 모든 호스트 명령은 우분투 20.04 LTS에서 테스트했고 해당 버전에 약간 편향돼 있지만, 아마도 최신 리눅스 배포판이라면 무엇을 사용해도 잘 동작할 것이다.

⁝⊱ 요약

임베디드 하드웨어는 무어의 법칙을 따라 점점 더 복잡해질 것이다. 리눅스는 하드웨어를 효율적으로 활용하는 능력과 유연성이 있으며, 우리는 함께 사용자를 즐겁게 하는 강력한 제품을 구축할 수 있도록 그 힘을 활용하는 방법을 배울 것이다. 이 책은 임베디드 리눅스의 네 가지 요소에서 시작해 임베디드 프로젝트 라이프 사이클의 다섯 단계를 안내할 것이다.

다양한 임베디드 플랫폼과 빠른 개발 속도는 고립된 소프트웨어 풀로 이어진다. 대부분의 경우 이 소프트웨어, 특히 SoC나 보드 공급업체에서 제공하는 리눅스 커널과 툴체인에 의존하게 될 것이다. 일부 SoC 제조업체는 변경 사항을 업스트림으로 푸시하는 데 점점 더 능숙해지고 있으며, 이러한 변경 사항의 유지 관리가 점점 더 쉬워지고 있다. 이러한 개선에도 불구하고 임베디드 리눅스 프로젝트에 적합한 하드웨어를 선택하는 것은 여전히 위험한 일이다. 오픈소스 라이선스 준수는 임베디드 리눅스 생태계에서 제품을 개발할 때 알아야 할 또 다른 주제다.

1장에서는 이 책 전체에서 사용할 하드웨어와 일부 소프트웨어(즉, QEMU)를 소개했다. 차차 장치용 소프트웨어를 만들고 유지보수하는 데 도움이 될 수 있는 몇 가지 강력한 도구를 살펴볼 것이다. 우리는 Buildroot를 다루고 Yocto 프로젝트를 깊이 파헤치고, 이들 빌드 도구를 설명하기 전에 임베디드 리눅스의 네 가지 요소를 설명할 것이다. 이들 요소는 생성 방식에 관계없이 모든 임베디드 리눅스 프로젝트에 적용할 수 있다.

2장은 이들 중 첫 번째인 툴체인에 대한 것으로, 툴체인은 타깃 플랫폼용 코드를 컴파일하기 위해 필요하다.

02

툴체인을 배우자

툴체인은 임베디드 리눅스의 첫 번째 요소이자 프로젝트의 시작점이다. 디바이스에서 실행될 모든 코드를 툴체인을 이용해 컴파일하며, 이 초기 단계에서의 선택이 최종 산출물에 엄청난 영향을 미칠 것이다. 툴체인은 해당 프로세서를 위한 최적의 명령어 세트를 사용함으로써 하드웨어를 효과적으로 사용할 수 있어야 한다. 프로젝트에 필요한 언어를 지원해야 하고 POSIX^Portable Operating System Interface와 기타 시스템 인터페이스에 대한 믿음직한 구현을 갖고 있어야 한다.

툴체인은 프로젝트 내내 바뀌지 않아야 한다. 즉, 한 번 툴체인을 정하면 끝까지 고수해야 한다는 것이다. 프로젝트 도중 일관성 없이 컴파일러와 개발 라이브러리를 바꾸면 감지하기 힘든 버그를 낳기 쉽다. 그렇지만 보안 결함이나 버그가 발견되면 툴체인을 업데이트하는 것이 가장 좋다.

툴체인을 구하는 것은 TAR 파일을 다운로드해서 설치하는 것처럼 쉬울 수도 있지만, 전체를 소스 코드로부터 빌드하는 것처럼 어려울 수도 있다. 2장에서는 crosstool-NG라는 도구의 도움을 받아, 툴체인을 소스 코드로부터 빌드해보려고 한다. 이를 통해 툴체인 생성의 세부 사항을 살펴볼 수 있다. 이후 6장, '빌드 시스템 선택하기'에서는 빌드 시스템이 생성한 툴체인으로 전환할 것인데, 이는 툴체인을 구하는 좀 더 보편적인 방법이다. 14장, 'BusyBox runit'으로 이동하면, Buildroot와 함께 사용할 미리 빌드된 Linaro 툴체인을 다운로드해 약간의 시간을 절약할 것이다.

2장은 다음과 같은 주제를 다룬다.

- 툴체인 소개

- 툴체인 찾기

- crosstool-NG를 이용해 툴체인 빌드하기

- 툴체인의 구조

- 라이브러리와 링크하기: 정적 링크와 동적 링크

- 크로스 컴파일 기술

⁝⊱ 기술적 요구 사항

이 장의 예제를 따라 하려면 다음 사항을 준비해야 한다.

- autoconf, automake, bison, bzip2, cmake, flex, g++, gawk, gcc, gettext, git, gperf, help2man, libncurses5-dev, libstdc++6, libtool, libtool-bin, make, patch, python3 -dev, rsync, texinfo, unzip, wget, and xz-utils나 이에 상응하는 것들이 설치된 리눅스 기반 호스트 시스템

2장의 연습은 모두 작성 당시 우분투 20.04 LTS 배포판에서 테스트됐으므로 우분투 20.04 LTS 이상을 사용하는 것이 좋다. 다음은 필요한 모든 패키지를 우분투 20.04 LTS 에 설치하는 명령이다.

```
$ sudo apt-get install autoconf automake bison bzip2 cmake \
flex g++ gawk gcc
gettext git gperf help2man libncurses5-dev libstdc++6 libtool \
libtool-bin make
patch python3-dev rsync texinfo unzip wget xz-utils
```

2장의 모든 코드는 이 책의 깃허브 저장소^{GitHub repository}(https://github.com/PacktPublishing/Mastering-Embedded-Linux-Programming-Third-Edition)에 있는 Chapter02 폴더에서 찾을 수 있다.

⁘ 툴체인 소개

툴체인은 소스 코드를 타깃 장치에서 실행할 수 있는 실행 파일로, 컴파일러, 링커, 런타임 라이브러리를 포함하는 컴파일 도구들의 집합이다. 처음에는 리눅스 시스템의 나머지 세 요소(부트로더, 커널, 루트 파일시스템)를 빌드하기 위해 툴체인이 필요하다. 기본 오픈소스 패키지들이 어셈블리, C, C++를 사용하기 때문에 툴체인은 이들 언어로 작성된 코드를 컴파일할 수 있어야 한다.

흔히 리눅스용 툴체인은 GNU 프로젝트(http://www.gnu.org)에서 만들어진 요소에 기반을 두고 있으며, 이 책을 쓰고 있는 현재에도 대부분의 경우 그러하다. 하지만 지난 몇 년 동안, Clang 컴파일러와 관련된 LLVM 프로젝트(http://llvm.org)가 GNU 툴체인의 쓸 만한 대안이 될 정도로 발전했다. LLVM과 GNU 기반 툴체인의 한 가지 큰 차이점은 라이선스에 있다. LLVM이 BSD 라이선스인 것과 달리 GNU는 GPL이다.

Clang에는 좀 더 빠른 컴파일과 향상된 진단 기능 등 기술적인 장점이 있지만, GNU GCC도 기존 코드와의 호환성과 광범위한 아키텍처 및 운영체제 지원이라는 장점이 있다. 비록 여기에 이르기까지 몇 년이 걸리긴 했지만, Clang은 이제 임베디드 리눅스에 필요한 모든 구성 요소를 컴파일할 수 있으며 GNU의 사용 가능한 대안이다. 이에 대한 추가 정보는 웹 사이트(https://www.kernel.org/doc/html/latest/kbuild/llvm.html)를 참고하길 바란다.

Clang을 이용한 크로스 컴파일은 웹 문서(https://clang.llvm.org/docs/CrossCompilation.html)에 잘 설명돼 있다. 임베디드 리눅스 빌드 시스템의 일부로 Clang을 사용하려고 한다면, Emb

Toolkit(https://www.embtoolkit.org)이 GNU와 LLVM/Clang 툴체인 모두를 완전히 지원하며, 다양한 사람들이 Clang을 Buildroot 및 Yocto 프로젝트와 함께 쓸 수 있도록 작업하고 있다. 임베디드 빌드 시스템은 6장, '빌드 시스템 선택하기'에서 다룰 것이다. 그에 앞서 2장에서는 여전히 가장 인기 있고 성숙한 리눅스 툴체인인 GNU 툴체인에 초점을 맞추 겠다.

표준 GNU 툴체인은 세 가지 주요 요소로 이뤄져 있다.

- **Binutils**: 어셈블러와 링커를 포함하는 바이너리 유틸리티의 집합. 웹 사이트(http://gnu.org/software/binutils/)에서 찾을 수 있다.

- **GCC**GNU Compiler Collection: C와 여러 언어(GCC 버전에 따라 C++, 오브젝티브 CObjective-C, 오브젝티브 C++, 자바Java, 포트란Fortran, 에이다Ada, Go 등)를 위한 컴파일러. 공통 백엔드를 사용해 어셈블러 코 드를 만들고, GNU 어셈블러로 넘긴다. 웹 사이트(http://gcc.gnu.org/)에서 구할 수 있다.

- **C 라이브러리**: POSIX 규격에 기반을 둔 표준 APIApplication Program Interface. 애플리케 이션에서 운영체제 커널로 연결되는 주요 인터페이스다. 몇 가지 C 라이브러리가 있는데, 나중에 자세히 알아본다.

이와 함께, 커널에 직접 접근할 때 필요한 정의와 상수를 담고 있는 리눅스 커널 헤더가 필요할 것이다. 바로 지금 C 라이브러리를 컴파일하기 위해서도 필요하지만, 나중에 프 로그램을 작성하거나 예를 들어 리눅스 프레임 버퍼 드라이버를 통해 그래픽을 보여주 는 특정 리눅스 장치와 상호작용하는 라이브러리를 컴파일할 때도 필요하다. 이것은 단 순히 커널 소스 코드의 include 디렉터리에 있는 헤더 파일들을 복사하는 문제가 아니 다. 이들 헤더는 커널에서만 쓰도록 돼 있는 것이고, 보통 리눅스 애플리케이션을 컴파 일할 때 그대로 사용하면 충돌을 일으킬 수 있는 정의를 담고 있다.

대신 5장, '루트 파일시스템 만들기'에서 설명한 대로 정리된 커널 헤더를 만들어야 할 것이다.

커널 헤더가 정확히 사용하려고 하는 리눅스 버전으로부터 만들어졌는지는 보통 중요 치 않다. 커널 인터페이스는 언제나 하위 호환되므로, 헤더는 타깃 장치에서 쓰고 있는 것과 같거나 그보다 더 오래된 커널에서 만들어낸 것이면 된다.

대부분의 사람들이 GNU 디버거GDB를 툴체인의 일부로 생각하며, 이 시점에서 빌드되는 것이 보통이다. GDB는 19장, 'GDB로 디버깅하기'에서 다룰 것이다.

이제 커널 헤더에 대해 이야기하고 툴체인의 구성 요소가 무엇인지 봤으므로 다양한 유형의 툴체인을 살펴본다.

툴체인의 종류

우리 입장에서 보면, 두 가지 툴체인이 있다.

- **네이티브**: 툴체인이 만들어내는 프로그램과 같은 종류의 시스템, 때로는 실제로 같은 시스템에서 실행된다. 이는 데스크톱과 서버에서는 일반적인 경우이며, 특정 부류의 임베디드 디바이스에서는 점점 보편화되고 있다. 예를 들어, ARM용 데비안을 실행하는 라즈베리 파이는 자체적으로 네이티브 컴파일러를 갖고 있다.

- **크로스**: 툴체인이 타깃 기계와 다른 종류의 시스템에서 실행된다. 빠른 데스크톱 PC에서 개발한 다음 임베디드 디바이스에 로드해 테스트할 수 있다.

거의 모든 임베디드 리눅스 개발이 크로스 개발 툴체인을 사용해 이뤄진다. 부분적으로는 대부분의 임베디드 디바이스가 연산 능력, 메모리, 저장 공간이 부족해서 프로그램 개발에 적합하지 않기 때문이지만, 호스트와 타깃 환경을 분리할 수 있기 때문이기도 하다. 후자는 호스트와 타깃이 같은 아키텍처(예: X86_64)를 사용할 때 특히 중요하다. 이 경우, 호스트에서 네이티브로 컴파일하고 단순히 타깃으로 바이너리를 복사하고 싶은 유혹도 생긴다.

이는 어느 선까지는 동작하지만, 호스트 배포판이 타깃보다 좀 더 자주 갱신되거나 타깃용 코드를 빌드하는 엔지니어가 호스트 개발 라이브러리와 약간 다른 버전을 갖게 될 가능성이 높다. 시간이 흐름에 따라, 개발 시스템과 타깃 시스템은 서로 달라질 것이고 프로젝트 기간 내내 툴체인이 변치 않아야 한다는 원칙을 위반하게 될 것이다. 호스트와 타깃 빌드 환경을 서로 맞추면 괜찮을 수 있지만, 훨씬 더 좋은 방법은 호스트와 타깃을 분리하는 것이고 크로스 툴체인은 그 방법 중 하나다.

하지만 네이티브 개발을 옹호하는 반론도 있다. 크로스 개발은 타깃에 필요한 모든 라이브러리와 도구를 크로스 컴파일해야 하는 부담이 있다. 나중에 '크로스 컴파일 기술' 절에서 볼 수 있듯이, 크로스 컴파일이 언제나 쉽지만은 않다. 대부분의 오픈소스 패키지가 이런 식으로 빌드되도록 설계되지 않았기 때문이다. Buildroot나 Yocto 프로젝트 같은 통합된 빌드 도구는 전형적인 임베디드 시스템에 필요한 다양한 패키지를 크로스 컴파일하는 규칙을 캡슐화함으로써 도움이 되지만, 다수의 추가 패키지를 컴파일하려면 네이티브로 컴파일하는 편이 낫다. 예를 들어, 라즈베리 파이나 비글본을 위한 데비안 배포판을 크로스 컴파일러를 이용해 제공하는 것은 매우 힘들다. 대신 네이티브로 컴파일된다.

네이티브 빌드 환경을 처음부터 만드는 것은 쉽지 않다. 타깃에 네이티브 빌드 환경을 만들 크로스 컴파일러가 여전히 필요하다. 그다음에 네이티브 빌드를 적절한 시간 안에 수행하기 위해 타깃 보드로 빌드 팜^{build farm}을 만들거나 QEMU를 사용해 타깃을 에뮬레이트할 수도 있을 것이다.

2장에서는 좀 더 주류이면서 설정과 관리가 쉬운 크로스 컴파일러 환경에 초점을 맞출 것이다. 먼저 하나의 타깃 CPU 아키텍처를 다른 타깃 CPU 아키텍처와 구별하는 요소가 무엇인지 살펴본다.

CPU 아키텍처

툴체인은 타깃 CPU의 특징에 맞게 빌드돼야 하는데, CPU의 특징은 다음과 같은 항목으로 나타낼 수 있다.

- **CPU 아키텍처**: ARM, MIPS(Microprocessor without Interlocked Pipelined Stages), x86_64 등

- **빅 엔디언**^{big-endian} **또는 리틀 엔디언**^{little-endian}: 어떤 CPU는 두 가지 모드로 동작할 수

있지만, 기계어 코드가 각각 다르다.

- **부동소수점 지원**: 모든 버전의 임베디드 프로세서가 하드웨어 부동소수점 장치를 구현하지는 않는다. 이 경우 툴체인은 그 대신 소프트웨어 부동소수점 라이브러리를 부르도록 설정될 수 있다.

- **ABI**^{Application Binary Interface}: 함수 호출 간에 인자를 넘기는 호출 규칙

여러 아키텍처에서, ABI는 같은 계열의 프로세서에서 동일하다. 눈에 띄는 예외는 ARM이다. ARM 아키텍처는 2000년대 후반에 EABI^{Extended Application Binary Interface}로 바뀌면서, 이전 ABI의 이름이 OABI^{Old Application Binary Interface}로 바뀌었다. OABI는 이제 쓰이지 않고, EABI가 계속해서 쓰인다. 그 이후로 EABI는 부동소수점 인자 전달 방식에 따라 둘로 나뉜다.

원래의 EABI는 범용(정수) 레지스터를 쓰지만, 새로운 EABIHF^{Extended Application Binary Interface Hard-Float}는 부동소수점 레지스터를 쓴다. EABIHF는 정수 레지스터와 부동소수점 레지스터 간 복사가 필요 없기 때문에 부동소수점 연산이 훨씬 빠르지만, 부동소수점 장치가 없는 CPU와 호환되지 않는다. 따라서 두 비호환 ABI 사이에서 선택해야 하고, 둘을 섞어 쓸 수는 없으므로 이 단계에서 선택해야 한다.

GNU는 생성할 수 있는 다양한 조합을 나타내는, 대시로 구분된 3~4개의 요소로 이뤄진 접두어를 각 도구의 이름 앞에 붙인다. 그 요소는 다음과 같다.

- **CPU**: ARM, MIPS, x86_64 같은 CPU 아키텍처. CPU가 두 가지 엔디언 모드를 지원한다면, 리틀 엔디언은 el을, 빅 엔디언은 eb를 붙여서 구별한다. 좋은 예로는 리틀 엔디언 MIPS인 mipsel과 빅 엔디언 ARM인 armeb가 있다.

- **벤더**: 툴체인 공급자를 나타낸다. 예로는 buildroot, poky, unknown이 있다. 아예 생략하기도 한다.

- **커널**: 이 책에서 다루는 것은 모두 linux다.

- **운영체제**: 사용자 공간 요소의 이름으로, gnu나 musl일 수 있다. 여기에 ABI를 붙이

기도 한다. 따라서 ARM 툴체인의 경우 gnueabi, gnueabihf, musleabi, musleabihf 등이 될 수 있다.

gcc의 -dumpmachine 옵션을 이용하면 툴체인을 빌드할 때 쓰인 조합을 알 수 있다. 예를 들어 호스트 컴퓨터에서는 다음과 같은 결과를 얻을 수 있다.

```
$ gcc -dumpmachine
x86_64-linux-gnu
```

이는 CPU가 x86_64, 커널이 linux, 사용자 공간이 gnu임을 나타낸다.

> **NOTE**
>
> 기계에 네이티브 컴파일러가 설치되면, 보통 툴체인 안의 각 도구에 접두어 없이 링크를 만들어 명령어 gcc로 컴파일러를 부를 수 있도록 한다.

크로스 컴파일러를 사용하는 예는 다음과 같다.

```
$ mipsel-unknown-linux-gnu-gcc -dumpmachine
mipsel-unknown-linux-gnu
```

이는 리틀 엔디언 MIPS CPU, 알려지지 않은 벤더, linux 커널, gnu 사용자 공간을 나타낸다.

C 라이브러리 고르기

유닉스 운영체제의 프로그래밍 인터페이스는 C 언어로 정의돼 있는데, 지금은 POSIX 표준으로 정의돼 있다. C 라이브러리는 그 인터페이스의 구현으로, 아래 그림에서 볼 수 있듯이 리눅스 프로그램에서 커널로 통하는 관문이다. 자바나 파이썬 같은 다른 언어로 프로그램을 작성하더라도, 각 런타임 지원 라이브러리는 결국 다음 그림과 같이 C 라이브러리를 불러야 할 것이다.

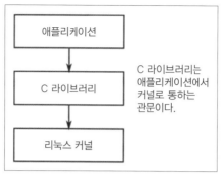

그림 2.1 C 라이브러리

C 라이브러리는 커널의 서비스가 필요할 때마다 커널 시스템 호출 인터페이스를 통해 사용자 공간과 커널 공간을 전환한다. C 라이브러리를 거치지 않고 커널 시스템 호출을 바로 할 수도 있지만, 매우 성가시고 거의 그럴 필요가 없다.

선택할 수 있는 몇 가지 C 라이브러리가 있는데, 주로 사용하는 것들은 다음과 같다.

- **glibc**: 웹 사이트(https://www.gnu.org/software/libc)에서 구할 수 있는 표준 GNU C 라이브 러리다. 크기가 크고 최근까지 구성 변경이 용이하지 않지만, POSIX API의 가장 완전한 구현이다. 라이선스는 LGPL 2.1이다.

- **musl libc**: 웹 사이트(https://musl.libc.org)에서 구할 수 있다. musl libc는 비교적 최근에 등장했지만, 작고 표준을 준수하는, GNU libc의 대안으로 많은 관심을 끌고 있다. 램과 저장 공간의 크기가 제한된 시스템을 위한 좋은 선택이다. MIT 라이선스를 따른다.

- **uClibc-ng**: 웹 사이트(https://uclibc-ng.org)에서 구할 수 있다. 'u'는 사실 그리스 글자의 'mu'로, 이것이 마이크로컨트롤러 C 라이브러리임을 나타낸다. 처음에는 uClinux(MMU 없는 CPU용 리눅스)용으로 개발했지만, 그 후 완전한 리눅스에서 쓸 수 있도록 개조됐다. 필요에 따라 기능을 미세 조정할 수 있는 구성 유틸리티가 있다. uClibc-ng 라이브러리는 uClibc 프로젝트(https://uclibc.org)에서 갈라져 나왔는데, uClibc 프로젝트는 불행히도 절망에 빠졌다. 둘 다 LGPL 2.1을 따른다.

- **eglibc:** 웹 사이트(http://www.eglibc.org/home)에서 구할 수 있다. 이제는 한물갔지만, eglibc는 glibc를 임베디드용으로 변경한 것이다. eglibc에는 glibc가 다루지 않는 아키텍처(특히 파워PC e500 CPU 코어)를 지원하는 구성 옵션이 추가돼 있었다. eglibc의 코드 베이스가 다시 glibc 버전 2.20에 병합됐다. eglibc는 더 이상 유지보수되지 않는다.

그럼 무엇을 고를까? uClinux를 쓸 때만 uClibc-ng를 쓰는 것을 권장한다. 저장소나 램의 크기가 매우 제한돼 있다면 musl libc가 좋은 선택이다. 그렇지 않다면, glibc를 쓰길 바란다. 정리하면 다음 흐름도와 같다.

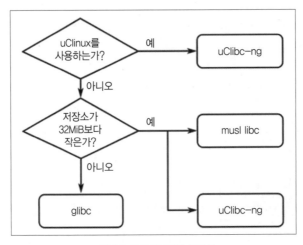

그림 2.2 C 라이브러리 고르기

미리 빌드된 툴체인이 모든 C 라이브러리를 지원하는 것은 아니므로 C 라이브러리를 선택하면 툴체인 선택이 제한될 수 있다.

⫸ 툴체인 찾기

크로스 개발 툴체인을 구하는 세 가지 방법이 있다. 미리 빌드된 툴체인 중에 필요 사항을 만족하는 것을 찾는 방법, 6장, '빌드 시스템 선택하기'에 설명된 임베디드 빌드 도구를 통해 생성된 것을 사용하는 방법, 2장의 뒤쪽에서 설명하는 방식으로 직접 만드는 방법이다.

다운로드해 설치하기만 하면 된다는 점에서 미리 빌드된 크로스 툴체인은 매력적인 선택이다. 그러나 특정 툴체인의 구성에 제한되고 해당 툴체인을 제공한 사람이나 조직에 의존하게 된다.

제공자는 아마도 다음 중 하나일 것이다.

* SoC나 보드 벤더. 대부분의 벤더는 리눅스 툴체인을 제공한다.

* 해당 아키텍처에 대한 시스템 수준 지원을 제공하는 컨소시엄. 예를 들어 Linaro (https://www.linaro.org)는 미리 빌드된 ARM 아키텍처용 툴체인을 갖고 있다.

* 멘토 그래픽스Mentor Graphics, 타임시스TimeSys, 몬타비스타MontaVista 같은 서드파티 리눅스 툴 벤더

* 데스크톱 리눅스 배포판용 크로스 툴 패키지. 예를 들어 데비안 기반 배포판은 ARM, MIPS, 파워PC 용 크로스 컴파일 패키지를 갖고 있다.

* 통합 임베디드 빌드 도구 중 하나가 제공하는 바이너리 SDK. Yocto 프로젝트는 웹 사이트(http://downloads.yoctoproject.org/releases/yocto/yocto-[version]/toolchain)에 몇 가지 예가 있다.

* 더 이상 찾을 수 없는 포럼의 링크

이들 경우, 모두 제공되는 미리 빌드된 툴체인이 요구 사항을 만족하는지 판단해야 한다. 선호하는 C 라이브러리를 사용하는가? 제공자가 보안 수정과 버그를 위한 갱신을 지원하는가(1장, '시작'에서 말한 지원과 갱신을 유념할 것)? 이들 질문에 대한 답이 하나라도 '아니오'라면 직접 만드는 것을 고려해야 한다.

안타깝게도 툴체인 빌드는 쉬운 일이 아니다. 진정으로 전체 과정을 직접 하고 싶다면, Cross Linux From Scratch(https://trac.clfs.org)를 살펴보길 바란다. 거기서 각 요소를 만드는 단계별 방법을 찾을 수 있을 것이다.

좀 더 쉬운 방법은 각 절차를 스크립트로 캡슐화하고 메뉴 기반 사용자 인터페이스를 갖고 있는 crosstool-NG를 사용하는 것이다. 올바른 선택을 하려면 여전히 상당한 수준의 지식이 필요하긴 하다.

훨씬 더 쉬운 방법은 Buildroot나 Yocto 프로젝트 같은 빌드 시스템을 쓰는 것이다. 빌드 과정의 일부로 툴체인을 만들어주기 때문이다. 6장, '빌드 시스템 선택하기'에서 볼 수 있듯이, 이것이 가장 선호하는 방법이다.

crosstool-NG의 등장으로 자신의 툴체인을 구축하는 것이 확실히 해볼 만해졌다. 이제 그 방법을 살펴보자.

⁝⁝ crosstool-NG를 이용해 툴체인 빌드하기

오래전에 댄 케겔^{Dan Kegel}은 크로스 개발 툴체인을 만드는 스크립트와 makefile들을 작성하고 crosstool^(http://kegel.com/crosstool/)이라고 불렀다. 2007년에는 얀 모린^{Yann E. Morin}이 그 기반을 이용해서 차세대 crosstool인 crosstool-NG^(https://crosstool-ng.github.io/)를 만들었다. 오늘날 crosstool-NG는 소스로부터 독립형 크로스 툴체인을 만드는 가장 편리한 방법이다.

여기서는 crosstool-NG를 사용해 비글본 블랙과 QEMU용 툴체인을 만들 것이다.

crosstool-NG 설치

소스에서 crosstool-NG를 빌드하기에 앞서, 먼저 작동하는 네이티브 툴체인과 빌드 도구를 호스트 PC에 설치해야 할 것이다. crosstool-NG의 전체 빌드/런타임 의존 관계 목록은 2장 앞부분의 '기술적 요구 사항' 절을 참고하길 바란다.

그다음, crosstool-NG 깃^{Git} 저장소에서 현재 버전을 받는다. 이 책의 예에서는 `1.24.0`을 사용했다. 압축을 해제하고 다음 명령을 이용해서 프론트엔드 메뉴 시스템, `ct-ng`를 만들자.

```
$ git clone https://github.com/crosstool-ng/crosstool-ng.git
$ cd crosstool-ng
$ ./bootstrap
$ ./configure --prefix=${PWD}
$ make
$ make install
```

--prefix=${PWD} 옵션은 프로그램을 현재 디렉터리에 설치함을 뜻하며, 기본 위치인 /usr/local/share에 설치할 때와 달리 root 권한이 필요치 않게 된다.

이제 크로스 툴체인을 구축하는 데 사용할 수 있는 crosstool-NG가 설치됐다. bin/ct-ng를 입력해서 crosstool 메뉴를 실행하자.

비글본 블랙용 툴체인 빌드

crosstool-NG는 서로 다른 여러 가지 조합의 툴체인을 빌드할 수 있다. 초기 구성을 쉽게 하기 위해 다수의 공통 용례를 다룰 수 있는 예제들을 담고 있다. bin/ct-ng list-samples를 사용해서 목록을 만들자.

비글본 블랙은 ARM Cortex A8 코어와 VFPv3 부동소수점 장치가 있는 TI AM335x SoC를 갖고 있다. 비글본 블랙은 충분한 램과 저장 공간을 갖고 있으므로, glibc를 C 라이브러리로 쓸 수 있다. 가장 가까운 예는 arm-cortex_a8-linux-gnueabi이다.

이름에 접두어 show-를 붙이면 다음과 같이 디폴트 구성을 볼 수 있다.

```
$ bin/ct-ng show-arm-cortex_a8-linux-gnueabi
[G...]   arm-cortex_a8-linux-gnueabi
    Languages       : C,C++
    OS              : linux-4.20.8
    Binutils        : binutils-2.32
    Compiler        : gcc-8.3.0
    C library       : glibc-2.29
    Debug tools     : duma-2_5_15 gdb-8.2.1 ltrace-0.7.3
strace-4.26
    Companion libs  : expat-2.2.6 gettext-0.19.8.1 gmp-6.1.2
```

```
isl-0.20 libelf-0.8.13 libiconv-1.15 mpc-1.1.0 mpfr-4.0.2
ncurses-6.1 zlib-1.2.11
    Companion tools :
```

이는 정수 레지스터의 부동소수점 인수를 전달하는 eabi 바이너리 인터페이스를 사용한다는 점을 제외하면 요구 사항과 거의 일치한다. float와 double 매개변수 유형이 있는 함수 호출의 속도를 높일 수 있으므로 하드웨어 부동소수점 레지스터의 사용을 선호한다. 나중에 구성을 변경할 수 있으므로 지금은 이 타깃 구성을 선택한다.

```
$ bin/ct-ng arm-cortex_a8-linux-gnueabi
```

이 시점에서는 구성 메뉴 명령 menuconfig를 이용해 구성을 리뷰하고 변경할 수 있다.

```
$ bin/ct-ng menuconfig
```

메뉴 시스템은 리눅스 커널 menuconfig에 기반을 두고 있으므로 사용자 인터페이스 이용법은 커널을 구성해본 사람이라면 누구나 친숙할 것이다. 그렇지 않다면, 4장, '커널 구성과 빌드' 중 menuconfig에 대한 설명을 참고하길 바란다.

이 시점에서 몇 가지 구성 변경을 추천하려고 한다.

- **Paths and misc options**에서 **Render the toolchain read-only**(CT_PREFIX_DIR_RO)를 끈다.
- **Target options ➤ Floating point**에서 **hardware (FPU)**(CT_ARCH_FLOAT_HW)를 선택한다.
- **Target options**에서 **Use specific FPU**에 neon을 입력한다.

툴체인을 설치한 뒤에 라이브러리(라이브러리는 이후 '라이브러리와 링크하기: 정적 링크와 동적 링크' 절에서 설명할 것이다)를 추가하려면 첫 번째 항목이 필수적이다. 두 번째는 앞서 논의한 이유에 따라 eabihf 바이너리 인터페이스를 선택한다. 세 번째는 리눅스 커널을 성공적으로 빌드하기 위해 필요하다. 괄호 안의 이름들은 구성 파일에 저장된 구성 레이블configuration label이다. 변경 뒤에는 menuconfig를 나와서 구성을 저장하자.

이제 다음 명령을 통해 crosstool-NG를 사용함으로써 여러분이 지정한 대로 요소를 얻고, 구성하고, 빌드할 수 있다.

```
$ bin/ct-ng build
```

빌드는 30분 정도 걸릴 것이고, 그 뒤 ~/x-tools/arm-cortex_a8-linux-gnueabihf/에서 툴체인을 찾을 수 있다.

이제 QEMU용 툴체인을 빌드하자.

QEMU용 툴체인 빌드

QEMU 타깃은 ARMv65TE 명령어 세트를 구현한 ARM926EJ-S 프로세서 코어를 탑재한 ARM-versatile PB 평가 보드를 에뮬레이트한다. 이 규격에 맞는 crosstool-NG 툴체인을 만들어야 한다. 절차는 비글본 블랙용 툴체인을 만들 때와 비슷하다.

먼저 `bin/ct-ng list-samples`를 실행해서 작업을 시작할 좋은 기반 구성을 찾는다. 딱 맞는 것이 없으므로, 일반적인 타깃인 `arm-unknown-linux-gnueabi`를 사용한다. 아래에 나와 있듯이 먼저 `distclean`을 실행해 이전 빌드에서 남아 있는 것들이 없도록 한다.

```
$ bin/ct-ng distclean
$ bin/ct-ng arm-unknown-linux-gnueabi
```

비글본 블랙 때와 마찬가지로, `bin/ct-ng menuconfig` 명령으로 구성을 살펴보고 바꿀 수 있다. 이번에는 하나만 바꾸면 된다.

- **Paths and misc options**에서 **Render the toolchain read-only**(CT_INSTALL_DIR_RO)를 끈다.

이제 다음 명령으로 툴체인을 빌드한다.

```
$ bin/ct-ng build
```

앞서와 마찬가지로, 빌드는 30분 정도 걸릴 것이다. 툴체인은 ~/xtools/arm-unknown -linux-gnueabi에 설치된다.

다음 절의 실습을 완료하려면 작동하는 툴체인이 필요할 것이다.

ꖥ 툴체인의 구조

전형적인 툴체인 안에 무엇이 들어 있는지 알기 위해 방금 만든 crosstool-NG 툴체인을 살펴보려고 한다. 여기서는 비글본 블랙용으로 만든 ARM Cortex A8 툴체인을 사용하며, arm-cortex_a8-linux-gnuabihf-라는 접두어가 붙어 있다. QEMU용 ARM926EJ-S 툴체인을 빌드했다면, arm-unkown-linux-gnueabi라는 접두어가 대신 붙는다.

ARM Cortex A8 툴체인은 ~/x-tools/arm-cortex_a8-linux-gnueabihf/bin 디렉터리에 있다. 그 안에서 크로스 컴파일러 arm-cortex_a8-linux-gnueabihf-gcc를 찾을 수 있다. 이 컴파일러를 사용하려면, 다음 명령으로 해당 디렉터리를 패스에 넣어야 한다.

```
$ PATH=~/x-tools/arm-cortex_a8-linux-gnueabihf/bin:$PATH
```

이제 C 언어로 작성된 다음과 같은 간단한 hello world 프로그램을,

```
#include <stdio.h>
#include <stdlib.h>

int main (int argc, char *argv[])
{
    printf ("Hello, world!\n");
    return 0;
}
```

다음과 같이 컴파일할 수 있다.

```
$ arm-cortex_a8-linux-gnueabihf-gcc helloworld.c -o helloworld
```

file 명령으로 파일의 종류를 출력해보면 크로스 컴파일됐음을 확인할 수 있다.

```
$ file helloworld
helloworld: ELF 32-bit LSB executable, ARM, EABI5 version 1
(SYSV), dynamically linked, interpreter /lib/ld-linux-armhf.
so.3, for GNU/Linux 4.20.8, with debug_info, not stripped
```

이제 크로스 컴파일러가 동작함을 확인했으므로, 크로스 컴파일러를 더 자세히 살펴보자.

크로스 컴파일러를 알아보자

방금 툴체인을 받았는데, 어떻게 구성됐는지 알고 싶다고 가정하자. gcc에게 물어보면 많은 것을 알 수 있다. 예를 들어 버전을 알고 싶으면 --version을 쓴다.

```
$ arm-cortex_a8-linux-gnueabihf-gcc --version
arm-cortex_a8-linux-gnueabihf-gcc (crosstool-NG 1.24.0) 8.3.0
Copyright (C) 2018 Free Software Foundation, Inc.
This is free software; see the source for copying conditions.
There is NO warranty; not even for MERCHANTABILITY or FITNESS
FOR A PARTICULAR PURPOSE.
```

어떻게 구성됐는지 알고 싶으면 -v를 쓴다.

```
$ arm-cortex_a8-linux-gnueabihf-gcc -v
Using built-in specs.
COLLECT_GCC=arm-cortex_a8-linux-gnueabihf-gcc
COLLECT_LTO_WRAPPER=/home/frank/x-tools/arm-cortex_a8-linuxgnueabihf/
libexec/gcc/arm-cortex_a8-linux-gnueabihf/8.3.0/
lto-wrapper
Target: arm-cortex_a8-linux-gnueabihf
Configured with: /home/frank/crosstool-ng/.build/arm-cortex_
a8-linux-gnueabihf/src/gcc/configure --build=x86_64-build_
pc-linux-gnu --host=x86_64-build_pc-linux-gnu --target=armcortex_
a8-linux-gnueabihf --prefix=/home/frank/x-tools/
arm-cortex_a8-linux-gnueabihf --with-sysroot=/home/frank/xtools/
arm-cortex_a8-linux-gnueabihf/arm-cortex_a8-linuxgnueabihf/
```

```
sysroot --enable-languages=c,c++ --with-cpu=cortex-a8
--with-float=hard --with-pkgversion='crosstool-NG 1.24.0'
--enable-__cxa_atexit --disable-libmudflap --disable-libgomp
--disable-libssp --disable-libquadmath --disable-libquadmathsupport
--disable-libsanitizer --disable-libmpx --with-gmp=/
home/frank/crosstool-ng/.build/arm-cortex_a8-linux-gnueabihf/
buildtools --with-mpfr=/home/frank/crosstool-ng/.build/
arm-cortex_a8-linux-gnueabihf/buildtools --with-mpc=/home/
frank/crosstool-ng/.build/arm-cortex_a8-linux-gnueabihf/
buildtools --with-isl=/home/frank/crosstool-ng/.build/
arm-cortex_a8-linux-gnueabihf/buildtools --enable-lto --withhost-
libstdcxx='-static-libgcc -Wl,-Bstatic,-lstdc++,-Bdynamic
-lm' --enable-threads=posix --enable-target-optspace --enableplugin
--enable-gold --disable-nls --disable-multilib --withlocal-
prefix=/home/frank/x-tools/arm-cortex_a8-linux-gnueabihf/
arm-cortex_a8-linux-gnueabihf/sysroot --enable-long-long
Thread model: posix
gcc version 8.3.0 (crosstool-NG 1.24.0)
```

엄청나게 많은 양이 출력되지만 특별히 언급할 만한 것들은 다음과 같다.

- **--with-sysroot=/home/frank/x-tools/arm-cortex_a8-linuxgnueabihf/arm-cortex_a8-linux-gnueabihf/sysroot**: 이것은 기본 sysroot 디렉터리로, 나중에 자세히 설명하겠다.

- **--enable-languages=c,c++**: 이를 이용해 C와 C++를 활성화한다.

- **--with-cpu=cortex-a8**과 **--with-tune=cortex-a8**: ARM Cortex A8 코어용 코드를 만든다.

- **--with-float=hard**: 부동소수점 장치용 코드를 만들고 인자용으로 VFP 레지스터를 사용한다.

- **--enable-threads=posix**: POSIX 스레드를 사용한다.

컴파일러를 위한 기본 설정이 있다. 대부분의 설정을 gcc 명령줄에서 바꿀 수 있으므로, 예를 들어 다른 CPU용으로 컴파일하고 싶으면 **--with-cpu**로 미리 구성된 설정을 다음과 같이 명령줄에 -mcpu를 추가해 바꿀 수 있다.

```
$ arm-cortex_a8-linux-gnueabihf-gcc -mcpu=cortex-a5 helloworld.c
-o helloworld
```

--target-help를 사용해서 아키텍처별로 사용 가능한 옵션들을 출력할 수 있다.

```
$ arm-cortex_a8-linux-gnueabihf-gcc --target-help
```

여기 나온 것처럼 언제든지 바꿀 수 있으므로, 툴체인을 만들 때 정확한 구성을 선택하는 것이 중요한지 궁금할 수도 있다. 그에 대한 답은 툴체인을 사용할 방식에 따라 다르다. 타깃별로 새로운 툴체인을 만들 계획이라면, 나중에 잘못될 위험이 줄도록 모든 것을 처음에 미리 설정하는 것이 좋다. 6장, '빌드 시스템 선택하기'에서 다시 말하겠지만, 나는 이것을 'Buildroot 철학'이라고 부른다. 반면에 일반적인 툴체인을 만들고 나중에 특정 타깃용으로 빌드할 때 올바른 설정을 제공할 준비가 돼 있다면, 기본 툴체인을 일반적으로 만들어야 한다. 이는 Yocto 프로젝트가 일을 처리하는 방식이다. 위의 예는 Buildroot 철학을 따른 것이다.

sysroot, 라이브러리, 헤더 파일

툴체인 sysroot는 라이브러리, 헤더 파일, 기타 구성 파일들을 위한 서브디렉터리들을 담고 있는 디렉터리다. 툴체인을 구성할 때 --with-sysroot=로 설정하거나 명령줄에서 --sysroot=로 설정할 수 있으며, -print-sysroot로 기본 sysroot의 위치를 볼 수 있다.

```
$ arm-cortex_a8-linux-gnueabihf-gcc -print-sysroot
/home/frank/x-tools/arm-cortex_a8-linux-gnueabihf/arm-cortex_
a8-linux-gnueabihf/sysroot
```

sysroot 안에는 다음과 같은 서브디렉터리들이 있다.

- **lib**: C 라이브러리용 공유 오브젝트 파일들과 동적 링커/로더인 ld-linux

- **usr/lib**: C 라이브러리용 정적 라이브러리 아카이브와 추후에 설치되는 기타 라이브러리

- **usr/include**: 모든 라이브러리의 헤더들

- **usr/bin**: ldd 명령 같은, 타깃에서 실행되는 유틸리티 프로그램들

- **/usr/share**: 지역화와 국제화를 위해 사용된다.

- **sbin**: 라이브러리 로드 경로를 최적화하는 데 사용되는 ldconfig 유틸리티를 제공한다.

분명히 이들 중 일부는 개발 호스트에서 프로그램을 컴파일할 때 필요하고, 또 일부, 예를 들어 공유 라이브러리와 ld-linux는 타깃에서 실행 시에 필요하다.

툴체인 안의 다른 도구들

다음은 GNU 툴체인 안의 여러 요소를 호출하는 명령과 설명의 목록이다.

- **addr2line**: 실행 파일 안의 디버그 심볼을 읽어서 프로그램 주소를 파일명과 행 번호로 변환한다. 시스템 크래시 리포트^{system crash report}에 출력된 주소를 해독할 때 매우 유용하다.

- **ar**: 아카이브 유틸리티는 정적 라이브러리를 만들 때 쓰인다.

- **as**: GNU 어셈블러

- **c++filt**: C++와 자바 심볼을 복원^{demangle}할 때 쓰인다.

- **cpp**: C 전처리기로, #define, #include 등의 지시자를 확장할 때 쓰인다. 단독으로 사용할 필요는 거의 없다.

- **elfedit**: ELF 파일의 ELF 헤더를 갱신할 때 쓰인다.

- **g++**: GNU C++ 프론트엔드로, 소스 파일이 C++ 코드를 담고 있다고 가정한다.

- **gcc**: GNU C 프론트엔드로, 소스 파일이 C 코드를 담고 있다고 가정한다.

- **gcov**: 코드 커버리지 도구

- **gdb**: GNU 디버거

- **gprof**: 프로그램 프로파일링 도구

- **ld**: GNU 링커

- **nm**: 오브젝트 파일의 심볼을 나열한다.

- **objcopy**: 오브젝트 파일을 복사하고 번역할 때 쓰인다.

- **objdump**: 오브젝트 파일의 정보를 출력할 때 쓰인다.

- **ranlib**: 정적 라이브러리 안의 인덱스를 만들거나 수정해 링크 단계를 더 빠르게 한다.

- **readelf**: ELF 오브젝트 형식의 파일에 정보를 출력한다.

- **size**: 섹션 크기와 전체 크기를 나열한다.

- **strings**: 파일 안의 인쇄 가능 문자열들을 출력한다.

- **strip**: 오브젝트 파일의 디버그 심볼 테이블을 없애 파일 크기를 줄여준다. 흔히 타깃에 복사할 모든 실행 코드에 적용한다.

이제 명령줄 도구에서 C 라이브러리에 대한 주제로 돌아간다.

C 라이브러리의 요소를 살펴보자

C 라이브러리는 라이브러리 파일 하나가 아니며, POSIX API를 구현하는 4개의 주요 부분으로 이뤄져 있다.

- **libc**: printf, open, close, read, write 등 잘 알려진 POSIX 함수들을 담고 있는 주 C 라이브러리

- **libm**: cos, exp, log 같은 수학 함수들

- **libpthread**: 이름이 pthread_로 시작하는 모든 POSIX 스레드 함수들

- **librt**: 공유 메모리와 비동기 I/O를 포함하는 POSIX 실시간 확장

첫 번째 항목인 libc는 언제나 링크되지만, 나머지는 -1 옵션으로 명시적으로 링크해야 한다. -1의 인자는 라이브러리 이름에서 lib을 뺀 것이다. 그러므로, 예를 들어 sin()을 불러서 사인 함수를 계산하는 프로그램은 -lm을 통해 libm과 링크해야 한다.

```
$ arm-cortex_a8-linux-gnueabihf-gcc myprog.c -o myprog -lm
```

readelf 명령으로 이 프로그램이나 다른 프로그램이 어떤 라이브러리와 링크됐는지 확인할 수 있다.

```
$ arm-cortex_a8-linux-gnueabihf-readelf -a myprog | grep "Shared library"
 0x00000001 (NEEDED)                     Shared library: [libm.so.6]
 0x00000001 (NEEDED)                     Shared library: [libc.so.6]
```

공유 라이브러리는 런타임 링커가 필요한데, 다음 명령으로 알 수 있다.

```
$ arm-cortex_a8-linux-gnueabihf-readelf -a myprog | grep "program interpreter"
    [Requesting program interpreter: /lib/ld-linux-armhf.so.3]
```

이는 매우 유용하므로 나는 이들 명령을 list-libs라는 이름의 셸 스크립트로 만들어뒀으며, 코드 아카이브의 MELP/list-libs에서 찾을 수 있다. 이 스크립트는 다음과 같은 코드를 담고 있다.

```
#!/bin/sh
${CROSS_COMPILE}readelf -a $1 | grep "program interpreter"
${CROSS_COMPILE}readelf -a $1 | grep "Shared library"
```

C 라이브러리의 네 가지 구성 요소 외에 연결할 수 있는 다른 라이브러리 파일들이 있다. 다음 절에서는 이를 수행하는 방법을 살펴본다.

⁑ 라이브러리와 링크하기: 정적 링크와 동적 링크

리눅스용으로 작성하는 모든 프로그램은 C로 작성됐든, C++로 작성됐든 상관없이 C 라이브러리인 libc와 링크될 것이다. 이것은 너무나 기본적이라서 gcc나 g++에게 지시할 필요도 없다. gcc/g++는 언제나 libc와 링크한다. 링크하고 싶은 다른 라이브러리는 -l 옵션을 통해 명시적으로 지정해야 한다.

라이브러리 코드는 서로 다른 두 가지 방법으로 링크할 수 있다. 정적 링크는 애플리케이션의 모든 라이브러리 함수와 의존 관계가 라이브러리 아카이브로부터 추출돼 실행 파일에 복사됨을 뜻하고, 동적 링크는 라이브러리 파일과 함수로의 참조가 코드 안에 만들어지지만 실제 링크는 실행 시에 동적으로 이뤄짐을 뜻한다. 이 예제의 코드는 코드 아카이브의 MELP/chapter_02/library에서 찾을 수 있다.

정적 링크부터 살펴본다.

정적 라이브러리

정적 링크는 몇 가지 경우에 유용하다. 예를 들어 BusyBox와 약간의 스크립트 파일만으로 구성된 작은 시스템을 만든다면, BusyBox를 정적으로 링크해서 런타임 라이브러리 파일과 링커를 복사할 필요가 없는 편이 더 간단할 것이다. 전체 C 라이브러리를 제공하기보다 애플리케이션이 사용하는 코드만 링크하기 때문에 크기도 더 작아질 것이다. 정적 링크는 또한 런타임 라이브러리를 담을 파일시스템이 준비되기 전에 프로그램을 실행해야 할 때도 유용하다.

명령줄에 -static을 추가하면 모든 라이브러리를 정적으로 링크한다.

```
$ arm-cortex_a8-linux-gnueabihf-gcc -static helloworld.c -o
helloworld-static
```

바이너리 크기가 극적으로 증가하는 것을 볼 수 있다.

```
$ ls -l
total 4060
-rwxrwxr-x 1 frank frank   11816 Oct 23 15:45 helloworld
-rw-rw-r-- 1 frank frank     123 Oct 23 15:35 helloworld.c
-rwxrwxr-x 1 frank frank 4140860 Oct 23 16:00 helloworld-static
```

정적 링크는 보통 이름이 lib[name].a인 라이브러리 아카이브로부터 코드를 복사한다. 위의 예에서는 libc.a이고, [sysroot]/usr/lib에 있다.

```
$ export SYSROOT=$(arm-cortex_a8-linux-gnueabihf-gcc -print-sysroot)
$ cd $SYSROOT
$ ls -l usr/lib/libc.a
-rw-r--r-- 1 frank frank 31871066 Oct 23 15:16 usr/lib/libc.a
```

문법 export SYSROOT=$(arm-cortex_a8-linux-gnueabihf-gcc -print-sysroot)는 sysroot로의 경로를 셸 변수 SYSROOT에 넣는 것으로, 이로 인해 예제가 조금 더 명확해진다.

정적 라이브러리 만들기는 ar 명령으로 오브젝트 파일의 아카이브를 만드는 것처럼 쉽다. 이름이 test1.c와 test2.c인 두 소스 파일이 있고 이름이 libtest.a인 정적 라이브러리를 만들고 싶다면, 다음과 같이 한다.

```
$ arm-cortex_a8-linux-gnueabihf-gcc -c test1.c
$ arm-cortex_a8-linux-gnueabihf-gcc -c test2.c
$ arm-cortex_a8-linux-gnueabihf-ar rc libtest.a test1.o test2.o
$ ls -l
total 24
-rw-rw-r-- 1 frank frank 2392 Oct 9 09:28 libtest.a
-rw-rw-r-- 1 frank frank  116 Oct 9 09:26 test1.c
-rw-rw-r-- 1 frank frank 1080 Oct 9 09:27 test1.o
-rw-rw-r-- 1 frank frank  121 Oct 9 09:26 test2.c
-rw-rw-r-- 1 frank frank 1088 Oct 9 09:27 test2.o
```

그다음에는 libtest를 다음과 같이 helloworld 프로그램에 링크할 수 있다.

```
$ arm-cortex_a8-linux-gnueabihf-gcc helloworld.c -ltest \
-L../libs -I../include -o helloworld
```

이제 동적 링크를 이용해서 같은 프로그램을 다시 만들어보자.

공유 라이브러리

라이브러리를 사용하는 좀 더 일반적인 방법은 실행 시에 링크되는 공유 오브젝트로 사용하는 것으로, 그렇게 하면 코드를 한 본^{copy}만 로드하면 되기 때문에 저장 공간과 시스템 메모리를 좀 더 효율적으로 사용할 수 있다. 라이브러리 파일이 갱신됐을 때 해당 라이브러리를 사용하는 모든 프로그램을 다시 링크할 필요가 없으므로 관리도 쉽다.

공유 라이브러리용 오브젝트 코드는 위치 독립적이어서 런타임 링커가 메모리의 빈 주소에 자유롭게 위치시킬 수 있어야 한다. 이를 위해서는 gcc에 -fPIC 인자를 추가하고, -shared 옵션을 이용해 링크해야 한다.

```
$ arm-cortex_a8-linux-gnueabihf-gcc -fPIC -c test1.c
$ arm-cortex_a8-linux-gnueabihf-gcc -fPIC -c test2.c
$ arm-cortex_a8-linux-gnueabihf-gcc -shared -o libtest.so test1.o test2.o
```

이렇게 하면 공유 라이브러리 libtest.so가 만들어진다. 애플리케이션을 이 라이브러리와 링크하려면, 앞서 정적 링크 때와 마찬가지로 -ltest를 붙인다. 하지만 이번에는 코드가 실행 파일에 포함되지 않고, 대신 런타임 링커가 찾을 수 있도록 라이브러리를 가리키는 참조만 포함된다.

```
$ arm-cortex_a8-linux-gnueabihf-gcc helloworld.c -ltest \
-L../libs -I../libs -o helloworld
$ MELP/list-libs helloworld
    [Requesting program interpreter: /lib/ld-linux-armhf.so.3]
 0x00000001 (NEEDED)              Shared library: [libtest.so.6]
 0x00000001 (NEEDED)              Shared library: [libc.so.6]
```

이 프로그램을 위한 런타임 링커는 /lib/ld-linux-armhf.so.3으로, 타깃의 파일시스템에 있어야 한다. 링커는 기본 검색 경로(/lib과 /usr/lib)에서 libtest.so를 찾을 것이다. 다른 디렉터리에서도 라이브러리들을 찾고 싶으면, 셸 변수 LD_LIBRARY_PATH에 콜론으로 나뉜 경로 목록을 넣는다.

```
$ export LD_LIBRARY_PATH=/opt/lib:/opt/usr/lib
```

공유 라이브러리는 링크하는 실행 파일과 분리되므로, 실행 파일을 배포할 때 그 버전을 알아야 한다.

공유 라이브러리 버전 번호 이해하기

공유 라이브러리의 이점 중 하나는 사용하는 프로그램과 독립적으로 갱신할 수 있다는 것이다.

라이브러리 업데이트에는 두 종류가 있다.

- 하위 호환성을 유지하면서 버그를 수정하거나 새 기능을 추가하는 업데이트
- 기존 애플리케이션과의 호환성을 깨는 업데이트

GNU/리눅스에는 두 가지 경우 모두를 처리하는 버전 제도가 있다.

라이브러리마다 릴리스 버전과 인터페이스 번호interface number가 있다. 릴리스 버전은 간단히 말해 라이브러리 이름 뒤에 붙는 문자열이다. 예를 들어 JPEG 라이브러리인 libjpeg은 현재 릴리스 8.2.2이므로 라이브러리의 이름은 libjpeg.so.8.2.2이다. 이름이 libjpeg.so이고 libjpeg.so.8.2.2를 가리키는 심볼릭 링크가 있어서, 프로그램을 -ljpeg 옵션으로 컴파일하면 현재 버전과 링크된다. 버전 8.2.3을 설치하면, 링크가 업데이트되고 이전 버전 대신 새 버전으로 링크될 것이다.

이제 버전 9.0.0이 나오고 하위 호환성이 깨진다고 가정하자. libjpeg.so 링크는 이제 libjpeg.so.9.0.0을 가리키므로 새 프로그램은 새 버전과 링크되고, libjpeg의 인터페

이스가 바뀐다면 컴파일 에러가 날 수 있지만 개발자가 고칠 수 있다.

타깃에 있는 재컴파일되지 않은 프로그램은 여전히 예전 인터페이스를 사용하므로 어떤 방식으로는 문제가 생길 것이다. 이때 도움이 되는 것이 soname이다. soname은 라이브러리가 빌드된 인터페이스 번호를 부호화해서 런타임 링커가 라이브러리를 로드할 때 사용한다. 그 형식은 <라이브러리 이름>.so.<인터페이스 번호>다. libjpeg.so.8.2.2의 경우, libjpeg 공유 라이브러리가 빌드됐을 때의 인터페이스 번호가 8이므로, soname은 libjpeg.so.8이다.

```
$ readelf -a /usr/lib/x86_64-linux-gnu/libjpeg.so.8.2.2 \
| grep SONAME
 0x000000000000000e (SONAME)      Library soname: [libjpeg.so.8]
```

이 인터페이스 번호로 컴파일된 프로그램은 모두 실행 시에 libjpeg.so.8을 요구할 것이고, 그 파일은 타깃에서 libjpeg.so.8.2.2를 가리키는 심볼릭 링크일 것이다. libjpeg 9.0.0 버전이 설치되면 그 soname은 libjpeg.so.9가 되고, 같은 라이브러리의 호환되지 않는 두 버전이 같은 시스템에 설치되게 된다. libjpeg.so.8.*.*와 링크된 프로그램은 libjpeg.so.8을 로드할 것이고, libjpeg.so.9.*.*와 링크된 프로그램은 libjpeg.so.9를 로드할 것이다.

이런 이유로, /usr/lib/x86_64-linux-gnu/libjpeg*의 디렉터리 목록을 보면 아래의 네 파일을 보게 된다.

- **libjpeg.a**: 정적 링크용으로 쓰이는 라이브러리 아카이브

- **libjpeg.so -> libjpeg.so.8.2.2**: 동적 링크용으로 쓰이는 심볼릭 링크

- **libjpeg.so.8 -> libjpeg.so.8.2.2**: 실행 시에 라이브러리를 로드할 때 쓰이는 심볼릭 링크

- **libjpeg.so.8.2.2**: 컴파일 시와 실행 시에 쓰이는 실제 공유 라이브러리

처음 두 파일은 호스트 컴퓨터에서 빌드할 때만 필요하고, 마지막 두 파일은 실행 시에

타깃에서 필요하다.

명령줄에서 직접 다양한 GNU 크로스 컴파일 도구를 호출할 수 있지만, 이 기술은 helloworld 같은 장난감 예제 이상으로 확장되지 않는다. 크로스 컴파일을 효과적으로 하려면 크로스 툴체인을 빌드 시스템과 결합해야 한다.

크로스 컴파일 기술

작동하는 크로스 툴체인을 갖는 것은 여행의 끝이 아니라 시작이다. 어느 시점에서 타깃에 필요한 다양한 도구, 애플리케이션, 라이브러리를 크로스 컴파일하기 시작할 것이다. 그중 상당수는 오픈소스 패키지일 것이고, 각각은 자신만의 독특한 컴파일 방법이 있을 것이다.

흔히 쓰이는 빌드 시스템은 다음과 같다.

- 툴체인이 주로 make 변수 CROSS_COMPILE로 제어되는 순수한 makefile들

- Autotools로 알려진 GNU 빌드 시스템

- CMake(https://cmake.org)

Autotools와 makefile은 심지어 기본 임베디드 리눅스 시스템을 구축하는 데도 필요하다. CMake는 크로스 플랫폼이며, 특히 C++ 커뮤니티에서 수년에 걸쳐 채택이 증가했다. 여기서는 세 가지 빌드 도구를 모두 다룰 것이다.

단순 makefile

리눅스 커널, U-Boot 부트로더, Busybox를 포함한 몇몇 중요한 패키지는 크로스 컴파일이 매우 쉽다. 각각을 컴파일할 때 make 변수 CROSS_COMPILE에 툴체인 접두어(예: arm-cortex_a8-linux-gnueabi-)를 넣기만 하면 된다. 끝에 대시(-)가 붙는 것에 주의하길 바란다.

따라서 Busybox를 컴파일할 때는 다음과 같이 입력한다.

```
$ make CROSS_COMPILE=arm-cortex_a8-linux-gnueabihf-
```

또는 셸 변수로 설정할 수도 있다.

```
$ export CROSS_COMPILE=arm-cortex_a8-linux-gnueabihf-
$ make
```

U-Boot와 리눅스의 경우, make 변수 ARCH도 지원하는 기계 아키텍처로 설정해야 한다. 아키텍처는 3장, '부트로더에 대한 모든 것'과 4장, '커널 구성과 빌드'에서 다루겠다.

Autotools와 CMake는 모두 makefile을 생성할 수 있다. Autotools는 makefile만 생성하는 반면, CMake는 타깃으로 삼는 플랫폼(이 책에서는 엄격하게 리눅스)에 따라 프로젝트를 빌드하는 다른 방법을 지원한다. 먼저 Autotools를 사용한 크로스 컴파일을 살펴본다.

Autotools

Autotools라는 이름은 여러 오픈소스 프로젝트에서 빌드 시스템으로 쓰이는 한 무리의 도구들을 가리키는데, 그 요소들과 관련 프로젝트 페이지는 다음과 같다.

- GNU Autoconf(https://www.gnu.org/software/autoconf/autoconf.html)

- GNU Automake(https://www.gnu.org/savannah-checkouts/gnu/automake)

- GNU Libtool(https://www.gnu.org/software/libtool/libtool.html)

- Gnulib(https://www.gnu.org/software/gnulib)

Autotools의 역할은 서로 다른 버전의 컴파일러와 라이브러리, 서로 다른 헤더 파일 위치, 다른 패키지와의 의존 관계를 처리해서 패키지를 컴파일하는 서로 다른 여러 가지 시스템 사이의 차이를 완화하는 것이다. Autotools를 사용하는 패키지는 의존 관계를 확인하고 makefile을 만들어내는 configure라는 이름의 스크립트를 담고 있다. configure 스크립트는 특정 기능을 켜고 끄는 선택도 제공한다. ./configure -help를 실행하면 제공하는 옵션들을 찾을 수 있다.

네이티브 운영체제용 패키지를 구성, 빌드, 설치하려면, 일반적으로 다음의 세 명령을 실행한다.

```
$ ./configure
$ make
$ sudo make install
```

Autotools는 크로스 개발도 처리할 수 있다. 다음의 셸 변수들을 설정함으로써 configure 스크립트의 동작에 영향을 줄 수 있다.

- **CC**: C 컴파일러 명령

- **CFLAGS**: 추가 C 컴파일러 플래그

- **CXX**: C++ 컴파일러 명령

- **CXXFLAGS**: 추가 C++ 컴파일러 플래그

- **LDFLAGS**: 추가 링커 플래그. 예를 들어 비표준 디렉터리 <lib dir>에 라이브러리가 있다면, -L<lib dir>을 추가해 <lib dir>을 라이브러리 검색 경로에 넣을 수 있다.

- **LIBS**: 링커에게 넘길 추가 라이브러리 목록(예: 수학 라이브러리의 경우 -1m)

- **CPPFLAGS**: C/C++ 전처리기 플래그. 예를 들어 비표준 디렉터리 <include dir>에서 헤더를 찾고 싶다면 -I<include dir>을 추가한다.

- **CPP**: C 전처리기

다음과 같이 CC 변수만 설정하면 충분할 때도 있다.

```
$ CC=arm-cortex_a8-linux-gnueabihf-gcc ./configure
```

경우에 따라 다음과 같은 에러가 나올 수도 있다.

```
[…]
checking for suffix of executables...
checking whether we are cross compiling... configure: error: in
'/home/frank/sqlite-autoconf-3330000':
configure: error: cannot run C compiled programs.
If you meant to cross compile, use '--host'.
See 'config.log' for more details
```

실패한 이유는 무엇일까? configure가 코드 조각을 컴파일하고 실행해서 어떤 일이 생기는지를 봄으로써 툴체인의 능력을 알아내려고 하는데, 해당 프로그램이 크로스 컴파일되면 불가능하기 때문이다.

> **NOTE**
>
> 크로스 컴파일할 때 ─host=⟨host⟩를 인자로 전달해 configure가 지정된 ⟨host⟩ 플랫폼을 타깃으로 하는 크로스 컴파일 도구 체인을 시스템에서 검색하도록 한다. 그렇게 하면, configure가 구성 단계의 일부로 네이티브가 아닌 코드 조각을 실행하지 않도록 막을 수 있다.

Autotools는 패키지를 컴파일할 때 관여하는 서로 다른 세 가지 기계를 이해할 수 있다.

- **빌드**: 패키지를 빌드하는 컴퓨터. 기본 설정은 현재 기계다.

- **호스트**: 프로그램이 실행될 컴퓨터. 네이티브 컴파일의 경우, 이 란은 비워두고 빌드와 같은 컴퓨터로 기본 설정된다. 크로스 컴파일의 경우, 툴체인 종류에 맞춰 설정해야 한다.

- **타깃**: 프로그램이 생성하는 코드가 실행될 컴퓨터. 크로스 컴파일러를 빌드할 때 이를 설정한다.

따라서 크로스 컴파일하려면 다음과 같이 호스트만 설정하면 된다.

```
$ CC=arm-cortex_a8-linux-gnueabihf-gcc \
./configure --host=arm-cortex_a8-linux-gnueabihf
```

마지막으로 언급할 것은 기본 설치 디렉터리가 〈sysroot〉/usr/local/*이라는 점이다. 보통은 헤더와 라이브러리를 기본 디렉터리에서 찾도록 〈sysroot〉/usr/*에 설치할 것이다.

일반적인 Autotools 패키지를 구성하기 위한 완전한 명령은 다음과 같다.

```
$ CC=arm-cortex_a8-linux-gnueabihf-gcc \
./configure --host=arm-cortex_a8-linux-gnueabihf --prefix=/usr
```

Autotools를 자세히 알아보고, 이를 사용해 인기 있는 라이브러리를 크로스 컴파일해보자.

예: SQLite

SQLite 라이브러리는 간단한 관계형 데이터베이스를 구현하며 임베디드 디바이스에서 상당히 널리 쓰인다. SQLite는 다음과 같은 방법으로 구할 수 있다.

```
$ wget https://www.sqlite.org/2023/sqlite-autoconf-3440000.tar.gz
$ tar xf sqlite-autoconf-3440000.tar.gz
$ cd sqlite-autoconf-3440000
```

그다음, configure 스크립트를 실행한다.

```
$ CC=arm-cortex_a8-linux-gnueabihf-gcc \
./configure --host=arm-cortex_a8-linux-gnueabihf --prefix=/usr
```

잘되는 것 같다. 실패하면 에러 메시지가 터미널에 출력되고 config.log에 기록될 것이다. 몇 개의 makefile이 만들어졌으므로, 이제 빌드할 수 있다.

```
$ make
```

마지막으로, make 변수 DESTDIR을 설정해서 툴체인 디렉터리에 설치한다. 그러지 않으면, 바라는 바와 달리 호스트 컴퓨터의 /usr 디렉터리에 설치할 것이다.

```
$ make DESTDIR=$(arm-cortex_a8-linux-gnueabihf-gcc -print-sysroot)
install
```

마지막 명령이 파일 권한 에러를 내며 실패할 수도 있다. crosstool-NG 툴체인은 기본적으로 읽기 전용일 것이므로, 빌드할 때 CT_INSTALL_DIR_RO를 y로 설정하는 것이 좋다. 흔히 맞닥뜨리는 또 다른 문제는 툴체인이 /opt나 /usr/local 같은 시스템 디렉터리에 설치된다는 것으로, 이 경우 설치 시 root 권한이 필요하다.

실치 후, 툴체인에 다양한 파일이 추가된 사실을 확인할 수 있을 것이다.

- **<sysroot>/usr/bin: sqlite3**: 타깃에 설치하고 실행할 수 있는 SQLite의 명령줄 인터페이스

- **<sysroot>/usr/lib: libsqlite3.so.0.8.6, libsqlite3.so.0, libsqlite3.so libsqlite3.la libsqlite3.a**: 공유/정적 라이브러리

- **<sysroot>/usr/lib/pkgconfig: sqlite3.pc**: 패키지 구성 파일. 자세한 내용은 나중에 설명하겠다.

- **<sysroot>/usr/include: sqlite3.h, sqlite3ext.h**: 헤더 파일

- **<sysroot>/usr/share/man/man1: sqlite3.1**: 매뉴얼 페이지

이제 링크 단계에 -lsqlite3를 붙여서, sqlite3를 사용하는 프로그램을 컴파일할 수 있다.

```
$ arm-cortex_a8-linux-gnueabihf-gcc -lsqlite3 sqlite-test.c -o
sqlite-test
```

여기서 sqlite-test.c는 SQLite 함수를 부르는 가상의 프로그램이다. sqlite3가 sysroot에 설치됐으므로, 컴파일러는 헤더와 라이브러리를 문제없이 찾을 것이다. 다른 곳에 설치됐다면, -L<lib dir>과 -I<include dir>을 추가해야 한다.

당연히 실행 시 의존 관계도 있을 것이므로, 5장, '루트 파일시스템 만들기'에서 설명한 대로 적절한 파일들을 타깃 디렉터리에 설치해야 할 것이다.

라이브러리나 패키지를 크로스 컴파일하려면 먼저 의존 관계를 크로스 컴파일해야 한다. Autotools는 pkg-config라는 유틸리티를 사용해 Autotools에 의해 크로스 컴파일된 패키지에 대한 중요한 정보를 수집한다.

패키지 구성

패키지 의존 관계를 추적하는 것은 상당히 복잡하다. 패키지 구성 유틸리티인 pkg-config(https://www.freedesktop.org/wiki/Software/pkg-config)는 [sysroot]/usr/lib/pkgconfig에 Autotools 패키지의 데이터베이스를 두므로 어떤 패키지가 설치되고 어떤 컴파일 플래그가 필요한지를 추적하는 데 도움이 된다. 예를 들어 SQLite3용 데이터베이스는 이름이 sqlite3.pc이고 SQLite3를 사용해야 하는 다른 패키지들에 반드시 필요한 정보를 담고 있다.

```
$ cat $(arm-cortex_a8-linux-gnueabihf-gcc -print-sysroot)/usr/
lib/pkgconfig/sqlite3.pc
# Package Information for pkg-config

prefix=/usr
exec_prefix=${prefix}
libdir=${exec_prefix}/lib
includedir=${prefix}/include

Name: SQLite
Description: SQL database engine
Version: 3.33.0
Libs: -L${libdir} -lsqlite3
Libs.private: -lm -ldl -lpthread
Cflags: -I${includedir}
```

pkg-config를 이용해서 gcc에게 바로 넘길 수 있는 형태의 정보를 뽑아낼 수 있다. libsqlite3 같은 라이브러리의 경우, 라이브러리 이름(--libs)과 특별한 C 플래그(--cflags)를 알고 싶으면 다음과 같은 명령을 실행한다.

```
$ pkg-config sqlite3 --libs --cflags
Package sqlite3 was not found in the pkg-config search path.
Perhaps you should add the directory containing 'sqlite3.pc'
to the PKG_CONFIG_PATH environment variable
No package 'sqlite3' found
```

이런! 실패의 원인은 호스트의 sysroot에서 찾았고 호스트에는 libsqlite3용 개발 패키지가 설치돼 있지 않았기 때문이다. 따라서 셸 변수 PKG_CONFIG_LIBDIR을 설정해 타깃 툴체인의 sysroot를 가리키도록 해야 한다.

```
$ export PKG_CONFIG_LIBDIR=$(arm-cortex_a8-linux-gnueabihf-gcc \
-print-sysroot)/usr/lib/pkgconfig
$ pkg-config sqlite3 --libs --cflags
-lsqlite3
```

이제 -lsqlite3가 출력된다. 이 경우에는 이미 알고 있었지만, 일반적으로는 그렇지 않을 것이다. 따라서 이것은 유용한 기술이다. 최종 컴파일 명령은 다음과 같다.

```
$ export PKG_CONFIG_LIBDIR=$(arm-cortex_a8-linux-gnueabihf-gcc \
-print-sysroot)/usr/lib/pkgconfig
$ arm-cortex_a8-linux-gnueabihf-gcc $(pkg-config sqlite3 --cflags --libs) \
sqlite-test.c -o sqlite-test
```

많은 구성 스크립트가 pkg-config에 의해 생성된 정보를 읽는다. 이는 앞으로 보게 될 크로스 컴파일 시 오류로 이어질 수 있다.

크로스 컴파일 관련 문제

SQLite3는 잘 알려진 패키지이고 매끄럽게 크로스 컴파일되지만, 모든 패키지가 그렇게 잘 길들여진 것은 아니다. 흔히 다음과 같은 어려움에 맞닥뜨리게 된다.

- 독자적인 빌드 시스템. 예를 들어 zlib은 configure 스크립트가 있지만 앞서 설명한 Autotools configure처럼 동작하지 않는다.

- pkg-config 정보, 헤더, 기타 파일을 --host 설정을 무시하고 호스트로부터 읽는 configure 스크립트

- 크로스 컴파일된 코드를 실행하려고 하는 스크립트

각각의 경우 세심한 에러 분석이 필요하고 configure 스크립트에 정확한 정보를 제공하는 추가 인자를 주거나 문제를 회피하도록 코드를 패치해야 한다. 명심할 것은 하나의 패키지가 여러 의존 관계를 가질 수 있다는 점이다. 특히 GTK 또는 QT를 사용하는 그래픽 인터페이스를 가진 프로그램이나 멀티미디어 콘텐츠를 다루는 프로그램과 의존 관계가 있는 경우에 주의해야 한다. 예를 들어 mplayer는 멀티미디어 콘텐츠를 재생하는 유명한 도구로, 100개가 넘는 라이브러리에 의존한다. 이들을 모두 빌드하려면 수 주가 걸릴 수도 있다.

따라서 대안이 없거나 빌드할 패키지 수가 적은 경우를 제외하고 타깃용 요소들을 이렇게 수작업으로 크로스 컴파일하는 것은 권하지 않는다. 훨씬 더 좋은 방법은 Buildroot나 Yocto 프로젝트 같은 빌드 도구를 사용하거나, 타깃 아키텍처를 위한 네이티브 빌드 환경을 만듦으로써 문제를 완전히 피하는 것이다. 이제 데비안 같은 배포판이 언제나 네이티브로 컴파일되는 이유를 알 수 있다.

CMake

CMake는 소프트웨어를 빌드하기 위해 기본 플랫폼의 기본 도구에 의존한다는 점에서 메타 빌드 시스템에 가깝다. 윈도우에서 CMake는 마이크로소프트 비주얼 스튜디오용 프로젝트 파일을 생성할 수 있고, 맥OS^macOS에서는 Xcode용 프로젝트 파일을 생성할 수 있다. 주요 플랫폼 각각의 주요 IDE와 통합하는 것은 간단한 작업이 아니며, 이는 최고의 크로스 플랫폼 빌드 시스템 솔루션으로서 CMake가 성공할 수 있는 이유 중 하나다. CMake는 또한 리눅스에서 실행되며 여러분이 선택한 크로스 컴파일 툴체인과 함께 사용할 수 있다.

기본 리눅스 운영체제용 패키지를 구성하고 빌드하고 설치하려면, 다음 명령을 실행한다.

```
$ cmake .
$ make
$ sudo make install
```

리눅스에서 네이티브 빌드 도구는 GNU make이므로 CMake는 디폴트로 빌드에 사용할 makefile을 생성한다. 흔히 소스 외부^out-of-source 빌드를 수행해 오브젝트 파일과 기타 빌드 아티팩트^build artifact가 소스 파일과 분리된 상태로 유지한다.

_build라는 서브디렉터리에 소스 외부 빌드를 구성하려면 다음 명령을 실행한다.

```
$ mkdir _build
$ cd _build
$ cmake ..
```

이렇게 하면 CMakeLists.txt가 있는 프로젝트 디렉터리의 _build 서브디렉터리에 makefile이 생성된다. CMake에서 CMakeLists.txt 파일은 Autotools 기반 프로젝트의 configure 스크립트에 해당한다.

그런 다음 _build 디렉터리에서 소스 외부로 프로젝트를 빌드하고 앞서와 마찬가지로 패키지를 설치할 수 있다.

```
$ make
$ sudo make install
```

CMake는 절대 경로를 사용하므로, 일단 makefile이 생성되면 _build 서브디렉터리를 복사하거나 이동할 수 없다. 복사하거나 이동하면 후속 make 단계가 실패할 것이다. CMake는 디폴트로 소스 외부 빌드의 경우에도 /usr/bin과 같은 시스템 디렉터리에 패키지를 설치한다.

make가 _build 서브디렉터리에 패키지를 설치하도록 makefile을 생성하려면 이전의 cmake 명령을 다음과 같이 변경한다.

```
$ cmake .. -D CMAKE_INSTALL_PREFIX=../_build
```

패키지 파일을 _build 디렉터리에 복사하는 데 높은 권한이 필요하지 않으므로 더 이상 make install 앞에 sudo를 붙일 필요가 없다.

마찬가지로, 다른 CMake 명령줄 옵션을 사용해 크로스 컴파일을 위한 makefile을 생성할 수 있다.

```
$ cmake .. -D CMAKE_C_COMPILER="/usr/local/share/x-tools/arm-cortex_a8-
linux-gnueabihf-gcc"
```

그러나 CMake로 크로스 컴파일하는 가장 좋은 방법은 임베디드 리눅스를 타깃으로 하는 다른 관련 변수와 함께 CMAKE_C_COMPILER와 CMAKE_CXX_COMPILER를 설정하는 툴체인 파일을 만드는 것이다.

CMake는 라이브러리와 구성 요소 간에 잘 정의된 API 경계를 적용해 모듈 방식으로 소프트웨어를 설계할 때 가장 잘 작동한다.

다음은 CMake에 자주 등장하는 몇 가지 핵심 용어다.

- **타깃**(target): 라이브러리나 실행 파일 같은 소프트웨어 구성 요소

- **속성**(properties): 타깃을 빌드하는 데 필요한 소스 파일, 컴파일러 옵션, 링크된 라이브러리를 포함한다.

- **패키지**(package): CMakeLists.txt 자체 내에 정의된 것처럼 빌드를 위한 외부 타깃을 구성하는 CMake 파일

예를 들어 SQLite에 의존해야 하는 dummy라는 CMake 기반 실행 파일이 있는 경우, 다음과 같은 CMakeLists.txt를 정의할 수 있다.

```
cmake_minimum_required (VERSION 3.0)
project (Dummy)
add_executable(dummy dummy.c)
find_package (SQLite3)
target_include_directories(dummy PRIVATE ${SQLITE3_INCLUDE_DIRS})
target_link_libraries (dummy PRIVATE ${SQLITE3_LIBRARIES})
```

find_package 명령은 패키지(이 경우 SQLite3)를 검색하고 외부 타깃이 링크를 위해 dummy 실행 파일의 target_link_libraries 목록에 의존 관계로 추가될 수 있도록 가져온다.

CMake는 OpenSSL, Boost, protobuf를 포함해 인기 있는 C 및 C++ 패키지에 대한 수많은 파인더와 함께 제공되므로 순수한 makefile을 사용하는 것보다 네이티브 개발을 훨씬 더 생산적으로 만든다.

PRIVATE 한정자qualifier는 헤더와 플래그 같은 세부 정보가 dummy 타깃 외부로 누출되는 것을 방지한다. 빌드 중인 타깃이 실행 파일이 아닌 라이브러리인 경우 PRIVATE를 사용하는 것이 더 합리적이다. 타깃을 모듈로 생각하고 CMake를 사용해 고유한 타깃을 정의할 때 노출된 표면을 최소화한다. 절대적으로 필요한 경우에만 PUBLIC 한정자를 사용하고, 헤더 전용 라이브러리에는 INTERFACE 한정자를 사용한다.

타깃들이 연결돼 있는 의존 관계 그래프로 애플리케이션을 모델링한다. 이 그래프에는 애플리케이션이 직접 연결하는 라이브러리뿐만 아니라 모든 전이적transitive 의존 관계도 포함돼야 한다. 최상의 결과를 얻으려면 그래프 안의 순환 고리cycle나 기타 불필요한 독립성을 제거한다. 코딩을 시작하기 전에 이 연습을 수행하는 것이 가장 좋다. 조금만 계획하면, 아무도 건드리고 싶어 하지 않는 불가해한 혼란 대신 깨끗하고 쉽게 유지 관리할 수 있는 CMakeLists.txt를 만들 수 있다.

⁝⁝⁝ 요약

툴체인은 언제나 시작점이다. 그 뒤를 따르는 모든 것이 작동하고 믿을 수 있는 툴체인에 의존한다.

툴체인(아마도 crosstool-NG로 빌드했거나 Linaro에서 다운로드한) 외에는 아무것도 없이 시작해서, 이를 이용해 타깃에 필요한 모든 패키지를 컴파일할 수도 있다. 또는 Buildroot나 Yocto 프로젝트 같은 빌드 시스템을 이용해 소스 코드로부터 만들어진 배포판의 일부로 툴체인을 받을 수도 있다. 하드웨어 패키지의 일부로 무료로 받은 툴체인이나 배포판의 경우, 종종 형편없이 구성되거나 유지보수가 되지 않을 수 있다는 점에 주의하라.

툴체인을 구하고 나면, 그것을 이용해 각자의 임베디드 리눅스 시스템을 위한 다른 요소들을 빌드할 수 있다. 3장에서는 장치에 생명을 불어넣고 부트 절차를 시작하는 부트로더를 살펴보며, 2장에서 구축한 툴체인을 사용해 비글본 블랙용으로 작동하는 부트로더를 빌드할 것이다.

⁂ 추가 자료

다음은 이 책을 쓰는 시점의 크로스 툴체인과 빌드 시스템에 대한 최신 기술을 담은 두 가지 비디오다.

- 'A Fresh Look at Toolchains and Crosscompilers in 2020', 베른하르트 로젠크렌저[Bernhard 'Bero' Rosenkränzer]: https://www.youtube.com/watch?v=BHaXqXzAs0Y

- 'Modern CMake for modular design', 마티외 로퍼트[Mathieu Ropert]: https://www.youtube.com/watch?v=eC9-iRN2b04

03

부트로더에 대한 모든 것

부트로더는 임베디드 리눅스의 두 번째 요소다. 부트로더는 시스템을 시작시키고 운영 체제 커널을 로드한다. 3장에서는 부트로더의 역할을 살펴보는데, 특히 어떻게 장치 트리(FDT^{Flattened Device Tree}라고도 한다)라는 자료구조를 이용해 자신으로부터 커널로 제어를 넘기는지 알아본다. 장치 트리의 기초를 다루므로, 장치 트리에 기술된 연결을 따라가고 실제 하드웨어와 연관시킬 수 있을 것이다.

널리 쓰이는 오픈소스 부트로더인 U-Boot를 살펴보고, 비글본 블랙을 예로 들어 타깃 장치를 부트하는 방법과 새로운 장치에서 실행될 수 있도록 커스터마이징하는 방법을 알아본다.

3장에서는 다음 주제를 다룰 것이다.

- 부트로더는 무슨 일을 하는가?
- 부트 순서
- 부트로더에서 커널로 이동

- 장치 트리 소개

- U-Boot

그럼 이제 시작해보자!

⠿ 기술적 요구 사항

이 장의 예제를 따라 하려면 다음 사항을 준비해야 한다.

- `device-tree-compiler`, `git`, `make`, `patch`, `u-boot-tools`나 이와 동등한 것이 설치된 리눅스 기반 호스트 시스템

- 2장, '툴체인을 배우자'에서 준비한 비글본 블랙용 Crosstool-NG 툴체인

- 마이크로SD 카드와 카드 리더^{card reader}

- USB to TTL 3.3V 시리얼 케이블

- 비글본 블랙

- 5V 1A DC 전원 공급 장치

3장에서 사용할 모든 코드는 이 책의 깃허브 저장소(https://github.com/PacktPublishing/Mastering-Embedded-Linux-Programming-Third-Edition)에 있는 Chapter03 폴더에서 찾을 수 있다.

⠿ 부트로더는 무슨 일을 하는가?

임베디드 리눅스 시스템에서 부트로더는 시스템을 기본 수준^{basic level}으로 초기화하고 커널을 로드하는 두 가지 주요 작업을 수행한다. 사실 첫 번째 작업은 시스템이 커널을 로드할 수 있을 만큼 작동시키는 것이라는 점을 감안하면, 두 번째 작업의 부수 작업이라고도 할 수 있다.

전원을 켜거나 리셋한 뒤 부트로더 코드의 첫 줄이 실행됐을 때, 시스템은 아주 최소 상태에 있다. DRAM 제어기는 시작하지 않았으므로 주메모리에는 접근할 수 없다. 마찬가지로, 다른 인터페이스도 구성되지 않았기 때문에 NAND 플래시 제어기, MMC 제어기 등을 통해 접근하는 저장소도 사용할 수 없다. 흔히 처음에 동작하는 자원은 하나의 CPU 코어와 약간의 온칩 정적 메모리, 부트 롬이다.

시스템 부트스트랩은 몇 단계의 코드로 이뤄지고, 각각은 시스템의 더 많은 부분을 작동시킨다. 부트로더의 마지막 동작은 커널을 램에 로드하고 그를 위한 실행 환경을 만드는 것이다. 부트로더와 커널 사이의 자세한 인터페이스는 아키텍처별로 다르지만, 각각 두 가지 일을 한다. 첫째, 부트로더는 하드웨어 구성 정보를 담고 있는 구조체의 포인터를 전달한다. 둘째, 커널 명령줄의 포인터를 전달한다.

커널 명령줄은 리눅스의 동작을 제어하는 문자열이다. 일단 커널이 실행을 시작하면 부트로더는 더 이상 필요가 없고, 사용하던 모든 메모리를 회수할 수 있다.

부트로더의 부수 작업은 부트 구성을 업데이트하고, 새로운 부트 이미지를 메모리에 로드하고, 진단 기능을 실행하는 유지보수 모드를 제공하는 것이다. 이는 보통 시리얼 인터페이스를 통한 간단한 명령줄 인터페이스로 제어된다.

⫸ 부트 순서

세상이 지금보다 간단했던 시절에는 부트로더를 비휘발성 메모리의 프로세서 리셋 벡터에 둬야 했다. 그 시절에는 NOR 플래시 메모리가 일반적이었는데, 주소 공간에 직접 매핑될 수 있으므로 이상적인 저장소였다. 아래 그림은 그런 구성을 보여준다. 리셋 벡터는 플래시 메모리 최상위 영역인 0xfffffffc에 있다. 부트로더는 그 위치의 점프 명령이 부트로더 코드의 시작을 가리키도록 링크돼 있다.

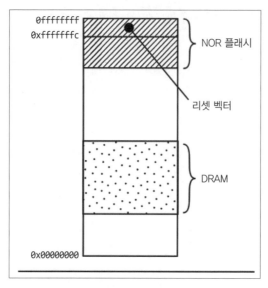

그림 3.1 NOR 플래시

그 시점에서 NOR 플래시 메모리에서 실행되는 부트로더 코드가 DRAM 제어기를 초기화해 주메모리인 DRAM을 쓸 수 있게 되고 스스로를 DRAM으로 복사한다. 일단 완전히 동작하게 되면, 부트로더는 커널을 플래시 메모리에서 DRAM으로 로드하고 제어를 넘길 수 있다.

하지만 일단 NOR 플래시 같은 단순 선형 주소 저장 매체를 벗어나면, 부트 순서는 복잡한 다단계 절차가 된다. 구체적인 사항은 SoC별로 매우 다르지만, 일반적으로 다음의 단계를 따른다.

1단계: 롬 코드

믿을 만한 외부 메모리가 없으므로, 리셋이나 전원을 켠 직후에 실행되는 코드는 SoC의 칩상에 저장돼야 한다. 이를 롬 코드ROM code라고 한다. 롬 코드는 제조 시 칩에 프로그래밍되므로, 비공개proprietary이고 오픈소스 대용품으로 대체할 수 없다. DRAM 구성은 장치별로 매우 다르므로, 메모리 제어기를 초기화하는 코드는 보통 담고 있지 않다. 따라서 메모리 제어기가 필요 없는 SRAM^{Static Random Access Memory}만 사용할 수 있다.

대부분의 임베디드 SoC 설계는 약간의 SRAM을 칩 안에 갖고 있는데, 4KB에서 수백 KB까지 다양하다.

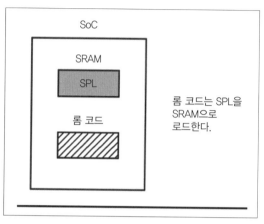

그림 3.2 1단계: 롬 코드

롬 코드는 소량의 코드를 사전에 프로그래밍된 몇 개의 위치 중 하나로부터 SRAM으로 로드할 수 있다. 예를 들어 TI OMAP과 Sitara 칩은 NAND 플래시 메모리의 첫 몇 페이지나 SPI^{Serial Peripheral Interface}로 연결된 플래시 메모리, MMC 장치(eMMC 칩이나 SD 카드 등)의 첫 섹터, MMC 장치의 첫 파티션에 있는 MLO라는 이름의 파일로부터 코드를 로드하려고 할 것이다. 이들 모든 장치로부터의 읽기가 실패하면, 이더넷이나 USB, UART로부터 바이트 스트림을 읽으려고 할 것이다. 이더넷, USB, UART는 주로 일반 작업용이 아니라 제조 시에 코드를 플래시 메모리로 로드하는 수단으로 제공된다. 대부분의 임베디드 SoC는 비슷한 방식으로 동작하는 롬 코드를 갖고 있다. SRAM이 U-Boot 같은 완전한 부트로더를 로드할 정도로 충분히 크지 않은 SoC에는 SPL이라는 중간 로더가 있다.

롬 코드 단계의 끝에서, 롬 코드는 SPL 코드(SRAM에 존재)의 시작으로 점프한다.

2단계: SPL

SPL^{Secondary Program Loader}은 메모리 제어기와 기타 TPL^{Tertiary Program Loader}을 DRAM에 로드하기 위해 필요한 시스템의 필수적인 부분들을 시작해야 한다. SPL의 기능은 크기로 인해 제한된다. 롬 코드처럼 다시 한 번 사전에 프로그래밍된 플래시 장치의 시작부터의 오프셋을 이용해 일련의 저장 장치로부터 프로그램을 읽을 수 있다. SPL에 파일시스템 드라이버가 내장돼 있다면, 디스크 파티션에서 u-boot.img처럼 잘 알려진 파일명을 읽을 수 있다. SPL은 보통 사용자와의 상호작용을 고려하지 않지만 버전 정보와 진행 메시지를 콘솔로 출력할 수도 있다. 다음 그림은 2단계 아키텍처를 설명한다.

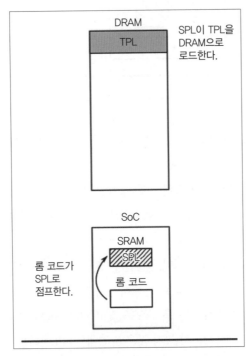

그림 3.3 2단계: SPL

위의 그림은 ROM 코드에서 SPL로의 점프를 보여준다. SPL은 SRAM 내에서 실행될 때 TPL을 DRAM으로 로드한다. 2단계가 끝나면, SPL은 DRAM에 존재하는 TPL 영역으로 점프할 수 있다.

SPL은 Atmel AT91Bootstrap처럼 오픈소스일 수도 있지만, 제조사가 바이너리로 제공하는 비공개 코드를 담고 있는 것이 매우 일반적이다.

3단계: TPL

이제 U-Boot 같은 완전한 부트로더를 실행할 것이다(U-Boot는 곧 살펴본다). 보통 새로운 부트/커널 이미지를 플래시 저장소에 로드하고, 커널을 로드 및 부트하는 등의 유지보수 작업을 수행할 수 있도록 하는 간단한 명령줄 사용자 인터페이스가 있으며, 사용자 개입 없이 커널을 자동으로 로드하는 방법이 있다.

다음 그림은 3단계 아키텍처를 설명한다.

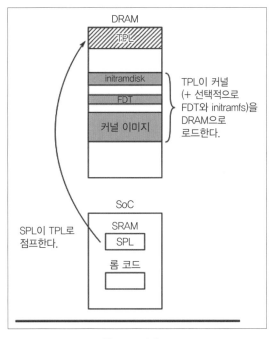

그림 3.4 3단계: TPL

위의 그림은 SRAM의 SPL에서 DRAM의 TPL로의 점프를 보여준다. TPL이 실행되면 커널을 DRAM으로 로드한다. 원하는 경우 DRAM의 이미지에 FDT나 초기 램디스크를 추가할 수도 있다. 어느 쪽이든 간에 3단계가 끝나면 메모리에 커널이 존재하며, 시작되기를 기다리고 있다.

일반적으로 임베디드 부트로더는 일단 커널이 실행되면 메모리에서 사라지고 시스템의 동작에 더 이상 관여하지 않는다. 따라서 그렇게 되기 전에 TPL은 부트 절차의 제어를 커널로 넘겨야 한다.

⠿ 부트로더에서 커널로 이동

부트로더가 제어를 커널로 넘길 때는 몇 가지 기본 정보를 전달해야 하는데, 다음과 같은 내용이 포함된다.

- 장치 트리가 지원되지 않는 파워PC^{PowerPC}와 ARM 플랫폼에서 SoC의 종류를 식별하기 위해 사용하는 기계 번호$^{machine number}$

- 이제까지 발견된 하드웨어의 기본적인 세부 사항(최소한 물리적인 램의 크기와 위치 CPU 클럭 속도 등을 포함한다)

- 커널 명령줄

- 장치 트리 바이너리의 위치와 크기(선택 사항)

- 초기 램 파일시스템(initramfs)이라고 하는 초기 램디스크의 위치와 크기(선택 사항)

커널 명령줄은 평범한(암호화되지 않은) 아스키 문자열로, 예를 들어 루트 파일시스템을 담고 있는 장치의 이름을 줌으로써 리눅스의 동작을 제어한다. 이는 4장에서 자세히 살펴볼 것이다. 흔히 루트 파일시스템을 램디스크로 제공하는데, 이 경우 램디스크 이미지를 메모리에 로드하는 것은 부트로더의 책임이다. 초기 램디스크를 생성하는 방법은 5장, '루트 파일시스템 만들기'에서 다룰 것이다.

정보가 전달되는 방식은 아키텍처에 따라 다르고 최근 몇 년 동안 바뀌어왔다. 예를 들어 파워PC의 경우 부트로더가 단순히 보드 정보 구조체의 포인터를 넘긴 반면, ARM의 경우 'A tag' 목록의 포인터를 넘겼다. Documentation/arm/Booting의 커널 소스에는 A tag의 형식에 대한 좋은 설명이 있다.

두 가지 모두에서 전달되는 정보의 양은 매우 제한적이며, 상당량의 정보가 실행 시에 발견되거나 커널에 '플랫폼 데이터'로 하드코딩돼 있다. 플랫폼 데이터가 광범위하게 쓰인다는 것은 각 보드가 해당 플랫폼용으로 구성되고 수정된 커널을 요구함을 뜻한다. 따라서 더 나은 방법이 필요한데, 그것이 장치 트리다. ARM 세계에서는 2013년 2월 리눅스 3.8이 출시되면서 본격적으로 A tag를 버리기 시작했다. 오늘날 거의 모든 ARM 시스템이 장치 트리를 이용해 하드웨어 플랫폼의 상세 정보를 저장하므로, 단일 커널 바이너리를 광범위한 플랫폼에서 실행할 수 있다.

이제 부트로더가 무엇을 하는지, 부트 순서의 단계가 무엇인지, 커널에 제어를 어떻게 전달하는지를 배웠으므로, 인기 있는 임베디드 SoC에서 실행되도록 부트로더를 구성하는 방법을 알아본다.

⁞ 장치 트리 소개

ARM이나 파워PC SoC를 사용한다면, 어느 시점에서는 거의 분명히 장치 트리를 만나게 된다. 이 절에서는 장치 트리가 무엇이고 어떻게 동작하는지를 대략적으로 살펴본다. 이 책 전반에서는 장치 트리라는 주제를 반복적으로 다룰 것이다.

장치 트리는 컴퓨터 시스템의 하드웨어 요소를 정의하는 유연한 방법이다. 장치 트리는 실행 코드가 아닌 정적 데이터일 뿐이다. 보통 장치 트리는 부트로더가 로드해서 커널에 넘긴다. 또한 장치 트리를 따로 로드할 수 없는 부트로더를 위해 커널 이미지 자체에 포함시킬 수도 있다.

형식은 OpenBoot로 알려진 썬 마이크로시스템즈 부트로더에서 유래했는데, 오픈 펌웨어Open Firmware 표준인 IEEE 표준 IEEE1275-1994로 공식화됐다. 파워PC 기반 매킨토시 컴퓨터에 쓰였으므로 파워PC 리눅스 포트의 타당한 선택이었다. 그 후로 여러 ARM 리눅스 구현에 대규모로 채택됐고, 소규모로는 MIPS, 마이크로블레이즈MicroBlaze, ARC

등의 아키텍처에 채택됐다.

자세한 정보는 웹 사이트(https://www.devicetree.org)를 참고하길 바란다.

장치 트리 기초

리눅스 커널은 arch/$ARCH/boot/dts에 수많은 장치 트리 소스 파일을 담고 있으며, 이는 장치 트리에 대해 배울 때 좋은 시작점이 된다. 또한 arch/$ARCH/dts에 있는 U-boot 소스 코드에도 약간의 소스가 있다. 서드파티로부터 하드웨어를 구했다면 dts 파일이 BSP의 일부를 이루므로, 다른 소스 파일과 함께 dts 파일도 받았을 것이다.

장치 트리는 컴퓨터 시스템을 나무 같은 계층 구조로 결합된 요소의 묶음으로 나타낸다. 장치 트리는 슬래시(/)로 나타내는 루트 노드로 시작하고, 루트 노드는 시스템의 하드웨어를 나타내는 그다음 노드들을 포함한다. 각 노드는 이름을 갖고, 이름 = "값" 형태의 여러 프로퍼티property를 담고 있다. 다음은 그 예다.

```
/dts-v1/;
/{
    model = "TI AM335x BeagleBone";
    compatible = "ti,am33xx";
    #address-cells = <1>;
    #size-cells = <1>;
    cpus {
        #address-cells = <1>;
        #size-cells = <0>;
        cpu@0 {
            compatible = "arm,cortex-a8";
            device_type = "cpu";
            reg = <0>;
        };
    };
    memory@0x80000000 {
        device_type = "memory";
        reg = <0x80000000 0x20000000>; /* 512 MB */
    };
};
```

여기서 루트 노드는 cpus 노드와 memory 노드를 담고 있다. cpus 노드는 이름이 cpu@0인 하나의 CPU 노드를 담고 있다. 노드 이름 끝에 @과, 같은 종류의 다른 노드와 구별하는 주소가 포함되는 것이 일반적인 관례다. 노드에 reg 속성이 있는 경우 @이 필요하다.

루트와 CPU 노드에는 compatible 프로퍼티가 있다. 리눅스 커널은 이 프로퍼티를 이용해서 장치 드라이버가 of_device_id 구조체(11장, '장치 드라이버 인터페이스'에서 더 자세히 설명한다)에 저장해둔 문자열과 비교해 일치하는 장치 드라이버를 찾는다.

NOTE

> compatible 프로퍼티의 값은 서로 다른 제조사에서 만든 비슷한 장치 사이에 발생하는 혼란을 줄이기 위해 ti,am33xx와 arm,cortex-a8처럼 제조사 이름과 요소 이름으로 구성되는 것이 관례다. 또한 compatible에 둘 이상의 값이 있는 것도 꽤 흔한데, 이 장치를 다룰 수 있는 드라이버가 둘 이상일 경우다. 가장 적합한 것부터 순서대로 나열된다.

CPU 노드와 메모리 노드에는 device_type 프로퍼티가 있으며, 장치의 종류를 나타낸다. 노드 이름은 흔히 device_type에서 유래한다.

reg 프로퍼티

메모리와 CPU 노드에는 reg 프로퍼티가 있는데, 레지스터 공간에 있는 구성 단위의 범위를 나타낸다. reg 프로퍼티는 범위의 시작 주소와 크기(길이)로 이뤄지는데, 둘 다 셀^{cell}이라는 0개 이상의 32비트 정수로 나타낸다. 따라서 메모리 노드는 0x80000000에서 시작하는 0x20000000바이트 길이의 단일 뱅크 메모리를 나타낸다.

주소나 크기를 32비트로 나타낼 수 없는 경우, reg 프로퍼티를 이해하기가 더 복잡해진다. 예를 들어 64비트 주소를 쓰는 장치의 경우, 각각 두 셀이 필요하다.

```
/ {
    #address-cells = <2>;
    #size-cells = <2>;
    memory@80000000 {
        device_type = "memory";
```

```
        reg = <0x00000000 0x80000000 0 0x80000000>;
    };
}
```

필요한 셀의 개수에 대한 정보는 조상 노드의 #address-cells와 #size-cells에 선언돼
있다. 즉, reg 프로퍼티를 이해하려면 #address-cells와 #size-cells 프로퍼티를 찾을 때
까지 노드 계층 구조를 되짚어봐야 한다. 찾을 수 없다면 기본값은 1이지만, 트리 작성
자가 만일의 사태에 대한 대비책에 의존하는 것은 좋지 않은 습관이다.

이제 cpu와 cpus 노드로 돌아가보자. CPU도 주소를 갖는다. 쿼드코어 장치에서는 0, 1,
2, 3으로 주소를 매길 수 있다. 깊이가 없는 1차원 배열로 생각할 수 있으므로 크기는 0
이다. 따라서 cpus 노드에서 #address-cells = <1>이고 #size-cells = <0>이며, 자식 노
드 cpu@0에서 reg 프로퍼티에 reg = <0>이라는 하나의 값을 부여한다.

레이블과 인터럽트

지금까지 설명한 장치 트리의 구조는 요소들 간에 단일 계층 구조가 있다고 가정하지
만, 사실은 여러 계층 구조가 존재한다. 요소와 시스템의 다른 부분들 사이의 명백한 자
료 연결뿐만 아니라 인터럽트 제어기, 클럭 공급원clock source, 전압 조정기에도 연결돼 있
을 수 있다. 이들 연결을 나타내기 위해 노드에 레이블을 추가하고 다른 노드에서 그 레
이블을 참조할 수 있다. 이 레이블을 phandle이라고도 한다. 장치 트리가 컴파일되면,
다른 노드에서 참조하는 노드에 phandle이라는 프로퍼티에 고유한 수치가 할당되기 때
문이다. 장치 트리 바이너리를 디컴파일하면 그 수치를 볼 수 있다.

인터럽트를 만들 수 있는 LCD 제어기와 인터럽트 제어기를 갖고 있는 시스템을 예로
들어보자.

```
/dts-v1/;
{
    intc: interrupt-controller@48200000 {
        compatible = "ti,am33xx-intc";
```

```
        interrupt-controller;
        #interrupt-cells = <1>;
        reg = <0x48200000 0x1000>;
    };
    lcdc: lcdc@4830e000 {
        compatible = "ti,am33xx-tilcdc";
        reg = <0x4830e000 0x1000>;
        interrupt-parent = <&intc>;
        interrupts = <36>;
        ti,hwmods = "lcdc";
        status = "disabled";
    };
};
```

interrupt-controller@48200000 노드에는 레이블 intc가 붙어 있다. interrupt-controller 프로퍼티를 보면 해당 노드가 인터럽트 제어기임을 알 수 있다. 모든 인터럽트 제어기와 마찬가지로 #interrupt-cells 프로퍼티를 갖고 있는데, 인터럽트 소스를 나타내기 위해 필요한 셀의 수를 알려준다. 이 경우 IRQ 번호를 나타내는 셀 하나만 있으면 된다. 다른 인터럽트 제어기는 인터럽트의 특징(예: 에지 트리거^{edge triggered}인지 레벨 트리거^{level triggered}인지)을 나타내기 위해 셀을 추가로 사용할 수도 있다. 인터럽트 셀의 수와 의미는 인터럽트 제어기별 바인딩에 설명돼 있다. 바인딩은 Documentation/devicetree/bindings/ 디렉터리의 리눅스 커널 소스에서 찾을 수 있다.

lcdc@4830e000 노드에는 interrupt-parent 프로퍼티가 있는데, 연결된 인터럽트 제어기를 레이블을 통해 참조한다. interrupts 프로퍼티도 있으며, 이 경우에는 36이다. 이 노드에는 레이블 lcdc가 있는데, 다른 곳에서 사용된다. 모든 노드는 레이블을 가질 수 있다.

장치 트리 인클루드 파일

많은 하드웨어가 같은 종류의 SoC 사이에, 그리고 같은 SoC를 사용하는 보드 사이에 공통적이다. 이는 장치 트리에도 반영돼서 공통 부분을 인클루드^{include} 파일로 분리할 수 있다. 오픈 펌웨어 표준은 /include/를 그 방법으로 정의하고, vexpress-v2p-ca9.dts에서 발췌한 다음 예처럼 사용한다.

```
/include/ "vexpress-v2m.dtsi"
```

커널에 있는 .dts 파일들을 살펴보면 C에서 빌려온 또 다른 include 문을 찾을 수 있다. 예를 들어 am335x-boneblack.dts를 보면 다음과 같다.

```
#include "am33xx.dtsi"
#include "am335x-bone-common.dtsi"
```

am33xx.dtsi에도 또 다른 예가 있다.

```
#include <dt-bindings/gpio/gpio.h>
#include <dt-bindings/pinctrl/am33xx.h>
#include <dt-bindings/clock/am3.h>
```

마지막으로, include/dt-bindings/pinctrl/am33xx.h는 일반 C 매크로를 포함하고 있다.

```
#define PULL_DISABLE    (1 << 3)
#define INPUT_EN        (1 << 5)
#define SLEWCTRL_SLOW   (1 << 6)
#define SLEWCTRL_FAST   0
```

이들 모두는 장치 트리 소스를 커널 Kbuild 시스템으로 빌드하면 해결된다. Kbuild는 이들을 C 전처리기[CPP]로 처리하고, 거기서 #include와 #define 문이 처리돼 장치 트리 컴파일러에 알맞은 일반 텍스트로 변환된다. 그 의도는 위의 예에서 알 수 있다. 즉, 장치 트리 소스가 커널 소스와 같은 상수 정의를 사용할 수 있다.

둘 중 한 가지 문법으로 파일을 include하면, 노드는 다른 노드 위에 중첩돼 바깥 계층이 안쪽 계층을 확장하거나 수정하는 복합 트리를 만든다. 예를 들어 모든 am33xx SoC에 일반적인 am33xx.dtsi는 첫 번째 MMC 제어기 인터페이스를 다음과 같이 정의한다.

```
mmc1: mmc@48060000 {
    compatible = "ti,omap4-hsmmc";
```

```
        ti,hwmods = "mmc1";
        ti,dual-volt;
        ti,needs-special-reset;
        ti,needs-special-hs-handling;
        dmas = <&edma_xbar 24 0 0
            &edma_xbar 25 0 0>;
        dma-names = "tx", "rx";
        interrupts = <64>;
        reg = <0x48060000 0x1000>;
        status = "disabled";
    };
```

status가 disabled임(어떤 장치 드라이버도 여기에 바인드되지 말아야 함을 뜻한다)과 레이블이 mmc1임에 주목
하자.

비글본과 비글본 블랙에 모두 mmc1에 연결된 마이크로SD 카드 인터페이스가 포함돼 있
으므로, am335x-bone-common.dtsi에서 같은 노드가 레이블 &mmc1으로 참조된다.

```
    &mmc1 {
        status = "okay";
        bus-width = <0x4>;
        pinctrl-names = "default";
        pinctrl-0 = <&mmc1_pins>;
        cd-gpios = <&gpio0 6 GPIO_ACTIVE_LOW>;
    };
```

status 프로퍼티가 okay로 설정돼 있으므로 mmc 장치 드라이버는 두 종류의 비글본 모
두에서 이 인터페이스와 바인드된다. 또한 레이블이 핀 제어 구성 mmc1_pins에 추가돼
있다. 아쉽게도 핀 제어와 핀 멀티플렉싱을 여기서 설명하기는 힘들다. 하지만
Documentation/devicetree/bindings/pinctrl 디렉터리의 리눅스 커널 소스에서 약간
의 정보를 찾을 수 있을 것이다.

하지만 mmc1 인터페이스는 비글본 블랙의 다른 전압 조정기에 연결된다. am335x-
boneblack.dts에서 mmc1을 vmmcsd_fixed 레이블을 통해 전압 조정기와 연결시키는 또
하나의 참조를 볼 수 있다.

```
&mmc1 {
    vmmc-supply = <&vmmcsd_fixed>;
};
```

즉, 이렇게 장치 트리 소스 파일을 계층화하면 유연성이 생기고 코드를 중복시킬 필요가 줄어든다.

장치 트리 컴파일하기

부트로더와 커널은 장치 트리의 바이너리 표현을 요구하므로, 장치 트리 컴파일러(dtc)로 컴파일해야 한다. 그 결과는 .dtb로 끝나는 파일로, 장치 트리 바이너리^{device tree binary}나 장치 트리 블롭^{device tree blob}이라고 한다.

리눅스 소스의 scripts/dtc/dtc에 dtc가 있고, 여러 리눅스 배포판에 패키지로 존재한다. 간단한 장치 트리(#include를 사용하지 않는)를 다음과 같이 컴파일할 수 있다.

```
$ dtc simpledts-1.dts -o simpledts-1.dtb
DTC: dts->dts on file "simpledts-1.dts"
```

dtc는 도움이 되는 에러 메시지를 출력하지 않고 간단한 언어 문법 검사 외에는 별다른 검사를 하지 않으므로, 소스 파일의 타이핑 에러도 수정하려면 오랜 시간이 걸릴 수 있음에 주의하길 바란다.

좀 더 복잡한 예를 빌드하려면 4장, '커널 구성과 빌드'에서 설명하는 Kbuild 커널을 사용해야 할 것이다.

커널과 마찬가지로, 부트로더는 장치 트리를 사용해 임베디드 SoC와 주변 기기를 초기화할 수 있다. 장치 트리는 QSPI 플래시와 같은 대용량 저장 장치에서 커널을 로드할 때 중요하다. 임베디드 리눅스는 부트로더를 선택할 수 있지만, 여기서는 하나만 다룰 것이다. 지금부터 바로 그 부트로더를 자세히 살펴본다.

⠿ U-Boot

U-Boot는 많은 수의 프로세서 아키텍처와 다수의 보드 및 장치를 지원하므로, 여기서는 U-Boot에 초점을 맞출 것이다. U-Boot는 오랫동안 존재해왔고 지원을 위한 좋은 커뮤니티가 있다.

U-Boot(전체 이름은 Das U-Boot)는 임베디드 파워PC 보드용 오픈소스 부트로더로 삶을 시작했다. 그다음에 ARM 기반 보드로 이식됐고, 이후 MIPS, SH, x86 등 다른 아키텍처로 이식됐다. 현재는 Denx Software Engineering에서 유지보수하고 있다. 풍부한 정보가 존재하는데, 좋은 시작점은 웹 사이트(https://www.denx.de/wiki/U-Boot)다. u-boot@lists.denx. de 메일링 리스트도 있으며, 관련 웹 사이트(https://lists.denx.de/listinfo/u-boot)에 있는 양식을 제출해 가입할 수 있다.

U-Boot 빌드하기

소스 코드를 받는 것부터 시작하자. 대부분의 프로젝트처럼, 추천하는 방법은 git 아카이브를 복제하고 사용하려는 태그를 체크아웃^{check out}하는 것이다. 이 경우, 이 책을 쓰는 현시점의 버전은 다음과 같다.

```
$ git clone git://git.denx.de/u-boot.git
$ cd u-boot
$ git checkout v2021.01
```

그렇지 않으면 ftp://ftp.denx.de/pub/u-boot/에서 압축 파일을 받을 수도 있다.

일반적인 개발 보드에는 config/ 디렉터리에 1,000개 이상의 구성 파일과 장치들이 있다. 대부분의 경우 어느 것을 사용할지 잘 알아맞힐 수 있지만, board/ 디렉터리 안에 있는 보드별 README 파일을 읽어보면 좀 더 자세한 정보를 얻을 수 있고 적절한 웹 튜토리얼이나 포럼에서 정보를 찾을 수도 있다.

비글본 블랙을 예로 들면, 이름이 config/am335x_evm_defconfig인 구성 파일이 있을 것이고 보드의 am335x 칩용 README 파일(board/ti/am335x/README)에서 'The binary produced by this board supports … Beaglebone Black'이라는 글을 찾을 수 있다. 이것을 알고 있으면, 비글본 블랙용 U-Boot를 빌드하기는 쉽다. 다음과 같이 make 변수 CROSS_COMPILE을 통해 U-Boot에 크로스 컴파일러 접두어를 설정한 후, make [board]_defconfig 명령을 통해 구성 파일을 선택하면 된다. 따라서 2장, '툴체인을 배우자'에서 만든 Crosstool-NG 컴파일러를 이용해 U-Boot를 빌드하려면, 다음과 같이 입력한다.

```
$ source ../MELP/Chapter02/set-path-arm-cortex_a8-linux-gnueabihf
$ make am335x_evm_defconfig
$ make
```

컴파일 결과는 다음과 같다.

- **u-boot**: ELF 오브젝트 형식의 U-Boot. 디버거와 함께 쓰기에 알맞다.

- **u-boot.map**: 심볼 테이블

- **u-boot.bin**: 가공되지 않은 바이너리(원시 바이너리raw binary) 형식의 U-Boot. 장치에서 실행하기에 알맞다.

- **u-boot.img**: U-Boot 헤더가 추가된 u-boot.bin. 실행 중인 U-Boot에 업로드하기에 알맞다.

- **u-boot.srec**: 모토롤라 S-record(SRECORD 또는 SRE) 형식의 U-Boot. 시리얼 연결을 통해 전송하기에 알맞다.

비글본 블랙은 또한 앞서 설명했듯이 SPL^{Secondary Program Loader}도 요구하는데, 동시에 빌드되며 이름은 MLO이다.

```
$ ls -l MLO u-boot*
-rw-rw-r-- 1 frank frank  108260 Feb  8 15:24 MLO
-rwxrwxr-x 1 frank frank 6028304 Feb  8 15:24 u-boot
-rw-rw-r-- 1 frank frank  594076 Feb  8 15:24 u-boot.bin
-rw-rw-r-- 1 frank frank   20189 Feb  8 15:23 u-boot.cfg
```

```
-rw-rw-r-- 1 frank frank   10949 Feb  8 15:24 u-boot.cfg.configs
-rw-rw-r-- 1 frank frank   54860 Feb  8 15:24 u-boot.dtb
-rw-rw-r-- 1 frank frank  594076 Feb  8 15:24 u-boot-dtb.bin
-rw-rw-r-- 1 frank frank  892064 Feb  8 15:24 u-boot-dtb.img
-rw-rw-r-- 1 frank frank  892064 Feb  8 15:24 u-boot.img
-rw-rw-r-- 1 frank frank    1722 Feb  8 15:24 u-boot.lds
-rw-rw-r-- 1 frank frank  802250 Feb  8 15:24 u-boot.map
-rwxrwxr-x 1 frank frank  539216 Feb  8 15:24 u-boot-nodtb.bin
-rwxrwxr-x 1 frank frank 1617810 Feb  8 15:24 u-boot.srec
-rw-rw-r-- 1 frank frank  211574 Feb  8 15:24 u-boot.sym
```

타깃이 달라도 절차는 비슷하다.

U-Boot 설치하기

부트로더를 보드에 처음 설치하려면 외부의 도움이 필요하다. 보드에 JTAG 같은 하드 웨어 디버그 인터페이스가 있으면, 일반적으로 U-Boot를 바로 램으로 로드하고 실행 시킬 수 있다. 그 시점에서 U-Boot 명령을 사용해 U-Boot를 플래시 메모리에 복사할 수 있다. 구체적인 방법은 보드에 따라 다르며 이 책에서는 다루지 않는다.

많은 SoC 설계에는 부트 ROM이 있어서 SD 카드나 시리얼 인터페이스, USB 대용량 저장 장치 등 다양한 외부 장치로부터 부트 코드를 읽을 때 쓸 수 있다. 비글본 블랙에 있는 AM335x 칩이 그런 경우이며, 따라서 새로운 소프트웨어를 시험하기가 쉽다.

이미지를 카드에 쓰려면 SD 카드 리더가 필요할 것이다. 두 종류가 있는데, USB 포트에 연결되는 외장 리더와 여러 노트북에 장착돼 있는 내장 SD 리더다. 카드가 리더에 삽입되면 리눅스가 장치 이름을 할당한다. lsblk 명령은 어떤 장치가 할당됐는지를 알아내는 데 유용한 도구다. 예를 들어 다음은 작은 8GB 마이크로SD 카드를 카드 리더에 넣었을 때 보이는 내용이다.

```
$ lsblk
NAME      MAJ:MIN RM   SIZE RO TYPE MOUNTPOINT
sda          8:0   1   7.4G  0 disk
└─sda1       8:1   1   7.4G  0 part /media/frank/6662-6262
```

```
nvme0n1     259:0     0 465.8G  0 disk
├─nvme0n1p1 259:1     0   512M  0 part /boot/efi
├─nvme0n1p2 259:2     0    16M  0 part
├─nvme0n1p3 259:3     0 232.9G  0 part
└─nvme0n1p4 259:4     0 232.4G  0 part /
```

이 경우 nvme0n1은 내 512GB 하드 드라이브이고 sda는 마이크로SD 카드다. 거기에는
하나의 파티션 sda1이 있고, /media/frank/6662-6262 디렉터리에 마운트돼 있다.

NOTE

> 마이크로SD 카드는 바깥에 8GB라고 인쇄돼 있지만, 실제 저장 공간은 7.2GB뿐이다. 부분적으로 이는
> 서로 다른 단위가 사용되기 때문이다. 광고의 용량은 기가바이트(Gigabyte)(10^9) 단위로 측정지만,
> 소프트웨어가 보고하는 용량은 기비바이트(Gibibyte)(2^{30}) 단위로 측정되기 때문이다. 기가바이트는 GB
> 로 줄여 쓰고, 기비바이트는 GiB로 줄여 쓴다. KB와 KiB도, MB와 MiB도 마찬가지다. 이 책은 올바른
> 단위를 쓰려고 노력했다. SD 카드의 경우, 8GB는 약 7.4GiB이다.

내장된 SD 카드 슬롯을 이용한다면, 다음과 같은 내용을 볼 수 있다.

```
$ lsblk
NAME          MAJ:MIN RM   SIZE RO TYPE MOUNTPOINT
mmcblk0       179:0    1   7.4G  0 disk
└─mmcblk0p1   179:1    1   7.4G  0 part /media/frank/6662-6262
nvme0n1       259:0    0 465.8G  0 disk
├─nvme0n1p1   259:1    0   512M  0 part /boot/efi
├─nvme0n1p2   259:2    0    16M  0 part
├─nvme0n1p3   259:3    0 232.9G  0 part
└─nvme0n1p4   259:4    0 232.4G  0 part /
```

이 경우, 마이크로SD 카드는 mmcblk0으로 나타나고 파티션은 mmcblk0p1이다. 여러분이
사용하는 마이크로SD 카드는 이것과 다르게 포맷돼 있을 수 있으므로 파티션 수와 마
운트 포인트가 다를 수 있다. SD 카드를 포맷할 때는 장치 이름을 확실히 아는 것이 매
우 중요하다. 하드 드라이브와 SD 카드를 혼동해 하드 드라이브를 대신 포맷하는 상황
은 정말 원치 않을 것이다. 나는 이런 일을 여러 번 겪었다. 따라서 이 책의 코드 아카이
브에는 MELP/format-sdcard.sh라는 셸 스크립트가 있으며, 여러분과 내가 잘못된 장
치 이름을 사용하지 않도록 몇 가지 확인을 한다. 파라미터는 마이크로SD 카드의 장치

이름으로, 첫 번째 예에서는 sdb이고 두 번째 예에서는 mmcblk0이다. 다음은 그 용례다.

```
$ MELP/format-sdcard.sh mmcblk0
```

스크립트는 2개의 파티션을 만든다. 첫 번째는 64MiB로, FAT32로 포맷되고 부트로더를 담을 것이다. 두 번째는 1GiB로, ext4로 포맷되며 5장, '루트 파일시스템 만들기'에서 사용할 것이다. 스크립트는 32GiB보다 큰 드라이브에 적용되면 중단되므로 더 큰 마이크로SD 카드를 사용하는 경우 수정하길 바란다.

마이크로SD를 포맷한 다음, 카드 리더에서 제거했다가 다시 넣어 파티션이 자동 마운트되도록 한다. 현재 버전의 우분투에서는 두 파티션이 /media/[user]/boot와 /media/[user]/rootfs로 마운트돼야 한다. 이제 SPL과 U-Boot를 다음과 같이 복사한다.

```
$ cp MLO u-boot.img /media/frank/boot
```

마지막으로, 마운트를 해제한다.

```
$ sudo umount /media/frank/boot
```

이제 비글본 블랙 보드의 전원을 끊고, 리더에 마이크로SD 카드를 넣는다. 이어서 시리얼 케이블을 연결한다. 그럼 시리얼 포트는 PC에 /dev/ttyUSB0으로 보일 것이다. gtkterm이나 minicom, picocom 같은 적절한 터미널 프로그램을 시작하고, 해당 포트에 115,200bps^bits per second로 흐름 제어 없이 연결한다. 아마 gtkterm이 설정하고 사용하기가 가장 쉬울 것이다.

```
$ gtkterm -p /dev/ttyUSB0 -s 115200
```

권한 오류가 발생하면, 이 포트를 사용하기 위해 dialout 그룹에 자신을 추가하고 재부팅해야 할 수 있다.

비글본 블랙의 부트 스위치 단추(마이크로SD 슬롯에서 가장 가까운 단추)를 누른 상태로, 외부 5V 전원 공급장치를 이용해 보드에 전원을 공급하고, 5초 뒤에 단추에서 손을 뗀다. 시리얼 콘솔에 약간의 메시지가 출력된 뒤 U-Boot 프롬프트가 보일 것이다.

```
U-Boot SPL 2021.01 (Feb 08 2021 - 15:23:22 -0800)
Trying to boot from MMC1

U-Boot 2021.01 (Feb 08 2021 - 15:23:22 -0800)

CPU  : AM335X-GP rev 2.1
Model: TI AM335x BeagleBone Black
DRAM: 512 MiB
WDT:  Started with servicing (60s timeout)
NAND: 0 MiB
MMC:  OMAP SD/MMC: 0, OMAP SD/MMC: 1
Loading Environment from FAT... *** Warning - bad CRC, using
default environment

<ethaddr> not set. Validating first E-fuse MAC
Net:  eth2: ethernet@4a100000, eth3: usb_ether
Hit any key to stop autoboot:  0
=>
```

키보드의 아무 키나 눌러 U-Boot가 디폴트 환경으로 자동 부팅되지 않도록 한다. 이제 U-Boot 프롬프트가 표시됐으므로, U-Boot를 단계별로 살펴보자.

U-Boot 사용하기

이 절에서는 U-Boot를 이용해 수행할 수 있는 일반적인 작업 몇 가지를 설명할 것이다.

보통 U-Boot는 시리얼 포트를 통해 명령줄 인터페이스를 제공한다. 보드별로 설정된 명령 프롬프트를 제공하는데, 이 책에서는 U-Boot#을 사용할 것이다. help라고 입력하면 이 버전의 U-Boot에 구성된 모든 명령이 출력된다. help <명령>을 입력하면 특정 명령에 대한 자세한 정보가 출력된다.

비글본 블랙용 디폴트 명령 해석기는 상당히 단순하다. 좌우 방향 키를 통한 명령줄 편집은 불가능하다. 탭 키를 통한 명령 완성도 안 되고, 위 방향 키를 눌러 명령 히스토리

를 사용할 수도 없다. 이들 키를 누르면 지금 입력 중인 명령을 망칠 것이고, **Ctrl + C**를
눌러 처음부터 다시 입력해야 할 것이다. 안전하게 사용할 수 있는 유일한 편집 키는 백
스페이스다. 선택 사항으로서 Hush라는 명령 셸을 구성할 수 있는데, 명령줄 편집을 포
함해 좀 더 복잡한 상호작용을 지원한다.

기본 숫자 형식은 16진법으로, 다음 명령처럼 사용한다. 다음 명령을 예로 살펴보자.

```
=> nand read 82000000 400000 200000
```

이 명령은 NAND 플래시 메모리의 시작에서 오프셋 `0x400000`부터 `0x200000`바이트를 램
주소 `0x82000000`으로 읽어들일 것이다.

환경 변수

U-Boot는 환경 변수를 광범위하게 사용해서 함수 사이에 정보를 저장하고 전달하며,
심지어 스크립트를 만들기도 한다. 환경 변수는 간단한 `name=value` 쌍으로, 메모리 영역
에 저장된다. 최초에 존재하는 변수들은 보드 구성 헤더 파일에 다음과 같이 적혀 있을
수 있다.

```
#define CONFIG_EXTRA_ENV_SETTINGS
"myvar1=value1"
"myvar2=value2"
[…]
```

U-Boot 명령줄에서 `setenv`를 통해 변수를 만들고 변경할 수 있다. 예를 들어 `setenv
foo bar`는 변수 `foo`를 만들고 값으로 `bar`를 설정한다. 변수 이름과 값 사이에 =가 없음에
유의하자. `setenv foo`처럼 널(null) 문자열을 설정해 변수를 지울 수 있다. `printenv`를 통
해 모든 변수를, `printenv foo`를 통해 한 변수를 출력할 수 있다.

U-Boot에 환경을 저장할 공간이 설정돼 있으면, `saveenv` 명령으로 저장할 수 있다. 원
시 NAND나 NOR 플래시가 있으면 이 용도로 삭제 블록erase block이 예약돼 있고, 흔히

또 하나의 블록에 중복 복사본을 저장해서 훼손에 대비한다. eMMC나 SD 카드 저장소가 있으면, 환경을 예약된 일련의 섹터나 디스크의 파티션에 있는 uboot.env라는 파일에 저장할 수 있다. 또한 I2C나 SPI 인터페이스로 연결된 직렬 EEPROM이나 비휘발성램에 저장하는 방법 등도 있다.

부트 이미지 형식

U-Boot는 파일시스템이 없다. 그 대신 정보 블록에 64바이트 헤더를 붙여 내용을 추적할 수 있다. 우분투의 u-boot-tools 패키지와 함께 번들로 제공되는 mkimage 명령줄 도구를 사용해 U-Boot용 파일을 준비한다. U-Boot 소스 트리 내에서 make tools를 실행해 mkimage를 얻은 다음 tools/mkimage로 호출할 수도 있다.

사용법을 간단히 정리하면 다음과 같다.

```
$ mkimage
Error: Missing output filename
Usage: mkimage -l image
          -l ==> list image header information
       mkimage [-x] -A arch -O os -T type -C comp -a addr -e ep
-n name -d data_file[:data_file...] image
          -A ==> set architecture to 'arch'
          -O ==> set operating system to 'os'
          -T ==> set image type to 'type'
          -C ==> set compression type 'comp'
          -a ==> set load address to 'addr' (hex)
          -e ==> set entry point to 'ep' (hex)
          -n ==> set image name to 'name'
          -d ==> use image data from 'datafile'
          -x ==> set XIP (execute in place)
       mkimage [-D dtc_options] [-f fit-image.its|-f auto|-F]
[-b <dtb> [-b <dtb>]] [-i <ramdisk.cpio.gz>] fit-image
           <dtb> file is used with -f auto, it may occur
multiple times.
          -D => set all options for device tree compiler
          -f => input filename for FIT source
          -i => input filename for ramdisk file
  Signing / verified boot options: [-E] [-B size] [-k keydir] [-K
```

```
dtb] [ -c <comment>] [-p addr] [-r] [-N engine]
          -E => place data outside of the FIT structure
          -B => align size in hex for FIT structure and header
          -k => set directory containing private keys
          -K => write public keys to this .dtb file
          -c => add comment in signature node
          -F => re-sign existing FIT image
          -p => place external data at a static position
          -r => mark keys used as 'required' in dtb
          -N => openssl engine to use for signing
      mkimage -V ==> print version information and exit
Use '-T list' to see a list of available image types
```

예를 들어 ARM 프로세서용 커널 이미지를 준비하려면, 다음과 같은 명령을 사용할 수 있다.

```
$ mkimage -A arm -O linux -T kernel -C gzip -a 0x80008000 \
-e 0x80008000
-n 'Linux' -d zImage uImage
```

이 경우 아키텍처는 arm, 운영체제는 linux, 이미지 유형은 kernel이다. 또한 압축 방식은 gzip이고, 로드 주소는 0x80008000이며, 진입점은 로드 주소와 같다. 마지막으로 이미지 이름은 Linux, 이미지 데이터 파일의 이름은 zImage, 생성되는 이미지의 이름은 uImage이다.

이미지 로드하기

보통 SD 카드 같은 착탈식 저장소나 네트워크로부터 이미지를 로드할 것이다. SD 카드는 U-Boot에서 mmc 드라이버를 통해 처리된다. 이미지를 메모리에 로드하는 전형적인 순서는 다음과 같다.

```
=> mmc rescan
=> fatload mmc 0:1 82000000 uimage
reading uimage
4605000 bytes read in 254 ms (17.3 MiB/s)
```

```
=> iminfo 82000000

## Checking Image at 82000000 ...
Legacy image found
Image Name: Linux-3.18.0
Created: 2014-12-23 21:08:07 UTC
Image Type: ARM Linux Kernel Image (uncompressed)
Data Size: 4604936 Bytes = 4.4 MiB
Load Address: 80008000
Entry Point: 80008000
Verifying Checksum ... OK
```

명령 mmc rescan은 mmc 드라이버를 재초기화해서 SD 카드가 혹시 최근에 삽입됐는지를 알아낼 수 있다. 그다음 fatload를 사용해 SD 카드의 FAT으로 포맷된 파티션으로부터 파일을 읽는다. fatload 명령의 형식은 다음과 같다.

```
fatload <interface> [<dev[:part>] [<addr> [<filename> [bytes
[pos]]]]]
```

<interface>가 예제와 같이 mmc이면, <dev:part>는 MMC 인터페이스의 장치 번호(0부터 시작)와 파티션 번호(1부터 시작)다. 따라서 <0:1>은 첫 번째 장치의 첫 번째 파티션, 즉 마이크로SD 카드(온보드 eMMC는 mmc 1이다)를 나타내는 mmc 0이다. 메모리 위치 0x82000000은 이 순간 쓰이지 않는 램의 영역으로 선택됐다. 이 커널로 부트하려면, 커널 이미지에 압축 해제되고 실행 시 위치로 복사될 때 이 영역의 램이 덮어 쓰이지 말아야 한다.

네트워크로부터 이미지를 로드하려면, TFTP^Trivial File Transfer Protocol를 사용해야 한다. 이를 위해서는 개발 시스템에 TFTP 데몬(tftpd)을 설치하고 실행시켜야 한다. 또한 PC와 타깃 보드 사이의 방화벽을 UDP 포트 69의 TFTP 프로토콜이 통과하도록 구성해야 한다. TFTP의 디폴트 구성은 /var/lib/tftpboot 디렉터리만 접근할 수 있도록 허용한다. 다음 단계는 타깃으로 전송하고자 하는 파일들을 그 디렉터리로 복사하는 것이다. 이어서 한 쌍의 정적 IP 주소를 쓴다고 가정하면 추가적인 네트워크 관리가 필요 없고, 커널 이미지 파일들을 로드하는 일련의 명령들은 다음과 같다.

```
U-Boot# setenv ipaddr 192.168.159.42
U-Boot# setenv serverip 192.168.159.99
U-Boot# tftp 82000000 uImage
link up on port 0, speed 100, full duplex
Using cpsw device
TFTP from server 192.168.159.99; our IP address is 192.168.159.42
Filename 'uImage'.
Load address: 0x82000000
Loading:
#################################################################
#################################################################
#################################################################
#########################################################
3 MiB/s
done
Bytes transferred = 4605000 (464448 hex)
```

마지막으로, 이미지를 NAND 플래시 메모리에 프로그래밍하고 다시 읽어들이는 방법을 살펴보자. 이는 nand 명령으로 처리된다. 다음 예는 TFTP를 통해 커널 이미지를 로드하고 플래시에 프로그래밍한다.

```
=> tftpboot 82000000 uimage
=> nandecc hw
=> nand erase 280000 400000
NAND erase: device 0 offset 0x280000, size 0x400000
Erasing at 0x660000 -- 100% complete.
OK
=> nand write 82000000 280000 400000

NAND write: device 0 offset 0x280000, size 0x400000
4194304 bytes written: OK
```

이제 nand read 명령을 통해 플래시 메모리로부터 커널을 로드할 수 있다.

```
=> nand read 82000000 280000 400000
```

커널이 램에 로드되면 부팅할 수 있다.

리눅스 부팅

bootm 명령은 커널 이미지를 실행시킨다. 문법은 다음과 같다.

```
bootm [커널 주소] [램디스크 주소] [dtb 주소]
```

커널 이미지 주소는 필수이지만, 램디스크와 dtd 주소는 커널 구성이 요구하지 않는다면 생략할 수 있다. dtb는 있지만 initramfs가 없다면, 두 번째 주소는 대시(-)로 대신할 수 있고 다음과 같이 보일 것이다.

```
=> bootm 82000000 - 83000000
```

분명히, 전원을 켤 때마다 보드를 부팅하기 위해 긴 일련의 명령을 입력하는 것은 용납할 수 없다. 부팅 프로세스를 자동화하는 방법을 살펴보자.

U-Boot 스크립트를 이용한 부팅 자동화

U-Boot는 일련의 명령들을 환경 변수에 저장한다. 이름이 bootcmd인 특별 변수에 스크립트가 담겨 있으면, 전원이 켜진 뒤 bootdelay초가 지나면 실행된다. 시리얼 콘솔에서 보면, 0까지 카운트다운되는 것을 볼 수 있다. 그동안에 아무 키나 누르면 카운트다운이 중단되고 U-Boot의 상호작용 세션으로 들어간다.

스크립트를 만드는 방법은 간단하지만, 읽기는 쉽지 않다. 단순히 세미콜론(\(백슬래시) 이스케이프 문자를 앞에 붙여야 한다)으로 구분된 명령들을 덧붙인다. 따라서 예를 들어 플래시 메모리의 한 오프셋에서 커널 이미지를 로드하려면 다음과 같은 명령을 사용한다.

```
setenv bootcmd nand read 82000000 400000 200000\;bootm 82000000
```

이제 U-Boot를 사용해 비글본 블랙에서 커널을 부팅하는 방법을 알게 됐다. 그러나 BSP가 없는 새 보드에 U-Boot를 어떻게 이식할까? 지금부터 이에 대해 살펴본다.

U-Boot를 새로운 보드에 이식하기

하드웨어 부서에서 비글본 블랙에 기반을 둔 'Nova'라는 새로운 보드를 만들었고 당신이 거기에 U-Boot를 이식해야 한다고 가정하자. 그럼 U-Boot 코드의 레이아웃과 보드 구성 메커니즘이 동작하는 방식을 이해해야 할 것이다. 여기서는 추가 수정의 근간으로 사용할 수 있는, 기존 보드(비글본 블랙)의 변종을 만드는 방법을 보여준다. 상당수의 파일을 바꿔야 하며, 수정 사항은 코드 아카이브 MELP/Chapter03/0001-BSP-for-Nova.patch라는 패치 파일에 모아뒀다. 수정하지 않은 U-Boot 버전 2021.01에 다음과 같이 적용하면 된다.

```
$ cd u-boot
$ patch -p1 < MELP/Chapter03/0001-BSP-for-Nova.patch
```

U-Boot의 다른 버전을 사용하고 싶다면, 패치를 약간 수정해야 깔끔하게 적용할 수 있을 것이다.

지금부터는 패치가 만들어진 방법을 다룬다. 단계별로 따라 하고 싶다면, 수정하지 않은(Nova BSP 패치를 적용하지 않은) U-Boot 2021.01이 필요할 것이다. 주로 다룰 디렉터리들은 다음과 같다.

- **arch**: 지원되는 아키텍처별 코드를 arm, mips, powerpc 등의 디렉터리에 담고 있다. 각 아키텍처 안에는 해당 계열의 변종별 서브디렉터리가 있다. 예를 들어 arch/arm/cpu에는 amt926ejs, armv7, armv8 등의 디렉터리가 있다.

- **board**: 보드별 코드를 담고 있다. 같은 벤더에서 나온 여러 보드가 있으면, 서브디렉터리로 묶을 수 있다. 따라서 비글본이 기반을 둔 am335x EVM 보드에 대한 지원은 board/ti/am335x에 있다.

- **common**: 명령 셸과 명령 셸에서 부를 수 있는 명령들(각각 cmd_[명령 이름].c라는 이름의 파일에 들어 있다)을 포함하는 공통 핵심 기능들을 담고 있다.

- **doc**: U-Boot의 다양한 측면을 설명하는 README 파일들을 담고 있다. U-Boot

이식을 어떻게 진행할지 궁금하다면, 여기서 출발하는 것이 좋다.

- **include**: 여러 공유 헤더 파일뿐만 아니라 매우 중요한 include/configs 서브디렉터리(대다수의 보드 구성 설정을 찾을 수 있다)를 담고 있다.

Kconfig가 Kconfig 파일로부터 정보를 뽑아내고 전체 시스템 구성을 이름이 .config인 파일에 저장하는 방법은 4장, '커널 구성과 빌드'에서 자세히 다룰 것이다. 보드별 기본 구성은 configs/[board name]_defconfig에 저장돼 있다. Nova 보드의 경우, EVM의 구성을 복사해서 시작할 수 있다.

```
$ cp configs/am335x_evm_defconfig configs/nova_defconfig
```

이제 configs/nova_defconfig를 편집해서 아래와 같이 CONFIG_TARGET_NOVA=y를 CONFIG_AM33XX=y 다음에 추가한다.

```
CONFIG_ARM=y
CONFIG_ARCH_CPU_INIT=y
CONFIG_ARCH_OMAP2PLUS=y
CONFIG_TI_COMMON_CMD_OPTIONS=y
CONFIG_AM33XX=y
CONFIG_TARGET_NOVA=y
CONFIG_SPL=y
[...]
```

CONFIG_ARM=y는 arch/arm/Kconfig의 내용이 포함되도록 한다. 2행의 CONFIG_AM33XX=y 는 arch/arm/mach-omap2/am33xx/Kconfig가 포함되도록 한다.

그러고 나서 아래와 같이 CONFIG_SYS_CUSTOM_LDSCRIPT=y와 CONFIG_SYS_LDSCRIPT=="board /ti/nova/u-boot.lds"를 동일한 파일에 있는 CONFIG_DISTRO_DEFAULTS=y 다음에 추가한다.

```
[...]
CONFIG_SPL=y
CONFIG_DEFAULT_DEVICE_TREE="am335x-evm"
```

```
CONFIG_DISTRO_DEFAULTS=y
CONFIG_SYS_CUSTOM_LDSCRIPT=y
CONFIG_SYS_LDSCRIPT="board/ti/nova/u-boot.lds"
CONFIG_SPL_LOAD_FIT=y
[...]
```

이제 configs/nova_defconfig 수정을 마쳤다.

보드별 파일

보드마다 board/[보드 이름]이나 board/[벤더]/[보드 이름]이라는 이름의 서브디렉터리가 있고, 그 안에는 다음과 같은 파일들이 있다.

- **Kconfig**: 보드의 구성 옵션을 담고 있다.

- **MAINTAINERS**: 보드가 현재 유지보수되고 있는지, 그렇다면 누가 유지보수하는지를 담고 있다.

- **Makefile**: 보드별 코드를 빌드하는 데 쓰인다.

- **README**: U-Boot의 이 이식판(port)에 대한 유용한 정보(예: 어느 하드웨어 변종이 지원되는지)를 담고 있다.

게다가 보드 특유의 기능을 위한 소스 파일도 있을 수 있다.

Nova 보드는 비글본에 기반을 두고 있고 비글본은 TI AM335x EVM에 기반을 두고 있으므로, am335x 보드 파일들을 복사해서 시작할 수 있다.

```
$ mkdir board/ti/nova
$ cp -a board/ti/am335x/* board/ti/nova
```

이어서 board/ti/nova/Kconfig를 편집하고 SYS_BOARD를 "nova"로 설정해 board/ti/nova에 있는 파일들을 빌드하도록 한 다음, SYS_CONFIG_NAME도 "nova"로 설정해 구성 파일 include/configs/nova.h를 사용토록 한다.

```
if TARGET_NOVA

config SYS_BOARD
        default "nova"

config SYS_VENDOR
        default "ti"

config SYS_SOC
        default "am33xx"

config SYS_CONFIG_NAME
        default "nova"
[...]
```

여기에 있는 파일 중 하나를 더 바꿔야 한다. board/ti/nova/u-boot.lds에 있는 링커 스크립트로, board/ti/am335x/built-in.o를 참조하도록 39행에 하드코딩돼 있다. 이를 다음과 같이 수정하자.

```
{
    *(.__image_copy_start)
    *(.vectors)
    CPUDIR/start.o (.text*)
    board/ti/nova/built-in.o (.text*)
}
```

이제 Nova용 Kconfig 파일을 일련의 Kconfig 파일들과 링크해야 한다. 먼저 arch/arm/Kconfig를 편집해서 다음과 같이 source "board/tcl/sl50/Kconfig" 다음에 source "board/ti/nova/Kconfig"를 추가한다.

```
[...]
source "board/st/stv0991/Kconfig"
source "board/tcl/sl50/Kconfig"
source "board/ti/nova/Kconfig"
source "board/toradex/colibri_pxa270/Kconfig"
source "board/variscite/dart_6ul/Kconfig"
[...]
```

그다음에는 arch/arm/mach-omap2/am33xx/Kconfig를 편집해서, 다음과 같이
TARGET_AM335X_EVM 바로 다음에 TARGET_NOVA용 구성 옵션을 추가한다.

```
[…]
config TARGET_NOVA
        bool "Support the Nova! board"
        select DM
        select DM_GPIO
        select DM_SERIAL
        select TI_I2C_BOARD_DETECT
        imply CMD_DM
      . imply SPL_DM
        imply SPL_DM_SEQ_ALIAS
        imply SPL_ENV_SUPPORT
        imply SPL_FS_EXT4
        imply SPL_FS_FAT
        imply SPL_GPIO_SUPPORT
        imply SPL_I2C_SUPPORT
        imply SPL_LIBCOMMON_SUPPORT
        imply SPL_LIBDISK_SUPPORT
        imply SPL_LIBGENERIC_SUPPORT
        imply SPL_MMC_SUPPORT
        imply SPL_NAND_SUPPORT
        imply SPL_OF_LIBFDT
        imply SPL_POWER_SUPPORT
        imply SPL_SEPARATE_BSS
        imply SPL_SERIAL_SUPPORT
        imply SPL_SYS_MALLOC_SIMPLE
        imply SPL_WATCHDOG_SUPPORT
        imply SPL_YMODEM_SUPPORT
        help
          The Nova target board
  […]
```

U-Boot가 에러 없이 빌드하려면 모든 imply SPL_ 행이 필요하다.

Nova 보드용 보드별 파일을 복사하고 수정했으므로 이제 헤더 파일로 넘어가자.

헤더 파일 구성하기

보드마다 include/configs에 구성의 대부분을 담고 있는 헤더 파일이 있다. 파일의 이름은 보드의 Kconfig 파일에 있는 `SYS_CONFIG_NAME`을 따른다. 이 파일의 형식은 U-Boot 소스 트리의 최상위에 있는 README 파일에 자세히 설명돼 있다. Nova 보드를 위해서는 단순히 include/configs/am335x_evm.h를 include/configs/nova.h로 복사하고 다음과 같이 조금 수정하면 된다.

```
[…]
#ifndef __CONFIG_NOVA_H
#define __CONFIG_NOVA_H

include <configs/ti_am335x_common.h>
#include <linux/sizes.h>

#undef CONFIG_SYS_PROMPT
#define CONFIG_SYS_PROMPT "nova!> "

#ifndef CONFIG_SPL_BUILD
# define CONFIG_TIMESTAMP
#endif
[…]
#endif  /* ! __CONFIG_NOVA_H */
```

`__CONFIG_AM335X_EVM_H`를 `__CONFIG_NOVA_H`로 대치하는 것 외에, 유일하게 변경해야 하는 사항은 런타임에 이 부트로더를 식별할 수 있도록 새 명령 프롬프트를 설정하는 것이다.

소스 트리가 완전히 수정됐으므로 이제 맞춤형 보드용 U-Boot를 빌드할 준비가 됐다.

빌드와 테스트

Nova 보드용으로 빌드하려면, 방금 만든 구성을 선택한다.

```
$ source ../MELP/Chapter02/set-path-arm-cortex_a8-linux-gnueabihf
$ make distclean
```

```
$ make nova_defconfig
$ make
```

MLO와 u-boot.img를 전에 만든 마이크로SD 카드의 FAT 파티션에 복사하고 보드를
부트한다. 다음과 같은 출력이 보일 것이다(명령 프롬프트를 주목하라).

```
U-Boot SPL 2021.01-dirty (Feb 08 2021 - 21:30:41 -0800)
Trying to boot from MMC1


U-Boot 2021.01-dirty (Feb 08 2021 - 21:30:41 -0800)

CPU  : AM335X-GP rev 2.1
Model: TI AM335x BeagleBone Black
DRAM:  512 MiB
WDT:   Started with servicing (60s timeout)
NAND:  0 MiB
MMC:   OMAP SD/MMC: 0, OMAP SD/MMC: 1
Loading Environment from FAT... *** Warning - bad CRC, using
default environment

<ethaddr> not set. Validating first E-fuse MAC
Net:   eth2: ethernet@4a100000, eth3: usb_ether
Hit any key to stop autoboot:  0
nova!>
```

변경 사항을 깃에 넣고 git format-patch 명령을 사용하면, 이들 변경 사항 모두에 대한
패치를 만들 수 있다.

```
$ git add .
$ git commit -m "BSP for Nova"
[detached HEAD 093ec472f6] BSP for Nova
12 files changed, 2379 insertions(+)
 create mode 100644 board/ti/nova/Kconfig
 create mode 100644 board/ti/nova/MAINTAINERS
 create mode 100644 board/ti/nova/Makefile
 create mode 100644 board/ti/nova/README
 create mode 100644 board/ti/nova/board.c
 create mode 100644 board/ti/nova/board.h
```

```
create mode 100644 board/ti/nova/mux.c
create mode 100644 board/ti/nova/u-boot.lds
create mode 100644 configs/nova_defconfig
create mode 100644 include/configs/nova.h
$ git format-patch -1
0001-BSP-for-Nova.patch
```

이 패치를 생성하는 것으로 TPL로서의 U-Boot에 대한 설명을 마친다. U-Boot는 부팅
프로세스 중 TPL 단계를 완전히 우회하도록 구성할 수도 있다. 다음으로 리눅스를 부팅
하는 이런 대체 접근 방식을 살펴본다.

팔콘 모드

흔히 현대적인 임베디드 프로세서 부팅은 CPU 부트 ROM이 SPL을 로드하고, SPL이
u-boot.bin을 로드하고, u-boot.bin이 리눅스 커널을 로드하는 식이다. 어쩌면, 단계
를 줄여서 부트 절차를 간단하고 빠르게 하는 방법이 있는지가 궁금할지도 모르겠다.
그 답은 U-Boot '팔콘 모드^{Falcon mode}'다.

발상은 간단하다. SPL이 u-boot.bin을 건너뛰고 커널 이미지를 직접 로드하게 하는 것
이다. 사용자 상호작용도 없고 스크립트도 없다. 그저 플래시나 eMMC의 알려진 위치
로부터 메모리로 커널을 로드하고, 미리 준비된 매개변수 블록을 넘기고, 실행시킨다.
팔콘 모드 구성에 대한 자세한 사항은 이 책에서 다루지 않는다. 자세한 정보는 doc/
README.falcon을 참고하길 바란다.

> **NOTE**
>
> 팔콘 모드는 새들 중 가장 빠른 송골매(Peregrine falcon)의 이름을 따서 명명됐다. 송골매는 다이빙할
> 때 시속 200마일 이상의 속도에 이를 수 있다.

⠿ 요약

각 시스템은 하드웨어에 생명을 불어넣고 커널을 로드하기 위해 부트로더가 필요하다. U-Boot는 유용한 범위의 하드웨어를 지원하고 새로운 장치에 이식하기 꽤 쉬우므로 많은 개발자가 좋아한다. 3장에서는 시리얼 콘솔을 통해 명령줄에서 대화식으로 U-Boot를 검사하고 구동하는 방법을 배웠다. 이런 명령줄 연습에는 빠른 반복을 위해 TFTP를 사용해 네트워크를 통한 커널 로딩이 포함된다. 마지막으로, Nova 보드용 패치를 생성해 새로운 장치로 U-Boot를 이식하는 방법을 배웠다.

지난 몇 년에 걸쳐 임베디드 하드웨어가 복잡해지고 꾸준히 다양해짐에 따라 하드웨어를 기술하는 새로운 방법으로 장치 트리가 등장했다. 장치 트리는 단순히 시스템의 텍스트 표현으로, DTB^{Device Tree Binary}로 컴파일돼 커널이 로드될 때 전달된다. 장치 트리를 해석해 거기서 발견되는 장치의 드라이버를 로드하고 초기화하는 것은 커널의 몫이다.

사용 시에 U-Boot는 매우 유연하므로, 대용량 저장소나 플래시 메모리, 네트워크로부터 이미지를 로드해 부트할 수 있다. 3장에서는 리눅스 부팅에 대한 복잡한 사항을 살짝 다뤘고, 4장에서는 임베디드 프로젝트의 세 번째 요소인 커널을 살펴볼 것이다.

04

커널 구성과 빌드

커널은 임베디드 리눅스의 세 번째 요소로, 자원 관리와 하드웨어 인터페이스를 담당하므로 최종 소프트웨어 빌드의 거의 모든 측면에 영향을 미친다. 커널은 보통 특정 하드웨어 구성에 맞춰지는데, 3장, '부트로더에 대한 모든 것'에서 봤듯이, 장치 트리를 이용하면 일반적인 커널을 만들고 장치 트리의 내용을 통해 특정 하드웨어에 맞춰지도록 할수도 있다.

4장에서는 특정 보드용 커널을 얻는 방법과 커널을 구성하고 컴파일하는 방법을 알아본다. 부트스트랩을 다시 살펴볼 것인데, 이번에는 커널이 맡는 역할에 초점을 맞출 것이다. 장치 드라이버와 장치 트리로부터 정보를 얻는 방법도 다룬다.

4장에서 다룰 주제는 다음과 같다.

- 커널은 무엇을 하는가?
- 커널 선택하기
- 커널 빌드하기

- 커널 부팅하기

- 리눅스를 새 보드에 이식하기

기술적 요구 사항

이 장의 예제를 따라 하려면 다음 사항을 준비해야 한다.

- 리눅스 기반 호스트 시스템

- 2장, '툴체인을 배우자'에서 준비한 crosstool-NG 툴체인

- 마이크로SD 카드와 카드 리더

- 3장, '부트로더에 대한 모든 것'에서 준비한 U-Boot가 설치된 마이크로SD 카드

- USB to TTL 3.3V 시리얼 케이블

- 라즈베리 파이 4

- 5V 3A USB-C 전원 공급 장치

- 비글본 블랙

- 5V 1A DC 전원 공급 장치

4장에서 사용할 모든 코드는 이 책의 깃허브 저장소(https://github.com/PacktPublishing/Mastering-Embedded-Linux-Programming-Third-Edition)에 있는 Chapter04 폴더에서 찾을 수 있다.

커널은 무엇을 하는가?

리눅스는 1991년 리누스 토발즈$^{Linus\ Torvalds}$가 인텔 386과 486 기반 개인용 컴퓨터를 위한 운영체제를 작성하던 무렵에 시작됐다. 리누스 토발즈는 앤드류 타넨바움$^{Andrew\ S.}$

Tanenbaum이 4년 전에 작성한 미닉스Minix 운영체제에서 영감을 받았다. 리눅스는 여러 면에서 미닉스와 달랐는데, 주된 차이점은 32비트 가상 메모리 커널이라는 점과 코드가 오픈소스(나중에 GPL 2 라이선스로 발표됨)였다는 점이었다. 리누스는 1991년 8월 25일 comp.os.minix 뉴스그룹에 다음과 같이 시작하는 유명한 글로 리눅스를 발표했다.

> 안녕하세요 미닉스를 사용하시는 모든 분들 – 나는 386(486) AT 호환 기종용 (무료) 운영체제(그냥 취미로요. gnu처럼 크고 전문적으로 되지는 않을 겁니다)를 만들고 있습니다. 4월부터 만들었으며 준비가 되기 시작하고 있습니다. 제 OS가 미닉스와 약간 닮았기 때문에(예를 들어 (실용적인 이유로) 파일시스템의 물리적 레이아웃이 같습니다) 사람들이 미닉스에서 좋아하고/싫어하는 것들에 대한 피드백을 받고 싶습니다.

아주 엄밀히 말하면, 리누스는 운영체제를 작성하지 않았다. 대신 그는 운영체제의 한 요소인 커널을 작성했다. 사용자 공간 명령과 셸 명령 인터프리터를 갖춘 완전히 작동하는 시스템을 만들기 위해 리누스는 GNU 프로젝트에서 만든 요소들, 특히 툴체인, C 라이브러리, 기본 명령줄 도구를 사용했다. 그 구분은 지금도 여전해서 리눅스가 사용되는 방식에 많은 유연성을 부여한다.

리눅스 커널은 GNU 사용자 공간과 결합돼 데스크톱과 서버에서 실행되는 완전한 리눅스 배포판(GNU/리눅스라고도 한다)이 될 수 있다. 안드로이드 사용자 공간과 결합돼 잘 알려진 모바일 운영체제가 되거나 작은 Busybox 기반 사용자 공간과 결합돼 소형 임베디드 시스템이 되기도 한다.

이와 대조적으로 BSD 운영체제(FreeBSD, OpenBSD, NetBSD)는 커널, 툴체인, 사용자 공간이 하나의 코드 베이스로 결합돼 있다. 툴체인을 제거하면 컴파일러나 헤더 파일 없이 더 슬림한 런타임 이미지를 배포할 수 있다. 커널에서 사용자 공간을 분리하면 init 시스템(runit과 systemd), C 라이브러리(musl과 glibc), 패키지 형식(.apk와 .deb) 측면에서 선택권이 생긴다.

커널은 주로 세 가지 일을 한다. 아래 그림에 정리된 것처럼, 자원을 관리하고 하드웨어와 인터페이스하고 사용자 공간 프로그램에게 유용한 수준의 추상화를 제공하는 API를 제공한다.

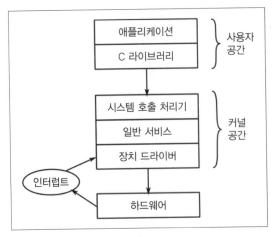

그림 4.1 사용자 공간, 커널 공간, 하드웨어

사용자 공간에서 실행되는 애플리케이션은 낮은 CPU 특권 수준에서 실행된다. 애플리케이션은 라이브러리 호출 외에는 할 수 있는 일이 매우 적다. 사용자 공간과 커널 공간 사이의 주된 인터페이스는 C 라이브러리로, POSIX에 정의된 것 같은 사용자 수준 함수들을 커널 시스템 호출로 변환한다. 시스템 호출 인터페이스는 트랩이나 소프트웨어 인터럽트 같은 아키텍처 고유의 방법을 사용해 CPU를 낮은 특권 사용자 모드에서 높은 특권 커널 모드로 전환함으로써, 모든 메모리 주소와 CPU 레지스터에 접근할 수 있도록 한다.

시스템 호출 처리기는 호출을 적절한 커널 서브시스템으로 전달한다(메모리 할당 호출은 메모리 관리자에게, 파일시스템 호출은 파일시스템 코드에게 등). 이들 호출 중 일부는 하부 하드웨어로부터의 입력을 요구하고 장치 드라이버로 전달될 것이며, 경우에 따라 하드웨어 자체가 인터럽트를 발생시켜 커널 함수를 호출한다.

NOTE

> 위의 그림은 커널 코드로 진입하는 두 번째 진입점(하드웨어 인터럽트)이 있음을 보여준다. 인터럽트는 장치 드라이버에서만 처리될 수 있고, 사용자 공간 애플리케이션에서는 절대 처리될 수 없다.

즉, 애플리케이션이 하는 모든 유용한 일은 커널을 통해 이뤄진다. 따라서 커널은 시스템에서 가장 중요한 요소 중 하나다. 따라서 하나를 선택하는 방법을 이해하는 것이 중요하다. 이제부터 살펴보자.

⋮⋮ 커널 선택하기

다음 단계는 프로젝트를 위한 커널을 고르는 것으로, 최신 버전의 소프트웨어를 쓰고
싶은 욕구와 벤더별 추가 기능의 필요 및 코드 베이스의 장기 지원에 대한 관심 사이에
서 균형을 잘 맞춰야 한다.

커널 개발 주기

리눅스는 빠른 속도로 개발돼 왔으며, 새로운 버전이 8주에서 12주마다 출시됐다. 최근
에는 버전 번호를 만드는 방식이 조금 바뀌었다. 2011년 7월 이전에는 2.6.11처럼 숫자
3개로 이뤄진 방식이 있었다. 중간 숫자는 개발 릴리스인지, 안정된 릴리스인지를 나타
냈다. 홀수(2.1.x, 2.3.x, 2.5.x)는 개발자용이었고, 짝수는 최종 사용자용이었다.

버전 2.6부터, 오래 지속됐던 개발 브랜치(홀수)라는 개념은 새로운 기능이 사용자에게 제
공되는 속도를 늦추기 때문에 사라졌다. 2011년 7월 숫자가 2.6.39에서 3.0으로 바뀐
것은 순전히 리누스가 숫자가 너무 커진다고 느꼈기 때문이었다. 리누스는 또한 그 기
회를 이용해 중간 숫자를 없애버렸다. 그 뒤로 2015년 4월, 주 버전을 3에서 4로 올렸는
데, 이번에도 순전히 깔끔함을 위한 조치였을 뿐 어떤 대규모 아키텍처 변화 때문은 아
니었다.

리누스는 개발 커널 트리를 관리한다. 다음과 같이 리누스의 깃 트리를 복제함으로써
그의 소스를 따라갈 수 있다.

```
$ git clone git://git.kernel.org/pub/scm/linux/kernel/git/torvalds/linux.git
```

이렇게 하면 서브디렉터리 linux로 체크아웃될 것이다. 때때로 git pull 명령을 실행하
면 해당 디렉터리를 최신으로 유지할 수 있다.

현재 커널 개발 전체 주기는 2주간의 머지 기간merge window과 함께 시작된다. 그동안 리누스는 새로운 기능을 위한 패치를 받아들일 것이다. 머지 기간이 끝나면 안정화 단계가 시작된다. 그동안 리누스는 버전 번호가 -rc1, -rc2 등으로 끝나는 릴리스 후보들(흔히 -rc7, -rc8까지 간다)을 만들 것이다. 그동안 사람들은 후보들을 테스트하고 버그 보고서와 수정 사항을 제출한다. 주요 버그들이 모두 수정되면, 커널이 릴리스된다.

머지 기간 중 추가되는 코드는 이미 상당히 성숙해야 하는데, 여러 커널 서브시스템/아키텍처 유지보수자들의 코드 저장소repository에서 가져오는 것이 보통이다. 개발 주기를 짧게 유지함으로써, 기능이 준비됐을 때 머지할 수 있다. 커널 유지보수자들이 생각하기에 기능이 충분히 안정적이지 않거나 잘 개발되지 않았다면, 간단히 다음 릴리스까지 연기할 수 있다.

릴리스별로 바뀐 사항을 추적하는 것은 쉽지 않다. 리누스의 깃 코드 저장소에서 커밋 로그commit log를 읽을 수도 있지만, 대략 릴리스마다 10,000개 이상의 항목이 있으므로 윤곽을 잡기 쉽지 않다. 고맙게도 Linux Kernel Newbies 웹 사이트(https://kernelnewbies.org)가 있으므로, 해당 링크(https://kernelnewbies.org/LinuxVersions)에서 각 버전의 간결한 개요를 찾을 수 있다.

안정적 장기 지원 릴리스

리눅스의 빠른 변화 속도는 새로운 기능을 주류 코드 베이스에 들여온다는 점에서 좋은 일이지만, 임베디드 프로젝트의 좀 더 긴 생명주기와는 잘 맞지 않는다. 커널 개발자들은 이 문제를 두 가지 방법(안정 릴리스와 장기 릴리스)으로 다룬다. (리누스 토발즈가 유지보수하는) 주류 커널은 릴리스되고 나면 (그렉 크로아-하트만Greg Kroah-Hartman이 유지보수하는) 안정 트리로 이동한다. 버그 수정은 안정 커널stable kernel에 적용되고, 주류 커널은 다음 개발 주기를 시작한다. 안정 커널의 버그 수정 릴리스는 세 번째 번호(3.18.1, 3.18.2 등)로 표시한다. 버전 3 이전에는 네 자리 릴리스 번호(2.6.29.1, 2.6.39.2 등)가 사용됐다.

다음 명령을 통해 안정 커널 트리를 받을 수 있다.

```
$ git clone git://git.kernel.org/pub/scm/linux/kernel/git/stable/linux-
stable.git
```

git checkout을 이용해 특정 버전(예: 버전 5.4.50)을 받을 수 있다.

```
$ cd linux-stable
$ git checkout v5.4.50
```

보통 안정 커널은 8~12주 뒤 다음 주류 릴리스가 나올 때까지만 갱신되므로, 웹 사이트
(https://www.kernel.org)에 단지 한두 개의 안정 커널이 있는 것을 확인할 수 있다. 좀 더 오랜
기간 동안 갱신되길 원하면서 버그가 발견되고 수정되는 것을 보장받고 싶은 사용자들
의 요구를 만족시키기 위해, 어떤 커널들은 장기long term로 표시되고 2년 이상 유지보수
된다. 해마다 최소한 하나의 장기 커널이 있다.

이 책을 쓰고 있는 현재 웹 사이트(https://www.kernel.org)를 보면, 모두 5개의 장기 커널들(5.4,
4.19, 4.14, 4.9, 4.4)이 있다. 가장 오래된 것은 버전 4.4.256으로, 거의 5년 동안 유지보수 중
이다. 이렇게 긴 시간 동안 유지보수해야 할 제품을 만들고 있다면 가장 최근의 장기 커
널(이 경우 5.4)이 좋은 선택일 것이다.

벤더 지원

이상적인 세계에서는 웹 사이트(https://www.kernel.org)에서 커널을 다운로드하고 리눅스를
지원한다고 주장하는 어떤 장치용으로도 구성할 수 있어야 할 것이다. 하지만 그것이
언제나 가능하지는 않다. 사실 주류 리눅스는 리눅스를 실행할 수 있는 여러 장치 중 작
은 부분 집합만을 확실하게 지원한다. Linaro나 Yocto 프로젝트 같은 독립 오픈소스 프
로젝트나 임베디드 리눅스를 지원하는 서드파티 회사들로부터 본인의 보드나 SoC를 위
한 지원을 찾을 수도 있지만, 많은 경우에는 SoC나 보드의 벤더로부터 동작하는 커널을
찾아봐야 할 것이다.

알다시피, 벤더에 따라 리눅스 지원 수준이 다르다. 이 시점에서 나의 조언은 지원을 잘
해주거나 심지어 자신의 커널 수정 사항을 주류에 반영하려고 애쓰는 벤더를 선택하라

는 것이다. 리눅스 커널 메일링 리스트를 검색하거나 후보 SoC나 보드에 대한 최근 활동에서 커밋 기록을 검색한다. 주류 커널에 업스트림 변경 사항이 없는 경우, 공급업체가 좋은 지원을 제공하는지 여부에 대한 판단은 주로 입소문을 기반으로 한다. 일부 공급업체는 모든 에너지를 최신 SoC로 돌리기 전에 한 번의 커널 코드 드롭만 릴리스하는 것으로 악명 높다.

라이선스

리눅스 소스 코드는 GPL v2로 라이선스된다. 즉, 라이선스에 명시된 방법 중 하나에 따라 당신의 커널 소스를 공개해야 한다는 뜻이다.

커널의 실제 라이선스 문구는 COPYING 파일에 들어 있다. '시스템 호출 인터페이스를 통해 사용자 공간에서 커널을 부르는 코드는 커널의 파생 제품으로 간주되지 않으므로 이 라이선스에 포함되지 않는다'라는 리누스가 적은 부록으로 시작한다. 따라서 리눅스 위에서 실행되는 비공개 애플리케이션은 문제가 없다.

하지만 리눅스 라이선스가 끝없는 혼란과 논쟁을 일으키는 영역이 하나 있는데, 바로 커널 모듈이다. 커널 모듈은 단순히 실행 시에 커널과 동적으로 링크되는 코드 조각으로, 커널의 기능을 확장한다. GPL은 정적 링크와 동적 링크를 구별하지 않으므로, 커널 모듈 소스도 GPL에 포함되는 것처럼 보인다. 그러나 리눅스 초기에, 예를 들어 앤드류 파일시스템과 관련해서 이 규칙의 예외에 대한 토론이 있었다. 이 코드는 리눅스보다 오래됐고 따라서 파생 제품이 아니며, 라이선스가 적용되지 않는다(그렇게 주장했다).

수년에 걸쳐 다른 코드 조각에 대해서도 비슷한 논의가 있었고, 결과적으로 커널 모듈에 반드시 GPL이 적용돼야 하는 것은 아니라는 점이 용인된 관행이다. 이는 커널 MODULE_LICENSE 매크로에 코드화됐고, 그 값을 Proprietary로 설정하면 해당 모듈이 GPL로 릴리스되지 않음을 나타낸다. 같은 주장을 이용하려는 계획이라면, 'Linux GPL and binary module exception clause?'라는 제목의 자주 인용되는 메일들(https://yarchive .net/comp/linux/gpl_modules.html에 아카이브돼 있다)을 전부 읽어보는 것도 도움이 된다.

GPL은 좋은 것이다. 여러분과 내가 임베디드 프로젝트를 수행할 때, 언제나 커널 소스 코드를 구할 수 있기 때문이다. GPL이 없었다면, 임베디드 리눅스는 사용하기가 훨씬 더 어렵고 더욱 파편화됐을 것이다.

⁞ 커널 빌드하기

어느 커널에 기반을 둘지 결정했으면, 다음 단계는 빌드다.

소스 구하기

이 책에서 사용하는 세 가지 타깃(라즈베리 파이 4, 비글본 블랙, ARM Versatile PB) 모두 주류 커널에서 잘 지원된다. 따라서 웹 사이트(https://www.kernel.org)에 있는 최신 장기 커널(집필 당시 5.4.50)을 사용하는 것이 이치에 맞다. 여러분이 스스로 하려면, 5.4 커널의 이후 버전이 있는지 확인하고 그 커널을 사용해야 한다. 5.4.50이 릴리스된 이후에 발견된 버그가 수정돼 있을 것이기 때문이다.

> **NOTE**
>
> 이후의 장기 릴리스가 있다면 그것을 사용할 수도 있지만, 그 사이에 변경된 사항 때문에 앞으로 나오는 명령들이 똑같이 동작하지 않을 수 있으므로 주의하길 바란다.

이 명령으로 안정 커널을 복제하고 버전 5.4.50을 체크아웃한다.

```
$ wget https://cdn.kernel.org/pub/linux/kernel/v5.x/linux-
5.4.50.tar.xz
$ tar xf linux-5.4.50.tar.xz
$ mv linux-5.4.50 linux-stable
```

이후의 버전을 받으려면, linux- 다음의 5.4.50을 원하는 장기 릴리스로 바꾼다.

여기에는 많은 코드가 있다. 5.4 커널에는 C 소스 코드, 헤더 파일, 어셈블리 코드를 담고 있는 57,000개가 넘는 파일이 있고, SLOCCount 유틸리티를 이용한 측정에 따르면 모두 1,250만 줄이 넘는 코드가 있다. 그럼에도 불구하고, 코드의 기본 레이아웃을 알고 대략 특정 요소를 찾아보려면 어디를 살펴봐야 하는지를 아는 것은 그럴 만한 가치가 있다. 흥미가 있을 만한 주요 디렉터리는 다음과 같다.

- **arch**: 아키텍처별 파일들을 담고 있다. 아키텍처별 서브디렉터리가 있다.

- **Documentation**: 커널 문서를 담고 있다. 리눅스의 어떤 측면에 대한 정보를 찾고 싶으면 언제나 제일 먼저 여기를 살펴보길 바란다.

- **drivers**: 수천 개의 장치 드라이버를 담고 있다. 드라이버 종류별 서브디렉터리가 있다.

- **fs**: 파일시스템 코드를 담고 있다.

- **include**: 커널 헤더 파일들(그중 일부는 툴체인을 빌드할 때 필요하다)을 담고 있다.

- **init**: 커널 시작 코드를 담고 있다.

- **kernel**: 스케줄링, 잠금locking, 타이머, 전원 관리, 디버그debug/추적trace 코드 등 핵심 기능들을 담고 있다.

- **mm**: 메모리 관리를 담고 있다.

- **net**: 네트워크 프로토콜들을 담고 있다.

- **scripts**: 3장, '부트로더에 대한 모든 것'에서 설명한 DTCDevice Tree Compiler(장치 트리 컴파일러) 등 여러 가지 유용한 스크립트를 담고 있다.

- **tools**: 20장, '프로파일링과 추적'에서 설명하는 리눅스 성능 카운터 도구(perf) 등 여러 가지 유용한 도구를 담고 있다.

시간이 흐름에 따라 이 구조에 익숙해지고, 특정 SoC의 시리얼 포트 관련 코드를 찾을 때 그것이 장치 드라이버이지 뭔가 CPU 아키텍처에 고유한 것은 아니므로 arch/$ARCH/mach-foo가 아니라 drivers/tty/serial에서 찾을 수 있음을 깨닫게 될 것이다.

커널 구성 이해하기: Kconfig

리눅스의 힘 중 하나는, 스마트 온도계 같은 작은 전용 장치에서 복잡한 모바일 핸드셋에 이르기까지 서로 다른 작업에 맞도록 커널을 구성할 수 있는 정도다. 현재 버전에는 수천 가지 구성 옵션이 있다. 올바르게 구성하는 것 자체가 하나의 작업이지만, 그 전에 무슨 일이 벌어지는지를 더 잘 이해하도록 구성이 어떻게 이뤄지는지를 보여주려고 한다.

구성 메커니즘을 Kconfig라고 하고, Kconfig에 통합된 빌드 시스템을 Kbuild라고 한다. 둘 다 Documentation/kbuild/에서 관련 문서를 찾을 수 있다. Kconfig/Kbuild는 커널 뿐만 아니라 crosstool-NG, U-Boot, Barebox, BusyBox 등 다른 여러 프로젝트에도 쓰인다.

구성 옵션은 이름이 Kconfig인 파일들의 계층 구조로 선언되며, 그 파일의 문법은 Documentation/kbuild/kconfig-language.rst에 설명돼 있다.

리눅스에서 최상위 수준 Kconfig는 다음과 같다.

```
mainmenu "Linux/$(ARCH) $(KERNELVERSION) Kernel Configuration"

comment "Compiler: $(CC_VERSION_TEXT)"

source "scripts/Kconfig.include"
[…]
```

그리고 arch/Kconfig의 첫 줄은 다음과 같다.

```
source "arch/$(SRCARCH)/Kconfig"
```

이 줄은 활성화된 옵션에 따라 다른 Kconfig 파일들을 소스[source]하는 아키텍처별 구성 파일을 포함한다.

아키텍처에게 그런 역할을 맡기는 것은 세 가지 의미가 있다.

- 첫째, 리눅스를 구성할 때 ARCH=[아키텍처]를 설정해 아키텍처를 명시해야 한다. 그렇지 않으면, 기본으로 로컬 기계 아키텍처로 설정된다.

- 둘째, ARCH에 대해 설정한 값이 일반적으로 SRCARCH의 값을 결정하므로 SRCARCH를 명시적으로 설정할 필요가 거의 없다.

- 셋째, 최상위 수준 메뉴의 레이아웃은 아키텍처마다 다르다.

ARCH에 설정하는 값은 arch 디렉터리에서 볼 수 있는 서브디렉터리 중 하나다. 예외적으로 ARCH=i386과 ARCH=x86_64는 모두 arch/x86/Kconfig를 사용하게 된다.

Kconfig 파일은 주로 menu와 endmenu 키워드로 구분되는 메뉴로 구성된다. 메뉴 항목은 config 키워드로 표시된다.

다음은 drivers/char/Kconfig에서 발췌한 예다.

```
menu "Character devices"
[...]
config DEVMEM
    bool "/dev/mem virtual device support"
    default y
    help
      Say Y here if you want to support the /dev/mem device.
      The /dev/mem device is used to access areas of physical
      memory.
      When in doubt, say "Y".
[...]
endmenu
```

config 뒤의 인자는 변수의 이름으로, 이 경우 DEVMEM이다. 이 옵션은 bool(Boolean)이므로, 두 가지 값만 가질 수 있다. 활성화되면 y가 대입되고, 비활성화되면 변수가 아예 정의되지 않는다. 화면에 표시될 메뉴 항목의 이름은 bool 키워드 뒤의 문자열이다.

이 구성 항목은 다른 모든 항목과 함께 .config라는 이름의 파일에 저장된다.

TIP

이름 맨 앞의 점(.)은 숨겨진 파일이라는 뜻으로, 모든 파일을 보여주도록 ls –a라고 입력하지 않으면 ls 명령으로 보이지 않는다.

이 구성 항목에 해당하는 행은 다음과 같다.

```
CONFIG_DEVMEM=y
```

bool뿐만 아니라 몇 가지 다른 자료형[data type]이 있는데, 그 전체 목록은 다음과 같다.

- **bool**: y이거나 정의되지 않는다.

- **tristate**: 특정 기능이 커널 모듈로 빌드되거나 주 커널 이미지에 내장될 수 있을 때 사용된다. 모듈의 경우 m, 내장의 경우 y, 기능이 비활성화되면 값이 정의되지 않는다.

- **int**: 10진법으로 표기된 정수다.

- **hex**: 16진법으로 표기된 부호 없는 정수다.

- **string**: 문자열 값이다.

항목 사이에 의존 관계가 있을 수 있는데, depends on 문으로 다음과 같이 나타낸다.

```
config MTD_CMDLINE_PARTS
    tristate "Command line partition table parsing"
    depends on MTD
```

다른 곳에서 CONFIG_MTD가 활성화되지 않으면, 이 메뉴 옵션은 보이지 않으며 선택할 수도 없게 된다.

역의존 관계도 있다. select 키워드는 한 옵션이 활성화되면 다른 옵션을 활성화한다. arch/$ARCH에 있는 Kconfig 파일은 아래 ARM의 예와 같이 아키텍처별 기능들을 활성화하는 여러 select 문을 담고 있을 수 있다.

```
config ARM
    bool
    default y
    select ARCH_CLOCKSOURCE_DATA
    select ARCH_HAS_DEVMEM_IS_ALLOWED
 [...]
```

ARCH_CLOCKSOURCE_DATA와 ARCH_HAS_DEVMEM_IS_ALLOWED를 선택함으로써, 이들 기능이 커널에 정적으로 빌드되도록 이들 변수에 y 값을 할당한다.

Kconfig 파일을 읽고 .config 파일을 만들어낼 수 있는 몇 가지 구성 유틸리티가 있다. 어떤 것은 화면에 메뉴를 보여주고 대화형으로 선택할 수 있다. 아마도 대부분의 사람들이 menuconfig에 친숙하겠지만, xconfig와 gconfig도 있다.

menuconfig를 사용하려면, 먼저 ncurses, flex, bison이 설치돼 있어야 한다. 다음 명령은 우분투에 이들 모든 필수 구성 요소를 설치한다.

```
$ sudo apt install libncurses5-dev flex bison
```

menuconfig는 make 명령을 통해 실행하는데, 커널의 경우 아키텍처를 지정해야 하므로 다음과 같이 실행한다.

```
$ make ARCH=arm menuconfig
```

다음은 앞서 이야기한 DEVMEM 구성 옵션이 하이라이트된 menuconfig 화면이다.

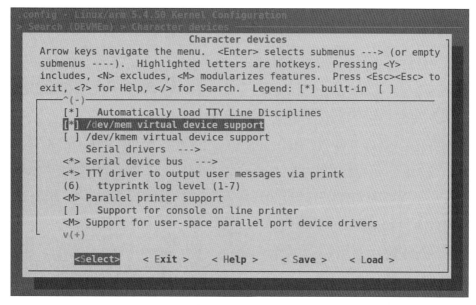

그림 4.2 DEVMEM 선택하기

항목 왼쪽에 있는 별표(*)는 드라이버가 커널에 정적으로 빌드되도록 선택됐음을 의미한다. M인 경우에는 런타임에 커널에 삽입하기 위한 커널 모듈로 빌드되도록 선택됐음을 의미한다.

> **TIP**
>
> enable CONFIG_BLK_DEV_INITRD 같은 지시 사항을 종종 보겠지만, 살펴볼 메뉴가 너무 많아서 어디에 그 구성이 설정돼 있는지 찾으려면 한참 걸릴 수 있다. 모든 구성 편집기에는 검색 기능이 있다. menuconfig에서는 슬래시 키(/)로 작동시킬 수 있다. 또한 xconfig에서는 편집 메뉴에 있지만, 찾고자 하는 구성 항목의 CONFIG_ 부분을 빼야 한다.

구성할 항목이 매우 많기 때문에 커널을 빌드할 때마다 공백 상태에서 시작하는 것은 불합리하다. 따라서 arch/$ARCH/configs에 작동하는 것으로 알려진 구성 파일들이 있고, 각 파일은 하나의 SoC나 일군의 SoC에 적절한 구성값들을 담고 있다.

make [구성 파일명] 명령을 사용하면 구성 파일을 선택할 수 있다. 예를 들어 ARMv7-A 아키텍처를 사용하는 광범위한 SoC에서 실행되는 리눅스를 구성하려면, 다음과 같이 입력한다.

```
$ make ARCH=arm multi_v7_defconfig
```

이는 서로 다른 여러 가지 보드에서 실행되는 일반적인 커널이다. 좀 더 특화된 응용 예로, 벤더가 공급한 커널을 이용할 때 기본 구성 파일은 BSP의 일부이며, 커널을 빌드하기 전에 어느 파일을 이용할지 알아내야 할 것이다.

또 하나의 유용한 구성 타깃의 이름은 oldconfig이며, 기존 구성을 최신 커널 버전으로 옮길 때 사용한다. 이 타깃은 기존 .config 파일을 취하고 새 구성 옵션에 대한 질문을 표시한다. 이전 커널에서 새 소스 디렉터리로 .config를 복사하고 make ARCH=arm oldconfig 명령을 실행해 최신 상태로 만든다.

oldconfig 타깃은 또한 수동으로 편집한 .config 파일을 검증하는 데도 쓸 수 있다. 파일 맨 위의 Automatically generated file; DO NOT EDIT를 무시하는 일인데, 때로는 경고를 무시해도 괜찮다.

정말 구성을 변경한다면, 변경된 .config 파일은 BSP의 일부가 되고 소스 코드 제어에 포함돼야 한다.

커널 빌드를 시작하면, 커널 소스에 포함될 수 있도록 각 구성값에 해당하는 #define을 담고 있는 헤더 파일 include/generated/autoconf.h가 만들어진다.

지금까지 커널을 정했고, 커널을 구성하는 방법을 배웠으므로 이제 커널을 식별하는 방법을 알아본다.

LOCALVERSION을 이용해 커널 식별하기

make kernelversion과 make kernelrelease 타깃을 이용하면 빌드한 커널의 버전과 릴리스를 알아낼 수 있다.

```
$ make ARCH=arm kernelversion
5.4.50
$ make ARCH=arm kernelrelease
5.4.50
```

이것은 실행 시에 uname 명령을 통해 보고되고 커널 모듈이 저장되는 디렉터리의 이름을 정하는 데도 사용된다.

디폴트 구성을 변경할 경우, CONFIG_LOCALVERSION을 설정해 각자의 버전 정보를 추가하는 것이 좋다. 예를 들어 빌드하는 커널에 melp 식별자와 버전 1.0으로 표시하려면, menuconfig에서 다음과 같이 로컬 버전^{local version}을 정의한다.

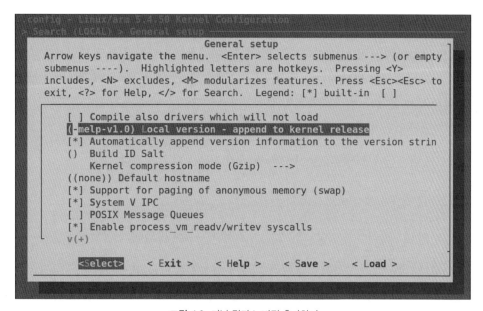

그림 4.3 커널 릴리스 버전 추가하기

make kernelversion을 실행하면 전과 같은 출력 결과를 얻을 수 있지만, 이제 make kernel release를 실행하면 다음과 같이 출력된다.

```
$ make ARCH=arm kernelrelease
5.4.50-melp-v1.0
```

잠시 우회해 커널 버전 관리에 대해 알아봤다. 그러나 이제 컴파일을 위해 커널을 구성하는 본업으로 돌아가자.

언제 커널 모듈을 사용하는가?

커널 모듈은 이미 몇 번 언급한 적이 있다. 데스크톱 리눅스 배포판들은 커널 모듈을 광범위하게 사용해서 올바른 장치와 커널 기능들을 발견된 하드웨어와 필요한 기능에 따라 실행 시에 로드할 수 있다. 커널 모듈이 없다면 모든 드라이버와 기능이 커널에 정적으로 링크돼야 하므로, 현실적으로 사용할 수 없을 정도로 커질 것이다.

반면에 임베디드 장치의 경우, 보통 커널을 빌드할 때 하드웨어와 커널 구성을 알 수 있으므로 모듈이 비교적 덜 유용하다. 사실 모듈을 사용하면 커널과 루트 파일시스템 사이에 버전 의존성이 생겨 하나가 갱신되고 다른 하나가 갱신되지 않으면 부트가 실패할 수 있는 문제가 있다. 결과적으로 임베디드 커널은 모듈을 전혀 쓰지 않고 빌드하는 경우가 상당히 일반적이다.

임베디드 시스템에서 커널 모듈이 좋은 몇 가지 경우는 다음과 같다.

- 앞서 언급한 대로 라이선스 이유로 인해 비공개 모듈이 있는 경우

- 비필수 드라이버의 로딩을 연기해 부트 시간을 줄이기 위해

- 로드할 수 있는 드라이브가 여러 개라서 정적으로 링크하면 너무 많은 메모리가 소요될 때. 예를 들어 다양한 장치를 지원하는 USB 인터페이스를 갖고 있는 경우다. 이는 본질적으로 데스크톱 배포판에서와 같은 이유다.

이제부터 Kbuild를 사용해 커널 모듈이 있거나 없는 커널 이미지를 컴파일하는 방법을 알아본다.

⠿ 컴파일하기: Kbuild

커널 빌드 시스템 Kbuild는 .config 파일로부터 구성 정보를 취해서 의존 관계를 파악하고 커널 이미지를 만들기 위해 필요한 모든 것을 컴파일하는 make 스크립트들도 이뤄져 있다. 커널 이미지는 정적으로 링크되는 모든 요소(아마 장치 트리 바이너리와 하나 이상의 커널 모듈 등)를

포함한다. 의존 관계는 각 디렉터리에 빌드 가능한 요소와 함께 있는 makefile에 표현돼 있다. 예를 들어 drivers/char/Makefile에서 두 줄을 발췌하면 다음과 같다.

```
obj-y += mem.o random.o
obj-$(CONFIG_TTY_PRINTK) += ttyprintk.o
```

obj-y 규칙은 무조건 파일을 컴파일해서 타깃을 만들므로, mem.c와 random.c는 언제나 커널의 일부가 된다. 두 번째 줄에서 ttyprintk.c는 구성 매개변수에 의존한다. CONFIG_TTY_PRINTK가 y이면 내장 요소로 컴파일되고, m이면 모듈로 빌드되며, 정의되지 않으면 전혀 컴파일되지 않는다.

대부분의 타깃의 경우, 단순히 make라고 입력하면(적절한 ARCH와 CROSS_COMPILE을 설정하고) 필요한 일을 수행하겠지만, 한 번에 한 단계씩 나아가는 것이 이해하기 좋을 것이다. CROSS_COMPILE make 변수의 의미는 2장, '툴체인을 배우자'의 마지막 절을 참고하길 바란다.

어떤 커널 이미지를 컴파일할지 알아내기

커널 이미지를 빌드하려면, 부트로더가 기대하는 것이 무엇인지 알아야 한다. 간단히 말하면 다음과 같다.

- **U-Boot**: 전통적으로 U-Boot는 uImage를 요구하지만, 근래의 버전은 bootz 명령을 통해 zImage 파일을 로드할 수 있다.
- **x86 타깃**: bzImage 파일을 요구한다.
- **다른 대부분의 부트로더**: zImage 파일을 요구한다.

다음은 zImage 파일을 빌드하는 예다.

```
$ make -j 4 ARCH=arm CROSS_COMPILE=arm-cortex_a8-linux-gnueabihf- zImage
```

> -j 4 옵션은 make에게 몇 개의 작업을 병렬로 실행할 것인지 알려줘서 빌드 시간을 줄여준다. 대략적
> 인 지침은 CPU 코어 개수만큼의 작업을 실행하는 것이다.

다중 플랫폼을 지원하는 ARM용 uImage 파일(현세대 ARM SoC 커널의 표준이다)을 빌드할 때 약간의 문제가 있다. ARM의 다중 플랫폼 지원은 리눅스 3.7에서 추가됐는데, 하나의 커널바이너리가 여러 플랫폼에서 실행될 수 있고 모든 ARM 장치를 위한 소수의 커널을 가질 수 있는 길로 향하는 한 걸음이었다. 커널은 부트로더가 넘겨준 기계 번호나 장치 트리를 읽어 올바른 플랫폼을 선택한다. 문제는 플랫폼마다 물리적 메모리의 위치가 다를수 있고, 따라서 커널의 재배치 주소relocation address(보통 물리적 램의 시작에서 0x8000 바이트) 또한 다를수 있기 때문에 일어난다. 재배치 주소는 커널을 빌드할 때 mkimage 명령으로 uImage 헤더에 기록하지만, 선택할 재배치 주소가 둘 이상일 경우 실패할 것이다. 바꿔 말하면, uImage 형식이 다중 플랫폼 이미지와 호환되지 않는다는 것이다. 그럼에도 불구하고 커널을 부트하고자 하는 특정 SoC의 LOADADDR을 설정하기만 하면 대중 플랫폼 빌드를 통해 uImage 바이너리를 만들 수 있다. mach-[해당 SoC]/Makefile.boot를 살피고 zreladdr-y의 값을 기록하면 로드 주소를 찾을 수 있다.

```
$ make -j 4 ARCH=arm CROSS_COMPILE=arm-cortex_a8-linux-gnueabihf-
    LOADADDR=0x80008000 uImage
```

타깃 커널 이미지 형식에 관계없이, 부팅 가능한 이미지가 생성되기 전에 동일한 2개의 빌드 아티팩트build artifact가 먼저 생성된다.

빌드 아티팩트

커널을 빌드하면 최상위 수준 디렉터리에 2개의 파일(vmlinux와 System.map)이 생긴다. 먼저 vmlinux는 ELF 바이너리binary로 이뤄진 커널이다. 디버그를 활성화하고(CONIG_DEBUG=y) 커널을 컴파일했다면, kgdb 같은 디버거에서 쓸 수 있는 디버그 심볼이 포함돼 있을 것이다. vmlinux 실행 파일을 구성하는 각 섹션(텍스트, 데이터, bss)의 길이를 측정하기 위한 size 등

다른 ELF 바이너리 도구도 쓸 수 있다.

```
$ arm-cortex_a8-linux-gnueabihf-size vmlinux
   text      data      bss      dec       hex      filename
14005643   7154342   403160   21563145  1490709   vmlinux
```

dec과 hex 값은 각각 10진수와 16진수로 나타낸 파일의 전체 크기다.

System.map은 사람이 읽을 수 있는 형태의 심볼 테이블을 담고 있다.

대부분의 부트로더는 ELF 코드를 직접 처리할 수 없으며, vmlinux를 처리해서 다양한 부트로더에 적합하도록 몇몇 파일을 arch/$ARCH/boot에 위치시키는 추가적인 단계가 있다.

- **Image**: 가공되지 않은 바이너리(원시 바이너리) 형식으로 변환된 vmlinux

- **zImage**: 파워PC 아키텍처의 경우 이 파일은 단순히 압축된 Image 파일이며, 부트로더가 이 파일을 압축 해제해야 한다. 다른 모든 아키텍처의 경우, 압축된 Image가 압축 해제 및 재배치relocate 코드와 합쳐져 있다.

- **uImage**: zImage에 64바이트 U-Boot 헤더가 합쳐져 있다.

빌드하는 동안, 실행되는 명령들의 요약을 볼 수 있을 것이다.

```
$ make -j 4 ARCH=arm CROSS_COMPILE=arm-cortex_a8-linux-gnueabihf- \
  zImage
  CC      scripts/mod/empty.o
  CC      scripts/mod/devicetable-offsets.s
  MKELF   scripts/mod/elfconfig.h
  HOSTCC  scripts/mod/modpost.o
  HOSTCC  scripts/mod/sumversion.o
[...]
```

때로는 커널 빌드가 실패할 때 실제로 실행되는 명령들을 보는 것이 유용한데, 이를 위해서는 명령줄에 V=1을 붙이면 된다.

```
$ make -j 4 ARCH=arm CROSS_COMPILE=arm-cortex_a8-linux-gnueabihf- \
V=1 zImage
[…]
arm-cortex_a8-linux-gnueabihf-gcc -Wp,-MD,drivers/tty/.
tty_baudrate.o.d -nostdinc -isystem /home/frank/x-tools/
arm-cortex_a8-linux-gnueabihf/lib/gcc/arm-cortex_a8-linuxgnueabihf/
8.3.0/include -I./arch/arm/include -I./arch/arm/
include/generated -I./include -I./arch/arm/include/uapi -I./
arch/arm/include/generated/uapi -I./include/uapi -I./include/
generated/uapi -include ./include/linux/kconfig.h -include
./include/linux/compiler_types.h -D__KERNEL__ -mlittleendian
-Wall -Wundef -Werror=strict-prototypes -Wno-trigraphs
-fno-strict-aliasing -fno-common -fshort-wchar -fno-PIE
-Werror=implicit-function-declaration -Werror=implicit-int
-Wno-format-security -std=gnu89 -fno-dwarf2-cfi-asm -fno-ipasra
-mabi=aapcs-linux -mfpu=vfp -funwind-tables -marm -Wa,-mnowarn-
deprecated -D__LINUX_ARM_ARCH__=7 -march=armv7-a -msoftfloat
-Uarm -fno-delete-null-pointer-checks -Wno-frame-address
-Wno-format-truncation -Wno-format-overflow -O2 --param=allowstore-
data-races=0 -Wframe-larger-than=1024 -fstack-protectorstrong
-Wno-unused-but-set-variable -Wimplicit-fallthrough
-Wno-unused-const-variable -fomit-frame-pointer -fno-vartracking-
assignments -Wdeclaration-after-statement -Wvla
-Wno-pointer-sign -Wno-stringop-truncation -Wno-array-bounds
-Wno-stringop-overflow -Wno-restrict -Wno-maybe-uninitialized
-fno-strict-overflow -fno-merge-all-constants -fmerge
constants -fno-stack-check -fconserve-stack -Werror=date-time
-Werror=incompatible-pointer-types -Werror=designated-init
-fmacro-prefix-map=./= -Wno-packed-not-aligned -DKBUILD_
BASENAME='"tty_baudrate"' -DKBUILD_MODNAME='"tty_baudrate"' -c
-o drivers/tty/tty_baudrate.o drivers/tty/tty_baudrate.c
[…]
```

이 절에서는 Kbuild가 미리 컴파일된 vmlinux ELF 바이너리를 가져와서 부팅 가능한 커널 이미지로 변환하는 방법을 배웠다. 지금부터는 장치 트리를 컴파일하는 방법을 살펴본다.

장치 트리 컴파일하기

다음 단계는 장치 트리 빌드로, 다중 플랫폼 빌드의 경우 여러 장치 트리를 빌드해야 한다. dtbs 타깃은 arch/$ARCH/boot/dts/Makefile에 있는 규칙에 따라 해당 디렉터리 안의 소스 파일을 이용해서 장치 트리를 빌드한다.

다음은 multi_v7_defconfig용 dtbs 타깃을 빌드하는 과정을 발췌한 것이다.

```
$ make ARCH=arm dtbs
[…]
  DTC      arch/arm/boot/dts/alpine-db.dtb
  DTC      arch/arm/boot/dts/artpec6-devboard.dtb
  DTC      arch/arm/boot/dts/at91-kizbox2.dtb
  DTC      arch/arm/boot/dts/at91-nattis-2-natte-2.dtb
  DTC      arch/arm/boot/dts/at91-sama5d27_som1_ek.dtb
[…]
```

컴파일된 .dtb 파일들은 소스와 같은 디렉터리에 만들어진다.

모듈 컴파일하기

일부 기능을 모듈로 빌드하도록 구성했다면, modules 타깃을 이용해 독립적으로 빌드할 수 있다.

```
$ make -j 4 ARCH=arm CROSS_COMPILE=arm-cortex_a8-linux-gnueabihf-
modules
```

컴파일된 모듈은 접미어 .ko가 붙고 소스 코드와 같은 디렉터리에 만들어진다. 즉, 커널 소스 트리 곳곳에 산재하게 된다는 뜻이다. 이 파일들을 찾기는 조금 힘들지만, modules_install make 타깃을 이용해 올바른 장소에 설치할 수 있다. 기본 위치는 개발 시스템의 /lib/modules인데, 여기에 설치하고 싶지 않을 것이 거의 확실하다. 루트 파일시스템(루트 파일시스템은 5장에서 말할 것이다)의 스테이징 영역staging area에 설치하려면, INSTALL_MOD_PATH를 이용해 경로를 지정한다.

```
$ make -j4 ARCH=arm CROSS_COMPILE=arm-cortex_a8-linux-gnueabihf- \
INSTALL_MOD_PATH=$HOME/rootfs modules_install
```

커널 모듈들이 파일시스템 루트에 상대적인 /lib/modules/[커널 버전]에 설치된다.

커널 소스 청소하기

커널 소스 트리를 청소^{cleaning}하기 위한 세 가지 make 타깃이 있다.

- clean: 오브젝트 파일과 대부분의 중간 파일을 제거한다.

- mrproper: 모든 중간 파일(.config 파일 포함)을 제거한다. 이 타깃을 이용하면 소스 트리
  를 복제하거나 압축 해제한 직후의 상태로 되돌릴 수 있다. mrproper란 이름은 어
  느 나라에서 흔히 볼 수 있는 청소용 제품인 'Mr. Proper'에서 따온 것이다. 따라서
  make mrproper란 커널 소스를 '북북 문질러 잘 닦는다'는 뜻이다.

- distclean: mrproper와 같지만 편집기 백업 파일과 패치 파일, 기타 소프트웨어 개
  발 부산물들도 지운다.

지금까지 커널 컴파일 단계와 그 출력 결과를 살펴봤다. 이제 우리가 갖고 있는 보드를
위한 몇 가지 커널을 빌드해보자.

라즈베리 파이 4용 64비트 커널 빌드하기

주류 커널에 이미 라즈베리 파이 4에 대한 지원이 있지만, 이 책을 쓰는 시점에서는 라
즈베리 파이 재단의 리눅스 포크(https://github.com/raspberrypi/linux)가 더 안정적인 것으로 나타
났다. 해당 포크의 4.19.y 브랜치는 동일한 포크의 rpi-5.4.y 브랜치보다 더 적극적으로
관리된다. 이 상황은 가까운 장래에 변경될 수 있지만, 지금은 4.19.y 브랜치를 계속 사
용하겠다.

라즈베리 파이 4에는 64비트 쿼드코어 ARM Cortex-A72 CPU가 있으므로 AArch64 GNU/리눅스를 타깃으로 하는 ARM의 GNU 툴체인을 사용해 64비트 커널을 크로스 컴파일한다. 사전에 빌드된 이 툴체인은 웹 사이트(https://developer.arm.com/downloads/-/arm-gnu-toolchain-downloads)에서 다운로드할 수 있다.

```
$ cd ~
$ wget https://developer.arm.com/-/media/Files/downloads/
gnu-a/10.2-2020.11/binrel/gcc-arm-10.2-2020.11-x86_64-aarch64-
none-linux-gnu.tar.xz
$ tar xf gcc-arm-10.2-2020.11-x86_64-aarch64-none-linux-gnu.
tar.xz
$ mv gcc-arm-10.2-2020.11-x86_64-aarch64-none-linux-gnu \
gcc-arm-aarch64-none-linux-gnu
```

gcc-arm-10.2-2020.11-x86_64-aarch64-none-linux-gnu는 작성 당시 AArch64 GNU/리눅스를 타깃으로 하는 최신 x86_64 리눅스 호스팅 크로스 컴파일러였다. 다운로드에 실패할 경우, 위 명령의 10.2-2020.11을 현재 릴리스 버전으로 바꾸길 바란다.

그런 다음, 커널을 가져와 빌드하는 데 필요한 몇 가지 패키지를 설치한다.

```
$ sudo apt install subversion libssl-dev
```

이제 필요한 툴체인과 패키지가 설치됐으므로, 4.19.y 커널 저장소를 linux라는 디렉터리에 한 수준 깊이 복제하고 미리 빌드된 바이너리를 boot 서브디렉터리로 익스포트export한다.

```
$ git clone --depth=1 -b rpi-4.19.y https://github.com/
raspberrypi/linux.git
$ svn export https://github.com/raspberrypi/firmware/trunk/boot
$ rm boot/kernel*
$ rm boot/*.dtb
$ rm boot/overlays/*.dtbo
```

새로 복제된 linux 디렉터리로 이동해 커널을 빌드한다.

```
$ PATH=~/gcc-arm-aarch64-none-linux-gnu/bin/:$PATH
$ cd linux
$ make ARCH=arm64 CROSS_COMPILE=aarch64-none-linux-gnu- \
bcm2711_defconfig
$ make -j4 ARCH=arm64 CROSS_COMPILE=aarch64-none-linux-gnu
```

빌드가 완료되면 커널 이미지, 장치 트리 블롭, 부팅 매개변수를 boot 서브디렉터리에
복사한다.

```
$ cp arch/arm64/boot/Image ../boot/kernel8.img
$ cp arch/arm64/boot/dts/overlays/*.dtbo ../boot/overlays/
$ cp arch/arm64/boot/dts/broadcom/*.dtb ../boot/
$ cat << EOF > ../boot/config.txt
enable_uart=1
arm_64bit=1
EOF
$ cat << EOF > ../boot/cmdline.txt
console=serial0,115200 console=tty1 root=/dev/mmcblk0p2
rootwait
EOF
```

위의 명령은 모두 MELP/Chapter04/buildlinux-rpi4-64.sh 스크립트에 있다.
cmdline.txt에 작성된 커널 명령줄은 모두 한 줄에 있어야 한다. 이 단계들을 나눠 살펴
보자.

1. 라즈베리 파이 재단 커널 포크의 rpi-4.19.y 브랜치를 linux 디렉터리에 복제한다.

2. 라즈베리 파이 재단 펌웨어 저장소의 boot 서브디렉터리 내용을 boot 디렉터리
   로 익스포트한다.

3. boot 디렉터리에서 기존 커널 이미지, 장치 트리 블롭, 장치 트리 오버레이를 삭
   제한다.

4. linux 디렉터리에서 라즈베리 파이 4용 64비트 커널, 모듈, 장치 트리를 빌드한다.

5. 새로 빌드된 커널 이미지, 장치 트리 블롭, 장치 트리 오버레이를 arch/arm64/
   boot/에서 boot 디렉터리로 복사한다.

6. 라즈베리 파이 4의 부트로더가 읽고 커널에 전달할 수 있도록 config.txt와 cmdline.txt 파일을 boot 디렉터리에 쓴다.

config.txt의 설정을 살펴보자. `enable_uart=1` 줄은 디폴트로 비활성화돼 있는 시리얼 콘솔을 부팅 중에 활성화한다. `arm_64bit=1` 줄은 라즈베리 파이 4의 부트로더가 CPU를 64비트 모드에서 시작하고, 32비트 ARM용 디폴트 kernel.img 파일 대신 kernel8.img 라는 파일에서 커널 이미지를 로드하도록 한다.

이제 cmdline.txt를 살펴보자. `console=serial0,115200`과 `console=tty1` 커널 명령줄 매개변수는 커널이 부팅할 때 시리얼 콘솔에 로그 메시지를 출력하도록 한다.

비글본 블랙용 커널 빌드하기

이미 주어진 정보를 바탕으로, Crosstool-NG ARM Cortex A8 크로스 컴파일러를 이용해 비글본 블랙용 커널, 모듈, 장치 트리를 빌드하는 완전한 과정을 정리하면 다음과 같다.

```
$ cd linux-stable
$ make ARCH=arm CROSS_COMPILE=arm-cortex_a8-linux-gnueabihf- mrproper
$ make ARCH=arm multi_v7_defconfig
$ make -j4 ARCH=arm CROSS_COMPILE=arm-cortex_a8-linux-gnueabihf- zImage
$ make -j4 ARCH=arm CROSS_COMPILE=arm-cortex_a8-linux-gnueabihf- modules
$ make ARCH=arm CROSS_COMPILE=arm-cortex_a8-linux-gnueabihf- dtbs
```

이들 명령은 MELP/Chapter04/build-linux-bbb.sh 스크립트에 있다.

QEMU용 커널 빌드하기

crosstool-NG ARM Cortex V5TE 컴파일러를 이용해서 QEMU로 에뮬레이트된 ARM Versatile PB용 리눅스를 빌드하는 과정을 정리하면 다음과 같다.

```
$ cd linux-stable
$ make ARCH=arm CROSS_COMPILE=arm-unknown-linux-gnueabi- mrproper
$ make ARCH=arm versatile_defconfig
$ make -j4 ARCH=arm CROSS_COMPILE=arm-unknown-linux-gnueabi- zImage
$ make -j4 ARCH=arm CROSS_COMPILE=arm-unknown-linux-gnueabi- modules
$ make ARCH=arm CROSS_COMPILE=arm-unknown-linux-gnueabi- dtbs
```

이들 명령은 MELP/Chapter04/build-linux-versatilepb.sh 스크립트에 있다. 지금까지 Kbuild를 사용해 타깃을 위한 커널을 컴파일하는 방법을 살펴봤다. 이제 커널 부팅에 대해 알아본다.

⁑ 커널 부팅하기

리눅스 부팅은 매우 장치 의존적이다. 이번 절에서는 라즈베리 파이 4, 비글본 블랙, QEMU에서 어떻게 동작하는지 살펴본다. 다른 타깃 보드는 벤더나 커뮤니티 프로젝트가 제공하는 정보(만약 있다면)를 참고해야 한다.

이 시점에서 여러분은 라즈베리 파이 4, 비글본 블랙, QEMU용 커널 이미지 파일과 장치 트리 블롭을 갖고 있어야 한다.

라즈베리 파이 4 부팅하기

라즈베리 파이는 U-Boot 대신 브로드컴에서 제공하는 독점 부트로더를 사용한다. 이전 라즈베리 파이 모델과 달리 라즈베리 파이 4의 부트로더는 마이크로SD 카드가 아닌 온보드 SPI EEPROM에 있다. 우리의 64비트 커널을 부팅하려면, 여전히 마이크로SD에 라즈베리 파이 4용 커널 이미지와 장치 트리 블롭을 넣어야 한다.

먼저 커널 빌드 아티팩트를 저장할 만큼 충분히 큰 FAT32 부팅 파티션이 있는 마이크로SD 카드가 필요하다. boot 파티션은 마이크로SD 카드의 첫 번째 파티션이어야 한다. 파티션 크기는 1GB이면 충분하다. 마이크로SD 카드를 카드 리더에 넣고 boot 디렉터리의 전체 내용을 boot 파티션에 복사한다. 카드를 마운트 해제하고 라즈베리 파이 4에 넣는다. USB-to-TTL 시리얼 케이블을 40핀 GPIO 헤더의 GND, TXD, RXD 핀에 연결한다(https://learn.adafruit.com/adafruits-raspberry-pi-lesson-5-using-a-console-cable/connect-the-lead). 다음으로는 gtkterm과 같은 터미널 에뮬레이터를 시작한다. 마지막으로, 라즈베리 파이 4의 전원을 켜면 시리얼 콘솔에 다음과 같은 출력이 표시돼야 한다.

```
[    0.000000] Booting Linux on physical CPU 0x0000000000
[0x410fd083]
[    0.000000] Linux version 4.19.127-v8+ (frank@franktop)
(gcc version 10.2.1 20201103 (GNU Toolchain for the A-profile
Architecture 10.2-2020.11 (arm-10.16))) #1 SMP PREEMPT Sat Feb
6 16:19:37 PST 2021
[    0.000000] Machine model: Raspberry Pi 4 Model B Rev 1.1
[    0.000000] efi: Getting EFI parameters from FDT:
[    0.000000] efi: UEFI not found.
[    0.000000] cma: Reserved 64 MiB at 0x0000000037400000
[    0.000000] random: get_random_bytes called from start_
kernel+0xb0/0x480 with crng_init=0
[    0.000000] percpu: Embedded 24 pages/cpu s58840 r8192
d31272 u98304
[    0.000000] Detected PIPT I-cache on CPU0
[…]
```

커널이 마이크로SD 카드에서 루트 파일시스템을 찾을 수 없기 때문에 시퀀스가 커널 패닉으로 종료된다. 커널 패닉은 나중에 다시 설명할 것이다.

비글본 블랙 부팅하기

먼저 3장, '부트로더에 대한 모든 것'의 'U-Boot 설치하기' 절에서 설명한 대로 U-Boot 가 설치된 마이크로SD 카드가 필요하다. 마이크로SD 카드를 카드 리더에 넣고 linux-stable 디렉터리에서 arch/arm/boot/zImage와 arch/arm/boot/dts/am335x-bone black.dtb 파일을 boot 파티션으로 복사한다. 이어서 카드를 마운트 해제하고 비글본 블랙에 넣는다. gtkterm 같은 터미널 에뮬레이터를 실행하고 U-Boot 메시지가 나타나

자마자 스페이스 바를 누를 준비를 한다. 그런 다음, 비글본 블랙의 전원을 넣고 스페이스 바를 누른다. U-Boot 프롬프트가 보일 것이다. 이제 U-Boot# 프롬프트 다음의 명령을 입력해서 리눅스와 장치 트리 바이너리를 로드한다.

```
U-Boot# fatload mmc 0:1 0x80200000 zImage
reading zImage
7062472 bytes read in 447 ms (15.1 MiB/s)
U-Boot# fatload mmc 0:1 0x80f00000 am335x-boneblack.dtb
reading am335x-boneblack.dtb
34184 bytes read in 10 ms (3.3 MiB/s)
U-Boot# setenv bootargs console=tty00,115200
U-Boot# bootz 0x80200000 - 0x80f00000
## Flattened Device Tree blob at 80f00000
Booting using the fdt blob at 0x80f00000
Loading Device Tree to 8fff4000, end 8ffff587 ... OK
Starting kernel ...
[ 0.000000] Booting Linux on physical CPU 0x0
[…]
```

커널 명령줄을 console=tty00,115200으로 설정했다. tty00는 리눅스가 콘솔 출력으로 사용할 장치를 지정하는 것으로, 이 경우 보드의 첫 번째 UART 장치인 tty00을 사용하게 된다. 115200은 전송 속도$^{baud\ rate}$로, 호스트 터미널 프로그램(gtkterm, minicom, screen 등)의 설정과 일치해야 한다. 이 설정이 없으면, Starting the kernel ... 이후의 메시지를 볼 수 없으므로 제대로 동작하는지 알 수 없을 것이다. 이 과정은 커널 패닉으로 끝나는데, 이유는 나중에 다시 설명하겠다.

QEMU 부팅하기

이미 qemu-system-arm을 설치했다면, 다음과 같은 명령으로 ARM Versatile PB용 커널과 .dtb 파일을 이용해 실행할 수 있다.

```
$ QEMU_AUDIO_DRV=none \
qemu-system-arm -m 256M -nographic -M versatilepb -kernel zImage \
-append "console=ttyAMA0,115200" -dtb versatile-pb.dtb
```

QEMU_AUDIO_DRV를 none으로 설정한 것은 사용하지 않는 오디오 드라이버가 구성돼 있지 않다는 에러 메시지를 없애기 위한 것이다. 라즈베리 파이, 비글본 블랙과 마찬가지로, 부팅은 커널 패닉으로 끝나고 시스템이 멈출 것이다. QEMU에서 나오려면, **Ctrl** + **A** 다음에 **x**를 입력한다(동시가 아니라 따로따로). 이제 커널 패닉이 무엇인지 살펴보자.

커널 패닉

시작할 때는 괜찮아 보였지만, 도중에 문제가 발생하기도 한다.

```
[ 1.886379] Kernel panic - not syncing: VFS: Unable to mount root fs on
unknown-block(0,0)
[ 1.895105] ---[ end Kernel panic - not syncing: VFS: Unable to mount root
fs on unknown-block(0, 0)
```

이것은 커널 패닉의 좋은 예다. 패닉은 커널이 복구할 수 없는 에러를 만났을 때 일어난다. 기본 설정으로는 콘솔로 메시지를 출력한 다음 멈출 것이다. panic 명령줄 매개변수를 설정해서 패닉이 일어났을 때 몇 초 기다린 뒤 리부트하도록 할 수 있다. 이 경우 복구할 수 없는 에러는 '루트 파일시스템 없음'으로, 제어할 사용자 공간이 없어 커널이 쓸 모없음을 나타낸다. 램디스크나 마운트할 수 있는 대용량 저장 장치에 루트 파일시스템을 제공함으로써 사용자 공간을 제공할 수 있다. 루트 파일시스템을 만드는 방법은 5장에서 이야기하겠지만, 패닉으로 이르게 되는 과정을 먼저 설명하려고 한다.

초기 사용자 공간

커널 초기화에서 사용자 공간으로 이행하기 위해, 커널은 루트 파일시스템을 마운트하고 루트 파일시스템에 있는 프로그램을 실행한다. 이는 램디스크를 통하거나 블록 장치 상의 실제 파일시스템을 마운트함으로써 이뤄진다. 이를 처리하는 모든 코드는 init/main.c에 있고, rest_init() 함수에서 시작한다. 이 함수는 PID가 1인 첫 번째 스레드를 만들고 kernel_init()의 코드를 실행한다. 램디스크가 있다면 프로그램 /init을 실행하려고 할 것이고, 이 프로그램은 계속해서 사용자 공간을 설정하는 작업을 수행할 것이다.

커널이 /init을 찾아서 실행하는 데 실패하면, init/do_mounts.c 안의 함수 prepare_namespace()를 불러 파일시스템을 마운트하려고 할 것이다. 이를 위해서는 다음과 같은 root= 명령줄을 통해 마운트할 때 쓸 블록 장치의 이름을 제공해야 한다.

```
root=/dev/<disk name><partition number>
```

또는 SD 카드와 eMMC의 경우 다음과 같은 형태를 띤다.

```
root=/dev/<disk name>p<partition number>
```

예를 들어, SD 카드의 첫 번째 파티션의 경우 root=/dev/mmcblk0p1이다. 성공적으로 마운트되면, /sbin/init, /etc/init, /bin/init, /bin/sh를 성공할 때까지 차례로 실행하려고 시도한다. 프로그램은 명령줄에서 다른 프로그램으로 바꿀 수 있다. 램디스크의 경우 rdinit=를 사용하고, 파일시스템의 경우 init=를 사용한다.

커널 메시지

커널 개발자는 printk() 등의 함수를 이용해서 유용한 정보를 출력하기를 좋아한다. 메시지는 중요도에 따라 분류되는데, 가장 높은 중요도는 0이다.

수준	값	뜻
KERN_EMERG	0	시스템이 사용 불능이다.
KERN_ALERT	1	즉시 조치를 취해야 한다.
KERN_CRIT	2	위급 상태
KERN_ERR	3	에러 상태
KERN_WARNING	4	경고 상태
KERN_NOTICE	5	정상이지만 중요한 상태

(이어짐)

수준	값	뜻
KERN_INFO	6	정보
KERN_DEBUG	7	디버그 수준 메시지

메시지는 먼저 버퍼(__log_buf)에 기록되는데, 그 크기는 2의 CONFIG_LOG_BUF_SHIFT승이다. 예를 들어 CONFIG_LOG_BUF_SHIFT가 16이면, __log_buf는 64KiB이다. dmesg 명령을 이용해서 버퍼 전체를 덤프할 수 있다.

메시지 수준이 콘솔 로그 수준보다 작으면, __log_buf에 기록될 뿐만 아니라 콘솔에도 출력된다. 기본 콘솔 로그 수준은 7로, 수준 6 이하 메시지는 표시되지만 수준 7인 KERN_DEBUG는 필터링됨을 의미한다. 콘솔 로그 수준을 바꾸는 방법으로는 loglevel=<수준> 커널 매개변수나 dmesg -n <수준> 명령을 이용하는 등 여러 가지가 있다.

커널 명령줄

커널 명령줄은 U-Boot의 경우에 부트로더가 bootargs 변수를 통해 커널에게 전달하는 문자열이다. 이는 장치 트리에 정의돼 있을 수도 있고, 커널 구성의 일부로 CONFIG_CMDLINE에 설정될 수도 있다.

이미 커널 명령줄의 예를 본 적이 있지만 더 많은 예가 있다. Documentation/kernel-parameters.txt에 전체 목록이 있다. 다음은 그중 가장 유용한 것들의 목록이다.

- **debug**: 콘솔 로그 수준을 가장 높은 수준[8]으로 설정해 모든 커널 메시지를 콘솔에서 볼 수 있도록 한다.

- **init=**: 마운트된 루트 파일시스템에서 실행되는 init 프로그램. 기본 설정은 /sbin/init이다.

- **lpj=**: loops_per_jiffy를 주어진 상수로 설정한다. 이 목록 다음 문단에 이 설정의 중요성에 대한 설명이 있다.

- **panic=**: 커널 패닉 시 동작. 0보다 크면 해당 초만큼 기다렸다가 리부트한다. 0이면 영원히 기다린다(기본 설정). 0보다 작으면 기다리지 않고 리부트한다.

- **quiet**: 콘솔 로그 수준을 silent로 설정해 긴급 메시지를 뺀 모든 메시지를 보이지 않게 한다. 대부분의 장치는 시리얼 콘솔을 사용하므로, 이들 문자열 모두를 출력하려면 시간이 걸린다. 결과적으로 이 옵션을 이용해 메시지의 수를 줄이면 부트 시간이 줄어든다.

- **rdinit=**: 램디스크로부터 실행되는 init 프로그램. 기본 설정은 /init이다.

- **ro**: 루트 장치를 읽기 전용으로 마운트한다. 언제나 읽고 쓸 수 있는 램디스크에는 효과가 없다.

- **root=**: 루트 파일시스템을 마운트할 장치

- **rootdelay=**: 루트 장치를 마운트하기 전에 기다릴 초의 수(기본 설정은 0). 장치가 하드웨어를 검색할 때 시간이 걸리는 경우 유용하다. rootwait도 참고하길 바란다.

- **rootfstype=**: 루트 장치의 파일시스템 종류. 많은 경우에는 마운트 도중 자동 탐지되지만, jffs2 파일시스템의 경우 수동 설정이 필요하다.

- **rootwait**: 루트 장치가 탐지되기를 무한정 기다린다. 보통 MMC 장치에 필요하다.

- **rw**: 루트 장치를 읽기 전용으로 마운트한다(디폴트).

lpj 매개변수는 흔히 커널 부트 시간 단축과 관련돼 언급된다. 초기화 도중, 커널은 지연 루프를 측정하기 위해 약 250ms동안 반복문을 실행한다. 그 값은 변수 loops_per_jiffy에 저장되고, 다음과 같이 보고된다.

```
Calibrating delay loop... 996.14 BogoMIPS (lpj=4980736)
```

커널이 언제나 같은 하드웨어에서 실행된다면, 같은 값으로 측정될 것이다. 명령줄에 lpj=4980736을 추가함으로써 부트 시간에서 250ms를 줄일 수 있다.

지금부터는 비글본 블랙에 기반을 둔 새 보드(가상의 Nova 보드)로 리눅스를 이식하는 방법을 살펴본다.

⁝⁝ 리눅스를 새 보드에 이식하기

타깃 보드가 기존 개발 보드와 얼마나 유사한지에 따라 리눅스를 새로운 보드에 이식하는 것은 쉬울 수도 있고 어려울 수도 있다. 3장, '부트로더에 대한 모든 것'에서는 U-Boot를 비글본 블랙에 기반을 둔 Nova라는 새로운 보드에 이식했다. 이 경우, 커널 코드를 거의 변경하지 않았기 때문에 매우 쉬웠다. 완전히 새롭고 혁신적인 하드웨어에 이식한다면, 할 일이 더 있을 것이다. 추가 하드웨어 주변 기기에 대한 주제는 12장, '브레이크아웃 보드를 이용한 프로토타이핑'에서 더 자세히 알아본다.

arch/$ARCH에 있는 아키텍처별 코드의 조직은 시스템마다 다르다. x86 아키텍처는 꽤 깔끔하다. 하드웨어 세부 사항을 실행 시에 발견해내기 때문이다. 파워PC 아키텍처는 SoC와 보드별 파일을 서브디렉터리 플랫폼에 둔다. 반면 ARM 아키텍처는 매우 복잡한데, 부분적으로는 여러 ARM 기반 SoC 사이에 가변성이 많기 때문이다. 플랫폼별 코드는 arch/arm 안에 있는 mach-*라는 이름의 디렉터리(대략 SoC별로 하나씩)에 있다. 이름이 plat-*인 디렉터리도 있는데, 이들 디렉터리는 같은 SoC의 몇몇 버전에 공통되는 코드를 담고 있다. 비글본 블랙의 경우, 관련 디렉터리는 arch/arm/mach-omap2이다. 이름에 현혹되지 않길 바란다. 이 디렉터리는 OMAP2, 3, 4 칩뿐만 아니라 비글본이 사용하는 AM33xx 계열 칩에 대한 지원을 담고 있다.

이제부터 새로운 보드용 장치 트리를 만드는 방법과 이를 리눅스의 초기화 코드에 넣는 방법을 설명할 것이다.

새로운 장치 트리

첫 번째 할 일은 보드를 위한 장치 트리를 만들고 보드상에 추가되거나 변경된 하드웨어를 기술하도록 수정하는 것이다. 이런 간단한 경우에는 am335x-boneblack.dts를 nova.dts로 복사하고 nova.dts 안의 보드 이름을 아래 강조한 것처럼 바꿀 것이다.

```
/dts-v1/;

#include "am33xx.dtsi"
#include "am335x-bone-common.dtsi"
#include "am335x-boneblack-common.dtsi"

/ {
        model = "Nova";
        compatible = "ti,am335x-bone-black", "ti,am335x-bone",
"ti,am33xx";
};
[...]
```

Nova 장치 트리 바이너리를 다음과 같이 명시적으로 빌드할 수 있다.

```
$ make ARCH=arm nova.dtb
```

AM33xx 타깃이 선택될 때마다 make ARCH=arm dtbs를 통해 Nova 장치 트리가 컴파일되길 바란다면, 다음과 같이 arch/arm/boot/dts/Makefile에 의존 관계를 추가한다.

```
[...]
dtb-$(CONFIG_SOC_AM33XX) +=
    nova.dtb
[...]
```

Nova 장치 트리를 이용해서 비글본 블랙을 부팅한 효과를 볼 수 있다. '비글본 블랙 부팅하기' 절에서 다룬 절차를 따르고 같은 zImage 파일을 사용하지만, am335x-boneblack.dtb 대신 nova.dtb를 로드한다. 다음 출력 결과는 머신 모델이 출력된 지점을 발췌한 것이다.

```
Starting kernel ...
[ 0.000000] Booting Linux on physical CPU 0x0
```

```
[ 0.000000] Linux version 5.4.50-melp-v1.0-dirty (frank@
franktop) (gcc version 8.3.0 (crosstool-NG crosstool-ng-1.24.0)
) #2 SMP Sat Feb 6 17:19:36 PST 2021
[ 0.000000] CPU: ARMv7 Processor [413fc082] revision 2 (ARMv7),
cr=10c5387d
[ 0.000000] CPU: PIPT / VIPT nonaliasing data cache, VIPT
aliasing instruction cache
[ 0.000000] OF: fdt:Machine model: Nova
[...]
```

이제 Nova 보드용 장치 트리가 있으므로, Nova와 비글본 블랙 사이의 하드웨어 차이
점을 나타내도록 장치 트리를 수정할 수 있다. 커널 구성도 바뀔 가능성이 매우 높은데,
그럴 경우 arch/arm/configs/multi_v7_defconfig의 복사본에 기반을 둔 맞춤형 구성
파일을 만들 수도 있다.

보드의 compatible 프로퍼티 설정하기

새로운 장치 트리를 만든다는 것은 Nova 보드의 하드웨어를 기술하고, 장치 드라이버
를 선택하고, 그에 맞는 프로퍼티를 설정할 수 있다는 뜻이다. 그러나 Nova 보드가 비
글본 블랙과 다른 초기화 코드가 필요하다면 어떻게 링크할 수 있을까?

보드 설정은 루트 노드의 compatible 프로퍼티로 제어된다. 현재 Nova 보드의 설정은
다음과 같다.

```
/ {
    model = "Nova";
    compatible = "ti,am335x-bone-black", "ti,am335x-bone", "ti,am33xx";
};
```

커널은 이 노드를 파싱할 때, compatible 프로퍼티의 각 값과 일치하는 기계를 왼쪽에서
시작해 일치할 때까지 찾는다. 각 기계는 DT_MACHINE_START와 MACHINE_END 매크로로 구
분된 구조체로 정의된다. arch/arm/mach-omap2/board-generic.c에는 다음과 같은
코드가 있다.

```
#ifdef CONFIG_SOC_AM33XX
static const char *const am33xx_boards_compat[] __initconst = {
    "ti,am33xx",
    NULL,
};
DT_MACHINE_START(AM33XX_DT, "Generic AM33XX (Flattened Device Tree)")
    .reserve = omap_reserve,
    .map_io = am33xx_map_io,
    .init_early = am33xx_init_early,
    .init_machine = omap_generic_init,
    .init_late = am33xx_init_late,
    .init_time = omap3_gptimer_timer_init,
    .dt_compat = am33xx_boards_compat,
    .restart = am33xx_restart,
MACHINE_END
#endif
```

문자열 배열 am33xx_boards_compat에는 "ti,am33xx"가 있는데, compatible 프로퍼티에 나열된 기계 중 하나와 일치한다. 사실 ti,am335x-bone-black이나 ti,am335x-bone은 존재하지 않으므로, 이것이 유일하게 일치한다. DT_MACHINE_START와 MACHINE_END 사이의 구조체에는 문자열 배열의 포인터와 보드 설정 함수의 함수 포인터가 있다.

ti,am335x-bone-black 및 ti,am335x-bone과 일치하는 것이 없다면 굳이 왜 신경 쓰는지 의문스럽겠지만, 미래를 위한 자리 표시자placeholder이기도 하고 커널에 of_machine_is_compatible() 함수를 이용한 실행 시 기계 테스트가 있기 때문이기도 하다. 예를 들어 drivers/net/ethernet/ti/cpswcommon.c는 다음과 같다.

```
int ti_cm_get_macid(struct device *dev, int slave, u8 *mac_addr)
{
[…]
    if (of_machine_is_compatible("ti,am33xx"))
        return cpsw_am33xx_cm_get_macid(dev, 0x630, slave, mac_addr);
[…]
```

따라서 machine compatible 프로퍼티에 의존하는 모든 것의 목록을 얻으려면 mach-* 디렉터리뿐만 아니라 커널 소스 코드 전체를 살펴야 한다. 5.4 커널에는 여전히 ti,am

335x-bone-black과 ti,am335x-bone을 확인하는 코드가 없지만 미래에는 생길 수도 있다.

Nova 보드로 돌아와서 기계별 설정을 추가하려면, arch/arm/mach-omap2/board-generic.c에 다음과 같이 기계를 추가할 수 있다.

```
#ifdef CONFIG_SOC_AM33XX
[…]
static const char *const nova_compat[] __initconst = {
    "ti,nova",
    NULL,
};
DT_MACHINE_START(NOVA_DT, "Nova board (Flattened Device Tree)")
    .reserve = omap_reserve,
    .map_io = am33xx_map_io,
    .init_early = am33xx_init_early,
    .init_machine = omap_generic_init,
    .init_late = am33xx_init_late,
    .init_time = omap3_gptimer_timer_init,
    .dt_compat = nova_compat,
    .restart = am33xx_restart,
MACHINE_END
#endif
```

그러고 나서, 다음과 같이 장치 트리 루트 노드를 바꿀 수도 있다.

```
/ {
    model = "Nova";
    compatible = "ti,nova", "ti,am33xx";
};
```

이제 기계는 board-generic.c의 ti,nova와 일치할 것이다. drivers/net/ethernet/ti/cpsw-common.c에 있는 실행 시 테스트가 계속 동작하도록 하기 위해 ti,am33xx를 그대로 둔다.

⠿ 요약

리눅스를 강력하게 만드는 것은 우리가 필요로 하는 대로 커널을 구성할 수 있다는 점이다. 웹 사이트(https://www.kernel.org)에서 소스 코드를 얻을 수 있지만, 해당 장치의 벤더나 해당 장치를 지원하는 서드파티로부터 특정 SoC나 보드용 소스를 구해야 할 것이다. 특정 타깃을 위해 커널을 커스터마이징하는 일은 핵심 커널 코드, 주류 리눅스에 없는 추가 장치 드라이버, 기본 커널 구성 파일, 장치 트리 소스 파일을 고치는 일로 이뤄진다.

보통 타깃 보드용 기본 구성 파일부터 시작하고, menuconfig 같은 구성 도구를 실행해 손을 본다. 이 시점에서 고려해야 할 것 중 하나는 커널 기능과 드라이버가 모듈로 컴파일될지 혹은 내장될지다. 커널 모듈은 보통 기능과 하드웨어가 잘 정의되는 임베디드 시스템에는 큰 장점이 없다. 하지만 모듈은 비공개proprietary 코드를 커널에 넣는 방법으로 흔히 사용되며, 필수적이지 않은 드라이버를 부트 이후에 로드함으로써 부팅 시간을 줄이는 데도 쓰인다.

커널을 빌드하면 사용하는 부트로더와 커널 아키텍처에 따라 이름이 zImage나 bzImage, uImage인 압축된 커널 이미지 파일이 만들어진다. 커널 빌드는 또한 필요에 따라 여러분이 구성한 커널 모듈(.ko 파일)과 장치 트리 바이너리(.dtb 파일)도 만든다.

리눅스를 새로운 타깃 보드에 이식하는 것은 하드웨어가 주류 커널이나 벤더가 제공한 커널과 얼마나 다르냐에 따라 무척 간단할 수도 있고 매우 어려울 수도 있다. 하드웨어가 잘 알려진 참조 설계에 기초를 두고 있다면, 단순히 장치 트리나 플랫폼 데이터를 수정하는 문제일 수 있다. 또한 장치 드라이버를 추가해야 할 수도 있다(11장, '장치 드라이버 인터페이스' 참고). 하지만 하드웨어가 참조 설계와 근본적으로 다르다면 추가적인 지원이 필요할 수 있으며, 이와 관련된 내용은 이 책의 범위를 넘어선다.

커널은 리눅스 기반 시스템의 핵심이지만, 혼자서 일할 수는 없다. 따라서 사용자 공간 요소를 담고 있는 루트 파일시스템이 필요하다. 루트 파일시스템은 램디스크일 수도 있고 블록 장치를 통해 접근할 수 있는 파일시스템일 수도 있다(5장 참고). 앞에서 봤듯이, 루트 파일시스템 없이 커널을 부팅하면 커널 패닉이 발생한다.

⠿ 추가 자료

4장에서 소개된 주제들에 대한 추가 정보는 다음 자료에서 찾아볼 수 있다.

- 'So You Want to Build an Embedded Linux System?', 제이 칼슨^{Jay Carlson}: https://jaycarlson.net/embedded-linux/

- 『리눅스 커널 심층 분석^{Linux Kernel Development}』(에이콘, 2012), 로버트 러브^{Robert Love}

- 리눅스 위클리 뉴스^{Linux Weekly News}: https://www.lwn.net/

- 비글본 포럼: https://beagleboard.org/discuss#bone_forum_embed

- 라즈베리 파이 포럼: https://www.raspberrypi.org/forums/

05

루트 파일시스템 만들기

루트 파일시스템은 임베디드 리눅스의 네 번째이자 마지막 요소다. 일단 5장을 읽고 나면, 간단한 리눅스 시스템을 빌드하고 부트하고 실행할 수 있을 것이다.

여기서 기술하는 기법은 대략 RYO^Roll Your Own라고 알려져 있으며, 임베디드 리눅스 초기에는 루트 파일시스템을 만드는 유일한 방법이었다. 여전히 RYO 루트 파일시스템을 적용할 수 있는 경우가 있는데, 예를 들어 램이나 저장소의 크기가 매우 제한적이거나, 빠른 시연이 필요하거나, 요구 사항이 표준 빌드 시스템 도구로 (쉽게) 충족되지 않는 모든 경우를 들 수 있다. 그럼에도 그런 경우는 무척 드물다. 5장은 교육적인 목표를 달성하고자 작성됐다는 점을 강조해두고 싶다. 즉, 매일매일 임베디드 시스템을 빌드할 수 있는 방법을 설명하고자 하는 것은 아니며, 그것이 목표라면 6장에서 설명하는 도구를 사용하길 바란다.

첫 번째 목표는 셸 프롬프트를 출력하는 최소한의 루트 파일시스템을 만드는 것이다. 그다음, 이를 기반으로 사용해서 다른 프로그램들을 시작하고 네트워크 인터페이스와 사용자 권한을 구성하는 스크립트를 추가할 것이다. 비글본 블랙과 QEMU 타깃용으로 미리 만들어진 예제가 있다. 아무것도 없는 상태에서 루트 파일시스템을 만드는 법을 아는 것은 유용한 기술이고, 나중에 좀 더 복잡한 예를 살펴볼 때 무슨 일이 일어나는지를 이해하는 데 도움이 될 것이다.

5장에서 다룰 주제는 다음과 같다.

- 루트 파일시스템에는 무엇이 있어야 하는가?

- 루트 파일시스템을 타깃으로 전송하기

- 부트 initramfs 만들기

- init 프로그램

- 사용자 계정 구성하기

- 장치 노드를 관리하는 더 좋은 방법

- 네트워크 구성하기

- 장치 테이블을 이용해 파일시스템 이미지 만들기

- NFS를 이용해 루트 파일시스템 마운트하기

- TFTP를 이용해 커널 로드하기

기술적 요구 사항

이 장의 예제를 따라 하려면 다음 사항을 준비해야 한다.

- 리눅스 기반 호스트 시스템

- 마이크로SD 카드와 카드 리더

- 4장, '커널 구성과 빌드'에서 비글본 블랙용으로 준비한 마이크로SD 카드

- 4장, '커널 구성과 빌드'에서 QEMU용으로 준비한 zImage와 DTB

- USB to TTL 3.3V 시리얼 케이블

- 비글본 블랙

- 5V 1A DC 전원 공급 장치

- 이더넷 케이블과 NFS/TFTP용 포트

5장에서 사용할 모든 코드는 이 책의 깃허브 저장소(https://github.com/PacktPublishing/Mastering-Embedded-Linux-Programming-Third-Edition)에 있는 Chapter05 폴더에서 찾을 수 있다.

⁝⁝ 루트 파일시스템에는 무엇이 있어야 하는가?

커널은 부트로더로부터 포인터로 전달된 initramfs나, root= 파라미터를 통해 커널 명령줄에 지정된 블록 장치를 마운트함으로써 루트 파일시스템을 구할 것이다. 루트 파일시스템이 생기면 4장, '커널 구성과 빌드'의 '초기 사용자 공간' 절에서 설명했듯이, 커널은 기본 설정으로 이름이 init인 첫 번째 프로그램을 실행할 것이다. 그럼 커널과 관련된 한, 부트로더의 임무는 끝이다. 다른 프로그램을 시작하고 시스템을 기동시키는 것 등은 init 프로그램의 몫이다.

최소한의 루트 파일시스템을 만들려면 다음 요소들이 필요하다.

- **init**: (보통 일련의 스크립트를 실행함으로써) 모든 것을 시작시키는 프로그램. init의 동작은 13장, '시스템 구동: init 프로그램'에서 훨씬 더 자세히 다룰 것이다.

- **셸**: 명령 프롬프트를 보여주기 위해 셸이 필요하지만, 무엇보다 init과 기타 프로그램이 호출하는 셸 스크립트를 실행하기 위해 필요하다.

- **데몬**: 데몬은 다른 프로그램에게 서비스를 제공하는 백그라운드 프로그램이다. 좋은 예로는 syslogd(시스템 로그 데몬system log daemon)와 sshd(시큐어 셸 데몬secure shell daemon)가 있다. init 프로그램은 주 시스템 애플리케이션들을 지원하기 위해 초기 데몬들을 시작해야 한다. 사실 init 자체도 데몬으로, 다른 데몬들을 시작하는 서비스를 제

공한다.

- **공유 라이브러리**: 대부분의 프로그램은 공유 라이브러리와 링크되는데, 이들 라이브러리는 루트 파일시스템에 있어야 한다.

- **구성 파일**: init과 기타 데몬용 구성 파일들은 일련의 텍스트 파일로, 보통 /etc 디렉터리에 저장된다.

- **장치 노드**: 다양한 장치 드라이버에 접근할 수 있도록 해주는 특수 파일들

- **proc과 sys**: 커널 자료구조를 디렉터리와 파일의 계층 구조로 나타내는 2개의 가상 파일시스템. 여러 프로그램과 라이브러리 함수가 /proc과 /sys에 의존한다.

- **커널 모듈**: 커널의 일부를 모듈로 구성했다면, 루트 파일시스템(보통 /lib/modules/(커널 버전))에 설치돼야 한다.

이 밖에, 장치가 의도한 대로 동작하도록 하는 장치별 애플리케이션과 프로그램들이 만들어내는 실행 시 데이터 파일이 있다.

> **NOTE**
>
> 경우에 따라, 이들 모두를 정적으로 링크된 하나의 프로그램으로 묶어서 init 대신 실행할 수도 있다. 예를 들어 프로그램의 이름이 /myprog라면, init=/prog 명령을 커널 명령줄에 넣으면 된다. 나는 그런 구성을 딱 한 번 본 적이 있는데, fork 시스템 호출이 금지돼 다른 시스템을 시작할 수 없는 보안 시스템이었다. 이런 접근 방법의 단점은 임베디드 시스템에 일반적으로 포함되는 여러 도구를 활용할 수 없다는 것이다. 모든 일을 스스로 해야 한다.

디렉터리 레이아웃

흥미롭게도, 리눅스 커널은 init=이나 **rdinit=**을 통해 지정된 프로그램의 존재 외에는 파일과 디렉터리의 레이아웃에 신경 쓰지 않으므로 무엇이든 원하는 대로 넣을 수 있다. 예를 들어, 안드로이드를 실행하는 장치의 파일 레이아웃을 데스크톱 리눅스 배포판의 파일 레이아웃과 비교해보면 거의 완전히 다를 것이다.

하지만 많은 프로그램이 특정 파일이 특정 위치에 있으리라고 기대하며, 안드로이드를 제외하고는 장치들이 비슷한 레이아웃을 사용하는 것이 개발자들에게 도움이 된다. 리 눅스 시스템의 기본 레이아웃은 FHS^{Filesystem Hierarchy Standard}(https://refspecs.linuxfoundation.org/fhs. shtml)에 정의돼 있다. FHS는 가장 큰 것부터 가장 작은 것까지 리눅스 운영체제의 구현 을 모두 다룬다. 임베디드 장치는 필요에 따라 일부만을 갖기도 하지만, 대부분 다음 디 렉터리들을 포함한다.

- **/bin**: 모든 사용자에게 필수적인 프로그램들

- **/dev**: 장치 노드와 기타 특수 파일들

- **/etc**: 시스템 구성

- **/lib**: 필수 공유 라이브러리(예: C 라이브러리를 이루는 것들)

- **/proc**: 가상 파일로 표현되는 프로세스에 대한 정보

- **/sbin**: 시스템 관리자에게 필수적인 프로그램들

- **/sys**: 가상 파일로 표시되는 장치와 드라이버에 대한 정보

- **/tmp**: 임시 파일이나 휘발성 파일을 담아두는 곳

- **/usr**: /usr/bin, /usr/lib, /usr/sbin 디렉터리에는 각각 추가 프로그램, 라이브러 리, 시스템 관리 유틸리티가 담겨 있다.

- **/var**: 실행 중 변경될 수도 있는 파일과 디렉터리(예: 로그 메시지. 그중 일부는 부트 뒤에도 남아 있어야 한다)를 담고 있다.

이 중 일부는 미묘하게 구분된다. /bin과 /sbin은 간단히 말해 /sbin이 비루트 사용자 ^{non-root user}의 검색 경로에 포함될 필요가 없다는 점에서 차이가 있다. 레드햇 계열 배포 판을 쓰는 사람들은 이에 익숙할 것이다. 중요한 사실은, /usr은 루트 파일시스템과 다 른 파티션에 있어도 되므로 시스템을 부트할 때 필요한 것을 담고 있어서는 안 된다는 점이다.

스테이징 디렉터리

먼저 호스트 컴퓨터에 스테이징 디렉터리staging directory를 만들고, 나중에 타깃으로 전송될 파일들을 모아둬야 한다. 아래 예에서는 ~/rootfs를 썼는데, 그 안에 뼈대 디렉터리 구조를, 예를 들어 다음과 같이 만들어야 한다.

```
$ mkdir ~/rootfs
$ cd ~/rootfs
$ mkdir bin dev etc home lib proc sbin sys tmp usr var
$ mkdir usr/bin usr/lib usr/sbin
$ mkdir -p var/log
```

좀 더 명확히 디렉터리 계층 구조를 보려면, 간편한 tree 명령을 쓸 수 있다. 다음 예에서는 -d 옵션을 써서 디렉터리만을 표시했다.

```
$ tree -d
├── bin
├── dev
├── etc
├── home
├── lib
├── proc
├── sbin
├── sys
├── tmp
├── usr
│   ├── bin
│   ├── lib
│   └── sbin
└── var
    └── log
```

앞으로 살펴보겠지만, 모든 디렉터리가 동일한 파일 권한을 갖는 것은 아니며 디렉터리 내의 개별 파일은 디렉터리 자체보다 더 엄격한 권한을 가질 수 있다.

POSIX 파일 접근 권한

이 논의의 맥락에서 각 프로세스는 실행 중인 프로그램을 뜻하며, 하나의 사용자와 하나 이상의 그룹에 속한다. 사용자는 사용자 ID^{UID}라는 32비트 숫자로 표현된다. 사용자 관련 정보(UID와 이름의 매핑 등)는 /etc/passwd에 저장된다. 마찬가지로 그룹은 그룹 ID^{GID}로 표현되며, 정보는 /etc/group에 저장된다. 언제나 UID가 0인 루트^{root} 사용자와 GID가 0인 루트 그룹이 존재한다. 루트 사용자는 '슈퍼유저^{superuser}'라고도 불리는데, 기본 구성에서 대부분의 권한 검사를 우회하고 시스템의 모든 자원에 접근할 수 있기 때문이다. 리눅스 기반 시스템에서의 보안은 주로 루트 계정에 접근하는 시도를 제한하는 것과 관련돼 있다.

각 파일과 디렉터리도 소유자가 있고 정확히 하나의 그룹에 속한다. 프로세스의 파일/디렉터리 접근 수준은 파일의 모드^{mode}라는, 접근 권한 플래그의 집합에 의해 제어된다. 세 비트의 묶음이 3개 있다. 첫 번째 묶음은 파일의 소유자에 적용된다. 두 번째는 파일과 같은 그룹의 멤버에 적용된다. 마지막은 나머지 모두에게 적용된다. 각 비트는 파일의 읽기(r), 쓰기(w), 실행(x) 권한을 나타낸다. 세 비트는 8진수에 깔끔하게 들어맞으므로 흔히 이들을 다음 그림처럼 8진수로 나타낸다.

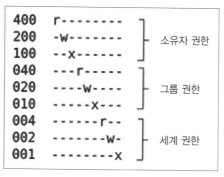

그림 5.1 파일 접근 권한

그 밖에 특별한 의미가 있는 세 비트가 또 있다.

- **SUID(4)**: 파일이 실행 가능하면, 프로그램이 실행될 때 프로세스의 effective UID를 파일의 소유자의 ID로 바꾼다.

- **SGID(2)**: SUID와 유사하게, 파일이 실행 가능하면 프로세스의 effective GID를 파일의 그룹의 ID로 바꾼다.
- **Sticky(1)**: 디렉터리에서 삭제를 제한해 다른 사용자 소유의 파일을 지울 수 없도록 한다. 이는 보통 /tmp와 /var/tmp에 설정돼 있다.

SUID 비트는 아마 가장 자주 쓰일 텐데, 루트가 아닌 사용자에게 임시로 작업을 수행할 슈퍼유저 특권을 준다. 좋은 예는 ping 프로그램이다. ping은 원시 소켓raw socket을 여는 데, 이는 특권이 필요한 오퍼레이션operation이다. 일반 사용자가 ping을 사용할 수 있도록, ping은 보통 루트 소유로 돼 있고 SUID가 설정돼 있다. 따라서 ping을 실행하면, 실행한 사용자의 UID와 상관없이 UID 0으로 실행된다.

이들 비트를 설정하려면, chmod 명령에 8진수 4, 2, 1을 사용한다. 예를 들어 스테이징staging root 디렉터리에 있는 /bin/ping에 SUID를 설정하려면, 다음과 같이 모드 755 앞에 4를 덧붙일 수 있다.

```
$ cd ~/rootfs
$ ls -l bin/ping
-rwxr-xr-x 1 root root 35712 Feb 6 09:15 bin/ping
$ sudo chmod 4755 bin/ping
$ ls -l bin/ping
-rwsr-xr-x 1 root root 35712 Feb 6 09:15 bin/ping
```

두 번째 ls 명령을 보면 모드의 첫 세 비트가 rws로, 이전의 rwx와 다르다. 이는 SUID가 설정됐음을 나타낸다.

스테이징 디렉터리의 파일 소유권과 권한

보안과 안정성을 위해 타깃 장치에 자리 잡을 파일의 소유권과 권한permission에 극도로 유의해야 한다. 일반적으로 말해서, 민감한 자원은 루트만 접근할 수 있도록 제한하고 최소한의 프로그램을 비루트 사용자non-root user를 이용해 실행하길 바란다. 비루트 사용자를 이용해 프로그램을 실행함으로써, 외부 공격에 의해 위태롭게 되더라도 공격자에게 최소한의 시스템 자원만을 내주는 것이 최선이다. 예를 들어 장치 노드 /dev/mem은 시스템 메모리로의 접근을 제공하는데, 이는 어떤 프로그램에게는 필수적이다. 그러나 모두가 이를 읽고 쓸 수 있다면, 모두가 모든 것에 접근할 수 있으므로 보안이 없게 된다. 따라서 /dev/mem은 루트가 소유하고, 루트 그룹에 속하고, 소유자 외의 모든 읽기 쓰기 접근을 거부하도록 모드는 600이어야 한다.

그래도 스테이징 디렉터리에 문제가 있다. 거기에 만드는 파일은 현 사용자의 소유이지만, 장치에 설치될 때는 특정 사용자와 그룹(대부분 루트)에 속해야 한다. 분명한 해결책은 이 단계에서 다음 명령을 통해 소유권을 바꾸는 것이다.

```
$ cd ~/rootfs
$ sudo chown -R root:root *
```

문제는 chown 명령을 실행하기 위해 루트 특권이 필요하다는 것이고, 그 순간부터 스테이징 디렉터리의 어느 파일이든 수정하기 위해 루트가 돼야 할 것이다. 미처 알아채기도 전에 모든 개발을 루트로 하고 있을 텐데, 좋은 생각이 아니다. 이는 나중에 다시 살펴볼 문제다.

루트 파일시스템용 프로그램

이제 루트 파일시스템을 작동에 필요한 필수 프로그램과 지원 라이브러리, 구성, 데이터 파일로 채우기 시작할 때다. 먼저 필요한 프로그램의 종류를 알아보자.

init 프로그램

init은 실행되는 첫 번째 프로그램이고 루트 파일시스템의 필수 요소다. 5장에서는 BusyBox가 제공하는 간단한 init 프로그램을 사용할 것이다.

셸

스크립트를 실행하고 명령줄 프롬프트를 표시해서 사용자가 시스템과 상호작용하도록 하려면 셸이 필요하다. 대화형 셸은 양산 장치에서는 필요하지 않을 수도 있지만 개발, 디버깅, 유지보수용으로는 유용하다. 임베디드 시스템에 많이 쓰이는 셸은 다음과 같다.

- **bash**: 우리가 알고 있고 데스크톱에서 사랑하는 '거대 야수$^{big\ beast}$'다. 유닉스 본 ^{Bourne} 셸의 확대 집합^{superset}으로, 여러 확장과 고유 기능이 있다.

- **ash**: 역시 본 셸에 기반을 둔 셸로, 유닉스의 BSD 변종과 함께 긴 역사를 갖고 있다. BusyBox는 bash와 더 호환되도록 확장된 버전의 ash를 갖고 있다. bash보다 훨씬 작고 임베디드 시스템에서 매우 인기 있는 선택이다.

- **hush**: 3장, '부트로더에 대한 모든 것'에서 간략하게 살펴본 매우 작은 셸이다. 메모리가 매우 작은 장치에서 유용하다. BusyBox용 버전이 있다.

> **TIP**
>
> 타깃에서 ash나 hush를 쓰고 있다면, 셸 스크립트를 타깃에서 시험해봐야 한다. 호스트의 bash에서만 시험해보고 싶은 유혹이 매우 강하지만, 그럴 경우 해당 스크립트를 타깃에 복사했을 때 동작하지 않아 깜짝 놀라게 될 것이다.

다음은 유틸리티다.

유틸리티

셸은 그저 다른 프로그램을 실행시키는 수단일 뿐이고 셸 스크립트는 실행할 프로그램의 목록에 약간의 흐름 제어와 프로그램 간 정보 전달 수단을 추가한 데 지나지 않는다. 셸이 유용해지려면, 유닉스 명령줄이 기반을 두고 있는 유틸리티 프로그램들이 필요하다. 기본적인 루트 파일시스템조차 약 50가지 유틸리티가 필요하고, 이는 두 가지 문제를 제기한다. 첫째, 각각의 소스 코드를 찾아 크로스 컴파일하는 것이 꽤나 큰 일이다. 둘째, 컴파일된 프로그램들을 합치면 수십 메가에 이를 것이므로 수 메가가 전부였던 초기 임베디드 리눅스에서는 정말 문제였다. 이 문제를 풀기 위해 BusyBox가 탄생했다.

출동, BusyBox!

BusyBox의 기원은 임베디드 리눅스와 전혀 관계가 없었다. 이 프로젝트는 1.44MB 플로피 디스크로 리눅스를 부팅할 수 있도록, 1996년 브루스 페런스^{Bruce Perens}에 의해 데비안 인스톨러에 통합됐다. 우연히도 그것은 당시 장치들에 탑재됐던 저장 공간의 크기와 비슷했으므로 임베디드 리눅스 커뮤니티가 재빨리 낚아챘다. BusyBox는 그 이후 임베디드 리눅스의 심장부에 자리 잡았다.

BusyBox는 필수 리눅스 유틸리티의 필수 기능을 수행하도록 처음부터 작성됐다. 개발자는 80:20 규칙(프로그램의 가장 유용한 기능 80%는 20%의 코드로 작성된다)을 활용했다. 따라서 BusyBox 도구는 데스크톱 도구가 제공하는 기능의 부분 집합을 구현하지만, 대부분의 경우에 충분히 유용한 기능들을 제공한다.

BusyBox가 택한 또 하나의 묘책은 모든 도구를 하나의 바이너리로 묶어서 도구들 사이에 코드를 공유하기 쉽도록 하는 것으로, 그 동작은 이러하다. BusyBox는 애플릿^{applet}(작은 애플리케이션)들의 모음으로, 각각은 주 기능을 [applet]_main의 형태로 익스포트한다. 예를 들어, cat 명령은 coreutils/cat.c에 구현돼 있고 cat_main을 익스포트한다. BusyBox의 main 함수 자체는 명령줄 인자에 근거해서 호출을 올바른 애플릿으로 보낸다.

따라서 파일을 읽으려면, 다음과 같이 실행하고 싶은 애플릿의 이름 뒤에 해당 애플릿이 요구하는 인자를 붙여서 busybox를 실행하면 된다.

```
$ busybox cat my_file.txt
```

인자 없이 busybox를 실행하면 컴파일된 모든 애플릿의 목록을 얻을 수 있다.

BusyBox를 이렇게 사용하는 것은 약간 어설프다. BusyBox가 cat 애플릿을 실행하도록 하는 더 나은 방법은 /bin/cat에서 /bin/busybox로의 심볼릭 링크를 만드는 것이다.

```
$ ls -l bin/cat bin/busybox
-rwxr-xr-x 1 root root 892868 Feb 2 11:01 bin/busybox
lrwxrwxrwx 1 root root 7 Feb 2 11:01 bin/cat -> busybox
```

명령줄에 cat을 입력했을 때, 실제로 실행되는 프로그램은 BusyBox다. BusyBox는 argv[0]에 전달된 명령 이름(/bin/cat)을 확인해서 애플리케이션 이름(cat)을 추출한 뒤 표에 서 cat에 대응되는 cat_main을 찾으면 된다. 이 모든 것은 libbb/appletlib.c 중 아래에 나와 있는 부분에 있다(약간 간략화됐다).

```
applet_name = argv[0];
applet_name = bb_basename(applet_name);
run_applet_and_exit(applet_name, argv);
```

BusyBox는 init 프로그램, 다양한 수준의 복잡도를 갖는 몇 가지 셸, 대부분의 관리 작 업을 위한 유틸리티를 포함해서 300개가 넘는 애플릿을 담고 있다. 심지어 간단한 버전 의 vi 편집기도 있어서 장치에 있는 텍스트 파일도 수정할 수 있다. 전형적인 BusyBox 바이너리는 단지 수십 개의 애플릿만 활성화한다.

요약하면, BusyBox는 전형적으로 하나의 프로그램과 각 애플릿을 위한 심볼릭 링크로 설치되지만, 개별 애플리케이션의 묶음인 것처럼 동작한다.

BusyBox 빌드하기

BusyBox는 커널과 같은 Kconfig와 Kbuild 시스템을 사용하므로, 컴파일은 간단하다. 다음과 같이 git 아카이브를 복제하고 원하는 버전(책을 쓰는 시점에서는 1_31_1이 최신이었다)을 체크 아웃하면 된다.

```
$ git clone git://busybox.net/busybox.git
$ cd busybox
$ git checkout 1_31_1
```

또한 해당 tarball을 웹 사이트(https://busybox.net/downloads)에서 다운로드할 수도 있다. 그다음, BusyBox를 구성한다. 여기서는 기본 구성으로 시작하는데, BusyBox의 거의 모든 기능을 활성화한다.

```
$ make distclean
$ make defconfig
```

이 시점에서는 make menuconfig를 실행해 구성을 미세 조정하고 싶을 수도 있다. 거의 분명히 **Busybox Settings ➤ Installation Options** (CONFIG_PREFIX)에서 설치 경로가 스테이징 디렉터리를 가리키도록 설정하고 싶을 것이다. 그러고 나면 일반적인 방법으로 크로스 컴파일할 수 있다. 타깃이 비글본 블랙이면, 이 명령을 사용하면 된다.

```
$ make ARCH=arm CROSS_COMPILE=arm-cortex_a8-linux-gnueabihf-
```

타깃이 Versatile PB의 QEMU 에뮬레이션이면, 이 명령을 사용하면 된다.

```
$ make ARCH=arm CROSS_COMPILE=arm-unknown-linux-gnueabi-
```

두 경우 모두 컴파일 결과로 실행 파일 busybox가 만들어진다. 이런 디폴트 구성 빌드의 크기는 약 900KiB이다. 이것이 너무 크다면, 필요 없는 유틸리티들을 생략하도록 구성할 수 있다.

BusyBox를 스테이징 영역에 설치하려면 다음 명령을 사용한다.

```
$ make ARCH=arm CROSS_COMPILE=arm-cortex_a8-linux-gnueabihf- install
```

이 명령은 바이너리를 CONFIG_PREFIX로 설정된 디렉터리로 복사하고 이를 가리키는 심볼릭 링크들을 만들 것이다.

이제 ToyBox로 알려진, BusyBox의 대안을 살펴본다.

ToyBox: BusyBox의 대안

세상에 BusyBox만 있는 것은 아니다. ToyBox라는 것도 있으며, 웹 사이트(http://landley. net/toybox/)에서 찾을 수 있다. BusyBox를 유지보수했던 랍 랜들리Rob Landley가 시작한 프로젝트인 ToyBox는 BusyBox와 같은 목표를 갖고 있지만, 표준(특히 POSIX-2008과 LSB 4.1)을 충실히 따르는 것을 더 강조하고 GNU 확장과의 호환은 덜 강조한다. ToyBox는 BusyBox보다 작은데, 부분적으로는 좀 더 적은 수의 애플릿을 구현하기 때문이다. 그리고 라이선스가 GPL v2가 아닌 BSD이므로, 안드로이드처럼 BSD로 라이선스된 사용자 공간을 가진 운영체제와 호환된다. 이런 이유로 ToyBox는 모든 새로운 안드로이드 장치에 탑재돼 있다. 최근 0.8.3 릴리스에서 ToyBox의 Makefile은 리눅스와 ToyBox 소스만 있으면, 셸 프롬프트로 부팅되는 완전한 리눅스 시스템을 빌드할 수 있다.

루트 파일시스템용 라이브러리

프로그램은 라이브러리와 링크된다. 모든 라이브러리와 정적으로 링크할 수도 있는데, 이 경우 타깃 장치에는 라이브러리가 없을 수도 있다. 그러나 그렇게 하면 둘 이상의 프로그램이 있는 경우 불필요하게 많은 양의 저장 공간을 차지하므로, 툴체인으로부터 스테이징 디렉터리로 공유 라이브러리를 복사해야 한다. 어느 라이브러리를 복사할지 어떻게 알 수 있을까?

한 가지 방법은, 어떻게든 쓸모가 있을 것이므로(그렇지 않으면 왜 있겠는가) 툴체인의 sysroot 디렉터리에 있는 모든 .so 파일을 복사하는 것이다. 어떤 라이브러리를 포함시킬지 예측하는 대신 이미지에 결국 모든 라이브러리가 필요할 것이라고 가정한다. 이는 분명히 논리적이고, 만약 광범위한 애플리케이션을 실행하는 다른 사람들을 위한 플랫폼을 만드는 경우라면 올바른 접근 방법일 것이다. 하지만 명심할 것은 완전한 glibc는 상당히 크다는 점이다. crossTool-NG로 빌드한 glibc 2.22의 경우 라이브러리, 로케일locale, 기타 지원 파일이 33MiB에 달한다. 물론 musl libc나 uClibc-ng를 이용하면 크기를 상당히 줄일 수 있다.

또 다른 방법은 필요한 라이브러리만 고르는 것으로, 이 경우 라이브러리 의존 관계를 찾아낼 방법이 필요하다. 2장, '툴체인을 배우자'에서 익힌 지식을 활용하면, 그 작업에 readelf 명령을 이용할 수 있다.

```
$ cd ~/rootfs
$ arm-cortex_a8-linux-gnueabihf-readelf -a bin/busybox | grep
"program interpreter"
[Requesting program interpreter: /lib/ld-linux-armhf.so.3]
$ arm-cortex_a8-linux-gnueabihf-readelf -a bin/busybox | grep
"Shared library"
0x00000001 (NEEDED) Shared library: [libm.so.6]
0x00000001 (NEEDED) Shared library: [libc.so.6]
```

첫 번째 readelf 명령은 busybox 바이너리에서 program interpreter가 포함된 줄을 검색한다. 두 번째 readelf 명령은 busybox 바이너리에서 Shared library가 포함된 줄을 검색한다. 이제 툴체인 sysroot 디렉터리에서 이들 파일을 찾고 스테이징 디렉터리로 복사해야 한다. sysroot는 다음과 같이 찾을 수 있다.

```
$ arm-cortex_a8-linux-gnueabihf-gcc -print-sysroot
/home/chris/x-tools/arm-cortex_a8-linux-gnueabihf/arm-cortex_a8-
linux-gnueabihf/sysroot
```

타이핑 양을 줄이기 위해 이를 셸 변수에 복사해두려고 한다.

```
$ export SYSROOT=$(arm-cortex_a8-linux-gnueabihf-gcc -print-sysroot)
```

sysroot 안의 /lib/ld-linux-armhf.so.3을 살펴보면, 사실은 심볼릭 링크라는 것을 알 수 있다.

```
$ cd $SYSROOT
$ ls -l lib/ld-linux-armhf.so.3
lrwxrwxrwx 1 chris chris 10 Mar 3 15:22 lib/ld-linux-armhf.so.3 ->
ld-2.22.so
```

libc.so.6과 libm.so.6도 살펴보면, 3개의 파일과 3개의 심볼릭 링크로 이뤄져 있음을 알 수 있다. 심볼릭 링크를 보존하도록 cp -a를 이용해서 각각을 복사하자.

```
$ cd ~/rootfs
$ cp -a $SYSROOT/lib/ld-linux-armhf.so.3 lib
$ cp -a $SYSROOT/lib/ld-2.22.so lib
$ cp -a $SYSROOT/lib/libc.so.6 lib
$ cp -a $SYSROOT/lib/libc-2.22.so lib
$ cp -a $SYSROOT/lib/libm.so.6 lib
$ cp -a $SYSROOT/lib/libm-2.22.so lib
```

각각의 프로그램에 대해 이를 반복한다.

> **TIP**
>
> 최소한의 임베디드 파일시스템 크기가 필요할 때만 이렇게 할 가치가 있다. dlopen(3) 호출을 통해 로드되는 라이브러리(대부분 플러그인)를 놓칠 위험이 있다. 5장의 뒷부분에서 네트워크 인터페이스를 구성할 때 NSS(Name Service Switch) 라이브러리의 예를 살펴볼 것이다.

스트립을 통한 크기 축소

라이브러리와 프로그램은 종종 디버깅과 추적을 돕기 위해 심볼 테이블에 저장된 약간의 정보를 포함한 채로 컴파일되며, 양산 시스템에서는 거의 필요치 않다. 공간을 절약하는 빠르고 간단한 방법은 바이너리에서 심볼 테이블을 스트립strip하는 것이다. 다음 예는 스트립 전과 후의 libc를 보여준다.

```
$ file rootfs/lib/libc-2.22.so
lib/libc-2.22.so: ELF 32-bit LSB shared object, ARM, EABI5
version 1 (GNU/Linux), dynamically linked (uses shared libs),
for GNU/Linux 4.3.0, not stripped
$ ls -og rootfs/lib/libc-2.22.so
-rwxr-xr-x 1 1542572 Mar 3 15:22 rootfs/lib/libc-2.22.so
```

이제 디버그 정보를 스트립한 결과를 살펴보자.

```
$ arm-cortex_a8-linux-gnueabihf-strip rootfs/lib/libc-2.22.so
$ file rootfs/lib/libc-2.22.so
rootfs/lib/libc-2.22.so: ELF 32-bit LSB shared object, ARM,
EABI5 version 1 (GNU/Linux), dynamically linked (uses shared
libs), for GNU/Linux 4.3.0, stripped
$ ls -og rootfs/lib/libc-2.22.so
-rwxr-xr-x 1 1218200 Mar 22 19:57 rootfs/lib/libc-2.22.so
```

이 경우 324,372바이트를 절약했는데, 이는 스트립 전 크기의 약 20%에 달한다.

TIP

커널 모듈을 스트립할 때는 주의해야 한다. 일부 심볼은 모듈 로더가 모듈 코드를 재배치할 때 필요하고, 해당 정보가 스트립되면 모듈 로드가 실패할 것이다. 재배치에 필요한 정보를 남겨두고 디버그 심볼을 제거하려면 다음 명령을 사용한다.

```
strip --strip-unneeded <모듈명>
```

장치 노드

리눅스에서 대부분의 장치는 모든 것이 파일(네트워크 인터페이스 제외. 네트워크 인터페이스는 소켓으로 표현된다)이라는 유닉스의 철학에 따라 장치 노드로 표현된다. 장치 노드는 블록 장치나 문자 장치를 가리킬 수 있다. 블록 장치는 SD 카드나 하드 드라이브 같은 대용량 저장 장치다. 그 외 대부분은 문자 장치로, 네트워크 인터페이스만 예외다. 관례상 장치 노드의 위치는 /dev 디렉터리다. 예를 들어 시리얼 포트는 장치 노드 /dev/ttyS0으로 나타낼 수 있다.

장치 노드는 프로그램 mknod(make node의 줄임말)를 이용해 만들 수 있다.

```
mknod <이름> <종류> <주번호> <부번호>
```

mknod의 인자는 다음과 같다.

- <이름>은 만들고자 하는 장치 노드의 이름이다.

- <종류>는 문자 장치의 경우 c, 블록 장치의 경우 b이다.

- <주번호>와 <부번호>는 한 쌍의 숫자로, 커널이 파일 요청을 적절한 장치 드라이버 코드로 보낼 때 쓰인다. 커널 소스의 Documentation/devices.txt 파일에 표준 주번호/부번호 목록이 있다.

시스템에서 접근하고자 하는 모든 장치에 대한 장치 노드를 만들어야 할 것이다. 여기서 설명하듯이 mknod 명령을 이용해 수동으로 할 수도 있고, 나중에 설명할 장치 관리자 중 하나를 이용해 실행 시에 자동으로 만들 수도 있다.

진정한 최소 루트 파일시스템에서 BusyBox로 부팅하기 위해서는 2개의 노드(console과 null)만 있으면 된다. 콘솔은 장치 노드의 소유자인 루트만 접근할 수 있으면 되므로, 접근 권한은 600(rw-------)이다. null 장치는 모든 사람이 읽고 쓸 수 있어야 하므로 모드가 666(rw-rw-rw-)이어야 한다. mknod에 -m 옵션을 쓰면 노드를 만들면서 모드를 설정할 수 있다. 장치 노드를 만들려면 아래에서 볼 수 있듯이 루트여야 한다.

```
$ cd ~/rootfs
$ sudo mknod -m 666 dev/null c 1 3
$ sudo mknod -m 600 dev/console c 5 1
$ ls -l dev
total 0
crw------- 1 root root 5, 1 Mar 22 20:01 console
crw-rw-rw- 1 root root 1, 3 Mar 22 20:01 null
```

표준 rm 명령으로 장치 노드를 지울 수 있다. 노드도 일단 만들어지고 나면 그저 파일일 뿐이므로, rmnod라는 명령은 없다.

proc과 sysfs 파일시스템

proc과 sysfs는 커널의 내부 동작을 보여주는 창과 같은 유사 파일시스템pseudo filesystem이다. 둘 다 커널 데이터를 디렉터리 계층 구조상의 파일들로 나타낸다. 이들 파일 중 하나를 읽으면, 그 내용은 디스크 저장소로부터 오는 것이 아니라 커널의 함수에 의해 그때 그때 만들어진다. 일부 파일은 쓸 수도 있다. 즉, 사용자가 쓴 새로운 데이터를 갖고 커널 함수가 불리는 것으로, 데이터의 형태가 올바르고 충분한 권한이 있다면 커널 메모리에 저장된 값이 바뀔 것이다. 다시 말하면, proc과 sysfs는 장치 드라이버 및 기타 커널 코드와 상호작용하는 또 다른 방법을 제공한다.

proc과 sysfs는 /proc과 /sys 디렉터리에 마운트돼야 한다.

```
mount -t proc proc /proc
mount -t sysfs sysfs /sys
```

이들은 개념상 매우 비슷하지만, 서로 다른 기능을 수행한다. proc은 초기부터 리눅스의 일부였다. 원래의 목적은 프로세스에 대한 정보를 사용자 공간에 노출하는 것이고, 그래서 proc이라는 이름을 갖게 됐다. 이를 위해 프로세스별로 그 상태를 담고 있는 /proc/⟨PID⟩라는 이름의 디렉터리가 존재한다. 프로세스 목록 명령 ps는 이들 파일을 읽어 출력물을 만들어낸다. 그 밖에 커널의 다른 부분에 대한 정보를 알려주는 파일도 있다. 예를 들어 /proc/cpuinfo는 CPU에 대해 알려주고, /proc/interrupts는 인터럽트에 대한 정보를 담고 있는 등이다.

마지막으로, /proc/sys에는 커널 서브시스템(특히 스케줄링, 메모리 관리, 네트워킹)의 상태와 동작을 보여주고 제어하는 파일들이 있다. proc에 있는 파일들에 대한 가장 좋은 참고 자료는 매뉴얼 페이지로, man 5 proc이라고 입력하면 볼 수 있다.

반면에 sysfs의 역할은 커널 드라이버 모델을 사용자 공간에 제공하는 것으로, 장치와 장치 드라이버에 관련된 파일의 계층 구조와 이들이 서로 연결된 방식에 대한 정보를 제공한다. 리눅스 드라이버 모델은 11장, '장치 드라이버 인터페이스'에서 장치 드라이버와의 상호작용을 다룰 때 좀 더 자세히 살펴본다.

파일시스템 마운트하기

mount 명령을 이용하면, 하나의 파일시스템을 다른 파일시스템 내의 디렉터리에 붙여서 파일시스템의 계층 구조를 만들 수 있다. 커널이 부트될 때 맨 꼭대기에 마운트되는 파일시스템을 루트 파일시스템root filesystem이라고 한다. mount 명령의 형식은 다음과 같다.

```
mount [-t vfstype] [-o 옵션] 장치 디렉터리
```

mount의 인자는 다음과 같다.

- vfstype은 파일시스템의 종류다.

- 옵션은 콤마로 분리된 mount 옵션의 목록이다.

- 장치는 파일시스템이 존재하는 블록 장치 노드다.

- 디렉터리는 파일시스템을 마운트하고자 하는 디렉터리다.

-o 뒤에 다양한 옵션을 지정할 수 있는데, 자세한 정보는 매뉴얼 페이지 mount(8)을 참고하길 바란다. 예를 들어 첫 번째 파티션에 ext4 파일시스템을 담고 있는 SD 카드를 /mnt 디렉터리에 마운트하려면, 다음과 같이 입력한다.

```
# mount -t ext4 /dev/mmcblk0p1 /mnt
```

마운트가 성공하면, SD 카드에 저장된 파일들을 /mnt 디렉터리에서 볼 수 있을 것이다. 경우에 따라 파일시스템 종류를 생략하고 커널이 장치를 조사해서 거기에 무엇이 저장돼 있는지 찾아내도록 할 수도 있다. SD 카드를 넣으면 모든 파티션을 자동 마운트하도록 리눅스 배포판이 구성된 경우, 마운트가 실패하면 먼저 파티션을 마운트 해제해야 할 수 있다.

proc 파일시스템을 마운트하는 예를 보면 약간 이상한 점이 있는데, 장치 노드 /dev/proc은 없다는 것이다. proc은 진짜가 아니라 유사 파일시스템이기 때문이다. 그러나 mount 명령은 매개변수로 장치를 요구한다. 따라서 장치가 어디에 있는지를 나타내는 문자열을 지정해야 하지만, 그 문자열이 무엇이든 문제가 되지는 않는다. 다음 두 명령은 정확히 같은 결과를 낳는다.

```
# mount -t proc procfs /proc
# mount -t proc nodevice /proc
```

mount 명령은 procfs와 nodevice 문자열을 무시한다. 유사 파일시스템을 마운트할 때 장치 자리에 파일시스템 종류를 적는 것은 꽤 흔한 일이다.

커널 모듈

커널 모듈이 있다면 4장, '커널 구성과 빌드'에서 봤듯이 modules_install 커널 make 타깃을 이용해 루트 파일시스템에 설치해야 한다. 그러면 modprobe 명령에 필요한 구성 파일들과 함께 디렉터리 /lib/modules/〈커널 버전〉에 복사될 것이다.

방금 커널과 루트 파일시스템 사이에 의존 관계를 만들었음을 명심하길 바란다. 전자를 갱신하면, 후자도 갱신해야 할 것이다.

이제 SD 카드에서 파일시스템을 마운트하는 방법을 알았으므로 루트 파일시스템을 마운트하는 다양한 옵션을 살펴본다. 특히 임베디드 리눅스를 처음 접하는 경우 대안(램디스크와 NFS)이 놀라울 수 있다. 램디스크는 원본 소스 이미지를 손상과 마모로부터 보호한다. 플래시 제품에 대한 자세한 내용은 9장, '저장소 전략 수립'에서 배울 것이다. 네트워크 파일시스템을 사용하면 파일 변경 사항이 타깃에 즉시 전파될 수 있으므로 좀 더 빠른 개발이 가능하다.

⁝⁝⁝ 루트 파일시스템을 타깃으로 전송하기

스테이징 디렉터리에 루트 파일시스템의 뼈대를 만들었으면, 다음 작업은 그것을 타깃으로 전송하는 것이다. 지금부터 가능한 세 가지 방법을 설명하겠다.

- initramfs: 부트로더에 의해 램에 로드되는 파일시스템 이미지. 램디스크는 만들기 쉽고 대용량 저장 장치 드라이버에 의존하지 않는다. 주 루트 파일시스템을 업

데이트해야 할 때 유지보수 모드로 사용할 수도 있다. 심지어 작은 임베디드 장치에서 주 루트 파일시스템으로 사용할 수도 있고, 주류 리눅스 배포판에서 초기 사용자 공간으로 흔히 사용된다. 루트 파일시스템의 내용은 휘발성이 있고, 실행 시에 루트 파일시스템에서 수정한 내용은 다음 시스템 부트 때 사라진다는 점을 기억하길 바란다. 구성 매개변수 같은 영구적인 데이터를 저장하려면 또 다른 종류의 저장소가 필요하다.

- **디스크 이미지**: 포맷되고 타깃의 대용량 저장 장치에 로드될 준비가 된 루트 파일시스템의 복사본. 예를 들어 SD 카드에 복사될 준비가 된 ext4 포맷 이미지일 수도 있고, 부트로더를 통해 플래시 메모리에 로드될 준비가 된 **jffs2** 포맷 이미지일 수도 있다. 디스크 이미지를 만드는 것은 아마도 가장 일반적인 선택일 것이다. 9장, '저장소 전략 수립'에서는 서로 다른 종류의 대용량 저장소를 자세히 살펴본다.

- **네트워크 파일시스템**: 스테이징 디렉터리는 NFS 서버를 통해 네트워크로 익스포트될 수 있고 타깃 부팅 때 마운트될 수 있다. 이는 흔히 개발 단계에서 디스크 이미지를 만들고 대용량 저장 장치에 로드하는 매우 느린 절차를 반복하지 않기 위해 이용한다.

먼저 램디스크로 시작하고, 이를 이용해서 루트 파일시스템에 대한 약간의 개선 사항(사용자 이름과 디스크 관리자를 추가해 장치 노드를 자동으로 만들기 등)을 설명하겠다. 그다음에는 디스크 이미지를 만드는 방법을 보여주고, 마지막으로는 NFS를 이용해서 네트워크를 통해 루트 파일시스템을 마운트하는 방법을 설명할 것이다.

부트 initramfs 만들기

초기 램 파일시스템, 즉 initramfs는 압축된 cpio 아카이브다. cpio는 오래된 유닉스 아카이브 포맷으로, TAR나 ZIP과 비슷하지만 복호화하기 쉬워 좀 더 적은 커널 코드를 요구한다. initramfs를 지원하려면 커널을 CONFIG_BLK_DEV_INITRD로 구성해야 한다.

부트 램디스크를 만드는 데는 세 가지 방법이 있는데, 단독형 cpio 아카이브나 커널 이미지에 내장된 cpio 아카이브, 또는 커널 빌드 시스템이 빌드의 일부로 처리하는 장치 테이블로 만드는 것이다. 첫 번째 옵션은 유연성이 가장 큰데, 커널과 램디스크를 우리 마음대로 짜맞출 수 있기 때문이다. 하지만 이는 하나가 아니라 두 파일을 다뤄야 함을 뜻하고, 모든 부트로더가 분리된 램디스크를 로드하는 기능을 제공하지는 않는다. 해당 기능을 커널에 빌드하는 방법은 나중에 설명하겠다.

단독형 initramfs

다음의 명령들은 타깃에 로드할 수 있도록 준비된 아카이브를 만들고 압축하며, U-Boot 헤더를 추가한다.

```
$ cd ~/rootfs
$ find . | cpio -H newc -ov --owner root:root > ../initramfs.cpio
$ cd ..
$ gzip initramfs.cpio
$ mkimage -A arm -O linux -T ramdisk -d initramfs.cpio.gz uRamdisk
```

cpio를 --owner root:root 옵션으로 실행했다는 점에 주목하자. 이는 앞서 '스테이징 디렉터리의 파일 소유권과 권한' 절에서 말한 파일 소유권 문제에 대한 간단한 해결책으로, cpio 아카이브 안에 있는 모든 파일의 UID와 GIO를 0으로 설정한다.

uRamdisk 파일의 최종 크기는 커널 모듈 없이 약 2.9MB이다. 거기에 커널 zImage 파일 4.4MiB를 더하고 U-Boot 440KB를 더하면, 보드를 부트하기 위해 총 7.7MB의 저장소가 필요하다. 우리는 처음에 시작했던 1.44MB 플로피 디스크를 한참 넘어섰다. 크기가 정말 문제라면, 다음과 같은 옵션이 있다.

- 필요 없는 드라이버와 기능을 제거해서 커널을 작게 만든다.

- 필요 없는 유틸리티를 제거해서 BusyBox를 작게 만든다.

- glibc 대신 musl libc나 uClibc-ng를 쓴다.

- BusyBox를 정적으로 컴파일한다.

이제 initramfs를 만들었으니 아카이브를 부팅해보자.

initramfs 부팅하기

우리가 할 수 있는 가장 간단한 일은 장치와 상호작용할 수 있도록 콘솔에서 셸을 실행하는 것이다. 커널 명령줄에 rdinit=/bin/sh를 추가하면 된다. 이제 QEMU와 비글본 블랙에서 이를 수행하는 방법을 알아본다.

QEMU로 부팅하기

QEMU에는 initframfs를 메모리에 로드하는 -initrd 옵션이 있다. 여러분은 이미 4장, '커널 구성과 빌드'에서 arm-unknown-linux-gnueabi 툴체인으로 컴파일된 Versatile PB 용 zImage와 장치 트리 바이너리를 갖고 있을 것이다. 5장에서는 같은 툴체인으로 컴파일한 BusyBox를 담고 있는 initramfs를 만들었다. 이제 MELP/Chapter05/run-qemu -initramfs.sh 스크립트나 다음 명령을 이용해 QEMU를 실행할 수 있다.

```
$ QEMU_AUDIO_DRV=none \
qemu-system-arm -m 256M -nographic -M versatilepb -kernel zImage \
-append "console=ttyAMA0 rdinit=/bin/sh" -dtb versatile-pb.dtb \
-initrd initramfs.cpio.gz
```

루트 셸이 / # 프롬프트를 출력할 것이다.

비글본 블랙 부팅하기

비글본 블랙의 경우 4장, '커널 구성과 빌드'에서 준비한 마이크로SD 카드와 arm-cortex_a8-linux-gnueabihf 툴체인으로 빌드한 루트 파일시스템이 필요하다. 앞서 만든

uRamdisk를 마이크로SD의 부트 파티션에 복사한 다음, 이를 사용해 비글본 블랙을 부팅한다. U-Boot 프롬프트가 나오면 다음 명령을 입력한다.

```
fatload mmc 0:1 0x80200000 zImage
fatload mmc 0:1 0x80f00000 am335x-boneblack.dtb
fatload mmc 0:1 0x81000000 uRamdisk
setenv bootargs console=ttyO0,115200 rdinit=/bin/sh
bootz 0x80200000 0x81000000 0x80f00000
```

모든 일이 잘되면, 시리얼 콘솔에 루트 셸 프롬프트 / #이 나올 것이다. 이 작업이 완료되면 두 플랫폼 모두에 proc을 마운트해야 한다.

proc 마운트하기

두 플랫폼 모두에서 ps 명령이 동작하지 않을 것이다. 아직 proc 파일시스템이 마운트되지 않았기 때문이다. 다음 명령으로 마운트해보자.

```
# mount -t proc proc /proc
```

이제 다시 ps를 실행하면, 프로세스 목록을 볼 수 있을 것이다.

이 설정을 다듬자면, proc을 마운트하는 등 부트 때 이뤄져야 할 일들을 담고 있는 셸 스크립트를 작성하고 부트 때 /bin/sh 대신 이 스크립트를 실행할 수 있다. 다음 코드를 보면 해당 스크립트의 동작을 알 수 있을 것이다.

```
#!/bin/sh
/bin/mount -t proc proc /proc
# Other boot-time commands go here
/bin/sh
```

마지막 줄의 /bin/sh는 상호 대화형 루트 셸 프롬프트를 제공하는 새로운 셸을 실행한다. 이런 식으로 셸을 init으로 사용하면 간단한 임시 작업(예: init 프로그램이 망가진 시스템을 복구할 때)에 매우 편리하다. 하지만 대부분의 경우 init 프로그램을 사용할 텐데, 이는 5장의 뒤쪽에서 다루겠다. 그러나 그 전에 initramfs를 로드하는 두 가지 다른 방법을 살펴본다.

initramfs를 커널 이미지에 넣기

지금까지는 압축된 initramfs를 별도의 파일로 만들고 부트로더를 이용해 메모리에 로드했다. 어떤 부트로더는 initramfs 파일을 이런 식으로 로드할 수 없다. 이런 상황에 대처하기 위해 리눅스는 initramfs를 커널 이미지에 넣도록 구성할 수 있다. 이를 위해서는 커널 구성을 바꾸고 CONFIG_INITRAMFS_SOURCE를 미리 만들어둔 cpio 아카이브의 전체 경로로 설정하면 된다. menuconfig를 이용한다면, **General setup ➤ Initramfs source file(s)**에 있다. gzip으로 압축된 버전이 아니라 .cpio로 끝나는 압축 해제된 cpio 파일이어야 한다. 그다음에는 커널을 빌드한다.

램디스크 파일이 없다는 점을 제외하면, 부팅은 전과 같다. QEMU의 경우, 명령은 다음과 같다.

```
$ QEMU_AUDIO_DRV=none \
qemu-system-arm -m 256M -nographic -M versatilepb \
-kernel zImage \
-append "console=ttyAMA0 rdinit=/bin/sh" \
-dtb versatile-pb.dtb
```

비글본 블랙의 경우, U-Boot 프롬프트에 다음 명령을 입력하면 된다.

```
fatload mmc 0:1 0x80200000 zImage
fatload mmc 0:1 0x80f00000 am335x-boneblack.dtb
setenv bootargs console=ttyO0,115200 rdinit=/bin/sh
bootz 0x80200000 - 0x80f00000
```

물론 루트 파일시스템의 내용을 바꿀 때마다 커널을 다시 빌드하고 .cpio 파일을 다시 만들어야 함을 기억하자.

장치 테이블을 이용해 initramfs 빌드하기

장치 테이블은 아카이브나 파일시스템 이미지에 저장되는 파일, 디렉터리, 장치 노드, 링크의 목록을 담고 있는 텍스트 파일이다. 압도적인 장점은 루트 특권 없이도 아카이브 파일 안에 루트 사용자나 다른 UID가 소유하는 항목들을 만들 수 있다는 것이다. 심지어 루트 특권 없이 장치 노드도 만들 수 있다. 이 모든 것은 아카이브가 그저 데이터 파일일 뿐이기 때문에 가능하다. 지정한 속성을 이용해서 실제 파일과 디렉터리가 만들어지는 것은 부트 때 리눅스에 의해 확장될 때뿐이다.

커널에는 initramfs를 만들 때 장치 테이블을 사용할 수 있는 기능이 있다. 장치 테이블 파일을 작성한 다음, 거기서 CONFIG_INITRAMFS_SOURCE를 가리킨다. 그다음에 커널을 빌드하면, 장치 테이블에 적힌 지시 사항에 따라 cpio 아카이브가 만들어진다. 루트 특권은 전혀 필요가 없다.

다음은 간단한 rootfs를 위한 장치 테이블인데, BusyBox를 가리키는 대부분의 심볼릭 링크가 없으므로 다룰 만하다.

```
dir /bin 775 0 0
dir /sys 775 0 0
dir /tmp 775 0 0
dir /dev 775 0 0
nod /dev/null 666 0 0 c 1 3
nod /dev/console 600 0 0 c 5 1
dir /home 775 0 0
dir /proc 775 0 0
dir /lib 775 0 0
slink /lib/libm.so.6 libm-2.22.so 777 0 0
slink /lib/libc.so.6 libc-2.22.so 777 0 0
slink /lib/ld-linux-armhf.so.3 ld-2.22.so 777 0 0
file /lib/libm-2.22.so /home/chris/rootfs/lib/libm-2.22.so 755 0 0
file /lib/libc-2.22.so /home/chris/rootfs/lib/libc-2.22.so 755 0 0
file /lib/ld-2.22.so /home/chris/rootfs/lib/ld-2.22.so 755 0 0
```

문법은 꽤 명확하다.

- dir <name> <mode> <uid> <gid>

- file <name> <location> <mode> <uid> <gid>

- nod <name> <mode> <uid> <gid> <dev_type> <maj> <min>

- slink <name> <target> <mode> <uid> <gid>

dir, nod, slink 명령은 initramfs cpio 아카이브에 주어진 이름, 모드, 사용자 ID, 그룹 ID로 파일시스템 객체를 만든다. file 명령은 파일을 원본 위치에서 아카이브로 복사하고 모드, 사용자 ID, 그룹 ID를 설정한다.

initramfs 장치 테이블을 처음부터 만드는 작업은 커널 소스 코드의 usr/gen_initramfs _list.sh 스크립트로 인해 좀 더 쉬워졌다. 이 스크립트는 주어진 디렉터리로부터 장치 테이블을 만든다. 예를 들어 rootfs 디렉터리용 initramfs 장치 테이블을 만들고 사용자 ID가 1000, 그룹 ID가 1000인 모든 파일의 소유권을 사용자 ID 0과 그룹 ID 0으로 바꾸려면, 다음과 같은 명령을 사용한다.

```
$ bash linux-stable/scripts/gen_initramfs_list.sh -u 1000 -g 1000 \
rootfs > initramfs-device-table
```

이 스크립트의 -o 옵션을 사용하면 -o 이후의 파일 확장자에 따라 형식이 달라지는 압축된 initramfs 파일을 만들 수 있다.

이 스크립트는 bash 셸로만 사용할 수 있다는 점에 주의하길 바란다. 대부분의 우분투 구성과 마찬가지로 시스템의 디폴트 셸이 bash가 아니라면, 이 스크립트는 실패할 것이다. 따라서 위에서는 스크립트를 실행할 때 명시적으로 bash를 사용했다.

오래된 initrd 형식

리눅스 램디스크를 위한 오래된 형식이 있는데, initrd라고 한다. 이는 리눅스 2.6 이전에는 유일한 형식이었고 MMC가 없는 리눅스 변종인 uCLinux를 쓴다면 여전히 필요하다. 이 형식은 매우 이해하기 힘들므로 여기서 다루지 않을 것이다. 자세한 정보는 커널 소스의 Documentation/initrd.txt에서 찾을 수 있다.

initramfs가 부팅되면 시스템이 프로그램 실행을 시작해야 한다. 실행되는 첫 번째 프로그램은 init 프로그램이다. 다음으로 init 프로그램을 살펴보자.

⁑ init 프로그램

부트 때 셸이나 심지어 셸 스크립트를 실행하는 것은 간단한 경우라면 괜찮다. 그러나 실제로는 좀 더 유연한 것이 필요하다. 보통 유닉스 시스템은 다른 프로그램들을 시작하고 감시하는 init이라는 프로그램을 실행한다. 수년간 여러 init 프로그램이 있었고, 그중 일부는 13장, '시스템 구동: init 프로그램'에서 설명할 것이다. 여기서는 BusyBox의 init을 간략히 소개할 것이다.

init은 구성 파일 /etc/inittab을 읽으면서 시작한다. 다음은 이 책의 필요에 맞는 간단한 예다.

```
::sysinit:/etc/init.d/rcS
::askfirst:-/bin/ash
```

init이 시작했을 때 첫 줄은 셸 스크립트 rcS를 실행한다. 둘째 줄은 콘솔에 Please press Enter to activate this console 메시지를 출력하고, **Enter**를 입력하면 셸을 시작한다. /bin/ash 앞의 -는 해당 프로그램이, 셸 프롬프트를 보여주기 전에 /etc/profile과 $HOME/.profile을 읽어들이는 로그인 셸임을 뜻한다. 이렇게 셸을 실행하는 경우의 장점 중 하나는 작업 제어가 가능하다는 것이다. 가장 즉각적인 효과는 **Ctrl** + **C**로 현재 프로그램을 종료시킬 수 있다는 것이다. 어쩌면 전에 눈치채지 못했을 수도 있지만, ping 프로그램을 실행하고는 멈출 수 없는 경우를 만나면 알게 될 것이다.

BusyBox init은 루트 파일시스템에 inittab이 없으면 기본 inittab을 제공하는데, 위에 나온 것보다 좀 더 많은 내용이 담겨 있다.

/etc/init.d/rcS 스크립트는 proc과 sysfs 파일시스템을 마운트하는 것과 같이 부트 때 수행해야 하는 초기화 명령들을 넣어두는 곳이다.

```
#!/bin/sh
mount -t proc proc /proc
mount -t sysfs sysfs /sys
```

rcS는 다음과 같이 실행 가능토록 설정해야 한다.

```
$ cd ~/rootfs
$ chmod +x etc/init.d/rcS
```

QEMU에서는 -append 인자를 다음과 같이 바꿔 시험해볼 수 있다.

```
-append "console=ttyAMA0 rdinit=/sbin/init"
```

비글본 블랙에서는 U-Boot의 bootargs 변수를 다음과 같이 설정해야 한다.

```
setenv bootargs console=ttyO0,115200 rdinit=/sbin/init
```

이제 시작하는 동안 init이 읽는 inittab을 자세히 살펴보자.

데몬 프로세스 시작하기

흔히 시작 때 특정 백그라운드 프로세스를 실행하려고 할 것이다. 로그 데몬(syslogd)을 예로 들어보자. syslogd의 목적은 다른 프로그램(대부분 다른 데몬)의 로그 메시지를 기록하는 것이다. 당연히 BusyBox는 이를 위한 애플릿을 갖고 있다!

데몬을 시작하려면 간단히 etc/inittab에 다음 행을 추가하면 된다.

```
::respawn:/sbin/syslogd -n
```

respawn은 프로그램이 종료되면, 자동으로 다시 실행한다는 뜻이다. -n은 포그라운드 프로세스로 실행해야 한다는 뜻이다. 로그는 /var/log/messages에 기록된다.

NOTE

같은 방식으로 klogd를 실행할 수도 있다. klogd는 커널 로그 메시지를 syslogd로 보내서 영구 저장소에 기록되도록 한다.

다음으로는 사용자 계정을 구성하는 방법을 알아본다.

사용자 계정 구성하기

이미 암시했듯이, 모든 프로그램을 루트로 실행하는 것은 좋지 않다. 외부의 공격으로 인해 한 프로그램이 위태로워지면 전체 시스템이 위험해지기 때문이다. 따라서 특권이 없는 사용자 계정을 만들고 루트 권한 전부가 필요치 않은 경우에 사용하는 것이 좋다.

사용자 이름은 /etc/passwd에 설정한다. 한 줄이 하나의 사용자를 나타내며 콜론으로 구분된 7개의 필드가 존재하는데, 그 순서는 다음과 같다.

- 로그인 이름

- 패스워드를 검증하기 위한 해시 코드. 보통은 패스워드가 /etc/shadow에 저장돼 있음을 나타내는 x가 들어 있다.

- 사용자 ID

- 그룹 ID

- 코멘트 필드. 종종 빈칸으로 남겨둔다.

- 사용자의 홈 디렉터리

- 사용자가 사용할 셸(선택 사항)

다음은 간단한 예로, UID가 0인 루트 사용자와 UID가 1인 daemon 사용자가 있다.

```
root:x:0:0:root:/root:/bin/sh
daemon:x:1:1:daemon:/usr/sbin:/bin/false
```

사용자 daemon의 셸을 /bin/false로 설정하면 daemon이라는 사용자 이름으로는 절대 로그인할 수 없게 된다.

다양한 프로그램들이 UID와 이름을 찾기 위해 /etc/passwd를 읽어야 하므로, 모든 사용자가 읽을 수 있어야 한다. 패스워드 해시가 여기에 저장될 경우 이는 문제가 되는데, 악의적인 프로그램이 해시를 복사해서 다양한 크래커^{cracker} 프로그램을 통해 실제 패스워드를 찾으려고 할 수 있기 때문이다. 따라서 민감한 정보의 노출을 줄이기 위해 패스워드는 /etc/shadow에 저장되고 패스워드 필드에는 이를 나타내는 x를 적어둔다. /etc/shadow라는 파일을 루트만 접근할 수 있으므로, 루트 사용자가 해킹되지 않는다면 패스워드는 안전하다.

섀도우 패스워드 파일은 9개의 필드로 이뤄진 사용자별 항목으로 구성된다. 다음은 위 문단에 나온 passwd 파일에 해당하는 섀도우 패스워드 파일의 예다.

```
root::10933:0:99999:7:::
daemon:*:10933:0:99999:7:::
```

처음 두 필드는 사용자 이름과 패스워드 해시다. 나머지 일곱 필드는 패스워드 유효 기간과 관계가 있는데, 임베디드 디바이스에서는 별로 쓰이지 않는다. 자세한 사항이 궁금하다면 shadow(5)의 매뉴얼 페이지를 참고하길 바란다.

이 예에서 루트의 패스워드는 비어 있는데, 루트가 패스워드 없이 로그인할 수 있음을 뜻한다. 루트 패스워드를 비워두는 것은 개발 중에는 유용하지만, 양산 시에는 그렇지 않다. 타깃에서 passwd 명령을 실행해 패스워드 해시를 만들거나 바꿀 수 있다. 이후의 모든 루트 파일시스템이 같은 패스워드를 갖도록 하려면, 이 파일을 다시 스테이징 디렉터리에 복사하면 된다.

그룹 이름은 /etc/groups에 비슷한 방식으로 저장된다. 한 줄이 하나의 그룹을 나타내며 콜론으로 구분된 4개의 필드가 존재하는데, 그 필드들은 다음과 같다.

- 그룹 이름

- 그룹 패스워드. 일반적으로는 그룹 패스워드가 없음을 나타내는 x 문자

- GID, 즉 그룹 ID

- 선택 사항으로, 그룹에 속하는 사용자의 목록. 콤마로 구분된다.

예는 다음과 같다.

```
root:x:0:
daemon:x:1:
```

이제 사용자 계정을 구성하는 방법을 배웠으므로, 루트 파일시스템에 추가하는 방법을
살펴보자.

루트 파일시스템에 사용자 계정 추가하기

먼저 스테이징 디렉터리에 앞서 말한 것처럼 etc/passwd, etc/shadow, etc/group 파
일을 추가해야 한다. shadow 파일의 권한은 0600이어야 한다. 그다음에는 getty라는
프로그램을 기동해서 로그인 절차를 시작해야 한다. BusyBox에는 getty가 있다. getty
는 로그인 셸이 종료될 때 inittab에서 respawn 키워드를 통해 실행된다. 여러분의
inittab은 다음과 같을 것이다.

```
::sysinit:/etc/init.d/rcS
::respawn:/sbin/getty 115200 console
```

그런 다음, 램디스크를 다시 빌드하고 이전처럼 QEMU나 비글본 블랙으로 시험해본다.

5장의 앞부분에서 mknod 명령을 사용해 장치 노드를 만드는 방법을 배웠다. 이제 장치
노드를 만드는 더 쉬운 방법을 살펴보자.

⁞⁝ 장치 노드를 관리하는 더 좋은 방법

mknod를 이용해 정적으로 장치 노드를 만드는 것은 힘든 일이고 융통성이 없다. 그렇지만, 필요에 따라 자동으로 장치 노드를 만드는 다른 방법들이 있다.

- **devtmpfs**: 부트 때 /dev에 마운트할 수 있는 의사^{pseudo} 파일시스템이다. 커널은 여기에 커널이 현재 알고 있는 모든 장치에 대한 장치 노드들을 만들어넣고, 실행 시에 감지된 새로운 장치들에 대한 노드도 만든다. 노드의 소유자는 루트이고 기본 권한은 0600이다. /dev/null이나 /dev/random처럼 잘 알려진 장치 노드 중 일부는 기본 권한을 0666으로 바꾼다. 정확한 방법을 알고 싶다면, 리눅스 소스 파일 drivers/char/mem.c에서 struct memdev가 어떻게 초기화되는지를 살펴보길 바란다.

- **mdev**: 디렉터리를 장치 노드로 채우고 필요에 따라 새로운 노드를 만드는 데 쓰이는 BusyBox 애플릿이다. 구성 파일인 /etc/mdev.conf는 노드의 소유권과 권한에 대한 규칙을 담고 있다.

- **udev**: 주류 리눅스에서 mdev에 해당하는 기능이다. 데스크톱 리눅스와 일부 임베디드 장치에서 찾을 수 있다. 매우 유연하고 고성능 임베디드 디바이스의 경우에 좋은 선택이다. 현재 systemd의 일부다.

> **NOTE**
>
> mdev와 udev 모두 스스로 장치 노드를 만들지만, 그 일은 devtmpfs에게 맡기고 mdev/udev는 소유권과 권한을 설정하는 정책을 구현하는 상위 계층으로 이용하는 것이 더 쉽다. devtmpfs 접근 방식은 사용자 공간 시작 전에 장치 노드를 생성하는, 유지보수 가능한 유일한 방법이다.

이들 도구를 사용하는 몇 가지 예를 살펴보자.

devtmpfs를 사용하는 예

devtmpfs 파일시스템 지원은 커널 구성 변수 CONFIG_DEVTMPFS에 의해 제어된다. ARM
Versatile PB의 디폴트 구성에서는 활성화돼 있지 않으므로, 이 타깃에서 다음 내용을
시험해보고 싶으면 되돌아가서 이 옵션을 활성화해야 할 것이다.

다음과 같은 명령을 입력해서 간단히 devtmpfs를 시험할 수 있다.

```
# mount -t devtmpfs devtmpfs /dev
```

그 후에 /dev에 더 많은 장치 노드가 있음을 알게 될 것이다. 영구적으로 고치려면, 다
음 명령을 /etc/init.d/rcS에 추가한다.

```
#!/bin/sh
mount -t proc proc /proc
mount -t sysfs sysfs /sys
mount -t devtmpfs devtmpfs /dev
```

커널 구성에서 CONFIG_DEVTMPFS_MOUNT를 활성화하면, 커널은 루트 파일시스템을 마운트
한 직후 자동으로 devtmpfs를 마운트할 것이다. 하지만 이 옵션은 우리가 여기서 하듯이
initramfs를 부팅할 때는 효과가 없다.

mdev를 사용하는 예

mdev는 설정이 좀 더 복잡하지만, 만들어지는 장치 노드의 권한을 수정할 수 있도록 해
준다. 먼저 -s 옵션으로 mdev를 실행하면, mdev가 /sys 디렉터리를 스캔해서 현재 장치에
대한 정보를 찾고 /dev 디렉터리를 해당 노드로 채운다. 추가되는 새로운 장치들을 계
속 추적해서 필요한 노드들을 만들어주고 싶다면, /proc/sys/kernel/hotplug에 씀으로
써 mdev에게 핫플러그 클라이언트를 만들어줘야 한다. 다음 명령을 /etc/init.d/rcS에 추
가하면 된다.

```
#!/bin/sh
mount -t proc proc /proc
mount -t sysfs sysfs /sys
mount -t devtmpfs devtmpfs /dev
echo /sbin/mdev > /proc/sys/kernel/hotplug
mdev -s
```

기본 모드는 660이고 소유권은 root:root이다. 이를 바꾸려면 /etc/mdev.conf에 규칙을 추가하면 된다. 예를 들어 null, random, urandom 장치에 올바른 모드를 설정하려면 다음 규칙을 /etc/mdev.conf에 추가하면 된다.

```
null root:root 666
random root:root 444
urandom root:root 444
```

형식은 BusyBox 소스 코드의 docs/mdev.txt에 문서화돼 있고 examples 디렉터리에 많은 예제가 있다.

결국 정적 장치 노드는 그렇게 나쁜 것인가?

정적으로 만들어진 장치 노드에는 장치 관리자를 실행하는 것보다 나은 점이 하나 있는데, 부트 동안 만드는 시간이 들지 않는다는 것이다. 부트 시간을 최소화하는 것이 중요하다면, 정적으로 생성된 장치 노드를 씀으로써 상당히 많은 시간을 절약할 수 있을 것이다.

장치가 감지되고 해당 노드가 생성된 후, 시작 시퀀스의 다음 단계는 일반적으로 네트워크를 구성하는 것이다.

네트워크 구성하기

다음으로는 바깥 세상과 통신할 수 있도록 기본적인 네트워크 구성을 살펴보자. 이더넷 인터페이스 eth0이 있고 간단한 IP v4 구성만 필요하다고 가정하겠다.

아래 예는 BusyBox의 일부인 네트워크 유틸리티(오래됐지만 믿을 수 있는 ifup과 ifdown 프로그램)를 사용하는데, 간단한 경우에는 그것으로 족하다. 주 네트워크 구성은 /etc/network/interfaces에 저장된다. 스테이징 디렉터리에 다음 디렉터리들을 만들어야 할 것이다.

```
etc/network
etc/network/if-pre-up.d
etc/network/if-up.d
var/run
```

정적 IP 주소의 경우, /etc/network/interfaces의 내용은 다음과 같을 것이다.

```
auto lo
iface lo inet loopback

auto eth0
iface eth0 inet static
    address 192.168.1.101
    netmask 255.255.255.0
    network 192.168.1.0
```

DHCP를 통해 동적으로 할당되는 IP 주소의 경우, /etc/network/interfaces의 내용은 다음과 같을 것이다.

```
auto lo
iface lo inet loopback

auto eth0
iface eth0 inet dhcp
```

또한 DHCP 클라이언트 프로그램도 구성해야 할 것이다. BusyBox에는 udchpcd가 있는데, /usr/share/udhcpc/default.script에 셸 스크립트를 넣어야 한다. examples/

udhcp/simple.script 디렉터리에 있는 BusyBox 소스 코드 중에는 적절한 디폴트 스크립트가 있다.

glibc용 네트워크 요소

glibc는 NSS^Name Service Switch라는 메커니즘을 사용해서 이름을 네트워크나 사용자 관련 숫자로 변환resolve하는 방식을 제어한다. 예를 들어 사용자 이름은 /etc/passwd를 통해 UID로 변환될 수 있고, HTTP 같은 네트워크 서비스는 /etc/services를 통해 서비스 포트 번호로 변환될 수 있는 등이다. 이 모든 일이 /etc/nsswitch.conf로 설정되는데, 자세한 사항은 매뉴얼 페이지 nss(5)를 참고하길 바란다. 대부분의 임베디드 리눅스 구현의 경우 다음과 같은 간단한 예이면 충분하다.

```
passwd:     files
group:      files
shadow:     files
hosts:      files dns
networks:   files
protocols:  files
services:   files
```

호스트 이름을 제외하면, 모두 /etc 안에 있는 해당 이름의 파일을 통해 변환된다. 호스트 이름은 /etc/hosts에 없다면 추가적으로 DNS 검색을 통해 변환될 수 있다.

/etc에 이들 파일을 넣으면 작동한다. 네트워크, 프로토콜, 서비스는 모든 리눅스 시스템에서 동일하므로, 개발 PC의 /etc로부터 복사해도 된다. /etc/hosts는 최소한 루프백loopback 주소를 담고 있어야 한다.

```
127.0.0.1 localhost
```

나머지 파일들(passwd, group, shadow)은 앞서 '사용자 계정 구성하기' 절에서 다뤘다.

퍼즐의 마지막 조각은 이름 변환을 수행하는 라이브러리로, nsswitch.conf의 내용을 기반으로 필요에 따라 로드되는 플러그인이다. 즉, readelf나 ldd 같은 프로그램을 통해 의존 관계를 살펴볼 수 없다. 단순히 툴체인의 sysroot로부터 복사해야 할 것이다.

```
$ cd ~/rootfs
$ cp -a $SYSROOT/lib/libnss* lib
$ cp -a $SYSROOT/lib/libresolv* lib
```

이제 스테이징 디렉터리가 완료됐으므로 이 디렉터리에서 파일시스템을 생성해보자.

장치 테이블을 이용해 파일시스템 이미지 만들기

앞서 '부트 initramfs 만들기' 절에서 봤듯이 커널에는 장치 테이블을 이용해 initramfs 를 만드는 옵션이 있다. 장치 테이블은 매우 유용한데, 이를 이용하면 비루트 사용자가 장치 노드를 만들고 임의의 파일이나 디렉터리에 임의의 UID와 GID 값을 할당할 수 있기 때문이다. 아래와 같은 파일시스템 포맷과 도구의 매핑에서 볼 수 있듯이, 다른 파일시스템 이미지 포맷을 만드는 데도 같은 개념이 적용된다.

- jffs2: mkfs.jffs2

- ubifs: mkfs.ubifs

- ext2: genext2fs

jffs2와 ubifs는 9장, '저장소 전략 수립'에서 플래시 메모리용 파일시스템을 알아볼 때 살펴볼 것이다. 세 번째인 ext2는 SD 카드를 포함하는 관리형 플래시 메모리에 쓰인다. 다음 예는 ext2를 이용해서 SD 카드에 복사할 수 있는 디스크 이미지를 만든다.

먼저 호스트에 genext2fs 도구를 설치해야 한다. 우분투의 경우, 설치할 패키지의 이름은 genext2fs이다.

```
$ sudo apt install genext2fs
```

genext2fs는 <name> <type> <mode> <uid> <gid> <major> <minor> <start> <inc> <count>
형식의 장치 테이블 파일을 사용하는데, 각 필드의 의미는 다음과 같다.

- **name**: 파일명

- **type**: 다음 중 하나

    - **f**: 보통 파일

    - **d**: 디렉터리

    - **c**: 문자 특수 장치 파일

    - **b**: 블록 특수 장치 파일

    - **p**: FIFO (이름 있는 파이프named pipe)

- **uid**: 파일의 UID

- **gid**: 파일의 GID

- **major와 minor**: 장치 번호(장치 노드만)

- **start, inc, count**: minor 번호가 start에서 시작하는 장치 노드 그룹을 만들 수 있
  도록 한다(장치 노드만).

커널 initramfs 테이블처럼 모든 파일을 지정할 필요는 없다. 디렉터리(스테이징 디렉터리)에
있는 파일들을 가리키고 최종 파일시스템 이미지에 복사될 때 이뤄져야 할 변경과 예외
들을 나열하기만 하면 된다.

정적 장치 노드를 채우는 간단한 예는 다음과 같다.

```
/dev d 755 0 0 - - - - -
/dev/null c 666 0 0 1 3 0 0 -
/dev/console c 600 0 0 5 1 0 0 -
/dev/tty00 c 600 0 0 252 0 0 0 -
```

그런 다음, genext2fs를 이용해 4MiB(디폴트 크기 1024바이트 블록 4,096개)의 파일시스템 이미지를 만든다.

```
$ genext2fs -b 4096 -d rootfs -D device-table.txt -U rootfs.ext2
```

다음 절에서 볼 수 있듯이, 이제 결과로 만들어진 이미지(rootfs.ext2)를 SD 카드 등에 복사할 수 있다.

비글본 블랙 부팅하기

MELP/format-sdcard.sh라는 스크립트는 마이크로SD 카드에 두 파티션을 만든다. 하나는 부트 파일용이고, 다른 하나는 루트 파일시스템용이다. 앞서 본 것처럼 루트 파일시스템을 만들었다고 가정하면, dd 명령으로 두 번째 파티션에 쓸 수 있다. 언제나처럼, 파일을 이렇게 저장 장치에 직접 복사할 때는 어느 것이 마이크로SD 카드인지 확실히 알아야 한다. 이 경우에는 내장 카드 리더를 이용하므로 /dev/mmcblk0이라는 장치이고, 명령은 다음과 같다.

```
$ sudo dd if=rootfs.ext2 of=/dev/mmcblk0p2
```

여러분의 호스트 시스템에 있는 카드 리더는 이름이 다를 수 있다.

그다음, 마이크로SD 카드를 비글본 블랙에 넣고 커널 명령줄을 root=/dev/mmcblk0p2로 설정한다. U-Boot 명령의 전체 시퀀스는 다음과 같다.

```
fatload mmc 0:1 0x80200000 zImage
fatload mmc 0:1 0x80f00000 am335x-boneblack.dtb
setenv bootargs console=ttyO0,115200 root=/dev/mmcblk0p2
bootz 0x80200000 - 0x80f00000
```

이는 SD 카드 같은 일반 블록 장치의 파일시스템을 마운트하는 예다. 다른 파일시스템 타입에도 같은 원칙이 적용되며 9장, '저장소 전략 수립'에서 자세히 살펴볼 것이다.

⠿ NFS를 이용해 루트 파일시스템 마운트하기

장치에 네트워크 인터페이스가 있으면, 개발 중에는 네트워크를 통해 루트 파일시스템을 마운트하는 것이 가장 좋다. 호스트 기계에 있는 거의 무제한의 저장소에 접근할 수 있으므로 디버그 도구를 추가할 수 있고 심볼 테이블이 큰 실행 파일도 수용할 수 있다. 보너스로, 개발 호스트에 있는 루트 파일시스템이 갱신되면 타깃에 즉시 나타난다. 또한 타깃의 로그 파일도 모두 호스트에서 접근할 수 있다.

먼저 호스트에 NFS 서버를 설치하고 구성해야 한다. 우분투의 경우, 설치할 패키지의 이름은 nfs-kernel-server이다.

```
$ sudo apt-get install nfs-kernel-server
```

NFS 서버는 어느 디렉터리가 네트워크에 익스포트될지 알아야 하는데, 이는 /etc/exports로 제어된다. 각 줄은 하나의 익스포트를 나타낸다. 형식은 매뉴얼 페이지 exports(5)에 설명돼 있다. 예를 들어 호스트에 있는 루트 파일시스템을 익스포트하려면 다음과 같이 한다.

```
/home/chris/rootfs *(rw,sync,no_subtree_check,no_root_squash)
```

*는 로컬 네트워크의 모든 주소에 대해 디렉터리를 익스포트한다. 원한다면, 여기에 하나의 IP 주소나 범위를 지정할 수 있다. 그다음, 괄호 안에 옵션 목록이 있다. *와 여는 괄호 사이에는 빈칸이 없어야 한다. 보기의 옵션은 다음과 같다.

- **rw**: 디렉터리를 읽고 쓰기로 익스포트한다.

- **sync**: 동기 버전 NFS 프로토콜을 선택한다. 동기 버전은 비동기 버전보다 더 견고하지만 약간 느리다.

- **no_subtree_check**: 서브 트리 확인을 비활성화한다. 보안에 약간의 영향이 있지만, 경우에 따라 신뢰성^{reliability}이 높아진다.

- **no_root_squash**: 사용자 ID 0으로 전달된 요청을 다른 사용자 ID로 바꾸지 않고 처리하도록 허용한다. 이는 타깃이 루트 소유의 파일에 올바르게 접근하기 위해 필요하다.

/etc/exports를 수정했으면, NFS 서버를 재기동해 수정 사항이 반영되도록 한다.

이제 타깃이 NFS를 통해 루트 파일시스템을 마운트하도록 설정해야 한다. 이를 위해서는 커널이 `CONFIG_ROOT_NFS`로 구성돼 있어야 한다. 그러면, 커널 명령줄에 다음 명령을 추가해 부트 때 마운트하도록 리눅스를 구성할 수 있다.

```
root=/dev/nfs rw nfsroot=<호스트-ip>:<루트-디렉터리> ip=<타깃-ip>
```

보기의 옵션은 다음과 같다.

- **rw**: 루트 파일시스템을 읽고 쓰기로 마운트한다.

- **nfsroot**: 호스트의 IP 주소, 익스포트된 루트 파일시스템의 경로를 지정한다.

- **ip**: 타깃에 할당된 IP 주소다. 보통 네트워크 주소는 '네트워크 구성하기' 절에서 봤듯이 실행 때 할당된다. 하지만 이 경우 루트 파일시스템이 마운트되고 init이 시작하기 전에 인터페이스가 구성돼야 한다. 따라서 커널 명령줄에서 구성된다.

NOTE

> NFS 루트 마운트에 대한 추가 정보는 커널 소스 Documentation/filesystems/nfs/nfsroot.txt에 있다.

다음으로는 QEMU의 루트 파일시스템과 비글본 블랙으로 완성된 이미지를 부팅해보자.

QEMU로 테스트하기

아래의 스크립트는 호스트의 네트워크 장치 tap0과 타깃의 eth0 사이에 한 쌍의 정적 IPv4 주소를 이용해 가상 네트워크를 만들고 tap0을 에뮬레이트된 인터페이스로 사용하라는 파라미터를 갖고 QEMU를 기동한다.

루트 파일시스템 경로는 여러분의 스테이징 디렉터리 전체 경로로 바꿔야 할 것이고, 여러분의 네트워크 구성과 충돌한다면 IP 주소도 바꿔야 할 수 있다.

```bash
#!/bin/bash
KERNEL=zImage
DTB=versatile-pb.dtb
ROOTDIR=/home/chris/rootfs
HOST_IP=192.168.1.1
TARGET_IP=192.168.1.101
NET_NUMBER=192.168.1.0
NET_MASK=255.255.255.0

sudo tunctl -u $(whoami) -t tap0
sudo ifconfig tap0 ${HOST_IP}
sudo route add -net ${NET_NUMBER} netmask ${NET_MASK} dev tap0
sudo sh -c "echo 1 > /proc/sys/net/ipv4/ip_forward"

QEMU_AUDIO_DRV=none \
qemu-system-arm -m 256M -nographic -M versatilepb -kernel ${KERNEL} -append
"console=ttyAMA0,115200 root=/dev/nfs rw nfsroot=${HOST_IP}:${ROOTDIR},v3
ip=${TARGET_IP}" -dtb ${DTB} -net nic -net tap,ifname=tap0,script=no
```

스크립트는 MELP/Chapter05/run-qemu-nfsroot.sh에 있다.

앞서와 같이 부트되겠지만, 이제는 NFS 익스포트를 통해 스테이징 디렉터리를 직접 사용한다. 스테이징 디렉터리에 만드는 모든 파일이 타깃 장치에서 즉시 보일 것이고, 장치에서 만들어지는 모든 파일이 개발 PC에서 보일 것이다.

비글본 블랙으로 테스트하기

비슷한 방식으로, 비글본 블랙의 U-Boot 프롬프트에서 다음 명령을 실행할 수 있다.

```
setenv serverip 192.168.1.1
setenv ipaddr 192.168.1.101
setenv npath [path to staging directory]
setenv bootargs console=tty00,115200n8 root=/dev/nfs rw
nfsroot=${serverip}:${npath},v3 ip=${ipaddr}
fatload mmc 0:1 0x80200000 zImage
fatload mmc 0:1 0x80f00000 am335x-boneblack.dtb
bootz 0x80200000 - 0x80f00000
```

MELP/Chapter05/uEnv.txt에 위 명령을 모두 담고 있는 U-Boot 환경 파일이 있다. 그 파일을 마이크로SD 카드의 부팅 파티션에 복사하면 나머지는 U-Boot가 알아서 할 것이다.

파일 권한 문제

스테이징 디렉터리에 복사한 파일들은 여러분이 로그온한 사용자의 UID의 소유일 것이고 흔히 1000일 것이다. 하지만 타깃은 이 사용자를 모른다. 설상가상으로 타깃이 만든 모든 파일은 타깃이 구성한 사용자, 흔히 루트의 소유가 될 것이다. 모든 게 엉망이다. 불행히도, 간단한 해결책은 없다. 최선의 조언은 스테이징 디렉터리를 복사하고 (sudo chown -R 0:0 *를 이용해) 소유권을 UID와 GID 모두 0으로 바꾸는 것이다. 그다음, 이 디렉터리를 NFS 마운트로 익스포트한다. 이렇게 하면 개발 시스템과 타깃 시스템 간에 하나의 루트 파일시스템을 공유하는 편리함이 사라지지만, 최소한 파일 소유권은 올바르게 된다.

임베디드 리눅스에서 장치 드라이버를 런타임에 루트 파일시스템에서 모듈로 동적으로 로드하는 대신 커널에 정적으로 링크하는 것은 드문 일이 아니다. 그렇다면, 커널 소스 코드나 DTB를 수정할 때 NFS가 제공하는 빠른 속도와 동일한 이점을 얻는 방법은 무엇일까? 정답은 TFTP이다.

⁂ TFTP를 이용해 커널 로드하기

이제 루트 파일시스템을 NFS를 통해 마운트하는 방법을 알기 때문에 커널, 장치 트리, initramfs도 네트워크를 통해 로드할 수 있는지 궁금할 것이다. 그럴 수 있다면, 타깃의 저장소에 써야 하는 요소는 부트로더뿐이다. 나머지는 모두 호스트 기계에서 로드할 수 있다. 그러면 플래시 메모리를 계속해서 새로운 내용으로 덮어 쓸 필요가 없으므로 시간을 절약할 수 있고 플래시 저장소 드라이버가 아직 개발 중인 동안에도(그럴 수도 있다) 작업을 진행할 수 있다.

문제에 대한 답은 TFTP^{Trivial File Transfer Protocol}이다. TFTP는 매우 간단한 파일 전송 프로토콜로, U-Boot 같은 부트로더에서 구현하기 쉽도록 설계됐다.

먼저 여러분의 호스트에 TFTP 데몬을 설치해야 한다. 우분투의 경우, 설치할 패키지의 이름은 tftpd-hpa이다.

```
$ sudo apt install tftpd-hpa
```

tftpd-hpa는 디폴트로 /var/lib/tftpboot 디렉터리에 있는 파일들에 대한 읽기 전용 접근을 허용한다. tftpd-hpa가 설치되고 실행되면, 타깃으로 복사하고 싶은 파일(비글본 블랙의 경우 zImage와 am335x-boneblack.dtb)을 /var/lib/tftpboot 디렉터리로 복사한다. 그러고 나서 U-Boot 명령 프롬프트에서 다음 명령을 입력한다.

```
setenv serverip 192.168.1.1
setenv ipaddr 192.168.1.101
tftpboot 0x80200000 zImage
tftpboot 0x80f00000 am335x-boneblack.dtb
setenv npath [path to staging]
setenv bootargs console=tty00,115200 root=/dev/nfs rw
nfsroot=${serverip}:${npath} ip=${ipaddr}
bootz 0x80200000 - 0x80f00000
```

tftpboot 도중 끊임없이 글자 T를 출력하며 진행이 되지 않을 때도 있다. 이는 TFTP 요청이 시간 제한을 초과했다는 뜻이다. 이런 일이 일어나는 데는 여러 가지 이유가 있는

데, 가장 흔한 경우는 다음과 같다.

- 서버의 IP 주소가 잘못됐다.

- 서버에서 TFTP 데몬이 동작하지 않고 있다.

- 서버의 방화벽이 TFTP 프로토콜을 막고 있다. 대부분의 방화벽은 디폴트 설정에서 실제로 TFTP 포트 69번을 막는다.

문제를 해결하고 나면, U-Boot는 정상적인 방법으로 호스트 기계로부터 파일을 로드하고 부팅할 수 있다. 또한 명령들을 uEnv.txt 파일에 넣어 과정을 자동화할 수 있다.

⠿ 요약

리눅스의 강점 중 하나는 광범위한 루트 파일시스템을 지원할 수 있어서 광범위한 요구에 맞출 수 있다는 점이다. 간단한 루트 파일시스템을 소수의 요소를 갖고 수작업으로 만들 수 있으며, BusyBox가 특히 이 분야에 유용함을 알았다. 한 번에 한 단계씩 살펴봄으로써, 네트워크 구성과 사용자 계정 등 리눅스 시스템의 기본 동작을 조금이나마 이해할 수 있게 됐다. 하지만 장치가 점점 복잡해질수록 이 작업은 급격히 주체할 수 없는 상태가 된다. 그리고 구현에 우리가 눈치채지 못한 보안 허점이 존재할지도 모른다는 끊임없는 걱정이 뒤따른다.

6장에서는 임베디드 빌드 시스템을 사용하면 임베디드 리눅스 시스템을 만드는 과정이 어떻게 훨씬 더 쉽고 신뢰성 있게 변하는지를 알아본다. Buildroot를 먼저 살펴보고, 좀 더 복잡하지만 강력한 Yocto 프로젝트를 알아본다.

⚡ 추가 자료

- Filesystem Hierarchy Standard, 버전 3.0: https://refspecs.linuxfoundation.org/fhs.shtml

- 'ramfs, rootfs and initramfs', 롭 랜들리[Rob Landley]: 리눅스 소스 코드의 일부로 Documentation/filesystems/ramfsrootfs-initramfs.txt에서 구할 수 있다.

06

빌드 시스템 선택하기

지금까지 임베디드 리눅스의 네 가지 요소를 다뤘으며 단계적으로 툴체인, 부트로더, 커널, 루트 파일시스템의 빌드 방법을 살펴봤다. 이 네 가지 요소를 결합해 기본적인 임베디드 리눅스 시스템을 만들었으며, 그 과정에서 엄청나게 많은 단계를 볼 수 있었다! 이제 최대한 과정을 자동화해 간단하게 하는 방법을 살펴볼 때다. 임베디드 빌드 시스템이 자동화 작업을 어떻게 도울 수 있는지 확인할 것이고, 그중에서 특별히 Buildroot 와 Yocto 프로젝트, 이 두 가지 빌드 시스템을 살펴볼 것이다. 둘 다 복잡하고 유연한 툴이며, 이 책 전체에서 어떻게 동작하는지를 충분히 설명할 것이다. 이번 장에서는 빌드 시스템의 일반적인 개념을 소개한다. 전반적인 시스템의 동작 방식을 습득하기 위해 간단한 장치 이미지를 만드는 방법을 보여줄 예정이며, 라즈베리 파이 4뿐만 아니라 앞에서 살펴본 Nova 보드 예제에 사용될 몇 가지 유용한 변경 방법을 소개할 것이다.

6장에서는 다음의 내용을 다룬다.

- 빌드 시스템의 비교
- 바이너리 배포

- Buildroot 소개

- Yocto 프로젝트 소개

그럼 시작해보자!

⠶ 기술적 요구 사항

이 장의 예제를 따라 하려면 다음 사항을 준비해야 한다.

- 사용 가능한 디스크 공간이 최소 60GB인 리눅스 기반 호스트 시스템

- 리눅스용 Etcher[1]

- 마이크로SD 카드와 카드 리더

- USB-TTL 3.3V 직렬 케이블

- 라즈베리 파이 4

- 5V 3A USB-C 전원 공급 장치

- 네트워크 연결을 위한 이더넷 케이블과 포트

- 비글본 블랙

- 5V 1A DC 전원 공급 장치

6장에서 사용할 모든 코드는 이 책의 깃허브 저장소(https://github.com/PacktPublishing/Mastering-Embedded-Linux-Programming-Third-Edition)에 있는 Chapter06 폴더에서 찾을 수 있다.

---

1   윈도우, 리눅스, 맥용 디스크 이미지 생성 프로그램이다(https://www.balena.io/etcher/). – 옮긴이

⠿ 빌드 시스템 비교

5장, '루트 파일시스템 만들기'에서 RYO^Roll Your Own로 직접 시스템을 만드는 프로세스를 설명했다. 이렇게 직접 만드는 방법은 소프트웨어를 완벽하게 제어할 수 있고, 원하는 무엇이든지 제작할 수도 있다는 장점이 있다. 만약 정말로 별나지만 혁신적인 것을 만들길 원하거나 혹은 가능한 한 메모리 풋프린트를 줄이길 원한다면, RYO는 그 방법이다. 그러나 대부분의 상황에서 수동으로 빌드하는 것은 시간 낭비이고, 품질을 떨어뜨리며, 유지보수가 힘든 시스템을 만들어내곤 한다.

빌드 시스템의 아이디어는 여기까지 설명했던 모든 단계를 자동화하는 것이다. 빌드 시스템은 업스트림 소스 코드^upstream source code로부터 다음의 모든 리스트를 빌드하거나 혹은 일부분을 빌드할 수 있어야 한다.

- 툴체인
- 부트로더
- 커널
- 루트 파일시스템

업스트림 소스 코드를 빌드하는 것은 몇 가지 이유로 중요하다. 외부의 의존성이 없어도 언제든지 마음 편하게 리빌드를 할 수 있다는 것을 의미한다. 또한 디버깅을 위한 소스 코드를 가진 것을 의미하며, 필요한 사용자들에게 배포하기 위한 라이선스 요구 사항을 충족한다는 것을 의미한다.

따라서 이러한 작업들을 하기 위해 빌드 시스템은 다음 항목들을 수행할 수 있어야 한다.

1. 업스트림 혹은 직접 소스 코드 제어 시스템이나 아카이브로부터 소스를 다운로드하고 로컬에 캐시^cache한다.

2. 크로스 컴파일을 할 수 있도록 패치를 적용하고, 아키텍처 의존^architecture-dependent 버그를 수정하고, 로컬 구성 정책을 적용하는 등의 작업을 수행한다.

3. 다양한 컴포넌트를 빌드한다.

4. 스테이징 영역을 생성하고 루트 파일시스템을 구성한다.

5. 타깃에 로드될 수 있는 다양한 포맷의 이미지 파일을 생성한다.

그 외 유용할 만한 다른 것들은 다음과 같다.

1. 예를 들어, 애플리케이션이나 커널 수정 사항이 포함돼 있는 자신만의 패키지를 추가한다.

2. 다양한 루트 파일시스템 프로파일을 선택한다(크거나 작거나, 그래픽이 있거나 없거나 혹은 그 외 다른 기능들).

3. 다른 개발자들이 전체 빌드 시스템을 설치할 필요가 없도록, 배포할 수 있는 단독형 SDK를 생성한다.

4. 선택한 여러 패키지에 사용됐던 오픈소스 라이선스들을 추적한다.

5. 사용자 친화적인 사용자 인터페이스를 가진다.

모든 경우에서 빌드 시스템은 시스템 컴포넌트들을 패키지로 캡슐화하는데, 어떤 것들은 호스트용으로 캡슐화하고 어떤 것들은 타깃용으로 캡슐화한다. 각 패키지는 소스를 얻고 빌드를 하고 결과물을 올바른 곳에 설치하려는 일련의 규칙에 의해 정의된다. 패키지와 의존성을 해결하고 필요한 패키지 세트를 빌드하기 위한 빌드 메커니즘 사이에는 의존성이 있다.

오픈소스 빌드 시스템은 지난 몇 년 동안 놀랍도록 완성도가 높아졌으며, 다음 리스트를 포함한 많은 빌드 시스템들이 있다.

- **Buildroot**: GNU make와 Kconfig를 이용하는 시스템(https://buildroot.org)으로 사용이 편리하다.

- **EmbToolkit**: 루트 파일시스템과 툴체인을 생성하기 위한 간단한 시스템이며 지금

까지 기본적으로 유일하게 LLVM/Clang을 지원하는 시스템(https://www.embtoolkit.org)이다.

- **OpenEmbedded**: Yocto 프로젝트와 다른 시스템들의 코어 컴포넌트인 파워풀한 시스템(https://openembedded.org)이다.

- **OpenWrt**: 무선 라우터용 펌웨어 빌드를 지향하고 있는 빌드 툴이며 기본적으로 런타임 패키지 관리를 지원한다(https://openwrt.org).

- **PTXdist**: Pengutronix에서 후원하고 있는 오픈소스 빌드 시스템(https://www.ptxdist.org)이다.

- **The Yocto Project**: 메타데이터metadata, 툴, 문서와 함께 OpenEmbedded 코어를 확장한 것으로, 아마도 가장 인기 있는 시스템(https://www.yoctoproject.org)이다.

위 빌드 시스템들 중 Buildroot와 Yocto 프로젝트를 집중적으로 살펴볼 것이다. 두 시스템은 각각 다른 방법과 목적을 갖고 문제에 접근한다.

Buildroot는 부트로더, 커널 이미지, 툴체인 등을 빌드할 수 있지만, 그 이름처럼 루트 파일시스템 이미지 빌드를 주요 목적으로 갖고 있다. 따라서 빠른 시간 안에 타깃 이미지를 생성해 설정하고 설치하는 것이 쉽다.

반면에 Yocto 프로젝트는 타깃 시스템을 정의하는 방법이 좀 더 일반적이어서 복잡한 임베디드 장치들을 적절히 빌드할 수 있다. 모든 컴포넌트는 기본적으로 RPM 포맷을 사용해 바이너리 패키지로 생성된다. 그리고 나서 패키지들은 파일시스템 이미지를 만들기 위해 한꺼번에 묶는다. 더 나아가, 파일시스템 이미지 안에 런타임에 패키지들을 업데이트할 수 있게 해주는 패키지 관리자를 설치할 수도 있다. 다시 말해, Yocto 프로젝트로 빌드하면 효과적으로 자신의 커스텀 리눅스 배포판을 만들 수 있다. 런타임 패키지 관리를 활성화한다는 것은 해당 패키지 저장소를 자체적으로 프로비저닝하고 실행함도 의미한다.

⁑ 바이너리 배포

대부분의 메인스트림 리눅스 배포판들은 RPM이나 DEB 포맷의 바이너리(미리 컴파일된) 패키지들의 컬렉션으로 구성된다. Red Hat Package Manager의 약자인 RPM은 레드햇Red Hat, 수세SUSE, 페도라Fedora와 기타 배포판에서 사용된다. 우분투, 민트를 포함한 데비안Debian 배포판은 데비안 패키지 관리자 포맷인 DEB를 사용한다. 또한 DEB를 기반으로 Itsy 패키지 포맷, 즉 IPK로 알려진 임베디드 장치에 적합한 경량 포맷이 있다.

장치가 패키지 관리자를 포함하고 있다는 것은 빌드 시스템 사이에서 아주 큰 구분 요소 중 하나다. 일단 타깃 장치가 패키지 관리자를 갖고 있으면, 새로운 패키지를 추가하거나 기존의 패키지를 손쉽게 업데이트할 수 있다. 10장, '소프트웨어 업데이트'에서는 패키지 관리자의 영향에 대해 다룰 것이다.

⁑ Buildroot 소개

Buildroot 버전들은 툴체인, 부트로더, 커널, 루트 파일시스템의 빌드가 가능하다. 기본 빌드 툴로는 GNU make를 사용한다. 웹 사이트(https://buildroot.org/docs.html)에 온라인 문서가 있으며, Buildroot 사용자 매뉴얼The Buildroot user manual은 웹 문서(https://buildroot.org/downloads/manual/manual.html)에서 확인할 수 있다.

배경

Buildroot는 초기 빌드 시스템 중 하나였다. 테스트용으로 작은 루트 파일시스템을 만들어내는 방법으로서 uClinux와 uClibc 프로젝트들의 일부로 시작됐다. 2001년 말에 프로젝트로 분리됐고 2006년까지 계속 발전해왔지만, 이후 침체기로 접어들었다. 그러나 2009년 피터 코르스가드Peter Korsgaard가 맡은 후 glibc 기반의 툴체인을 지원하고 엄청나게 증가된 패키지와 타깃 보드를 지원하면서 빠르게 발전돼 왔다.

흥미를 끄는 것은 Buildroot가 2004년경에 Buildroot에서 파생된 OpenWrt(http://wiki.

openwrt.org) 같은 다른 유명 빌드 시스템의 시초라는 점이다. OpenWrt의 주요 핵심은 무선 라우터들을 위한 소프트웨어를 만드는 것이어서 포함된 여러 패키지는 네트워킹 인프라 쪽을 지향한다. OpenWrt는 또한 장치가 업데이트나 업그레이드를 하기 위해 이미지 전체를 플래시flash ROM에 다시 기록할 필요 없이 IPK 포맷을 사용하는 런타임 패키지 관리자를 갖고 있다. 그러나 지금은 Buildroot와 OpenWrt가 서로 완전히 다른 빌드 시스템이 될 정도로 나뉘어지게 됐다. 따라서 한쪽에서 빌드된 패키지는 다른 쪽과 호환되지 않는다.

안정 버전 릴리스 및 장기간 지원 버전

Buildroot 개발자들은 1년에 네 번(2월, 5월, 8월, 11월) 안정 버전을 릴리스한다. 이는 <년도>.02, <년도>.05, <년도>.08, <년도>.11 같은 git 태그로 표시된다. 때때로 어떤 릴리스는 장기간 지원 버전LTS, Long Term Support으로 지원되는데, 최초 릴리스 이후 12개월 동안 보안과 기타 중요 버그를 수정해 릴리스될 것이라는 뜻이다. 2017.02 버전은 LTS로 명명된 최초 버전이다.

설치

일반적으로, Buildroot는 저장소를 복제하거나 아카이브를 다운로드해 설치할 수 있다. 이 책을 쓰는 현시점의 최신 안정 버전인 2020.02.9 버전을 가져오기 위한 예제가 있다.

```
$ git clone git://git.buildroot.net/buildroot -b 2020.02.9
$ cd buildroot
```

동일한 TAR 아카이브는 웹 사이트(https://buildroot.org/downloads)에서 다운로드할 수 있다.

다음으로, 웹 문서(https://buildroot.org/downloads/manual/manual.html)에서 Buildroot 사용자 매뉴얼의 '시스템 요구 사항System Requirement' 절을 읽어야 하며, 나와 있는 모든 패키지가 설치됐음을 확인해야 한다.

구성

Buildroot는 커널 Kconfig/Kbuild 메커니즘을 사용한다. 이는 4장, '커널 구성과 빌드'의 '커널 구성 이해하기: Kconfig' 절에서 설명했다. 직접 처음부터 `make menuconfig`(xconfig 혹은 gconifg)를 사용해 만들거나, 다양한 개발 보드와 configs/ 폴더에서 찾을 수 있는 QEMU 에뮬레이터용인 100개 이상의 구성들 중 하나를 선택할 수 있다. `make list-defconfigs`를 입력하면 모든 기본 구성값의 리스트를 볼 수 있다.

그럼 ARM QEMU 에뮬레이터에서 실행할 수 있는 기본 구성을 빌드해 시작해보자.

```
$ cd buildroot
$ make qemu_arm_versatile_defconfig
$ make
```

> **NOTE**
>
> 몇 개의 병렬 작업을 수행할지를 make에게 알려주기 위해 –j 옵션을 사용하지 않는다. Buildroot는 자체로 해당 CPU에 맞게 최적화된 값을 사용한다. 만약 작업 개수를 제한하고 싶다면, make menuconfig 를 실행해 Build 옵션의 값을 확인해본다.

빌드는 호스트 시스템의 스펙과 인터넷 속도에 따라 30분에서 한 시간 이상 걸릴 것이다. 약 220MiB(메비바이트Mebibyte)의 코드를 다운로드하며, 약 3.5GiB(기비바이트Gibibyte)의 디스크 공간을 사용한다. 일단 완료되면, 새롭게 생성된 2개의 폴더를 볼 수 있다.

- **dl/**: Buildroot가 빌드한 업스트림 프로젝트의 아카이브들이 포함돼 있다.
- **output/**: 중간 단계 및 최종 컴파일된 리소스들이 포함돼 있다.

output/에서 다음과 같은 폴더들을 볼 수 있다.

- **build/**: 각 컴포넌트를 위한 빌드 디렉터리
- **host/**: 실행 가능한 툴체인(output/host/usr/bin)을 포함하면서, 호스트에서 실행되는 Buildroot에 필요한 다양한 툴이 있다.

- **images/**: 가장 중요한 빌드의 결과물이 있다. 선택한 구성 요소에 따라 부트로더, 커널, 하나 이상의 루트 파일시스템의 이미지들을 찾을 수 있다.

- **staging/**: 툴체인의 sysroot에 대한 심볼릭 링크다. 링크의 이름은 약간 혼란스러운데, 왜냐하면 5장, '루트 파일시스템 만들기'에서 정의했던 스테이징 영역을 가리키는 것이 아니기 때문이다.

- **target/**: root 디렉터리를 위한 스테이징 영역이다. 파일 소유권과 권한이 올바르게 설정돼 있지 않으므로, 현재 상태로는 루트 파일시스템으로서 이것을 사용할 수 없다는 점을 알고 있어야 한다. 이전 장에서 소개했던 것처럼, Buildroot는 image/ 폴더에 파일시스템 이미지가 생성될 때 소유권과 권한을 설정하기 위해 장치 테이블을 사용한다.

실행

샘플 구성들 중 일부는 board/ 폴더에 해당 항목이 있는데, 커스텀 구성 요소 파일들과 타깃에 결과물을 설치하기 위한 정보를 포함한다. 이제 막 빌드했던 시스템의 경우, 타깃에서 QEMU를 시작하는 방법을 알려주는 파일은 board/qemu/arm-versatile/readme.txt이다.

이미 1장, '시작'에서 설명한 qemu-system-arm이 설치돼 있다고 가정해보면, 다음 명령어를 이용해 실행할 수 있다.

```
$ qemu-system-arm -M versatilepb -m 256 \
-kernel output/images/zImage \
-dtb output/images/versatile-pb.dtb \
-drive file=output/images/rootfs.ext2,if=scsi, format=raw \
-append "root=/dev/sda console=ttyAMA0, 115200" \
-serial stdio -net nic,model=rt18139 -net user
```

해당 명령어는 이 책 코드 아카이브의 MELP/chapter06/run-qemu-buildroot.sh 스크립트에 있다. QEMU가 부트업될 때는 QEMU를 실행했던 터미널 윈도우에서 다음의 커널 부트 메시지가 보여야 하며, 그 이후 로그인 프롬프트가 보인다.

```
Booting Linux on physical CPU 0x0
Linux version 4.19.91 (frank@franktop) (gcc version 8.4.0 (Buildroot
2020.02.9)) #1 Sat Feb 13 11:54:41 PST 2021
CPU: ARM926EJ-S [41069265] revision 5 (ARMv5TEJ), cr=00093177
CPU: VIVT data cache, VIVT instruction cache
OF: fdt: Machine model: ARM Versatile PB
[…]
VFS: Mounted root (ext2 filesystem) readonly on device 8:0.
devtmpfs: mounted
Freeing unused kernel memory: 140K
This architecture does not have kernel memory protection.
Run /sbin/init as init process
EXT4-fs (sda): warning: mounting unchecked fs, running e2fsck is recommended
EXT4-fs (sda): re-mounted. Opts: (null)
Starting syslogd: OK
Starting klogd: OK
Running sysctl: OK
Initializing random number generator: OK
Saving random seed: random: dd: uninitialized urandom read (512 bytes read)
OK
Starting network: 8139cp 0000:00:0c.0 eth0: link up, 100Mbps, full-duplex,
lpa 0x05E1
udhcpc: started, v1.31.1
random: mktemp: uninitialized urandom read (6 bytes read)
udhcpc: sending discover
udhcpc: sending select for 10.0.2.15
udhcpc: lease of 10.0.2.15 obtained, lease time 86400
deleting routers
random: mktemp: uninitialized urandom read (6 bytes read)
adding dns 10.0.2.3
OK

Welcome to Buildroot
buildroot login:
```

패스워드 없이 root로 로그인한다.

QEMU가 커널 부트 메시지와 함께 검은 화면으로 시작하는 모습을 볼 것이다. 이는 타깃의 그래픽 프레임 버퍼를 표시한 것이며, 이 경우 타깃은 프레임 버퍼^{framebuffer}에 아무

것도 쓰지 않아 검게 보이는 것이다. QEMU를 종료하려면, **Ctrl + Alt + 2**로 QEMU 콘솔에 진입한 후 quit라고 입력하거나 그냥 프레임 버퍼 윈도우를 닫으면 된다.

실제 하드웨어에 타기팅

라즈베리 파이 4의 환경 설정과 부트 이미지 빌드의 단계는 Arm QEMU와 거의 동일하다.

```
$ cd buildroot
$ make clean
$ make raspberrypi4_64_defconfig
$ make
```

빌드가 완료되면, output/images/sdcard.img의 이름으로 이미지가 생성된다. post-image.sh 스크립트와 genimage-raspberrypi4-64.cfg 환경 설정 파일은 board/와 raspberrypi/ 두 폴더에 이미지 파일을 생성하는 데 사용된다. 마이크로SD 카드에 sdcard.img 파일을 저장하고 라즈베리 파이 4를 부팅하기 위해 다음 단계를 진행한다.

1. 리눅스 호스트 컴퓨터에 마이크로SD 카드를 연결한다.

2. Etcher를 시작한다.

3. Etcher에서 **Flash from file**을 클릭한다.

4. 라즈베리 파이 4를 위해 빌드한 sdcard.img를 선택한다.

5. Etcher에서 **Select target**을 클릭한다.

6. 첫 번째 단계에서 연결한 마이크로SD 카드를 선택한다.

7. Etcher에서 **Flash**를 클릭하고 이미지를 생성한다.

8. Etcher에서 플래싱이 종료되면 마이크로SD 카드를 꺼낸다.

9. 마이크로SD 카드를 라즈베리 파이 4에 넣는다.

10. 라즈베리 파이 4의 USB-C 포트를 통해 전원을 공급한다.

이더넷^{Ethernet}과 연결한 후 네트워크 활동 표시등이 깜박이는 것으로 라즈베리 파이 4가 성공적으로 부팅됐는지를 확인한다. SSH를 통해 라즈베리 파이 4에 로그인하려면, Buildroot 이미지 환경 설정에 dropbear나 openssh 같은 SSH 서버를 추가해야 한다.

커스텀 BSP 생성

다음으로, 이전 장에서 사용했던 것과 동일한 U-Boot와 리눅스 버전을 이용하면서 Nova 보드용 BSP^{Boot Support Package}를 만들기 위해 Buildroot를 이용해보자. MELP/chapter_06/buildroot 안에서는 이번 절에서 만든 Buildroot에 대한 수정 내역을 볼 수 있다. 수정 사항을 저장하기 위해 추천할 만한 곳은 다음과 같다.

- **board/<organization>/<device>**: 리눅스, U-Boot, 기타 컴포넌트들을 위한 패치, 바이너리 블롭^{binary blob}, 추가적인 빌드 단계, 환경 설정 파일들을 포함한다.
- **configs/<device>_defconfig**: 보드를 위한 기본 환경 설정을 포함한다.
- **packages/<organization>/<package_name>**: 보드용 추가 패키지들을 두는 곳이다.

Nova 보드를 위한 수정 사항을 저장하는 폴더를 만들어보자.

```
$ mkdir - p board/melp/nova
```

다음 단계로, 환경 설정을 변경할 때 늘 하던 것처럼 이전에 빌드했던 내용을 삭제한다.

```
$ make clean
```

이제 Nova 환경 설정의 기초로 사용할 비글본의 환경 설정을 선택한다.

```
$ make beaglebone_defconfig
```

`make beaglebone_defconfig` 명령어는 비글본 블랙을 타깃으로 하는 이미지를 빌드하도록 Buildroot를 설정한다. 이 구성은 좋은 시작점이지만, Nova 보드에 맞게 설정을 해야 한다. Nova용으로 만든 커스텀 U-Boot 패치를 선택해 시작하자.

U-Boot

3장, '부트로더에 대한 모든 것'에서 U-Boot 2021.01 버전을 기반으로 Nova를 위한 커스텀 부트로더와 패치 파일을 만들었으며, MELP/chapter_03/0001-BSP-for-Nova.patch에서 확인할 수 있다. 같은 버전을 선택하고 패치를 적용해 Buildroot를 구성한다. 패치 파일을 board/melp/nova 폴더에 복사하면서 시작한 후 `make menuconfig`를 이용해 스크린샷처럼 U-Boot 버전을 `2021.01`로 설정하고, 패치 파일은 board/melp/nova/0001-BSP-for-Nova.patch, 보드 이름은 Nova로 설정한다.

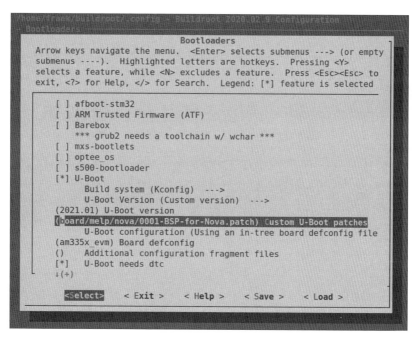

그림 6.1 커스텀 U-Boot 패치 선택

또한 SD 카드로부터 Nova 디바이스 트리나 커널을 로드하기 위해 U-Boot 스크립트가 필요하다. 파일을 board/melp/nova/uEnv.txt에 두면 되며, 다음과 같은 명령어를 포함해야 한다.

```
bootpart=0:1
bootdir=
bootargs=console=tty00, 115200n8 root=/dev/mmcblk0p2 rw rootfstype=ext4
rootwait
uenvcmd=fatload mmc 0:1 88000000 nova.dtb;fatload mmc 0:1 82000000
zImage;bootz 82000000 - 88000000
```

줄 바꿈으로 보이지만 bootargs와 uenvcmd는 각각 한 줄로 정의된다. rootfstype=ext4 rootwait는 bootargs의 일부이고, bootz 82000000 - 88000000은 uenvcmd의 일부다.

이제 Nova 보드용 U-Boot를 패치하고 구성했으므로 다음 단계에서는 커널을 패치하고 구성한다.

리눅스

4장, '커널 구성과 빌드'에서는 리눅스 5.4.50의 커널을 기반으로 했고, MELP/chapter_04/nova.dts라는 새로운 장치 트리를 제공했다. 다음 스크린샷에서 보는 것처럼 장치 트리를 board/melp/nova로 복사하고, Buildroot 커널 구성을 리눅스 버전 5.4로 변경하고, 장치 트리를 board/melp/nova/nova.dts로 변경한다.

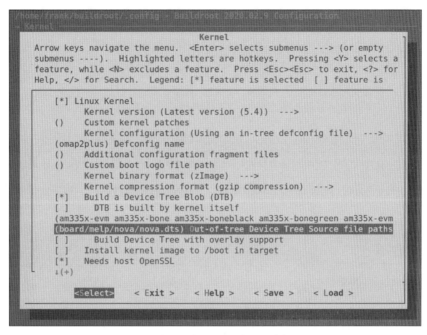

그림 6.2 디바이스 트리 소스 선택

또한 커널 헤더가 빌드된 커널과 일치하도록 커널 시리즈를 변경해야 한다.

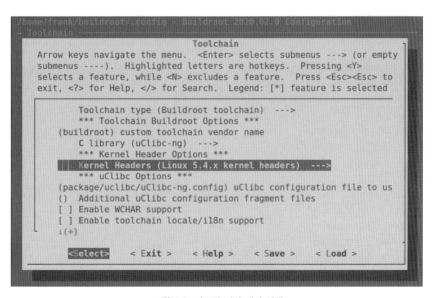

그림 6.3 커스텀 커널 헤더 선택

이제 작업을 완료했으므로 커널과 루트 파일시스템으로 완성된 시스템 이미지를 빌드해보자.

빌드

빌드의 마지막 단계에서 Buildroot는 getimage라는 도구를 사용해 폴더를 카드에 복사할 수 있는 SD 카드용 이미지를 만든다. 적절하게 이미지를 배치하려면 설정 파일이 필요하다. 다음과 같은 내용으로 board/melp/nova/genimage.cfg라는 파일을 생성한다.

```
image boot.vfat {
    vfat {
        files = {
            "MLO",
            "u-boot.img",
            "zImage",
            "uEnv.txt",
            "nova.dtb",
        }
    }

    size = 16M
}

image sdcard.img {
    hdimage {
    }

    partition u-boot {
        partition-type = 0xC
        bootable = "true"
        image = "boot.vfat"
    }

    partition rootfs {
        partition-type = 0x83
        image = "rootfs.ext4"
        size = 512M
    }
}
```

u-boot와 rootfs라는 이름의 2개 파티션을 포함하는 sdcard.img 파일을 생성한다. u-boot는 boot.vfast의 부트 파일들을 포함하고 있고, rootfs는 Buildroot에 의해 만들어질 rootfs.ext4라는 이름의 루트 파일시스템 이미지를 갖고 있으며, Buildroot에 의해 생성될 것이다.

마지막으로는 post-image.sh 스크립트를 만들어야 하는데, 이 스크립트는 genimage를 호출해 SD 카드 이미지를 만든다. board/melp/nova/post-image.sh에서 스크립트를 확인할 수 있다.

```sh
#!/bin/sh
BOARD_DIR="$(dirname $0)"

cp ${BOARD_DIR}/uEnv.txt $BINARIES_DIR/uEnv.txt

GENIMAGE_CFG="${BOARD_DIR}/genimage.cfg"
GENIMAGE_TMP="${BUILD_DIR}/genimage.tmp"

rm -rf "${GENIMAGE_TMP}"

genimage \
    --rootpath "${TARGET_DIR}" \
    --tmppath "${GENIMAGE_TMP}" \
    --inputpath "${BINARIES_DIR}" \
    --outputpath "${BINARIES_DIR}" \
    --config "${GENIMAGE_CFG}"
```

위 스크립트는 output/images 폴더에 uEnv.txt 스크립트를 복사하고 설정 파일을 인자로 genimage를 실행한다.

post-image.sh는 실행 권한이 필요하며 설정하지 않으면 빌드가 결국 실패한다.

```
$ chmod +x board/melp/nova/post-image.sh
```

이제 make menuconfig를 다시 실행하고 페이지로 이동해보자. 다음 스크린샷처럼, 해당 페이지에서 아래의 **Custom scripts to run before creating filesystem image**로 이동하고 post-image.sh 스크립트 경로를 입력하자.

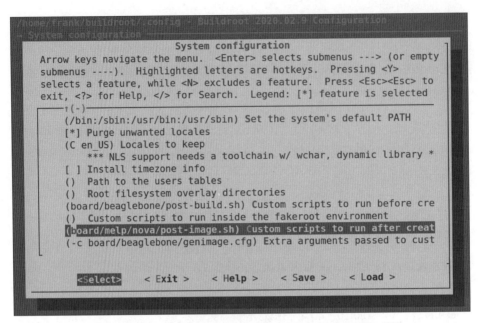

그림 6.4 파일시스템 이미지를 생성한 후 실행하기 위해 커스텀 스크립트 선택

마침내 make를 입력해 Nova 보드용 리눅스를 빌드할 수 있다. 완료된 후, output/ images 폴더에서 다음과 같은 파일들(추가 DTB 포함)을 볼 수 있다.

```
nova.dtb      sdcard.img      rootfs.ext2      u-boot.img
boot.vfat     rootfs.ext4     uEnv.txt         MLO
rootfs.tar    bzImage
```

테스트를 위해 마이크로SD 카드를 카드 리더에 삽입하고 Etcher를 사용해 라즈베리 파이 4에서 했던 것처럼 SD 카드에 output/images/sdcard.img 파일을 복사한다. genimage는 필요할 만큼 정확히 디스크 레이아웃을 생성했으므로 5장에서 했던 것처럼 미리 마이크로SD를 포맷할 필요는 없다.

Etcher를 종료할 때, 마이크로SD 카드를 비글본 블랙에 삽입하고 SD 카드에서 강제로 로딩하기 위해 스위치 부트Switch Boot 버튼을 누르면서 전원을 공급한다. 선택했던 버전의 U-Boot, 리눅스, Nova 디바이스 트리와 함께 부팅되는 것을 볼 수 있다.

Nova 보드에 대한 커스텀 설정이 동작한다는 것을 보여주므로, 다음과 같은 명령어를 사용해 사용자 혹은 다른 사람이 재사용할 수 있도록 설정 복사본을 보관하고 있는 것이 좋다. 다음 명령어를 실행한다.

```
$ make savedefconfig BR2_DEFCONFIG=configs/nova_defconfig
```

이제 Nova 보드용 Buildroot 환경 설정을 갖게 됐다. 이어서 다음 명령어를 이용해 이 설정을 확인할 수 있다.

```
$ make nova_defconfig
```

성공적으로 Buildroot를 설정했다. 이제 자신의 코드를 추가하려면 어떻게 하는 것이 좋을까? 다음 절에서 그 방법을 알아보자.

자신의 코드 추가

개발해왔던 프로그램과 빌드에 포함하려는 프로그램이 있다고 가정해보자. 두 가지 선택이 있다. 첫 번째는 자체 빌드 시스템들을 사용해 별도로 빌드한 후 오버레이로 바이너리를 합쳐 최종 빌드를 만드는 것이다. 두 번째는 메뉴에서 선택하고 다른 패키지와 마찬가지로 빌드할 수 있는 Buildroot 패키지를 만드는 것이다.

오버레이

오버레이^{overlay}는 마지막 빌드 프로세스 단계에서 Buildroot 루트 파일시스템의 가장 상위에 복사되는 간단한 디렉터리 구조^{directory structure}다. 실행 파일, 라이브러리와 그 외 포함하고 싶은 다른 것을 추가할 수 있다. 컴파일된 코드는 런타임에 배치되는 라이브러리들과의 호환성을 가져야 한다는 점에 주목하자. 이 의미는 다시 말해 Buildroot가 사용한 같은 툴체인으로 컴파일돼야 한다는 것이다. Buildroot 툴체인을 사용하는 방법은 어렵지 않다. 단지 PATH에 추가하기만 하면 된다.

```
$ PATH=<path_to_buildroot>/output/host/usr/bin:$PATH
```

툴체인의 접두어는 <ARCH>-linux-이다. 간단한 프로그램을 컴파일하기 위해서는 다음과 같은 작업을 하면 된다.

```
$ PATH=/home/frank/buildroot/output/host/usr/bin:$PATH
$ arm-linux-gcc helloworkd.c -o helloworld
```

일단 알맞은 툴체인으로 프로그램을 컴파일했다면, 실행 파일들과 다른 지원 파일들을 스테이징 영역으로 설치한 다음, 이를 Buildroot의 오버레이로 마크하면 된다. helloworld 예제에서 board/melp/nova 폴더에 helloworld를 복사한다.

```
$ mkdir -p board/melp/nova/overlay/usr/bin
$ cp helloworld board/melp/nova/overlay/usr/bin
```

마지막으로, 오버레이를 가리키는 경로로 BR2_ROOTFS_OVERLAY를 설정한다. menuconfig 의 **System configuration > Root filesystem overlay directories** 옵션으로 세팅할 수 있다.

패키지 추가

Buildroot 패키지들(2,000개가 넘는)은 각각의 서브디렉터리를 갖고 있으면서 package 디렉터리에 저장돼 있다. 패키지는 최소한 구성 메뉴에서 패키지를 볼 수 있도록 해주는 Kconfig 코드 조각snippet을 포함하는 Config.in과 <패키지_이름>.mk 형태인 Makefile로 구성된다.

> **NOTE**
>
> Buildroot 패키지는 코드를 포함하지 않으며, 단지 tar 압축 파일(tarball)을 다운로드하거나 git pull 등 업스트림 소스에서 무엇이든 필요한 것들을 가져옴으로써 코드를 얻기 위한 명령(instruction)들만 갖고 있다.

makefile은 Buildroot용 포맷으로 만들어지며 다운로드, 구성, 컴파일, 프로그램 설치를 할 수 있도록 지시 사항^{directive}을 포함한다. 새로운 패키지의 makefile을 만드는 것은 복잡한 작업 과정이며 Buildroot 사용자 매뉴얼(https://buildroot.org/downloads/manual/manual.html)에서 자세히 다루고 있다. 다음 예제는 helloworld와 같이 로컬에 저장된 간단한 프로그램의 패키지를 만드는 방법을 보여준다.

다음과 같이 구성 파일인 Config.in과 함께 서브디렉터리인 package/helloworld를 만드는 것부터 시작한다.

```
config BR2_PACKAGE_HELLOWORLD
    bool "helloworld"
    help
      A friendly program that prints Hello World! Every 10s
```

첫 번째 줄은 BR2_PACKAGE_<대문자 패키지 이름> 형태로 해야 한다. 그다음 줄은 설정 메뉴에서 보일 bool과 패키지 이름이 오며, 사용자가 이 패키지를 선택할 수 있게 된다. help 섹션은 선택 사항이지만 자체 문서 역할을 하기 때문에 일반적으로 꽤 유용하다.

이어서, 다음과 같이 package/Config.in을 수정하고 구성 파일을 적용함으로써 새로운 패키지를 **Target Package** 메뉴로 연결한다.

```
menu "My programs"
        source "package/helloworld/Config.in"
endmenu
```

새로운 helloworld 패키지를 기존 하위 메뉴에 추가할 수 있지만, 패키지만을 포함하는 새 하위 메뉴를 만들고 "Audio and video application" 메뉴 앞에 삽입하는 것이 더 깔끔하다.

"My programs" 메뉴를 package/Config.in에 추가한 이후, Buildroot에 필요한 데이터를 제공하기 위해 makefile인 package/helloworld/helloworld.mk를 만든다.

```
HELLOWORLD_VERSION = 1.0.0
HELLOWORLD_SITE = /home/frank/MELP/Chapter06/helloworld
HELLOWORLD_SITE_METHOD =local

define HELLOWORLD_BUILD_CMDS
    $(MAKE) CC="$(TARGET_CC)" LD="$(TARGET_LD)" -C $(@D) all
endef

define HELLOWORLD_INSTALL_TARGET_CMDS
    $(INSTALL) -D -m 0755 $(@D)/helloworld $(TARGET_DIR)/usr/bin/helloworld
endef

$(eval $(generic-package))
```

이 책의 코드 아카이브인 MELP/Chapter06/buildroot/package/helloworld에서
helloworld 패키지를 찾을 수 있으며 프로그램 소스 코드의 위치는 MELP/Chapter06/
helloworld에 있다. 코드 위치는 로컬 경로 이름에 하드코딩돼 있다. 좀 더 현실적인 경
우에는 소스 코드 시스템이나 중앙 서버로부터 코드를 가져올 수 있다. Buildroot 사용
자 매뉴얼에는 코드를 가져오는 방법이 자세히 나와 있고 다른 패키지의 수많은 예제가
있다.

라이선스 준수

Buildroot는 컴파일하는 패키지와 마찬가지로 오픈소스 소프트웨어를 기반으로 하고
있다. 프로젝트 진행 중 어떤 시점에서는 라이선스를 체크해야 할 경우가 생기게 되는
데, 다음과 같은 명령어를 실행해 라이선스를 확인할 수 있다.

```
$ make legal-info
```

output/legal-info/ 폴더에 정보가 저장된다. host-manifest.csv에는 호스트 툴을 컴
파일하기 위해 사용되는 라이선스들의 요약본이 있고, 타깃용으로는 manifest.csv가
있다. 좀 더 많은 정보를 얻으려면 README 파일과 Buildroot 사용자 매뉴얼을 참고
하자.

Buildroot는 14장, 'BusyBox runit'에서 다시 살펴볼 것이다. 이제 빌드 시스템을 전환해 Yocto 프로젝트에 대해 알아보자.

⁝⁝ Yocto 프로젝트 소개

Yocto 프로젝트는 Buildroot보다 좀 더 복잡하다. Buildroot가 할 수 있는 것처럼 툴체인, 부트로더, 커널과 루트 파일시스템들을 빌드할 수 있을 뿐 아니라 런타임에 설치될 수 있는 바이너리 패키지와 함께 전체 리눅스 배포판을 생성할 수 있다. 빌드 프로세스는 Buildroot 패키지와 비슷하지만, 파이썬과 셸 스크립트의 조합으로 작성되는 레시피 그룹을 중심으로 구성된다. Yocto 프로젝트는 레시피에서 설정한 모든 것을 생성하는 BitBake라는 태스크 스케줄러가 포함돼 있다. 웹 사이트(https://www.yoctoproject.org/)에는 수많은 온라인 문서가 있다.

배경

먼저 배경을 살펴보면 Yocto 프로젝트의 구조를 좀 더 이해할 수 있을 것이다. Yocto 프로젝트의 근원은 OpenEmbedded(http://openembedded.org/)에 있으며 샤프 자우러스Zaurus와 컴팩 iPaq을 포함한 다양한 핸드헬드 컴퓨터들에 리눅스를 포팅하기 위한 수많은 프로젝트 중에서 성장해왔다. OpenEmbedded는 2003년에 이러한 핸드헬드 컴퓨터들을 위한 빌드 시스템으로 시작됐다. 그 이후 얼마 지나지 않아 다른 개발자들이 임베디드 리눅스 디바이스를 위한 일반적인 빌드 시스템으로 사용하기 시작했으며, 현재까지 열정적인 커뮤니티의 프로그래머들에 의해 개발되면서 계속 발전하고 있다.

OpenEmbedded 프로젝트는 컴팩트 IPK 포맷을 사용해 바이너리 패키지의 세트를 만들기 시작했다. 그렇게 하면 타깃 시스템을 만들기 위해 다양한 방법으로 통합할 수도 있고, 런타임에 타깃에 설치될 수 있다. 각 패키지를 위한 레시피들을 만들고 태스크 스케줄러로서 BitBake를 사용해 바이너리 패키지를 만들었다. 게다가 매우 유연했으며 지금도 그렇다. 올바른 메타데이터를 제공함으로써, 자신의 스펙에 맞는 전체 리눅스 배포판을 만들 수 있다. 꽤 잘 알려진 것 중 하나가 옹스트롬^{Ångström} 배포판이며, 그 외에도 많은 배포판이 있다.

2005년 어느 날에 오픈드핸드^{OpenedHand}의 개발자였던 리처드 퍼디^{Richard Purdie}는 Open Embedded 포크^{fork}를 만들었고 좀 더 보수적인 패키지를 선택했으며, 일정 기간 동안 안정적인 릴리스를 만들었다. 그는 일본 과자의 이름을 따서 'Poky^{포키}'라고 명명했다. Poky가 포크됐음에도 OpenEmbedded와 Poky는 업데이트들을 공유하고 다소 보조에 맞춰 아키텍처를 유지하면서 계속 각자 나란히 진행됐다. 인텔이 2008년에 오픈드핸드를 인수했고, Yocto 프로젝트를 만들 때인 2010년에는 Poky 리눅스를 리눅스 재단으로 편입시켰다.

2010년 이후, OpenEmbedded와 Poky의 공통 컴포넌트들은 합쳐져서 'OpenEmbedded Core', 즉 'OE-Core'로 알려진 프로젝트가 됐다.

따라서 Yocto 프로젝트는 여러 컴포넌트로 구성돼 있으며, 그중 좀 더 중요한 컴포넌트들은 다음과 같다.

- **OE-Core**: OpenEmbedded와 공유하는 코어 메타데이터
- **BitBake**: OpenEmbedded 및 다른 프로젝트들과 공유하는 태스크 스케줄러
- **Poky**: 레퍼런스 배포판
- **Documentation**: 사용자 매뉴얼들과 각 컴포넌트에 대한 개발자 지침들
- **Toaster**: BitBake와 그 메타데이터를 위한 웹 기반 인터페이스

Yocto 프로젝트는 안정적인 기반의 버전을 제공하고 현재 상태에서 그대로 사용할 수 있거나 메타 레이어^{meta layer}들을 사용해 확장될 수 있는데, 이 내용은 이번 장의 마지막 부분에서 설명한다. 많은 SoC 업체는 이런 방법으로 디바이스에 대해 보드 지원 패키지^{BSP}를 제공한다. 또한 메타 레이어를 사용해 확장되거나 다른 빌드 시스템들을 만들 수도 있다. 예를 들어 옹스트롬 배포판 등은 오픈소스이며, 몬타비스타 캐리어 그레이드 에디션^{MontaVista Carrier Grade Edition}, 멘토 임베디드 리눅스^{Mentor Embedded Linux}, 윈드리버 리눅

스^{Wind River Linux} 등은 상업적으로 판매한다. Yocto 프로젝트는 컴포넌트들 사이에 상호 운용^{interoperability}을 보증하기 위해 브랜딩^{branding}과 호환성 테스트 스킴을 갖고 있다. 따라서 다양한 웹 페이지에서 'Yocto Project compatible' 같은 문구를 볼 수 있다.

결론적으로, Yocto 프로젝트 바로 자신이 완전한 빌드 시스템이 될 뿐만 아니라 임베디드 리눅스 전체 부문의 기반으로서 Yocto 프로젝트를 생각해야 한다.

> **NOTE**
>
> Yocto라는 이름에 대해 궁금할 것이다. 'yocto'는 10−24에 대한 SI 접두어다. 같은 방법으로 마이크로(micro)는 10−6이다. 이름을 왜 프로젝트 Yocto라고 명명했을까? 부분적으로 매우 작은 리눅스 시스템을 빌드할 수 있다는 사실을 나타내기 위한 것이다(공정하게 말하자면, 다른 시스템도 마찬가지다). 그러나 또 다른 이유는 아마도 OpenEmbedded에 기반이 된 옹스트롬 배포판을 앞지르기 위해서다. 옹스트롬은 10−10이다. yocto와 비교해서 꽤 큰 숫자다.

안정적인 릴리스와 지원

일반적으로, Yocto 프로젝트의 릴리스는 6개월마다(즉, 4월과 10월) 있다. 주로 코드 네임에 의해 알려져 있지만, Yocto 프로젝트와 Poky의 버전을 알고 있으면 유용하게 활용할 수 있다. 다음 표에서는 이 책을 집필할 당시 가장 최신으로 릴리스된 6개를 정리했다.

코드 네임	릴리스 날짜	Yocto 버전	Poky 버전
Gatesgarth	2020년 10월	3.2	24
Dunfell	2020년 4월	3.1	23
Zeus	2019년 10월	3.0	22
Warrior	2019년 4월	2.7	21
Thud	2018년 11월	2.6	20
Sumo	2018년 4월	2.5	19

안정 버전은 현재 릴리스 사이클과 다음 사이클 동안 보안과 중대한 버그 수정을 지원한다. 다시 말하면, 각 버전은 릴리스 후 약 12개월 동안 지원된다. 또한 Dunfell은

Yocto의 첫 번째 LTS 릴리스다. LTS로 지정된다는 것은 Dunfell이 2년 동안 결함 수정과 업데이트를 받을 수 있음을 의미한다. 따라서 앞으로 해야 할 것은 2년마다 Yocto 프로젝트의 LTS 릴리스를 선택하는 것이다.

만약 계속 지원받길 원한다면, Buildroot와 마찬가지로 다음 번 안정 빌드로 업데이트하거나 현재 버전에 수정 내용을 백포트backport할 수 있다. 또한 멘토 그래픽스Mentor Graphics, 윈드리버Wind River 등과 같은 운영체제 시스템 업체로부터 몇 년 동안 상업적 지원을 받을 수 있는 옵션이 있다. 이제 Yocto프로젝트를 설치하는 방법을 살펴보자.

Yocto 프로젝트 설치

Yocto 프로젝트의 복사본을 얻기 위해 다음과 같이 dunfell이라는 브랜치의 코드 네임을 선택해서 저장소를 복제한다.

```
$ git clone -b dunfell git://git.yoctoproject.org/poky.git
```

git pull을 주기적으로 실행해 외부 저장소에서 최신의 버그 수정과 보안 패치를 얻는 것은 아주 좋은 습관이다.

추가로, Yocto 프로젝트 퀵 빌드 가이드(https://www.yoctoproject.org/docs/current/brief-yoctoprojectqs/brief-yoctoprojectqs.html)의 '호환 가능한 리눅스 배포판Compatible Linux Distribution' 절과 '호스트 패키지 빌드Build Host Packages' 절을 읽어보자. 리눅스 배포판의 필수 패키지가 호스트 컴퓨터에 설치돼 있는지 확인한다. 다음 단계는 설정이다.

설정

Buildroot와 마찬가지로, QEMU Arm 에뮬레이터용으로 빌드를 시작해보자. 먼저 환경 설정을 위한 스크립트를 시스템에 적용하자.

```
$ source poky/oe-init-build-env
```

위 명령어는 build/라는 이름의 작업 디렉터리가 생성돼 현재 디렉터리가 된다. 모든 설정 파일, 중간에 생성되는 파일과 타깃 이미지 파일들은 이 build/ 디렉터리에 저장된다. 프로젝트에서 작업을 할 때마다 이 스크립트를 적용해야 한다.

예를 들어 다음과 같이 oe-init-build-env에 파라미터를 추가함으로써 다른 워킹 디렉터리를 선택할 수 있다.

```
$ source poky/oe-init-build-env build-qemuarm
```

그러면 build-qemuarm/ 디렉터리로 이동한다. 이와 같은 방법은 각각 다른 프로젝트에 대해 여러 빌드 디렉터리를 가질 수 있다. oe-init-build-env에 파라미터를 추가해 작업을 원하는 디렉터리 하나를 선택하자.

처음에 build 디렉터리는 conf/ 이름의 서브디렉터리 하나만을 갖고 있으며, 여기에는 프로젝트에 대한 다음과 같은 설정 파일이 포함돼 있다.

- **local.conf**: 빌드하려고 하는 장치의 스펙과 빌드 환경을 포함한다.
- **bblayers.conf**: 사용하려고 하는 메타 레이어들의 패스를 포함한다. 나중에 레이어를 설명할 예정이다.

우선은 conf/local.conf의 MACHINE 변수를 해당 행의 맨 앞에 있는 주석 문자(#)를 제거함으로써 qemuarm으로 설정한다.

```
MACHINE ?= "qemuarm"
```

빌드

실제로 빌드를 진행하기 위해 생성하고자 하는 루트 파일시스템 이미지를 알려주면서 BitBake를 실행하는 것이 필요하다. 일반적인 공통의 이미지들은 다음과 같다.

- **core-image-minimal**: 테스트에 유용하고 커스텀 이미지의 기초가 되는 작은 콘솔 기반의 시스템

- **core-image-minimal-initramfs**: core-image-minimal과 비슷하나 램디스크로 빌드한다.

- **core-image-x11**: X11 서버와 xterminal 터미널 앱을 통한 그래픽 지원용 기본 이미지

- **core-image-full-cmdline**: 콘솔 기반 시스템으로 표준 CLI 환경과 타깃 하드웨어에 대한 완전한 지원

BitBake에 최종 타깃을 지정함으로써 툴체인을 시작으로 역방향으로 동작하고 모든 의존성^{dependency}을 빌드한다. 우선은 어떻게 동작되는지 살펴보기 위해 minimal 이미지로 만든다.

```
$ bitbake core-image-minimal
```

빌드는 여러 CPU 코어와 많은 양의 램이 있어도 꽤 시간(아마도 한 시간 이상)이 걸릴 것이다. 약 10GiB의 소스 코드를 다운로드하고 약 40GiB의 디스크 공간을 사용한다. 빌드 완료 후, 빌드 디렉터리 안에는 빌드를 위해 다운로드한 모든 소스를 포함하는 downloads/와 대부분의 빌드 결과물이 있는 tmp/를 비롯한 여러 새로운 디렉터리를 볼 수 있다. tmp/에는 다음 디렉터리들이 존재한다.

- **work/**: 빌드 디렉터리와 루트 파일시스템을 위한 스테이징 영역을 포함한다.

- **deploy/**: 타깃에 배포를 위한 최종 바이너리들을 포함한다.

- deploy/images/[machine name]/: 타깃에 실행되기 위해 준비된 부트로더, 커널과 루트 파일시스템 이미지를 포함한다.

- deploy/rpm/: 이미지를 구성했던 RPM 패키지들을 포함한다.

- deploy/licenses/: 각 패키지에서 추출된 라이선스 파일들을 포함한다.

빌드가 완료되면, 완성된 이미지를 QEMU에서 부팅할 수 있다.

QEMU 타깃 실행

QEMU 타깃으로 빌드할 때 QEMU의 내부 버전이 만들어지는데, 배포판을 위해 따로 QEMU 패키지를 설치하지 않아도 돼 버전 의존성을 피할 수 있다. 이 버전의 QEMU를 실행하기 위해 사용할 수 있는 runqemu라는 래퍼 스크립트wrapper script가 있다.

QEMU 에뮬레이션을 실행하기 위해 oe-init-build-env를 시스템에 적용했는지 확인하고, 다음과 같이 실행하자.

```
$ runqemu qemuarm
```

이 경우, QEMU는 다음 스크린샷에서 볼 수 있듯이 검은 프레임 버퍼에 로그인 프롬프트가 보이도록 그래픽 콘솔을 구성했다.

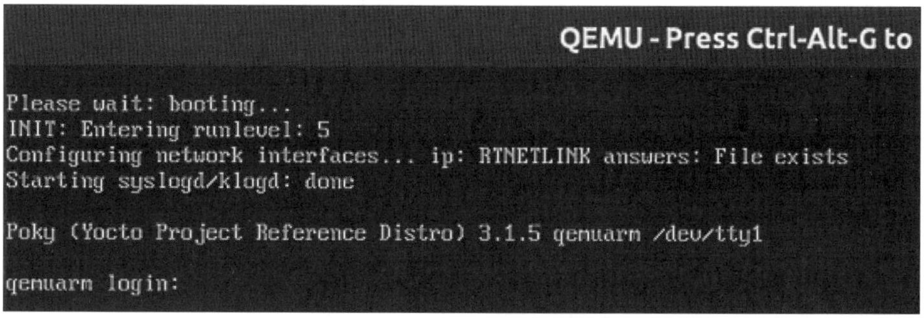

```
QEMU - Press Ctrl-Alt-G to

Please wait: booting...
INIT: Entering runlevel: 5
Configuring network interfaces... ip: RTNETLINK answers: File exists
Starting syslogd/klogd: done

Poky (Yocto Project Reference Distro) 3.1.5 qemuarm /dev/tty1

qemuarm login:
```

그림 6.5 QEMU 그래픽 콘솔

패스워드 없이 root로 로그인하고 프레임 버퍼 윈도우를 닫으면 QEMU를 종료할 수 있다.

명령줄에 nographic 파라미터를 추가하면 그래픽 윈도우 없이 QEMU를 시작할 수 있다.

```
$ runqemu qemuarm nographic
```

그래픽 윈도우 없이 시작한 경우, **Ctrl + A**와 **x**의 키 조합을 이용해 QEMU를 종료한다.

runqemu 스크립트는 많은 다른 옵션을 갖고 있다. 좀 더 많은 정보를 얻기 위해 runqemu help를 실행해보자.

레이어

Yocto 프로젝트의 메타데이터는 레이어로 구성된다. 관습적으로 각 레이어는 meta로 시작되는 이름을 가진다. Yocto 프로젝트의 코어 레이어들은 다음과 같다.

- **meta**: OpenEmbedded의 코어이며 Poky에 대한 몇 가지 변경 사항을 갖고 있다.
- **meta-poky**: Poky 배포판에 특정한 메타데이터다.
- **meta-yocto-bsp**: Yocto 프로젝트에서 지원하는 시스템의 BSP를 포함한다.

BitBake가 레시피를 검색하는 레이어의 목록은 〈빌드 디렉터리〉/conf/bblayers.conf에 저장돼 있고, 기본으로 이전에 언급한 3개의 레이어 모두를 포함한다.

이런 방식으로 레시피와 다른 설정 데이터를 구성함으로써 새로운 레이어들을 추가해 Yocto 프로젝트를 확장하기가 매우 용이하다. 추가 레이어들을 SoC 제조사들, Yocto 프로젝트 자체와 Yocto 프로젝트 및 OpenEmbedded에 공헌하는 많은 사람으로부터 제공받아 사용할 수 있다. 웹 사이트(http://layers.openembedded.org/layerindex/)에는 유용한 레이어들의 리스트들이 있다. 여기서 몇 가지 예를 소개한다.

- **meta-qt5**: Qt5 라이브러리와 유틸리티

- **meta-intel**: Intel CPU와 SoC용 BSP

- **meta-raspberrypi**: 라즈베리 파이 보드용 BSP

- **meta-ti**: TI ARM 기반 SoC용 BSP

레이어를 추가하는 것은 meta 디렉터리를 적절한 위치에 복사하고 bblayers.conf에 추가하는 것처럼 간단하다. 그리고 레이어를 bblayers.conf에 추가한다. 각 레이어가 다른 레이어와 어떤 의존성이 있는지 그리고 어떤 버전의 Yocto 프로젝트와 호환성이 있는지는 README 파일을 읽고 확인해보자.

레이어 동작 방법을 설명하기 위해 Nova 보드용 레이어를 만들어보자. 이번 장의 나머지 내용을 참조해 기능을 추가할 수 있으며, MELP/chaper06/poky/meta-nova의 코드 아카이브에서 레이어의 전체 구현을 볼 수 있다.

각 meta 레이어는 최소한 하나의 설정 파일, 즉 conf/layer.conf를 갖고 있어야 하며 또한 README 파일과 라이선스도 갖고 있어야 한다.

meta-nova 레이어를 생성하기 위해 다음 명령어를 실행해보자.

```
$ source poky/oe-init-build-env build-nova
$ bitbake-layers create-layer nova
$ mv nova ../meta-nova
```

위 명령어는 build-nova라는 이름의 작업 디렉터리로 이동하고 conf/layer.conf, README 파일과 MIT 라이선스의 COPYING.MIT를 포함하는 meta-nova 레이어를 생성한다. layer.conf 파일은 다음과 같다.

```
# We have a conf and classes directory, add to BBPATH
BBPATH .= ":${LAYERDIR}"

# We have recipes-* directories, add to BBFILES
BBFILES += "${LAYERDIR}/recipes-*/*/*.bb \
```

```
                    ${LAYERDIR}/recipes-*/*/*.bbappend"

BBFILE_COLLECTIONS += "nova"
BBFILE_PATTERN_nova = "^${LAYERDIR}/"
BBFILE_PRIORITY_nova = "6"

LAYERDEPENDS_nova = "core"
LAYERSERIES_COMPAT_nova = "dunfell"
```

BBPATH에 설정 파일과 클래스 디렉터리 경로를 추가하고, 포함된 레시피들을 BBFILES에
추가한다. 코드에서 보듯이, 레시피들은 recipes-로 시작하는 이름의 디렉터리에서 찾
을 수 있고 .bb(일반 BitBake 레시피를 위한) 또는 .bbappend(명령instruction을 추가하거나 덮어 씀으로써 기존의 일반
레시피들을 확장하는 레시피를 위한)로 끝나는 파일명을 갖고 있다는 것을 알 수 있다. 이 레이어는
BBFILE_COLLECTIONS 안의 레이어 리스트에 추가된 nova라는 이름을 갖고 있으며, 우선순
위는 6이다. 만약 여러 레이어 사이에서 같은 레시피들이 있다면 레이어 우선순위를 적
용한다. 가장 높은 우선순위를 가진 레이어의 레시피가 선택된다.

이제 이 레이어를 다음 명령어를 이용해 빌드 설정에 추가하는 것이 필요하다.

```
$ bitbake-layers add-layer ../meta-nova
```

환경 설정을 적용한 이후 build-nova 작업 디렉터리에서 위 명령어를 실행해야 한다.

다음과 같이 올바르게 레이어 구조가 세팅돼 있는지 확인한다.

```
$ bitbake-layers show-layers
NOTE: Starting bitbatke server…
layer            path                              priority
============================================================
meta             /home/frank/poky/meta                5
meta-poky        /home/frank/poky/meta-poky           5
meta-yocto-bsp   /home/frank/poky/meta-yocto-bsp      5
meta-nova        /home/frank/poky/meta-nova           6
```

여기서 새로운 레이어를 볼 수 있다. 우선순위 6을 갖고 있으므로, 낮은 우선순위를 갖
고 있는 다른 레이어의 레시피를 우선할 수 있다는 뜻이다.

이 시점에서 빈 레이어를 이용해 빌드 실행하는 것은 좋은 아이디어다. 물론 최종 타깃은 Nova 보드이지만, 지금 당장은 conf/local.conf 안의 MACHINE ?= "begalebone-yocto"의 주석을 삭제함으로써 비글본 블랙용으로 빌드한다. 그 이후, 이전에 했던 것처럼 bitbake core-image-minimal을 이용해 작은 이미지를 빌드한다.

레시피들뿐 아니라, 레이어들도 BitBakes 클래스, 시스템의 설정 파일, 배포판 등을 포함할 수 있다. 다음으로는 레시피를 살펴보면서 커스터마이즈 이미지와 패키지를 만드는 방법을 설명한다.

BitBake와 레시피

BitBake는 다음 리스트들을 포함하는 여러 다른 타입의 메타데이터를 처리한다.

- **Recipes**: .bb로 끝나는 파일들. 소스 코드 사본과 다른 컴포넌트들의 의존성 파일을 얻는 방법, 빌드와 설치법을 포함한 소프트웨어 유닛의 빌드에 대한 정보를 포함한다.

- **Append**: .bbappend로 끝나는 파일들. 레시피의 세부 항목을 덮어 씌우거나 확장시켜준다. .bbappend 파일은 간단히 같은 루트 이름의 레시피(.bb) 파일 마지막 부분에 명령을 추가한다.

- **Include**: .inc로 끝나는 파일들. 여러 레시피를 위한 공통의 정보를 갖고 있으며, 정보가 레시피들 사이에서 공유될 수 있게 해준다. 파일들은 include나 require 키워드들을 사용해 포함될 수 있다. 차이점은 파일이 존재하지 않는다면 require는 에러를 발생시키지만 include는 그렇지 않다는 것이다.

- **Classes**: .bbclass로 끝나는 파일들. 공통 빌드 정보를 포함하는데, 예를 들어 커널을 빌드하는 방법 혹은 autotools 프로젝트를 빌드하는 방법이다. 클래스들은 inherit 키워드를 이용해 레시피와 다른 클래스들로 상속되며 확장된다. classes/base.bbclass 클래스는 묵시적으로 모든 레시피에게 상속된다.

- **Configuration**: .conf로 끝나는 파일들. 프로젝트의 빌드 프로세스를 통제하는 다양한 구성 변수를 정의한다.

레시피는 파이썬과 셸 코드의 조합으로 만들어진 태스크들의 모음이다. 태스크는 do_fetch, do_unpack, do_patch, do_configure, do_compile, do_install 등의 이름을 가진다. 이런 태스크들을 실행하기 위해 BitBake를 이용한다. 기본 태스크는 do_build이며, 이 태스크는 레시피를 빌드하기 위해 필요한 모든 서브태스크를 실행한다. bitbake -c listtasks [recipe]를 사용해 레시피 안에서 사용 가능한 태스크의 리스트를 얻을 수 있다. 예를 들어 core-image-minimal 안의 태스크 리스트를 얻으려면 다음과 같다.

```
$ bitbake -c listtasks core-image-minimal
```

> **NOTE**
>
> 사실 -c 옵션은 BitBake에게 do_ 부분을 뺀 이름의 태스크로 레시피에서 특정 태스크를 실행하는 것을 알려주는 옵션이다.

태스크 do_listtasks는 간단하게 레시피 안에 정의된 모든 태스크의 리스트를 보여주는 특별한 태스크다. 다음 예제는 레시피의 소스 코드를 다운로드하는 fetch 태스크다.

```
$ bitbake -c fetch busybox
```

또한 타깃과 모든 종속 파일에 대한 코드를 얻기 위해 다음 명령어를 사용하면 되며, 이것은 빌드하려는 이미지에 대한 모든 코드를 다운로드해야 할 때 유용하다.

```
$ bitbake core-image-minimal --runall=fetch
```

레시피 파일들은 일반적으로 〈패키지-이름〉_〈version〉.bb로 명명된다. 레시피는 다른 레시피에 의존성을 가질 수도 있는데, 이는 BitBake가 최상위 작업을 완료하기 위해 실행돼야 하는 모든 서브 태스크들을 수행할 수 있게 한다.

예제와 같이 meta-nova 안에 `helloworld` 프로그램을 위한 레시피를 만들기 위해 다음과 같은 디렉터리 구조를 만들어야 한다.

```
meta-nova/recipes-local/helloworld
├── files
│   └── helloworld.c
└── helloworld_1.0.bb
```

레시피는 helloworld_1.0.bb이고, 소스는 files/ 서브디렉터리 안의 레시피 디렉터리에 있다. 레시피는 다음 명령들을 갖고 있다.

```
DESCRIPTION = "A friendly program that prints Hello World!"
PRIORITY = "optional"
SECTION = "examples"

LICENSE = "GPLv2"
LIC_FILES_CHKSUM = "file://${COMMON_LICENSE_DIR}/GPL2.0;md5=801f80980d171dd6
425610833a22dbe6"

SRC_URI = "file://helloworld.c"

S = "${WORKDIR}"

do_compile() {
    ${CC} ${CFLAGS} ${LDFLAGS} helloworld.c -o helloworld
}

do_install() {
    install -d ${D}${bindir}
    install -m 0755 helloworld ${D}${bindir}
}
```

소스 코드의 위치는 `SRC_URI`로 설정한다. 이 경우, file:// URI는 코드가 recipe 디렉터리에 로컬로 있다는 뜻이다. BitBake는 레시피를 포함하는 디렉터리와 관련된 files/, helloworld/, helloworld-1.0/을 검색할 것이다. 정의돼야 할 태스크는 `do_compile`과 `do_install`이며, 이것은 하나의 소스 파일을 간단히 컴파일하고 타깃 루트 파일시스템에 설치한다. `${D}`는 레시피의 스테이징 영역을 확장하고, `${bindir}`은 기본 바이너리

디렉터리(즉, /usr/bin)다.

모든 레시피는 LICENSE에 의해 정의된 라이선스를 갖고 있으며, 여기서는 GPLv2로 설정한다. 파일은 라이선스의 텍스트와 LIC_FILE_CHKSUM에 의해 정의된 체크섬checksum을 갖고 있다. BitBake는 만약 체크섬이 맞지 않는다면 라이선스가 잘못됐다고 알려주면서 빌드를 종료할 것이다. MD5 체크섬 값과 COMMON_LICENSE_DIR은 같은 줄에 있으며 세미콜론으로 구분된다. 라이선스 파일은 패키지의 일부분이거나, 여기의 경우처럼 meta/files/common-licenses 안의 기본 라이선스 텍스트 중 하나를 가리킨다.

기본적으로, 상업용 라이선스commercial license는 허용되지 않지만 설정하는 것은 쉽다. 다음 예제처럼 레시피 안에 라이선스를 특정해야 한다.

```
LICENSE_FLAGS = "commercial"
```

그런 다음, conf/local.conf 파일에서 다음과 같이 명시적으로 이 라이선스를 허용하도록 한다.

```
LICENSE_FLAGS_WHITELIST = "commercial"
```

이제 올바르게 helloworld 레시피가 컴파일하는 것을 확인하기 위해 다음과 같이 BitBake로 빌드를 한다.

```
$ bitbake helloworld
```

모두 잘 진행된다면, tmp/work/cortexa8hf-neon-poky-linux-gnueabi/helloworld/ 안에 작업 디렉터리가 생성됐음을 확인할 수 있다. 또한 tmp/deploy/rpm/cortexa8hf_vfp_neon/helloworld-1.0-r0.cortexa8hf_neon.rpm 안에 RPM 패키지가 있는 것도 확인할 수 있다.

그러나 아직 타깃 이미지의 일부분은 아니다. 설치되는 패키지 리스트는 IMAGE_INSTALL이라는 이름의 변수 안에 있다. conf/local.cof의 목록 끝에 다음 줄을 추가한다.

```
IMAGE_INSTALL_append = " helloworld"
```

시작하는 큰따옴표와 첫 번째 패키지 이름 사이에 스페이스가 있다는 점에 주목하라. 이제 패키지는 bitbake를 실행한 이미지에 추가될 것이다.

```
$ bitbake core-image-minimal
```

tmp/deploy/images/beaglebone-yocto/core-image-minimal-beaglebone-yocto.tar.bz2가 보이면, /usr/bin/helloworld가 실제로 설치된 것을 확인할 수 있다.

local.conf를 통한 이미지 커스터마이징

종종 개발 중 이미지에 패키지를 추가하거나 다른 방식으로 조정하고 싶을 수도 있다. 앞서 본 것처럼, 다음과 같은 문장을 넣어 설치되는 패키지 리스트에 간단히 추가할 수 있다.

```
IMAGE_INSTALL_append = " strace helloworld"
```

EXTRA_IMAGE_FEATURES를 통해 좀 더 포괄적으로 변경할 수 있다. 여기서는 사용할 만한 몇 가지 추천 항목을 소개한다.

- **dbg-pkgs**: 이미지 안에 설치돼 있는 모든 패키지를 위한 디버그 심벌 패키지를 설치한다.

- **debug-tweaks**: 쉽게 개발하기 위해 패스워드나 다른 수정 내역 없이 root 로그인을 가능하게 해준다.

- **package-management**: 패키지 관리 툴을 설치하고 패키지 관리 데이터베이스를 유지보수한다.

- **read-only-rootfs**: 루트 파일시스템을 읽기 전용으로 만든다. 자세한 내용은 9장,

'저장소 전략 수립'에서 다룰 것이다.

- **x11**: X 서버^{X server}를 설치한다.

- **x11-base**: 최소 환경 구성으로 X 서버를 설치한다.

- **x11-sato**: OpenedHand Sato 환경을 설치한다.

이런 방법으로 추가할 수 있는 좀 더 많은 기능이 있다. Yocto 프로젝트 참조 매뉴얼 Yocto Project Reference Manual(https://www.yoctoproject.org/docs/latest/ref-manual/ref-manual.html)의 '이미지 기능Image Features' 절과 meta/classes/core-image.bbclass의 코드를 참조하길 바란다.

이미지 레시피 쓰기

local.conf를 수정하는 데 따르는 문제점은 그것들이 로컬이라는 점이다. 다른 개발자와 공유하기 위해서나 프로덕트 시스템에 탑재되는 이미지를 만들길 원한다면, 수정 사항들을 이미지 레시피에 넣어야 한다.

이미지 레시피는 부트로더, 커널, 루트 파일시스템 이미지들을 포함한 타깃용 이미지 파일을 만드는 방법을 갖고 있다. 통상적으로 이미지 레시피는 images라는 이름의 디렉터리에 위치해 있으므로, 다음의 명령을 이용해 사용 가능한 이미지 리스트를 얻을 수 있다.

```
$ ls meta*/recipes*/images/*.bb
```

core-image-minimal용 레시피는 meta/recipes-core/images/core-image-minimal.bb에서 찾을 수 있다.

손쉬운 접근 방법은 기존의 이미지 레시피를 가져오거나 local.conf에서 사용했던 것들과 비슷한 명령을 이용해 수정하는 것이다.

예를 들어, core-image-minimal과 동일하지만 helloworld 프로그램을 포함하고 strace

유틸리티를 포함하는 이미지를 원한다고 가정해보자. 기본 이미지를 포함(require 키워드를 이용해)하고 원하는 패키지를 추가하는 2줄의 레시피 파일을 갖고 할 수 있다. 일반적으로 images라는 이름의 디렉터리에 이미지와 원하는 패키지들을 넣으므로, meta-nova/recipes-local/images 안에 레시피 nova-image.bb 파일을 추가한다.

```
require recipes-core/images/core-image-minimal.bb
IMAGE_INSTALL += "helloworld strace"
```

이제 local.conf의 IMAGE_INSTALL_append 줄을 삭제하고 다음 명령어로 빌드한다.

```
$ bitbake nova-image
```

이번에는 BitBake가 core-image-minimal 빌드에서 남은 제품을 재사용하기 때문에 빌드가 훨씬 더 빨리 진행돼야 한다.

BitBake는 타깃 장치에서 실행하기 위한 이미지를 빌드할 뿐만 아니라 호스트 시스템에서 개발하기 위한 SDK도 빌드할 수 있다.

SDK 생성

팀의 모든 사람들이 Yocto 프로젝트를 전체 설치하지 않도록 해주면서 다른 개발자가 설치할 수 있는 독립형standalone 툴체인을 만들 수 있는 것은 매우 유용하다. 가능하면, 개발 라이브러리들과 타깃에 설치되는 모든 라이브러리에 대한 헤더 파일들이 포함된 툴체인을 원한다. 다음과 같이 populate_sdk 태스크를 사용해 모든 이미지에 대해 이 작업을 수행할 수 있다.

```
$ bitbake -c populate_sdk nova-image
```

결과로는 tmp/deploy/sdk 안의 자체 설치self-installing 셸 스크립트가 만들어진다.

```
poky-<c_library>-<host_machine>-<target_image><target_machine>-toolchain-
<version>.sh
```

nova-image 레시피로 만들어진 SDK의 경우 다음과 같다.

```
poky-glibc-x86_64-nova-image-cortexa8hf-neon-beaglebone-yocto-toolchain-
3.1.5.sh
```

단지 C와 C++ 크로스 컴파일러들, C 라이브러리, 헤더 파일을 가진 기본 툴체인을 원한
다면 다음과 같이 실행한다.

```
$ bitbake meta-toolchain
```

SDK를 설치하기 위해 셸 스크립트만 실행하면 된다. 기본 설치 디렉터리는 /opt/poky
이지만, 설치 스크립트는 설치 디렉터리를 수정할 수 있게 해준다.

```
$ tmp/deploy/sdk/poky-glibc-x86_64-nova-image-cortexa8hf-neonbeaglebone-
yocto-toolchain-3.1.5.sh
Poky (Yocto Project Reference Distro) SDK installer version
3.1.5
Enter target directory for SDK (default: /opt/poky/3.1.5):
You are about to install the SDK to "/opt/poky/3.1.5". Proceed [Y/n]? Y
[sudo] password for frank:
Extracting SDK..........................................done
Setting it up...done
SDK has been successfully set up and is ready to be used.
Each time you wish to use the SDK in a new shell session, you need to source
the environment setup script e.g.
$ . /opt/poky/3.1.5/environment-setup-cortexa8hf-neon-pokylinux-gnueabi
```

툴체인을 이용하기 위해 먼저 environment와 setup 스크립트를 시스템에 바로 적용
한다.

```
$ source /opt/poky/3.1.5/environment-setup-cortexa8hf-neon-poky-linux-gnueabi
```

> SDK를 위해 세팅하는 *environmet-setup-** 스크립트는 Yocto 프로젝트 빌드 디렉터리에서 동작할 때
> 적용하는 *oe-init-build-env* 스크립트와 호환되지 않는다. 따라서 다른 스크립트를 바로 적용하기 전
> 에 새로운 터미널 세션을 항상 시작하는 것은 좋은 습관이다.

Yocto 프로젝트에서 생성한 툴체인은 유효한 sysroot 디렉터리를 갖고 있지 않다. 툴체
인의 컴파일러에 -print-sysroot 옵션을 전달하면 /not/exist가 리턴되기 때문에
sysroot 디렉터리를 갖고 있지 않음을 알 수 있다.

```
$ arm-poky-linux-gnueabi-gcc -print-sysroot
/not/exist
```

결과적으로, 5장에서 소개했던 것처럼 크로스 컴파일을 시도한다면 다음과 같이 실패
할 것이다.

```
$ arm-poky-linux-gnueabi-gcc helloworld.c -o helloworld
helloworld.c:1:10: fatal error: stdio.h: No such file or directory
    1 | #include <stdio.h>
      |          ^~~~~~~~~
compilation terminated.
```

이는 컴파일러가 광범위한 Arm 프로세서용으로 동작하도록 구성돼 있기 때문이며, 올
바른 플래그 세트를 사용해 실행하면 세부적인 조정이 완료되기 때문이다. 그 대신에
크로스 컴파일링을 위해 environment-setup 스크립트를 적용할 때 생성되는 셸 변수를
사용해야 하며, 다음 것들을 포함한다.

- **CC**: C 컴파일러

- **CXX**: C++ 컴파일러

- **CPP**: C 전처리기^{preprocessor}

- **AS**: 어셈블러

- **LD**: 링커

예제의 경우, CC는 다음과 같이 세팅된 것을 확인할 수 있다.

```
$echo $CC
arm-poky-linux-gnueabi-gcc -mfpu=neon -mfloat-abi=hard -mcpu=cortex-a8
-fstack-protecotr-strong -D_FORTIFY_SOURCE=2 -Wformat -Wformat-security
-Werror=format-security --sysroot=/opt/poky/3.1.5/sysroots/cortexa8hf-neon-
poky-linux-gnueabi
```

$CC를 사용해 컴파일하면 모든 것이 잘 동작되는 것을 볼 수 있다.

```
$ $CC -O helloworld.c -o helloworld
```

라이선스 검사

Yocto 프로젝트는 각 패키지가 라이선스를 갖도록 돼 있다. 빌드되면 각 패키지용으로 tmp/deploy/licenses/[package name] 안에 라이선스의 복사본이 위치하게 된다. 또한 이미지에 사용된 패키지와 라이선스의 요약본은 〈image name〉-〈machine name〉-〈date stamp〉/ 디렉터리에 들어가 있다. 막 빌드한 nova-image에 대해 디렉터리는 다음과 같은 이름이 될 것이다.

```
tmp/deploy/licenses/nova-image-beaglebone-yocto-20210214072839/
```

이것으로 임베디드 리눅스를 위한 주요 빌드 시스템 2개에 대한 조사가 완료됐다. Buildroot는 간단하고 빠르기 때문에 상당히 단순한 단일 목적 장치, 즉 전통적인 임베디드 리눅스에 적합한 방법이다. Yocto 프로젝트는 더 복잡하고 유연하다. Yocto 프로젝트를 지원하려는 커뮤니티와 업계 전반의 노력이 계속되고 있지만, 이 도구는 여전히 매우 가파른 학습 곡선을 갖고 있다. 따라서 Yocto에 익숙해지는 데 몇 개월이 걸릴 것으로 예상할 수 있으며, 아마 그 후에도 때때로 예상하지 못한 일을 맞닥뜨릴 것이다.

⁝⁝ 요약

이 장에서는 Buildroot와 Yocto 프로젝트를 둘 다 사용해 임베디드 리눅스 이미지를 구성하고, 커스터마이징하고, 빌드하는 방법을 살펴봤다. Buildroot를 사용해 비글본 블랙을 기반으로 하는 가상 보드에 대한 커스텀 U-Boot 패치와 디바이스 트리 스펙으로 BSP를 생성한 다음, Buildroot 패키지 형태로 이미지에 자체 코드를 추가하는 방법을 다뤘다. 또한 Yocto 프로젝트에 대해 알아봤으며(이를 바탕으로 이어지는 7, 8장에서는 좀 더 자세히 살펴볼 것이다), 특히 몇 가지 기본 BitBake 용어, 이미지 레시피 작성 방법, SDK 생성 방법을 배웠다.

이런 툴들을 이용해 만든 장치들이라도 현장에서 일정 기간(종종 수년 동안) 유지보수가 필요하다는 사실을 잊지 말아야 한다. Yocto 프로젝트와 Buildroot 둘 다 초기 릴리스 후 약 1년 동안 포인트 릴리스들을 제공하고, Yocto 프로젝트는 이제 최소 2년 동안 장기 지원한다. 어떤 경우든, 스스로 릴리스를 유지보수하기 위해 직접 진행하거나 혹은 상업적인 지원을 받기 위해 돈을 지불해야 한다. 문제를 무시하는 세 번째 가능성은 옵션으로 고려하지 말자!

7장에서는 파일 스토리지와 파일시스템을 살펴보고, 임베디드 리눅스의 안정성과 유지보수에 영향을 줄 수 있는 선택에 대해서도 다룬다.

⁝⁝ 추가 자료

다음 문서에서는 이번 장에서 소개된 주제와 관련된 좀 더 많은 정보를 제공한다.

- 'Buildroot 사용자 매뉴얼', Buildroot Association: http://buildroot.org/downloads/manual/manual.html

- 'Yocto 프로젝트 문서', Yocto 프로젝트: https://www.yoctoproject.org/documentation

- 『Embedded Linux Projects Using Yocto Project Cookbook』(에이콘, 2016), 알렉스 곤잘레스Alex Gonzalez

07

Yocto를 이용한 개발

지원되지 않는 하드웨어에서 리눅스를 동작시키는 것은 어려운 과정일 수 있다. 운 좋게도 Yocto는 비글본 블랙과 라즈베리 파이 4 같은 인기 있는 단일 보드 컴퓨터^{single-board computer}에서 임베디드 리눅스 개발을 부트스트랩하기 위한 BSP를 제공한다. 따라서 기존 BSP 레이어를 기반으로 구축하면 블루투스와 Wi-Fi 같은 복잡한 내장 주변 기기를 빠르게 활용할 수 있다. 7장에서는 이를 실행하기 위해 사용자 정의 애플리케이션 레이어를 만들 것이다.

다음으로는 Yocto의 확장 가능한 SDK를 활용한 개발 워크플로를 살펴본다. 타깃 장치에서 실행 중인 소프트웨어를 수정하는 것은 일반적으로 SD 카드를 교체하는 것을 의미한다. 전체 이미지를 재구축하고 재배포하는 것은 시간이 너무 오래 걸리므로 devtool을 사용해 빠르게 작업을 자동화하고 반복하는 방법을 소개하려고 한다. 이렇게 자동화 작업을 하면서 작업이 손실되지 않도록 자신의 레이어에 저장하는 방법을 배우게 될 것이다.

Yocto는 리눅스 이미지뿐만 아니라 전체 리눅스 배포판을 빌드한다. 자신의 리눅스 배포판을 만들기 전에 그렇게 하는 이유를 설명하겠다. 타깃 장치에서 신속한 애플리케이션 개발을 위해 런타임 패키지 관리^{runtime package management}를 추가할지 여부를 포함해 많은 선택을 하게 되며, 이는 마지막에 설명할 패키지 데이터베이스와 원격 패키지 서버를 유지보수해야 하는 비용을 수반한다.

7장에서는 다음과 같은 주제를 다룬다.

- 기존 BSP 위에 구축

- devtool을 사용해 변경 사항 캡처

- 자신만의 배포판 구축

- 원격 패키지 서버 프로비저닝

그럼 이제 시작해보자!

⁞⁞⁞ 기술적 요구 사항

이 장의 예제를 따라 하려면 다음 사항을 준비해야 한다.

- 사용 가능한 디스크 공간이 최소 60GB인 리눅스 기반 호스트 시스템

- Yocto 3.1^(Dunfell) LTS 릴리스

- 리눅스용 Etcher 프로그램

- 마이크로SD 카드와 카드 리더

- 라즈베리 파이 4

- 5V 3A USB-C 전원 공급 장치

- 네트워크 연결을 위한 이더넷 케이블과 포트

- Wi-Fi 라우터

- 블루투스 기능이 있는 스마트폰

6장, '빌드 시스템 선택하기'에서 이미 Yocto의 3.1 LTS 릴리스 버전(Dunfell)을 빌드했었다. 빌드해보지 않았다면, 6장의 가이드에 따라 리눅스 호스트에서 Yocto를 빌드하기 전에 Yocto 프로젝트 퀵 빌드 가이드(https://www.yoctoproject.org/docs/current/brief-yoctoprojectqs/brief-yoctoprojectqs.html)의 '호환 가능한 리눅스 배포판Compatible Linux Distribution' 절과 '호스트 패키지 빌드Build Host Packages' 절을 참조하자.

7장의 모든 코드는 이 책의 깃허브 저장소(https://github.com/PacktPublishing/Mastering-Embedded-Linux-Programming-Third-Edition)에 있는 Chapter07 폴더에서 확인할 수 있다.

⠿ 기존 BSP 위에서 빌드

보드 지원 패키지BSP, Board Support Package 레이어는 특정 하드웨어 장치나 장치 제품군에 대해 지원 가능하도록 Yocto에 추가한다. 이러한 지원에는 일반적으로 특정 하드웨어에서 리눅스를 부팅하는 데 필요한 부트로더, 장치 트리 블롭device tree blob과 추가 커널 드라이버가 포함된다. 또한 BSP에는 하드웨어의 모든 기능을 완전히 활성화하고 사용하는 데 필요한 추가의 사용자 공간 소프트웨어나 주변 기기의 펌웨어가 포함돼 있는 경우도 있다. 규칙에 따라 BSP 레이어 이름은 meta- 접두어로 시작하고 그 뒤에 시스템 이름이 온다. 타깃 장치에 가장 적합한 BSP를 찾는 것은 Yocto를 사용해 타깃 장치용 부트 이미지를 구축하는 첫 번째 단계다.

OpenEmbedded 레이어 인덱스(https://layers.openembedded.org/layerindex)는 양질의 BSP를 찾기 위한 최적의 장소다. 보드 제조업체나 실리콘 공급업체에서도 BSP 레이어를 제공할 수 있다. Yocto 프로젝트는 라즈베리 파이의 모든 변형에 대한 BSP를 제공한다. Yocto 프로젝트 소스 저장소(https://git.yoctoproject.org)에서 해당 BSP 레이어와 Yocto 프로젝트가 보증하는 다른 모든 레이어의 깃허브 저장소를 찾을 수 있다.

기존 BSP를 빌드

다음 연습에서는 호스트 환경 내의 poky라는 디렉터리에 Yocto의 Dunfell 릴리스를 이미 복제하거나 추출했다고 가정한다. 다음으로 진행하기 전에 레이어와 poky 디렉터리가 서로 옆에 위치하도록 하기 위해 다음 의존성 레이어를 해당 poky 디렉터리에서 한 레벨 위로 복제해야 한다.

```
$ git clone -b dunfell git://git.openembedded.org/meta-openembedded
$ git clone -b dunfell git://git.yoctoproject.org/metaraspberrypi
```

의존성 레이어의 브랜치 이름은 호환성을 위해 Yocto 릴리스와 일치한다. 정기적으로 git pull 명령을 사용해 3개의 복제본을 모두 최신 상태로 유지하고 원격지와 동기화한다. meta-raspberrypi 레이어는 모든 라즈베리 파이의 BSP이다. 일단 의존성이 있으면, 라즈베리 파이 4에 맞게 사용자 정의 이미지를 빌드할 수 있다. 하지만 그 전에 Yocto의 일반 이미지에 대한 레시피를 살펴보자.

1. 먼저 Yocto를 복제한 디렉터리로 이동한다.

   ```
   $ cd poky
   ```

2. 다음으로는 표준 이미지의 레시피가 있는 디렉터리로 이동한다.

   ```
   $ cd meta/recipes-core/images
   ```

3. 코어 이미지 레시피의 리스트를 확인한다.

   ```
   $ ls -1 core*
   core-image-base.bb
   core-image-minimal.bb
   core-image-minimal-dev.bb
   core-image-minimal-initramfs.bb
   core-image-minimal-mtdutils.bb
   core-image-tiny-initramfs.bb
   ```

4. core-image-base 레시피를 확인한다.

```
$ cat core-image-base.bb
SUMMARY = "A console-only image that fully supports the target device
hardware."

IMAGE_FEATURES += "splash"

LICENSE = "MIT"

inherit core-image
```

해당 레시피는 core-image에서 상속하므로 core-image.bbclass의 내용을 가져오고
있으며, 이는 나중에 살펴볼 예정이다.

5. core-image-minimal 레시피를 확인한다.

```
$ cat core-image-minimal.bb
SUMMARY = "A small image just capable of allowing a device to boot."

IMAGE_INSTALL = "packagegroup-core-boot ${CORE_IMAGE_EXTRA_INSTALL}"

IMAGE_LINGUAS = " "

LICENSE = "MIT"

inherit core-image

IMAGE_ROOTFS_SIZE ?= "8192"
IMAGE_ROOTFS_EXTRA_SPACE_append = "${@bb.utils.contains("DISTRO_
FEATURES", "systemd", " + 4096", "",d)}"
```

core-image-base와 마찬가지로 이 레시피도 core-image 클래스 파일에서 상속된다.

6. core-image-minimal-dev 레시피를 확인한다.

```
$ cat core-image-minimal-dev.bb
require core-image-minimal.bb

DESCRIPTION = "A small image just capable of allowing a
```

```
    device to boot and \
    is suitable for development work."

IMAGE_FEATURES += "dev-pkgs"
```

이 레시피에는 이전 단계의 core-image-minimal 레시피가 필요하다. require 지시문은 include와 매우 유사하게 작동한다는 것을 기억하자. 또한 dev-pkgs가 IMAGE_FEATURES 목록에 추가되는 점에 주목한다.

7. poky/meta 아래의 classes 디렉터리로 이동한다.

```
$ cd ../../classes
```

8. 마지막으로, core-image 클래스 파일을 확인한다.

```
$ cat core-image.bbclass
```

앞서 언급한 dev-pkgs 기능을 포함해 이 클래스 파일 맨 위쪽에서 사용 가능한 IMAGE_FEATURES의 많은 리스트를 확인한다.

core-image-minimal, core-image-minimal-dev 같은 표준 이미지는 시스템에 상관없이 적용할 수 있다. 6장, '빌드 시스템 선택하기'에서 QEMU Arm 에뮬레이터와 비글본 블랙 모두 core-image-minimal로 빌드했으며, 라즈베리 파이 4용 core-image-minimal 이미지를 쉽게 만들 수 있었다. 대조적으로 BSP 레이어는 특정 보드나 일련의 보드를 위한 이미지 레시피를 포함한다.

이제 meta-raspberrypi BSP 레이어 내부의 rpi-test-image 레시피를 살펴보고 라즈베리 파이 4용 core-image-base에 Wi-Fi와 블루투스를 지원할 수 있도록 세팅 방법을 확인해보자.

1. 먼저, Yocto를 복제한 디렉터리의 한 단계 상위 레벨로 이동한다.

```
$ cd ../../..
```

2. 다음으로, `meta-raspberrypi` BSP 레이어 내부의 디렉터리로 이동한다. 라즈베리 파이의 이미지 레시피는 다음과 같다.

```
$ cd meta-raspberrypi/recipes-core/images
```

3. 라즈베리 파이 이미지 레시피의 리스트를 확인한다.

```
$ ls -1
rpi-basic-image.bb
rpi-hwup-image.bb
rpi-test-image.bb
```

4. rpi-test-image 레시피를 확인한다.

```
$ cat rpi-test-image.bb
# Base this image on core-image-base
include recipes-core/images/core-image-base.bb

COMPATIBLE_MACHINE = "^rpi$"

IMAGE_INSTALL_append = " packagegroup-rpi-test"
```

`IMAGE_INSTALL` 변수가 packagegroup-rpi-test를 추가하고 해당 패키지를 이미지에 포함하기 위해 재정의된다.

5. meta-raspberrypi/recipes-core 아래에 있는 packagegroups 디렉터리로 이동한다.

```
$ cd ../packagegroups
```

6. 마지막으로는 packagegroup-rpi-test 레시피를 확인한다.

```
$ cat packagegroup-rpi-test.bb
DESCRIPTION = "RaspberryPi Test Packagegroup"
LICENSE = "MIT"
LIC_FILES_CHKSUM = "file://${COMMON_LICENSE_DIR}/MIT;md5=0835ade698e0bc
f8506ecda2f7b4f302"
```

```
PACKAGE_ARCH = "${MACHINE_ARCH}"

inherit packagegroup

COMPATIBLE_MACHINE = "^rpi$"

OMXPLAYER = "${@bb.utils.contains('MACHINE_FEATURES','vc4graphics', '',
'omxplayer', d)}"

RDEPENDS_${PN} = "\
    ${OMXPLAYER} \
    bcm2835-tests \
    rpio \
    rpi-gpio \
    pi-blaster \
    python3-rtimu \
    python3-sense-hat \
    connman \
    connman-client \
    wireless-regdb-static \
    bluez5 \
"
RRECOMMENDS_${PN} = "\
    ${@bb.utils.contains("BBFILE_COLLECTIONS", "metamultimedia",
"bigbuckbunny-1080p bigbuckbunny-480p bigbuckbunny-720p", "", d)} \
    ${MACHINE_EXTRA_RRECOMMENDS} \
"
```

connman, connman-client, bluez5 패키지는 Wi-Fi와 블루투스가 전부 활성화되도록 런타임 의존성^{runtime dependency} 목록에 포함돼 있다.

마지막으로, 라즈베리 파이 4용 rpi-test-image를 빌드해보자.

1. 첫째, Yocto를 복제한 디렉터리의 한 단계 상위 레벨로 이동한다.

```
$ cd ../../..
```

2. 다음으로는 BitBake 작업 환경을 설정한다.

```
$ source poky/oe-init-build-env build-rpi
```

그러면 여러 환경 변수가 설정되고 새로 생성된 build-rpi 디렉터리로 이동한다.

3. 그러고 나서 이미지에 다음 레이어를 추가한다.

```
$ bitbake-layers add-layer ../meta-openembedded/meta-oe
$ bitbake-layers add-layer ../meta-openembedded/metapython
$ bitbake-layers add-layer ../meta-openembedded/metanetworking
$ bitbake-layers add-layer ../meta-openembedded/metamultimedia
$ bitbake-layers add-layer ../meta-raspberrypi
```

meta-networking과 meta-multimedia 레이어가 모두 meta-python 레이어에 의존성이 있으므로, 레이어를 추가하는 순서가 중요하다. bitbake-layers add-layer 또는 bitbake-layers show-layers가 구문 분석 오류로 인해 실패한다면 build-rpi 디렉터리를 삭제하고 1단계부터 다시 시작해야 한다.

4. 필요한 모든 레이어가 이미지에 추가됐는지 확인한다.

```
$ bitbake-layers show-layers
```

목록에는 meta, meta-poky, metayocto-bsp, meta-oe, meta-python, meta-networking, meta-multimedia, meta-raspberrypi 등 총 8개의 레이어가 있어야 한다.

5. 이전 bitbake-layers add-layer 명령문을 실행한 것과 관련해 bblayers.conf의 변경 사항을 확인한다.

```
$ cat conf/bblayers.conf
```

이전 4단계의 동일한 8개 레이어를 BBLAYERS 변수에 할당해야 한다.

6. meta-raspberrypi BSP 레이어에서 지원하는 시스템을 확인한다.

```
$ ls ../meta-raspberrypi/conf/machine
```

raspberrypi4와 raspberrypi4-64 시스템 구성이 있다.

7. conf/local.conf 파일에 다음 줄을 추가한다.

```
MACHINE = "raspberrypi4-64"
```

그러면 conf/local.conf 파일의 다음 기본값을 무시한다.

```
MACHINE ??= "qemux86-64"
```

MACHINE 변수를 raspberrypi4-64로 설정하면 빌드하려는 이미지는 라즈베리 파이 4에서 동작한다.

8. 이제 ssh-server-openssh를 conf/local.conf 파일의 EXTRA_IMAGE_FEATURES 목록에 추가한다.

```
EXTRA_IMAGE_FEATURES ?= "debug-tweaks ssh-server-openssh"
```

그러면 로컬 네트워크 액세스를 위해 이미지에 SSH 서버가 추가된다.

9. 마지막으로, 이미지를 빌드한다.

```
$ bitbake rpi-test-image
```

호스트 환경에서 사용할 수 있는 CPU 코어 수에 따라 빌드를 처음 실행할 때는 빌드를 완료할 때까지 몇 분이나 몇 시간이 걸릴 수 있다. 이 이미지는 라즈베리 파이 4의 Arm Cortex-A72 코어용 64비트를 타깃으로 하기 때문에 TARGET_SYS는 aarch64-poky-linux여야 하고 MACHINE은 raspberrypi4-64여야 한다.

이미지 빌드가 완료되면 tmp/deploy/images/raspberrypi4-64 디렉터리에 rpi-test-image-raspberrypi4-64.rootfs.wic.bz2라는 파일이 생성된다.

```
$ ls -l tmp/deploy/images/raspberrypi4-64/rpi-test*wic.bz2
```

rpi-test-image-raspberrypi4-64.rootfs.wic.bz2는 동일한 디렉터리의 실제 이미지 파일을 가리키는 심볼릭 링크다. 빌드 날짜와 시간을 나타내는 숫자가 wic.bz2 확장자 앞의 이미지 파일명에 추가된다.

이제 Etcher 프로그램을 사용해 이미지를 마이크로SD 카드에 쓰고 라즈베리 파이 4에서 부팅한다.

1. 호스트 컴퓨터에 마이크로SD 카드를 삽입한다.

2. Etcher를 실행한다.

3. Etcher의 **Flash from file**을 클릭한다.

4. 라즈베리 파이 4용으로 빌드한 wic.bz2 이미지를 오픈한다.

5. Etcher에서 **Select target**을 클릭한다.

6. 1단계에서 삽입한 마이크로SD 카드를 선택한다.

7. Etcher에서 **Flash**를 클릭해 이미지를 쓴다.

8. Etcher가 깜박이면 마이크로SD 카드를 꺼낸다.

9. 마이크로SD 카드를 라즈베리 파이 4에 삽입한다.

10. USB-C 포트를 통해 라즈베리 파이 4에 전원을 공급한다.

이더넷에 연결하고 네트워크 활동 표시등이 깜박이는 것을 관찰해서 라즈베리 파이 4가 성공적으로 부팅됐는지 확인한다.

Wi-Fi 제어

이전 실습에서는 이더넷, Wi-Fi, 블루투스를 포함하는 라즈베리 파이 4용 부트 이미지를 만들었다. 이제 장치가 부팅되고 이더넷을 통해 로컬 네트워크에 연결됐으므로 Wi-Fi 네트워크에 연결해본다. 이번 실습에서는 connman을 사용할 것인데, meta-raspberry pi 레이어가 기본으로 제공되기 때문이다. 다른 BSP 레이어는 system-networkd와 NetworkManager 등 다른 네트워크 인터페이스 설정 데몬에 의존한다. 다음 단계를 따라 진행해보자.

1. 빌드한 이미지의 호스트 이름은 raspberrypi4-64이므로 다음과 같이 root로 장치에 ssh로 접속할 수 있다.

```
$ ssh root@raspberrypi4-64.local
```

연결을 계속할 것인지 묻는 메시지가 나타나면 yes를 입력한다. 암호를 묻는 메시지는 표시되지 않는다. raspberrypi4-64.local이라는 호스트가 없으면 arp-scan 같은 도구를 사용해 호스트 이름 대신 라즈베리 파이 4의 IP 주소를 사용해 ssh로 접속한다.

2. 일단 접속되면, Wi-Fi 드라이버가 탑재돼 있는지 확인한다.

```
root@raspberrypi4-64:~# lsmod | grep 80211
cfg80211              753664  1 brcmfmac
rfkill                 32768  6 nfc,bluetooth,cfg80211
```

3. connman-client를 구동한다.

```
root@raspberrypi4-64:~# connmanctl
connmanctl>
```

4. Wi-Fi를 실행한다.

```
connmanctl> enable wifi
Enabled wifi
```

Wi-Fi가 이미 켜져 있으면 "Wi-Fi 오류: 이미 활성화됨"을 무시한다.

5. 연결 에이전트로 connmanctl을 등록한다.

```
connmanctl> agent on
Agent registered
```

6. Wi-Fi 네트워크를 스캔한다.

```
connmanctl> scan wifi
Scan completed for wifi
```

7. 모든 사용 가능한 Wi-Fi 네트워크 목록을 확인한다.

```
connmanctl> services
*AO Wired                 ethernet_dca6320a8ead_cable
    RT-AC66U_B1_38_2G     wifi_dca6320a8eae_52542d41433636555f42315f333
85f3247_managed_psk
    RT-AC66U_B1_38_5G     wifi_dca6320a8eae_52542d41433636555f42315f333
85f3547_managed_psk
```

RT-AC66U_B1_38_2G와 RT-AC66U_B1_38_5G는 ASUS 라우터의 Wi-Fi 네트워크 SSID 이다. 실제 결과는 다른 목록이 보일 것이다. Wired 앞의 *AO 부분은 장치가 현재 이더넷을 통해 온라인 상태임을 나타낸다.

8. Wi-Fi 네트워크에 접속한다.

```
connmanctl> connect wifi_dca6320a8eae_52542d41433636555f42315f333
85f3547_managed_psk
Agent RequestInput wifi_dca6320a8eae_52542d41433636555f42315f333
85f3547_managed_psk
    Passphrase = [ Type=psk, Requirement=mandatory ]
Passphrase? somepassword
Connected wifi_dca6320a8eae_52542d41433636555f42315f33385f3547_managed_
psk
```

connect 뒤의 서비스 식별자를 이전 단계에서 확인한 서비스 식별자나 타깃 네트워크로 바꾼다. somepassword를 Wi-Fi 암호로 대체한다.

9. 다시 서비스를 확인한다.

```
connmanctl> services
*AO Wired                 ethernet_dca6320a8ead_cable
*AR RT-AC66U_B1_38_5G     wifi_dca6320a8eae_52542d41433636555f42315f333
85f3547_managed_psk
    RT-AC66U_B1_38_2G     wifi_dca6320a8eae_52542d41433636555f42315f333
85f3247_managed_psk
```

이번에는 방금 연결한 SSID 앞에 *AR이 보이는데, 이는 네트워크 연결이 준비됐음을 나타낸다. 이더넷은 Wi-Fi보다 우선권이 있으므로 장치는 유선을 통해 온라인 상태를 유지한다.

10. connman-client를 종료한다.

```
connmanctl> quit
```

11. 라즈베리 파이 4에서 이더넷을 분리해 ssh 세션을 닫는다.

```
root@raspberrypi4-64:~# client_loop: send disconnect:
Broken pipe
```

12. 라즈베리 파이 4에 다시 연결한다.

```
$ ssh root@raspberrypi4-64.local
```

13. 다시 connman-client를 구동한다.

```
root@raspberrypi4-64:~# connmanctl
connmanctl>
```

14. 다시 서비스 목록을 확인한다.

```
connmanctl> services
*AO RT-AC66U_B1_38_5G    wifi_dca6320a8eae_52542d41433636555f42315f333
85f3547_managed_psk
```

유선 연결이 끊겼음을 확인하고, 이전에 연결됐던 Wi-Fi SSID가 온라인으로 됐는지 확인한다.

connman 데몬은 Wi-Fi 자격 증명을 마이크로SD 카드의 /var/lib/connman 아래에 있는 네트워크 프로파일 디렉터리에 저장한다. 이는 라즈베리 파이 4가 부팅될 때 connman이 자동으로 Wi-Fi 네트워크에 다시 연결한다는 것을 의미한다. 전원을 껐다 켜더라도 이들 단계를 다시 수행할 필요가 없으며, 원하는 경우 이더넷을 연결하지 않는 상태로 둘 수 있다.

블루투스 제어

connman과 connman-client 패키지 외에도, meta-raspberrypi 레이어에는 블루투스 스택용 bluez5가 포함돼 있다. 해당하는 모든 패키지와 필수 블루투스 드라이버는 라즈베리파이 4용으로 빌드한 rpi-test-image에 포함돼 있다. 블루투스를 시작 및 실행하고 다른 장치와 페어링을 해보자.

1. 라즈베리 파이 4 전원을 켜고 ssh로 접속한다.

```
$ ssh root@raspberrypi4-64.local
```

2. 다음으로, 블루투스 드라이버가 내장돼 있는지 확인한다.

```
root@raspberrypi4-64:~# lsmod | grep bluetooth
bluetooth              438272  9 bnep
ecdh_generic            24576  1 bluetooth
rfkill                  32768  6 nfc,bluetooth,cfg80211
```

3. 블루투스 연결을 위한 HCI UART 드라이버를 초기화한다.

```
root@raspberrypi4-64:~# btuart
bcm43xx_init
Flash firmware /lib/firmware/brcm/BCM4345C0.hcd
Set Controller UART speed to 3000000 bit/s
Device setup complete
```

4. connman-client를 구동한다.

```
root@raspberrypi4-64:~# connmanctl
connmanctl>
```

5. 블루투스를 실행한다.

```
connmanctl> enable bluetooth
Enabled Bluetooth
```

블루투스가 이미 켜져 있는 경우 "bluetooth 오류: 이미 활성화됨" 메시지를 무시한다.

6. connman-client를 종료한다.

```
connmanctl> quit
```

7. 블루투스 CLI를 실행한다.

```
root@raspberrypi4-64:~# bluetoothctl
Agent registered
[CHG] Controller DC:A6:32:0A:8E:AF Pairable: yes
```

8. 디폴트 에이전트를 요청한다.

```
[bluetooth]# default-agent
Default agent request successful
```

9. 컨트롤러 전원을 켠다.

```
[bluetooth]# power on
Changing power on succeeded
```

10. 컨트롤러에 대한 정보를 표시한다.

```
[bluetooth]# show
Controller DC:A6:32:0A:8E:AF (public)
Name: BlueZ 5.55
Alias: BlueZ 5.55
Class: 0x00200000
Powered: yes
Discoverable: no
DiscoverableTimeout: 0x000000b4
Pairable: yes
```

11. 블루투스 장치 검색을 시작한다.

```
[bluetooth]# scan on
Discovery started
[CHG] Controller DC:A6:32:0A:8E:AF Discovering: yes
…
[NEW] Device DC:08:0F:03:52:CD Frank's iPhone
…
```

스마트폰이 근처에 있고 블루투스가 활성화돼 있으면 목록에 [NEW] 장치로 나타나야 한다. Frank's iPhone 옆에 있는 DC:08:0F:03:52:CD 부분은 내 스마트폰의 블루투스 MAC 주소다.

12. 블루투스 장치 검색을 중지한다.

```
[bluetooth]# scan off
…
[CHG] Controller DC:A6:32:0A:8E:AF Discovering: no
Discovery stopped
```

13. 스마트폰에 접근이 가능하면, 설정에서 블루투스로 이동해 라즈베리 파이 4의 페어링 요청을 수락할 수 있다.

14. 스마트폰과의 페어링을 시도한다.

```
[bluetooth]# pair DC:08:0F:03:52:CD
Attempting to pair with DC:08:0F:03:52:CD
[CHG] Device DC:08:0F:03:52:CD Connected: yes
Request confirmation
[agent] Confirm passkey 936359 (yes/no):
```

DC:08:0F:03:52:CD는 여러분이 사용하는 스마트폰의 블루투스 MAC 주소로 변경한다.

15. yes를 입력하기 전에 스마트폰에서 페어링 요청을 수락한다.

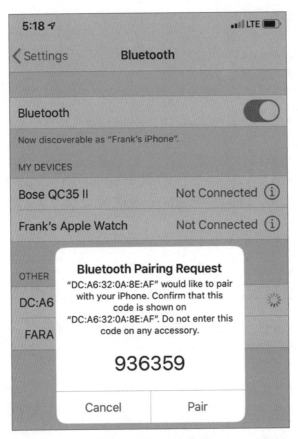

그림 7.1 블루투스 페어링 요청

16. 패스키^{passkey}를 승인하기 위해 yes를 입력한다.

```
[agent] Confirm passkey 936359 (yes/no): yes
[CHG] Device DC:08:0F:03:52:CD ServicesResolved: yes
[CHG] Device DC:08:0F:03:52:CD Paired: yes
Pairing successful
[CHG] Device DC:08:0F:03:52:CD ServicesResolved: no
[CHG] Device DC:08:0F:03:52:CD Connected: no
```

17. 스마트폰에 연결한다.

```
[bluetooth]# connect DC:08:0F:03:52:CD
Attempting to connect to DC:08:0F:03:52:CD
```

```
[CHG] Device DC:08:0F:03:52:CD Connected: yes
Connection successful
[CHG] Device DC:08:0F:03:52:CD ServicesResolved: yes
Authorize service
```

다시 한 번 DC:08:0F:03:52:CD를 접속하려는 스마트폰의 블루투스 MAC 주소로 대체한다.

18. 서비스를 승인하라는 메시지가 표시되면 yes를 입력한다.

```
[agent] Authorize service 0000110e-0000-1000-8000-
00805f9b34fb (yes/no): yes
[Frank's iPhone]#
```

이제 라즈베리 파이 4가 페어링되고 블루투스를 통해 스마트폰에 연결된다. 그럼 스마트폰의 블루투스 장치 목록에 BlueZ 5.55로 나타나야 한다. bluetoothctl 프로그램은 많은 명령어와 하위 메뉴를 갖고 있다. 여기서는 단지 일부분만 사용했을 뿐이다. help를 입력해 문서를 읽어보고 명령줄에서 수행할 수 있는 작업에 대한 아이디어를 얻도록 하자. connman과 마찬가지로 BlueZ 블루투스 스택은 D-Bus 서비스이므로, D-Bus 바인딩을 사용하는 파이썬이나 기타 고급 프로그래밍 언어에서 D-Bus를 통해 프로그램 방식으로 통신할 수 있다.

커스텀 레이어 추가

라즈베리 파이 4를 사용해 새로운 제품의 프로토타입을 만드는 경우, conf/local.conf의 IMAGE_INSTALL_append 변수에 할당된 목록에 패키지를 추가해 커스텀 이미지를 빠르게 생성할 수 있다. 이런 간단한 기술로 작업할 수 있으므로, 어느 시점에서는 자신만의 임베디드 애플리케이션 개발을 시작하고 싶을 것이다. 커스텀 이미지에 포함할 수 있도록 추가되는 소프트웨어는 어떻게 빌드해야 하는가? 답은 자신만의 소프트웨어를 빌드하기 위해 새로운 레시피로 커스텀 레이어를 만들어야 한다는 것이다. 시작해보자.

1. 먼저 Yocto를 복제한 디렉터리의 한 단계 상위 레벨로 이동한다.

2. 다음으로는 BitBake 작업 환경을 설정한다.

```
$ source poky/oe-init-build-env build-rpi
```

그러면 여러 환경 변수가 설정되고 build-rpi 디렉터리로 되돌아간다.

3. 애플리케이션에 대한 새 레이어를 생성한다.

```
$ bitbake-layers create-layer ../meta-gattd
NOTE: Starting bitbake server...
Add your new layer with 'bitbake-layers add-layer ../meta-gattd'
```

새로 생성된 레이어는 GATT 데몬을 위한 meta-gattd이다. 레이어 이름을 원하는 대로 지정하되 meta- 접두사 규칙을 따라야 한다.

4. 새 레이어 디렉터리로 이동한다.

```
$ cd ../meta-gattd
```

5. 레이어의 파일 구조를 검사한다.

```
$ tree
.
├── conf
│   └── layer.conf
├── COPYING.MIT
├── README
└── recipes-example
    └── example
        └── example_0.1.bb
```

6. recipe-examples 디렉터리의 이름을 변경한다.

```
$ mv recipes-example recipes-gattd
```

7. examples 디렉터리의 이름을 변경한다.

```
$ cd recipes-gattd
$ mv example gattd
```

8. examples 레시피 파일명을 변경한다.

```
$ cd gattd
$ mv example_0.1.bb gattd_0.1.bb
```

9. 이름이 변경된 레시피 파일을 확인한다.

```
$ cat gattd_0.1.bb
```

SRC_URI와 md5 체크섬을 포함해 소프트웨어를 빌드하는 데 필요한 메타데이터로 이 레시피를 만들려고 한다.

10. 지금은 gattd_0.1.bb를 MELP/Chapter07/meta-gattd/recipes-gattd/gattd_0.1. bb에서 제공하는 완성된 레시피로 변경한다.

11. 새로운 레이어에 대한 깃 저장소를 만들고 깃허브에 푸시한다.

이제 애플리케이션에 대한 커스텀 레이어가 있으므로 작업 중인 이미지에 추가해보자.

1. 먼저 Yocto를 복제한 디렉터리의 한 단계 상위 레벨로 이동한다.

```
$ cd ../../..
```

2. 깃허브에서 meta-gattd 레이어나 생성한 레이어를 복제한다.

```
$ git clone https://github.com/fvasquez/meta-gattd.git
```

fvasquez를 깃허브 사용자 이름으로 바꾸고 meta-gattd를 레이어의 저장소 이름으로 변경한다.

3. 다음으로는 BitBake 작업 환경을 설정한다.

```
$ source poky/oe-init-build-env build-rpi
```

이 작업은 많은 환경 변수를 설정하고 build-rpi 디렉터리로 되돌아간다.

4. 그런 다음, 새로 복제된 레이어를 이미지에 추가한다.

```
$ bitbake-layers add-layer ../meta-gattd
```

meta-gattd를 새로운 레이어 이름으로 변경한다.

5. 필요한 모든 레이어가 이미지에 추가됐는지 확인한다.

```
$ bitbake-layers show-layers
```

새 레이어를 포함해 목록에 총 9개의 레이어가 있어야 한다.

6. 이제 conf/local.conf 파일에 엑스트라 패키지를 추가한다.

```
CORE_IMAGE_EXTRA_INSTALL += "gattd"
```

`CORE_IMAGE_EXTRA_INSTALL`은 rpi-test-image와 같이 core-image 클래스에서 상속된 이미지에 엑스트라 패키지를 추가하는 데 사용되는 변수다. `IMAGE_INSTALL`은 이미지에 포함되는 패키지를 제어하는 변수다. conf/local.conf에서는 `IMAGE_INSTALL += "gattd"`를 사용할 수 없는데, core-image.bbclass에서 실행되는 기본 지연 할당default lazy assignment으로 대체되기 때문이다. 그 대신 `IMAGE_INSTALL_append = " gattd"` 또는 `CORE_IMAGE_EXTRA_INSTALL += " gattd"`를 사용하면 된다.

7. 마지막으로, 이미지를 다시 빌드한다.

```
$ bitbake rpi-test-image
```

소프트웨어가 성공적으로 빌드돼 설치되면, rpi-test-image-raspberrypi4-64.rootfs. wic.bz2 이미지를 확인할 수 있다. 그 이미지를 마이크로SD 카드에 쓰고 라즈베리 파이 4에서 부팅한다.

conf/local.conf에 패키지를 추가하는 것은 개발 초기 단계에서는 의미가 있다. 작업의 결과를 나머지 팀과 공유할 준비가 되면, 이미지 레시피를 만들고 거기에 패키지를 넣어야 한다. 6장의 마지막 부분에서는 nova-image 레시피를 작성해 helloworld 패키지를 core-image-minimal에 추가했다.

실제 하드웨어에서 새로 빌드된 이미지를 테스트하는 데 꽤 많은 시간을 보냈으므로, 이제 소프트웨어로 다시 관심을 돌릴 때다. 다음 절에서는 임베디드 소프트웨어를 개발하는 동안 익숙해져온 지루한 컴파일, 테스트, 디버깅 주기를 간소화하기 위해 설계된 도구를 설명한다.

⋮⋮ devtool로 변경 사항 캡처

6장에서는 helloworld 프로그램의 레시피를 만드는 방법을 처음부터 배웠다. 레시피 패키징을 위해 복사-붙여넣기 접근 방식이 처음에는 유용할 수 있지만, 프로젝트가 성장하고 유지 관리해야 하는 상황에서 레시피 수가 증가함에 따라 곧 한계에 다다르게 된다. 이번 절에서는 패키지 레시피로 작업하는 더 나은 방법을 소개한다. 이 방법은 사용자와 제3자가 업스트림에 기여하는 모두에게 해당되며, devtool이라 하고 Yocto의 확장 가능한 SDK의 토대가 된다.

개발 워크플로

devtool을 시작하기에 앞서, 트리 내에서 레시피를 수정하는 대신 새 레이어에서 작업을 진행하고 있는지 확인이 필요하다. 그렇지 않으면, 쉽게 덮어 쓰게 되고 지금까지 작업했던 시간을 잃어버릴 수 있다.

1. 먼저 Yocto를 복제한 디렉터리의 한 레벨 위 디렉터리로 이동한다.

2. 다음으로는 BitBake 작업 환경을 설정한다.

```
$ source poky/oe-init-build-env build-mine
```

이 작업은 많은 환경 변수를 설정하고 새로운 build-mine 디렉터리로 이동한다.

3. 64비트 Arm의 경우 conf/local.conf에서 MACHINE을 다음과 같이 설정한다.

```
MACHINE ?= "quemuarm64"
```

4. 새로운 레이어를 만든다.

```
$ bitbake-layers create-layer ../meta-mine
```

5. 이제 새 레이어를 추가한다.

```
$ bitbake-layers add-layer ../meta-mine
```

6. 원하는 위치에 새로운 레이어가 생성됐는지 확인한다.

```
$ bitbake-layers show-layers
```

목록에는 총 4개의 레이어, 즉 meta, meta-poky, meta-yocto-bsp, meta-mine이 있어야 한다.

개발 워크플로를 직접 경험하려면 배포할 대상이 필요하다. 이 말은 이미지를 빌드하는 것을 의미한다.

```
$ devtool build-image core-image-full-cmdline
```

전체 이미지를 처음 빌드하는 데 몇 시간이 걸린다. 완료된 후 다음 단계로 부팅한다.

```
$ runqemu qemuarm64 nographic
[...]
Poky (Yocto Project Reference Distro) 3.1.6 qemuarm64 ttyAMA0

qemuarm64 login: root
root@qemuarm64:~#
```

nographic 옵션을 지정해 별도의 셸에서 직접 QEMU를 실행할 수 있다. 이 방법은 에뮬레이트된 그래픽 모드에 대응하는 것보다 쉽게 입력할 수 있다. root로 로그인한다. 비밀번호는 없다. nographic 모드에서 실행 중에 QEMU를 종료하려면 해당 셸에서 **Ctrl + A**와 **x**를 차례로 입력한다. 후속 작업이 필요하므로 지금은 QEMU를 실행 상태로 두고 진행한다. ssh root@192.168.7.2를 사용해 VM에 SSH로 연결할 수 있다.

devtool은 세 가지 공통 개발 워크플로를 지원한다.

- 새 레시피를 추가한다.

- 기존 레시피로 빌드된 소스를 패치한다.

- 레시피를 업그레이드해 최신 버전의 업스트림 소스를 가져온다.

이러한 워크플로를 시작하면 devtool은 변경 작업을 할 임시 작업 공간을 만든다. 해당 샌드박스에는 레시피 파일과 가져온 소스가 포함돼 있다. 작업이 끝나면, devtool은 변경 사항을 레이어에 다시 통합하므로 작업 공간이 없어질 수 있다.

새로운 레시피 생성

아직 BitBake 레시피를 등록하지 않은 오픈소스 소프트웨어가 있다고 가정해보자. 문제의 소프트웨어가 경량 bubblewrap 컨테이너 런타임이라고 가정해본다. 이 경우 깃허브에서 Bubblewrap의 tar 압축 릴리스 소스 파일을 다운로드하고 이에 대한 레시피를 만들 수 있다. 그것이 바로 devtool add가 하는 일이다.

먼저 devtool add는 자체 로컬 깃 저장소가 있는 작업 공간을 만든다. 새로운 작업 공간의 디렉터리 내에 recipe/bubblewrap 디렉터리를 생성하고, tar 압축 파일을 sources/bubblewrap 디렉터리로 압축 해제한다. devtool은 Autotools와 CMake 같은 널리 사용되는 빌드 시스템에 대해 알고 있으며, 이것이 어떤 종류의 프로젝트(bubblewrap의 경우 Autotools)인지 파악하기 위해 최선을 다할 것이다. 그런 다음, 파싱된 메타데이터와 이전 BitBake 빌드에서 캐시된 패키지 데이터를 사용해 DEPENDS, RDEPENDS 값뿐만 아니라 상속과 필요한 파일도 파악한다. 이제 시작해보자.

1. 먼저 다른 셸을 열고 Yocto를 복제한 디렉터리의 한 단계 상위 레벨로 이동한다.

2. 다음으로는 BitBake 환경을 설정한다.

```
$ source poky/oe-init-build-env build-mine
```

이 작업은 많은 환경 변수를 설정하고 build-mine 작업 디렉터리로 위치를 이동한다.

3. 그런 다음, 릴리스된 소스 tar 압축 파일의 URL로 devtool add를 실행한다.

```
$ devtool add https://github.com/containers/bubblewrap/ releases/
download/v0.4.1/bubblewrap-0.4.1.tar.xz
```

모든 것이 계획대로 진행되면 devtool add는 빌드할 수 있는 레시피를 생성한다.

4. 새로운 레시피를 빌드하기 전에 다음을 살펴보자.

```
$ devtool edit-recipe bubblewrap
```

devtool은 recipe/bubblewrap/bubblewrap_0.4.1.bb를 편집기에서 오픈한다. devtool이 이미 md5 체크섬을 채운 것을 볼 수 있다.

5. Bubblewrap_0.4.1.bb 끝에 다음 줄을 추가한다.

```
FILES_${PN} += "/usr/share/*"
```

명백한 오류를 수정하고 변경 내용을 저장한 다음, 편집기를 종료한다.

6. 새로운 레시피를 빌드하려면 다음 명령을 사용한다.

```
$ devtool build bubblewrap
```

7. 다음으로는 컴파일된 bwrap 실행 파일을 타깃 에뮬레이터에 배포한다.

```
$ devtool deploy-target bubblewrap root@192.168.7.2
```

그러면 필요한 빌드 아티팩트가 타깃 에뮬레이터에 설치된다.

8. QEMU 셸에서 방금 빌드하고 배포한 bwrap 파일을 실행한다.

```
root@qemuarm64:~# bwrap --help
```

일련의 bubblewrap 관련 문서가 보이면 빌드와 배포가 성공한 것이다. 그렇지 않은 경우, devtool을 사용해 bubblewrap이 동작한다고 확신할 수 있을 때까지 편집, 빌드, 배포 단계를 반복한다.

9. 성공적으로 실행이 확인되면 타깃 에뮬레이터를 초기화한다.

```
$ devtool undeploy-target bubblewrap root@192.168.7.2
```

10. 모든 작업을 레이어에 다시 병합한다.

```
$ devtool finish -f bubblewrap ../meta-mine
```

11. 작업 공간에서 남은 소스를 삭제한다.

```
$ rm -rf workspace/sources/bubblewrap
```

새로운 레시피가 다른 사람들에게 도움을 줄 수 있다고 생각한다면, Yocto에 패치를 제출해보자.

레시피로 빌드된 소스 수정

명령줄 JSON 전처리기인 jq에서 버그를 발견했다고 가정해보자. 웹 사이트(https://github.com/stedolan/jq)에서 깃 저장소를 검색하고 아무도 문제를 보고하지 않았다는 사실을 확인했다. 그러고 나서 소스 코드를 본다. 수정하려면 몇 가지 작은 코드 변경만 필요하므로

jq를 직접 패치하기로 결정한다. 이때 devtool modify가 필요하게 된다.

devtool은 Yocto의 캐시된 메타데이터를 보고 jq에 대한 레시피가 이미 존재한다는 것을 알 수 있다. devtool add와 마찬가지로 devtool modify는 새 임시 작업 공간을 생성하는데, 여기에는 레시피 파일을 복사하고 업스트림 소스를 추출하는 자체 로컬 깃 저장소가 있다. jq는 C로 작성됐으며 meta-oe라는 기존 OpenEmbedded 레이어에 있다. 패키지 소스를 수정하기 전에 이 레이어와 jq의 의존성을 작업 이미지에 추가해야 한다.

1. 먼저 build-mine 환경 설정에서 몇 개의 레이어를 삭제한다.

```
$ bitbake-layers remove-layer workspace
$ bitbake-layers remove-layer meta-mine
```

2. 다음으로는 깃허브에서 meta-openembedded 저장소를 복제한다.

```
$ git clone -b dunfell https://github.com/openembedded/meta-
openembedded.git ../meta-openembedded
```

3. 그런 다음, 이미지에 meta-oe와 meta-mine 레이어를 추가한다.

```
$ bitbake-layers add-layer ../meta-openembedded/meta-oe
$ bitbake-layers add-layer ../meta-mine
```

4. 필요한 모든 레이어가 이미지에 추가됐는지 확인한다.

```
$ bitbake-layers show-layers
```

목록에는 총 5개의 레이어, 즉 meta, meta-poky, metayocto-bsp, meta-oe, meta-mine이 있어야 한다.

5. onig 패키지는 jq의 런타임 의존성이 있으므로 conf/local.conf에 다음 줄을 추가한다.

```
IMAGE_INSTALL_append = " onig"
```

6. 이미지를 다시 빌드한다.

```
$ devtool build-image core-image-full-cmdline
```

7. 다른 셸에서 **Ctrl** + **A**와 **x**를 사용해 QEMU를 종료하고 에뮬레이터를 다시 시작한다.

```
$ runqemu qemuarm64 nographic
```

많은 패치 도구와 마찬가지로 `devtool modify`는 커밋 메시지를 사용해 패치 파일명을 생성하므로 커밋 메시지를 짧고 의미 있게 작성해야 한다. 또한 깃 히스토리를 기반으로 패치 파일 자체를 자동으로 생성하고 새로운 패치 파일명으로 .bbappend 파일을 만든다. `devtool`이 작업을 적절한 패치 파일로 분할할 수 있도록 깃 커밋을 prune하고 squish하도록 한다.

1. 수정하려는 패키지 이름을 사용해 `devtool modify`를 실행한다.

```
$ devtool modify jq
```

2. 선호하는 편집기를 사용해 코드를 변경한다. 표준 깃 add와 commit 워크플로를 사용해 작업 내용을 추적한다.

3. 다음 명령을 사용해 수정된 소스를 빌드한다.

```
$ devtool build jq
```

4. 다음으로 컴파일된 jq 실행 파일을 타깃 에뮬레이터에 배포한다.

```
$ devtool deploy-target jq root@192.168.7.2
```

그러면 필요한 빌드 아티팩트가 타깃 에뮬레이터에 설치된다.

연결에 실패하면 다음과 같이 기존 에뮬레이터의 키를 삭제한다.

```
$ ssh-keygen -f "/home/frank/.ssh/known_hosts" -R "192.168.7.2"
```

위 예제에서 파일 경로의 frank를 사용자 이름으로 변경한다.

5. QEMU 셸에서 방금 빌드하고 배포한 jq 파일을 실행한다. 버그를 더 이상 재현할 수 없으면 변경 사항이 적용된 것이다. 그렇지 않으면 확인될 때까지 편집, 빌드, 배포 단계를 반복한다.

6. 정상 동작이 확인되면 타깃 에뮬레이터에서 jq를 제거한다.

```
$ devtool undeploy-target jq root@192.168.7.2
```

7. 모든 작업을 레이어에 다시 병합한다.

```
$ devtool finish jq ../meta-mine
```

깃 소스 트리가 지저분해져서 병합에 실패하면 남은 jq 빌드 아티팩트를 제거하거나 unstage 상태로 변경하고 devtool finish를 다시 시도한다.

8. 작업 공간에서 남은 소스를 삭제한다.

```
$ rm -rf workspace/sources/jq
```

새로 만든 패치가 다른 사람들에게 도움을 줄 수 있다고 생각되면 업스트림 프로젝트 관리자에게 제출한다.

레시피를 최신 버전으로 업그레이드

타깃 장치에서 Flask 웹 서버를 실행 중이고 새로운 버전의 Flask가 출시됐다고 가정해 보자. 최신 버전의 Flask에는 누구라도 빨리 사용하고 싶은 기능이 있다. Flask 레시피 패키지 관리자가 새로운 릴리스 버전으로 업그레이드하기를 기다리는 대신, 레시피를 직접 업그레이드하기로 결정한다. 레시피 파일에서 버전을 올리는 것만큼 쉬울 것이라고 생각할 수 있지만 md5 체크섬도 포함돼 있다. 지루한 프로세스를 완전히 자동화할 수 있다면 좋지 않을까? 그럼 devtool upgrade 명령어가 무엇인지 생각해보자.

Flask는 파이썬 3 라이브러리이므로, 이미지를 업그레이드하려면 파이썬 3, Flask, Flask의 의존성을 포함해야 한다. 다음 단계를 따라 방법을 알아보자.

1. 먼저 build-mine 환경 설정에서 몇 개의 레이어를 삭제한다.

```
$ bitbake-layers remove-layer workspace
$ bitbake-layers remove-layer meta-mine
```

2. 다음으로는 이미지에 meta-python과 meta-mine 레이어를 추가한다.

```
$ bitbake-layers add-layer ../meta-openembedded/metapython
$ bitbake-layers add-layer ../meta-mine
```

3. 필요한 모든 레이어가 이미지에 추가됐는지 확인한다.

```
$ bitbake-layers show-layers
```

목록에는 총 6개의 레이어, 즉 meta, meta-poky, meta-yocto-bsp, meta-oe, meta-python, meta-mine이 있어야 한다.

4. 이제 많은 파이썬 모듈을 사용할 수 있게 된다.

```
$ bitbake -s | grep ^python3
```

사용할 수 있는 모듈 중 하나는 python3-flask이다.

5. conf/local.conf 파일을 검색해 python3와 python3-flask가 빌드되고 이미지에 설치되고 있는지 확인한다. 만약 없는 경우라면, conf/local.conf에 다음 줄을 추가해 둘 다 포함하도록 한다.

```
IMAGE_INSTALL_append = " python3 python3-flask"
```

6. 이미지를 재빌드한다.

```
$ devtool build-image core-image-full-cmdline
```

7. 다른 셸에서 **Ctrl** + **A**와 **x**를 사용해 QEMU를 종료하고 에뮬레이터를 다시 시작한다.

```
$ runqemu qemuarm64 nographic
```

NOTE

이 책을 쓰는 시점에서 meta-python에 포함된 Flask 버전은 1.1.1이었고 PyPI에서 사용할 수 있는 Flask의 최신 버전은 1.1.2였다.

이제 모든 준비가 끝났으므로 업그레이드를 진행하자.

1. 먼저 패키지 이름과 업그레이드할 타깃 버전으로 `devtool upgrade`를 실행한다.

```
$ devtool upgrade python3-flask --version 1.1.2
```

2. 업그레이드된 레시피를 빌드하기 전에 확인해보자.

```
$ devtool edit-recipe python3-flask
```

`devtool`은 recipe/python3/python3-flask_1.1.2.bb 파일을 편집기로 연다.

```
inherit pypi setuptools3
require python-flask.inc
```

이 레시피에서는 변경할 특정 버전이 없으므로 새 파일을 저장하고 편집기를 종료한다.

3. 다음 명령어를 사용해 새로운 레시피를 빌드한다.

```
$ devtool build python3-flask
```

4. 그다음에는 새로운 Flask 모듈을 타깃 에뮬레이터에 배포한다.

```
$ devtool deploy-target python3-flask root@192.168.7.2
```

이렇게 하면 필요한 빌드 아티팩트가 타깃 에뮬레이터에 설치된다.

만약 연결에 실패하면, 다음 명령어와 같이 오래된 에뮬레이터의 키를 삭제한다.

```
$ ssh-keygen -f "/home/frank/.ssh/known_hosts" -R "192.168.7.2"
```

경로의 frank는 사용자 이름으로 바꿔 실행한다.

5. QEMU 셸에서 python3 REPL^{Read Evaluate Print Loop}(콘솔 화면에서 python 구문을 입력하면 바로 결과를 리턴해 확인할 수 있는 도구)을 시작하고 배포된 Flask 버전을 확인한다.

```
root@qemuarm64:~# python3
>>> import flask
>>> flask.__version__
'1.1.2'
>>>
```

REPL에 flask.__version__을 입력해 '1.1.2'가 리턴되면, 업그레이드가 동작한 것이다. 그렇지 않은 경우 devtool을 사용해 무엇이 잘못됐는지 파악할 때까지 편집, 빌드, 배포 단계를 반복한다.

6. 정상 동작이 확인되면 타깃 에뮬레이터를 초기화한다.

```
$ devtool undeploy-target python3-flask root@192.168.7.2
```

7. 모든 작업을 레이어에 다시 병합한다.

```
$ devtool finish python3-flask ../meta-mine
```

깃 소스 트리가 지저분해져서 병합에 실패하면, 남아 있는 python3-flask 빌드 아티팩트를 제거하거나 unstage 상태로 변경하고 devtool finish를 다시 시도한다.

8. 작업 공간의 남은 소스를 삭제한다.

```
$ rm -rf workspace/sources/python3-flask
```

만약 다른 사용자도 최신 버전의 패키지로 자신의 배포판을 업그레이드하길 원할 것 같다면, Yocto에 패치를 제출한다.

마침내 자신만의 배포판을 구축하는 방법에 관한 주제에 도달했다. 해당 기능은 Yocto에 고유한 특성이며 특히 Buildroot에서는 제공하지 않는다. 배포 레이어는 서로 다른 하드웨어를 타깃으로 하는 여러 프로젝트에서 공유할 수 있는 강력한 추상적 개념이다.

▶ 나만의 배포판 빌드

6장의 시작 부분에서는 Yocto가 커스텀 리눅스 배포판을 빌드할 수 있는 기능을 제공한다고 소개했다. 이는 meta-poky 같은 배포판 레이어를 통해 수행된다. 앞서 봤듯이 커스텀 이미지를 빌드하기 위해 자체 배포 레이어가 필요하지는 않으며, Poky의 배포 메타데이터를 수정하지 않고도 작업을 시작할 수 있다. 그러나 배포 정책(예를 들어 기능, C 라이브러리 구현, 패키지 관리자 선택 등)을 변경하려는 경우에는 고유한 배포를 빌드하도록 선택할 수 있다.

자신의 배포판을 구축하는 것은 3단계 프로세스로 구성된다.

1. 새로운 배포 레이어를 만든다.

2. 배포판 설정 파일을 생성한다.

3. 배포판에 더 많은 레시피를 추가한다.

그러나 이를 수행하는 방법에 대한 기술적인 세부 사항을 설명하기에 앞서, 자신의 배포판을 배포할 적절한 시기가 언제인지 생각해본다.

할 때와 하지 말아야 할 때

배포 설정은 패키지 포맷(rpm, deb, ipk), 패키지 피드package feed, init 시스템(systemd나 sysvinit)과 특정 패키지 버전을 정의한다. Poky에서 상속하고 자신만의 배포판에 대한 변경 사항을 재정의해 새로운 레이어에 자신의 배포판을 만들 수 있다. 그러나 빌드 디렉터리의 local.conf 파일에 명백한 로컬 설정(예: 상대 경로) 외에 많은 값을 추가하게 된다면, 처음부터 자신만의 배포판을 만드는 것을 고려해야 할 필요성이 있다.

새로운 배포 레이어 생성

레이어를 만드는 방법을 알고 있다. 배포판 레이어를 만드는 것도 이와 다르지 않다. 한 번 시작해보자.

1. 먼저 Yocto를 복제한 디렉터리의 한 레벨 위 디렉터리로 이동한다.

2. 다음으로는 BitBake 작업 환경을 설정한다.

   ```
   $ source poky/oe-init-build-env build-rpi
   ```

   많은 환경 변수를 설정하고 이전의 build-rpi 디렉터리로 다시 돌아간다.

3. build-rpi 환경에서 meta-gattd 레이어를 삭제한다.

   ```
   $ bitbake-layers remove-layer meta-gattd
   ```

4. conf/local.conf에서 CORE_IMAGE_EXTRA_INSTALL을 주석 처리하거나 삭제한다.

   ```
   #CORE_IMAGE_EXTRA_INSTALL += "gattd"
   ```

5. 배포판의 새로운 레이어를 생성한다.

   ```
   $ bitbake-layers create-layer ../meta-mackerel
   ```

6. 이제 build-rpi 환경 설정에 새 레이어를 추가한다.

```
$ bitbake-layers add-layer ../meta-mackerel
```

예제에서 배포판의 이름은 mackerel이다. 자체 배포판의 레이어를 생성하면 배포 정책을 패키지 레시피(구현)와 별도로 유지할 수 있다.

배포판 환경 설정

Meta-mackerel 배포판 레이어의 conf/distro 디렉터리에 배포판 설정 파일을 만든다. 배포판과 동일한 이름을 지정한다(예: mackerel.conf).

conf/distro/mackerel.conf에서 필요한 DISTRO_NAME과 DISTRO_VERSSION 변수를 설정한다.

```
DISTRO_NAME = "Mackerel (Mackerel Embedded Linux Distro)"
DISTRO_VERSION = "0.1"
```

다음과 같은 옵션 변수도 mackerel.conf에서 설정할 수 있다.

```
DISTRO_FEATURES: Add software support for these features.
DISTRO_EXTRA_RDEPENDS: Add these packages to all images.
DISTRO_EXTRA_RRECOMMENDS: Add these packages if they exist.
TCLIBC: Select this version of the C standard library.
```

이러한 변수로 작업이 완료되면, 배포판에 대해 원하는 거의 모든 변수를 conf/local. conf에 정의할 수 있다. Poky's와 같은 다른 배포판의 conf/distro 디렉터리를 보고 어떤 것으로 구성하는지 확인하거나 conf/distro/defaultsetup.conf를 템플릿으로 복사하고 사용한다. 배포판 설정 파일을 여러 인클루드 파일로 나누기로 결정한 경우, 해당 파일을 계층의 conf/distro/include 디렉터리에 배치해야 한다.

배포판에 더 많은 레시피 추가

배포판 레이어에 배포 관련 메타데이터를 좀 더 추가해보자. 추가 설정 파일에 레시피를 추가하고 싶을 것이다. 기존 레시피로 아직 설치되지 않은 구성 파일이 있다. 더 중요한 것은 append 파일을 추가해 기존 레시피를 커스터마이징하고 해당 설정 파일을 배포판에 추가할 수도 있다는 점이다.

런타임 패키지 관리

배포판 이미지에 패키지 관리자를 포함하면, 안전한 무선 업데이트와 신속한 애플리케이션 개발이 가능해진다. 팀이 하루에 여러 번 반복되는 소프트웨어에서 작업할 때 패키지를 자주 업데이트하는 것은 모든 팀 멤버가 동기화하고 앞으로 나아가게 하는 한 가지 방법이다. 전체 이미지 업데이트는 필요치 않을 뿐만 아니라(패키지 하나만 변경) 방해가 된다(재부팅 필요). 원격 서버에서 패키지를 가져와 타깃 장치에 설치할 수 있는 것을 런타임 패키지 관리^{runtime package management}라고 한다.

Yocto는 다양한 패키지 포맷(rpm과 ipk)과 다양한 패키지 관리자(dnf와 opkg)를 지원한다. 배포판에 대해 선택한 패키지 포맷에 따라 포함할 수 있는 패키지 관리자가 결정된다.

배포판의 패키지 포맷을 선택하려면, 배포판의 conf 파일에서 `PACKAGE_CLASSES` 변수를 설정할 수 있다. 다음 내용을 meta-mackerel/conf/distro/mackerel.conf에 추가한다.

```
PACKAGE_CLASSES ?= "package_ipk"
```

이제 build-rpi 디렉터리로 돌아가자.

```
$ source poky/oe-init-build-env build-rpi
```

라즈베리 파이 4를 타깃으로 하고 있으므로, `MACHINE` 변수가 conf/local.conf에서 여전히 적절하게 설정돼 있는지 확인한다.

```
MACHINE = "raspberrypi4-64"
```

배포판에서 이미 `package_ipk`를 선택했으므로 빌드 디렉터리의 conf/local.conf에서 `PACKAGE_CLASSES`를 주석 처리한다.

```
#PACKAGE_CLASSES ?= "package_rpm"
```

런타임 패키지 관리를 활성화하려면, 빌드 디렉터리의 conf/local.conf에 있는 `EXTRA_IMAGE_FEATURES` 목록에 "package-management"를 추가한다.

```
EXTRA_IMAGE_FEATURES ?= "debug-tweaks ssh-server-openssh package-management"
```

이렇게 하면 현재 빌드의 모든 패키지가 포함된 패키지 데이터베이스가 배포판 이미지에 설치된다. 배포판 이미지가 배포된 후 타깃에서 항상 패키지 데이터베이스를 초기화할 수 있으므로 미리 추가된 패키지 데이터베이스는 선택 사항이다.

마지막으로, 빌드 디렉터리의 conf/local.conf 파일에 있는 `DISTRO` 변수를 배포판 이름으로 설정한다.

```
DISTRO = "mackerel"
```

배포 설정 파일에 있는 빌드 디렉터리의 conf/local.conf 파일을 가리킨다.

마침내 배포판을 빌드할 준비가 됐다.

```
$ bitbake -c clean rpi-test-image
$ bitbake rpi-test-image
```

다른 패키지 포맷으로 rpi-test-image를 재구축하고 있으므로 시간이 조금 걸린다. 완성된 이미지는 이번에는 다른 디렉터리에 배치된다.

```
$ ls tmp-glibc/deploy/images/raspberrypi4-64/rpi-testimage*wic.bz2
```

Etcher를 사용해 이미지를 마이크로SD 카드에 쓰고 라즈베리 파이 4에서 부팅한다. 이전과 같이 이더넷과 SSH에 연결한다.

```
$ ssh root@raspberrypi4-64.local
```

연결에 실패하면, 다음과 같이 라즈베리 파이의 잘못된 키를 삭제한다.

```
$ ssh-keygen -f "/home/frank/.ssh/known_hosts" -R "raspberrypi4-64.local"
```

경로에서 frank를 사용자 이름으로 바꾼다.

로그인한 후 opkg 패키지 관리자가 설치됐는지 확인한다.

```
root@raspberrypi4-64:~# which opkg
/usr/bin/opkg
```

패키지 관리자는 배포판을 가져올 원격 패키지 서버가 없다면 쓸모가 없다. 다음을 확인해보자.

⫶ 원격 패키지 서버 프로비저닝

HTTP 원격 패키지 서버를 설정하고 대상 클라이언트가 이 서버를 가리키도록 하는 것은 생각보다 쉽다. 클라이언트 측 서버 주소 설정은 패키지 관리자마다 다르다. 여기서는 라즈베리 파이 4에서 수동으로 opkg를 구성한다.

패키지 서버부터 시작해보자.

1. 먼저 Yocto를 복제한 디렉터리의 한 단계 상위 레벨로 이동한다.

2. 다음으로는 BitBake 작업 환경을 설정한다.

```
$ source poky/oe-init-build-env build-rpi
```

이 작업은 많은 환경 변수를 설정하고 build-rpi 디렉터리로 위치를 이동한다.

3. curl 패키지를 빌드한다.

```
$ bitbake curl
```

4. 패키지 색인을 수집한다.

```
$ bitbake package-index
```

5. 패키지 설치 프로그램 파일을 확인한다.

```
$ ls tmp-glibc/deploy/ipk
```

ipk에는 aarch64, all, raspberrypi4_64라는 3개의 디렉터리가 있어야 한다. architecture 디렉터리는 aarch64이고, machine 디렉터리는 raspberrypi4_64 이다. 이 두 디렉터리의 이름은 빌드를 위해 어떻게 이미지를 구성했는지에 따라 달라진다.

6. 패키지 설치 프로그램 파일이 있는 ipk 디렉터리로 이동한다.

```
$ cd tmp-glibc/deploy/ipk
```

7. 리눅스 호스트 시스템의 IP 주소를 확인한다.

8. HTTP 패키지 서버를 시작한다.

```
$ sudo python3 -m http.server --bind 192.168.1.69 80
[sudo] password for frank:
Serving HTTP on 192.168.1.69 port 80
(http://192.168.1.69:80/) ...
```

192.168.1.69를 사용 중인 리눅스 호스트 시스템의 IP 주소로 변경한다.

이제 타깃 클라이언트를 구성해보자.

1. 라즈베리 파이 4에 다시 SSH로 연결한다.

```
$ ssh root@raspberrypi4-64.local
```

2. 다음과 같이 /etc/opkg/opkg.conf를 편집한다.

```
src/gz all http://192.168.1.69/all
src/gz aarch64 http://192.168.1.69/aarch64
src/gz raspberrypi4_64 http://192.168.1.69/
raspberrypi4_64

dest root /
option lists_dir /var/lib/opkg/lists
```

192.168.1.69를 사용 중인 리눅스 호스트 시스템의 IP 주소로 변경한다.

3. opkg 업데이트를 실행한다.

```
root@raspberrypi4-64:~# opkg update
Downloading http://192.168.1.69/all/Packages.gz.
Updated source 'all'.
Downloading http://192.168.1.69/aarch64/Packages.gz.
Updated source 'aarch64'.
Downloading http://192.168.1.69/raspberrypi4_64/Packages.gz.
Updated source 'raspberrypi4_64'.
```

4. curl을 실행해본다.

```
root@raspberrypi4-64:~# curl
```

curl이 설치되지 않았으므로 실행되지 않는다.

5. curl을 설치한다.

```
root@raspberrypi4-64:~# opkg install curl
Installing libcurl4 (7.69.1) on root
Downloading http://192.168.1.69/aarch64/
libcurl4_7.69.1-r0_aarch64.ipk.
Installing curl (7.69.1) on root
```

```
Downloading http://192.168.1.69/aarch64/curl_7.69.1-r0_
aarch64.ipk.
Configuring libcurl4.
Configuring curl.
```

6. curl이 설치됐는지 확인한다.

```
root@raspberrypi4-64:~# curl
curl: try 'curl --help' for more information
root@raspberrypi4-64:~# which curl
/usr/bin/curl
```

리눅스 호스트 시스템의 build-rpi 디렉터리에서 계속 작업하면서 라즈베리 파이 4에서 업데이트를 확인할 수 있다.

```
root@raspberrypi4-64:~# opkg list-upgradable
```

그런 다음, 적용할 수 있다.

```
root@raspberrypi4-64:~# opkg upgrade
```

이 작업은 이미지를 다시 쓰고 마이크로SD 카드를 교체해 재부팅하는 것보다 빠르다.

⁂ 요약

많은 것을 알아야 한다는 사실은 알고 있을 것이다. 그런데 이것이 시작에 불과하다는 점도 알고 있어야 한다. Yocto는 빠져나올 수 없는 끝없는 토끼굴과 같다. 레시피와 도구는 끊임없이 변경되고 많은 문서가 있지만, 슬프게도 오래된 것이다. 다행히도 복사-붙여넣기 개발의 지루함과 실수를 대부분 자동화해서 해결해주는 devtool이 있다. 제공되는 도구를 사용하고 작업을 계속해서 자신의 레이어에 저장한다면, Yocto에 대해 고통스러워할 필요가 없다. 그것을 느끼기도 전에 자신의 배포 레이어를 배포하고 자신의 원격 패키지 서버를 실행하게 될 것이다.

원격 패키지 서버는 패키지와 애플리케이션을 배포하는 한 가지 방법일 뿐이다. 따라서 16장, '파이썬 패키징하기'에서는 몇 가지 다른 것을 배울 것이다. 비록 16장의 제목에서 '파이썬'을 언급하고 있지만, 해당 장에서 살펴볼 기술 중 일부(예: conda, 도커)는 모든 프로그래밍 언어에 적용된다. 패키지 관리자는 개발에 적합하지만, 런타임 패키지 관리는 실제 가동 중인 임베디드 시스템에서는 일반적으로 사용되지 않는다. 10장, '소프트웨어 업데이트'에서 전체 이미지와 컨테이너형 무선 업데이트 메커니즘을 자세히 살펴볼 것이다.

⫸ 추가 자료

다음 목록에는 이번 장에서 소개된 내용에 대한 추가 정보가 포함돼 있다.

- '커스텀 환경으로의 전환Transitioning to a Custom Environment', Yocto 프로젝트: https://docs.yoctoproject.org/transitioning-to-a-custom-environment.html

- 'Yocto 프로젝트 개발 매뉴얼Yocto Project Development Manual', 스콧 리펜바크Scott Rifenbark: https://www.yoctoproject.org/docs/latest/dev-manual/dev-manual.html

- 'Devtool을 사용해 Yocto 프로젝트 워크플로 간소화Using Devtool to Streamline Your Yocto Project Workflow', 팀 올링Tim Orling: https://www.youtube.com/watch?v=CiD7rB35CRE

- '원격 opkg 저장소로 Yocto 빌드 워크스테이션 사용Using a Yocto build workstation as a remote opkg repository', 점프나우 테크놀로지스Jumpnow Technologies: https://jumpnowtek.com/yocto/Using-your-build-workstation-as-a-remote-package-repository.html

08

Yocto의 내부를 살펴보자

8장에서는 임베디드 리눅스를 위한 최고의 빌드 시스템인 Yocto를 좀 더 자세히 알아본다. Yocto의 아키텍처를 둘러보는 것으로 시작해 전체 빌드 워크플로를 단계별로 설명할 것이다. 다음으로는 Yocto의 다중 레이어 접근 방식과 메타데이터를 다른 레이어로 분리하는 것이 좋은 이유를 살펴본다. 프로젝트 내부에 점점 더 많은 BitBake 레이어가 쌓이게 되면 문제가 불가피하게 발생한다. 태스크 로그, `devshell`, 의존성 그래프를 포함해 Yocto 빌드 실패를 디버깅하는 여러 방법을 확인해볼 것이다.

빌드 시스템을 세부 내용으로 나눈 후, 7장에서 다뤘던 BitBake 주제를 다시 살펴볼 것이다. 이번에는 기본 구문^{syntax}과 의미^{semantics}를 더 많이 다루므로 처음부터 나만의 레시피를 작성할 수 있다. 실제 레시피 파일, 인클루드 파일, 설정 파일에서 BitBake 셸과 파이썬 코드의 실제 예제를 살펴보면 Yocto의 '메타데이터'라는 바다로 떠나면서 모험을 시작할 때 어떤 일이 일어날지 알 수 있을 것이다.

8장에서는 다음과 같은 주제를 다룬다.

- Yocto의 아키텍처와 워크플로 분석

- 메타데이터를 레이어로 분리

- 빌드 실패 문제 해결

- BitBake 구문과 의미 이해

그럼 시작해보자!

기술적 요구 사항

이 장의 예제를 따라 하려면 다음 사항을 준비해야 한다.

- 사용 가능한 디스크 공간이 최소 60GB인 리눅스 기반 호스트 시스템

- Yocto 3.1(Dunfell) LTS 릴리스

6장, '빌드 시스템 선택하기'에서는 Yocto의 3.1(Dunfell) LTS 릴리스를 이미 빌드했다. 아직 빌드해보지 않았다면, 6장의 지침에 따라 리눅스 호스트에서 Yocto를 빌드하기 전에 Yocto 프로젝트 퀵 빌드 가이드(https://www.yoctoproject.org/docs/current/brief-yoctoprojectqs/brief-yoctoprojectqs.html)의 '호환 가능한 리눅스 배포판Compatible Linux Distribution' 절과 '호스트 패키지 빌드Build Host Packages' 절을 참조하길 바란다.

Yocto의 아키텍처와 워크플로 분석

Yocto는 '복잡한 야수complex beast'와 같다. 세부 내용으로 나눠 분석하는 것이 Yocto를 이해하기 위한 첫 번째 단계다. 빌드 시스템의 아키텍처는 워크플로 관점에서 구성될 수 있다. Yocto는 기반이 되는 OpenEmbedded 프로젝트에서 워크플로를 가져온다. 소스 재료는 BitBake 레시피 형태로 메타데이터를 통해 시스템에 입력으로 공급된다. 빌드 시스템은 이 메타데이터를 사용해 소스 코드를 바이너리 패키지 피드로 가져오고, 구성하고, 컴파일한다. 이런 개별 출력 결과 패키지는 완성된 리눅스 이미지와 SDK가

생성되기 전에 스테이징 영역 내에서 만들어지며, 탑재된 각 패키지에 대한 라이선스가 포함된 매니페스트^{manifest}와 함께 완성된다.

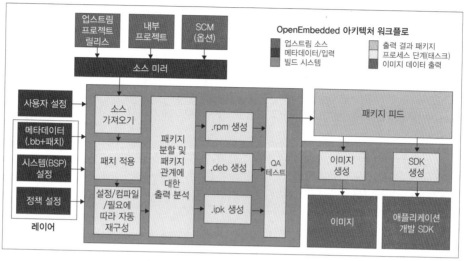

그림 8.1 OpenEmbedded 아키텍처와 워크플로

다음은 그림 8.1에 표시된 Yocto 빌드 시스템 워크플로의 일곱 단계다.

1. 정책, 시스템, 소프트웨어 메타데이터에 대한 레이어를 정의한다.

2. 소프트웨어 프로젝트의 소스 URI에서 소스를 가져온다.

3. 소스 코드를 추출하고, 패치를 적용한 다음, 소프트웨어를 컴파일한다.

4. 패키징을 위해 스테이징 영역에 빌드 아티팩트를 설치한다.

5. 설치된 빌드 아티팩트를 루트 파일시스템을 위해 패키지 피드에 번들링한다.

6. 제출하기 전에 바이너리 패키지 피드에 대해 QA 검사를 실행한다.

7. 완성된 리눅스 이미지와 SDK를 병렬로 생성한다.

첫 번째 단계와 마지막 단계를 제외하고 위 워크플로의 모든 단계는 레시피별로 수행된다. 코드 린팅^{code linting}, 안정성 검사, 다른 형태의 정적 분석은 컴파일 전후에 발생할 수 있다. 단위 테스트와 통합 테스트는 빌드 시스템이나 타깃 SoC를 대신해 실행되는 QEMU 인스턴스와 타깃 자체에서 직접 실행할 수 있다. 또한 빌드가 완료되면 완성된 이미지를 전용 장치 그룹에 배포해 추가 테스트를 수행할 수 있다. 임베디드 리눅스 빌드 시스템의 전형인 Yocto는 많은 제품에서 소프트웨어 CI/CD 파이프라인의 중요한 구성 요소다.

Yocto가 생성하는 패키지는 rpm이나 deb, ipk 포맷일 수 있다. 빌드 시스템은 기본 바이너리 패키지 외에도 레시피에 대해 다음과 같은 모든 패키지를 생성하려고 시도한다.

- **dbg**: 디버그 심볼을 포함한 바이너리 파일

- **static-dev**: 헤더 파일과 정적 라이브러리

- **dev**: 헤더 파일과 공유 라이브러리 심볼릭 링크

- **doc**: 매뉴얼 페이지를 포함한 문서

- **locale**: 언어 번역 정보

ALLOW_EMPTY 변수가 활성화돼 있지 않으면 파일을 포함하지 않는 패키지가 생성되지 않는다. 기본적으로 생성되는 패키지 세트는 PACKAGES 변수에 의해 결정된다. 두 변수 모두 meta/classes/packagegroup.bbclass에 정의되지만, 해당 값은 해당 BitBake 클래스에서 상속되는 패키지 그룹 레시피에 의해 재정의될 수 있다.

SDK를 빌드하면 개별 패키지 레시피를 조작할 수 있는 완전히 다른 개발 워크플로가 가능하다. 7장의 'devtool로 변경 사항 캡처' 절에서는 devtool을 사용해 SDK 소프트웨어 패키지를 추가하고 수정함으로써 이미지에 다시 통합하는 방법을 배웠다.

메타데이터

메타데이터는 빌드 시스템으로 들어가는 입력이며, 빌드 대상과 방법을 제어한다. 메타데이터는 단순한 레시피 그 이상이다. BSP, 정책, 패치와 기타 다른 형태의 설정 파일도

메타데이터다. 빌드할 패키지 버전과 소스 코드를 가져올 위치는 확실히 메타데이터의 형태다. 개발자는 파일명 지정, 변수 설정, 명령 실행을 통해 이러한 모든 선택을 한다. 이러한 설정 작업, 인수 값, 결과 아티팩트는 메타데이터의 또 다른 형태다. Yocto는 이러한 모든 입력을 구문 분석하고 완전한 리눅스 이미지로 변환한다.

개발자가 Yocto로 빌드하는 것과 관련해 첫 번째로 선택하는 것은 어떤 시스템 아키텍처를 타깃으로 할 것인가다. 프로젝트의 conf/local.conf 파일에서 `MACHINE` 변수를 설정해 이 작업을 수행한다. QEMU를 타깃으로 할 때는 aarch64를 시스템 아키텍처로 지정하기 위해 `MACHINE ?= "qemuarm64"`를 사용한다. Yocto는 올바른 컴파일러 플래그가 BSP에서 다른 빌드 레이어로 전파되도록 한다.

아키텍처별 설정은 Yocto의 meta/conf/machine/include 디렉터리에 있는 tunes라는 파일과 개별 BSP 레이어 자체에 정의된다. 모든 Yocto 릴리스에는 다수의 BSP 레이어가 포함돼 있다. 7장에서는 `meta-raspberrypi` BSP 레이어로 여러 가지 작업을 했다. 각 BSP의 소스는 자체 깃 저장소 내에 있다.

Zynq 계열의 SoC를 지원하는 자일링스^{Xilinx}의 BSP 레이어를 복제하려면 다음 명령을 사용한다.

```
$ git clone git://git.yoctoproject.org/meta-xilinx
```

이것은 Yocto와 함께 제공되는 많은 BSP 레이어의 한 예에 불과하다. 다음 연습에는 이 레이어가 필요하지 않으니 맘 편히 삭제해도 상관없다.

메타데이터를 사용하려면 소스 코드가 필요하다. BitBake의 `do_fetch` 작업은 다양한 방법으로 레시피 소스 파일을 얻을 수 있다. 가장 중요한 두 가지 방법은 다음과 같다.

- 필요한 소프트웨어를 다른 누군가가 개발하고 있다면, 소스 파일을 얻는 가장 쉬운 방법은 BitBake에게 프로젝트의 tar 압축 파일 릴리스를 다운로드할 수 있도록 알려주는 것이다.

- 다른 사람의 오픈소스 소프트웨어를 확장하려면 깃허브에서 저장소를 포크하기

만 하면 된다. 그런 다음, BitBake의 do_fetch 작업은 깃을 사용해 주어진 SRC_URI 에서 소스 파일을 복제할 수 있다.

팀에서 소프트웨어를 책임지고 있는 경우, 해당 소프트웨어를 로컬 프로젝트로서 작업 환경에 포함하도록 선택할 수 있다. 서브디렉터리로 중첩하거나 externalsrc 클래스를 사용하면 소스 트리 외부에 있는 것을 정의해 이 작업을 수행할 수 있다. 임베딩^{embedding} 은 소스가 레이어 저장소에 묶여 있고 다른 곳에서 쉽게 사용할 수 없음을 의미한다. externalsrc로 외부 소스를 사용하는 프로젝트는 모든 빌드 인스턴스에서 동일한 경로 가 필요하며 재사용에 어려움이 있다. 이 두 가지 기술은 모두 개발을 촉진하는 데 사용 되는 도구일 뿐이므로, 둘 중 어느 것도 실제 제품 단계에서 사용돼서는 안 된다.

정책은 배포 레이어로 함께 번들되는 속성이다. 여기에는 리눅스 배포판에 필요한 기능 (예: systemd), C 라이브러리 구현(glibc나 musl)과 패키지 관리자 같은 항목이 포함된다. 각 배포 레이어에는 자체 conf/distro 서브디렉터리가 있다. 해당 디렉터리 안에 있는 .conf 파 일은 배포판이나 이미지에 대한 최상위 정책을 정의한다. 배포 레이어의 예는 meta-poky 서브디렉터리를 참조하면 된다. 이 Poky 레퍼런스 배포 레이어에는 타깃 장치에 대한 기본 버전, 소형 버전, 최신 버전, Poky의 대체 버전을 빌드하기 위한 .conf 파일 이 포함돼 있다. 7장의 '나만의 배포판 빌드' 절에서 이와 관련된 내용을 다뤘다.

빌드 태스크

BitBake의 do_fetch 태스크가 어떻게 레시피의 소스를 다운로드하고 추출하는지를 이 미 확인했다. 빌드 프로세스의 다음 단계는 해당 소스 코드를 패치 적용, 설정, 컴파일 (do_patch, do_configure, do_compile)하는 것이다.

do_patch 태스크는 FILESPATH 변수와 레시피의 SRC_URI 변수를 사용해 패치 파일을 찾고 원하는 소스 코드에 적용한다. meta/classes/base.bbclass에 있는 FILESPATH 변수는 빌드 시스템이 패치 파일을 검색하는 데 사용하는 기본 디렉터리 세트를 정의한다(Yocto 프로 젝트 참조 매뉴얼, https://www.yoctoproject.org/docs/current/ref-manual/ref-manual.html#ref-tasks-patch). 일반적으로

패치 파일은 .diff와 .patch로 끝나는 이름을 가지며 해당 레시피 파일이 있는 서브디렉터리에 위치한다. 이러한 기본 동작은 FILESEXTRAPATHS 변수를 정의하고 레시피의 SRC_URI 변수에 파일 경로 이름을 추가함으로써 확장하고 재정의할 수 있다. 소스 코드를 패치한 후 do_configure와 do_compile 태스크는 소스 코드를 설정하고, 컴파일하고, 링크한다.

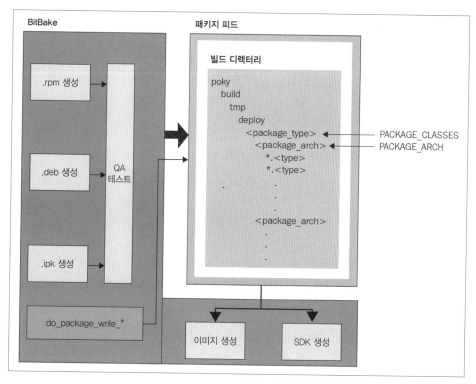

그림 8.2 패키지 피드

do_compile이 완료되면, do_install 태스크는 결과 파일을 패키징을 위해 준비된 스테이징 영역에 복사한다. 거기서 do_package와 do_package_data 태스크는 함께 동작해 스테이징 영역에서 빌드 아티팩트를 처리하고 패키지로 나눈다. 패키지 피드 영역으로 전달되기 전에 do_package_qa 태스크는 패키지 아티팩트를 대상으로 일련의 QA 검사를 수행한다. 이러한 자동 생성된 QA 검사는 meta/classes/insane.bbclass에 정의된다. 마지막으로, do_package_write_* 태스크는 개별 패키지를 만들어 패키지 피드 영역으로 보낸다. 패키지 피드 영역이 채워지면 BitBake는 이미지와 SDK를 생성할 수 있다.

이미지 생성

이미지 생성은 여러 변수에 의존해 일련의 태스크를 수행하는 다단계 프로세스다. do_rootfs 태스크는 이미지에 대한 루트 파일시스템을 생성한다. 다음 변수에 따라 이미지에 설치할 패키지가 결정된다.

- **IMAGE_INSTALL**: 이미지에 설치할 패키지

- **PACKAGE_EXCLUDE**: 이미지에서 제외할 패키지

- **IMAGE_FEATURES**: 이미지에 설치할 추가 패키지

- **PACKAGE_CLASSES**: 사용할 패키지 포맷(rpm이나 deb, ipk)

- **IMAGE_LINGUAS**: 지원 패키지를 포함할 언어(문화)

6장, '빌드 시스템 선택하기'의 '이미지 레시피 쓰기' 절에서는 패키지를 IMAGE_INSTALL 변수에 추가했다. IMAGE_INSTALL 변수의 패키지 목록은 이미지에 설치할 수 있도록 패키지 관리자(dnf, apt나 opkg)에 전달된다. 호출되는 패키지 관리자는 패키지 피드 포맷(do_package_write_rpm이나 do_package_write_deb, do_package_write_ipk)에 따라 다르다. 패키지 설치는 런타임 패키지 관리자가 타깃에 포함돼 있는지 여부와 관계없이 수행된다. 패키지 관리자가 없는 경우, 안정성과 공간 절약을 위해 이 패키지 설치 단계가 끝날 때 이미지에서 불필요한 파일이 삭제된다.

패키지 설치가 완료되면, 패키지의 설치 후 스크립트post-installation script가 실행된다. 이들 설치 후 스크립트는 패키지에 포함돼 있다. 모든 설치 후 스크립트가 성공적으로 실행되면, 매니페스트가 작성되고 루트 파일시스템 이미지에 대한 최적화가 수행된다. 최상위 .manifest 파일에는 이미지에 설치된 모든 패키지가 나열된다. 기본 라이브러리 크기와 실행 시작 시간 최적화는 ROOTFS_POSTPROCESS_COMMAND 변수에 의해 정의된다.

이제 루트 파일시스템이 완성됐으므로 do_image 태스크가 이미지 처리를 시작할 수 있다. 먼저 IMAGE_PREPROCESS_COMMAND 변수에 의해 정의된 모든 전처리 명령이 실행된다. 이어서 이 프로세스는 최종 이미지 출력 파일을 생성한다. IMAGE_FSTYPES 변수에 지정된 모든 이미지 유형(예: cpio.lz4, ext4, squashfs-lzo)에 대해 do_image_* 태스크를 실행해 이 작업을 수행한다. 그런 다음, 빌드 시스템은 IMAGE_ROOTFS 디렉터리의 내용을 가져와서 하나 이상의 이미지 파일로 변환한다. 이러한 출력 이미지 파일은 지정된 파일시스템 포맷에 따라 압축된다. 마지막으로, do_image_complete 태스크는 IMAGE_POSTPROCESS_COMMAND 변수에 의해 정의된 모든 후처리 명령을 실행해 이미지를 완료한다.

이제 Yocto의 빌드 워크플로를 전체적으로 훑어봤으므로 대규모 프로젝트를 구성하기 위한 몇 가지 모범 사례를 살펴보자.

⁝⁝⁝ 메타데이터를 레이어로 분리

Yocto 메타데이터는 다음과 같은 개념을 중심으로 구성돼 있다.

- **distro**: C 라이브러리 선택, init 시스템, 윈도우 관리자를 포함한 OS 기능들

- **machine**: CPU 아키텍처, 커널, 드라이버, 부트로더

- **recipe**: 애플리케이션 바이너리/스크립트

- **image**: 개발, 제조 또는 생산

이들 개념은 빌드 시스템의 실제 결과물에 직접 매핑되므로 프로젝트를 설계할 때 지침을 제공한다. 성급하게 단일 레이어 내에서 모든 것을 만들 수 있지만, 그렇게 되면 프로젝트는 유연성이 떨어지고 유지 관리가 불가능해질 수 있다. 하드웨어는 불가피하게 수정될 수 있고 성공을 거둔 소비자 기기 하나가 일련의 제품으로 빠르게 퍼져 나간다. 이러한 이유로 초기에 멀티 레이어 접근 방식을 채택해 쉽게 수정, 교체, 재사용할 수 있는 소프트웨어 구성 요소를 만드는 것이 좋다.

Yocto로 시작하는 모든 주요 프로젝트에 대해 최소한 개별 배포 레이어, BSP 레이어, 애플리케이션 레이어를 생성해야 한다. 배포 레이어는 애플리케이션이 실행될 타깃 OS(리눅스 배포판)를 빌드한다. 프레임 버퍼와 윈도우 관리자 설정 파일은 배포 레이어에 속한다. BSP 레이어는 하드웨어가 동작하는 데 필요한 부트로더, 커널, 장치 트리를 지정한다. 애플리케이션 레이어에는 커스텀 애플리케이션을 구성하는 모든 패키지를 빌드하는 데 필요한 레시피가 포함돼 있다.

MACHINE 변수를 처음 접한 것은 6장, '빌드 시스템 선택하기'에서 Yocto로 첫 빌드를 수행했을 때다. 자신만의 배포 레이어를 만들 때, 7장의 마지막 부분에서 DISTRO 변수를 살펴봤다. 이 책의 다른 Yocto 연습 예제에서는 배포 레이어를 위해 meta-poky를 사용한다. 레이어는 현재 사용 중인 빌드 디렉터리의 conf/bblayers.conf 파일에 있는 BBLAYERS 변수에 레이어를 삽입해 빌드에 추가된다. 다음은 Poky의 기본 BBLAYERS 정의의 예다.

```
BBLAYERS ?= " \
    /home/frank/poky/meta \
    /home/frank/poky/meta-poky \
    /home/frank/poky/meta-yocto-bsp \
    "
```

bblayers.conf를 직접 편집하는 대신 bitbake-layers 명령줄 도구를 사용해 프로젝트 레이어를 작업한다. Poky 소스 트리를 직접 수정하고자 하는 유혹에 넘어가지 않도록 한다. 항상 Poky 위에 자신만의 레이어(예: meta-mine)를 생성하고 해당 레이어를 변경한다. 다음은 개발 중에 현재 사용 중인 빌드 디렉터리(예: build-mine)의 conf/bblayers.conf 파일 내에서 BBLAYERS 변수가 어떻게 표시되는지 보여준다.

```
BBLAYERS ?= " \
    /home/frank/poky/meta \
    /home/frank/poky/meta-poky \
    /home/frank/poky/meta-yocto-bsp \
    /home/frank/meta-mine \
    /home/frank/build-mine/workspace \
    "
```

workspace는 7장에서 `devtool`을 테스트할 때 접했던 특별한 임시 레이어다. 모든 BitBake 레이어는 레이어 유형에 관계없이 동일한 기본 디렉터리 구조를 갖는다. 레이어 디렉터리 이름은 일반적으로 규칙에 따라 `meta-` 접두사로 시작한다. 예를 들어 다음과 같이 더미 레이어를 확인해보자.

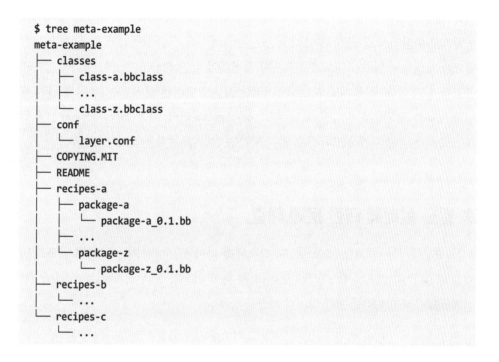

```
$ tree meta-example
meta-example
├── classes
│   ├── class-a.bbclass
│   ├── ...
│   └── class-z.bbclass
├── conf
│   └── layer.conf
├── COPYING.MIT
├── README
├── recipes-a
│   ├── package-a
│   │   └── package-a_0.1.bb
│   ├── ...
│   └── package-z
│       └── package-z_0.1.bb
├── recipes-b
│   └── ...
└── recipes-c
    └── ...
```

BitBake가 메타데이터 파일에 대한 경로와 검색 패턴을 설정할 수 있도록 모든 레이어에는 layer.conf 파일을 포함하는 conf 디렉터리가 있어야 한다. 6장, '빌드 시스템 선택하기'에서 Nova 보드용 `meta-nova` 레이어를 만들 때 layer.conf의 내용을 자세히 살펴봤다. BSP 레이어와 배포 레이어에는 더 많은 .conf 파일을 포함하는 conf 디렉터리 아래에 machine이나 distro 서브디렉터리가 있을 수도 있다. 7장에서 `meta-raspberrypi` 레이어 위에 빌드하고 자체 `meta-mackerel` 배포 레이어를 만들 때 machine과 distro 레이어의 구조를 조사했다.

classes 서브디렉터리는 자체 BitBake 클래스를 정의하는 레이어에만 필요하다. 레시피는 connectivity와 같이 카테고리별로 구성돼 있으므로 `recipe-a`는 실제로 recipes-connectivity 등을 위한 자리 표시자다. 카테고리에는 하나 이상의 패키지가 포함될 수 있으며, 각 패키지는 자체 BitBake 레시피 파일(bb) 세트가 있다. 레시피 파일은 패키지 릴리스 번호에 따라 버전이 지정된다. 다시 말하지만, package-a와 package-z 같은 이름은 실제 패키지의 자리 표시자일 뿐이다.

이런 다양한 레이어에서는 길을 잃기 쉽다. Yocto에 더 능숙해지더라도, 특정 파일이 어떻게 이미지에서 탑재됐는지에 대해 질문하는 자신을 자주 발견하게 될 것이다. 또는 필요한 작업을 수행하기 위해 수정하거나 확장해야 하는 레시피 파일이 어디에 있는지 궁금할 수도 있다. 운 좋게도 Yocto는 이러한 질문에 답하는 데 도움이 되는 몇 가지 명령줄 도구를 제공한다. 따라서 recipetool, oe-pkgdata-util, oe-pkgdata-browser를 확인하고 숙지하는 것을 권장한다. 그럼 많은 시간을 절약할 수 있을 것이다.

⠿ 빌드 실패에 대한 문제 해결

6장과 7장에서는 QEMU, Nova 보드, 라즈베리 파이 4용 부팅 가능한 이미지 구축 방법을 배웠다. 하지만 문제가 발생하면 어떻게 해야 하는가? 이번 절에서는 Yocto 빌드 실패에 대응하기 위한 유용한 디버깅 기술을 다룬다.

다음 연습에서 명령을 실행하려면 다음과 같이 BitBake 환경을 활성화해야 한다.

1. 먼저 Yocto를 복제한 디렉터리의 한 단계 위로 이동한다.

2. 다음으로는 BitBake 작업 환경을 설정한다.

```
$ source poky/oe-init-build-env build-rpi
```

위 명령어를 실행하면 여러 환경 변수가 설정되고 7장에서 생성한 build-rpi 디렉터리로 이동한다.

오류 격리하기

빌드가 실패했는데, 어디에서 실패했는가? 오류 메시지가 있지만, 그 의미는 무엇이며 어디에서 왔는가? 위 질문에 절망하지 않도록 한다. 디버깅의 첫 번째 단계는 버그를 재현하는 것이다. 버그를 재현할 수 있으면 알려진 일련의 단계로 문제의 범위를 좁힐 수 있다. 이러한 단계를 반복해 역추적하면 오작동을 발견하게 된다.

1. 먼저 BitBake 빌드 오류 메시지를 보고 패키지나 태스크 이름을 알 수 있는지 확인한다. 작업 공간에 어떤 패키지가 있는지 확실하지 않은 경우, 다음 명령을 사용해 패키지 목록을 가져올 수 있다.

   ```
   $ bitbake-layers show-recipes
   ```

2. 빌드에 실패한 패키지를 확인했으면, 다음과 같이 현재 레이어에서 레시피를 검색하거나 해당 패키지와 관련된 파일을 인수로 추가한다.

   ```
   $ find ../poky -name "*connman*.bb*"
   ```

   위 예제에서 검색할 패키지는 connman이다. find 명령의 ../poky 인수는 7장의 build-rpi와 같이 빌드 디렉터리가 poky에 인접해 있다고 가정한다.

3. 다음으로는 connman 레시피에 사용 가능한 모든 태스크를 나열한다.

   ```
   $ bitbake -c listtasks connman
   ```

4. 오류를 재현하기 위해 다음과 같이 connman을 다시 빌드할 수 있다.

   ```
   $ bitbake -c clean connman && bitbake connman
   ```

이제 빌드 실패한 레시피와 태스크를 알았으므로 다음 디버깅 단계로 넘어갈 준비가 됐다.

환경 설정 덤프

빌드 실패를 디버깅하면서 BitBake 환경 내 변수의 현재 값을 확인할 필요가 있을 것이다. 처음부터 시작해보자.

1. 먼저 전역 환경을 덤프하고 DISTRO_FEATURES 값을 검색한다.

   ```
   $ bitbake -e | less
   ```

   /DISTRO_FEATURES=(앞의 슬래시에 주의한다)를 입력한다. less는 다음과 같은 라인으로 점프한다.

   ```
   DISTRO_FEATURES="acl alsa argp bluetooth ext2 ipv4 ipv6 largefile
   pcmcia usbgadget usbhost wifi xattr nfs zeroconf pci 3g nfc x11 vfat
   largefile opengl ptest multiarch wayland vulkan pulseaudio sysvinit
   gobject-introspection-data ldconfig"
   ```

2. busybox의 패키지 환경을 덤프하고 소스 디렉터리를 확인하려면 다음 명령을 사용한다.

   ```
   $ bitbake -e busybox | grep ^S=
   ```

3. connman의 패키지 환경을 덤프하고 작업 디렉터리를 확인하려면 다음 명령을 사용한다.

   ```
   $ bitbake -e connman | grep ^WORKDIR=
   ```

   패키지의 작업 디렉터리는 BitBake 빌드 중에 레시피 태스크 로그가 저장되는 위치다.

1단계에서 bitbake -e의 출력을 grep으로 연결할 수 있었지만, less를 사용해 좀 더 변수 정보를 쉽게 추적할 수 있었다. 더 많은 수의 변수를 검색하려면 less에 등호 없이 /DISTRO_FEATURES를 입력한다. 다음 항목으로 이동하려면 n을 누르고, 이전 항목으로 돌아가려면 N을 누른다.

패키지 레시피뿐만 아니라 이미지에 대해서도 동일한 명령이 적용된다.

```
$ bitbake -e core-image-minimal | grep ^S=
```

이 경우, 덤프할 타깃 환경은 core-image-minimal에 관련된 내용이다.

이제 소스와 태스크 로그 파일의 위치를 알게 됐으므로 몇 가지 태스크 로그를 살펴보자.

태스크 로그 읽기

BitBake는 모든 셸 태스크에 대한 로그 파일을 생성하고 패키지의 작업 디렉터리에 있는 임시 폴더에 저장한다. connman의 경우 해당 temp 폴더의 경로는 다음과 같다.

```
$ ./tmp/work/aarch64-poky-linux/connman/1.37-r0/temp
```

로그 파일명의 포맷은 log.do_<task>.<pid>이다. 또한 이름 끝에 <pid>가 없는 symlinks도 있는데, 이는 각 태스크에 대한 최신 로그 파일을 가리킨다. 로그 파일에는 대부분의 경우 문제를 디버깅하는 데 필요한 모든 정보가 있는 태스크 실행의 출력 결과가 포함된다. 만약 그렇지 않다면, 무엇을 할 수 있을까?

더 많은 로깅 추가

파이썬에서 로깅하는 것은 BitBake의 셸에서 로깅하는 것과 다르다. 파이썬에서 로깅하려면, 다음과 같이 BitBake의 bb 모듈을 사용해 파이썬의 표준 로거 모듈을 호출한다.

```
bb.plain -> none; Output: logs console
bb.note -> logger.info; Output: logs
bb.warn -> logger.warning; Output: logs console
bb.error -> logger.error; Output: logs console
```

```
bb.fatal -> logger.critical; Output: logs console
bb.debug -> logger.debug; Output: logs console
```

셸에서 로깅하기 위해 BitBake의 로깅 클래스를 사용할 수 있으며, 해당 클래스의 소스는 meta/classes/logging.bbclass에서 확인할 수 있다. base.bbclass를 상속하는 모든 레시피는 자동으로 logging.bbclass를 상속한다. 즉, 다음의 모든 로깅 기능은 대부분의 셸 레시피 파일에서 이미 사용할 수 있음을 의미한다.

```
bbplain -> 전달된 내용을 그대로 정확히 출력한다. 드물게 사용한다.
bbnote -> NOTE 접두어가 있는 주목할 만한 조건을 출력한다.
bbwarn -> WARNING 접두어가 있는 치명적이지 않은 경고를 출력한다.
bberror -> ERROR 접두어가 있는 치명적이지 않은 오류를 출력한다.
bbfatal -> 치명적 오류를 출력하고 빌드를 중지한다.
bbdebug -> 로그 레벨에 따라 디버그 메시지를 출력한다.
```

logging.bbclass 소스 내용을 보면, bbdebug 함수는 첫 번째 인수로 정수인 디버그 로그 레벨을 받는다.

```
# Usage: bbdebug 1 "first level debug message"
#        bbdebug 2 "second level debug message
bbdebug () {
    USAGE = 'Usage: bbdebug [123] "message"'
    …
}
```

디버그 로그 레벨에 따라 bbdebug 메시지가 콘솔로 전달되거나 전달되지 않을 수 있다.

devshell에서 명령 실행

BitBake는 좀 더 대화형인 환경에서 빌드 명령을 수동으로 실행할 수 있도록 개발 셸을 제공한다. connman을 빌드하기 위해 devshell에 들어가려면 다음 명령을 사용한다.

```
$ bitbake -c devshell connman
```

먼저 이 명령은 connman의 소스 코드를 추출하고 패치한다. 그런 다음, 빌드를 위해 환경이 올바르게 설정된 connman의 소스 디렉터리에서 새 터미널을 오픈한다. devshell 내부에서 ./configure와 같은 명령을 실행하거나 $CC.devshell을 사용해 직접 크로스 컴파일러를 만들거나 호출할 수 있다. 이는 CMake와 Autotools 같은 도구에 명령줄 인수나 환경 변수로 전달되는 CFLAGS나 LDFLAGS 같은 값을 확인하는 데 적합하다. 적어도 읽고 있는 오류 메시지가 의미 없는 경우 빌드 명령의 상세 로깅 레벨을 높일 수 있다.

의존성 그래프 작성

가끔 패키지의 의존성 중 하나에서 빌드할 때 실제로 오류가 발생하면 빌드 오류의 원인을 패키지 레시피 파일 내에서 찾을 수 없는 경우가 있다. connman 패키지에 대한 의존성 목록을 가져오려면 다음 명령을 사용한다.

```
$ bitbake -v connman
```

BitBake의 내장 태스크 탐색기를 사용해 의존성을 표시하고 탐색할 수 있다.

```
$ bitbake -g connman -u taskexp
```

위 명령은 connman을 분석한 후 태스크 탐색기의 그래픽 UI를 실행한다.

> **NOTE**
>
> core-image-x11과 같은 일부 큰 이미지에는 태스크 탐색기가 충돌할 수 있는 복잡한 패키지 의존성 트리가 있다.

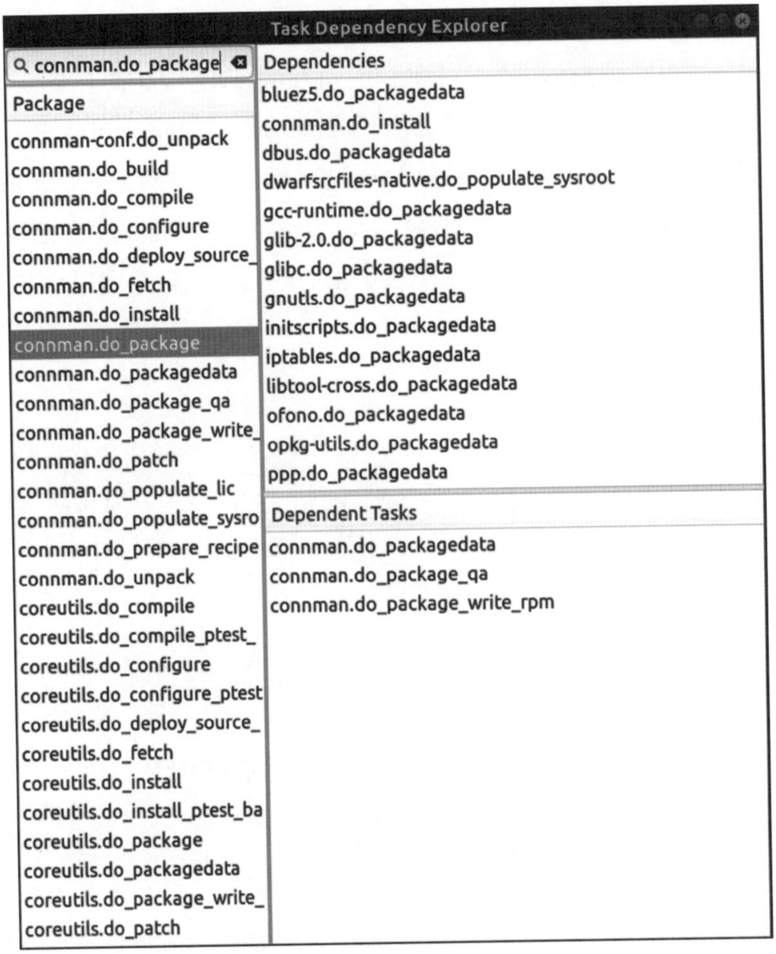

그림 8.3 태스크 탐색기

이제 빌드와 빌드 실패라는 주제에서 벗어나 Yocto 프로젝트의 원재료, 즉 BitBake 메타데이터에 집중해보자.

⠿ BitBake 구문과 의미 이해

BitBake는 태스크 실행자다. makefile 대신 레시피에서 동작한다는 점을 제외하고는 GNU make와 유사하다. 이러한 레시피의 메타데이터는 셸과 파이썬에서 작업을 정의한다. BitBake 자체는 파이썬으로 작성돼 있다. Yocto가 기반으로 하는 OpenEmbedded 프로젝트는 BitBake와 임베디드 리눅스 배포판을 구축하기 위한 많은 레시피 모음으로 구성된다. BitBake의 강점은 작업 간 의존성을 충족하면서 동시에 태스크를 실행하는 기능에 있다. Yocto는 메타데이터에 대한 레이어와 상속 기반 접근 방식을 통해 Buildroot 기반 빌드 시스템이 할 수 없는 방식으로 확장할 수 있다.

6장, '빌드 시스템 선택하기'에서는 다섯 가지 유형의 BitBake 메타데이터 파일(.bb, .bbappend, .inc, .bbclass, .conf)에 대해 배웠다. 또한 기본적인 helloworld 프로그램과 nova-image 이미지를 구축하기 위한 BitBake 레시피를 작성했다. 이제 BitBake 메타데이터 파일의 내용을 더 자세히 살펴보자. 태스크는 셸과 파이썬을 혼합해 작성된다는 것을 알고 있지만, 무엇이 어디로 가고 왜 그럴까? 우리가 사용할 수 있는 언어 구조는 무엇이며, 그것으로 무엇을 할 수 있는가? 애플리케이션을 구축하기 위해 메타데이터를 구성하는 방법은 무엇인가? Yocto의 모든 기능을 활용하려면 BitBake를 읽고 쓰는 법을 배워야 한다.

태스크

태스크는 BitBake가 레시피를 실행하기 위해 순서대로 실행해야 하는 함수다. 태스크 이름이 do_ 접두사로 시작한다. 다음은 recipe-core/systemd의 태스크다.

```
do_deploy () {
    install ${B}/src/boot/efi/systemd-boot*.efi ${DEPLOYDIR}
}
addtask deploy before do_build after do_compile
```

이번 예제에서 do_deploy라는 함수가 정의되고 addtask 명령을 사용해 즉시 태스크로 승격된다. addtask 명령은 태스크 간 의존성도 지정한다. 예를 들어 위 do_deploy 태스크는 do_compile 태스크 완료에 의존성이 있는 반면, do_build 태스크는 do_deploy 태스크 완료에 의존성이 있다. addtask에 의해 표현된 의존성은 레시피 파일 내부에만 있을 수 있다.

deltask 명령을 사용해 태스크를 삭제할 수도 있다. 이렇게 하면 BitBake가 레시피의 일부로 태스크를 실행하지 못하게 된다. 이전 예제의 do_deploy 태스크를 삭제하려면 다음 명령을 사용한다.

```
deltask do_deploy
```

이 명령은 레시피에서 태스크가 삭제되지만, 기존 do_deploy 함수 정의는 그대로 남아 있으며 계속 호출할 수 있다.

의존성

효율적인 병렬 처리를 보장하기 위해 BitBake는 태스크 레벨에서 의존성을 처리한다. 앞에서는 addtask를 사용해 단일 레시피 파일 내에서 태스크 간의 의존성을 표현하기 위한 방법을 살펴봤다. 서로 다른 레시피의 태스크 간 의존성도 존재한다. 실제로 이러한 태스크 간 의존성은 패키지 간의 빌드 타임과 런타임 의존성을 고려할 때 일반적으로 생각하는 것이다.

태스크 간 의존성

변수 플래그(varflags)는 특성이나 속성을 변수에 연결하는 수단이다. 키를 값으로 설정하고 해당 키로 값을 검색할 수 있다는 점에서 해시 맵hash map의 키처럼 동작한다. BitBake는 레시피와 클래스에서 사용하기 위한 대규모 변수 플래그 세트를 정의한다. 이러한 변수 플래그는 태스크의 구성 요소와 의존성이 무엇인지 나타낸다. 다음은 변수 플래그의 몇 가지 예다.

```
do_patch[postfuncs] += "copy_sources"
do_package_index[depends] += "signing-keys:do_deploy"
do_rootfs[recrdeptask] += "do_package_write_deb do_package_qa"
```

변수 플래그의 키에 할당된 값은 종종 하나 이상의 다른 태스크다. 이는 BitBake 변수 플래그가 addtask와 다르게 태스크 간 의존성을 표현하는 또 다른 방법을 제공한다는 것을 의미한다. 대부분의 임베디드 리눅스 개발자는 일상적인 작업에서 변수 플래그를 만질 필요가 없을 것이다. 다음의 DEPENDS와 RDEPENDS 예제를 이해할 수 있도록 이들을 소개한다.

빌드 타임 의존성

BitBake는 DEPENDS 변수를 사용해 빌드 타임 의존성을 관리한다. 태스크에 대한 deptask 변수 플래그는 해당 태스크가 실행되기 전에 DEPENDS의 각 항목에 대해 완료해야 하는 태스크를 나타낸다(BitBake 사용자 매뉴얼, https://www.yoctoproject.org/docs/current/bitbake-user-manual/bitbake-user-manual.html#build-dependencies).

```
do_package[deptask] += "do_packagedata"
```

이 예제에서 DEPENDS에 있는 각 항목의 do_packagedata 태스크는 do_package를 실행하기 전에 완료돼야 한다.

또는 DEPENDS 변수를 무시하고 depends 플래그를 사용해 명시적으로 빌드 타임 의존성을 정의할 수 있다.

```
do_patch[depends] += "quilt-native:do_populate_sysroot"
```

이번 예제에서 quilt-native 네임스페이스에 속하는 do_populate_sysroot 태스크는 do_patch를 실행하기 전에 완료돼야 한다. 레시피의 태스크는 이런 류의 직접 접근이 가능하도록 종종 자신의 네임스페이스 안에서 함께 그룹화된다.

런타임 의존성

BitBake는 런타임 의존성을 관리하기 위해 PACKAGES와 RDEPENDS 변수를 사용한다. PACKAGES 변수는 레시피에서 생성하는 모든 런타임 패키지를 나열한다. 각 패키지에는 RDEPENDS 런타임 의존성이 있을 수 있다. 이들 패키지는 지정된 패키지를 실행하기 위해 설치해야 한다. 태스크에 대한 rdeptask 변수 플래그는 해당 태스크를 실행하기 전에 모든 런타임 의존성에 대해 완료해야 하는 태스크를 지정한다(BitBake 사용자 매뉴얼, https://www.yoctoproject.org/docs/current/bitbake-user-manual/bitbake-user-manual.html#runtime-dependencies).

```
do_package_qa[rdeptask] = "do_packagedata"
```

이 예에서 RDEPENDS의 각 항목에 대한 do_package_data 태스크는 do_package_qa가 실행되기 전에 완료돼야 한다.

이와 비슷하게 rdepends 플래그는 RDEPENDS 변수를 우회할 수 있도록 함으로써 depends 플래그와 매우 유사하게 동작한다. 유일한 차이점은 rdepends가 빌드 타임 대신 런타임에 적용된다는 것이다.

변수

BitBake 변수 구문은 make 변수 구문과 유사하다. BitBake에서 변수의 범위는 변수가 정의된 메타데이터 파일의 유형에 따라 달라진다. 레시피 파일(.bb)에 선언된 모든 변수는 로컬이다. 설정 파일(.conf)에 선언된 모든 변수는 전역 변수다. 이미지는 단지 레시피일 뿐이므로, 이미지는 다른 레시피에서 일어나는 일에 영향을 줄 수 없다.

할당과 확장

변수 할당과 확장은 셸에서와 같이 동작한다. 기본적으로 할당은 명령문이 구문 분석되는 즉시 발생하며 무조건적이다. $ 문자는 변수 확장을 트리거한다. 둘러싸는 중괄호는 선택 사항이며 바로 뒤에 오는 문자로부터 확장할 변수를 보호하는 역할을 한다. 확장

변수는 실수로 단어를 분할하거나 묶는 것을 방지하기 위해 일반적으로 큰따옴표로 묶는다.

```
OLDPKGNAME = "dbus-x11"
PROVIDES_${PN} = "${OLDPKGNAME}"
```

변수는 변경 가능하며 일반적으로 make와 같이 할당이 아니라 참조 시점에 평가된다. 이는 변수 할당이 오른쪽에서 참조되는 경우, 왼쪽의 변수가 확장될 때까지 참조된 변수가 평가되지 않음을 의미한다. 따라서 오른쪽의 값이 시간이 지남에 따라 변경되면 왼쪽의 변수 값도 변경된다.

조건부 할당은 변수가 구문 분석 시 정의되지 않은 경우에만 변수를 정의한다. 이렇게 하면 해당 동작을 원하지 않을 때 재할당이 방지된다.

```
PREFERRED_PROVIDER_virtual/kernel ?= "linux-yocto"
```

조건부 할당은 빌드 시스템에 의해 이미 설정됐을 수 있는 변수(예: CC, CFLAGS, LDFLAGS)를 덮어쓰지 않도록 하기 위해 makefile의 맨 위에 사용된다. 조건부 할당은 나중에 레시피에서 정의되지 않은 변수를 추가하거나 앞쪽에 추가하지 않도록 해준다.

??=를 사용한 지연 할당^{lazy assignment}은 즉시 할당되는 것이 아니라 구문 분석 프로세스의 마지막에 이뤄진다는 점을 제외하고는 ?=와 동일하게 동작한다(BitBake 사용자 매뉴얼, https://www.yoctoproject.org/docs/current/bitbake-user-manual/bitbake-user-manual.html#setting-a-weak-default-value).

```
TOOLCHAIN_TEST_HOST ??= "localhost"
```

이는 변수 이름이 여러 개의 지연 할당의 왼쪽 편에 있으면 마지막 지연 할당문으로 변수가 할당된다는 것을 의미한다.

다른 형태의 변수 할당은 구문 분석 시 할당의 오른쪽 편을 즉시 강제로 평가한다.

```
target_datadir := "${datadir}"
```

즉시 할당을 위한 := 연산자는 셸이 아니라 make에서 제공된다는 점을 유의한다.

앞과 뒤에 추가

BitBake에서 변수나 변수 플래그의 앞 또는 뒤에 추가하기는 쉽다. 다음 두 연산자는 왼쪽의 값과 오른쪽에서 앞이나 뒤에 추가되는 값 사이에 단일 공백을 삽입한다.

```
CXXFLAGS += "-std=c++11"
PACKAGES =+ "gdbserver"
```

+= 연산자는 문자열 값이 아닌 정수에 적용되는 경우 추가가 아니라 증가를 의미한다.

앞과 뒤에 추가 시 단일 공백을 생략하려는 경우는 다음 할당 연산자를 사용하면 된다.

```
BBPATH .= ":${LAYERDIR}"
FILESEXTRAPATHS =. "${FILE_DIRNAME}/systemd:"
```

앞과 뒤에 추가하는 할당 연산자의 단일 공백 버전은 BitBake 메타데이터 파일 전체에서 사용된다.

재정의

BitBake는 변수에 앞과 뒤 추가를 위한 대체 구문을 제공한다. 이런 연결 스타일을 재정의 구문이라고 한다.

```
CFLAGS_append = " -DSQLITE_ENABLE_COLUMN_METADATA"
PROVIDES_prepend = "${PN} "
```

언뜻 보기에는 분명하지 않을 수 있지만, 위 예제에서는 새로운 변수를 정의하지 않는다. _append와 _prepend 접미사는 기존 변수의 값을 수정하거나 재정의한다. 문자열을 결합할 때 단일 공백을 생략한다는 점에서 += 및 =+ 연산자보다 BitBake의 .= 및 =.와 더 유사하게 동작한다. 이들 연산자와 달리 재정의는 지연 할당되므로 모든 구문 분석이 완료될 때까지 할당되지 않는다.

마지막으로, meta/conf/bitbake.conf에 정의된 OVERRIDES 변수를 포함하는 좀 더 발전된 조건부 할당에 대해 알아보자. OVERRIDES 변수는 사용자가 원하는 조건 목록으로 콜론으로 구분돼 있다. 이 목록은 동일한 변수의 여러 버전 중에서 선택하는 데 사용되며, 각 버전은 서로 다른 접미사로 구별된다. 다양한 접미사가 조건의 이름과 일치한다. OVERRIDES 목록에 ${TARGET_ARCH}가 조건으로 포함돼 있다고 가정해보자. 이제 VALGRINDARCH_aarch64 변수처럼 aarch64의 타깃 CPU 아키텍처에 따라 변수 버전을 정의할 수 있다.

```
VALGRINDARCH ?= "${TARGET_ARCH}"
VALGRINDARCH_aarch64 = "arm64"
VALGRINDARCH_x86-64 = "amd64"
```

TARGET_ARCH 변수가 aarch64로 확장될 때, VALGRINDARCH 변수의 VALGRINDARCH_aarch64 버전이 다른 모든 재정의에서 선택된다. OVERRIDES를 기반으로 변수 값을 선택하는 것은 C의 #ifdef 지시문과 같은 다른 조건부 할당 방법보다 더 명확하고 덜 취약하다.

BitBake는 또한 특정 항목이 OVERRIDE 목록에 포함돼 있는지 여부에 따라 변수 값 앞과 뒤에 추가하는 작업을 지원한다(BitBake 사용자 매뉴얼, https://www.yoctoproject.org/docs/current/bitbake-user-manual/bitbake-user-manual.html#conditional-metadata). 다음은 다양한 실제 사례다.

```
EXTRA_OEMAKE_prepend_task-compile = "${PARALLEL_MAKE} "
EXTRA_OEMAKE_prepend_task-install = "${PARALLEL_MAKEINST} "
DEPENDS = "attr libaio libcap acl openssl zip-native"
DEPENDS_append_libc-musl = " fts "
EXTRA_OECONF_append_libc-musl = " LIBS=-lfts "
EXTRA_OEMAKE_append_libc-musl = " LIBC=musl "
```

libc-musl이 DEPENDS, EXTRA_OECONF, EXTRA_OEMAKE 변수에 문자열 값을 추가하기 위한 조건임을 기억하자. 변수 앞과 뒤에 추가를 위한 이전의 조건 없는 재정의 구문과 마찬가지로 이 조건 구문도 늦게 할당된다. 레시피와 설정 파일이 구문 분석될 때까지 할당이 발생하지 않는다.

OVERRIDES의 내용을 기반으로 변수에 조건부로 앞과 뒤에 추가하는 것은 복잡하며 원치 않는 결과를 초래할 수 있다. 이러한 고급 BitBake 기능을 사용하기 전에 OVERRIDES를 기반으로 한 조건부 할당으로 많은 연습을 하는 것이 좋다.

인라인 파이썬

BitBake의 @ 기호를 사용하면 변수 내부에 파이썬 코드를 삽입하고 실행할 수 있다. 인라인 파이썬 표현식은 = 연산자의 왼쪽에 있는 변수가 확장될 때마다 평가된다. := 연산자의 오른쪽에 있는 인라인 파이썬 표현식은 구문 분석 시 한 번만 평가된다. 다음은 인라인 파이썬 변수 확장의 몇 가지 예다.

```
PV = "${@bb.parse.vars_from_file(d.getVar('FILE', False),d)[1] or '1.0'}"
BOOST_MAJ = "${@"_".join(d.getVar("PV").split(".")[0:2])}"
GO_PARALLEL_BUILD ?= "${@oe.utils.parallel_make_argument(d, '-p %d')}"
```

bb와 oe는 BitBake와 OpenEmbedded의 파이썬 모듈에 대한 별칭이다. 또한 d.getVar("PV")는 태스크의 런타임 환경에서 PV 변수 값을 검색하는 데 사용된다. d 변수는 BitBake가 원래 실행 환경의 복사본을 저장하는 데이터 저장소 개체를 나타낸다. 이것이 BitBake 셸과 파이썬 코드가 서로 상호 운용되는 방식이다.

함수

함수는 BitBake 태스크를 구성하는 요소다. 셸 또는 파이썬으로 작성되고 .bbclass, .bb, .inc 파일 내에 정의된다.

셸

셸에서 작성된 함수는 함수나 태스크로 실행된다. 태스크로 실행되는 함수는 일반적으로 do_ 접두사로 시작하는 이름을 갖는다. 셸에서 함수는 다음과 같다.

```
meson_do_install() {
    DESTDIR='${D}' ninja -v ${PARALLEL_MAKEINST} install
}
```

함수를 작성할 때 셸에 구애받지 않도록 해야 한다. BitBake는 /bin/sh로 셸 스니펫을 실행하는데, 호스트 배포판에 따라 Bash 셸일 수도 있고 아닐 수도 있다. 셸 스크립트에 대해 scripts/verify-bashisms의 linter[1]를 실행해 bashism[2]을 피하도록 한다.

파이썬

BitBake는 순수 함수[pure function], BitBake 스타일 함수, 익명 함수[anonymous function]라는 세 가지 유형의 파이썬 함수를 사용할 수 있다.

순수 파이썬 함수

순수 파이썬 함수는 일반 파이썬으로 작성되고 다른 파이썬 코드에 의해 호출된다. 여기서 '순수[pure]'라는 말은 함수형 프로그래밍[functional programming]의 관점에서 순수하다는 것이 아니라 파이썬 인터프리터의 실행 환경 영역 안에 배타적으로 존재하는 것을 의미한다. 다음은 meta/recipes-connectivity/bluez5/bluez5.inc의 예다.

```
def get_noinst_tools_paths (d, bb, tools):
    s = list()
    bindir = d.getVar("bindir")
    for bdp in tools.split():
```

---

1   코딩 컨벤션과 에러체크, 코딩스타일을 도와주는 툴 – 옮긴이
2   Bash에서만 존재하는 기능이나 문법 요소를 말한다. – 옮긴이

```
        f = os.path.basename(bdp)
        s.append("%s/%s" % (bindir, f))
    return "\n".join(s)
```

위 함수는 실제 파이썬 함수처럼 매개변수를 사용한다. 이 기능에 대해 몇 가지 더 주목할 만한 점이 있다. 첫째, 데이터 저장소 개체를 사용할 수 없으므로 이 개체를 함수 매개변수(이 경우 d 변수)로 전달해야 한다. 둘째, os 모듈은 자동으로 사용 가능하므로 가져오거나 전달할 필요가 없다.

순수 파이썬 함수는 @ 기호를 사용한 셸 변수에 할당된 인라인 파이썬에서 호출할 수 있다. 해당 작업은 실제로 인크루드 파일(bluez5.inc)의 위 함수 다음 줄에서 수행된다.

```
FILES_${PN}-noinst-tools = \
"${@get_noinst_tools_paths(d, bb, d.getVar('NOINST_TOOLS'))}"
```

d 데이터 저장소 객체와 bb 모듈은 모두 @ 기호 뒤의 인라인 파이썬 범위 내에서 자동으로 사용할 수 있다.

BitBake 스타일 파이썬 함수

BitBake 스타일 파이썬 함수 정의는 파이썬의 네이티브 def 키워드 대신 파이썬 키워드로 표시된다. 이 함수들은 BitBake 자체의 내부 함수들을 포함해 다른 파이썬 함수에서 bb.build.exec_func()를 호출함으로써 실행된다. 순수한 파이썬 함수와 달리 BitBake 스타일 함수는 매개변수를 사용하지 않는다. 데이터 저장소 개체는 항상 전역 변수(즉, d)로 사용할 수 있으므로 매개변수가 없어도 문제가 되지 않는다. 파이썬스러운 코드는 아니지만, BitBake 스타일의 함수 정의는 Yocto 전체에서 널리 사용된다. 다음은 meta/classes/sign_rpm.bbclass의 BitBake 스타일 파이썬 함수 정의다.

```
python sign_rpm () {
    import glob
    from oe.gpg_sign import get_signer
```

```
    signer = get_signer(d, d.getVar('RPM_GPG_BACKEND'))
    rpms = glob.glob(d.getVar('RPM_PKGWRITEDIR') + '/*')

    signer.sign_rpms(rpms,
                     d.getVar('RPM_GPG_NAME'),
                     d.getVar('RPM_GPG_PASSPHRASE'),
                     d.getVar('RPM_FILE_CHECKSUM_DIGEST'),
                     int(d.getVar('RPM_GPG_SIGN_CHUNK')),
                     d.getVar('RPM_FSK_PATH'),
                     d.getVar('RPM_FSK_PASSWORD'))
}
```

익명 파이썬 함수

익명 파이썬 함수는 BitBake 스타일의 파이썬 함수와 매우 유사하지만 구문 분석 중에 실행된다. 익명 함수는 먼저 실행되기 때문에 변수를 초기화하거나 기타 설정을 초기화하는 것과 같이 구문 분석 시 수행할 수 있는 작업에 적합하다. 익명 함수 정의는 __anonymous 함수 이름을 사용하거나 혹은 사용하지 않고 작성할 수 있다.

```
python __anonymous () {
    systemd_packages = "${PN} ${PN}-wait-online"
    pkgconfig = d.getVar('PACKAGECONFIG')
    if ('openvpn' or 'vpnc' or 'l2tp' or 'pptp') in pkgconfig.split():
        systemd_packages += " ${PN}-vpn"
    d.setVar('SYSTEMD_PACKAGES', systemd_packages)
}
python () {
    packages = d.getVar('PACKAGES').split()
    if d.getVar('PACKAGEGROUP_DISABLE_COMPLEMENTARY') != '1':
        types = ['', '-dbg', '-dev']
        if bb.utils.contains('DISTRO_FEATURES', 'ptest', True, False, d):
            types.append('-ptest')
        packages = [pkg + suffix for pkg in packages for suffix in types]
        d.setVar('PACKAGES', ' '.join(packages))
    for pkg in packages:
        d.setVar('ALLOW_EMPTY_%s' % pkg, '1')
}
```

익명 파이썬 함수 내의 **d** 변수는 전체 레시피의 데이터 저장소를 나타낸다(BitBake 사용자 매뉴얼, https://www.yoctoproject.org/docs/current/bitbake-user-manual/bitbake-user-manual.html#anonymous-python-functions). 따라서 익명 함수 범위 내에서 변수를 설정하면 해당 함수가 실행될 때 전역 데이터 저장소 개체를 통해 다른 함수에서 사용할 수 있다.

RDEPENDS 재확인

런타임 의존성 주제로 돌아가보자. 이는 지정된 패키지를 실행하기 위해 설치해야 하는 패키지다. 해당 목록은 패키지의 RDEPENDS 변수에 정의돼 있다. 다음은 populate_sdk_base.bbclass에서 가져온 내용이다.

```
do_sdk_depends[rdepends] = "${@get_sdk_ext_rdepends(d)}"
```

다음은 대응되는 인라인 파이썬 함수의 정의다.

```
def get_sdk_ext_rdepends(d):
    localdata = d.createCopy()
    localdata.appendVar('OVERRIDES', ':task-populate-sdk-ext')
    return localdata.getVarFlag('do_populate_sdk', 'rdepends')
```

여기서 풀어야 할 것이 꽤 있다. 먼저 함수는 작업 런타임 환경을 수정하지 않도록 데이터 저장소 개체의 복사본을 만든다. OVERRIDES 변수는 여러 버전의 변수 중에서 선택하는 데 사용되는 조건 목록이다. 다음 줄은 데이터 저장소의 로컬 복사본에 있는 OVERRIDES 목록에 task-populate-sdk-ext 조건을 추가한다. 마지막으로, 이 함수는 do_populate_sdk 태스크에 대한 rdepends varflag 값을 리턴한다. 이제 차이점이라면, rdepends는 다음과 같은 변수의 _task-populate-sdk-ext 버전을 사용해 평가된다는 것이다.

```
SDK_EXT_task-populate-sdk-ext = "-ext"
SDK_DIR_task-populate-sdk-ext = "${WORKDIR}/sdk-ext"
```

이러한 임시 OVERRIDES 사용이 현명하면서도 끔찍하다는 것을 보여준다.

BitBake 구문과 의미는 어려워 보일 수 있다. 셸과 파이썬을 결합하면 개발 언어 기능이 흥미롭게 혼합된다. 이제 변수와 함수를 정의하는 방법을 알게 됐을 뿐만 아니라, 클래스 파일에서 상속하고 변수를 재정의하고 프로그래밍 방식으로 조건을 변경할 수도 있다. 이러한 발전된 개념은 .bb, .bbappend, .inc, .bbclass, .conf 파일에 반복적으로 나타나며 시간이 지남에 따라 점점 더 두드러질 것이다. BitBake에 능숙해지기 위해 새로 찾은 기능을 사용해 적용하다 보면 실수가 생기기 마련이다.

⁝⊱ 요약

Yocto로 거의 모든 것을 빌드할 수 있지만, 빌드 시스템이 무엇을 하는지나 어떻게 하는지를 알기란 쉬운 일이 아니다. 하지만 무언가의 출처와 변경 방법을 찾는 데 도움이 되는 명령줄 도구가 있다. 읽고 쓸 수 있는 태스크 로그가 있으며, 명령줄에서 개별 항목을 구성하고 컴파일하는 데 사용할 수 있는 devshell도 있다. 그리고 처음부터 프로젝트를 여러 레이어로 나누면, 우리가 하는 작업에서 훨씬 더 많은 이점을 얻을 수 있을 것이다.

BitBake의 셸과 파이썬 혼합은 상속, 재정의, 조건부 변수 선택 같은 몇 가지 강력한 개발 언어 구조를 지원한다. 이는 좋을 수도 있고 나쁠 수도 있다. 레이어와 레시피를 완벽하게 구성하고 커스터마이징할 수 있다는 점에서는 좋다. 반면에 서로 다른 레시피 파일과 레이어의 메타데이터가 이상하고 예상치 못한 방식으로 상호작용할 수 있다는 점에서는 좋지 않다. 이런 강력한 언어 기능을 셸과 파이썬 실행 환경 사이에서 포털 portal 역할을 하는 데이터 저장소 개체의 기능과 결합하면 수많은 시간을 즐길 수 있는 레시피를 갖게 된다.

이것으로 Yocto 프로젝트에 대한 심층 탐구와 임베디드 리눅스의 요소에 대한 이 책의 첫 번째 부를 마친다. 이어지는 2부에서는 9장, '저장소 전략 수립'을 시작으로 기어를 전환하고 시스템 아키텍처와 설계 결정에 대해 살펴본다. 10장, '소프트웨어 업데이트'

에서 Mender를 평가할 때 Yocto를 다시 사용할 수 있는 기회를 얻게 될 것이다.

⠿ 추가 자료

다음 리스트에는 이 장에서 소개된 항목에 대한 자세한 정보가 포함돼 있다.

- 'Yocto 프로젝트 개요와 콘셉트 매뉴얼Yocto Projects Overview and Concepts Manual', 스콧 리펜바크Scott Rifenbark: https://www.yoctoproject.org/docs/latest/overview-manual/overview-manual.html

- '알았으면 했던 것What I Wish I'd Known', Yocto 프로젝트: https://docs.yoctoproject.org/what-i-wish-id-known.html

- 'BitBake 사용자 매뉴얼', 리처드 퍼디Richard Purdie, 크리스 라슨Chris Larson, 필 블런델Phil Blundell: https://www.yoctoproject.org/docs/latest/bitbake-user-manual/bitbake-user-manual.html

- 『Embedded Linux Projects Using Yocto Project Cookbook』(에이콘, 2016), 알렉스 곤잘레스Alex Gonzalez

2부

시스템 아키텍처와 설계 결정

2부가 끝날 때쯤에는 충분한 정보를 바탕으로 프로그램과 데이터의 저장, 커널 장치 드라이버와 애플리케이션 사이의 작업 분할 방법, 시스템을 초기화하는 방법에 관해 결정을 내릴 수 있을 것이다.

2부는 다음 장들로 이뤄져 있다.

- 9장. 저장소 전략 수립

- 10장. 소프트웨어 업데이트

- 11장. 장치 드라이버 인터페이스

- 12장. 브레이크아웃 보드를 이용한 프로토타이핑

- 13장. 시스템 구동: init 프로그램

- 14장. BusyBox runit

- 15장. 전원 관리

09

저장소 전략 수립

임베디드 장치용으로 대용량 저장 장치를 선택하는 것은 견고함, 속도, 필드에서 업데이트하는 방법 관점에서 시스템의 일부분에 큰 영향을 미친다. 어떤 형태로든 대부분의 장치는 플래시 메모리를 사용한다. 지난 몇 년간 플래시 메모리는 저장 용량이 수십 메가바이트에서 수십 기가바이트로 증가함에 따라 가격이 훨씬 저렴해졌다.

9장에서는 플래시 메모리의 기반이 되는 기술을 자세히 살펴보고, 다양한 메모리 구성 전략이 리눅스 메모리 기술 장치^{MTD, Memory Technology Device} 계층을 포함해 이를 관리해야 하는 저수준 드라이버 소프트웨어에 어떤 영향을 미치는지 살펴본다.

각각의 플래시 기술마다 파일시스템에 대한 다양한 선택 사항이 있다. 따라서 임베디드 장치에서 공통적으로 볼 수 있는 것들에 대해 설명하고, 각 플래시 메모리 유형에 대한 선택과 관련된 요약 정리를 제공하는 것으로 마무리할 것이다. 마지막으로는 플래시 메모리를 가장 잘 활용하고 모든 것을 일관된 저장소 전략으로 끌어내는 몇 가지 기술을 살펴본다.

9장에서는 다음과 같은 주제를 다룬다.

- 저장소 옵션

- 부트로더에서 플래시 메모리 접근하기

- 리눅스에서 플래시 메모리 접근하기

- 플래시 메모리용 파일시스템

- NOR과 NAND 플래시 메모리용 파일시스템

- 컨트롤러가 내장된 플래시 메모리managed flash를 위한 파일시스템

- 읽기 전용 압축 파일시스템

- 임시 파일시스템

- 읽기 전용으로 루트 파일시스템 생성

- 파일시스템 선택

그럼 시작해보자!

⠿ 기술적 요구 사항

이 장의 예제를 따라 하려면 다음 사항을 준비해야 한다.

- e2fsprogs, genext2fs, mtd-utils, squashfs-tools, util-linux나 이와 동등한 항목
  이 설치된 리눅스 기반 호스트 시스템

- 3장, '부트로더에 대한 모든 것'의 U-Boot 소스 트리

- 마이크로SD 카드와 카드 리더

- USB-TTL 3.3V 직렬 케이블

- 4장, '커널 구성과 빌드'의 리눅스 커널 소스 트리

- 비글본 블랙

- 5V 1A DC 전원 공급 장치

3장, '부트로더에 대한 모든 것'에서 이미 비글본 블랙용 U-Boot를 다운로드해 빌드했다. 또한 4장, '커널 구성과 빌드'에서는 리눅스 커널 소스 트리를 얻었다.

우분투는 다양한 파일시스템을 만들고 포맷하는 데 필요한 대부분의 도구에 대한 패키지를 제공한다. Ubuntu 20.04 LTS 시스템에 도구를 설치하려면 다음 명령을 사용한다.

```
$ sudo apt install e2fsprogs genext2fs mtd-utils squashfs-tools util-linux
```

mtd-utils 패키지에는 mtdinfo, mkfs.jffs2, sumtool, nandwrite, UBI 명령줄 도구가 포함된다.

저장소 옵션

임베디드 장치들은 저전력이면서 물리적으로 작고 견고하며 수십년의 긴 수명을 지닌 신뢰할 만한 저장소를 필요로 한다. 대부분의 경우, 이런 저장소는 솔리드 스테이트 스토리지solid state storage를 의미한다. 솔리드 스테이트 스토리지는 수년 전에 롬ROM, Read-Only Memory(읽기 전용 메모리)으로 도입됐지만, 지난 20년 동안에는 일종의 플래시 메모리였다. 그동안 플래시 메모리는 여러 세대에 걸쳐 진화해왔으며, NOR에서 NAND로, 또 eMMC 같은 관리형 플래시로 발전했다.

NOR 플래시는 비싸지만 안정적이고 CPU 주소 공간에 매핑될 수 있다. CPU 주소 공간에 매핑된다는 말은 플래시에서 직접 코드를 실행할 수 있다는 의미다. NOR 플래시 칩들은 몇 메가바이트에서 1기가바이트 정도의 작은 용량이다.

NAND 플래시 메모리는 NOR보다 훨씬 저렴하고 수십 메가바이트에서 수십 기가바이트 정도의 대용량으로 사용할 수 있다. 그러나 실질적인 저장소 매체로 사용하려면 많은 하드웨어 및 소프트웨어 지원이 필요하다.

컨트롤러가 내장된 플래시 메모리는 플래시 메모리의 복잡성을 처리하고 하드디스크와 유사한 하드웨어 인터페이스를 갖고 있는 컨트롤러와 함께 하나 이상의 NAND 플래시 칩으로 구성돼 있다. 매력적인 것은 드라이버 소프트웨어로부터 복잡성을 제거했다는 점과 플래시 기술의 지속적인 변화로부터 시스템 설계자를 보호한다는 점이다. SD 카드, eMMC 칩, USB 플래시 드라이브가 이 범주에 속한다. 현재 세대의 거의 모든 스마트폰과 태블릿은 eMMC 저장소를 갖고 있으며, 이러한 추세는 다른 범주의 임베디드 장치에서도 진행될 것으로 보인다.

하드 드라이브는 임베디드 시스템에서 좀처럼 보기 힘들다. 한 가지 예외로, 쓰기가 빠른 대용량 저장 공간이 필요한 셋톱박스와 스마트 TV에서는 디지털 비디오 녹화용으로 사용된다.

모든 경우에서 견고함^{robustness}은 가장 중요하다. 즉, 전원 장애와 예상 밖의 리셋에도 불구하고 장치가 부팅하고 작동 상태로 돼야 한다. 이런 환경에서도 잘 동작하는 파일시스템을 선택해야 한다.

이 절에서는 NOR와 NAND 플래시의 차이점을 알아보고 컨트롤러가 내장된 플래시 기술을 선택할 때의 옵션을 확인해본다.

NOR 플래시

NOR 플래시 칩의 메모리 셀은 예를 들어 128KiB의 삭제 블록^{erase block}으로 배열된다. 블록을 지우면 모든 비트가 1로 설정된다, 한 번에 한 워드(데이터 버스 대역폭에 따라 8이나 16, 32비트)씩 프로그래밍할 수 있다. 각 삭제 사이클^{erase cycle}은 메모리 셀에 약간의 손상을 줄 수 있으며 수많은 사이클 이후에 삭제 블록을 신뢰할 수 없게 돼서 더 이상 사용할 수 없다. 최대 삭제 사이클 횟수는 칩의 데이터 시트^{data sheet}에 나와 있는데, 보통 100K에서 1M 사이이다.

데이터는 워드 단위로 읽히며 칩은 일반적으로 CPU의 주소 공간에 매핑돼 있다. 즉, 직접 NOR 플래시에서 코드를 실행할 수 있다는 의미다. 주소 매핑을 하드와이어링 ^{hardwiring}으로 처리하는 것 외에는 초기화가 필요 없으므로 부트로더 코드를 두기 위한 알맞은 장소가 된다. 이런 방법으로 NOR 플래시를 지원하는 SoC는 CPU의 리셋 벡터를 포함하도록 기본 메모리 매핑을 제공하는 구성을 가진다.

커널, 심지어 루트 파일시스템 또한 플래시 메모리에 위치할 수 있다. 램으로 복사할 필요가 없고 그 결과 작은 메모리 용량으로도 장치를 만들 수 있다. 이 기술은 XIP$^{eXecute In Place}$로 알려져 있다. XIP는 매우 전문적인 것이라 여기서 다루지 않을 것이다. 9장 마지막의 '추가 자료' 절에는 참조할 만한 몇 개의 레퍼런스가 있다.

NOR 플래시 칩에는 CFI$^{Common Flash Interface}$라고 불리는 표준 레지스터 레벨의 인터페이스가 있으며, 대부분의 요즘 칩들이 지원하고 있다. CFI는 표준 JESD68에 기술돼 있으며, 웹 사이트$_{(https://www.jedec.org/)}$에서 정보를 얻을 수 있다.

이제 NOR 플래시가 무엇인지 배웠으니 NAND 플래시를 확인해보자.

NAND 플래시

NAND 플래시는 NOR 플래시보다 훨씬 저렴하고 용량이 더 크다. 1세대의 NAND 칩은 메모리 셀당 1비트를 저장했으며, 현재는 SLC$^{Single Level Cell}$로 알려져 있다. 이후 세대에는 셀당 2비트인 MLC$^{Multi-Level Cell}$ 칩으로 발전했으며, 지금은 TLC$^{Tri-Level Cell}$ 칩으로 셀당 3비트가 됐다. 셀당 비트의 개수가 증가함에 따라 저장소의 신뢰성이 떨어지게 됐고 보완을 위해 좀 더 복잡한 컨트롤러 하드웨어와 소프트웨어가 필요해졌다. 신뢰성이 중요한 곳에서는 SLC NAND 플래시 칩을 사용해야 한다.

NOR 플래시와 마찬가지로 NAND 플래시도 16KiB에서 512KiB까지의 크기를 갖는 삭제 블록으로 구성돼 있고, 블록을 지우는 것은 모든 비트를 1로 세팅하는 것이다. 그러나 블록의 신뢰성이 떨어지는 삭제 사이클의 수는 NOR 플래시보다 더 적으며, 일반적으로 TLC 칩의 경우 1K만큼, SLC는 최대 100K 사이클이다. NAND 플래시는 보통 2KiB 또는 4KiB의 페이지 단위로만 읽고 쓸 수 있다. 바이트 단위로 접근할 수 없어 주소 공간에는 매핑될 수 없으므로, 코드와 데이터에 접근하기 전에 램에 복사해야 한다.

칩과 칩 사이의 데이터 전송은 비트 플립^{bit flip}[1]이 발생하기 쉬우며, 비트 플립은 오류 정정 코드^{ECC, Error Collection Code}를 사용해 탐지하고 수정할 수 있다. SLC 칩은 일반적으로 간단한 해밍 코드^{hamming code}를 사용하는데, 이는 소프트웨어로 효과적으로 구현할 수 있으며 페이지 읽기에서 단일 비트 오류를 수정할 수 있다. MLC와 TLC 칩은 좀 더 정교한 코드, 예를 들어 페이지당 최대 8비트 오류까지 수정할 수 있는 BCH^{Bose-Chaudhuri-Hocquenghem}가 필요하다. 이들은 하드웨어 지원이 필요하다.

ECC를 어딘가에 저장해야 하는데, 페이지마다 OOB^{Out Of Band} 영역이나 예비 영역^{spare area}으로 알려진 추가 메모리 영역을 이용한다. SLC 디자인은 일반적으로 메인 저장소의 32바이트당 1바이트의 OOB를 갖고, 2KB 페이지 장치는 OOB가 페이지당 64바이트, 4KiB 페이지의 경우는 128바이트를 가진다. MLC와 TLC 칩은 좀 더 복잡한 ECC를 수용하기 위해 좀 더 큰 OOB 영역을 갖고 있다. 다음 다이어그램에서는 128KiB의 삭제 블록과 2KiB 페이지를 가진 칩의 구조를 보여준다.

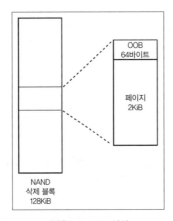

그림 9.1 OOB 영역

생산 중에 제조사는 모든 블록을 테스트하고 문제가 있는 블록(실패한 블록)은 각 페이지의 OOB 영역에 플래그를 설정함으로써 표시한다. 새로운 칩에서 이런 방법을 통해 불량으로 표시된 블록이 2%에 달하는 것을 발견하는 일은 드물지 않다. 영역을 지우기 전에

---

1 반복적인 접근으로 비트가 바뀌는 오류를 말한다. - 옮긴이

분석을 위해 OOB 정보를 저장하는 것은 문제가 있을 때 유용할 수 있다. 게다가 삭제 사이클 제한 한도에 도달하기 전에 블록들이 비슷한 비율로 소거 에러를 내는 것은 스펙의 범주 내에 있다. NAND 플래시 드라이버는 에러를 검출하고 불량으로 표시해야 한다.

OOB 영역에 배드 블록 플래그와 ECC 바이트를 위한 공간이 할당된 후에도 여전히 몇 바이트가 남아 있다. 일부 플래시 파일시스템은 이런 몇 바이트를 파일시스템의 메타데이터를 저장하는 데 사용한다. 결론적으로, 시스템의 많은 부분(SoC ROM 부트 코드, 부트로더, 커널 MTD 드라이버, 파일시스템 코드, 파일시스템 이미지를 생성하는 도구)이 OOB 영역의 레이아웃과 연관돼 있다. 또한 표준화가 그다지 돼 있지 않으므로, 부트로더가 커널 MTD 드라이버로 읽을 수 없는 OOB 포맷을 사용해 데이터를 쓰는 상황에 빠지기 쉽다.

NAND 플래시 칩에 접근하려면 일반적으로 SoC의 일부인 NAND 플래시 컨트롤러가 필요하다. 따라서 부트로더와 커널에 상응하는 드라이버를 갖춰야 한다. NAND 플래시 컨트롤러는 데이터를 페이지에서 페이지로 전송하는 과정에서 칩과의 하드웨어 인터페이스를 처리하며, 오류 수정을 위한 하드웨어를 포함할 수 있다.

대부분의 최신 칩이 준수하는, ONFI^Open NAND Flash Interface로 알려진 NAND 플래시 칩용 표준 레지스터 레벨 인터페이스가 있다. 자세한 내용은 웹 사이트(http://www.onfi.org/)를 참고하길 바란다.

현대의 NAND 플래시 기술은 복잡하다. NAND 플래시 메모리를 컨트롤러와 페어링하는 것만으로는 더 이상 충분하지 않다. 또한 오류 수정 같은 대부분의 기술적 세부 사항을 추상화하는 하드웨어에 대한 인터페이스가 필요하다.

컨트롤러가 내장된 플래시

플래시 메모리(특히 NAND) 지원에 대한 운영체제의 부담은 잘 정의된 하드웨어 인터페이스와 메모리의 복잡성을 숨기는 표준 플래시 컨트롤러가 있다면 더 줄어든다. 이는 컨트롤러가 내장된 플래시이며 점점 더 널리 쓰이고 있다. 본질적으로 컨트롤러가 내장된 플래시는 하나 이상의 플래시 칩을 마이크로컨트롤러와 결합하는 것을 의미하며, 이 마이크로컨트롤러는 섹터 크기가 작고 기존 파일시스템과 호환되는 이상적인 저장 장치를 제공한다. 임베디드 시스템용 칩의 가장 중요한 유형은 SD^{Secure Digital} 카드와 eMMC로 알려진 임베디드 변형 제품이다.

멀티미디어카드와 시큐어 디지털 카드

멀티미디어카드^{MMC, MultiMediaCard}는 1997년 샌디스크^{SandDisk}와 지멘스^{Siemens}에 의해 플래시 메모리를 이용해 패키징된 저장소의 한 형태로 소개됐다. 얼마 지나지 않은 1999년에는 샌디스크, 마쓰시타^{Matsushita}, 도시바^{Toshiba}가 MMC를 기반으로 하면서도 암호화와 DRM(이름의 'secure' 부분)을 추가한 시큐어 디지털^{SD, Secure Digital} 카드를 탄생시켰다. 이 두 가지는 모두 디지털 카메라, 음악 플레이어 등의 가전제품을 위해 기획됐다. 현재 SD 카드는 암호화 기능은 거의 사용하지 않음에도 불구하고, 가전과 임베디드 전자장치를 위한 컨트롤러가 내장된 플래시 부분에서 우위를 점하게 됐다. 최신 버전의 SD 카드 사양은 더 작은 패키징(미니SD와, 종종 uSD라고도 하는 마이크로SD)과 더 많은 용량(SDHC는 32GB까지, SDXC는 2TB까지)을 제공한다.

MMC와 SD 카드의 하드웨어 인터페이스는 매우 비슷하고, 풀 사이즈 SD 카드 슬롯에 풀 사이즈 MMC를 이용할 수 있다(그러나 반대의 경우는 사용할 수 없다). 초기 원형은 1비트 SPI^{Serial Peripheral Interface}를 사용했다. 좀 더 최근의 카드는 4비트 인터페이스를 사용한다.

512바이트의 섹터로 메모리 읽기와 쓰기를 위한 명령어 세트가 있다. 패키지 안에는 다음 다이어그램이 보여주는 것처럼 마이크로컨트롤러와 하나 이상의 NAND 플래시 칩이 있다.

그림 9.2 SD 카드 패키지

9장 후반부에서 설명하겠지만, 마이크로컨트롤러는 플래시 변환 레이어의 기능을 수행하면서 명령어 세트를 실행하고 플래시 메모리를 관리한다. 이들은 FAT 파일시스템으로 미리 포맷돼 있는데, SDSC 카드는 FAT16으로, SDHC는 FAT32로, SDXC는 exFAT으로 포맷돼 있다. NAND 플래시 칩과 마이크로컨트롤러의 소프트웨어 품질은 카드마다 매우 다양하다. 그중 어느 것이 임베디드용으로 충분히 믿을 만한 것인지는 의문의 여지가 있으며, 확실히 파일 오류가 발생하기 쉬운 FAT 파일시스템은 신뢰가 가지 않는다. MMC와 SD 카드의 주 사용처는 카메라, 태블릿, 전화기의 이동식 저장소다.

eMMC

임베디드 MMC^{eMMC, embedded MMC}는 간단히 마더보드에 납땜될 수 있도록 패키징된 MMC 메모리이며, 데이터 전송을 위해 4비트나 8비트 인터페이스를 사용한다. 그러나 운영체제의 저장소로 사용되도록 설계돼 있으므로, 이들은 해당 작업을 수행할 수 있다. 칩은 일반적으로 어떤 파일시스템으로 미리 포맷되지 않는다.

컨트롤러가 내장된 기타 종류의 플래시

초창기의 컨트롤러가 내장된 플래시 기술 중 하나는 PCMCIA^{Personal Computer Memory Card International Association} 하드웨어 인터페이스의 하위 집합을 사용하는 컴팩트플래시^{CF, CompactFlash}였다. CF는 병렬 ATA 인터페이스를 통해 메모리에 접근하도록 돼 있고, 운영체제가 표준 하드디스크로서 인식한다. x86 기반의 싱글 보드 컴퓨터와 프로페셔널 비디오, 카메라 기기에서 흔히 볼 수 있다.

매일 사용하는 또 다른 포맷은 USB 플래시 드라이브^{USB flash drive}다. 이 경우 메모리는 USB 인터페이스를 통해 접근되고, 컨트롤러는 USB 대용량 스토리지 스펙뿐만 아니라 플래시 변환 레이어와 플래시 칩에 대한 인터페이스를 구현한다. USB 대용량 스토리지 프로토콜은 SCSI 디스크 명령어 세트 기반으로 돼 있으며, MMC와 SD 카드가 그렇듯이 일반적으로 FAT 파일시스템으로 미리 포맷돼 있다. 임베디드 시스템에서는 컴퓨터^{PC}와 데이터를 주고받을 때 주로 사용된다.

최근에 컨트롤러가 내장된 플래시 저장 장치 목록에 추가된 것이 유니버설 플래시 저장 장치UFS, Universal Flash Storage다. eMMC와 같이 마더보드에 탑재된 칩으로 패키징되며, 빠른 스피드의 시리얼 인터페이스를 갖고 있고 eMMC보다도 더 빠른 데이터 속도를 낼 수 있다. SCSI 디스크 명령어 세트를 지원한다.

이제 어떤 유형의 플래시를 사용할 수 있는지 알았으므로 U-Boot가 각 플래시에서 커널 이미지를 어떻게 로드하는지 알아보자.

∷ 부트로더에서 플래시 메모리 접근하기

3장, '부트로더에 대한 모든 것'에서는 부트로더가 다양한 플래시 장치에서 커널 바이너리나 다른 이미지들을 로드해야 하고 플래시 메모리를 삭제하거나 재프로그래밍하는 등의 시스템 유지보수 작업을 수행해야 하는 필요성을 언급했다. 부트로더는 NOR나 NAND, 컨트롤러가 내장된 메모리 타입에 대한 읽기, 지우기, 쓰기 동작을 지원하는 데 필요한 드라이버와 인프라를 갖추고 있어야 한다. 다음 예제에서 U-Boot를 사용할 예정인데, 다른 부트로더도 비슷한 패턴을 따른다.

U-Boot와 NOR 플래시

U-Boot는 drivers/mtd 폴더에 NOR CFI 칩용 드라이버를 갖고 있으며, 플래시 셀을 프로그래밍할 때 메모리를 삭제하기 위한 erase 명령어와 바이트 단위로 데이터를 복사하는 cp.b를 갖고 있다. 예를 들어, 0x40000000에서 0x48000000까지 매핑돼 있는 NOR 플래시 메모리를 갖고 있으며 0x40040000에서 시작하는 4MiB는 커널 이미지라고 가정하자. 다음과 같은 U-Boot 명령을 이용해 새로운 커널을 플래시로 로드한다.

```
=> tftpboot 100000 uImage
=> erase 40040000 403fffff
=> cp.b 100000 40040000 $(filesize)
```

`filesize` 변수는 막 다운로드된 파일의 크기로 `tftpboot` 명령어에 의해 세팅된다.

U-Boot와 NAND 플래시

NAND 플래시를 위해 SoC의 NAND 플래시 컨트롤러용 드라이버가 필요하고, 이 드라이버는 drivers/mtd/nand 디렉터리에 있는 U-Boot 소스 코드에서 찾을 수 있다. 또한 하위 명령어들인 `erase`, `write`, `read`를 이용해 메모리를 관리하기 위해 `nand` 명령어를 사용할 수 있다. 다음 예제는 커널 이미지를 램의 `0x82000000`에 로드한 후 옵셋 `0x280000`으로 시작하는 플래시에 배치되는 것을 보여준다.

```
=> tftpboot 82000000 uImage
=> nand erase 280000 400000
=> nand write 82000000 280000 $(filesize)
```

U-Boot는 또한 JFFS2, YAFFS2, UBIFS 파일시스템에 저장된 파일들을 읽을 수 있다. 그리고 `Nand write`는 배드로 표시된 블록을 건너뛴다. 쓰고 있는 데이터가 파일시스템용인 경우 파일시스템도 배드 블록을 건너뛰는지 확인해보자.

U-Boot와 MMC, SD, eMMC

U-Boot는 drivers/mmc 디렉터리에 여러 MMC 컨트롤러의 드라이버들을 갖고 있다. 유저 인터페이스 레벨에서 `mmc read`와 `mmc write`를 이용해 원시 데이터에 접근할 수 있으며 원시 커널과 파일시스템 이미지를 다룰 수 있게 해준다.

U-Boot는 또한 MMC 저장소의 FAT32와 ext4 파일시스템으로부터 파일을 읽을 수 있다.

U-Boot는 NOR, NAND, 컨트롤러가 내장된 플래시에 접근하기 위해 드라이버가 필요하다. 어떤 드라이버를 사용해야 하는지는 SoC에서 NOR 칩이나 플래시 컨트롤러를 선택하는 방법에 따라 다르다. 리눅스에서 원시 NOR와 NAND 플래시에 접근하려면 추

가 소프트웨어 레이어가 필요하다.

◊ 리눅스에서 플래시 메모리 접근

원시 NOR와 NAND 플래시 메모리는 MTD^{Memory Technology Device} 서브시스템에 의해 다뤄지며, 이 MTD는 플래시 메모리 블록을 읽고, 지우고, 쓰기 위한 기본 인터페이스를 제공한다. NAND 플래시의 경우 OOB 영역을 처리하고 배드 블록들을 식별하기 위한 기능이 있다.

컨트롤러가 내장된 플래시의 경우 특별한 하드웨어 인터페이스를 처리하기 위한 드라이버가 필요하다. MMC/SD 카드, eMMC는 mmcblk 드라이버를 사용하고, 컴팩트플래시와 하드 드라이버는 SCSI 디스크 드라이버 sd를 사용한다. USB 플래시 드라이버는 sd 드라이버와 함께 usb_storage 드라이버를 사용한다.

MTD

MTD 서브시스템은 1999년 데이비드 우드하우스^{David Woodhouse}에 의해 시작됐고 이후 수년간에 걸쳐 광범위하게 개발돼 왔다. 이번 절에서는 NOR와 NAND 플래시라는 두 가지 주요 기술을 다루는 방법을 중점적으로 살펴본다.

다음의 다이어그램에서 보듯이, MTD는 함수들의 코어 세트, 다양한 종류의 칩을 위한 드라이버 세트, 플래시 메모리를 문자 장치나 블록 장치로 표시하는 사용자 레벨 드라이버라는 세 가지 레이어로 구성돼 있다.

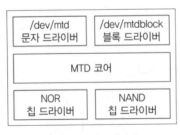

그림 9.3 MTD 레이어

칩 드라이버는 가장 낮은 레벨이며 플래시 칩과의 인터페이스를 한다. NOR 플래시 칩에는 CFI 표준과 파생을 커버할 만큼 약간의 드라이버만 필요하며, 지금은 거의 사용하지 않는 비호환 칩도 필요하다. NAND 플래시용으로 현재 사용하고 있는 NAND 플래시 컨트롤러용 드라이버가 필요하며, 이 드라이버는 일반적으로 보드 지원 패키지[BSP]의 일부분으로서 공급된다. driver/mtd/nand 디렉터리의 현재 주류 커널에 약 40여 개를 위한 드라이버가 있다.

MTD 파티션

대부분의 경우 부트로더나 커널 이미지, 루트 파일시스템을 위한 공간을 제공하기 위해 플래시 메모리를 몇 가지 영역으로 분할할 수 있다. MTD에서는 파티션의 사이즈와 위치를 지정하기 위한 몇 가지 방법이 있으며, 주요 방법은 다음과 같다.

- CONFIG_MTD_CMDLINE_PARTS를 사용하는 커널 명령줄을 통한 방법

- CONFIG_MTD_OF_PARTS를 사용하는 장치 트리를 통한 방법

- 플랫폼 매핑 드라이버를 이용하는 방법

첫 번째 옵션의 경우 사용하기 위한 커널 명령줄 옵션은 mtdparts이며, 이것은 drivers/mtd/cmdlinepart.c의 리눅스 소스 코드에 다음과 같이 정의돼 있다.

```
mtdparts=<mtddef>[;<mtddef]
<mtddef> := <mtd-id>:<partdef>[,<partdef>]
<mtd-id> := unique name for the chip
<partdef> := <size>[@<offset>][<name>][ro][lk]
<size> := size of partition OR "-" to denote all remaining space
<offset> := offset to the start of the partition; leave blank to follow the
    previous partition without any gap
<name> := '(' NAME ')'
```

아마도 예제를 통해 쉽게 이해될 것이다. 128MiB의 플래시 칩이 5개의 파티션으로 분할된다고 상상해보자. 일반적인 명령줄은 다음과 같다.

```
mtdparts=:512k(SPL)ro,780k(U-Boot)ro,128k(U-BootEnv), 4m(Kernel),-(Filesystem)
```

콜론 앞의 첫 번째 항목은 `mtd-id`이며, 이는 숫자나 BSP에 할당된 이름으로 플래시 칩을 식별한다. 만약 여기처럼 칩이 하나만 있는 경우라면, 빈칸으로 남겨둘 수 있다. 둘이상의 칩이라면, 각 칩에 대한 정보가 세미콜론으로 구분된다. 그런 다음, 각 칩에 대해쉼표로 분리된 파티션 목록이 있는데, 각 파티션은 바이트나 KiB(k), MiB(m)로 나타낸 크기와 괄호로 둘러싼 이름으로 나타낸다. `ro`로 끝나는 것은 파티션을 MTD 읽기 전용으로 만들고 종종 부트로더가 우연히 덮어 쓰여지는 것을 방지하는 데 사용된다. 마지막파티션의 사이즈는 대시(-) 기호로 대체하는데, 남아 있는 모든 공간을 사용함을 알려주는 것이다.

런타임에 /proc/mtd를 읽음으로써 구성 정보의 요약을 볼 수 있다.

```
# cat /proc/mtd
dev: size erasesize name
mtd0: 00080000 00020000 "SPL"
mtd1: 000C3000 00020000 "U-Boot"
mtd2: 00020000 00020000 "U-BootEnv"
mtd3: 00400000 00020000 "Kernel"
mtd4: 07A9D000 00020000 "Filesystem"
```

/sys/class/mtd에는 삭제 블록 크기와 페이지 크기를 포함한 각 파티션에 대한 자세한정보가 있으며, `mtdinfo`를 사용해 다음과 같이 자세한 요약 정보를 볼 수 있다.

```
# mtdinfo /dev/mtd0
mtd0
Name:           SPL
Type:           nand

Eraseblock size:        131072 bytes, 128.0 KiB
Amount of eraseblocks:      4 (524288 bytes, 512.0 KiB)
Minimum input/output unit size: 2048 bytes
Sub-page size:          512 bytes
OOB size:           64 bytes
Character device major/minor:  90:0
```

```
Bad blocks are allowed:    true
Device is writable:    false
```

MTD 파티션을 지정하기 위한 다른 방법은 장치 트리를 통해 수행하는 것이다. 다음은
명령줄 예제와 동일한 파티션을 생성하는 예다.

```
nand@0,0 {
  #address-cells = <1>;
  #size-cells = <1>;
  partition@0 {
    label = "SPL";
    reg = <0 0x80000>;
  };
  partition@80000 {
    label = "U-Boot";
    reg = <0x80000 0xc3000>;
  };
  partition@143000 {
    label = "U-BootEnv";
    reg = <0x143000 0x20000>;
  };
  partition@163000 {
    label = "Kernel";
    reg = <0x163000 0x400000>;
  };
  partition@563000 {
    label = "Filesystem";
    reg = <0x563000 0x7a9d000>;
  };
};
```

세 번째 대안은 arch/arm/mach-omap2/board-omap3beagle.c(NAND_BLOCK_SIZE는 128KiB로
다른 곳에서 정의됨)에서 가져온 후 예제처럼 mtd_partition 구조 안의 플랫폼 데이터로 파티션
정보를 코딩하는 것이다.

```
static struct mtd_partition omap3beagle_nand_partitions[] = {
  {
    .name = "X-Loader",
```

```
        .offset = 0,
        .size = 4 * NAND_BLOCK_SIZE,
        .mask_flags = MTD_WRITEABLE, /* force read-only */
    },
    {
        .name = "U-Boot",
        .offset = 0x80000;
        .size = 15 * NAND_BLOCK_SIZE,
        .mask_flags = MTD_WRITEABLE, /* force read-only */
    },
    {
        .name = "U-Boot Env",
        .offset = 0x260000;
        .size = 1 * NAND_BLOCK_SIZE,
    },
    {
        .name = "Kernel",
        .offset = 0x280000;
        .size = 32 * NAND_BLOCK_SIZE,
    },
    {
        .name = "File System",
        .offset = 0x680000;
        .size = MTDPART_SIZ_FULL,
    },
};
```

플랫폼 데이터는 더 이상 지원하지 않으며, 장치 트리를 사용하기 위해 업데이트하지
못하는 기존 SoC용 BSP에서만 사용된다.

MTD 장치 드라이버

MTD 서브시스템의 상위 레벨은 한 쌍의 장치 드라이버들이 포함돼 있다.

- 90의 메이저 번호를 가진 문자 장치. MTD 파티션 번호마다 N: /dev/mtdN(마이너 번호
  =N*2)와 /dev/mtdNro(마이너 번호=(N*2 + 1))의 2개 장치 노드가 있다. 후자는 전자의 읽기
  전용 버전이다.

- 31의 메이저 번호와 N의 마이너 번호를 가진 블록 장치. 장치 노드들은 /dev/mtdblockN 형태다.

둘 중 가장 많이 사용되는 문자 장치부터 살펴보자.

MTD 문자 장치, mtd

문자 장치는 가장 중요하다. 문자 장치는 기저의 플래시 메모리에 바이트 배열로 접근할 수 있으므로 플래시(프로그램)를 읽고 쓸 수 있다. 또한 블록을 지우고 NAND 칩의 OOB 영역을 관리할 수 있는 여러 ioctl 함수를 구현한다. 다음 목록은 include/uapi/mtd/mtd-abi.h에서 가져온 것이다.

- **MEMGETINFO**: 기본적인 MTD 문자 장치 정보를 얻는다.

- **MEMERASE**: MTD 파티션의 블록을 지운다.

- **MEMWRITEOOB**: OOB^Out-Of-Band 데이터를 쓴다.

- **MEMREADOOB**: OOB 데이터를 읽는다.

- **MEMLOCK**: 칩을 잠근다(지원한다면).

- **MEMUNLOCK**: 칩을 잠금 해제한다(지원한다면).

- **MEMGETREGIONCOUNT**: 소거 영역의 개수를 가져온다. 만약 파티션에 다른 크기의 삭제 블록이 있다면 0이 아니다. 이런 경우는 NOR 플래시에서 흔하지만, NAND에서는 드물다.

- **MEMGETREGIONINFO**: MEMGETREGIONCOUNT가 0이 아니면 옵셋, 크기, 각 영역의 블록 개수를 가져오는 데 사용할 수 있다.

- **MEMGETOOBSEL**: 사용 안 함

- **MEMGETBADBLOCK**: 배드 블록 플래그를 가져온다.

- **MEMSETBADBLOCK**: 배드 블록 플래그를 세팅한다.

- **OTPSELECT**: 칩에서 지원을 한다면, OTP(일회성 프로그램 가능) 모드로 세팅한다.

- **OTPGETREGIONCOUNT**: OTP 영역의 개수를 가져온다.

- **OTPGETREGIONINFO**: OTP 영역에 대한 정보를 가져온다.

- **ECCGETLAYOUT**: 사용 안 함

이들 ioctl 함수를 사용하는 플래시 메모리를 다루기 위해 mtd-utils로 알려진 유틸리티 프로그램 세트가 있다. 소스는 git://git.infradead.org/mtd-utils.git에서 얻을 수 있고 Yocto 프로젝트와 Buildroot의 패키지에서 사용할 수 있다. 가장 필수적인 툴은 아래 목록에 나와 있다. 패키지는 이후에 다룰 내용인 JFFS2와 UBI/UBIFS 파일시스템용 유틸리티도 포함한다. 이들 각 도구에 대해 MTD 문자 장치는 다음 파라미터 중 하나다.

- **flash_erase**: 일정 범위의 블록을 지운다.

- **flash_lock**: 일정 범위의 블록을 잠금한다.

- **flash_unlock**: 일정 범위의 블록을 잠금 해제한다.

- **nanddump**: NAND 플래시에서 메모리를 덤프한다. 선택적으로 OOB 영역을 포함할 수 있으며, 배드 블록은 건너뛴다.

- **nandtest**: NAND 플래시를 테스트하고 진단한다.

- **nandwrite**: 배드 블록들을 건너뛰면서 파일의 데이터를 NAND 플래시에 쓴다(프로그램).

> **TIP**
>
> 플래시 메모리에 새로운 내용을 쓰기 전에 항상 플래시 메모리를 지워야 한다. flash_erase는 이 작업을 수행하는 명령어다.

NOR 플래시를 프로그래밍하기 위해 cp와 같은 파일 복사 명령어를 사용해 간단하게 바이트를 MTD 장치 노드에 복사한다.

공교롭게도 NAND 메모리는 첫 번째 배드 블록에서 복사가 실패하므로 동작하지 않는다. 그 대신 배드 블록을 건너뛸 수 있는 nandwrite를 사용해보자. NAND 메모리를 다시 읽으려면, 배드 블록을 건너뛰는 nanddump를 사용하면 된다.

MTD 블록 장치, mtdblock

mtdblock 드라이버는 자주 사용되지 않는다. 이 드라이버의 목적은 파일시스템을 포맷하고 마운트를 하기 위해 사용할 수 있는 블록 장치로서 플래시 메모리를 제공하는 것이다. 하지만 심각한 제약을 갖고 있다. NAND 플래시에서 배드 블록을 처리하지 않고 웨어 레벨링wear leveling을 하지 않으며 파일시스템 블록과 플래시 삭제 블록 사이의 크기가 맞지 않는 것을 처리하지 않기 때문이다. 바꿔 말해, 신뢰성 있는 파일 저장소로서 필수적인 플래시 변환 레이어FTL, Flash Translation Layer를 갖고 있지 않다. mtdblock 장치가 사용될 만한 유일한 경우는 NOR와 같은 안정적인 플래시 메모리 위에 SquashFS와 같은 읽기 전용 파일시스템을 마운트하는 경우다.

> **TIP**
>
> NAND 플래시에 읽기 전용 파일시스템을 원한다면, 9장의 마지막 부분에서 설명할 UBI 드라이버를 사용해야 한다.

커널 oops를 MTD에 로깅

커널 에러, 즉 oops는 보통 klogd와 syslogd 데몬을 경유해 순환 메모리 버퍼나 파일에 로깅된다. 재부팅 이후 링 버퍼ring buffer의 경우 로그가 사라지며, 파일의 경우에도 시스템이 망가지기 전에 제대로 로깅되지 않았을 수 있다. 좀 더 믿을 만한 방법은 oops와 커널 패닉을 MTD 파티션에 순환 로그 버퍼로 쓰는 것이다. CONFIG_MTD_OOPS로 사용하도록 설정하고 커널 명령줄에 console=ttyMTDN을 추가할 수 있다. N은 메시지를 쓸 MTD 장치 번호다.

NAND 메모리 시뮬레이션

NAND 시뮬레이터는 시스템 램을 이용해 NAND 칩을 에뮬레이트한다. 주로 물리적 NAND 메모리에 접근하지 않고 NAND를 인식해야 하는 코드를 테스트하기 위해 사용한다. 특히 배드 블록, 비트 플립, 기타 에러를 시뮬레이트하는 기능을 이용하면, 실제 플래시 메모리를 이용해 연습하기 어려운 코드를 테스트할 수 있다. 좀 더 자세한 내용을 알고 싶다면, 드라이버를 구성할 수 있는 방법에 대한 포괄적인 설명을 갖고 있는 코드 자체를 찾는 것이 가장 효과적이다. 코드는 drivers/mtd/nand/nandsim.c에 있다. 커널 구성 요소인 CONFIG_MTD_NAND_NANDSIM을 사용하도록 설정한다.

MMC 블록 드라이버

MMC/SD 카드와 eMMC 칩은 mmcblk 블록 드라이버를 사용해 접근한다. BSP의 일부분인 사용 중인 MMC 어댑터adapter와 매치되는 호스트 컨트롤러가 필요하다. 드라이버는 drivers/mmc/host의 리눅스 소스 코드에 있다.

MMC 저장소는 fdisk나 비슷한 유틸리티를 이용해 하드디스크에서 했던 것과 정확히 동일한 방법으로 파티션 테이블을 사용해 분할된다.

이제 리눅스가 각 유형의 플래시에 접근하는 방법을 알게 됐다. 다음으로는 플래시 메모리에 내재된 문제들을 살펴보고 리눅스가 파일시스템이나 블록 장치 드라이버를 통해 어떻게 처리하는지를 알아본다.

플래시 메모리를 위한 파일시스템

대용량 저장 장치용 플래시 드라이브를 효율적으로 사용할 때는 삭제 블록과 디스크 섹터 간의 용량 불일치, 삭제 블록당 삭제 사이클 수 제한, NAND 칩에서 배드 블록 처리를 위한 필요성 같은 몇 가지 문제점이 있다. 이러한 차이는 플래시 변환 레이어FTL, Flash Translation Layer에 의해 해결된다.

플래시 변환 레이어

플래시 변환 레이어는 다음과 같은 특징을 갖고 있다.

- **하위 할당**sub allocation: 파일시스템은 보통 512바이트 섹터의 작은 할당 단위로 해야 가장 잘 동작한다. 이는 128KiB 이상의 플래시 삭제 블록보다 훨씬 작다. 따라서 삭제 블록은 많은 양의 공간 낭비를 없애기 위해 더 작은 단위로 세분화해야 한다.

- **가비지 컬렉션**garbage collection: 파일시스템이 얼마 동안 사용된 후 하위 할당의 결과로 삭제 블록은 정상적인 데이터와 그렇지 못한 데이터들이 섞이게 될 것이다. 전체 삭제 블록만을 해제할 수 있으므로, 빈 공간을 다시 되찾기 위한 방법은 정상적인 데이터를 하나의 영역에 합치고 이제 비어 있는 삭제 블록을 빈 공간으로 리턴하는 것이다. 이를 가비지 컬렉션이라고 하며, 일반적으로 백그라운드 스레드로 구현된다.

- **웨어 레벨링**wear leveling: 각 블록은 삭제 사이클 횟수에 제한이 있다. 칩의 수명을 최대로 늘리기 위해 각 블록이 거의 같은 횟수만큼 삭제되도록 데이터를 이동하는 것은 중요하다.

- **배드 블록 처리**bad block handling: NAND 플래시 칩에서 배드로 표시된 블록은 사용하지 말아야 하고, 만약 정상 블록이 삭제되지 않는다면 배드 블록으로 표시해야 한다.

- **견고함**robustness: 임베디드 장치는 경고 없이 파워 오프나 리셋될 가능성이 있다. 그래서 일반적으로 저널journal이나 트랜잭션 로그를 결합시킴으로써 어떤 파일시스템이라도 손상 없이 대응할 수 있어야 한다.

플래시 변환 레이어를 배치하기 위한 여러 가지 방법이 있다.

- **파일시스템에서**: JFFS2, YAFFS2, UBIFS와 마찬가지로.

- **블록 장치 드라이버에서**: UBIFS와 의존 관계인 UBI 드라이버는 플래시 변환 레이어의 일부를 구현한다.

- **장치 컨트롤러에서**: 컨트롤러가 내장된 플래시 장치와 마찬가지로.

플래시 변환 레이어가 파일시스템이나 블록 드라이버에 있을 때, 코드는 커널의 일부분이므로 오픈소스다. 이는 어떻게 동작하는지 확인할 수 있고 시간이 지남에 따라 개선될 수 있을 것이라고 예상할 수 있다는 의미다. 반면, 플래시 변환 레이어가 컨트롤러가 내장된 플래시 장치 안에 있으면, 밖에서 볼 때는 감춰져 있고 우리가 원하는 대로 동작하는지 여부를 확인할 수 없다. 게다가, 플래시 변환 레이어를 디스크 컨트롤러 안에 둔다는 것은 파일시스템 레이어에 포함돼 있는 정보를 알지 못한다는 의미다. 예를 들면, 어떤 섹터가 삭제된 파일들을 포함해서 유용한 데이터를 더 이상 갖고 있지 않다는 정보를 알지 못하게 된다. 후자의 문제는 파일시스템과 장치 사이에 해당 정보를 보내는 명령어를 추가하면서 해결됐다. 이후 TRIM 명령어를 다루는 절에서 어떻게 동작하는지 설명할 것이다. 그러나 여전히 코드의 가시성 문제는 남아 있다. 만약 컨트롤러가 내장된 플래시를 사용한다면, 믿을 수 있는 제조사를 선택해야 한다.

이제 파일시스템에 대해 알아봤으므로 어떤 파일시스템이 어떤 유형의 플래시에 가장 적합한지 살펴보자.

⁑ NOR와 NAND 플래시 메모리를 위한 파일시스템

대용량 저장소용으로 원시 플래시 칩을 사용하기 위해 기본 기술의 특성과 잘 맞는 파일시스템을 사용해야 한다. 다음과 같은 세 가지 파일시스템이 있다.

- **JFFS2**^{Journaling Flash File System 2}: 리눅스용 최초의 플래시 파일시스템이었으며 지금도 여전히 사용 중이다. NOR와 NAND 메모리용으로 동작하지만, 마운트 중에는 속도가 엄청 느리다.

- **YAFFS2**^{Yet Another Flash File System 2}: JFFS2와 비슷하지만, 특별히 NAND 플래시 메모리를 위한 파일시스템이다. 구글이 안드로이드 기기에서 선호하는 원시 플래시 파일시스템으로 채택했다.

- **UBIFS**Unsorted Block Image File System: 신뢰성 있는 플래시 파일시스템을 만들기 위해 UBI 블록 드라이버와 연계해 동작한다. NOR와 NAND 메모리 모두에 잘 동작하며, 보통 JFFS2나 YAFFS2보다 좀 더 나은 성능을 제공하므로 새로 설계를 한다면 우선적으로 고려해야 할 솔루션이 돼야 한다.

세 가지 모두 플래시 메모리의 공통 인터페이스로 MTD를 사용한다.

JFFS2

저널링 플래시 파일시스템JFFS, Journaling Flash File System은 1999년에 Axis 2100 네트워크 카메라를 위한 소프트웨어에서 시작됐다. 오랜 시간 동안 리눅스만을 위한 유일한 플래시 파일시스템이었으며 수많은 다른 유형의 장치에 탑재돼 왔다. 오늘날 JFFS2는 최선의 선택이 아니지만, 진화 과정의 첫 시작을 보여주는 것이므로 가장 먼저 다룰 것이다.

JFFS2는 플래시 메모리에 접근하기 위해 MTD를 사용하는 로그 구조 파일시스템이다. 로그 구조 파일시스템에서 변경 사항은 플래시 메모리에 노드로 순차적으로 기록된다. 노드는 생성 및 삭제된 파일명과 같은 디렉터리의 수정 사항들을 포함하거나 파일 데이터에 대한 변경 사항을 포함할 수 있다. 잠시 후, 노드는 후속 노드에 포함된 정보로 교체되면서 사용되지 않는 노드가 될 수 있다. NOR와 NAND 플래시는 모두 삭제 블록으로 구성된다. 블록을 지우면 모든 비트가 1로 설정된다.

JFFS2는 삭제 블록을 다음 세 가지 유형으로 분류한다.

- **Free**: 노드가 전혀 없다.
- **Clean**: 유효한 노드들만 포함된다.
- **Dirty**: 최소 하나 이상의 사용하지 않는 노드를 포함한다.

언제든지 업데이트를 받는 블록 하나가 있는데, 이를 오픈 블록open block이라고 한다. 만약 파워가 종료되거나 시스템이 리셋되면, 잃어버릴 수 있는 데이터는 오픈 블록에 마지막으로 쓰여진 것이다. 또한 효과적으로 플래시 칩의 저장 용량을 증가시키기 위해 노드는 기록되는 대로 압축된다. 값비싼 NOR 플래시 메모리를 사용한다면 이 압축 능력은 중요하다.

사용 가능한 블록의 수가 기준점 아래로 떨어지면, 가비지 컬렉터 커널 스레드가 시작돼 더티 블록dirty block을 검색하고 유효한 노드를 오픈 블록에 복사한 다음 더티 블록을 해제한다.

이와 동시에 가지비 컬렉터는 유효한 데이터를 한 블록에서 다른 블록으로 순환하기 때문에 웨어 레벨링 그대로의 형태를 제공한다. 오픈 블록이 선택되는 방식은 각 블록이 수시로 변경되는 데이터를 포함하는 한 거의 동일한 횟수로 지워지는 것을 의미한다. 때때로 클린clean 블록은 가비지 컬렉션이 거의 쓰여지지 않는 정적 데이터를 갖고 있는 블록도 웨어 레벨링이 되는지 확인하기 위해 선택되기도 한다.

JFFS2 파일시스템은 write-through 캐시를 갖고 있다. 즉, 쓰기는 -o sync 옵션으로 마운트된 것처럼 플래시 메모리에 동기적으로 기록된다. 그럼 신뢰성을 향상시키는 반면에 데이터를 쓰는 시간이 증가한다. 적은 양을 쓰게 되는 경우에는 좀 더 문제가 된다. 만약 쓰기의 크기가 노드 헤더의 사이즈(40바이트)와 비슷하다면, 오버헤드가 커진다. 예를 들어, 잘 알려진 코너 케이스는 syslod에 의해 생성된 로그 파일이다.

요약 노드

JFFS2에는 한 가지 결정적인 단점이 있다. 온 칩 인덱스가 없으므로 마운트 시 처음부터 끝까지 로그 파일을 읽어 디렉터리 구조를 추정해야 한다. 스캔의 마지막 부분에서 유효한 노드의 디렉터리 구조에 대한 전체적인 모습을 볼 수 있지만, 걸리는 시간은 파티션의 크기에 비례한다. 메가바이트당 대략 1초 정도 마운트 시간이 걸리게 되는데, 마운트 시간이 수십 혹은 수백 초가 되는 것은 드문 일이 아니다.

리눅스 2.6.15에서 마운트 중 스캔 시간을 줄이기 위해 요약 노드가 옵션으로 제공됐다. 요약 노드는 막 종료되기 전에 오픈 삭제 블록의 끝부분에 쓰여진다. 요약 노드는 마운트 시 스캔에 필요한 모든 정보가 포함돼 있으므로 스캔하는 동안 처리할 데이터양이 줄어든다. 요약 노드는 저장소 공간의 약 5%를 오버헤드 비용으로 지불하고 두 배에서 다섯 배 정도 마운트 시간을 줄일 수 있다. 이는 커널 구성 요소인 CONFIG_JFFS2_SUMMARY 으로 활성화된다.

클린 마커

모든 비트가 1로 세팅된 삭제된 블록은 1로 쓰여진 블록들과 구분할 수 없다. 그러나 후자는 메모리 셀을 새로 고치지 않았기 때문에 지워질 때까지 다시 프로그램을 할 수 없다. JFFS2는 이런 두 가지 상황을 구별할 수 있는 클린 마커clean marker라는 메커니즘을 사용한다. 성공적으로 블록 삭제한 후, 블록의 시작 부분이나 블록의 첫 번째 페이지 OOB 영역에 클린 마커가 쓰여진다. 만약 클린 마커가 존재하면 클린 블록이 된다.

JFFS2 파일시스템 만들기

런타임 중에 비어 있는 JFFS2 파일시스템을 만드는 것은 클린 마커로 MTD 파티션을 지운 다음 마운트하는 것만큼이나 간단하다. 빈 JFFS2 파일시스템은 전체적으로 프리 블록으로 구성돼 있기 때문에 포맷하는 단계는 없다. 예를 들어, MTD 파티션 6을 포맷 하려면 장치에 다음과 같은 명령어를 입력한다.

```
# flash_erase -j /dev/mtd6 0 0
# mount -t jffs2 mtd6 /mnt
```

fresh_erase의 -j 옵션은 클린 마커를 추가하고, 빈 파일시스템으로서 jffs2 타입 파티션으로 마운트한다. 마운트되는 장치는 /dev/mtd6이 아니라 mtd6으로 지정한다는 점에 유의한다. 또는 블록 장치 노드 /dev/mtdblock6으로 설정할 수 있다. 이는 그저 JFFS2의 특징이다. 한 번 마운트되면, 다른 파일시스템처럼 동일하게 취급할 수 있다.

mkfs.jffs2를 사용해 JFFS2 포맷으로 파일을 생성하고 sumtool을 사용해 요약 노드들을 추가함으로써 개발 시스템의 스테이징 영역에서 직접 파일시스템 이미지를 생성할 수 있다. 둘 다 `mtd-utils` 패키지에 포함돼 있다.

예를 들어, 128KB(0x20000) 크기의 삭제 블록과 요약 노드가 있는 NAND 플래시 장치의 경우 rootfs에 파일 이미지를 만들려면 다음 두 명령어를 사용한다.

```
$ mkfs.jffs2 -n -e 0x20000 -p -d ~/rootfs -o ~/rootfs.jffs2
$ sumtool -n -e 0x20000 -p -i ~/rootfs.jffs2 -o ~/rootfs-sum.jffs2
```

-p 옵션은 전체 삭제 블록의 횟수를 추가하기 위해 이미지 파일 끝에 패딩을 추가한다. -n 옵션은 이미지 안에 클린 마커를 생성하지 못하게 하는데, 이것은 클린 마커가 OOB 구역에 있으므로 NAND 장치의 경우 정상 옵션이다. 반면에 NOR 장치의 경우 -n 옵션을 빼야 한다. 사용 권한과 소유권을 세팅하기 위해 -D [장치 테이블]을 추가함으로써 `mkfs.jffs2`의 옵션으로 장치 테이블을 사용할 수 있다. 물론 Buildroot와 Yocto 프로젝트는 이 모든 작업을 할 수 있다.

부트로더에서 플래시 메모리로 이미지를 프로그래밍할 수 있다. 예를 들어 파일시스템 이미지를 0x82000000 주소로 램에 로드하며, 그것은 플래시 칩 시작으로부터 0x163000번째 바이트에서 시작된다. 길이가 0x7a9d000바이트인 플래시 파티션에 로드하려는 경우, U-Boot 명령어는 다음과 같다.

```
nand erase clean 163000 7a9d000
nand write 82000000 163000 7a9d000
```

mtd 드라이버를 이용해 리눅스에서 다음과 같이 동일한 작업을 수행할 수 있다.

```
# flash_erase -j /dev/mtd6 0 0
# nandwrite /dev/mtd6 rootfs-sum.jffs2
```

JFFS2 루트 파일시스템으로 부팅하려면, JFFS2는 자동 검출을 할 수 없으므로 커널 명령줄에서 파티션과 rootfstype을 알려줘야 한다.

```
root=/dev/mtdblock6 rootfstype=jffs2
```

JFFS2가 도입된 직후, 또 다른 로그 구조 파일시스템이 등장했다.

YAFFS2

2001년에 찰스 매닝[Charles Manning]이 만든 YAFFS 파일시스템은 JFFS2가 낸드 플래시 칩을 처리하지 않던 시절에 낸드 플래시 칩을 처리하기 위한 것이다. 이후 더 큰(2KiB) 페이지를 다루기 위해 YAFFS2가 나오게 됐다. YAFFS2의 웹 사이트는 http://www.yaffs. net이다.

YAFFS는 JFFS2처럼 동일한 설계 원칙을 따르고 있는 로그 구조 파일시스템이다. 다자인적인 차이가 있다면, 더 빠른 마운트 시간 스캔, 간단하고 빠른 가비지 컬렉션을 갖고 있으며 압축을 하지 않는다는 점이다. 이는 저장소 사용의 효율성이 떨어지는 대신 읽기와 쓰기의 퍼포먼스를 향상시킨다는 것을 의미한다.

YAFFS는 리눅스에 국한되지 않고 다양한 운영체제에 포팅돼 왔다. 듀얼 라이선스이므로, 리눅스와의 호환을 위한 GPLv2와 다른 운영체제를 위한 상용 라이선스를 갖고 있다. 불행히도, YAFFS 코드는 주류 리눅스로 병합된 적이 없었으므로 다음 코드처럼 커널을 패치해야 한다.

YAFF2를 가져오고 커널에 패치하기 위해 다음 예제를 사용한다.

```
$ git clone git://www.aleph1.co.uk/yaffs2
$ cd yaffs2
$ ./patch-ker.sh c m <path to your link source>
```

그런 다음, CONFIG_YAFFS_YAFFS2로 커널의 환경을 설정한다.

YAFFS2 파일시스템 만들기

JFFS2의 경우처럼, 런타임에 YAFFS2 파일시스템을 만들기 위해 파티션을 지우고 마운트만 하면 된다. 그러나 이 경우 클린 마커를 사용하지 말아야 한다는 점을 명심하자.

```
# flash_erase /dev/mtd/mtd6 0 0
# mount -t yaffs2 /dev/mtdblock6 /mnt
```

파일시스템 이미지를 생성하기 위해 가장 간단한 방법은 mkyaffs2 도구를 사용하는 것인데, 이 툴은 웹 사이트(https://code.google.com/p/yaffs2utils)에서 다운로드할 수 있으며 다음과 같이 사용한다.

```
$ mkyaffs2 -c 2048 -s 64 rootfs rootfs.yaffs2
```

여기서 -c는 페이지 크기이고 -s는 OOB 크기다. YAFFS 코드의 일부인 mkyaffs2image 라는 도구가 있지만, 몇 가지 단점이 있다. 첫 번째로, 페이지와 OOB 크기는 소스에 하드코딩돼 있다. 만약 2,048과 64의 기본값과 매치되지 않는 메모리를 갖고 있다면 수정해서 다시 컴파일해야 한다. 둘째로, OOB 레이아웃은 첫 번째 2바이트를 배드 블록 마커로 사용하는 MTD와 호환되지 않는다. 반면에 mkyaffs2image는 이 2바이트를 YAFFS 메타데이터 일부를 저장하는 데 사용한다.

타깃의 리눅스 셸 프롬프트에서 이미지를 MTD 파티션에 복사하려면 다음 단계를 실행한다.

```
# flash_erase /dev/mtd6 0 0
# nandwrite -a /dev/mtd6 rootfs.yaffs2
```

YAFFS2 파일시스템을 부트하기 위해 커널 명령줄에 다음을 추가한다.

```
root=/dev/mtdblock6 rootfstype=yaffs2
```

원시 NOR와 NAND 플래시를 위한 파일시스템 관련 주제를 알아보는 동안 좀 더 최신인 옵션 중 하나를 살펴보자. 이 파일시스템은 UBI 드라이버 위에서 실행된다.

```
```

UBI와 UBIFS

UBI^{Unsorted Block Image} 드라이버는 배드 블록을 처리하고 웨어 레벨링을 관리하는 플래시 메모리용 볼륨 관리자^{volume manager}로, 아르템 비투츠키^{Artem Bitytskiy}가 구현했고 리눅스 2.6.22에 처음 등장했다. 이것과 병행해서 노키아의 엔지니어들은 UBIFS라고 부르는 UBI의 기능을 활용하는 파일시스템을 만들었으며 리눅스 2.6.27에서 처음 등장했다. 플래시 변환 레이어를 이런 방법으로 분할함으로써 좀 더 코드를 모듈화해 다른 파일시스템이 UBI 드라이버를 이용할 수 있게 됐는데, 이후 관련 내용을 살펴볼 것이다.

UBI

UBI는 물리적 삭제 블록^{PEB, Physical Erase Block}을 논리적 삭제 블록^{LEB, Logical Erase Block}에 매핑해 이상적이고 믿을 만한 플래시 칩의 뷰를 제공한다. 만약 블록이 삭제되지 않는다면, 배드로 마크되고 매핑에서 삭제된다. UBI는 LEB의 헤더에 PEB가 삭제됐던 횟수를 카운트한 값을 갖고 있으며 매핑을 변경해 동일한 횟수로 PEB가 지워지도록 한다.

UBI는 MTD 레이어를 통해 플래시 메모리에 접근한다. 그 외 다른 특징으로, MTD 파티션을 여러 개의 UBI 볼륨으로 나눌 수 있으며 다음과 같은 방법으로 웨어 레벨링을 개선할 수 있다. 2개의 파일시스템이 있다고 가정해보자. 하나는 루트 파일시스템 같은 상당히 정적인 데이터를 포함하고 있으며, 다른 하나는 끊임없이 바뀌는 데이터를 포함하고 있다.

만약 개별 MTD 파티션에 각각 저장되는 경우, 웨어 레벨링은 오직 두 번째 파티션에만 영향을 미친다. 하지만 단일 MTD 파티션에서 2개의 UBI 볼륨에 저장하도록 선택하면, 웨어 레벨링은 저장 공간의 두 영역에 걸쳐 수행되며 플래시 메모리 수명이 늘어난다. 다음의 다이어그램은 이러한 상황을 보여준다.

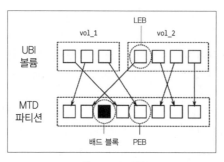

그림 9.4 UBI 볼륨

이런 방식으로 UBI는 플래시 변환 레이어의 두 가지 요구 사항인 웨어 레벨링과 배드 블록 처리를 충족한다.

UBI용으로 MTD 파티션을 준비하기 위해 JFFS2와 YAFFS2의 flash_erase를 사용하지 않는다. 그 대신 PED 헤더에 저장돼 있는 삭제 횟수를 보존하는 ubiformat 유틸리티를 사용한다. ubiformat은 대부분 NAND 플래시 칩의 페이지 크기인 I/O의 최소 단위를 알아야 하지만, 어떤 칩은 페이지 크기의 1/2이나 1/4의 서브 페이지에서 읽기와 쓰기가 가능하다. 좀 더 자세한 내용은 칩 데이터 문서를 참조하길 바라며, 만약 확실하지 않다면 페이지 사이즈를 사용한다. 다음 예제는 2048바이트의 페이지 크기를 사용해 mtd6을 준비한다.

```
# ubiformat /dev/mtd6 -s 2048
ubiformat: mtd0 (nand), size 134217728 bytes (128.0 MiB),
1024 eraseblocks of 131072 bytes (128.0 KiB),
min. I/O size 2048 bytes
```

그런 다음, ubiattach 명령어를 사용해 다음과 같이 준비된 MTD 파티션에 UBI 드라이 버를 로드할 수 있다.

```
# ubiattach -p /dev/mtd6 -O 2048
UBI device number 0, total 1024 LEBs (130023424 bytes, 124.0 MiB),
available 998 LEBs (126722048 bytes, 120.9 MiB),
LEB size 126976 bytes (124.0 KiB)
```

위 명령어는 UBI 볼륨에 접근할 수 있는 장치 노드인 /dev/ubi0을 생성한다. 여러 다른 MTD 파티션에서 ubiattach를 사용할 수 있으며, 이 경우에는 /dev/ubi1, /dev/ubi2 등을 통해 접근할 수 있다. 각각의 LEB는 UBI에서 사용되는 메타 정보를 포함하는 헤더를 갖고 있으므로 LEB는 두 페이지만큼 PEB보다 더 작다. 예를 들어, PEB 크기가 128KiB이고 페이지가 2KiB인 칩은 LED가 124KiB이다. 이 내용은 UBIFS 이미지를 생성할 때 필요한 중요 정보다.

PEB에서 LEB로의 매핑은 PEB의 수에 비례해 보통 몇 초 정도의 시간이 걸리는 연결 단계 중에 메모리에 로드된다. UBI fastmap이라는 새로운 기능이 리눅스 3.7에 추가됐는데, 플래시에 대한 매핑을 수시로 검사해서 연결 시간을 줄여준다. 커널 구성 옵션은 CONFIG_MTD_UBI_FASTMAP이다.

ubiformat 실행 이후, 처음 MTD 파티션으로 접속하면 볼륨이 없을 것이다. ubimkvol을 사용하면 볼륨을 생성할 수 있다. 예를 들어, 128MiB MTD 파티션이 있으며 이를 2개의 볼륨으로 분할한다고 가정하자. 첫 번째는 32MiB이고, 두 번째는 남은 용량에 해당하는 나머지 공간을 할당할 것이다.

```
# ubimkvol /dev/ubi0 -N vol_1 -s 32MiB
Volume ID 0, size 265 LEBs (33648640 bytes, 32.1 MiB),
LEB size 126976 bytes (124.0 KiB), dynamic, name "vol_1",
alignment 1
# ubimkvol /dev/ubi0 -N vol_2 -m
Volume ID 1, size 733 LEBs (93073408 bytes, 88.8 MiB),
LEB size 126976 bytes (124.0 KiB), dynamic, name "vol_2",
alignment 1
```

이제 /dev/ubi0_0과 /dev/ubi0_1이라는 2개의 노드를 가진 장치가 만들어졌다. ubinfo를 사용하면 현재 상황을 확인할 수 있다.

```
# ubinfo -a /dev/ubi0
ubi0
Volumes count: 2
Logical eraseblock size: 126976 bytes, 124.0 KiB
Total amount of logical eraseblocks: 1024 (130023424 bytes,
```

```
124.0 MiB)
Amount of available logical eraseblocks: 0 (0 bytes)
Maximum count of volumes 128
Count of bad physical eraseblocks: 0
Count of reserved physical eraseblocks: 20
Current maximum erase counter value: 1
Minimum input/output unit size: 2048 bytes
Character device major/minor: 250:0
Present volumes: 0, 1


Volume ID: 0 (on ubi0)
Type: dynamic
Alignment: 1
Size: 265 LEBs (33648640 bytes, 32.1 MiB)
State: OK
Name: vol_1
Character device major/minor: 250:1
-----------------------------------
Volume ID: 1 (on ubi0)
Type: dynamic
Alignment: 1
Size: 733 LEBs (93073408 bytes, 88.8 MiB)
State: OK
Name: vol_2
Character device major/minor: 250:2
```

이 시점에는 용량이 각각 32MiB와 88MiB인 2개의 UBI 볼륨을 포함하는 128MiB MTD 파티션이 있다. 사용할 수 있는 총 저장 용량은 32MiB와 88.8MiB를 더한 120.8MiB이다. 남은 공간인 7.2MiB는 각 PEB 시작 부분의 UBI 헤더에 할당되고, 칩의 수명이 남아 있는 동안 배드 블록을 매핑하기 위해 예약돼 있다.

UBIFS

UBIFS는 UBI 볼륨을 사용해 견고한 파일시스템을 생성한다. 그리고 하위 할당과 가비지 컬렉션을 추가해 완전한 플래시 변환 레이어를 생성한다. JFFS2, YAFFS2와는 다르게 칩에 인덱스 정보를 저장해서 마운팅 속도가 빠르지만, 미리 UBI 볼륨을 추가하는 것은 상당한 시간이 소요될 수 있음을 알아야 한다. 또한 일반 디스크 파일시스템처럼

write-back 캐싱을 사용해 쓰는 속도가 훨씬 빠르다. 그러나 전원이 꺼지면, 캐시에서 플래시 메모리로 플러싱^{flushing}되지 않아 잠재적 데이터 손실이라는 흔한 문제가 발생할 수 있다. 하지만 결정적인 시점에 강제로 파일 데이터를 플러싱해주는 fsync(2)와 fdatasync(2) 함수를 신중하게 사용함으로써 이 문제를 해결할 수 있다.

UBIFS는 전원이 꺼질 때 빠른 복구를 위한 저널^{journal}을 갖고 있다. 저널의 최소 사이즈는 4MiB여서 UBIFS는 매우 작은 플래시 장치들에게는 적합하지 않다.

UBI 볼륨을 생성한 후에는 /dev/ubi0_0과 같은 볼륨의 장치 노드를 사용해 볼륨을 마운트할 수 있다. 또는 다음 예제와 같이 전체 파티션에 볼륨 이름을 더한 장치 노드를 사용해 마운트할 수도 있다.

```
# mount -t ubifs ubi0:vol_1 /mnt
```

UBIFS용 파일시스템 이미지를 생성하는 것은 두 단계로 이뤄진다. 먼저 mkfs.ubifs를 사용해 UBIFS 이미지를 생성하고, 이어서 ubinize를 사용해 UBI 볼륨에 임베디드한다.

첫 번째 단계에서 mkfs.ubifs는 -m의 페이지 크기, -e의 UBI LEB 크기, -c의 볼륨에서의 최대 삭제 블록 횟수 정보가 필요하다. 첫 번째 볼륨이 32MiB이고 삭제 단위 블록이 128KiB라면, 삭제 블록의 수는 256이다. 그래서 rootfs 디렉터리의 내용을 가져와 rootfs.ubi라는 이름의 UBIFS 이미지를 생성하려면 다음과 같이 입력한다.

```
$ mkfs.ubifs -r rootfs -m 2048 -e 124KiB -c 256 -o rootfs.ubi
```

두 번째 단계는 이미지의 각 볼륨이 지닌 특성을 알려주는 ubinize에 대한 구성 파일을 생성해야 한다. 도움말 페이지(ubinize -h)에서 자세한 형식을 제공한다. 다음 구성 파일 예제는 vol_1과 vol_2라는 2개의 볼륨을 만든다.

```
[ubifsi_vol_1]
mode=ubi
image=rootfs.ubi
vol_id=0
vol_name=vol_1
```

```
vol_size=32MiB
vol_type=dynamic

[ubifsi_vol_2]
mode=ubi
image=data.ubi
vol_id=1
vol_name=vol_2
vol_type=dynamic
vol_flags=autoresize
```

두 번째 볼륨은 auto-resize 플래그를 갖고 있어 MTD 파티션에서 남아 있는 공간을 할당해 확장된다. 오직 하나의 볼륨만이 이 플래그를 사용할 수 있다. 이 정보를 갖고 ubinize는 PEB 크기를 -p, 페이지 크기를 -m, 하위 페이지 크기를 -s로 해서 -o의 매개변수인 이름을 가진 이미지 파일을 만든다.

```
$ ubinize -o ~/ubi.img -p 128KiB -m 2048 -s 512 ubinize.cfg
```

해당 이미지를 타깃에 설치하기 위해 타깃에서 다음 명령어를 입력한다.

```
# ubiformat /dev/mtd6 -s 2048
# nandwrite /dev/mtd6 /ubi.img
# ubiattach -p /dev/mtd6 -O 2048
```

만약 UBIFS 루트 파일시스템으로 부팅하려면, 다음 커널 명령줄 매개변수를 제공해야 한다.

```
ubi.mtd=6 root=ubi0:vol_1 rootfstype=ubifs
```

UBIFS를 끝으로 원시 NOR와 NAND 플래시 메모리에 대한 파일시스템 조사를 완료했다. 다음으로는 컨트롤러가 내장된 플래시에 대한 파일시스템을 알아보자.

컨트롤러가 내장된 플래시를 위한 파일시스템

트렌드가 지속적으로 컨트롤러가 내장된 플래시, 특히 eMMC를 향해 나아감에 따라 효과적으로 사용하는 방법을 고민할 필요가 있게 됐다. 하드디스크 드라이버처럼 동일한 특징을 갖는 듯 보이지만, 기본 NAND 플래시 칩은 제한된 삭제 사이클을 갖고 있는 대형 삭제 블록과 배드 블록을 다루는 제한들을 갖는다. 그리고 물론 파워를 잃는 상황에 대한 견고함이 필요하다.

일반 디스크 파일시스템을 사용하는 것은 가능하지만, 디스크 쓰기를 줄이고 예정 없이 종료된 후에 빨리 재시작할 수 있는 파일시스템을 선택해야 한다.

플래시벤치

플래시 메모리를 최적으로 사용하려면 삭제 블록 크기와 페이지 크기를 알아야 한다. 보통 제조사에서는 이러한 숫자를 발표하지 않지만 칩이나 카드의 동작을 관찰함으로써 추론이 가능하다.

플래시벤치Flashbench는 그런 도구 중 하나로, 웹 사이트(https://lwn.net/Articles/428584)에서 확인할 수 있는 LWN 게재 글에 설명된 것처럼 아른드 버그만Arnd Bergman에 의해 만들어졌다. 코드는 깃허브(https://github.com/bradfa/flashbench)에서 얻을 수 있다.

다음은 샌디스크 4GB SDHC 카드에서 실행되는 일반적인 예다.

```
$ sudo ./flashbench -a /dev/mmcblk0 --blocksize=1024
align 536870912 pre 4.38ms on 4.48ms post 3.92ms diff 332µs
align 268435456 pre 4.86ms on 4.9ms post 4.48ms diff 227µs
align 134217728 pre 4.57ms on 5.99ms post 5.12ms diff 1.15ms
align 67108864 pre 4.95ms on 5.03ms post 4.54ms diff 292µs
align 33554432 pre 5.46ms on 5.48ms post 4.58ms diff 462µs
align 16777216 pre 3.16ms on 3.28ms post 2.52ms diff 446µs
align 8388608 pre 3.89ms on 4.1ms post 3.07ms diff 622µs
align 4194304 pre 4.01ms on 4.89ms post 3.9ms diff 940µs
align 2097152 pre 3.55ms on 4.42ms post 3.46ms diff 917µs
align 1048576 pre 4.19ms on 5.02ms post 4.09ms diff 876µs
```

```
align 524288 pre 3.83ms on 4.55ms post 3.65ms diff 805µs
align 262144 pre 3.95ms on 4.25ms post 3.57ms diff 485µs
align 131072 pre 4.2ms on 4.25ms post 3.58ms diff 362µs
align 65536 pre 3.89ms on 4.24ms post 3.57ms diff 511µs
align 32768 pre 3.94ms on 4.28ms post 3.6ms diff 502µs
align 16384 pre 4.82ms on 4.86ms post 4.17ms diff 372µs
align 8192 pre 4.81ms on 4.83ms post 4.16ms diff 349µs
align 4096 pre 4.16ms on 4.21ms post 4.16ms diff 52.4µs
align 2048 pre 4.16ms on 4.16ms post 4.17ms diff 9ns
```

이 경우 플래시벤치는 여러 2의 거듭제곱 경계 직전과 직후 1024바이트 블록을 읽는다. 페이지를 넘거나 블록 경계를 지우면, 경계 이후 읽기는 좀 더 시간이 걸린다. 가장 오른쪽 열은 이전과의 차이를 보여주며 가장 흥미로운 열이다. 맨 아래부터 보면, 페이지 크기일 가능성이 가장 높은 4KiB에서 가장 큰 점프가 있다. 그리고 8KiB에는 52.4µs에서 349µs로 두 번째 점프가 있다. 이것은 상당히 일반적이고 카드는 멀티플레인^{multi-plane} 접근을 사용해 동시에 2개의 4KB 페이지를 읽을 수 있음을 알려준다. 그 이후, 차이가 덜 두드러지지만 512KB에는 485µs에서 805µs로의 점프가 있다. 이것은 아마도 삭제 블록 크기일 것이다. 테스트 중이었던 카드가 꽤 오래됐을 것이라는 점을 감안하면, 이런 수치는 예상할 수 있는 수치다.

Discard와 TRIM

일반적으로, 파일을 삭제하면 수정되는 디렉터리 노드만 저장소에 기록되고 파일의 내용을 담고 있는 섹터들은 변경되지 않고 남아 있다. 플래시 변환 레이어가 컨트롤러가 내장된 플래시처럼 디스크 컨트롤러 안에 있으면, 이 디스크 섹터 그룹은 더 이상 유용한 데이터가 포함돼 있지 않다는 것을 알지 못하므로 쓸모없는 데이터를 복사하게 된다.

지난 몇 년 동안 삭제된 섹터들에 대한 정보를 디스크 컨트롤러에게 전해주는 트랜잭션이 추가돼 이러한 상황이 개선됐다. SCSI와 SATA 스펙은 TRIM 명령어가 있고, MMC는 비슷한 명령어인 ERASE를 갖고 있다. 리눅스에서 해당 기능은 discard이다.

discard를 사용하려면, 지원하는 저장 장치가 필요하며(대부분의 현재 eMMC 칩은 지원한다) 리눅스 장치 드라이버도 필요하다. /sys/block/〈block device〉/queue/에서 블록 시스템 큐 파라미터들을 살펴봄으로써 확인할 수 있다.

흥미로운 것은 다음과 같다.

- **discard_granularity**: 장치의 내부 할당 유닛의 크기

- **discard_max_bytes**: 한꺼번에 discard할 수 있는 최대 바이트 수

- **discard_zeroes_data**: 만약 1이면, discard되는 데이터는 0으로 설정된다.

만약 장치나 장치 드라이버가 discard를 지원하지 않는다면, 이 값은 모두 0으로 설정된다. 예를 들어 비글본 블랙의 2GiB eMMC 칩에서 볼 수 있는 파라미터는 다음과 같다.

```
# grep -s "" /sys/block/mmcblk0/queue/discard_*
/sys/block/mmcblk0/queue/discard_granularity:2097152
/sys/block/mmcblk0/queue/discard_max_bytes:2199023255040
/sys/block/mmcblk0/queue/discard_zeroes_data:1
```

커널 설명서 파일인 Documentation/block/queue-sysfs.txt에서 좀 더 많은 정보를 확인할 수 있다.

파일시스템이 마운트될 때 -o discard 옵션을 mount 명령어에 추가함으로써 discard를 활성화할 수 있다. ext4와 F2FS를 모두 지원한다.

> **TIP**
>
> —o discard로 mount 옵션을 사용하기 전에 저장 장치가 discard를 지원하는지 확인해야 한다. 그렇지 않으면 데이터 손실이 발생할 수 있다.

또한 어떻게 파티션을 마운트했는지와는 별개로 util-linux 패키지의 일부분인 fstrim 명령어를 사용해 명령줄에서 강제로 discard할 수 있다. 일반적으로는 주기적으로 이 명령어를 실행해 사용하지 않는 공간을 확보한다. fstrim은 마운트된 파일시스템에서 동작하므로 루트 파일시스템, /를 트림하기 위해 다음과 같이 입력한다.

```
# fstrim -v /
/: 2061000704 bytes were trimmed
```

위 예제는 verbose 옵션인 -v를 사용해 잠재적으로 사용 가능한 바이트 수를 출력한다. 이 경우 2,061,000,704는 파일시스템에서 사용 가능한 대략적인 크기이므로 트림할 수 있었던 최대 저장소의 양이다.

ext4

ext^{extended filesystem}는 1992년부터 리눅스 데스크톱을 위한 주요 파일시스템이었다. 현재 버전인 ext4는 매우 안정적이고 잘 테스트됐으며, 갑작스러운 종료로부터 빠르고 어렵지 않게 복구하는 저널을 갖고 있다. 컨트롤러가 내장된 플래시 장치용으로 좋은 선택이며, eMMC 저장소를 갖고 있는 안드로이드 장치에 선호되는 파일시스템이다. 장치가 discard를 지원한다면, -o discard 옵션으로 마운트할 수 있다.

런타임에 ext4 파일시스템을 포맷하고 만들려면 다음과 같이 입력한다.

```
# mkfs.ext4 /dev/mmcblk0p2
# mount -t ext4 -o discard /dev/mmcblk0p1 /mnt
```

빌드 시에 파일시스템 이미지를 생성하려면 웹 사이트(http://genext2fs.sourceforge.net)에서 다운로드할 수 있는 genext2fs 도구를 이용할 수 있다. 다음 예제에서는 -B로 블록 크기를, -b로 이미지의 블록 수를 설정했다.

```
$ genext2fs -B 1024 -b 10000 -d rootfs rootfs.ext4
```

genext2fs는 5장, '루트 파일시스템 만들기'에서 설명했던 것처럼 -D [file table]로 장치 테이블을 사용해 파일 권한과 소유권을 설정할 수 있다.

이름에서 알 수 있듯이 실제로 Ext2 포맷으로 이미지를 생성한다. 다음과 같이 tune2fs를 이용해 Ext4로 업그레이드할 수 있다(자세한 명령어 옵션은 tune2fs(8) 매뉴얼 페이지에서 확인해보자).

```
$ tune2fs -j -J size=1 -O filetype,extents,uninit_bg,dir_index
\
rootfs.ext4
$ e2fsck -pDf rootfs.ext4
```

Yocto 프로젝트와 Buildroot 둘 다 Ext4 포맷의 이미지를 만들 때 위와 동일한 단계들을 사용한다.

저널은 경고 없이 종료될 수 있는 장치에 이점이 되는 반면, 각 쓰기 트랜잭션에 추가로 쓰기 사이클이 더해져 플래시 메모리를 소비한다. 만약 장치가 배터리로 전원을 공급한다면, 특별히 배터리를 분리할 수 없는 경우에는 급작스러운 전원 종료의 가능성이 낮으므로 저널을 뺄 수도 있다.

저널링을 사용하더라도 예기치 않은 전원 종료 시 파일시스템의 손상이 발생할 수 있다. 많은 장치에서 전원 단추를 누르거나 전원 코드를 뽑거나 혹은 배터리를 분리하면 즉시 종료돼버린다. 버퍼링된 I/O의 특성으로, 쓰기가 스토리지로 플러싱되기 전에 전원이 꺼지면 플래시에 쓰이고 있는 데이터가 손실될 수 있다. 이러한 이유로 마운트하기 전에 사용자 파티션에서 fsck를 비대화식으로 실행해 파일시스템 손상을 확인하고 복구하는 것이 좋다. 그렇지 않으면, 심각한 문제가 될 때까지 시간이 지남에 따라 손상이 악화될 수 있다.

F2FS

F2FS^{Flash-Friendly File System}는 컨트롤러가 내장된 플래시 장치(특히 eMMC와 SD 카드)를 위해 설계된 로그 구조 파일시스템으로, 삼성에 의해 만들어졌고 주류 리눅스 3.8에 병합됐다. 실험적인 것으로 평가되는데, 아직까지 광범위하게 적용되고 있지는 않지만 몇몇 안드로이드 장치에서 사용되는 것으로 보인다.

F2FS는 페이지와 삭제 블록 크기를 고려한 다음 경계에 데이터를 정렬하려고 한다. 로그 포맷은 전원 종료 시 복원력을 제공하며 일부 테스트에서는 ex4보다 두 배 향상된 쓰기 성능을 보여준다. Document/filesystem/f2fs.txt/의 커널 문서에 F2FS의 설계에

대한 문서가 있으며, 9장 마지막 부분인 '추가 자료' 절에서 참고 자료를 확인할 수 있다.

mfs2.f2fs 도구는 -1 레이블인 빈 F2FS 파일시스템을 생성한다.

```
# mkfs.f2fs -l rootfs /dev/mmcblock0p1
# mount -t f2fs /dev/mmcblock0p1 /mnt
```

오프라인에서 F2FS 파일시스템 이미지를 만들기 위한 도구는 ^(아직) 없다.

FAT16/32

이전 마이크로소프트의 파일시스템인 FAT16과 FAT32는 대부분의 운영체제에서 인식되는 공통된 포맷으로 계속 중요하다. SD 카드나 USB 플래시 메모리를 구입하면 대부분 FAT32로 포맷돼 있으며, 어떤 경우에는 온 카드 마이크로컨트롤러^{on-card microcontroller}가 FAT32 접근 패턴에 최적화돼 있다. 또한 일부 부트 롬^{boot ROM}, 예를 들어 TI OMAP 기반의 칩들은 2단계 부트로더를 위한 FAT 파티션이 필요하다. 그러나 FAT 포맷은 손상되기 쉽고 저장 공간을 잘 활용하지 않으므로 중요한 파일을 저장하는 데 적합하지 않다.

리눅스는 msdos 파일시스템을 통해 FAT16을 지원하고, vfat 파일시스템을 통해 FAT32와 FAT16을 모두 지원한다. 두 번째 MMC 하드웨어 어댑터에 SD 카드를 마운트하려면 다음과 같이 입력한다.

```
# mount -t vfat /dev/mmcblock1p1 /mnt
```

> **NOTE**
>
> 과거에 vfat 드라이버와 관련해 라이선스 이슈가 있었으며, 이는 마이크로소프트가 보유한 특허를 침해할 수 있다(또는 침해하지 않을 수도 있다).

FAT32는 장치의 크기에 32GiB 제한이 있다. 더 큰 용량의 장치는 마이크로소프트의

exFAT 포맷을 사용해 포맷할 수 있으며, 이는 SDXC 카드의 요구 사항이다. exFAT용 커널 드라이버는 없지만, 사용자 공간 FUSE 드라이버를 통해 지원할 수 있다. exFAT은 마이크로소프트의 소유이므로 만약 장치에서 이 포맷을 지원한다면 라이선스에 영향을 미칠 수 있다.

해당 내용은 컨트롤러가 내장된 플래시에 맞춰진 읽기-쓰기 파일시스템에 적합하다. 공간을 절약할 수 있는 읽기 전용 파일시스템은 무엇인가? 선택은 간단하다. 바로 SquashFS이다.

⠿ 읽기 전용 압축 파일시스템

데이터를 압축하는 것은 모든 것을 담을 수 있을 만큼 충분한 공간을 갖고 있지 않은 경우에 유용하다. JFFS2와 UBIFS는 기본적으로 즉시 데이터 압축을 한다. 그러나 일반적으로 루트 파일시스템의 경우처럼 파일이 쓰여지지 않는 경우라면, 읽기 전용 압축 파일시스템을 이용해 더 나은 압축 비율을 수행할 수 있다. 리눅스는 romfs, cramfs, squashfs와 같이 여러 방법을 지원한다. 첫 번째와 두 번째는 현재 사용하지 않고 있으므로 SquashFS만 설명할 것이다.

SquashFS

SquashFS 파일시스템은 cramfs를 대체할 목적으로 2002년 필립 루거[Phillip Lougher]에 의해 만들어졌다. 이 파일시스템은 오랫동안 커널 패치로 존재하다가 2009년에 주류 리눅스 2.6.29 버전에 통합됐으며, 사용법이 매우 쉽다. mksquashfs를 사용해 파일시스템 이미지를 만들고, 그것을 플래시 메모리에 설치한다.

```
$ mksquashfs rootfs rootfs.squashfs
```

만든 파일시스템은 읽기 전용이므로 런타임에 파일을 수정할 수 있는 메커니즘이 없다.

SquashFS 파일시스템을 업데이트하는 유일한 방법은 전체 파티션을 삭제하고 새로운 이미지로 프로그래밍하는 것이다.

SquashFS는 배드 블록을 인식할 수 없어서 NOR 플래시와 같은 신뢰할 수 있는 플래시 메모리를 사용해야 한다. 그러나 에뮬레이트되고 신뢰할 수 있는 MTD 볼륨을 만들기 위해 UBI를 사용한다면 NAND 플래시를 사용할 수 있다. 커널 구성 `CONFIG_MTD_UBI_BLOCK`을 설정해야 하는데, 각 UBI 볼륨용으로 읽기 전용 MTD 블록 장치가 생성된다. 다음의 다이어그램은 2개의 MTD 파티션을 나타내며, 각 파티션에는 `mtdblock` 장치가 함께 제공된다. 또한 두 번째 파티션은 세 번째로 보여지는 신뢰할 수 있는 `mtdblock` 장치인 UBI 볼륨을 만들기 위해 사용되며, 이 볼륨은 배드 블록을 인식하지 못하는 읽기 전용 파일시스템용으로 사용할 수 있다.

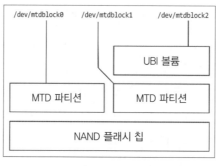

그림 9.5 UBI 볼륨

읽기 전용 파일시스템은 변경하지 않는 콘텐츠에 적합하지만, 재부팅 후에 유지할 필요가 없는 임시 파일의 경우는 어떨까? 이때는 램디스크가 유용하다.

⁝⁝ 임시 파일시스템

수명이 짧거나 재부팅 후 중요하지 않은 파일들이 있다. 이런 파일은 대부분 /tmp 안에 저장하고, 영구적인 저장소와 격리시키는 것이 적절한 방법이다.

임시 파일시스템인 `tmpfs`는 이런 목적용으로는 이상적이다. 간단히 `tmpfs`를 이용해 마운트함으로써 임시 램 기반의 파일시스템을 만들 수 있다.

```
# mount -t tmpfs tmp_files /tmp
```

procfs와 sysfs처럼 tmpfs와 연결된 장치 노드가 없으므로, 이전 예제에서 자리 표시자 문자열로 tmp_files를 파라미터로 제공해야 한다.

사용된 메모리의 양은 파일이 생성되고 삭제됨에 따라 증가하거나 줄어들 것이다. 기본 최대 사이즈는 물리적 램의 절반이다. 대부분의 경우 tmpfs가 그렇게 커지면 문제가 될 수 있으므로 -o size 파라미터로 제한을 걸어두는 것이 좋다. 파라미터는 아래에서 보여 주는 것처럼 바이트, KiB(k), MiB(m) 또는 GiB(g)로 지정할 수 있다.

```
# mount -t tmpfs -o size=1m tmp_files /tmp
```

/tmp뿐 아니라 /var의 서브디렉터리는 휘발성의 데이터를 포함하며, 각각의 서브디렉 터리에 별도의 파일시스템을 만들거나 좀 더 경제적으로 심볼릭 링크를 사용하는 것이 tmpfs를 사용하는 좋은 방법이다. Buildroot는 다음과 같은 방법을 사용한다.

```
/var/cache -> /tmp
/var/lock -> /tmp
/var/log -> /tmp
/var/run -> /tmp
/var/spool -> /tmp
/var/tmp -> /tmp
```

Yocto 프로젝트에서 /run과 /var/volatile은 다음과 같이 심볼릭 링크가 가리키는 tmpfs 마운트다.

```
/tmp -> /var/tmp
/var/lock -> /run/lock
/var/log -> /var/volatile/log
/var/run -> /run
/var/tmp -> /var/volatile/tmp
```

임베디드 리눅스 시스템의 램에 루트 파일시스템을 로드하는 것은 드문 일이 아니다. 이런 방식은 런타임에 콘텐츠의 손상이 발생할 수 있다. 그러나 루트 파일시스템은 보호를 위해 SquashFS 또는 tmpfs에 있을 필요가 없다. 루트 파일시스템을 읽기 전용으로 만들면 된다.

⫸ 읽기 전용 루트 파일시스템 만들기

타깃 장치가 파일 손상을 비롯한 그 외 예기치 않은 이벤트에서도 실행될 수 있도록 하면서 여전히 부팅을 할 수 있고 최소한의 기능이 동작할 수 있도록 해야 한다. 읽기 전용으로 루트 파일시스템을 만드는 것은 우연히 발생될 수 있는 덮어 쓰기를 막기 때문에 이러한 목적을 달성하기 위한 중요한 부분이다. 읽기 전용으로 만드는 것은 쉽다. 커널 명령줄에서 rw를 ro로 바꾸거나 SquasFS와 같은 읽기 전용 파일시스템을 사용하면 된다. 하지만 전통적으로 쓰기 가능한 몇 가지 파일과 디렉터리가 있다는 사실을 알게 될 것이다.

- **/etc/resolv.conf**: 이 파일은 DNS 네임서버들의 주소를 기록하기 위한 네트워크 구성 스크립트에 의해 쓰여진다. 정보가 휘발성이므로, 간단히 임시 디렉터리에 연결된 심볼릭 링크로 만들어야 한다. 예를 들어 /etc/resolv.conf -> /var/run/resolv.conf로 심볼릭 링크를 만든다.

- **/etc/passwd**: 이 파일은 /etc/group, /etc/shadow, /etc/gshadow와 함께 사용자, 그룹 이름, 암호를 저장한다. 영구 저장소 영역에 심볼릭 링크를 만들어야 한다.

- **/var/lib**: 많은 애플리케이션이 이 디렉터리에 쓸 수 있고 또한 여기서 영구적인 데이터를 보관할 수 있도록 기대한다. 한 가지 해결책은 부팅 시에 파일의 기본 세트를 tmpfs 파일시스템으로 복사한 다음 /var/lib을 새로운 디렉터리로 마운트하는 것이다. 부트 스크립트들 중 하나에 다음과 같은 일련의 명령을 입력해 이 작업을 수행할 수 있다.

```
$ mkdir -p /var/volatile/lib
$ cp -a /var/lib/* /var/volatile/lib
$ mount --bind /var/volatile/lib /var/lib
```

- **/var/log**: syslog와 다른 데몬들이 로그들을 저장하는 장소다. 일반적으로, 플래시 메모리에 로깅하는 것은 생성되는 많은 작은 쓰기 사이클이 발생하므로 바람직하지 않다. 간단한 해결 방법은 tmpfs를 사용해 /var/log를 마운트함으로써 모든 로그 메시지를 휘발성화하는 것이다. syslogd의 경우, BusyBox는 원형 링 버퍼^{circular ring buffer}에 로깅할 수 있는 버전이 있다.

만약 Yocto 프로젝트를 사용하고 있다면, `IMAGE_FEATURE = "read-only-rootfs"`를 conf/local.conf나 이미지 레시피에 추가함으로써 읽기 전용 루트 파일시스템을 생성할 수 있다.

⫸ 파일시스템 선택

지금까지 솔리드 스테이트 메모리의 기술들과 많은 종류의 파일시스템을 살펴봤다. 이제 사용 가능한 옵션들을 요약해보자. 대부분의 경우, 저장소 요구 사항들을 다음 세 가지 범주로 나눌 수 있다.

- **영구적인 읽기-쓰기 데이터**: 런타임 구성, 네트워크 파라미터, 암호, 데이터 로그, 사용자 데이터
- **영구적인 읽기 전용 데이터**: 루트 파일시스템과 같은 내용이 변하지 않는 프로그램들, 라이브러리, 구성 파일들
- **휘발성 데이터**: /tmp와 같은 임시 저장소

읽기-쓰기 저장소를 위한 선택 사항은 다음과 같다.

- **NOR**: UBIFS 또는 JFFS2

- **NAND**: UBIFS, JFFS2 또는 YAFFS2

- **eMMC**: ext4 또는 F2FS

읽기 전용 저장소의 경우, ro 속성으로 마운트된 이것들 중 하나를 이용할 수 있다. 또한 공간을 절약하고 싶다면 SquashFS를 이용할 수도 있다. 끝으로, 휘발성 저장소용으로 는 tmpfs라는 한 가지 선택 사항만 있다.

⁞⁞ 요약

플래시 메모리는 처음부터 임베디드 리눅스가 선택한 저장소 기술이었으며, 수년에 걸쳐 리눅스는 로우 레벨 드라이버부터 플래시 인식 파일시스템(최신은 UBIFS)에 이르기까지 매우 우수한 지원을 받아왔다.

그러나 새로운 플래시 기술들이 도입되는 속도가 증가하면서, 빠른 변화에 보조를 맞추는 것이 점점 더 어려워지고 있다. 따라서 시스템 설계자들은 내부 메모리 칩과는 독립적인 안정적인 하드웨어, 소프트웨어 인터페이스를 제공하기 위해 더욱더 eMMC 형태인 컨트롤러가 내장된 플래시로 전환하고 있다. 임베디드 리눅스 개발자는 이런 새로운 칩들을 다루기 시작하고 있다. ext4와 F2FS에서 TRIM에 대한 지원은 잘 정착됐고, 칩 자체에서 서서히 길을 찾아 나아가고 있는 중이다. 또한 F2FS와 같은 플래시 관리에 최적화된 새로운 파일시스템의 출현은 환영받을 일이다.

그러나 플래시 메모리가 하드디스크 드라이브와 같지 않다는 사실은 여전히 남아 있다. 파일시스템 쓰기 횟수를 최소화하도록 주의를 기울여야 하는데, 특히 고밀도의 TLC 칩은 겨우 1,000회 삭제 사이클을 지원할 수 있기 때문이다.

다음 장에서는 원격에 배포될 수 있는 장치에 최신의 소프트웨어를 유지하기 위한 다양한 방법을 고려하면서 저장소 옵션 관련 주제를 계속 이어나갈 것이다.

⠿ 추가 자료

다음의 자료들은 이번 장에서 소개됐던 주제에 대해 좀 더 자세한 정보를 갖고 있다.

- XIP: '과거, 현재... 미래?The past, the present... the future?', 비탈리 울Vitaly Wool: https://archive.fosdem.org/2007/slides/devrooms/embedded/Vitaly_Wool_XIP.pdf

- 기본 MTD 문서: http://www.linux-mtd.infradead.org/doc/general.html

- '저렴한 플래시 드라이브로 리눅스 최적화Optimizing Linux with cheap flash drives', 아른트 베르그만Arnd Bergmann: https://lwn.net/Articles/428584/

- 'eMMC/SSD 파일시스템 튜닝 방법론eMMC/SSD File System Tuning Methodology', Cogent Embedded, Inc.: https://elinux.org/images/b/b6/EMMC-SSD_File_System_Tuning_Methodology_v1.0.pdf

- '플래시 친화적 파일시스템(F2FS)', 황주영: https://elinux.org/images/1/12/Elc2013_Hwang.pdf

- 'F2FS 분석An F2FS teardown', 네일 브라운Neil Brown: https://lwn.net/Articles/518988/

10

소프트웨어 업데이트

지금까지 리눅스 장치용 소프트웨어를 빌드하고 다양한 종류의 대용량 저장소용 시스템 이미지를 만드는 다양한 방법을 알아봤다. 양산^{production}에 돌입한 경우, 시스템 이미지를 플래시 메모리에 복사하기만 하면 배포 준비가 완료된다. 이제 장치가 처음 배송된 이후의 삶에 대해 생각해보려고 한다.

사물인터넷$^{Internet Of Things}$ 시대로 접어들면서, 우리가 만드는 장치가 인터넷을 통해 다른 장치와 연결될 가능성이 매우 높아졌다. 동시에 소프트웨어는 기하급수적으로 복잡해지고 있다. 소프트웨어가 더 커진다는 것은 버그가 더 많아진다는 뜻이다. 인터넷에 연결된다는 것은 멀리서도 그 버그들을 이용할 수 있다는 뜻이다. 결과적으로, 이미 현장에 배포된 소프트웨어를 업데이트할 수 있어야 한다는 공통 요구 사항이 생긴다. 소프트웨어 업데이트는 버그 수정 외에도 여러 가지 이점이 있다. 시간이 흐름에 따라 시스템 성능을 높이거나 기능을 추가함으로써 기존 하드웨어의 가치를 높일 수 있다.

10장에서 다루는 내용은 다음과 같다.

- 업데이트는 어디에서 시작하는가?

- 무엇을 업데이트해야 하는가?

- 소프트웨어 업데이트의 기본

- 업데이트 메커니즘 유형

- OTA^{Over The Air} 업데이트

- 로컬 업데이트 시 Mender 사용하기

- OTA 업데이트 시 Mender 사용하기

- 로컬 업데이트 시 balena 사용하기

⁝⁝ 기술적 요구 사항

이 장의 예제를 따라 하려면 다음 사항을 준비해야 한다.

- 사용 가능한 디스크 공간이 최소 60GB인 리눅스 기반 호스트 시스템

- Yocto 3.1^(Dunfell) LTS 릴리스

- 리눅스용 Etcher

- 마이크로SD 카드와 카드 리더

- 라즈베리 파이 4

- 5V 3A USB-C 전원 공급 장치

- Wi-Fi 라우터

Yocto는 10장에서 '로컬 업데이트 시 Mender 사용하기' 절과 'OTA 업데이트 시 Mender 사용하기' 절에서 사용할 예정이다.

6장, '빌드 시스템 선택하기'에서 아마 여러분은 Yocto의 3.1^(Dunfell) LTS 릴리스를 이미 빌드했을 것이다. 아직 하지 않았다면, 6장에서 이야기했던 것처럼 리눅스 호스트에서

Yocto를 빌드하기 전에 Yocto 프로젝트 퀵 빌드 가이드(https://www.yoctoproject.org/docs/current/brief-yoctoprojectqs/briefyoctoprojectqs.html)에서 '호환 가능한 리눅스 배포판Compatible Linux Distribution' 절과 '호스트 패키지 빌드Build Host Packages' 절을 참조하길 바란다.

10장의 모든 코드는 책의 깃허브 저장소(https://github.com/PacktPublishing/Mastering-Embedded-Linux-Programming-Third-Edition)에 있는 Chapter10 폴더에서 찾을 수 있다.

업데이트는 어디에서 시작하는가?

소프트웨어 업데이트에는 여러 가지 방법이 있다. 각 방법의 특징을 대략적으로 정리하면 다음과 같다.

- **로컬 업데이트**: 보통 업데이트를 USB 플래시 드라이브나 SD 카드 같은 휴대용 매체에 담아 각 시스템에 기술자가 개별적으로 접근해서 수행한다.
- **원격 업데이트**: 업데이트는 사용자나 기술자가 현장에서 수행하지만, 다운로드는 원격 서버로부터 받는다.
- **OTA 업데이트**: 현장 작업 없이, 업데이트가 완전히 원격에서 전달push되고 관리된다.

먼저 소프트웨어 업데이트 방법을 소개하고 Mender(https://mender.io)를 이용하는 예를 살펴본다.

무엇을 업데이트해야 하는가?

임베디드 리눅스 장치들은 설계와 구현 면에서 굉장히 다양하지만, 모두 다음과 같은 기본 요소를 갖고 있다.

- 부트로더
- 커널

- 루트 파일시스템

- 시스템 애플리케이션

- 장치별 데이터

하지만 다음 다이어그램에서 볼 수 있듯이 일부 요소는 다른 요소에 비해 업데이트하기
어렵다.

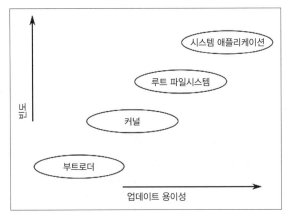

그림 10.1 업데이트의 요소

그럼 이제 각 요소를 차례대로 살펴보자.

부트로더

부트로더는 프로세서 전원을 켤 때 실행되는 첫 번째 코드다. 프로세서가 부트로더를
찾는 방법은 장치마다 다르지만, 대부분의 경우 부트로더가 있는 곳은 단 한 곳이다. 즉,
부트로더는 장치당 단 하나만 있다는 뜻이다. 그렇기에 백업이 없다면 부트로더를 업데
이트하는 것은 위험하다. 만약 업데이트 중 시스템 전원이 중단되면 어떻게 되겠는가?
이러한 이유로 대부분의 업데이트 솔루션은 부트로더를 포함하지 않고 따로 두는 편이
다. 부트로더는 전원을 켰을 때 잠시 동안만 실행되며 일반적으로 런타임 버그를 크게
일으키지 않기 때문에 업데이트를 하지 않는다고 해서 큰 문제가 되지는 않는다.

커널

리눅스 커널은 수시로 업데이트해야 하는 핵심 요소로, 여러 부분으로 나뉘어 있다.

- 부트로더가 로드한 바이너리 이미지는 보통 루트 파일시스템에 저장된다.

- 대부분의 장치에는 하드웨어에 대한 정보를 커널에 알려주는 장치 트리 바이너리 DTB, Device Tree Binary가 있는데, 이 또한 함께 업데이트돼야 한다. DTB는 보통 커널 바이너리와 함께 저장돼 있다.

- 루트 파일시스템에 커널 모듈이 있는 경우도 있다.

커널과 DTB는 부트로더가 해당 파일시스템 형식을 읽을 수 있는 기능을 갖고 있는 경우 루트 파일시스템에 저장돼 있을 수 있으며, 그렇지 않은 경우 지정 파티션에 저장된다. 두 경우 모두 백업 사본을 가질 수 있으며 그 편이 더 안전하다.

루트 파일시스템

루트 파일시스템에는 시스템을 작동하는 데 필요한 필수 시스템 라이브러리, 유틸리티, 스크립트가 들어 있다. 이 모든 파일은 교체하고 업그레이드하는 편이 좋다. 그 메커니즘은 파일시스템의 구현물에 따라 다르지만, 임베디드 루트 파일시스템의 일반적인 형식은 다음과 같다.

- **램디스크**: 원시 플래시 메모리나 부팅 시 디스크 이미지에서 로드된다. 업데이트하려면 램디스크 이미지를 덮어 쓴 후 재부팅하면 된다.

- **플래시 파티션에 저장된 squashfs 같은 읽기 전용 압축 파일시스템**: 이러한 유형의 파일시스템은 쓰기 기능을 지원하지 않으므로 이를 업데이트할 수 있는 유일한 방법은 전체 파일시스템 이미지를 해당 파티션에 업데이트하는 것이다.

- **일반 파일시스템 유형**: 원시 플래시 메모리의 경우 JFFS2나 UBIFS 포맷이 일반적이

며 eMMC나 SD 카드처럼 컨트롤러가 내장된 플래시 메모리의 경우 ext4나 F2FS 포맷일 가능성이 크다. 이들은 런타임에 쓰기가 가능하므로 파일별로 업데이트할 수 있다.

시스템 애플리케이션

시스템 애플리케이션은 장치의 주요 구성 요소로 장치의 기본적인 기능을 구현한다. 따라서 버그를 수정하고 기능을 추가하기 위해 자주 업데이트될 수 있다. 이는 루트 파일 시스템과 번들로 함께 저장될 수도 있지만, 좀 더 쉽게 업데이트하고 대부분 오픈소스인 시스템 파일과 저작권이 있는 애플리케이션 파일을 분리해 유지하고자 별도의 파일 시스템에 저장되는 경우가 더 일반적이다.

장치별 데이터

이는 런타임에 수정되는 파일 모음으로 구성 설정, 로그, 사용자 제공 데이터 등이 포함된다. 자주 업데이트해야 할 필요는 없지만 업데이트 중에 보존돼야만 하는 데이터로, 자체 파티션에 저장해야 한다.

업데이트가 필요한 컴포넌트

한마디로 말해, 업데이트는 새 버전의 커널, 루트 파일시스템, 시스템 애플리케이션을 포함할 수 있으며 장치에는 장치 런타임 데이터처럼 업데이트로 변경돼서는 안 되는 파티션들도 존재한다.

소프트웨어 업데이트 실패로 인한 비용은 꽤 클 수 있다. 보안 소프트웨어 업데이트는 기업이나 가정 내 인터넷 환경 모두에서 주요 관심사이기도 하다. 업체에서는 하드웨어를 배송하기 전에 먼저 소프트웨어를 업데이트할 수 있는 능력이 반드시 갖춰져야 한다.

⠿ 소프트웨어 업데이트의 기본

처음 소프트웨어 업데이트를 해보면 그저 단순한 작업으로 보인다. 일부 파일을 새 파일로 덮어 쓰기만 하면 되는 것이다. 하지만 업데이트로 인해 잘못될 수 있는 모든 일을 파악하면서 진짜 엔지니어 교육이 시작되는 것이다. 업데이트하는 동안 전원이 다운되면 어떻게 될까? 업데이트를 테스트하는 동안 보지 못한 버그로 인해 일부 장치가 부팅되지 않는 경우 어떻게 될까? 다른 업체에서 장치를 봇넷의 일부로 등록하는 가짜 업데이트를 보내는 경우에는 어떻게 해야 할까? 소프트웨어 업데이트 메커니즘은 최소한 다음과 같은 조건을 따라야 한다.

- 견고해야 한다. 업데이트 때문에 장치를 사용할 수 없게 되면 안 된다.

- 안전장치가 필요하다. 모든 것이 실패할 경우 다시 되돌릴 수 있도록 안전장치가 필요하다.

- 보안이 필요하다. 무단 업데이트를 설치하는 사람들이 장치를 도용하지 못하도록 보안 장치가 있어야 한다.

즉, '문제가 발생하면 결국은 잘못돼버린다'는 머피의 법칙을 따르지 않는 시스템이 필요하다. 그 일어날 수 있는 문제점 중 일부는 사소한 문제가 아닐 수도 있다. 현장에 있는 장치에 소프트웨어를 배포하는 것은 클라우드에 소프트웨어를 배포하는 것과 다르다. 임베디드 리눅스 시스템은 사람의 개입 없이 커널 패닉이나 부트 루프^{boot loop}[1] 같은 사고를 감지하고 대응해야 한다.

견고한 업데이트

현재 우리 모두 정기적으로 업데이트되는 리눅스 데스크톱을 갖고 있기 때문에 리눅스 시스템을 업데이트하는 문제는 이미 오래전에 해결된 것으로 생각할 수도 있다. 또한

---

1   부팅이 계속되는 현상으로, 모든 기능을 사용할 수 없다. – 옮긴이

데이터 센터에서 항상 최신으로 유지되며 실행되는 대량의 리눅스 서버들도 있지 않은가? 그러나 서버와 장치는 서로 다르다. 서버는 보통 안전한 환경에서 운영되므로 전원이나 네트워크 연결이 갑자기 손실되는 일은 거의 없다. 드문 경우이지만 만약 업데이트가 실패할 경우, 항상 서버에 접속해 외부 메커니즘을 사용함으로써 설치를 반복할수도 있다.

반면에 장치는 간헐적인 전원 문제나 네트워크 연결 불량이 있는 원격 사이트에 배포되는 경우가 많으므로 업데이트가 중단될 확률이 높아진다. 산 꼭대기에 있는 환경 모니터링 스테이션의 장치나 바다 깊은 곳의 유정 밸브를 제어하는 장치라고 생각해보자. 이런 장치의 업데이트가 실패했을 경우, 이를 복구하기 위해 해당 장치로 접근하는 비용은 매우 높을 것이다. 결과적으로, 시스템을 사용할 수 없는 상태로 절대로 만들지 않는 견고한 업데이트 메커니즘을 만드는 것이 임베디드 장치에서는 매우 중요하다.

여기서 핵심 단어는 원자성^{atomicity}이다. 업데이트는 전체적으로 원자성을 지켜야 한다. 즉, 시스템의 일부를 업데이트할 때 다른 부분은 건들지 말아야 한다는 것이다. 새 버전의 소프트웨어로 업데이트될 때는 시스템의 다른 부분을 방해하지 않는 하나의 변경만이 있어야 한다.

이렇게 하려면 직관적으로 파일시스템 일부를 아카이브해 그중 개별 파일을 간단히 업데이트하는 메커니즘은 제외해야 한다. 만약 이런 방법을 사용했다면, 업데이트하는 동안 시스템이 리셋된 경우 파일들을 그대로 유지할 수 있도록 보장할 수 있는 방법은 없다. apt, yum, zypper 같은 패키지 관리자를 사용해도 전혀 도움이 되지 않는다. 이들 패키지 관리자의 내부를 보면 파일시스템을 아카이브하고 스크립트를 실행해 업데이트 전후에 패키지를 구성하는 작업을 하기 때문이다. 패키지 관리자는 데이터 센터의 보호된 환경이나 데스크톱에 사용하는 것까지는 괜찮지만 장치에는 적합하지 않다.

원자성을 달성하려면, 실행 중인 시스템과 함께 업데이트를 설치한 후 기존 시스템에서 새 시스템으로 변경돼야 한다. 이후 절에서 원자성을 달성하기 위한 두 가지 접근 방식을 설명할 것인데, 그 첫 번째는 루트 파일시스템과 다른 주요 컴포넌트의 복사본을 2개 갖는 것이다. 하나는 현재 실행 중인 시스템이고 다른 하나는 업데이트를 받을 수 있는 시스템이다. 이 경우 업데이트가 완료되면 스위치가 실행돼 재부팅 시 부트로더가 업데이트된 복사본을 선택하는 것이다. 이를 시메트릭(대칭) 이미지 업데이트symmetric image update나 A/B 이미지 업데이트라고 한다. 이런 방식을 변형한 것이 바로 주 운영체제를 업데이트하는 특수 복구 모드 운영체제를 사용하는 것이다. 원자성은 부트로더와 복구 운영체제 간에 공유돼 보장된다. 이를 어시메트릭(비대칭) 이미지 업데이트asymmetric image update라고 하며 누가Nougat 7.x 버전 이전에 안드로이드에서 사용한 방식이다.

두 번째 방법은 시스템 파티션의 각기 다른 서브디렉터리에 루트 파일시스템을 2개 이상 복사한 다음, 부팅 시 chroot (8)을 사용해 그중 하나를 선택하는 것이다. 리눅스가 실행되면 업데이트 클라이언트가 다른 루트 파일시스템에 업데이트를 설치하게 되고, 모든 것이 완료되고 확인되면 기존 시스템과 신규 시스템을 바꾸는 스위치가 실행돼 재부팅한다. 이를 원자 파일 업데이트atomic file update라고 하며, OSTree가 그 예다.

안전한 업데이트

다음으로 고려해야 할 문제는 업데이트는 제대로 설치됐지만 해당 업데이트로 인해 시스템이 제대로 부팅되지 않는 경우다. 가장 이상적인 방법은 시스템이 이러한 문제를 감지하고 제대로 동작한 이전 이미지로 되돌리는 것이다.

시스템이 동작할 수 없는 상태로 이어질 수 있는 몇 가지 장애 모드가 있다. 첫 번째는 커널 장치 드라이버의 버그나 init 프로그램을 실행할 수 없는 경우 발생하는 커널 패닉이다. 이를 복구하는 가장 현명한 방법은 패닉이 일어나면 이후 몇 초 만에 재부팅할 수 있도록 커널을 구성하는 것이다. 이를 위해서는 CONFIG_PANIC_TIMEOUT을 설정해 커널을 빌드하거나 커널 명령줄에서 panic 값을 설정하자. 예를 들어 패닉이 발생한 후 5초 후에 재부팅하려면 커널 명령줄에 panic = 5를 추가하면 된다.

더 나아가 웁스Oops에서 패닉이 일어나도록 커널을 설정할 수 있다. 커널에 치명적인 오류가 발생한 경우 웁스가 생성된다는 점을 기억하자. 이런 방법으로 어떤 경우에는 오류를 복구할 수도 있고 어떤 경우에는 불가능하지만, 두 경우 다 무언가 잘못됐고 시스템이 정상적으로 작동하지 않는다는 점은 같다. 웁스에 패닉을 발생시키려면 커널 설정에서 CONFIG_PANIC_ON_OOPS = y로 설정하거나 커널 명령줄에서 oops = panic으로 설정한다.

두 번째 장애 모드는 커널이 init을 성공적으로 시작하기는 했으나 어떤 이유로든 주 애플리케이션이 실행되지 않을 때 발생한다. 이를 위해서는 워치독^{watchdog}이 필요하다. 워치독은 타이머가 만료되기 전에 리셋되지 않으면 시스템을 다시 시작하는 하드웨어나 소프트웨어 타이머를 말한다. 만약 여러분이 systemd를 사용한다면, 내장된 watchdog 함수를 사용할 수 있으며 이 함수는 13장, '시스템 구동: init 프로그램'에서 설명할 것이다. systemd를 사용하지 않는다면 Documentation/watchdog의 커널 소스 코드에 나와 있는 대로 리눅스에 내장돼 있는 워치독 지원을 활성화할 수 있다.

위 두 가지 장애 모드 모두 시스템 부팅이 반복된다. 즉, 커널 패닉과 워치독 타임아웃 모두 시스템을 재부팅시킨다는 뜻이다. 따라서 문제가 지속되면 시스템 재부팅이 계속해서 일어날 것이다. 이런 무한 부팅 루프에서 벗어나려면, 부트로더가 이러한 장애를 탐지해 정상적으로 동작하던 이전 버전으로 시스템을 되돌리는 코드가 필요하다. 가장 일반적인 방법은 부트로더가 매 부팅 시 추가하는 부팅 횟수^{boot count}를 이용하는 것이다. 이 부팅 횟수는 시스템이 제대로 실행되면 사용자 공간에서 0으로 리셋된다. 시스템이 부팅을 반복하게 되면, 해당 횟수는 리셋되지 않으므로 계속해서 증가하게 된다. 그러다가 특정 임계값을 초과하게 되면 부트로더가 적절한 복구 작업을 수행하도록 구성하면 된다.

U-Boot에서는 세 가지 변수로 이를 처리한다.

- **bootcount**: 이 변수는 프로세서가 부팅할 때마다 증가한다.
- **bootlimit**: bootcount가 bootlimit을 초과하면 U-Boot는 bootcmd 대신 altbootcmd에서 명령어를 실행한다.
- **altbootcmd**: 기존 부팅 명령어를 대체하는 명령어를 포함하고 있다(예: 이전 버전의 소프트웨어로 롤백하거나 복구 모드 운영체제를 시작한다).

이 방법을 사용하려면, 사용자 공간 프로그램이 부팅 횟수를 리셋할 수 있어야 한다. 다음 U-Boot 유틸리티를 사용하면 런타임 시 U-Boot 환경에 접근할 수 있다.

- **fw_printenv**: U-Boot 변수 값을 출력한다.

- **fw_setenv**: U-Boot 변수 값을 지정한다.

위 두 명령어를 사용하려면 먼저 어디에 U-Boot 환경 블록이 저장돼 있는지를 알 필요가 있는데, 이를 위해서는 /etc/fw_env.config의 설정 파일을 확인해야 한다. 예를 들어 만약 U-Boot 환경 블록이 eMMC 메모리의 0x8000000 오프셋에 저장돼 있고 그 백업 복사본이 0x1000000에 있다면, fw_env.config 파일은 다음과 같을 것이다.

```
# cat /etc/fw_env.config
/dev/mmcblk0 0x800000 0x40000
/dev/mmcblk0 0x1000000 0x40000
```

이제 이 절에서 마지막으로 이야기할 부분이다. 만약 부팅할 때마다 부팅 횟수를 하나씩 늘린 다음 애플리케이션이 실행될 때 이를 재설정하게 되면, 환경 블록에 이 값을 불필요하게 여러 번 작성해야 한다. 이 과정에서 플래시 메모리를 소모하고 시스템 초기화 속도가 느려질 수 있다. U-Boot에는 재부팅할 때마다 이러한 작업을 하는 것을 방지하기 위해 upgrade_available이라는 변수가 있다. 만약 upgrade_available이 0이면 bootcount 값이 증가하지 않는다. update_available은 업데이트가 설치된 후 1로 설정되므로 필요할 때만 bootcount가 보호되는 것이다.

업데이트 보안

마지막 문제는 잠재적인 업데이트 메커니즘의 악용과 연관이 있다. 보안 패치와 새로운 기능을 설치하는 업데이트 메커니즘을 구현할 때 가장 중요한 것은 신뢰할 수 있는 자동화나 반자동화된 방식을 제공하는 것이다. 하지만 어떤 사람들은 동일한 메커니즘을 사용해 승인되지 않은 버전의 소프트웨어를 설치함으로써 장치의 소유권을 멋대로 뺏을 수 있다. 지금부터는 이런 일을 방지하는 방법을 살펴보자.

업데이트 보안의 가장 큰 취약점은 가짜 원격 업데이트다. 이를 방지하려면, 다운로드를 시작하기 전에 업데이트 서버를 인증해야 하며 다운로드 스트림을 변조하지 못하도록 HTTPS 같은 보안 전송 채널을 사용해야 한다. 뒤에서 OTA 업데이트를 설명할 때 이 부분을 다시 다루겠다.

원격뿐 아니라 로컬로 제공되는 업데이트 또한 신뢰성에 대한 확인이 필요하다. 가짜 업데이트를 찾아내는 방법 중 하나는 부트로더에 있는 Secure boot 프로토콜을 사용하는 것이다. 커널 제조 시 커널 이미지를 디지털 키로 서명한 경우, 부트로더는 커널을 로드하기 전에 해당 키를 확인하고 키가 일치하지 않으면 해당 커널을 로드하지 않는다. 그러므로 제조업체가 키를 비공개로 유지하는 한 인증되지 않은 커널을 로드하는 것은 불가능하다. U-Boot는 이런 방식을 이용하고 있으며, 이는 doc/uImage.FIT/verified-boot.txt의 U-Boot 소스 코드에서 찾아볼 수 있다.

NOTE

> **Secure boot 프로토콜은 좋은가, 나쁜가?**
>
> 나는 소프트웨어 업데이트 기능이 있는 장치를 구입한 경우 해당 장치의 공급업체가 유용한 업데이트를 제공할 것이라고 믿고 있다. 또한 악의적인 제3자가 내가 모르는 채로 소프트웨어를 설치하는 것을 원하지 않는다. 하지만 소프트웨어를 본인이 직접 설치하는 것을 허용해야 할까? 내가 장치를 완전하게 소유하고 있다면, 새로운 소프트웨어를 로딩하는 것을 포함해 이 장치의 소프트웨어를 수정할 권리가 있을까? 궁극적으로 GPL v3 라이선스를 만들게 한 TiVo의 셋톱박스를 생각해보자. 링크시스 WRT54G Wi-Fi 라우터 또한 생각해보자. 하드웨어에 대한 접근이 용이해지면 OpenWrt 프로젝트를 포함해 완전히 새로운 산업을 탄생시킬 수 있다. 더 자세한 내용은 웹 페이지(http://www.wi-fiplanet.com/tutorials/article.php/3562391)를 참고하자. 이는 자유와 통제의 갈림길에 있는 복잡한 문제이며, 개인적으로 일부 장치 제조업체는 이러한 보안을 변명의 수단으로 사용해 자신의 소프트웨어(때때로 조잡한)를 보호하는 경우도 있다고 생각한다.

이제 무엇이 필요한지 알았다. 그렇다면 임베디드 리눅스 시스템에서 소프트웨어를 어떻게 업데이트해야 할까?

⫶ 업데이트 메커니즘 유형

이 절에서는 소프트웨어 업데이트를 적용하는 세 가지 방법인 시메트릭(혹은 A/B) 이미지 업데이트와 어시메트릭 이미지 업데이트(복구 모드 업데이트라고도 함), 원자 파일 업데이트에 대해 이야기할 예정이다.

시메트릭 이미지 업데이트

이 방법은 운영체제의 사본을 2개 갖고 있어야 하며 각각 리눅스 커널, 루트 파일시스템, 시스템 애플리케이션으로 구성돼 있다. 다음 다이어그램에서 A와 B로 표기된 운영체제가 그것이다.

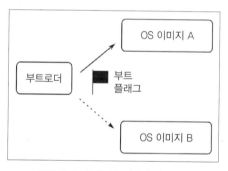

그림 10.2 시메트릭 이미지 업데이트

시메트릭 이미지 업데이트는 다음과 같이 동작한다.

1. 부트로더는 어떤 운영체제를 로드해야 할지 알려주는 플래그를 갖고 있다. 처음에는 플래그가 A로 설정돼 부트로더가 OS 이미지 A를 로드한다.

2. 업데이트를 설치하려면, 운영체제의 일부인 업데이터 애플리케이션이 OS 이미지 B를 새롭게 덮어 쓴다.

3. 해당 작업이 완료되면 부트 플래그가 B로 변경되고 재부팅된다.

4. 이제 부트로더가 새로운 운영체제를 로드하게 된다.

5. 추가적인 업데이트를 설치한다면, 업데이터는 이제 이미지 A를 덮어 쓰고 부팅 플래그를 A로 변경한다. 즉, 두 운영체제 복사본 간에 핑퐁ping-pong이 계속 일어나게 되는 것이다.

6. 만약 부트 플래그가 변경되기 전에 업데이트가 실패하면, 부트로더는 계속해서 기존의 양호한 운영체제를 로드한다.

이러한 시메트릭(대칭) 이미지 업데이트를 구현한 몇 가지 오픈소스 프로젝트가 있다. 하나는 스탠드얼론 모드standalone mode에서 작동하는 Mender 클라이언트로, 이후 '로컬 업데이트 시 Mender 사용하기' 절에서 설명할 예정이다. 또 다른 하나는 SWUpdate이다(https://github.com/sbabic/swupdae). SWUpdate는 CPIO 형식 패키지의 여러 이미지 업데이트를 수신한 후 해당 업데이트를 시스템의 다른 부분에 배포할 수 있다. 이를 사용하면 루아ua 언어로 플러그인을 작성해 사용자 정의된 작업을 처리할 수 있다. 또한 MTD 플래시 파티션에 접근할 수 있는 원시 플래시 메모리, UBI 볼륨으로 구성된 스토리지, 디스크 파티션 테이블이 있는 SD/eMMC 스토리지에 대한 파일시스템을 지원한다. 세 번째 예제 프로젝트는 RAUCRobust Auto-Update Controller이다(https://github.com/rauc/rauc). 이 또한 원시 플래시 저장 장치, UBI 볼륨, SD/eMMC 장치를 지원하며, 업데이트 이미지는 OpenSSL 키를 사용해 서명과 인증이 가능하다. 네 번째 예는 Buildroot의 오랜 기여자인 프랭크 헌레스Frank Hunleth의 fwup(https://github.com/fwup-home/fwup)이다.

이 방법들에는 몇 가지 단점이 있는데, 하나는 전체 파일시스템 이미지를 업데이트하면 업데이트 패키지의 크기가 커서 장치를 연결하는 네트워크 인프라에 부담을 줄 수 있다는 것이다. 하지만 이전 버전과 새 파일시스템의 바이너리 diff를 수행해 변경된 파일시스템 블록만 전송하면 이 문제를 완화할 수 있다. Mender의 상용 버전은 이러한 델타 업데이트를 지원하며, 이 책을 쓰는 시점에 RAUC와 fwup에서는 델타 업데이트를 여전히 베타 기능으로만 지원하고 있다.

두 번째 단점은 루트 파일시스템과 다른 구성 요소의 사본을 중복해서 저장해야 하므로 쓸데없이 많은 저장 공간을 유지할 필요가 있다는 것이다. 루트 파일시스템이 가장 큰 구성 요소인 경우, 사용해야 할 플래시 메모리의 양이 두 배가 될 것이다. 바로 이런 이유 때문에 다음에서 이야기할 어시메트릭 업데이트 체계를 사용한다.

어시메트릭 이미지 업데이트

다음과 같이 최소한의 복구 운영체제만으로 주 운영체제를 업데이트하면 필요한 저장 공간을 줄일 수 있다.

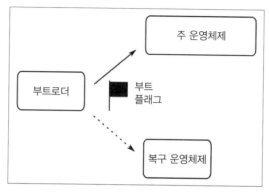

그림 10.3 어시메트릭 이미지 업데이트

어시메트릭 업데이트를 설치하려면 다음과 같이 한다.

1. 부트 플래그가 복구 운영체제를 가리키도록 설정하고 재부팅한다.

2. 복구 운영체제가 실행되면 주 운영체제 이미지로 이 업데이트를 스트리밍할 수 있다.

3. 만약 중간에 업데이트가 중단되면, 부트로더가 다시 복구 운영체제로 부팅돼 업데 이트를 다시 시작할 수 있다.

4. 업데이트가 완료되고 확인됐을 때만 복구 OS가 부트 플래그를 지우고 다시 부팅한다. 이 경우 새로운 주 운영체제를 로드하게 된다.

5. 정상적인 파일이지만 버그가 있는 업데이트인 경우 폴백^{fallback}은 시스템을 복구 모드로 되돌려놓으며, 이 모드에서는 이전 업데이트 버전을 요청해 복구 작업을 시도할 수 있다.

복구 운영체제는 일반적으로 주 운영체제보다 훨씬 작으며, 대부분 몇 메가바이트에 불과하므로 스토리지 오버헤드가 크지 않다. 이 방식은 누가^{Nougat} 출시 이전에 안드로이드에서 채택한 방식이다. 어시메트릭 이미지 업데이트의 오픈소스 구현물은 이전 절에서 언급한 SWUpdate나 RAUC를 사용해보면 된다.

이 방법의 주요 단점은 복구 OS가 실행되는 동안 장치가 동작하지 않는다는 것이다. 또한 이러한 업데이트 체계는 복구 OS 자체의 업데이트를 허용하지 않는다. 이 경우는 A/B 이미지 업데이트와 같은 것이 필요하므로 이 업데이트 체계를 사용하는 목적 자체를 무효화한다.

원자 파일 업데이트

또 다른 방법은 부팅 시 chroot (8) 명령을 사용해 한 파일시스템의 여러 디렉터리에 존재하는 루트 파일시스템의 여러 복사본 중 하나를 선택하는 것이다. 이렇게 하면 다른 디렉터리가 root 디렉터리로 마운트되는 동안 다른 디렉터리 트리를 갱신할 수 있다. 또한 루트 파일시스템의 버전이 바뀔 때 변경되지 않는 파일의 경우 해당 파일의 사본을 만드는 대신 링크를 사용할 수 있다. 그러면 디스크 공간을 크게 절약할 수 있을 뿐 아니라 업데이트 패키지에 다운로드할 데이터의 양을 줄일 수 있다. 이것이 바로 원자 파일 업데이트의 기본 개념이다.

> **NOTE**
>
> chroot 명령은 기존 디렉터리에서 프로그램을 실행한다. 프로그램은 이 디렉터리를 root 디렉터리로 간주하므로 해당 디렉터리보다 위 단계에 있는 파일이나 디렉터리에 액세스할 수 없다. 이는 제한된 환경에서 프로그램을 실행하는 데 자주 사용되며 'chroot 감옥(chroot jail)'이라고도 한다.

지금은 libOSTree라는 이름으로 변경된 OSTree 프로젝트(https://ostree.readthedocs.org/en/latest/)가 이런 방법을 구현한 가장 인기 있는 구현물이다. OSTree는 GNOME 데스크톱 개발자에게 업데이트를 배포하고 지속적인 통합^{continuous integration} 테스트를 개선하기 위한 방법의 일환으로 2011년경에 시작됐으며(https://wiki.gnome.org/Projects/GnomeContinuous), 이후

임베디드 디바이스의 업데이트 솔루션으로 채택됐다. 이는 AGL^{Automotive Grade Linux}에서 사용할 수 있는 업데이트 수단 중 하나이며 ATS^{Advanced Telematic Systems}에서 지원하는 `meta-update` 레이어를 통해 Yocto 프로젝트에서 사용할 수 있다.

OSTree를 사용하면, 타깃의 /ostree/repo/objects 디렉터리에 파일이 저장된다. 동일한 파일의 여러 버전이 저장소에 존재할 수 있도록 파일명이 지정되고, 이어서 해당 파일 모음이 /ostree/deploy/os/29ff9.../와 같은 이름을 가진 배포 디렉터리에 링크된다. 이것은 깃 저장소에서 브랜치가 체크아웃되는 방식과 유사하기 때문에 체크아웃으로 간주된다. 각각의 배포 디렉터리는 루트 파일시스템을 구성하는 파일을 포함하고 있으며, 해당 디렉터리는 몇 개라도 크게 상관없지만 기본적으로는 2개만 존재한다. 예를 들어 다음은 repo 디렉터리에 링크된 2개의 deploy 디렉터리다.

```
/ostree/repo/objects/...
/ostree/deploy/os/a3c83.../
  /usr/bin/bash
  /usr/bin/echo
/ostree/deploy/os/29ff9.../
  /usr/bin/bash
  /usr/bin/echo
```

OSTree 디렉터리에서 부팅은 다음과 같이 이뤄진다.

1. 부트로더는 `initramfs`로 커널을 부팅하고 사용할 배포 디렉터리 경로를 커널 명령줄에 전달한다.

   ```
   bootargs=ostree=/ostree/deploy/os/deploy/29ff9...
   ```

2. `initramfs`는 init 프로그램인 `ostree-init`을 포함하고 있으며 `ostree-init`은 명령줄을 읽고 주어진 경로로 `chroot`를 실행한다.

3. 시스템 업데이트가 설치되면 OSTree 설치 에이전트가 변경된 파일을 repo 디렉터리로 다운로드한다.

4. 다운로드가 완료되면, 새 루트 파일시스템을 구성할 파일 모음에 대한 링크가 포

함된 새로운 deploy 디렉터리가 생성된다. 해당 디렉터리 일부는 새 파일이 될 것이고, 일부는 이전과 동일할 것이다.

5. 이제 마지막으로, OSTree 설치 에이전트가 부트로더의 부트 플래그를 변경해 다음 재부팅 시에 새로운 deploy 디렉터리로 chroot할 수 있도록 한다.

6. 부트로더는 부팅 횟수를 확인한 후 부트 루프가 감지되면 이전 루트로 폴백한다.

이처럼 개발자가 업데이트 프로그램을 동작시키거나 타깃 장치에 수동으로 클라이언트를 설치할 수 있지만, 결국 소프트웨어 업데이트는 무선 방식을 써서 자동으로 이뤄져야 한다.

⠿ OTA 업데이트

OTA로 업데이트한다는 것은 일반적으로 사용자가 장치를 조작하는 것이 아니라 네트워크를 통해 장치 또는 장치 그룹에 소프트웨어를 설치할 수 있다는 것을 의미한다. 이를 위해서는 업데이트 프로세스를 제어하기 위한 중앙 서버와 업데이트 클라이언트에 업데이트를 다운로드하기 위한 프로토콜이 필요하다. 일반적인 구현 방법은 클라이언트가 업데이트 서버를 수시로 폴링polling해 보류 중인 업데이트가 있는지 확인하는 것이다. 폴링 간격은 폴링 트래픽이 네트워크 대역폭을 너무 많이 차지하지 않을 만큼 충분히 길어야 하지만, 한편으로는 업데이트가 적시에 전달될 수 있을 만큼 짧아야 한다. 대부분의 경우, 수십 분에서 수 시간의 간격이 적당할 것이다. 장치의 폴링 메시지에는 일련번호나 MAC 주소 같은 장치의 고유한 식별자와 현재 소프트웨어 버전이 포함돼 있다. 이를 통해 업데이트 서버에서는 해당 장치가 업데이트가 필요한지 확인할 수 있다. 또한 폴링 메시지에는 장치 가동 시간, 환경 변수, 중앙 장치 관리에 유용한 기타 상태 정보가 포함될 수 있다.

업데이트 서버는 현재 관리 중인 여러 장치에 새로운 버전의 소프트웨어를 할당하는 관리 시스템에 대부분 링크돼 있다. 장치 수가 많으면 네트워크에 과부하가 발생하지 않도록 일괄적으로 업데이트를 보낼 수도 있다. 또한 장치의 현재 상태를 확인하고 문제가 있을 경우 이를 하이라이트해주는 상태 표시 기능도 있다.

물론 업데이트 메커니즘은 가짜 업데이트를 장치로 보낼 수 없도록 보안이 철저해야 한다. 즉, 클라이언트와 서버가 인증서 교환을 통해 서로를 인증할 수 있어야 하며, 이후 클라이언트는 다운로드한 패키지가 예상되는 키로 서명됐는지 검증할 수 있다.

다음은 OTA 업데이트에 사용할 수 있는 세 가지 오픈소스 프로젝트다.

- Mender의 Managed 모드

- balena

- SWUpdate나 RAUC 같은 업데이터 클라이언트와 결합된 이클립스 hawkBit(https://projects.eclipse.org/proposals/hawkbit)

Mender를 시작으로 처음 두 프로젝트를 자세히 살펴본다.

⫶⫶ 로컬 업데이트 시 Mender 사용하기

이제 이론은 충분히 설명했으니 이 장의 마지막 두 절에서는 지금까지 이야기한 원칙이 실제로 동작하는지 보여주고 싶다. 예제로는 Mender를 사용할 것이다. Mender는 시메트릭 A/B 이미지 업데이트 메커니즘을 사용하며 실패한 업데이트의 경우 폴백을 지원한다. 로컬 업데이트의 경우 스탠드얼론 모드로 동작하며, OTA 업데이트의 경우 Managed 모드로 동작한다. 먼저 스탠드얼론 모드부터 시작하겠다.

Mender는 mender.io(https://mender.io)가 만들어 현재 지원하고 있으며, 웹 사이트의 documentation 섹션에서 해당 소프트웨어에 대한 더 많은 정보를 찾아볼 수 있다. 이번 절에서는 소프트웨어 업데이트의 원칙을 설명하는 것이 목적이므로, 이 소프트웨어의 구성은 깊게 다루지 않을 것이다. 그럼 Mender 클라이언트부터 시작해보자.

Mender 클라이언트 빌드하기

Mender 클라이언트는 Yocto 메타 레이어로 사용할 수 있다. 이 예제는 Yocto 프로젝트의 Dunfell 릴리스를 사용한 것이며 6장, '빌드 시스템 선택하기'에서 사용한 것과 동일하다.

다음과 같이 meta-mender 레이어를 가져오는 것부터 시작하자.

```
$ git clone -b dunfell git://github.com/mendersoftware/metamender
```

meta-mender 레이어를 복제하기 전에 먼저 poky 디렉터리 위의 디렉터리로 이동해 두 디렉터리가 같은 단계로 바로 옆에 있도록 해야 한다.

Mender 클라이언트를 사용하려면 부트 플래그와 부팅 횟수 변수를 처리하기 위해 U-Boot 구성을 일부 변경해야 한다. stock Mender 클라이언트 레이어에는 meta-mender-qemu, meta-mender-raspberrypi와 같이 바로 사용할 수 있는 U-Boot 통합 구현 샘플이 있는 하위 레이어가 있다. 여기서는 QEMU를 쓸 것이다.

이제 다음 단계는 빌드 디렉터리를 만들고 이 구성을 위한 레이어를 추가하는 것이다.

```
$ source poky/oe-init-build-env build-mender-qemu
$ bitbake-layers add-layer ../meta-openembedded/meta-oe
$ bitbake-layers add-layer ../meta-mender/meta-mender-core
$ bitbake-layers add-layer ../meta-mender/meta-mender-demo
$ bitbake-layers add-layer ../meta-mender/meta-mender-qemu
```

그러고 나면 conf/local.conf에 다음을 추가해 환경 설정을 해주자.

```
1 MENDER_ARTIFACT_NAME = "release-1"
2 INHERIT += "mender-full"
3 MACHINE = "vexpress-qemu"
4 INIT_MANAGER = "systemd"
5 IMAGE_FSTYPES = "ext4"
```

2행은 A/B 이미지 포맷을 만드는 데 필요한 이미지의 특수 처리를 담당하는 menderfull이라는 BitBake 클래스를 포함한 것이다. 3행에서는 yocto 프로젝트의 기본값인 Versatile PB 대신 QEMU를 사용해 ARM Versatile Express 보드를 에뮬레이트하는 vexpress-qemu라는 머신을 선택한다. 4행은 기본 System V init 대신 init 데몬으로 systemd를 선택하고 있다. init 데몬은 13장, '시스템 구동: init 프로그램'에서 자세히 설명한다. 5행은 루트 파일시스템 이미지가 ext4 형식으로 생성되게 한다.

이제 이미지를 빌드해보자.

```
$ bitbake core-image-full-cmdline
```

빌드 결과는 항상 그랬듯이 tmp/deploy/images/vexpress-qemu에 있다. 하지만 이전에 했던 Yocto 프로젝트 빌드와 비교하면 해당 디렉터리에 새로운 파일이 있다는 사실을 알게 된다. 바로 core-image-full-cmdline-vexpress-qemu-[timestamp]. mender라는 파일과 .uefiimg로 끝나는 유사한 이름의 파일이 그것이다. mender 파일은 곧 이어지는 '업데이트 설치하기' 절에서 필요한 파일이다. .uefiimg 파일은 wic으로 알려진 Yocto 프로젝트의 툴을 사용해 생성된 것으로, 파티션 테이블을 포함하고 있으며 SD 카드 또는 eMMC 칩에 직접적으로 복사될 준비가 된 이미지다.

Mender 레이어에서 제공하는 스크립트를 사용하면 QEMU 타깃을 실행할 수 있다. 이 스크립트는 먼저 U-Boot를 부팅한 다음 리눅스 커널을 로드한다.

```
$ ../meta-mender/meta-mender-qemu/scripts/mender-qemu
[…]
[  OK  ] Started Mender OTA update service.
[  OK  ] Started Mender Connect service.
[  OK  ] Started NFS status monitor for NFSv2/3 locking..
[  OK  ] Started Respond to IPv6 Node Information Queries.
[  OK  ] Started Network Router Discovery Daemon.
[  OK  ] Reached target Multi-User System.
         Starting Update UTMP about System Runlevel Changes...

Poky (Yocto Project Reference Distro) 3.1.6 vexpress-qemu
ttyAMA0

vexpress-qemu login:
```

로그인 프롬프트 대신 다음과 같은 에러 화면이 뜬다면,

```
mender-qemu: 117: qemu-system-arm: not found
```

시스템에 qemu-system-arm을 설치하고 스크립트를 다시 실행해보자.

```
$ sudo apt install qemu-system-arm
```

패스워드 없이 root로 로그인해보자. 타깃의 파티션 레이아웃을 살펴보면 다음을 확인할 수 있다.

```
# fdisk -l /dev/mmcblk0
Disk /dev/mmcblk0: 608 MiB, 637534208 bytes, 1245184 sectors
Units: sectors of 1 * 512 = 512 bytes
Sector size (logical/physical): 512 bytes / 512 bytes
I/O size (minimum/optimal): 512 bytes / 512 bytes
Disklabel type: gpt
Disk identifier: 15F2C2E6-D574-4A14-A5F4-4D571185EE9D

Device          Start     End Sectors  Size Type
/dev/mmcblk0p1  16384   49151   32768   16M EFI System
/dev/mmcblk0p2  49152  507903  458752  224M Linux filesystem
/dev/mmcblk0p3 507904  966655  458752  224M Linux filesystem
/dev/mmcblk0p4 966656 1245150  278495  136M Linux filesystem
```

여기에는 총 4개의 파티션이 존재한다.

- **파티션 1**: U-Boot의 부트 파일을 갖고 있다.

- **파티션 2와 3**: A/B 루트 파일시스템을 갖고 있다. 이 단계에서 두 파티션의 값은 동일하다.

- **파티션 4**: 나머지 파티션을 포함하는 확장 파티션이다.

mount 명령을 실행하면 두 번째 파티션이 현재 루트 파일시스템으로 사용 중이며, 세 번째 파티션은 업데이트를 수신하도록 남겨둔다.

```
# mount
/dev/mmcblk0p2 on / type ext4 (rw,relatime)
[...]
```

이제 Mender 클라이언트가 보드에 설치됐으니 업데이트 설치를 시작할 수 있다.

⁞▸ 업데이트 설치하기

이제 루트 파일시스템을 변경해 업데이트를 설치해보자.

1. 다른 셸을 열고 작업 빌드 디렉터리로 다시 이동하자.

   ```
   $ source poky/oe-init-build-env build-mender-qemu
   ```

2. 방금 빌드한 이미지의 사본을 가져온다. 이는 우리가 업데이트할 라이브 이미지가 될 것이다.

   ```
   $ cd tmp/deploy/images/vexpress-qemu
   $ cp core-image-full-cmdline-vexpress-qemu-grub.uefiimg \
   core-image-live-vexpress-qemu-grub.uefiimg
   $ cd -
   ```

   이렇게 하지 않으면, QEMU 스크립트는 BitBake가 생성한 최신 이미지를 업데이트를 포함해 로드하므로 원래 하고자 하는 데모의 목적과는 다른 형태가 된다.

3. 타깃의 호스트 이름hostname을 변경해두면 해당 타깃이 설치될 때 쉽게 알 수 있다. conf/local.conf에 다음 행을 추가하자.

   ```
   hostname_pn-base-files = "vexpress-qemu-release2"
   ```

4. 이전에 했던 것처럼 이미지를 빌드해보자.

   ```
   $ bitbake core-image-full-cmdline
   ```

완전히 새로운 이미지를 갖고 있는 .uefiimg 파일에 대해 지금은 신경 쓰지 말자. 그 대신 core-image-full-cmdline-vexpress-qemu-grub.mender에 있는 새로운 루트 파일시스템만 이용할 것이다. .mender 파일은 Mender 클라이언트가 인식할 수 있는 포맷이며 버전 정보, 헤더, 루트 파일시스템 이미지가 압축된 .tar 아카이브로 구성돼 있다.

5. 다음 단계는 새 버전[artifact]을 타깃에 배포하는 것이다. 장치에서는 로컬 업데이트를 시작하지만 해당 업데이트는 서버에서 받는 것이다. **Ctrl + A**를 입력한 다음 **x**를 입력함으로써 이전 터미널 세션에서 시작한 에뮬레이터를 중지해 종료한다. 그다음, 새롭게 복사한 이미지를 사용해 QEMU를 다시 부팅한다.

```
$ ../meta-mender/meta-mender-qemu/scripts/mender-qemu \
core-image-live
```

6. QEMU가 10.0.2.15이고 호스트가 10.0.2.2인 네트워크가 구성돼 있는지 확인한다.

```
# ping 10.0.2.2
PING 10.0.2.2 (10.0.2.2) 56(84) bytes of data.
64 bytes from 10.0.2.2: icmp_seq=1 ttl=255 time=0.286 ms
^C
--- 10.0.2.2 ping statistics ---
1 packets transmitted, 1 received, 0% packet loss, time
0ms
rtt min/avg/max/mdev = 0.286/0.286/0.286/0.000 ms
```

7. 이제 다른 터미널 세션을 열고, 업데이트를 제공할 수 있는 호스트의 웹 서버를 시작한다.

```
$ cd tmp/deploy/images/vexpress-qemu
$ python3 -m http.server
Serving HTTP on 0.0.0.0 port 8000 (http://0.0.0.0:8000/)
...
```

현재 8000 포트가 수신 대기 중인 상태이므로 웹 서버 작업이 끝나면 **Ctrl + C**를 입력해 종료한다.

8. 타깃으로 돌아와서, 다음 명령어를 입력해 업데이트를 받는다.

```
# mender --log-level info install \
> http://10.0.2.2:8000/core-image-full-cmdline-vexpressqemu-
grub.mender
INFO[0751] Wrote 234881024/234881024 bytes to the
inactive partition
INFO[0751] Enabling partition with new image installed to
be a boot candidate: 3
```

업데이트는 세 번째 파티션인 /dev/mmcblk0p3에 저장돼 있으며, 현재 루트 파일시스템은 아직 두 번째 파티션인 mmcblk0p2에 있다.

9. QEMU 명령줄에서 reboot를 입력해 QEMU를 재부팅한다. 이제 루트 파일시스템은 파티션 3에서 마운트되며 호스트 이름은 다음과 같이 변경됐다.

```
# mount
/dev/mmcblk0p3 on / type ext4 (rw,relatime)
[…]
# hostname
vexpress-qemu-release2
```

성공했다!

10. 할 일이 한 가지 더 있다. 바로 부트 루프 문제를 고려하는 것이다. fw_printenv를 사용해 U-Boot 변수를 살펴보면 다음을 확인할 수 있다.

```
# fw_printenv upgrade_available
upgrade_available=1
# fw_printenv bootcount
bootcount=1
```

bootcount를 리셋하지 않은 채 시스템이 부팅되면 U-Boot가 이를 감지해 이전 버전으로 폴백된다.

U-Boot의 폴백 동작을 테스트한다.

1. 타깃을 바로 재부팅한다.

2. 타깃이 다시 부팅되면 U-Boot가 이전 설치 버전으로 되돌린 것을 확인할 수 있다.

```
# mount
/dev/mmcblk0p2 on / type ext4 (rw,relatime)
[…]
# hostname
vexpress-qemu
```

3. 이제 업데이트 절차를 다시 반복한다.

```
# mender --log-level info install \
> http://10.0.2.2:8000/core-image-full-cmdline-vexpressqemu-
grub.mender
# reboot
```

4. 하지만 이번에는 재부팅 이후에 변경 사항을 commit한다.

```
# mender commit
[…]
# fw_printenv upgrade_available
upgrade_available=0
# fw_printenv bootcount
bootcount=1
```

5. upgrade_available이 지워지면 U-Boot는 더 이상 bootcount 값을 확인하지 않으므로 장치는 이 업데이트된 루트 파일시스템을 계속 마운트한다. 추가 업데이트가 로드되면, Mender 클라이언트는 bootcount를 지우고 upgrade_available 값을 다시 한 번 설정하면 된다.

이 예제는 명령줄의 Mender 클라이언트를 사용해 로컬로 업데이트를 시작한다. 업데이트 자체는 서버에서 가져왔지만 USB 플래시 드라이브나 SD 카드로도 쉽게 제공할 수 있다. Mender 대신 SWUpdate나 RAUC 등 다른 이미지 업데이트 클라이언트를 사용할 수도 있다. 해당 클라이언트는 각각 장점이 있지만 기본적인 기술은 동일하다.

다음 단계는 OTA 업데이트가 실제로 어떻게 작동하는지 확인하는 것이다.

⁝⁝ OTA 업데이트 시 Mender 사용하기

이제 다시 한 번 장치에서 Mender 클라이언트를 사용하겠지만, 이번에는 이를 Managed 모드에서 동작시켜볼 것이다. 또한 로컬 상호작용이 필요하지 않도록 업데이트를 배포할 서버를 구성할 것이다. Mender에서 이를 위한 오픈소스 서버를 제공하고 있다. 데모 서버를 설정하는 방법에 대한 문서는 https://docs.mender.io/2.4/getting-started/on-premise-installation을 참고하자.

먼저 19.03 버전 이상의 도커 엔진^{Docker Engine}이 설치돼 있어야 한다. 관련 내용은 도커 웹 사이트(https://docs.docker.com/engine/installation)를 참조한다. 또한 해당 사이트(https://docs.docker.com/compose/install/)에 있는 1.25 버전 이상의 도커 컴포즈^{Docker Compose}도 필요하다.

시스템에 어느 버전의 도커와 도커 컴포즈가 설치돼 있는지 확인하려면 다음 명령을 사용한다.

```
$ docker --version
Docker version 19.03.8, build afacb8b7f0
$ docker-compose --version
docker-compose version 1.25.0, build unknown
```

Mender 서버에는 jq라는 명령줄 JSON 파서도 필요하다.

```
$ sudo apt install jq
```

위 세 가지가 모두 설치되면 다음과 같이 Mender 통합 환경을 설치한다.

```
$ curl -L \
https://github.com/mendersoftware/integration/
archive/2.5.1.tar.gz | tar xz
$ cd integration-2.5.1
$ ./demo up
```

```
Starting the Mender demo environment...
[...]
Creating a new user...
************************************

Username: mender-demo@example.com
Login password: D53444451DB6

************************************
Please keep the password available, it will not be cached by
the login script.
Mender demo server ready and running in the background. Copy
credentials above and log in at https://localhost
Press Enter to show the logs.
Press Ctrl-C to stop the backend and quit.
```

./demo up 스크립트를 실행하면, 인터넷 연결 속도에 따라 다소 시간이 걸릴 수도 있지만 수백 메가바이트의 도커 이미지를 다운로드하는 것을 볼 수 있다. 좀 시간이 지나면, 이제 새로운 데모 사용자와 비밀번호를 생성하는 것을 보게 된다. 이는 이제 서버가 실행돼 동작 중임을 의미한다.

Mender 웹 인터페이스는 이제 https://localhost/에서 실행 중이니 해당 URL을 웹 브라우저에 입력해 팝업으로 뜨는 인증서 경고를 수락하도록 하자. 이 경고는 웹 서비스가 브라우저가 인식하지 못하는 자체 서명된 인증서를 사용하기 때문에 발생한다. 그런 다음, Mender 서버에서 생성한 사용자 이름과 비밀번호를 로그인 페이지에 입력하면 된다.

이제 로컬 서버에서 업데이트를 폴링하도록 타깃의 설정을 변경해야 한다. 이 데모에서는 hosts 파일에 한 행을 추가해 서버 URL docker.mender.io와 s3.docker.mender.io를 localhost 주소에 매핑한다. Yocto 프로젝트에서 변경하는 방법은 다음과 같다.

1. 먼저 Yocto를 복제한 디렉터리의 한 레벨 위 디렉터리로 이동한다.

2. 다음으로, hosts 파일을 생성하는 레시피에 추가할 파일과 함께 레이어를 생성해야 한다. 해당 파일은 recipe-core/base-files/base-files_3.0.14.bbappend이

며, MELP/Chapter10/meta-ota에 이미 여러분이 복사할 수 있는 적절한 레이어를 만들어뒀다.

```
$ cp -a melp3/Chapter10/meta-ota .
```

3. 작업 빌드 디렉터리를 source해준다.

```
$ source poky/oe-init-build-env build-mender-qemu
```

4. meta-ota 레이어를 추가한다.

```
$ bitbake-layers add-layer ../meta-ota
```

이제 여러분의 레이어 구조에는 meta-oe, metamender-core, meta-mender-demo, meta-mender-qe mu, meta-ota를 포함한 8개의 레이어가 있을 것이다.

5. 다음 명령어를 사용해 새 이미지를 빌드한다.

```
$ bitbake core-image-full-cmdline
```

6. 이제 이 절에서 라이브 이미지로 사용하게 될 복사본을 만든다.

```
$ cd tmp/deploy/images/vexpress-qemu
$ cp core-image-full-cmdline-vexpress-qemu-grub.uefiimg \
core-image-live-ota-vexpress-qemu-grub.uefiimg
$ cd -
```

7. 라이브 이미지를 부팅한다.

```
$ ../meta-mender/meta-mender-qemu/scripts/mender-qemu \
core-image-live-ota
```

몇 초가 지나면, 웹 인터페이스의 대시보드Dashboard에 새 장치가 나타날 것이다. 시스템 데모를 위해 5초마다 서버를 폴링하도록 Mender 클라이언트를 구성했기 때문에 이렇게 빨리 새 장치를 볼 수 있는 것이다. 실제 상용화에는 훨씬 더 긴 폴링 간격을 사용하는 편이며, 30분 정도로 하는 것이 좋다.

8. 타깃에서 /etc/mender/mender.conf 파일을 보면 폴링 간격이 어떻게 구성돼 있
   는지 알 수 있다.

```
# cat /etc/mender/mender.conf
{
    "InventoryPollIntervalSeconds": 5,
    "RetryPollIntervalSeconds": 30,
    "ServerURL": "https://docker.mender.io",
    "TenantToken": "dummy",
    "UpdatePollIntervalSeconds": 5
}
```

이 파일에서는 서버 URL도 볼 수 있다.

9. 웹 사용자 인터페이스로 돌아와서 녹색 아이콘을 클릭해 새 장치를 인증해보자.

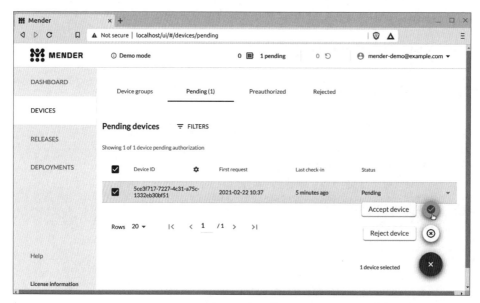

그림 10.4 장치 허용

10. 그런 다음, 장치 항목을 클릭해 세부 정보를 확인한다.

이제 다시 업데이트를 만들고 배포할 수 있게 됐다. 이번에는 OTA로 하자.

1. conf/local.conf를 다음과 같이 업데이트한다.

```
MENDER_ARTIFACT_NAME = "OTA-update1"
```

2. 이미지를 다시 빌드한다.

```
$ bitbake core-image-full-cmdline
```

그러면 tmp/deploy/images/vexpress-qemu에 새로운 core-image-full-cmdline-vexpress-qemu grub.mender 파일이 생성된다.

3. **Release** 탭을 열고 왼쪽 하단 모서리에 있는 보라색 **Upload** 버튼을 클릭해 이를 웹 인터페이스로 가져온다.

4. tmp/deploy/images/vexpress-qemu에서 core-image-full-cmdline-vexpress-qemu-grub.mender 파일을 찾아 업로드하면 된다.

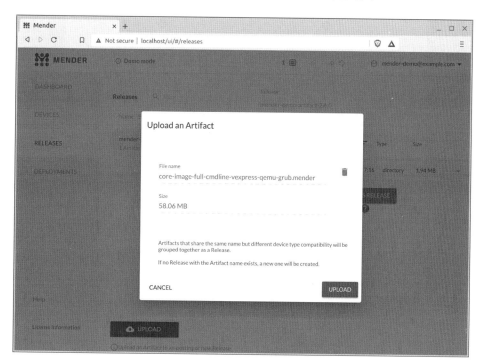

그림 10.5 아티팩트 업로드

Mender 서버는 이 파일을 서버 데이터 저장소에 복사할 것이며, 이름이 OTA-update1인 새 아티팩트가 **Releases** 아래에 나타날 것이다.

QEMU 장치에 업데이트를 배포해보자.

1. **Devices** 탭을 클릭하고 장치를 선택한다.

2. 장치 정보의 오른쪽 하단에 있는 **Create a deployment for this device** 옵션을 클릭한다.

3. **Release** 페이지에 있는 **OTA-update1** 아티팩트를 선택하고 **Create Deployment with this Release** 버튼을 클릭한다.

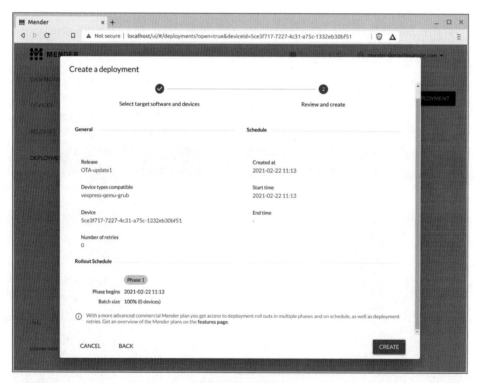

그림 10.6 배포 생성

4. **Create a deployment**의 **Select target software and devices** 단계에서 **Next** 버튼을 클릭한다.

5. **Create a deployment**의 **Review and create** 단계에서 **Create** 버튼을 클릭해 배포를 시작한다.

6. 배포 상태는 **Pending** 상태에서 **In progress** 상태로 곧 바뀔 것이다.

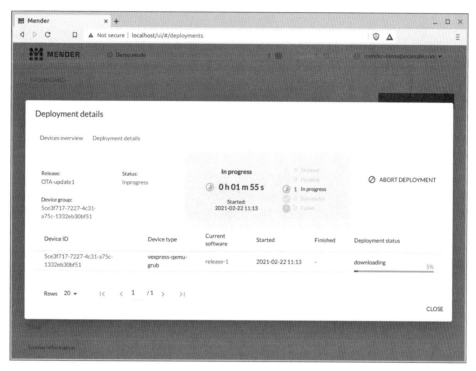

그림 10.7 In progress

7. 약 13분이 지나면, Mender 클라이언트는 예비 파일시스템 이미지에 업데이트를 작성하고 QEMU는 장치를 재부팅한 후 이 업데이트를 커밋commit할 것이다. 웹 UI 에는 **Finished** 상태가 나올 것이며, 이제 클라이언트는 OTA-update1을 실행한 상태가 된다.

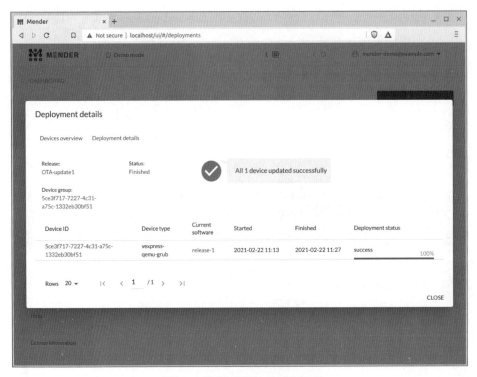

그림 10.8 장치가 성공적으로 업데이트됨

Mender는 깔끔하고 많은 상용 제품에 사용되지만, 가끔은 소프트웨어 프로젝트를 인기 있는 소규모 개발 보드에 최대한 빨리 배포하고 싶을 때도 있다.

> **TIP**
>
> Mender 서버에서 몇 가지 실험을 하고 나면, 모든 상태를 지우고 처음부터 다시 시작하고 싶을 수도 있다. integration2.5.1/ 디렉터리에 다음 두 명령을 입력하면 그렇게 할 수 있다.
>
> ```
> ./demo down
> ./demo up
> ```

이와 같은 빠른 애플리케이션 개발은 balena가 활약할 수 있는 곳이다. 10장의 나머지 부분에서는 balena를 사용해 간단한 파이썬 애플리케이션을 라즈베리 파이 4에 배포할 것이다.

⁂ 로컬 업데이트 시 balena 사용하기

balena는 도커 컨테이너를 사용해 소프트웨어 업데이트를 배포한다. 장치는 balena의 도커 호환 컨테이너 엔진인 balenaEngine과 함께 제공되는 Yocto 기반의 리눅스 배포판인 balenaOS를 실행한다. OTA 업데이트는 다양한 장치를 관리하기 위한 호스팅 서비스인 balenaCloud에서 푸시된 릴리스를 통해 자동으로 일어난다. 또한 balena는 클라우드가 아닌 로컬 호스트 시스템에서 실행되는 서버에서 업데이트가 시작되도록 로컬 모드에서 동작하는 것도 가능하다. 다음 예에서는 로컬 모드를 사용할 것이다.

balena는 balena.io(https://balena.io)에서 작성하고 지원한다. balena.io에 있는 온라인 Docs의 'Reference' 섹션에는 이 소프트웨어에 대한 훨씬 더 많은 정보가 있다. 빠른 개발을 위해 소규모 장치에 소프트웨어를 배포하고 자동으로 업데이트하는 것이 이 책의 목표이므로, balena의 작동 방식은 여기서 자세히 다루지 않겠다.

balena는 라즈베리 파이 4와 비글본 블랙 같은 인기 있는 개발 보드용으로 사전 빌드된 balenaOS 이미지를 제공한다. 이 이미지를 다운로드하려면 balenaCloud 계정이 필요하다.

계정 생성하기

로컬 모드로만 동작하려는 경우에도 가장 먼저 해야 할 일은 balenaCloud 계정에 가입하는 것이다. 다음과 같이 https://dashboard.balenacloud.com/signup에 접속해 이메일 주소와 비밀번호를 입력하면 된다.

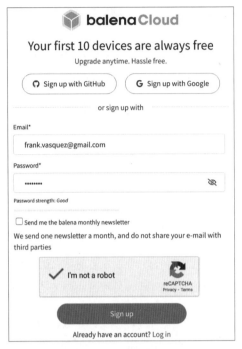

그림 10.9 balenaCloud 가입

Sign up 버튼을 클릭해 양식을 제출하고 처리가 완료되면, 프로필 세부 정보를 입력하라는 메시지가 표시된다. 이 양식을 건너뛸 수도 있다. 그러면 새 계정 아래에 있는 balenaCloud 대시보드에 들어갈 수 있다.

로그아웃하거나 세션이 만료된 경우, https://dashboard.balena-cloud.com/login으로 이동한 후 가입한 이메일 주소와 비밀번호를 입력해 대시보드에 다시 로그인할 수 있다.

애플리케이션 생성하기

balenaCloud 계정에 라즈베리 파이 4를 추가하려면 먼저 애플리케이션을 생성해야 한다.

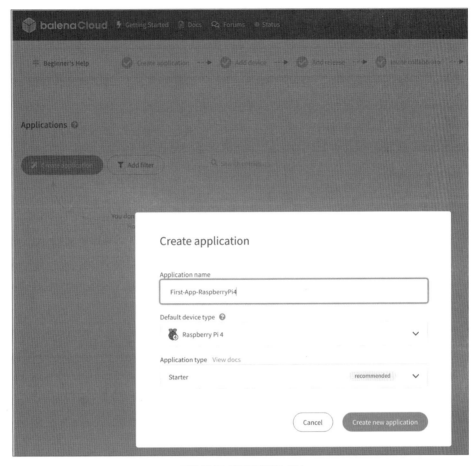

그림 10.10 애플리케이션 생성

balenaCloud에서 라즈베리 파이 4용 애플리케이션을 생성하는 단계는 다음과 같다.

1. 이메일 주소와 비밀번호로 balenaCloud 대시보드에 로그인한다.

2. 왼쪽 상단 모서리의 **Applications** 아래에 있는 **Create application** 버튼을 클릭해
   Create application 대화 상자를 연다.

3. 새 애플리케이션의 이름을 입력하고 **Default device type**으로 **Raspberry Pi 4**를 선
   택한다.

4. **Create application** 대화 상자의 **Create new application** 버튼을 클릭해 양식을 제출한다.

기본 **Application type**은 **Starter**로 설정돼 있으며, 이는 이와 같은 예제에 적합하다. 새로 만든 애플리케이션은 **Applications** 아래의 balenaCloud 대시보드에 나타날 것이다.

장치 추가하기

이제 balenaCloud에 애플리케이션이 있으니 여기에 라즈베리 파이 4를 추가해보자.

1. 이메일 주소와 비밀번호로 balenaCloud 대시보드에 로그인한다.

2. 우리가 만든 새 애플리케이션을 클릭한다.

3. **Devices** 페이지에서 **Add device** 버튼을 클릭한다.

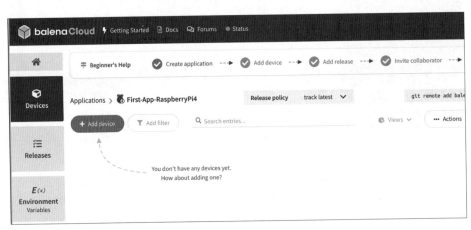

그림 10.11 장치 추가

4. 버튼을 클릭하면 **Add new device** 대화 상자가 나타난다.

5. **Raspberry Pi 4**가 선택한 장치 유형인지 확인한다. **Default device type**으로 **Raspberry Pi 4**를 사용해 애플리케이션을 생성했으므로 이 옵션이 이미 선택돼 있어야 한다.

6. **balenaOS**가 선택한 OS인지 확인한다.

7. 선택한 balenaOS 버전이 최신 버전인지 확인한다. **Add new device**는 기본적으로 사용 가능한 최신 버전의 balenaOS가 **recommended**로 지정되므로, 해당 옵션은 이미 선택돼 있어야 한다.

8. balenaOS의 에디션^{edition}으로 **Development**를 선택한다. 더 나은 테스트와 문제 해결을 위해 로컬 모드를 활성화하려면 개발 이미지가 필요하다.

9. **Network Connection**으로는 **Wifi + Ethernet**을 선택한다. **Ethernet only**도 선택할 수 있지만 Wi-Fi 자동 연결은 매우 편리한 기능이다.

10. Wi-Fi 라우터의 SSID와 암호를 각 항목에 입력한다. 다음 스크린샷의 RT-AC66U_B1_38_2G를 여러분의 Wi-Fi 라우터에 해당하는 SSID로 교체하면 된다.

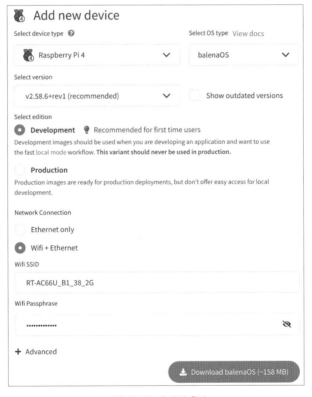

그림 10.12 새 장치 추가

11. **Download balenaOS** 버튼을 클릭하자.

12. 압축된 이미지 파일을 호스트 시스템에 저장한다.

이제 여러분의 애플리케이션 테스트를 위해 원하는 만큼의 라즈베리 파이 4를 프로비저닝하는 데 사용할 수 있는 마이크로SD 카드 이미지가 있다.

호스트 머신에서 라즈베리 파이 4를 프로비저닝하는 단계는 이제 익숙할 것이다. balenaCloud에서 다운로드한 balenaOS img.zip 파일을 찾은 후 Etcher를 사용해 마이크로SD 카드에 옮겨준다. 마이크로SD 카드를 라즈베리 파이 4에 삽입하고 USB-C 포트를 통해 전원을 켜면 된다.

라즈베리 파이 4가 balenaCloud 대시보드의 장치 페이지에 표시되는 데 1~2분 정도 걸릴 것이다.

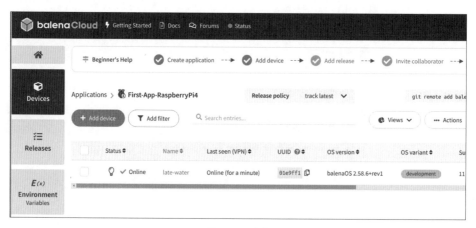

그림 10.13 장치들

이제 라즈베리 파이 4를 balena 애플리케이션에 연결했으므로, 클라우드가 아닌 가까운 호스트 시스템에서 OTA 업데이트를 배포할 수 있도록 로컬 모드를 활성화해야 한다.

1. balenaCloud 대시보드의 **Devices** 페이지에서 타깃 라즈베리 파이 4를 클릭한다. 내 장치의 이름은 **late-water**이지만, 여러분의 이름은 아마 다를 것이다.

2. 라즈베리 파이 4의 장치 대시보드에서 전구 옆에 있는 아래 방향 화살표를 클릭하자.

3. 드롭다운 메뉴에서 **Enable local mode**를 선택한다.

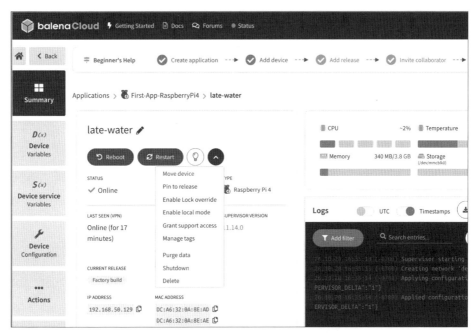

그림 10.14 로컬 모드 활성화

로컬 모드가 활성화되면 장치 대시보드에서 더 이상 **Logs**와 **Terminal** 패널을 사용할 수 없다. 그리고 장치 상태가 **Online (for N minutes)**에서 **Online (local mode)**로 변경된다.

이제 타깃 장치에서 로컬 모드가 활성화돼 일부 코드를 배포하기 위한 준비를 거의 마쳤다. 마지막으로는 balena CLI를 설치해야 한다.

CLI 설치하기

리눅스 호스트 시스템에 balena CLI를 설치하는 방법은 다음과 같다.

1. 웹 브라우저를 열고 깃허브(https://github.com/balena-io/balena-cli/releases/latest)의 최신 balena CLI 릴리스 페이지로 이동한다.

2. 최신 리눅스용 ZIP 파일을 클릭해 다운로드한다. balena-cli-vX.Y.Z-linux-x64-standalone.zip 형식의 파일명을 찾으면 된다. 여기서 X, Y, Z는 메이저, 마이너, 패치 버전 번호다.

3. 홈 디렉터리에서 zip 파일의 압축을 풀어준다.

```
$ cd ~
$ unzip Downloads/balena-cli-v12.25.4-linux-x64-
standalone.zip
```

   파일의 내용물은 balena-cli 디렉터리에 저장된다.

4. PATH 환경 변수에 balena-cli 디렉터리를 추가한다.

```
$ export PATH=$PATH:~/balena-cli
```

   PATH 변수에 이러한 변경 사항을 유지하려면 홈 디렉터리의 .bashrc 파일에 이와 같은 행을 추가해야 한다.

5. 설치가 성공했는지 확인한다.

```
$ balena version
12.25.4
```

   이 책을 쓰는 시점에 balena CLI의 가장 최신 버전은 12.25.4이다.

이제 작동하는 balena CLI가 있으니 프로비저닝한 라즈베리 파이 4의 로컬 네트워크를 스캔해본다.

```
$ sudo env "PATH=$PATH" bal ena scan
Reporting scan results
-
  host:          01e9ff1.local
```

```
address:          192.168.50.129
dockerInfo:
  Containers:       1
  ContainersRunning: 1
  ContainersPaused: 0
  ContainersStopped: 0
  Images:           2
  Driver:           overlay2
  SystemTime:       2020-10-26T23:44:44.37360414Z
  KernelVersion:    5.4.58
  OperatingSystem:  balenaOS 2.58.6+rev1
  Architecture:     aarch64
dockerVersion:
  Version:   19.03.13-dev
  ApiVersion: 1.40
```

scan의 출력값에서 여러분의 호스트 이름 `01e9ff1.local`과 IP 주소 `192.168.50.129`를 확인해야 한다. 라즈베리 파이 4의 호스트 이름과 IP 주소는 다양하다. 이후 나머지 연습에 필요하므로 이 두 가지 정보를 기록해두자.

프로젝트 푸시하기

로컬 네트워크를 통해 파이썬 프로젝트를 라즈베리 파이로 푸시해본다.

1. 간단한 'Hello World!' 파이썬 웹 서버 프로젝트를 복제해보자.

   ```
   $ git clone https://github.com/balena-io-examples/balenapython
   -hello-world.git
   ```

2. 프로젝트 디렉터리로 들어간다.

   ```
   $ cd balena- python-hello-world
   ```

3. 라즈베리 파이 4로 코드를 푸시하자.

   ```
   $ balena push 01e9ff1.local
   ```

01e9ff1.local을 여러분의 장치 호스트 이름으로 바꿔서 작성해야 한다.

4. 도커 이미지가 빌드와 시작을 완료할 때까지 기다린 다음, 애플리케이션이 시작돼 포그라운드에서 동작하고 stdout에 로그를 출력하는 것을 확인하자.

5. 웹 브라우저에서 웹 서버(https://192.168.50.129)로 요청을 보낸다. 여기서 192.168.50. 129를 여러분 장치의 IP 주소로 바꿔야 한다.

그러면 라즈베리 파이 4에서 실행되는 웹 서버는 'Hello World!'로 응답해야 한다. balena push의 실시간 출력값은 다음과 같을 것이다.

```
[Logs]    [10/26/2020, 5:26:35 PM] [main] 192.168.50.146 - -
[27/Oct/2020 00:26:35] "GET / HTTP/1.1" 200 -
```

로그 항목의 IP 주소는 웹 요청을 발행한 시스템의 IP 주소여야 하며, 웹 페이지를 새로 고칠 때마다 새 로그 항목이 나타나야 한다. 로그 추적을 중지하고 셸로 돌아가려면 **Ctrl + C**를 입력하면 된다. 컨테이너는 타깃 장치에서 계속 실행되며 'Hello World!' 웹 서버 는 계속해서 요청을 처리할 것이다.

언제든지 다음 명령어를 입력해 로그를 다시 추적할 수 있다.

```
$ balena logs 01e9ff1.local
```

01e9ff1.local을 여러분의 장치 호스트 이름으로 바꿔서 작성해야 한다.

이 간단한 웹 서버의 소스 코드는 프로젝트 디렉터리 내의 main.py라는 파일에서 찾을 수 있다.

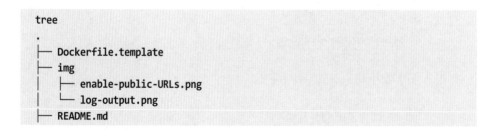

```
tree
.
├── Dockerfile.template
├── img
│   ├── enable-public-URLs.png
│   └── log-output.png
├── README.md
```

```
├── requirements.txt
└── src
    └── main.py
```

이제 프로젝트 소스 코드를 약간 수정하고 다시 배포해보자.

1. 여러분이 선호하는 편집기에서 src/main.py를 연다.

2. 'Hello World!'를 'Hello from Pi 4!'로 변경한 후 변경 사항을 저장한다.

   다음 git diff 출력값은 이러한 변경 사항을 보여주는 것이다.

   ```
   $ git diff
   diff --git a/src/main.py b/src/main.py
   index 940b2df..26321a1 100644
   --- a/src/main.py
   +++ b/src/main.py
   @@ -3,7 +3,7 @@ app = Flask(__name__)

     @app.route('/')
     def hello_world():
   -     return 'Hello World!'
   +     return 'Hello from Pi 4!'

     if __name__ == '__main__':
         app.run(host='0.0.0.0', port=80)
   ```

3. 새 코드를 라즈베리 파이 4로 푸시한다.

   ```
   $ balena push 01e9ff1.local
   ```

   01e9ff1.local을 여러분의 장치 호스트 이름으로 바꿔서 작성해야 한다.

4. 도커 이미지가 업데이트될 때까지 기다리자. 로컬 모드에 있는 고유한 Livepush 라는 지능형 캐싱 기능으로 인해 이번에는 프로세스가 훨씬 빨라질 것이다.

5. 웹 브라우저에서 https://192.168.50.129의 웹 서버에 요청을 보낸다. 192.168.50 .129는 여러분의 장치에 해당하는 IP 주소로 바꿔서 실행해야 한다.

라즈베리 파이 4에서 실행되는 웹 서버는 'Hello from Pi 4!'로 응답해야 한다.

IP 주소로 로컬 타깃 장치에 SSH로도 연결할 수 있다.

```
$ balena ssh 192.168.50.129
Last login: Tue Oct 27 00:32:04 2020 from 192.168.50.146
root@01e9ff1:~#
```

192.168.50.129를 여러분의 장치에 해당하는 IP 주소로 바꿔서 실행해야 한다. 이것은 애플리케이션이 도커 컨테이너 내에서 실행되고 있기 때문에 특별히 유용하지는 않다.

파이썬 웹 서버가 실행 중인 컨테이너에 SSH로 연결해 수행 중인 작업을 관찰하려면, balena ssh 명령에 서비스 이름을 포함하면 된다.

```
$ balena ssh 192.168.50.129 main
root@01e9ff1:/usr/src/app# ls
Dockerfile  Dockerfile.template  README.md  requirements.txt
src
root@01e9ff1:/usr/src/app# ps -ef
UID        PID  PPID  C STIME TTY          TIME CMD
root         1     0  0 00:26 pts/0    00:00:01 /usr/local/bin/
python -u src/main.py
root        30     1  0 00:26 ?        00:00:00 /lib/systemd/
systemd-udevd --daemon
root        80     0  2 00:48 pts/1    00:00:00 /bin/bash
root        88    80  0 00:48 pts/1    00:00:00 ps -ef
#
```

이 스타터 애플리케이션의 서비스 이름은 라이브 로그 출력에 표시된 대로 main이다.

축하한다! 여러분과 여러분의 팀이 프로젝트 코드를 반복해서 이용할 수 있으며 타깃 장치에 신속하게 재배포하는 데 사용할 수 있는 balenaOS 이미지와 호스트 개발 환경을 성공적으로 만들었다. 이는 작은 일이 아니다. 도커 컨테이너의 형태로 코드 변경 사항을 푸시하는 것은 풀스택full-stack 엔지니어에게 매우 익숙한 일반적인 개발 워크플로다. 이제 balena를 이용하면, 기존에 익숙한 기술을 사용해 실제 하드웨어에서 임베디드 리눅스 애플리케이션을 개발할 수 있다.

┅ 요약

현장의 장치에 소프트웨어를 업데이트할 수 있다는 것은 유용한 특성이며, 장치가 인터넷에 연결돼 있다면 절대적인 필수 요소가 된다. 또한 이는 해결하기에 어려운 문제가 아니라는 생각에서 프로젝트의 마지막까지 항상 구현되지 않고 남아 있는 기능이기도 하다. 이 장에서는 효과적이고 강력한 업데이트 메커니즘을 설계하는 것과 관련된 문제를 설명하고 있으며, 즉시 사용할 수 있는 여러 가지 오픈소스 옵션을 소개했다. 이를 사용하면 처음부터 전부 다 개발할 필요가 없다.

가장 자주 사용되는 접근 방식이며 실제 세상에서 수행하는 방식은 시메트릭 이미지(A/B) 업데이트나 시메트릭의 사촌 격인 어시메트릭(복구) 이미지 업데이트다. 이 책에서는 SWUpdate, RAUC, Mender, fwup를 선택할 수 있다. 이보다 최근에 사용하는 방식은 OSTree 형태의 원자 파일 업데이트로, 다운로드해야 하는 데이터의 양을 줄이고 타깃에 필요한 여분의 저장소를 줄이는 데 좋다. 마지막으로, 도커의 확산과 함께 컨테이너화된 소프트웨어 업데이트를 원하게 됐다. 이는 balena가 사용하는 접근 방식이다.

각 현장을 방문하고 USB 메모리 스틱이나 SD 카드를 이용해 소량으로 업데이트를 배포하는 것은 굉장히 일반적인 일이다. 그러나 원격에서 배포하거나 대규모로 배포하려는 경우 OTA 업데이트 옵션이 필요하다.

11장에서는 장치 드라이버를 사용해 시스템의 하드웨어 구성 요소를 제어하는 방법을 설명한다. 이는 커널의 일부인 일반적인 드라이버와 사용자 공간에서 하드웨어를 제어할 수 있는 범위까지 모두 해당된다.

11

장치 드라이버 인터페이스

커널 장치 드라이버란 내부 하드웨어를 시스템의 다른 부분에서 접근 가능하도록 하는 메커니즘을 말한다. 임베디드 시스템의 개발자로서, 장치 드라이버를 전체 아키텍처에 어떻게 적용하고 사용자 공간 프로그램에서 어떻게 접근하게 할 것인지 알아야 한다. 또한 시스템에 새로운 하드웨어가 있는 경우, 이를 어떻게 접근해야 할지 먼저 생각해야 한다. 아마 대부분의 경우 새 하드웨어는 이에 맞는 장치 드라이버가 함께 제공될 것이므로 직접 커널 코드를 작성하지 않아도 될 것이다. 예를 들면, sysfs의 파일을 사용해 GPIO 핀과 LED를 조작할 수 있을 것이고 SPI^Serial Peripheral Interface, I2C^Inter-Integrated Circuit를 포함한 시리얼 버스에 접근할 수 있는 라이브러리 또한 존재할 것이다.

장치 드라이버를 어떻게 작성하는지 알 수 있는 방법은 많지만, 왜 작성해야 하고 직접 작성함으로써 무엇을 할 수 있는지를 말해주는 사람은 적은 것 같다. 이것이 바로 여기서 다루고자 하는 부분이다. 하지만 이 책은 커널 장치 드라이버 작성에 대해서만 설명하는 책이 아니다. 따라서 여기서 알려주는 정보는 방향을 찾는 데 도움만 줄 뿐, 이것이 전부라고 생각하지는 않았으면 좋겠다. 장치 드라이버를 작성하는 데 도움을 줄 수 있는 책이나 글은 매우 많으며, 그중 일부는 이 장 마지막의 '추가 자료' 절에 적혀 있으니 참고하길 바란다.

11장에서 다루는 내용은 다음과 같다.

- 장치 드라이버의 역할

- 문자 장치

- 블록 장치

- 네트워크 장치

- 실행 시 드라이버 정보 찾기

- 적합한 드라이버 찾기

- 사용자 공간의 장치 드라이버

- 커널 장치 드라이버 작성

- 하드웨어 구성 정보 확인

그럼 시작해보자!

⁝⁝ 기술적 요구 사항

이 장의 예제를 따라 하려면 다음 사항을 준비해야 한다.

- 리눅스 기반 호스트 시스템

- 마이크로SD 카드와 카드 리더

- 비글본 블랙

- 5V 1A DC 전원 공급 장치

- 네트워크 연결을 위한 이더넷 케이블과 연결 포트

11장의 모든 코드는 이 책의 깃허브 저장소(https://github.com/PacktPublishing/Mastering-Embedded-Linux-Programming-Third-Edition)에 있는 Chapter11 폴더에서 찾을 수 있다.

∷ 장치 드라이버의 역할

4장, '커널 구성과 빌드'에서 이야기했듯이, 커널의 역할 중 하나는 컴퓨터 시스템의 하드웨어 인터페이스를 캡슐화하고 이를 사용자 프로그램에 동일한 방식으로 제공하는 것이다. 장치 드라이버는 위의 커널과 아래의 하드웨어 사이에서 중재하는 코드로, 커널에는 장치 드라이버를 쉽게 작성할 수 있도록 돕는 프레임워크가 있다. 장치 드라이버는 UART나 MMC 컨트롤러 같은 물리적 장치를 제어하기 위해 사용될 수도 있고 널 null 장치(/dev/null)와 램디스크 같은 가상 장치를 대신해서 사용되기도 한다. 한 드라이버는 같은 종류의 여러 장치를 제어할 수도 있다.

커널의 장치 드라이버 코드는 나머지 커널이 그렇듯이 높은 레벨의 권한에서 실행된다. 그렇기 때문에 이는 프로세서 주소 공간과 하드웨어 레지스터에 모두 접근할 수 있는 권한을 갖고 있으며 DMA[1] 전송과 인터럽트를 다룰 수 있다. 또한 동기화와 메모리 관리를 위해 정교한 커널 인프라를 사용할 수 있다. 하지만 이 부분에 약점이 있다는 것도 주의하자. 만약 드라이버에 문제가 생기면, 이는 전체 시스템에 문제를 일으키고 큰 문제를 만들 수 있다는 점이다. 그러므로 장치 드라이버는 가능한 한 단순하게 만드는 것이 원칙이며, 실제 의사 결정이 이뤄지는 애플리케이션에 정보를 제공하는 것만으로 충분하다. '커널에는 아무 정책이 없다'라는 말이 바로 이를 잘 나타내주며, 아마도 이 표현은 종종 들어봤을 것으로 생각된다. 시스템의 전체 동작을 제어하는 정책을 설정하는 것은 사용자 공간의 역할이다. 예를 들어 새로운 USB 장치를 연결하는 것 등의 외부 이벤트에 대한 응답으로 커널 모듈을 로드하는 작업은 커널이 아닌 사용자 공간 프로그램인 udev의 책임인 것이다. 커널은 단지 커널 모듈을 로드하는 수단을 제공하는 것뿐이다.

---

1 DMA(Direct Memory Access)는 중앙 처리 장치(CPU)에서 독립한 입출력 장치를 갖고 주기억 장치와 직접 데이터를 주고받을 수 있는 방식을 말한다. – 옮긴이

리눅스에는 크게 세 가지 타입의 장치 드라이버가 존재한다.

- **문자**: 이는 버퍼링되지 않는 입출력$^{I/O}$을 위한 드라이버로 다양한 기능을 갖고 있으며 애플리케이션 코드와 드라이버 사이에 존재하는 얇은 레이어라고 보면 된다. 사용자 정의 장치 드라이버를 구현할 때 가장 흔하게 선택하는 것이다.

- **블록**: 이는 블록 입출력과 대용량 저장 장치를 위해 만들어진 인터페이스다. 여기에는 디스크가 최대한 빨리 읽고 쓸 수 있게 설계된 두꺼운 버퍼링 레이어가 존재하며, 이 때문에 그 외 장치에는 사용이 부적합하다.

- **네트워크**: 이 드라이버는 블록 장치와 유사하나 디스크 블록보다는 네트워크 패킷을 전송하고 수신할 때 사용된다는 점에서 다르다.

의사 파일시스템에 파일 그룹으로 존재하는 네 번째 유형도 있다. 이 장의 뒷부분에서 설명하겠지만, 예를 들어 /sys/class/gpio의 한 파일 그룹을 통해 GPIO 드라이버에 접근할 수 있다는 것이다. 먼저 위에 설명한 3개의 기본 장치 타입을 자세히 알아보자.

⠶ 문자 장치

문자 장치는 사용자 공간에서 장치 노드라는 특수 파일로 식별할 수 있다. 해당 파일명은 주번호$^{major\ number}$와 부번호$^{minor\ number}$를 이용해 장치 드라이버에 매핑되는데, 대체로 주번호는 장치 노드를 특정 장치 드라이버에 매핑하고 부번호는 드라이버에 어떤 인터페이스가 액세스되는지를 알려준다. 예를 들어 ARM Versatile PB의 첫 번째 시리얼 포트의 장치 노드는 /dev/ttyAMA0이며 해당 노드의 주번호는 204, 부번호는 64이다. 두 번째 시리얼 포트의 장치 노드는 동일한 장치 드라이버에 의해 처리되므로 동일한 주번호를 갖지만 부번호는 65이다. 다음 코드에서 4개의 시리얼 포트에 대한 주번호와 부번호를 모두 확인할 수 있다.

```
# ls -l /dev/ttyAMA*
crw-rw---- 1 root root 204, 64 Jan 1 1970 /dev/ttyAMA0
```

```
crw-rw---- 1 root root 204, 65 Jan 1 1970 /dev/ttyAMA1
crw-rw---- 1 root root 204, 66 Jan 1 1970 /dev/ttyAMA2
crw-rw---- 1 root root 204, 67 Jan 1 1970 /dev/ttyAMA3
```

표준 주번호와 부번호의 목록은 Documentation/devices.txt의 커널 문서에서 찾을 수 있다. 이 목록은 자주 업데이트되지 않으므로 위에서 설명한 ttyAMA 장치에 대한 내용은 포함돼 있지 않다. 하지만 drivers/tty/serial/amba-pl011.c에 있는 소스 코드를 살펴보면 다음과 같이 주번호와 부번호가 정의돼 있는 것을 볼 수 있다.

```
#define SERIAL_AMBA_MAJOR 204
#define SERIAL_AMBA_MINOR 64
```

ttyAMA 드라이버처럼 장치의 인스턴스가 하나 이상인 경우, 장치 노드의 이름을 만드는 규칙은 기본 이름인 ttyAMA에 이 예제에서와 같이 0부터 3까지의 인스턴스 번호를 추가하는 것이다.

5장, '루트 파일시스템 만들기'에서 이야기한 것처럼 장치 노드는 여러 가지 방법으로 생성할 수 있다.

- **devtmpfs**: 드라이버(ttyAMA)에서 제공하는 기본 이름과 인스턴스 번호를 사용해 장치 드라이버가 새로운 장치 인터페이스를 등록할 때 생성되는 노드

- **udev나 mdev**(devtmpfs 제외): 기본적으로는 devtmpfs와 동일하지만, 사용자 공간 데몬 프로그램이 sysfs에서 장치명을 추출해 노드를 생성해야 한다는 점이 다르다. Sysfs는 나중에 설명한다.

- **mknod**: 정적 장치 노드는 mknod를 사용해 수동으로 생성해줘야 한다.

위 예제에서 주번호와 부번호는 0과 255 사이의 8비트 숫자를 사용하는 것으로 보일 것이다. 하지만 사실, 리눅스 2.6 버전부터는 주번호는 1에서 4,095까지 12비트 길이의 숫자를 사용 가능하며 부번호는 0에서 1,048,575까지 20비트 길이의 숫자를 사용할 수 있다.

사용자가 문자 장치 노드를 열었을 때 커널은 주번호와 부번호가 문자 장치 드라이버에 등록된 범위에 해당하는지를 확인한다. 주번호와 부번호가 해당 범위에 해당한다면 커널은 드라이버를 호출할 것이고, 그렇지 않다면 호출하지 못할 것이다. 장치 드라이버는 어떤 하드웨어 인터페이스를 사용할 것인지 확인하기 위해 부번호를 추출해낼 수 있다.

장치 드라이버에 접근하는 프로그램을 작성하려면 이것이 어떻게 동작하는지를 알아야만 한다. 이 말은 즉, 장치 드라이버는 장치의 상태를 변경할 때 사용하는 파일과는 다른 형태라는 의미다. 이와 관련된 간단한 예제로, 매번 읽을 때마다 랜덤한 데이터의 바이트 값을 리턴하는 유사 난수 생성 프로그램인 urandom을 다음 코드에서 확인해보자(이 코드는 MELP/Chapter11/read-urandom에서 확인할 수 있다).

```c
#include <stdio.h>
#include <sys/types.h>
#include <sys/stat.h>
#include <fcntl.h>
#include <unistd.h>

int main(void)
{
    int f;
    unsigned int rnd;
    int n;
    f = open("/dev/urandom", O_RDONLY);
    if (f < 0) {
        perror("Failed to open urandom");
        return 1;
    }
    n = read(f, &rnd, sizeof(rnd));
    if (n != sizeof(rnd)) {
        perror("Problem reading urandom");
        return 1;
    }
    printf("Random number = 0x%x\n", rnd);
    close(f);
    return 0;
}
```

유닉스 드라이버 모델의 좋은 점은 장치의 이름이 urandom이라는 것과 이 장치가 매번 해당 장치를 읽을 때마다 새로운 유사 난수 데이터 세트를 리턴한다는 것을 알기만 하면 그 외에는 아무것도 알 필요가 없다는 점이다. 이 경우 그저 open(2), read(2), close(2)와 같은 일반적인 함수만 사용하면 된다.

> **TIP**
>
> 위 함수 대신 스트림 I/O 함수인 fopen(3), fread(3), fclose(3)을 사용하는 것도 가능하지만, 이 함수들이 갖고 있는 버퍼가 종종 예상하지 못한 결과를 야기하기도 한다. 예를 들어, fwrite(3)은 보통 장치가 아니라 사용자 공간 버퍼에만 작성하는 함수이므로 버퍼의 내용을 강제로 옮기기 위해 fflush(3)을 호출해줘야만 한다. 그렇기 때문에 장치 드라이버를 호출할 때는 스트림 I/O 함수를 사용하지 않는 편이 좋다.

대부분의 장치 드라이버는 문자 인터페이스를 사용하지만 대용량 저장 장치는 예외다. 디스크 읽기와 쓰기를 위해서는 최대 속도를 위한 블록 인터페이스가 필요하다.

⠿ 블록 장치

블록 장치도 장치 노드와 관련이 있으며, 이 역시 주번호와 부번호를 갖고 있다.

> **TIP**
>
> 문자와 블록 장치는 모두 주번호와 부번호를 사용해 식별하지만, 그들은 다른 네임스페이스에 존재한다. 그러므로 문자 드라이버의 주번호 4는 블록 드라이버의 주번호 4와는 아무 관련이 없다.

블록 장치에서 주번호는 장치 드라이버를 식별하기 위해 사용하고 부번호는 파티션을 식별하기 위해 사용한다. 다음 예제에서 비글본 블랙의 MMC 드라이버를 살펴보자.

```
# ls -l /dev/mmcblk*
brw-rw---- 1 root disk 179,  0 Jan 1 2000 /dev/mmcblk0
brw-rw---- 1 root disk 179,  1 Jan 1 2000 /dev/mmcblk0p1
brw-rw---- 1 root disk 179,  2 Jan 1 2000 /dev/mmcblk0p2
brw-rw---- 1 root disk 179,  8 Jan 1 2000 /dev/mmcblk1
brw-rw---- 1 root disk 179, 16 Jan 1 2000 /dev/mmcblk1boot0
brw-rw---- 1 root disk 179, 24 Jan 1 2000 /dev/mmcblk1boot1
```

```
brw-rw---- 1 root disk 179, 9 Jan 1 2000 /dev/mmcblk1p1
brw-rw---- 1 root disk 179, 10 Jan 1 2000 /dev/mmcblk1p2
```

여기서 mmcblk0은 2개의 파티션이 있는 카드가 있는 마이크로SD 카드 슬롯이며, mmcblk1은 2개의 파티션이 있는 eMMC 칩이다. MMC 블록 드라이버의 주번호는 179이며(해당 내용은 devices.txt를 살펴보자), 부번호는 각각 다른 물리적인 MMC 장치와 해당 장치의 저장 매체의 파티션을 식별하는 범위로 사용된다. MMC 드라이버의 경우 장치당 8개의 부번호로 범위를 나누므로 0부터 7까지는 첫 번째 장치, 8부터 15까지는 두 번째 장치에 해당하는 것을 알 수 있다. 각 범위에서 첫 번째 부번호는 원시 섹터로서 전체 장치를 대표하며, 그 외 번호들은 7개의 파티션을 각각 나타내고 있다. eMMC 칩에는 부트로더가 사용할 수 있도록 예약된 2개의 128KiB 영역의 메모리가 있다. 이는 mmcblk1boot0과 mmcblk1boot1을 말하며, 각각 부번호 16과 24를 갖는다.

다른 예로, 흔히들 알고 있는 SCSI 디스크 드라이버(sd라고도 한다)는 SCSI, SATA, USB 대용량 저장 장치, UFS(범용 플래시 저장 장치)를 포함한 SCSI 명령어 세트를 사용하는 디스크를 제어할 때 사용한다. 이 드라이버의 주번호는 8이며 부번호의 경우 인터페이스(혹은 디스크)당 16까지의 부번호 범위를 갖고 있다. 즉, 0부터 15까지의 부번호는 장치 노드명이 sda부터 sda15까지로 지정된 첫 번째 인터페이스를 위한 것이고, 16부터 31까지는 장치 노드명이 sdb부터 sdb15까지로 지정된 두 번째 디스크를 위한 것이다(이와 같은 방식으로 사용된다). 이는 부번호가 240부터 255까지이며 노드명이 sdp인 16번째 디스크까지 허용된다. 사실 SCSI가 너무 많이 사용되기 때문에 8 이외의 주번호도 이 드라이버에 할당돼 있기는 하지만, 이와 관련된 내용은 여기서 다루지 않기로 한다.

MMC와 SCSI 블록 드라이버 모두 디스크의 시작 부분에서 파티션 테이블을 찾으며, 파티션 테이블은 fdisk, sfidsk, parted와 같은 유틸리티를 사용해 생성할 수 있다.

사용자 공간 프로그램은 장치 노드를 통해 블록 장치를 직접 열고 조작할 수 있다. 하지만 일반적으로 사용하는 방법은 아니며, 보통 파티션을 생성하거나 파일시스템으로 파티션을 포맷하거나 마운팅하는 등의 관리 작업을 할 때만 이용한다. 파일시스템이 마운트되면 해당 파일시스템의 파일을 통해 간접적으로 블록 장치와 상호작용할 수 있다.

대부분의 블록 장치에는 동작하고 있는 커널 드라이버가 있으므로 직접 작성할 필요가 거의 없다. 네트워크 장치도 마찬가지다. 파일시스템이 블록 장치의 세부 사항을 추상화하는 것처럼, 네트워크 스택은 네트워크 장치와 직접 상호작용할 필요성을 없앴다.

⋙ 네트워크 장치

네트워크 장치는 장치 노드를 통해 접근할 수 없으며 주번호와 부번호도 갖고 있지 않다. 그 대신 네트워크 장치는 문자열과 인스턴스 번호를 기반으로 커널이 할당하는 이름을 갖고 있다. 다음 예는 네트워크 드라이버가 인터페이스를 등록하는 방법을 보여준다.

```
my_netdev = alloc_netdev(0, "net%d", NET_NAME_UNKNOWN, netdev_
setup);
ret = register_netdev(my_netdev);
```

위 예제는 첫 번째 호출 시에는 net0이라는 이름의 네트워크 장치를 생성하고 두 번째 호출 시에는 net1이라는 이름의 네트워크 장치가 생성되는 방식을 보여준다. 이 외에도 lo, eth0, wlan0이라는 이름도 흔히 사용된다. 다만, 이 이름들은 시작에 불과하다는 사실을 기억하자. udev 같은 장치 관리자를 사용하면 이와는 조금 달라질 수 있다.

보통 네트워크 인터페이스 이름은 네트워크 주소나 루트를 생성하는 ip 또는 ifconfig 같은 유틸리티를 사용해 네트워크를 구성할 때만 사용한다. 그러므로 사용자는 소켓을 열고 이를 네트워크 레이어가 어떻게 정확한 인터페이스로 연결할지 결정하도록 함으로써 간접적으로 네트워크 드라이버와 상호작용할 수 있는 것이다.

하지만 사용자 공간에서 소켓을 생성하고 include/linux/sockios.h에 있는 ioctl 명령어들을 사용해 네트워크 장치에 직접적으로 접근하는 것 또한 가능하다. 예를 들어, 다음은 하드웨어(MAC) 주소를 얻기 위해 드라이버를 조회하는 SIOCGIFHWADDR을 사용하는 예제다(이 예제는 MELP/Chapter11/show-mac-addresses에서 확인할 수 있다).

```
#include <stdio.h>
#include <stdlib.h>
#include <string.h>
#include <unistd.h>
#include <sys/ioctl.h>
#include <linux/sockios.h>
#include <net/if.h>

int main(int argc, char *argv[])
{
    int s;
    int ret;
    struct ifreq ifr;
    int i;
    if (argc != 2) {
        printf("Usage %s [network interface]\n", argv[0]);
        return 1;
    }
    s = socket(PF_INET, SOCK_DGRAM, 0);
    if (s < 0) {
        perror("socket");
        return 1;
    }
    strcpy(ifr.ifr_name, argv[1]);
    ret = ioctl(s, SIOCGIFHWADDR, &ifr);
    if (ret < 0) {
        perror("ioctl");
        return 1;
    }
    for (i = 0; i < 6; i++)
        printf("%02x:", (unsigned char)ifr.ifr_hwaddr.sa_data[i]);
    printf("\n");
    close(s);
    return 0;
}
```

이 프로그램은 네트워크 인터페이스 이름을 인수로 사용한다. 소켓을 연 후 인터페이스 이름을 구조체에 복사하고 해당 구조체를 소켓의 ioctl 호출에 전달해 결과 MAC 주소를 출력한다.

이제 세 가지 종류의 장치 드라이버가 무엇인지 알았다. 그럼 시스템에서 사용 중인 다른 드라이버는 어떻게 확인할 수 있을까?

⁞⁞▶ 실행 시 드라이버 찾기

리눅스 시스템을 사용한다면, 어떤 장치 드라이버가 로드돼 있고 그들이 어떤 상태에 있는지를 아는 것이 유용하다. /proc과 /sys에 있는 파일을 읽어보면 이에 대해 많은 것을 알게 될 것이다.

먼저 /proc/devices를 확인해보면 현재 로드돼 동작 중인 문자와 블록 장치 드라이버 목록을 볼 수 있다.

```
# cat /proc/devices
Character devices:
  1 mem
  2 pty
  3 ttyp
  4 /dev/vc/0
  4 tty
  4 ttyS
  5 /dev/tty
  5 /dev/console
  5 /dev/ptmx
  7 vcs
 10 misc
 13 input
 29 fb
 81 video4linux
 89 i2c
 90 mtd
116 alsa
128 ptm
136 pts
153 spi
180 usb
189 usb_device
204 ttySC
204 ttyAMA
207 ttymxc
```

```
226 drm
239 ttyLP
240 ttyTHS
241 ttySiRF
242 ttyPS
243 ttyWMT
244 ttyAS
245 ttyO
246 ttyMSM
247 ttyAML
248 bsg
249 iio
250 watchdog
251 ptp
252 pps
253 media
254 rtc

Block devices:
259 blkext
  7 loop
  8 sd
 11 sr
 31 mtdblock
 65 sd
 66 sd
 67 sd
 68 sd
 69 sd
 70 sd
 71 sd
128 sd
129 sd
130 sd
131 sd
132 sd
133 sd
134 sd
135 sd
179 mmc
```

여기서는 각 드라이버의 주번호와 베이스명을 확인할 수 있지만, 얼마나 많은 장치가 각각의 드라이버에 연결돼 있는지는 알 수 없다. 예를 들어 *ttyAMA*가 존재한다는 것은 보여주지만, 이 드라이버가 실제로 4개의 시리얼 포트에 연결됐는지에 대한 정보는 하나도 보여주지 않는다. 이는 sysfs를 볼 때 다시 설명한다.

물론, 네트워크 장치들은 장치 노드를 갖고 있지 않으므로 이 목록에 나오지 않는다. 그 대신 ifconfig나 ip 명령어를 통해 네트워크 장치 목록을 확인할 수 있다.

```
# ip link show
1: lo: <LOOPBACK,UP,LOWER_UP> mtu 65536 qdisc noqueue state
UNKNOWN mode DEFAULT
  link/loopback 00:00:00:00:00:00 brd 00:00:00:00:00:00
2: eth0: <NO-CARRIER,BROADCAST,MULTICAST,UP> mtu 1500 qdisc
pfifo_fast state DOWN mode DEFAULT qlen 1000
  link/ether 54:4a:16:bb:b7:03 brd ff:ff:ff:ff:ff:ff
3: usb0: <BROADCAST,MULTICAST,UP,LOWER_UP> mtu 1500 qdisc
pfifo_fast state UP mode DEFAULT qlen 1000
  link/ether aa:fb:7f:5e:a8:d5 brd ff:ff:ff:ff:ff:ff
```

흔히 알고 있는 lsusb와 lspci 명령어를 사용하면 USB와 PCI 버스에 연결된 장치에 대해 확인할 수도 있다. 각 명령어와 관련된 매뉴얼이나 온라인 가이드는 너무 많으므로 이에 대해서는 더 이상 설명하지 않는다.

사실 정말 재미있는 정보는 sysfs에 있다. 이어서 설명한다.

Sysfs에서 정보 가져오기

sysfs를 어려운 말로 정의하자면 커널 객체, 속성, 관계를 대표하는 것이라 말할 수 있다. 여기서 커널 객체는 디렉터리이고, 속성은 파일이며, 관계는 한 객체를 다른 객체로 연결하는 심볼릭 링크 symbolic link를 말한다. 좀 더 실제적인 관점에서 보면, 리눅스 장치 드라이버 모델이 모든 장치와 드라이버를 커널 객체로 표기하고 있다. /sys를 살펴보면, 시스템에 대한 커널의 관점을 확인할 수 있다. 다음을 확인해보자.

```
# ls /sys
block class devices fs module
bus dev firmware kernel power
```

먼저 장치와 드라이버에 대한 정보를 다음 3개(devices, class, block)의 디렉터리를 통해 살펴보자.

장치 – /sys/devices

이 디렉터리는 부팅 이후 발견한 장치들에 대한 커널의 관점과 이들(장치와 커널)이 서로 어떻게 연결돼 있는지를 보여준다. 이 디렉터리의 내용은 최상위 계층의 시스템 버스에서 구성되므로 세부 내역은 시스템마다 다를 수 있다. 다음은 ARM Versatile의 QEMU 에뮬레이션을 보여주는 예다.

```
# ls /sys/devices
platform software system tracepoint virtual
```

모든 시스템이 공통적으로 갖고 있는 디렉터리는 다음 3개다.

- **System/**: 이 디렉터리는 CPU와 클럭을 비롯한 시스템의 핵심 장치들에 대한 정보를 포함한다.

- **Virtual/**: 이 디렉터리는 메모리 기반의 장치에 대한 정보를 포함하고 있다. virtual/mem 디렉터리에서 /dev/null, /dev/random, /dev/zero로 나타나는 메모리 장치들에 대한 정보를 찾을 수 있으며, 루프백 장치(lo)에 대한 정보는 virtual/net에서 찾아볼 수 있다.

- **Platform/**: 이 디렉터리는 기존의 하드웨어 버스에 연결되지 않은 모든 장치에 대한 정보를 보여준다. 이는 임베디드 장치 대부분이 해당될 것이다.

이 외 장치들은 각각의 실제 시스템 버스에 해당하는 디렉터리에서 정보를 찾을 수 있다. 예를 들어 PCI 루트 버스가 존재하는 경우 이는 pci0000:00 디렉터리로 나타난다.

이러한 형태의 계층 구조를 전부 탐색하는 일은 사실 쉽지 않다. 원하는 내용을 찾으려면 시스템의 구조에 대한 이해가 필요하며 경로명은 굉장히 길고 기억하기 어렵기 때문이다. 이를 좀 더 쉽게 만들기 위해 /sys/class와 /sys/block 디렉터리는 장치를 이와는 다른 방식으로 볼 수 있는 두 가지 방법을 제공한다.

드라이버 – /sys/class

이 디렉터리는 장치 드라이버의 형태에 따라 정리한 것이다. 즉, 소프트웨어적인 관점이라기보다는 하드웨어적인 관점에서의 목록이라고 보면 된다. 각 서브디렉터리는 각각의 드라이버의 클래스를 나타내고 있으며, 이는 드라이버 프레임워크 컴포넌트가 구현한 것이다. 한 예로, UART 장치는 tty 계층에서 관리하고 있으므로 이 장치 드라이버는 /sys/class/tty에서 찾아볼 수 있다. 이러한 방식으로 네트워크 장치는 /sys/class/net에서, 키보드나 터치스크린, 마우스와 같은 입력 장치는 /sys/class/input에서 찾을 수 있다.

이와 같은 서브디렉터리 내에는 /sys/device에 있는 해당 유형의 장치의 인스턴스들로 연결하는 심볼릭 링크가 존재한다.

좀 더 자세한 예를 들어본다. Versatile PB의 시리얼 포트를 살펴보자. 먼저 다음과 같이 4개 포트가 있는 것을 확인할 수 있다.

```
# ls -d /sys/class/tty/ttyAMA*
/sys/class/tty/ttyAMA0 /sys/class/tty/ttyAMA2
/sys/class/tty/ttyAMA1 /sys/class/tty/ttyAMA3
```

각각의 디렉터리는 장치 인터페이스의 인스턴스와 연관된 커널 객체를 대표하고 있다. 이 디렉터리 중 하나를 살펴보면, 파일로 표시되는 객체의 속성과 링크로 표시되는 다른 객체와의 관계성을 볼 수 있다.

```
# ls /sys/class/tty/ttyAMA0
close_delay flags line uartclk
closing_wait io_type port uevent
custom_divisor iomem_base power xmit_fifo_size
dev iomem_reg_shift subsystem
device irq type
```

device라는 이름의 링크는 장치의 하드웨어 객체를 가리키고 있으며, subsystem이라는 이름의 링크는 부모 디렉터리인 /sys/class/tty를 가리키고 있다. 그 외 디렉터리들은 속성들이다. 그중 xmit_fifo_size와 같은 속성은 시리얼 포트만의 특성이고, 인터럽트 번호를 나타내는 irq 링크나 장치 번호를 나타내는 dev 같은 경우는 대부분의 장치에서도 볼 수 있는 속성이다. 이와 같은 속성 파일 중 일부는 실행 시 드라이버의 파라미터 값을 조정할 수 있도록 변경 가능하다.

dev 속성은 특히 재미있다. dev의 값을 살펴보면, 다음과 같은 값을 발견할 수 있다.

```
# cat /sys/class/tty/ttyAMA0/dev
204:64
```

이는 바로 장치의 주번호와 부번호다. 이 속성은 드라이버가 해당 인터페이스를 등록할 때 생성되며, 이 파일에서 udev와 mdev가 장치 드라이버의 주번호와 부번호를 찾는 것이다.

블록 드라이버 – /sys/block

장치 모델에 대한 또 한 가지 중요한 관점이 있다. 바로 /sys/block에서 볼 수 있는 블록 드라이버의 관점이 그것이다. 여기에는 각 블록 장치의 서브디렉터리가 존재한다. 다음은 비글본 블랙에서 가져온 예제다.

```
# ls /sys/block
loop0 loop4 mmcblk0 ram0 ram12 ram2 ram6
loop1 loop5 mmcblk1 ram1 ram13 ram3 ram7
loop2 loop6 mmcblk1boot0 ram10 ram14 ram4 ram8
loop3 loop7 mmcblk1boot1 ram11 ram15 ram5 ram9
```

이 보드의 eMMV 칩인 mmvblk1을 살펴보면 해당 인터페이스의 속성과 내부 파티션을 확인할 수 있다.

```
# ls /sys/block/mmcblk1
alignment_offset ext_range mmcblk1p1 ro
bdi force_ro mmcblk1p2 size
capability holders power slaves
dev inflight queue stat
device mmcblk1boot0 range subsystem
discard_alignment mmcblk1boot1 removable uevent
```

결론적으로 말해, 시스템에 존재하는 장치(하드웨어)와 드라이버(소프트웨어)에 대해서는 sysfs 를 읽어보면 많은 것을 배울 수 있다.

⁞⁞⁞ 적합한 장치 드라이버 찾기

전형적인 임베디드 보드는 특정 애플리케이션에 적합하도록 변경한 제조사의 레퍼런스 설계를 기반으로 하는 것이 대부분이다. 레퍼런스 보드와 함께 제공되는 BSP는 해당 보드의 모든 주변 기기를 지원해야 하지만, I2C를 이용해 붙인 온도 센서나 GPIO 핀에 연결된 전구와 버튼, MIPI 인터페이스와 연결한 디스플레이 패널 등의 다양한 외장 장치를 추가해 직접 디자인을 사용자화할 수도 있다. 여기서 이를 모두 제어할 수 있는 커널을 새로 생성해야 한다면, 이러한 주변 기기를 모두 지원하는 장치 드라이버를 어디서부터 찾아봐야 할까?

가장 먼저 제조사 웹 사이트의 드라이버 지원 페이지를 찾아보거나 혹은 제조사에 직접 문의해볼 수도 있다. 하지만 지금까지의 경험에 비춰보면, 이런 경우 원하는 결과를 정확히 얻어내기가 어렵다. 하드웨어 제조사는 리눅스에 대해 잘 알지 못하는 경우가 많으므로 잘못된 정보를 주는 경우가 많기 때문이다. 그들은 바이너리 블롭과 같은 독점 드라이버나 소스 코드를 갖고 있을 수 있지만, 우리가 필요로 하는 커널과 다른 버전일 수도 있다. 그러므로 꼭 이 방법을 시도해보자. 내 경우, 작업 중인 건에 대해서는 항상 오픈소스 드라이버를 찾아보려고 노력하는 편이다.

우리가 사용하려고 하는 커널을 이미 지원하고 있는 경우도 있다. 주류 리눅스에는 수천 개의 드라이버가 있으며 벤더 커널에는 벤더 고유의 드라이버들이 많이 있다. `make menuconfig`(혹은 `xconfig`)를 실행하고 제품명이나 제품 번호를 검색해보자. 대부분의 드라이버가 같은 구조의 여러 제품을 한 번에 제어하는 경우도 많기 때문에 정확한 제품명이 결과로 나오지 않는다면, 좀 더 일반적인 제품명으로 검색해보자. 다음으로 해볼 것은 drivers 디렉터리의 코드를 검색해보는 것이다(grep으로 찾아볼 수 있다).

아직도 드라이버를 찾지 못했다면, 온라인으로 검색해보거나 더욱 최신 버전인 리눅스를 위한 드라이버가 있는지 포럼을 통해 질문해보는 것이 좋다. 만약 존재한다면, 최신 버전의 커널을 사용하기 위해 BSP를 업데이트하는 것이 좋다. 또한 실용적인 방법은 아니지만 해당 드라이버를 현재 커널에 백포팅하는 방법도 있다. 커널의 버전이 비슷하다면 쉬울 수 있지만, 12~18개월 이상의 차이가 난다면 이는 드라이버의 대부분을 다시 작성해 커널과 통합해야 할 정도로 코드가 변경됐을 가능성이 있다. 만약 위와 같은 방법이 모두 실패한다면, 각자 스스로 필요한 커널 드라이버를 작성함으로써 새로운 길을 찾아보는 것이 좋다. 하지만 항상 그럴 필요는 없다. 다음 절에서 관련 내용을 살펴본다.

⠿ 사용자 공간의 장치 드라이버

장치 드라이버를 직접 작성하기 전에 정말로 작성할 필요가 있는지를 생각해볼 시간이 필요하다. 많은 일반적인 유형의 장치에 사용할 수 있는 범용 장치 드라이버도 존재하므로, 이를 이용해 커널 코드를 작성할 필요 없이 사용자 공간에서 직접 하드웨어에 접근할 수 있는 방법도 있다. 사용자 공간 코드는 쓰고 디버깅하기에 확실히 쉽다. 또한 이는 GPL이 적용되지 않는다. 비록 이것이 이 방법을 써야만 하는 좋은 이유는 아니지만 말이다.

사용자 공간의 장치 드라이버는 크게 두 가지로 나뉜다. GPIO와 LED처럼 sysfs의 파일을 통해 제어하는 방식과 I2C처럼 장치 노드를 통해 공통 인터페이스를 노출시키는 시리얼 버스를 통해 제어하는 방식이 있다.

GPIO

GPIO^{General-Purpose Input/Output}는 2개의 상태값(High/Low) 중 하나를 갖는 하드웨어 핀에 직접 접근할 수 있는 가장 단순한 형태의 디지털 인터페이스다. 대부분의 경우 GPIO 핀을 입력 또는 출력으로 구성할 수 있다. 심지어 GPIO 핀들에 소프트웨어의 각 비트를 조작하는 기술인 비트 뱅잉^{bit banging}을 이용해 I2C나 SPI와 같은 상위 레벨 인터페이스를 생성할 수도 있다. 가장 주요한 한계점은 속도와 소프트웨어 루프의 정확성 그리고 그들에 할당하고자 하는 CPU 사이클의 수다. 일반적으로는 21장, '실시간 프로그래밍'에서 볼 수 있듯이 실시간 커널을 구성하지 않는 이상 밀리초보다 더 나은 타이머 정확성을 얻기는 힘들다. GPIO는 푸시 버튼과 디지털 센서를 읽거나 LED, 모터, 릴레이를 제어할 때 가장 많이 쓰인다.

대부분의 SoC는 상당수의 GPIO 비트를 갖고 있으며, 이는 GPIO 레지스터에서 보통 레지스터당 32비트 단위의 그룹으로 나눠져 있다. 온칩^{on-chip} GPIO 비트는 핀 먹스^{pin mux}라 불리는 멀티플렉서^{multiplexer}를 이용해 칩 패키지의 GPIO를 통해 라우팅된다. 추가적으로 전원 관리 칩이나 특정 GPIO 확장기에는 I2C와 SPI 버스를 통해 연결되는 오프칩^{off-chip} GPIO도 존재할 수 있다. 이들은 모두 gpiolib이라는 커널 서브시스템이 관리하고 있는데, gpiolib은 실제 라이브러리가 아니라 일관된 방식으로 IO를 노출시킬 때 사용하는 인프라 GPIO 드라이버다. Documentation/gpio의 커널 소스와 drivers/gpio에서 드라이버의 소스를 살펴보면 gpiolib 구현물을 더 자세히 살펴볼 수 있다.

애플리케이션은 /sys/class/gpio 디렉터리 내의 파일을 통해 gpiolib과 상호작용할 수 있다. 다음은 일반적인 임베디드 보드(비글본 블랙)에서 볼 수 있는 gpio 디렉터리의 예제다.

```
# ls /sys/class/gpio
export gpiochip0 gpiochip32 gpiochip64 gpiochip96 unexport
```

gpiochip0부터 gpiochip96까지의 이름을 가진 디렉터리는 각각 32개의 GPIO 비트를 가진 총 4개의 GPIO 레지스터를 나타낸다. 그중 한 gpiochip 디렉터리를 살펴보면 다음과 같다.

```
# ls /sys/class/gpio/gpiochip96
base label ngpio power subsystem uevent
```

base라는 이름의 파일은 레지스터의 첫 번째 GPIO 핀의 숫자값을 갖고 있으며 ngipo 는 레지스터의 비트 개수 정보를 갖고 있다. 위 예제의 경우, gpiochip96/base의 값은 96이고 gpiochip96/ngpio의 값은 32이다. 이는 해당 레지스터가 96부터 127까지의 GPIO 비트를 포함하고 있다는 의미다. 한 레지스터의 마지막 GPIO 비트의 숫자와 그 다음 레지스터의 첫 번째 GPIO 비트의 숫자가 반드시 이어질 필요는 없으며, 그 사이 에 공백이 존재할 수도 있다.

사용자 공간에서 GPIO 비트를 제어하려면 먼저 이 GPIO 번호를 /sys/class/gpio/ export에 작성해 커널에서 추출해야 한다. 다음 예제는 비글본 블랙의 사용자 LED 0에 연결된 GPIO 53에서 이를 진행한 것이다.

```
# echo 53 > /sys/class/gpio/export
# ls /sys/class/gpio
export gpio53 gpiochip0 gpiochip32 gpiochip64 gpiochip96 unexport
```

이제 원하는 핀을 제어하기 위해 필요한 파일을 갖고 있는 gpio53이라는 새로운 디렉 터리가 생성됐다.

> **NOTE**
>
> 다만, 해당 GPIO 비트를 커널에서 이미 사용하고 있다면 이러한 방식으로 GPIO 핀을 추출할 수 없다 는 점에 유의하자.

gpio53 디렉터리는 다음과 같은 파일을 갖고 있다.

```
# ls /sys/class/gpio/gpio53
active_low direction power uevent
device edge subsystem value
```

핀은 기본으로 입력 모드로 설정된다. 이를 출력으로 변경하고 싶다면 direction 파일 에 out이라고 적어야 한다. value 파일은 현재 핀의 상태값을 갖고 있으며 0인 경우

low, 1인 경우 high를 나타낸다. 만약 해당 핀이 출력 포트인 경우, 상태값을 바꾸려면 value 파일에 0이나 1을 기록하면 된다. 가끔씩 low와 high의 의미가 하드웨어에 따라 반대인 경우도 있으므로(하드웨어 엔지니어는 이런 종류의 장난을 치는 것을 좋아한다), active_low 파일에 1을 기록하면 의미가 반전돼 low 전압은 1로, high 전압은 0으로 표시된다.

/sys/class/gpio/unexport에 해당하는 GPIO 번호를 작성하면 사용자 공간 제어에서 GPIO를 제거할 수 있다.

GPIO에서의 인터럽트 처리

대부분의 경우 GPIO 입력은 상태 변경 시 인터럽트를 생성하도록 구성해, 소프트웨어를 비효율적으로 반복적으로 폴링하는 대신 인터럽트를 기다려서 처리할 수 있다. 만약 GPIO 비트가 인터럽트를 생성할 수 있는 상태라면 edge라는 이름의 파일이 존재할 것이다. 이 파일의 초기 값은 none으로 설정돼 있으며, 이는 인터럽트를 생성하지 않는다는 의미다. 인터럽트가 생성되도록 하려면 이 파일의 값을 다음 중 하나로 지정해야 한다.

- **rising**: 상승 천이rising edge 시 인터럽트 발생

- **falling**: 하강 천이falling edge 시 인터럽트 발생

- **both**: 상승/하강 천이 시 인터럽트 발생

- **none**: 인터럽트 없음(기본값)

GPIO 48에서 하강 천이가 나타나는 것을 기다리려면(하강 천이 시 나타나는 인터럽트 신호를 기다리려면) 먼저 인터럽트를 활성화해야 한다.

```
# echo 48 > /sys/class/gpio/export
# echo falling > /sys/class/gpio/gpio48/edge
```

GPIO에서 인터럽트 신호를 기다리는 방식은 다음과 같다.

1. 먼저 epoll_create를 호출해 epoll 알림 기능을 생성한다.

```
int ep;
ep = epoll_create(1);
```

2. 다음으로는 GPIO를 열고 초기 값을 읽는다.

```
int f;
int n;
char value[4];

f = open("/sys/class/gpio/gpio48/value", O_RDONLY | O_
NONBLOCK);
[…]
n = read(f, &value, sizeof(value));
if (n > 0) {
    printf("Initial value value=%c\n",
            value[0]);
    lseek(f, 0, SEEK_SET);
}
```

3. epoll_ctl을 호출해 POLLPRI를 이벤트로 GPIO의 파일 디스크립터^{file descriptor}를 등록한다.

```
struct epoll_event ev, events;
ev.events = EPOLLPRI;
ev.data.fd = f;
int ret;

ret = epoll_ctl(ep, EPOLL_CTL_ADD, f, &ev);
```

4. 마지막으로, epoll_wait 함수를 사용해 인터럽트를 기다린다.

```
while (1) {
    printf("Waiting\n");
    ret = epoll_wait(ep, &events, 1, -1);
    if (ret > 0) {
        n = read(f, &value, sizeof(value));
        printf("Button pressed: value=%c\n",
value[0]);
```

```
                    lseek(f, 0, SEEK_SET);
        }
    }
```

이 프로그램의 전체 소스 코드와 Makefile, GPIO 구성 스크립트는 이 책의 코드 저장소에 포함된 MELP/Chapter11/gpio-int/ 디렉터리에서 찾을 수 있다.

위에서 사용한 두 시스템 호출과는 다르게 select와 poll을 사용해 인터럽트를 처리할 수도 있지만, 모니터링되는 파일 디스크립터의 수가 증가해도 epoll의 성능은 빠르게 저하되지 않는다.

GPIO와 마찬가지로 LED는 sysfs에서 액세스할 수 있다. 그러나 인터페이스는 눈에 띄게 다르다.

LED

LED는 보통 GPIO 핀을 통해 제어하는 경우가 대부분이지만, 이 목적에 특화돼 세밀하게 조작할 수 있도록 해주는 커널 보조 시스템 또한 존재한다. leds 커널 보조 시스템은 LED가 밝기 조정 기능이 있다면 밝기 조절을 할 수 있는 기능을 추가하고 단순하게 GPIO 핀에 연결된 LED 이외에도 여러 방식으로 연결된 LED를 다룰 수 있도록 해준다. 또한 블록 장치 접근이나 하트비트heartbeat와 같은 이벤트 시 LED를 트리거해 현재 해당 장치가 동작하고 있음을 보여주도록 구성할 수도 있다. 이를 위해서는 CONFIG_LEDS_CLASS 옵션과 함께 원하는 LED 트리거 방식을 커널에 구성해줘야 한다. 더 자세한 정보는 Documentation/leds에서 확인할 수 있으며 해당 드라이버는 drivers/leds에서 찾을 수 있다.

GPIO처럼 LED도 /sys/class/leds 디렉터리의 sysfs 인터페이스를 통해 조작 가능하다. 비글본 블랙의 경우 LED 명이 장치 트리에 다음과 같이 장치명:색깔:기능의 형태로 인코딩돼 있다.

```
# ls /sys/class/leds
beaglebone:green:heartbeat beaglebone:green:usr2
beaglebone:green:mmc0 beaglebone:green:usr3
```

이제 LED 중 하나의 속성을 살펴보자.

```
# cd /sys/class/leds/beaglebone\:green\:usr2
# ls
brightness max_brightness subsystem uevent
device power trigger
```

셸에서는 경로명의 콜론(:)을 문자로 사용하려면 그 앞에 백슬래시(\)를 붙여야만 한다는 점을 유의하자.

brightness 파일은 LED의 밝기를 0(꺼짐)에서 max_brightness(최댓값) 사이의 수치만큼 조절한다. 만약 밝기가 조절되지 않는 LED라면 이 파일의 값이 0이 아닌 경우 전원을 켜는 것을 의미한다. trigger 파일은 LED를 점등시키는 이벤트 목록을 갖고 있으며, 이 목록은 어떻게 구현하는지에 따라 동작이 달라질 수 있다. 다음은 그 예제다.

```
# cat trigger
none mmc0 mmc1 timer oneshot heartbeat backlight gpio [cpu0]
default-on
```

대괄호로 표시돼 있는 트리거가 현재 선택된 트리거이며 해당 파일에 다른 트리거를 써서 이를 변경할 수도 있다. 만약 brightness 파일을 통해서만 LED를 전적으로 제어하고 싶다면 none을 선택하면 된다. 만약 트리거로 timer를 선택한다면, 점등되는 시간과 소등되는 시간을 밀리초 단위로 설정할 수 있는 2개의 파일이 새로 생성된다.

```
# echo timer > trigger
# ls
brightness delay_on max_brightness subsystem uevent
delay_off device power trigger
# cat delay_on
500
# cat /sys/class/leds/beaglebone:green:heartbeat/delay_off
500
```

만약 LED가 온칩 타이머를 갖고 있다면 CPU의 접근 없이도 LED 점멸이 일어날 수 있다.

I2C

I2C는 임베디드 보드에 흔히 탑재돼 있는 단순한 형태의 저속 2선식 버스^{low speed 2-wire}^{bus}로, 일반적으로 디스플레이 컨트롤러나 카메라 센서, GPIO 확장 모듈과 같이 SoC 보드에 설치돼 있지 않은 주변 기기에 접근할 때 사용한다. 이와 관련된 표준으로는 PC에서 온도와 전압 센서에 접근할 때 사용하는 SMBus^{System Management Bus}가 있다. 이 SMBus는 I2C 종류의 하나라고 볼 수 있다.

I2C는 마스터-슬레이브 형식으로, 여기서 마스터는 하나 이상의 SoC의 호스트 컨트롤러일 수 있다. 슬레이브는 제조사가 지정한 7비트 주소값으로(데이터 시트 참조) 버스당 128노드까지 가능하지만, 16노드는 기지정된 값으로 실제로는 112노드까지 사용할 수 있다. 마스터는 슬레이브 중 하나와 함께 읽기나 쓰기 트랜잭션을 시작하는데, 보통 첫 번째 바이트는 슬레이브의 레지스터를 지정하기 위해 사용하고 그 외 바이트는 해당 레지스터로부터 데이터를 읽거나 쓸 때 사용하게 된다.

각 호스트 컨트롤러에는 한 개의 장치 노드가 존재한다. 예를 들어 다음 SoC에는 4개가 있다.

```
# ls -l /dev/i2c*
crw-rw---- 1 root i2c 89, 0 Jan 1 00:18 /dev/i2c-0
crw-rw---- 1 root i2c 89, 1 Jan 1 00:18 /dev/i2c-1
crw-rw---- 1 root i2c 89, 2 Jan 1 00:18 /dev/i2c-2
crw-rw---- 1 root i2c 89, 3 Jan 1 00:18 /dev/i2c-3
```

장치 인터페이스는 호스트 컨트롤러를 조회하고 I2C 슬레이브에 read/write 명령어를 전송하는 ioctl 명령어들을 제공한다. i2c-tools라는 패키지는 이 인터페이스를 사용해 I2C 장치와 소통하는 기본적인 명령줄 도구를 제공하고 있다. 이 도구에 대해서는 다음을 살펴보자.

- **i2cdetect**: 이는 I2C 어댑터 목록을 보여주고 버스를 검사한다.

- **i2cdump**: I2C 주변 기기의 모든 레지스터로부터 데이터를 덤프한다.

- **i2cget**: I2C 슬레이브로부터 데이터를 읽어온다.

- **i2cset**: I2C 슬레이브에 데이터를 작성한다.

i2c-tool 패키지는 Buildroot와 Yocto 프로젝트를 포함한 대부분의 주요 배포판에서 사용할 수 있다. 그러므로 슬레이브의 주소값과 프로토콜을 알고 있는 한 장치와 통신하는 유저 공간 프로그램을 작성하는 것은 매우 간단한 일이다. 다음 예제는 I2C 버스 0의 비글본 블랙에 마운트된 AT24C512B EEPROM의 처음 네 바이트를 읽는 방법을 보여준다. 슬레이브 주소는 0x50이다(코드는 MELP/Chapter11/i2c-example에 있다).

```c
#include <stdio.h>
#include <unistd.h>
#include <fcntl.h>
#include <sys/ioctl.h>
#include <linux/i2c-dev.h>

#define I2C_ADDRESS 0x50

int main(void)
{
    int f;
    int n;
    char buf[10];

    f = open("/dev/i2c-0", O_RDWR);

    /* I2C 슬레이브 장치의 주소를 설정하자 */
    ioctl(f, I2C_SLAVE, I2C_ADDRESS);

    /* 읽을 16비트 주소를 0으로 설정한다 */
    buf[0] = 0; /* 주소 바이트 1 */
    buf[1] = 0; /* 주소 바이트 2 */
    n = write(f, buf, 2);

    /* 해당 주소의 4바이트를 읽는다 */
```

```
    n = read(f, buf, 4);
    printf("0x%x 0x%0 0x%x 0x%x\n",
    buf[0], buf[1], buf[2], buf[3]);

    close(f);
    return 0;
}
```

이 프로그램은 읽을 주소와 레지스터 바이트가 모두 인수로 전달되지 않고 하드코딩된다는 점을 제외하고는 i2cget과 비슷하다. i2cdetect를 사용해 I2C 버스에 있는 모든 주변 기기의 주소를 찾을 수 있다. i2cdetect를 사용하면 I2C 주변 기기를 나쁜 상태로 두거나 버스를 잠글 수 있으므로, 사용한 후에는 재부팅하는 것이 좋다. 주변 기기의 데이터 시트는 레지스터가 매핑되는 대상을 알려준다. 해당 정보를 사용하면, i2cset을 이용해 I2C를 통해 레지스터에 쓸 수 있다. 이러한 I2C 명령은 주변 기기와 인터페이스하기 위한 C 기능 라이브러리로 쉽게 변환할 수 있다.

> **NOTE**
>
> I2C의 리눅스 구현 사항에 대해서는 Documentation/i2c/dev-interface에서 더 많은 정보를 찾아볼 수 있으며 호스트 컨트롤러 드라이버는 drivers/i2c/busses에 있다.

또 다른 인기 있는 통신 프로토콜로는 4선 버스를 사용하는 SPI가 있다.

SPI

SPI^Serial Peripheral Interface 버스는 I2C와 비슷하지만 최대 수십 MHz 정도의 빠른 속도를 보인다. 이 인터페이스는 4개의 회선을 사용해 전송과 수신 회선을 개별적으로 사용하기 때문에 완벽하게 양방향 통신이 가능하다. 버스의 각 칩은 전용 칩 라인과 함께 선택된다. 이는 보통 터치스크린 센서나 디스플레이 컨트롤러, 시리얼 NOR 플래시 장치 등과 연결할 때 흔히 사용한다.

I2C처럼 SPI도 마스터-슬레이브 방식이며, 대부분의 SoC에서처럼 하나 이상의 마스터 호스트 컨트롤러가 구현돼 있다. CONFIG_SPI_SPIDEV라는 커널 설정을 이용하면 기본 SPI

장치 드라이버를 사용할 수 있으며, 이 드라이버는 사용자 공간에서 SPI 칩에 접근할 수 있도록 해주는 SPI 컨트롤러의 장치 노드를 생성한다. 이러한 장치 노드는 다음과 같이 spidev[bus].[chip select] 형태의 이름을 갖고 있다.

```
# ls -l /dev/spi*
crw-rw---- 1 root root 153, 0 Jan 1 00:29 /dev/spidev1.0
```

spidev 인터페이스를 이용한 예를 살펴보려면 Documentation/spi에 있는 예제 코드를 참조하자.

지금까지 본 모든 장치 드라이버는 리눅스 커널 내에서 오랫동안 업스트림 지원을 받아 왔다. 이러한 장치 드라이버는 모두 일반 드라이버(GPIO, LED, I2C, SPI)이므로 사용자 공간에 서 액세스하는 것은 간단했다. 하지만 어느 시점에 이르면, 호환되는 커널 장치 드라이 버가 없는 하드웨어를 보게 될 것이다. 해당 하드웨어는 제품의 핵심일 수 있다(예: Lidar, SDR 등). 또한 SoC와 이 하드웨어 사이에 FPGA가 있을 수도 있다. 이러한 상황에서는 자 신의 커널 모듈을 직접 작성하는 것 외에 다른 방법이 없다.

커널 장치 드라이버 작성

위에 설명한 사용자 공간 옵션들에 지칠 때가 되면, 결국은 장치에 연결된 하드웨어에 접근하기 위한 장치 드라이버를 작성하는 지경에 이를 것이다. 문자 장치는 가장 융통 성이 있으므로 90% 정도는 이를 사용하면 될 것이며, 네트워크 인터페이스 작업이 필요 한 경우라면 네트워크 장치를 사용하고 대용량 저장 장치의 경우 블록 장치를 사용하면 된다. 커널 드라이버를 작성하는 작업은 복잡하고 이 책의 범위를 넘어서는 일이다. 그 대신 이 장의 끝부분에서 소개하는 참고 자료를 활용하면 해당 내용과 관련해 도움을 받을 수 있을 것이다. 여기서는 일반적으로 다뤄지는 내용이 아니라 드라이버와 상호작 용하는 데 사용할 수 있는 옵션들에 대한 개요를 소개하고 문자 장치 드라이버의 기본 뼈대를 설명할 것이다.

캐릭터 드라이버 인터페이스 설계

주 문자 드라이버 인터페이스는 시리얼 포트에서처럼 바이트 스트림을 기반으로 하고 있다. 하지만 대부분의 장치가 이 설명과는 맞지 않다. 예를 들면, 로봇의 팔을 제어하는 컨트롤러는 팔을 움직이고 모든 관절마다 회전시킬 수 있는 기능이 필요한 것처럼 말이다. 이를 위해 감사하게도 read(2)와 write(2) 외에 장치 드라이버와 의사소통할 수 있는 다른 방법이 존재한다.

- **ioctl**: ioctl 함수를 사용하면 드라이버에 2개의 인자를 넘길 수 있으며, 이는 원하는 의미는 뭐든지 가질 수 있다. 일반적으로 첫 번째 인자에는 드라이버의 여러 함수 중 하나를 선택하는 명령어를, 두 번째 인자에는 입력/출력 매개변수를 위한 컨테이너 역할을 하는 구조체의 포인터를 사용하는 경우가 많다. 기본적으로 이는 비어 있는 캔버스처럼 원하는 대로 프로그램 인터페이스를 설계할 수 있는 구조이며, 드라이버와 애플리케이션을 함께 작성하거나 서로 밀접하게 연관돼 있는 경우 흔히 사용한다. 하지만 ioctl은 커널에서는 잘 사용하지 않으며 업스트림에서는 ioctl을 새롭게 사용하는 드라이버를 얻기 어렵다. 이 함수는 커널 코드와 애플리케이션 코드를 너무 의존적으로 묶어놓기 때문에 커널을 유지보수하는 개발자가 선호하지 않는 편이며, 커널 버전과 아키텍처 전반에서 두 코드 모두를 유지하기가 매우 어렵다.

- **sysfs**: 이전에 GPIO 인터페이스 예제에서 봤듯이 최근에는 이 방식을 더 선호하는 편이다. 파일에 적합한 이름만 붙인다면 그 자체로 어느 정도 문서화가 되며, 파일 내용이 대부분 문자열로 이뤄져 있기 때문에 스크립트로 사용할 수 있는 장점이 있다. 반면에 각 파일은 한 개의 값만을 갖고 있어야 한다는 점 때문에 한 번에 하나 이상의 값을 변경하고 싶은 경우에는 원자성을 유지하기가 쉽지 않다. 이와 반대로 ioctl은 하나의 함수 호출 시에도 구조체의 모든 인자를 전송할 수 있다.

- **mmap**: 이를 사용하면 커널을 통하지 않고도 커널 메모리를 사용자 공간으로 매핑해 커널 버퍼와 하드웨어 레지스터로 직접 접근할 수 있다. 인터럽트와 DMA를 제어하려면 여전히 커널 코드를 작성해야 할 필요가 있지만, 이를 캡슐화한 서브시

스템인 uio(사용자 I/O의 줄임말)가 존재한다. 이와 관련해서는 Documentation/Doc Book/uio-howto의 문서를 참조하길 바라며, drivers/uio의 관련 예제도 한번 살펴보길 바란다.

- **sigio**: 커널의 함수인 kill_fasync()를 이용하면, 입력 장치가 준비되거나 인터럽트를 받는 등의 이벤트 때 드라이버에서 애플리케이션으로 신호를 보내 이를 알릴 수 있다. 일반적으로 SIGIO라는 신호를 사용하지만, 다른 것을 사용해도 상관없다. UIO 드라이버에 대한 예제는 drivers/uio/uio.c에서 확인할 수 있으며 RTC 드라이버에 대한 예제는 drivers/char/rtc.c를 참조하자. 다만, 사용자 공간에서 안정적인 신호 처리기를 만들기 어렵다는 문제점 때문에 사용하는 사람이 그리 많지는 않다.

- **debugfs**: 이는 proc 및 sysfs와 유사한 방식으로 커널 데이터를 파일과 디렉터리로 표현하는 의사 파일시스템이다. 하지만 proc 및 sysfs와 다르게 debugfs는 오직 디버깅과 추적 정보를 위한 것이므로 시스템의 일반 작업에 필요한 정보는 포함하지 말아야 한다. 이는 mount -t debugfs debug /sys/kernel/debug 명령어로 마운트된다. debugfs에 대한 더 자세한 정보는 Documentation/filesystems/debugfs.txt를 읽어보자.

- **proc**: proc 파일시스템은 프로세스와 연관되지 않는 한(파일시스템의 원래 의도는 이것이다) 새 코드에서는 사용되지 않는다. 그렇긴 하지만 원하는 정보를 출력하기 위해 proc을 사용할 수 있으며, sysfs나 debugsf와 다르게 이 파일시스템은 non-GPL 모듈에서도 사용 가능하다.

- **netlink**: 이는 소켓 프로토콜의 일종으로 AF_NETLINK는 커널 공간과 사용자 공간을 이어주는 소켓을 생성한다. 이 소켓은 원래 네트워크 도구가 리눅스 네트워크 코드와 통신해 라우팅 테이블과 같은 사항들에 접근할 수 있도록 생성된 것으로, udev가 커널에서 udev 데몬으로 이벤트를 보낼 때도 사용된다. 하지만 일반적인 장치 드라이버에서는 거의 사용되지 않는다.

위 파일시스템에 대한 예제는 커널 소스 코드에 많이 있으며, 드라이버 코드에 얼마든지 재미있는 인터페이스를 설계할 수 있다. 다만 단 한 가지 지켜야 할 법칙이 있는데, 바로 '놀람 최소화 원칙'POLA, Principle Of Least Astonishment'이다. 즉, 우리가 만든 드라이버를 사용하는 애플리케이션 개발자가 모든 것이 이상한 점 없이 논리적인 방식으로 동작한다고 느껴야 한다는 것을 의미한다.

장치 드라이버의 구조

이제 간단한 장치 드라이버 소스를 함께 살펴보고 스레드를 그려보자.

다음은 /dev/dummy0부터 /dev/dummy3까지를 통해 접근할 수 있는 4개의 장치를 생성하는 dummy라는 이름을 가진 장치 드라이버 코드의 시작 부분이다.

```
#include <linux/kernel.h>
#include <linux/module.h>
#include <linux/init.h>
#include <linux/fs.h>
#include <linux/device.h>

#define DEVICE_NAME "dummy"
#define MAJOR_NUM 42
#define NUM_DEVICES 4

static struct class *dummy_class;
```

다음으로, 캐릭터 장치 인터페이스에 대한 dummy_open(), dummy_release(), dummy_read(), dummy_write() 함수를 정의한다.

```
static int dummy_open(struct inode *inode, struct file *file)
{
    pr_info("%s\n", __func__);
    return 0;
}

static int dummy_release(struct inode *inode, struct file *file)
{
```

```
    pr_info("%s\n", __func__);
    return 0;
}

static ssize_t dummy_read(struct file *file, char *buffer, size_t length,
loff_t * offset)
{
    pr_info("%s %u\n", __func__, length);
    return 0;
}

static ssize_t dummy_write(struct file *file, const char *buffer, size_t
length, loff_t * offset)
{
    pr_info("%s %u\n", __func__, length);
    return length;
}
```

그런 다음, file_operations 구조를 초기화하고 드라이버가 로드, 언로드될 때 호출되는 dummy_init()과 dummy_exit() 함수를 정의해야 한다.

```
struct file_operations dummy_fops = {
    .owner = THIS_MODULE,
    .open = dummy_open,
    .release = dummy_release,
    .read = dummy_read,
    .write = dummy_write,
};

int __init dummy_init(void)
{
    int ret;
    int i;
    printk("Dummy loaded\n");
    ret = register_chrdev(MAJOR_NUM, DEVICE_NAME, &dummy_fops);
    if (ret != 0)
        return ret;
    dummy_class = class_create(THIS_MODULE, DEVICE_NAME);
    for (i = 0; i < NUM_DEVICES; i++) {
        device_create(dummy_class, NULL,
                    MKDEV(MAJOR_NUM, i), NULL, "dummy%d", i);
```

```
    }
    return 0;
}

void __exit dummy_exit(void)
{
    int i;
    for (i = 0; i < NUM_DEVICES; i++) {
        device_destroy(dummy_class, MKDEV(MAJOR_NUM, i));
    }
    class_destroy(dummy_class);
    unregister_chrdev(MAJOR_NUM, DEVICE_NAME);
    printk("Dummy unloaded\n");
}
```

코드 끝에 있는 module_init과 module_exit라는 매크로는 모듈이 로드, 언로드될 때 호출될 함수를 지정한다.

```
module_init(dummy_init);
module_exit(dummy_exit);
```

마지막에 있는 MODULE_*라는 이름의 세 매크로는 모듈에 대한 몇 가지 기본 정보를 추가한 것이다.

```
MODULE_LICENSE("GPL");
MODULE_AUTHOR("Chris Simmonds");
MODULE_DESCRIPTION("A dummy driver");
```

modinfo 명령을 사용하면 컴파일된 커널 모듈에서 이 정보를 확인할 수 있다. 드라이버의 전체 소스 코드는 이 책의 코드 저장소 내 MELP/Chapter11/dummy-driver 디렉터리에서 확인할 수 있다.

모듈이 로딩되면, dummy_init() 함수가 호출된다. 여기서는 드라이버가 구현한 4개 함수의 포인터를 갖고 있는 struct file_operations로 포인터를 넘기면서 register_chrdev를 호출할 때 dummy가 문자 장치가 되는 것을 확인할 수 있다. 이후 register_chrdev는 커널에게 드라이버의 주번호가 42라는 것을 알려주기는 하지만, 해당 드라이버의 클래스가 무엇인지 알려주지 않으므로 /sys/class에는 아무것도 생성되지 않는다.

/sys/class에 아무것도 생성되지 않았으므로 장치 관리자는 장치 노드를 생성할 수 없다. 그러므로 그다음 코드는 dummy라는 이름의 장치 클래스를 생성하고 해당 클래스에 dummy0부터 dummy3까지 4개의 장치를 생성하는 코드다. 그 결과, 드라이버가 초기화될 때 dummy0부터 dummy3까지의 서브디렉터리를 가진 /sys/class/dummy 디렉터리가 생성된다. 각 서브디렉터리는 장치의 주번호와 부번호를 갖고 있는 dev라는 파일을 갖고 있다. 이것이 장치 관리자가 /dev/dummy0에서 /dev/dummy3까지의 장치 노드를 생성하는 데 필요한 전부다.

dummy_exit 함수는 dummy_init 함수가 사용한 리소스를 해제시켜주는 역할을 하며, 여기서는 장치 클래스와 주번호를 해제시키는 것을 의미한다.

이 드라이버의 파일시스템 관련 작업은 dummy_open(), dummy_read(), dummy_write(), dummy_release()에서 구현돼 있으며, 이는 사용자 작업 공간에서 open(2), read(2), write(2), close(2)를 사용할 때 호출된다. 이 함수들은 커널 메시지를 출력하므로 이들이 호출됐는지 여부는 바로 확인할 수 있다. 다음 echo 명령어를 이용해 명령줄에서 확인해보자.

```
# echo hello > /dev/dummy0
dummy_open
dummy_write 6
dummy_release
```

위 결과물의 메시지 부분은 콘솔에 로그인돼 있을 때만 출력되는 것이며, 커널 메시지는 기본적으로 콘솔에 출력되게 된다. 만약 콘솔에 로그인하지 않았다면, dmesg 명령어를 사용해 커널 메시지를 볼 수 있다.

이 드라이버의 전체 소스 코드 길이는 100줄이 안 된다. 하지만 장치 노드와 드라이버 코드 사이가 어떻게 동작하는지, 어떻게 장치 클래스가 생성되는지, 드라이버가 로딩됐을 때 장치 관리자가 장치 노드를 자동으로 생성하는 방법은 무엇인지, 사용자 공간과 커널 공간 사이에 데이터가 어떻게 이동하는지를 충분히 보여준다. 다음으로 할 일은 이를 빌드하는 것이다.

커널 모듈 컴파일하기

이제 시스템에서 컴파일하고 테스트할 드라이버 코드가 완성됐을 것이다. 이를 커널 소스 트리에 복사하고 makefile을 수정해 빌드하거나, 트리 외부에서 모듈로 컴파일할 수도 있다. 먼저 소스 트리 외부에서 모듈로 컴파일하는 방법을 알아보자.

먼저 어려운 부분을 처리해줄 수 있도록 커널 빌드 시스템을 이용한 간단한 makefile이 필요하다.

```
LINUXDIR := $(HOME)/MELP/build/linux

obj-m := dummy.o
all:
    make ARCH=arm CROSS_COMPILE=arm-cortex_a8-linux-gnueabihf-
\
    -C $(LINUXDIR) M=$(shell pwd)
clean:
    make -C $(LINUXDIR) M=$(shell pwd) clean
```

LINUXDIR을 먼저 모듈을 실행할 장치의 커널 디렉터리에 지정해준다. obj-m := dummy.o 코드는 커널 빌드 규칙을 호출해 dummy.c라는 소스 파일을 가져온 후 dummy.ko라는 커널 모듈을 생성한다. 다음 절에서 커널 모듈을 어떻게 로딩하는지 보여주겠다.

NOTE

여기서 커널 모듈은 모든 커널 릴리스와 구성에서 호환되는 바이너리 코드가 아니므로, 이 모듈은 자신이 컴파일된 커널에서만 로딩될 수 있다는 점에 유의하자.

커널 소스 트리 내에서 드라이버를 빌드하고 싶다면 이는 꽤 간단한 편이다. 먼저, 갖고 있는 드라이버의 유형에 맞는 디렉터리를 골라보자. 드라이버가 기본 문자 장치라면 dummy.c 파일을 drivers/char에 넣으면 된다. 그 이후 해당 디렉터리의 makefile을

수정하면 되는데, 다음과 같이 무조건 모듈로 드라이버를 빌드하는 한 줄을 추가하면
된다.

```
obj-m += dummy.o
```

무조건 내장 요소로 빌드하고 싶다면 다음 행을 추가하자.

```
obj-y += dummy.o
```

만약 드라이버를 선택할 수 있도록 만들고 싶다면, Kconfig 파일에 메뉴 옵션을 추가하
고 구성 옵션에 컴파일 조건을 만들면 된다. 이에 대해서는 4장, '커널 구성과 빌드'의
'커널 구성 이해하기: Kconfig' 절을 확인해보자.

커널 모듈 로딩

insmod, lsmod, rmmod와 같은 간단한 명령어를 사용하면 모듈을 로딩 및 해제하고 그 목
록을 볼 수 있다. 다음은 dummy 드라이버를 로딩하는 것이다.

```
# insmod /lib/modules/4.8.12-yocto-standard/kernel/drivers/
dummy.ko
# lsmod
  Tainted: G
dummy 2062 0 - Live 0xbf004000 (O)
# rmmod dummy
```

만약 모듈이 /lib/modules/〈커널 버전〉 아래의 서브디렉터리에 위치하고 있다면,
depmod -a 명령어를 사용해 모듈의 의존성 데이터베이스를 생성해주자.

```
# depmod -a
# ls /lib/modules/4.8.12-yocto-standard
kernel   modules.alias   modules.dep   modules.symbols
```

module.* 파일 내의 정보는 modprobe 명령어를 이용해 모듈을 경로명이 아닌 이름으로 찾을 때 사용할 수 있다. modprobe 명령어는 매뉴얼의 modprobe(8) 페이지에 설명돼 있는 것처럼 이 외에도 다양한 기능을 갖고 있다.

이제 더미 커널 모듈을 작성하고 로드했으니 실제 하드웨어와 통신하려면 어떻게 해야 할까? 장치 트리나 플랫폼 데이터를 통해 드라이버를 해당 하드웨어에 바인딩해야 한다. 다음 절에서는 하드웨어를 찾아 해당 하드웨어를 장치 드라이버에 연결하는 것을 다룬다.

⠿ 하드웨어 구성 정보 찾기

위에서 설명한 dummy 드라이버는 장치 드라이버의 구조를 보여줬지만, 이는 메모리 구조만 조작했기 때문에 실제로 필요한 하드웨어와의 상호작용에 대해서는 나와 있지 않다. 장치 드라이버는 보통 하드웨어와 상호작용하기 위해 쓰이는 경우가 대부분이지만, 각 하드웨어는 각각 다른 구조와 다른 주소값을 갖고 있으므로 장치 드라이버의 일부는 처음에 어떤 하드웨어인지 파악하기 위해 사용한다.

하드웨어가 이 정보를 직접 제공하는 경우도 있다. PCI나 USB와 같이 눈에 보이는 버스에 연결된 장비의 경우, 리소스 요구 조건과 고유 식별자를 리턴하는 쿼리 모드를 갖고 있다. 그렇기 때문에 커널은 해당 고유 식별자 및 장치 드라이버의 특성들과 일치하는 것을 찾고 이들을 결합시킬 수 있다.

하지만 대부분의 임베디드 보드의 하드웨어 블록은 이러한 식별자를 갖고 있지 않다. 그렇기 때문에 장치 트리^{device tree}나 플랫폼 데이터^{platform data}라 불리는 C 구조의 형태로 구성 정보를 제공해야만 한다.

리눅스의 표준 드라이버 모델에서 장치 드라이버는 PCI, USB, 오픈 펌웨어(장치 트리), 플랫폼 장치 등의 보조 시스템 중 적절한 것을 찾아 자신을 등록한다. 이러한 등록 과정에는 고유 식별자와, 드라이버의 ID와 하드웨어의 ID가 일치할 경우 호출되는 probe 함수를 부르는 콜백 함수^{callback function}가 포함돼 있다. PCI와 USB의 경우 ID는 제조사의 특성을 따르며, 장치 트리나 플랫폼 장치를 위한 장치의 제품 ID인 경우 해당 이름_{(텍스트 문자}열)을 ID로 가져간다.

장치 트리

3장, '부트로더에 대한 모든 것'에서 장치 트리를 이미 소개했다. 여기서는 해당 정보를 어떻게 리눅스 장치 드라이버와 연결하는지를 보여주겠다.

예제로는 arch/arm/boot/dts/ versatile-ab.dts의 ARM Versatile 보드를 사용할 것이며, 다음은 해당 보드의 이더넷 어댑터를 정의한 것이다.

```
net@10010000 {
    compatible = "smsc,lan91c111";
    reg = <0x10010000 0x10000>;
    interrupts = <25>;
};
```

이 노드의 compatible 속성에 특히 주의를 기울이자. 이 문자열 값은 나중에 이더넷 어댑터의 소스 코드에 다시 나타난다. 12장, '브레이크아웃 보드를 이용한 프로토타이핑'에서 장치 트리를 자세히 알아볼 것이다.

플랫폼 데이터

장치 트리가 지원되지 않는 경우를 위해 플랫폼 데이터라 불리는 C 구조체를 이용해 하드웨어 요소를 정의하는 폴백 메서드가 있다.

각 하드웨어는 struct platform_device라는 구조체에 의해 설명되며, 해당 구조체는 이름과 리소스 배열을 가리키는 포인터를 갖고 있다. 리소스의 유형은 다음과 같은 플래그로 결정된다.

- **IORESOURCE_MEM**: 메모리 영역의 물리 주소

- **IORESOURCE_IO**: I/O 레지스터의 포트 번호나 물리 주소

- **IORESOURCE_IRQ**: 인터럽트 번호

다음은 arch/ arm/mach-versatile/core.c에서 가져온 이더넷 컨트롤러의 플랫폼 데이터로, 좀 더 명확하게 볼 수 있도록 편집한 내용이다.

```
#define VERSATILE_ETH_BASE 0x10010000
#define IRQ_ETH 25
static struct resource smc91x_resources[] = {
    [0] = {
        .start = VERSATILE_ETH_BASE,
        .end = VERSATILE_ETH_BASE + SZ_64K - 1,
        .flags = IORESOURCE_MEM,
},
    [1] = {
        .start = IRQ_ETH,
        .end = IRQ_ETH,
        .flags = IORESOURCE_IRQ,
},
};
static struct platform_device smc91x_device = {
    .name = "smc91x",
    .id = 0,
    .num_resources = ARRAY_SIZE(smc91x_resources),
    .resource = smc91x_resources,
};
```

위 코드에서는 64KiB 크기의 메모리 영역과 인터럽트를 갖고 있음을 알 수 있다. 플랫폼 데이터는 보통 보드가 초기화될 때 커널에 등록돼야만 한다.

```
void __init versatile_init(void)
{
    platform_device_register(&versatile_flash_device);
    platform_device_register(&versatile_i2c_device);
    platform_device_register(&smc91x_device);
    [...]
```

여기에 표시된 플랫폼 데이터는 compatible 속성을 대신하는 name 필드를 제외하고는 이전 장치 트리 소스와 기능적으로 동일하다.

장치 드라이버와 하드웨어의 연동

앞 절에서는 장치 트리와 플랫폼 데이터를 사용해 어떻게 이더넷 어댑터를 정의했는지를 설명했다. 관련된 드라이버 코드는 drivers/net/ethernet/smsc/smc91x.c에 있으며 장치 트리와 플랫폼 데이터에서 모두 사용할 수 있다.

다음은 좀 더 명확하게 편집한 초기화 코드다.

```
static const struct of_device_id smc91x_match[] = {
    { .compatible = "smsc,lan91c94", },
    { .compatible = "smsc,lan91c111", },
    {},
};
MODULE_DEVICE_TABLE(of, smc91x_match);
static struct platform_driver smc_driver = {
    .probe = smc_drv_probe,
    .remove = smc_drv_remove,
    .driver = {
        .name = "smc91x",
        .of_match_table = of_match_ptr(smc91x_match),
    },
};
static int __init smc_driver_init(void)
{
    return platform_driver_register(&smc_driver);
}
static void __exit smc_driver_exit(void)
{
    platform_driver_unregister(&smc_driver);
}
module_init(smc_driver_init);
module_exit(smc_driver_exit);
```

드라이버가 초기화되면 platform_driver_register()를 호출해 struct platform_driver를 가리키며, 여기에는 probe 함수를 호출하는 콜백, 드라이버 이름(smc91x), struct of_device_id를 향한 포인터가 있다.

드라이버가 장치 트리로 이미 구성돼 있다면, 커널은 장치 트리 노드에 있는 compatible 요소와 compatible 구조체 요소가 가리키는 문자열이 일치하는지를 알아볼 것이다. 일치할 경우, 커널은 probe 함수를 호출하게 된다.

플랫폼 데이터로 구성돼 있다면, driver.name이 가리키는 문자열과 일치할 경우 probe 함수가 호출된다.

probe 함수는 인터페이스에 대한 정보를 갖고 온다.

```
static int smc_drv_probe(struct platform_device *pdev)
{
    struct smc91x_platdata *pd = dev_get_platdata(&pdev->dev);
    const struct of_device_id *match = NULL;
    struct resource *res, *ires;
    int irq;

    res = platform_get_resource(pdev, IORESOURCE_MEM, 0);
    ires platform_get_resource(pdev, IORESOURCE_IRQ, 0);
    [...]
    addr = ioremap(res->start, SMC_IO_EXTENT);
    irq = ires->start;
    [...]
}
```

platform_get_resource()가 호출되면 장치 트리나 플랫폼 데이터에서 메모리와 irq 정보를 가져온다. 메모리를 매핑하고 인터럽트 핸들러를 설치하는 것은 드라이버의 역할이며, 두 경우 모두 값이 0인 세 번째 매개변수는 특정 유형의 리소스가 하나 이상 있을 경우 동작한다.

장치 트리를 이용하면, 단순하게 메모리 영역과 인터럽트를 설정하는 것 외에도 많은 것을 할 수 있다. probe 함수에는 장치 트리에서 선택적 매개변수 값을 가져올 수 있는 코드가 있는데, 다음은 register-io-width 속성값을 가져오는 코드다.

```
match = of_match_device(of_match_ptr(smc91x_match), &pdev->dev);
if (match) {
    struct device_node *np = pdev->dev.of_node;
    u32 val;
    […]
    of_property_read_u32(np, "reg-io-width", &val);
    […]
}
```

Documentation/devicetree/bindings에 대부분의 드라이버 바인딩 정보가 있으니 이를 확인하길 바란다. 위 예제에서 사용한 드라이버의 경우 Documentation/devicetree/bindings/net/smsc911x.txt에서 해당 정보를 찾아볼 수 있다.

여기서 가장 중요하게 기억해야 할 점은 드라이버가 probe 함수를 등록해야 한다는 것과 커널이 알고 있는 하드웨어와 일치하는 항목을 찾을 때 probe 함수를 호출할 수 있는 충분한 정보를 등록해야 한다는 것이다. 장치 트리에 기록된 하드웨어와 장치 드라이버 사이의 연동은 compatible 요소를 통해 할 수 있으며, 플랫폼 데이터와 드라이버 사이의 연동은 name을 통해 한다는 점을 기억해두자.

⠿ 요약

장치 드라이버는 보통 물리적인 하드웨어 장치나 가상 인터페이스를 다루는 작업을 하며, 이러한 장치를 일관되고 효율적인 방법으로 사용자 공간으로 전달하는 역할을 한다. 리눅스 장치 드라이버는 크게 문자, 블록, 네트워크로 나뉜다. 이 중 문자 드라이버 인터페이스는 가장 융통성 있는 인터페이스로 흔히 사용한다. 리눅스 드라이버는 sysfs를 통해 노출돼 있는 드라이버 모델이라는 이름의 프레임워크로 볼 수 있으며, 장치와 드라이버의 전체 상태는 /sys에서 확인 가능하다.

각각의 임베디드 시스템은 자신만의 고유한 하드웨어 인터페이스 세트와 요구 사항을 갖고 있다. 리눅스는 대부분의 표준 인터페이스에 해당하는 드라이버를 제공하고 있으며 적절한 커널 구성을 선택하면 빠르게 장치가 동작하도록 만들 수 있다. 이는 즉, 표준

이 아닌 장비를 사용하는 경우 직접 장치를 지원하는 드라이버를 만들어야 한다는 의미이기도 하다.

GPIO, I2C 등을 위한 기본 드라이버를 사용하고 사용자 공간 코드를 작성해 이러한 역할을 하게 만듦으로써 이러한 문제를 회피하는 방법도 있다. 나는 개인적으로 이 방법을 먼저 시도해보는 것을 권장하는데, 커널 코드를 작성하지 않고도 하드웨어에 좀 더 익숙해질 수 있는 기회이기 때문이다. 커널 코드를 작성하는 것이 매우 어려운 일은 아니지만, 시스템의 안정성을 망가뜨리지 않기 위해 매우 조심해서 코드를 짤 필요가 있다.

여기서는 커널 드라이버 코드를 작성하는 방법을 이야기했다. 드라이버 코드를 작성하다 보면, 이 코드가 정확히 동작하고 있는지 혹은 버그가 있는지 등을 확인하고 싶을 것이다. 19장, 'GDB로 디버깅하기'에서는 이와 관련된 내용을 다룬다.

다음 장에서는 사용자 공간 초기화와 init 프로그램에서 설정할 수 있는 옵션들, 간단한 BusyBox부터 복잡한 시스템까지를 이야기할 것이다.

⠿ 추가 자료

이 장에서 소개한 내용을 더 자세히 알고 싶다면 다음을 참조하자.

- 『리눅스 커널 심층 분석Linux Kernel Development』(에이콘, 2012), 로버트 러브Robert Love

- 리눅스 위클리 뉴스Linux Weekly News: https://lwn.net/Kernel

- '리눅스의 비동기 IO: select, poll, epollAsync IO on Linux: select, poll, and epoll', 줄리아 에반스Julia Evans: https://jvns.ca/blog/2017/06/03/async-io-on-linux--select--poll--and-epoll

- 『Essential Linux Device Drivers, 1st edition』(Prentice Hall PTR, 2013), 스리크리쉬난 벤카테스와란Sreekrishnan Venkateswaran

12

브레이크아웃 보드를 이용한 프로토타이핑

맞춤형 보드 브링업^{custom board bring-up}은 임베디드 리눅스 엔지니어가 몇 번이고 반복적으로 수행해야 하는 작업이다. 가전제품 제조업체는 새로운 장치를 만들고자 하며, 대부분 그 장치에서 리눅스를 실행해야 한다. 리눅스 이미지를 어셈블^{assemble}하는 절차는 일반적으로 하드웨어가 준비되기 전에 시작되며 개발/브레이크아웃 보드와 함께 연결된 프로토타입을 사용해 완료된다. 통신이 작동하려면 주변 I/O 핀을 장치 트리 바인딩으로 다중화해야 한다. 그래야만 애플리케이션에 대한 미들웨어 코딩 작업을 시작할 수 있다.

12장의 목표는 u-blox GPS 모듈을 비글본 블랙에 추가하는 것이다. 이를 위해서는 텍사스 인스트루먼트^{Texas Instruments}의 SysConfig 도구를 사용해 장치 트리 소스에 필요한 수정 사항을 생성할 수 있도록 회로도와 데이터 시트를 읽어야 한다. 다음으로는 SparkFun GPS 브레이크아웃 보드를 비글본 블랙에 연결하고 연결된 SPI 핀을 로직 분석기^{logic analyzer}로 프로브^{probe}한다. 마지막으로, SPI를 통해 ZOE-M8Q GPS 모듈에서 NMEA 문장을 수신할 수 있도록 비글본 블랙에서 테스트 코드를 컴파일하고 실행한다.

실제 하드웨어를 사용한 신속한 프로토타이핑rapid prototyping에는 많은 시행착오가 따른다. 12장에서는 납땜 실습을 하고 디지털 신호를 연구하고 디버그하기 위한 테스트 벤치를 조립할 것이다. 또한 장치 트리 소스를 다시 살펴보겠지만, 이번에는 핀 제어 구성과 이를 활용해 외부나 온보드 주변 기기를 활성화하는 방법에 특별한 주의를 기울일 것이다. 전체 데비안 리눅스 배포판을 마음대로 사용할 수 있으므로 git, gcc, pip3, python3 같은 도구를 사용해 비글본 블랙에서 직접 소프트웨어를 개발할 수 있다.

12장에서 다룰 주제는 다음과 같다.

- 장치 트리의 소스에 회로도 매핑하기

- 브레이크아웃 보드를 이용한 프로토타이핑

- 로직 분석기로 SPI 신호 프로빙probing하기

- SPI를 통해 NMEA 메시지 수신하기

이제 시작해보자!

⁛ 기술적 요구 사항

이 장의 예제를 따라 하려면 다음 사항을 준비해야 한다.

- 리눅스 기반 호스트 시스템

- Buildroot 2020.02.9 LTS 릴리스

- 리눅스용 Etcher

- 마이크로SD 카드와 카드 리더

- USB to TTL 3.3V 시리얼 케이블

- 비글본 블랙

- 5V 1A DC 전원 공급 장치

- 네트워크 연결용 이더넷 케이블과 포트

- SparkFun 모델 GPS-15193 브레이크아웃

- (핀이 12개 이상인) 한 줄 straight breakaway 헤더

- 납땜 키트

- 수컷에서 암컷으로의 점퍼 와이어(수-암 점퍼 와이어male to female jumper wire) 6개

- U.FL GNSS 안테나

6장, '빌드 시스템 선택하기'에서 Buildroot 2020.02.9 릴리스를 이미 설치했어야 한다. 그렇지 않은 경우, 6장의 지침에 따라 리눅스 호스트에 Buildroot를 설치하기 전에 Buildroot 사용자 매뉴얼(https://buildroot.org/downloads/manual/manual.html)의 '시스템 요구 사항System requirements' 절을 참고하길 바란다.

로직 분석기는 SPI 통신을 이해하고 문제를 해결하는 데 도움이 된다. 여기서는 데모 목적으로 Saleae Logic 8을 사용할 것이다. 하지만 Saleae 제품이 엄청나게 비싸다(가격이 399달러를 상회한다)는 점을 감안해서 Saleae 로직 분석기를 소유하지 않은 경우에도 충분히 읽을 수 있도록 이 장의 내용을 구성했다. SPI와 I2C 디버깅에 충분한 (느리지만 저렴한) 대안(http://dangerousprototypes.com/docs/Bus_Pirate)도 있지만, 이 책에서는 다루지 않을 것이다.

12장의 모든 코드는 이 책의 깃허브 저장소(https://github.com/PacktPublishing/Mastering-Embedded-Linux-Programming-Third-Edition)에 있는 Chapter12 폴더에서 찾을 수 있다.

장치 트리의 소스에 회로도 매핑하기

비글본 블랙의 BOMBill Of Material, PCB 설계 파일과 회로도는 모두 오픈소스이므로 누구나 소비자 제품의 일부로 비글본 블랙을 제조할 수 있다. 비글본 블랙은 개발용이므로 이더넷 케이블, USB 포트, 마이크로SD 슬롯 등 프로덕션에 필요하지 않을 수 있는 여

러 구성 요소가 포함돼 있다. 개발 보드인 비글본 블랙에는 센서나 LTE 모뎀, OLED 디스플레이와 같이 애플리케이션에 필요한 하나 이상의 주변 기기가 없을 수도 있다.

비글본 블랙은 이중 PRU^Programmable Real-Time Unit가 있는 단일 코어 32비트 ARM Cortex-A8 SoC인 텍사스 인스트루먼트의 AM335x를 기반으로 제작됐으며, 이더넷을 Wi-Fi 나 블루투스^Bluetooth 모듈로 교체한, 옥타보 시스템즈^Octavo Systems에서 만든 더 비싼 무선 판 비글본 블랙이 있다. 비글본 블랙 Wireless도 오픈소스 하드웨어이지만, 어느 시점에서는 AM335x를 중심으로 여러분 자신의 맞춤형 PCB를 설계하고 싶을 수도 있다. 또한 비글본 블랙용 도터보드^daughterboard('케이프^cape'라고도 한다)를 디자인할 수도 있다.

우리의 목적을 위해 u-blox ZOE-M8Q GPS 모듈을 네트워크 장치에 통합할 것이다. 로컬 네트워크에서 클라우드로(또는 클라우드에서) 많은 패킷을 전송해야 하는 경우, 리눅스를 실행하는 것은 리눅스가 매우 성숙한 TCP/IP 네트워크 스택을 갖고 있으므로 합리적인 선택이다. 비글본 블랙의 ARM Cortex-A8 CPU는 메인스트림 리눅스를 실행하기 위한 요구 사항(충분한 주소 지정 가능한 램과 메모리 관리 장치)을 충족한다. 이는 우리 제품이 리눅스 커널에 적용된 보안과 버그 수정의 이점을 누릴 수 있음을 의미한다.

11장, '장치 드라이버 인터페이스'에서 이더넷 어댑터를 리눅스 장치 드라이버에 바인딩하는 방법의 예를 살펴봤다. 주변 기기 바인딩은 플랫폼 데이터로 알려진 장치 트리 소스나 C 구조체로 처리된다. 수년에 걸쳐, 장치 트리 소스를 사용하는 것은 특히 ARM SoC에서 리눅스 장치 드라이버에 바인딩하는 방법으로 선호돼 왔다. 따라서 12장의 예제에는 장치 트리 소스만 포함된다. U-Boot와 마찬가지로 디바이스 트리 소스를 DTB로 컴파일하는 것도 리눅스 커널 빌드 프로세스의 일부다.

장치 트리 소스의 수정을 시작하기 전에 비글본 블랙과 SparkFun ZOE-M8Q GPS 브레이크아웃의 회로도를 알아야 한다.

회로도와 데이터 시트 읽기

비글본 블랙에는 I/O용 2 × 46핀 확장 헤더가 있다. 이들 헤더에는 수많은 GPIO 외에도 UART, I2C, SPI 통신 포트가 포함된다. SparkFun 모델을 포함한 대부분의 GPS 모듈은 직렬 UART나 I2C를 통해 NMEA 데이터를 보낼 수 있다. gpsd와 같은 많은 사용자 공간 GPS 도구는 직렬로 연결된 모듈에서만 작동하지만, 이 프로젝트에서는 SPI 인터페이스가 있는 GPS 모듈을 선택했다. 비글본 블랙은 2개의 SPI 버스를 사용할 수 있다. u-blox ZOE-M8Q를 연결하려면 이들 SPI 버스 중 하나만 필요하다.

나는 두 가지 이유로 UART와 I2C보다 SPI를 선택했다. UART는 많은 SoC에서 드물고 블루투스나 직렬 콘솔 등에 필요하다. I2C 드라이버와 하드웨어에는 심각한 버그가 있을 수 있다. 일부 I2C 커널 드라이버는 너무 형편없이 구현돼 있어 연결된 주변 기기가 너무 많으면 버스가 잠긴다. 라즈베리 파이 4에 있는 것과 같은, Broadcom SoC에 있는 I2C 컨트롤러는 주변 기기가 클럭 스트레칭^{clock stretching}을 수행하려고 할 때 글리칭^{glitching}으로 악명이 높다.

다음은 비글본 블랙의 P9 확장 헤더에 있는 핀 맵이다.

	P9		
DGND	1	2	DGND
VDD_3V3	3	4	VDD_3V3
VDD_5V	5	6	VDD_5V
SYS_5V	7	8	SYS_5V
PWR_BUT	9	10	SYS_RESETN
GPIO_30	11	12	GPIO_60
GPIO_31	13	14	GPIO_40
GPIO_48	15	16	GPIO_51
SPI0_CS0	17	18	SPI0_D1
SPI1_CS1	19	20	SPI1_CS0
SPI0_D0	21	22	SPI0_SCLK
GPIO_49	23	24	GPIO_15
GPIO_117	25	26	GPIO_14
GPIO_125	27	28	SPI1_CS0
SPI1_D0	29	30	SPI1_D1
SPI1_SCLK	31	32	VDD_ADC
AIN4	33	34	GNDA_ADC
AIN6	35	36	AIN5
AIN2	37	38	AIN3
AIN0	39	40	AIN1
GPIO_20	41	42	SPI1_CS1
DGND	43	44	DGND
DGND	45	46	DGND

그림 12.1 P9 확장 헤더 SPI 포트

핀 17, 18, 21, 22는 SPI0 버스에 할당된다. 핀 19, 20, 28, 29, 30, 31, 42는 SPI1 버스에 할당된다. 핀 42와 28은 SPI1에 대한 핀 19와 20의 기능과 같다. SPI1_CS1과 SPI1_CS0 중 하나의 핀만 사용할 수 있으며, 중복 핀은 비활성화하거나 용도를 변경해야 한다. 또한 SPI1에는 CS0과 CS1 핀이 있는 반면, SPI0에는 CS0 핀만 있다. CS는 칩 선택

chip select을 의미한다. 각 SPI 버스는 마스터–슬레이브 인터페이스이므로, CS 신호 라인을 로우로 설정하면 일반적으로 버스에서 전송할 주변 기기가 선택된다. 이러한 종류의 부정적인 논리를 '액티브 로우active low'라고 한다.

다음은 2개의 주변 기기가 연결된 비글본 블랙의 SPI1 버스 블록 다이어그램이다.

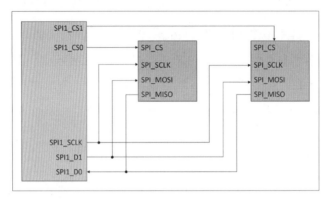

그림 12.2 SPI1 버스

비글본 블랙의 회로도(https://github.com/beagleboard/beaglebone-black/blob/master/BBB_SCH.pdf)를 보면, P9 확장 헤더의 4개 핀(28~31)에 SPI1 레이블이 지정돼 있음을 알 수 있다.

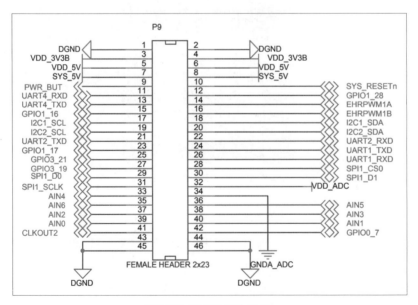

그림 12.3 P9 확장 헤더 회로도

추가 SPI1 핀(19, 20, 42)과 모든 SPI0 핀(17, 18, 21, 22)은 회로도에서 I2C1, I2C2, UART2용으로 용도가 변경됐다. 이 대체 매핑은 장치 트리 소스 파일 내에 정의된 핀 먹스pin mux 구성의 결과다. AM335x에서 누락된 SPI 신호 라인을 확장 헤더의 해당 대상 핀으로 라우팅하려면 적절한 핀 먹스 구성을 적용해야 한다. 핀 먹스는 프로토타이핑을 위해 런타임에 수행할 수 있지만 완성된 하드웨어가 도착하기 전에 컴파일 타임으로 전환해야 한다.

CS0 외에 SPI0 버스에는 SCLK, D0, D1 라인도 있다. SCLK는 SPI 클럭을 나타내며 항상 버스 마스터(이 경우 AM335x)에 의해 생성된다. SPI 버스를 통해 전송된 데이터는 이 SCLK 신호에 동기화된다. SPI는 I2C보다 훨씬 높은 클럭 주파수를 지원한다. D0 데이터 라인은 마스터 인, 슬레이브 아웃Master In, Slave Out(즉, MISO)에 해당한다. D1 데이터 라인은 마스터 아웃, 슬레이브 인Master Out, Slave In(즉, MOSI)에 해당한다. 소프트웨어에서 D0과 D1을 모두 MISO나 MOSI에 할당할 수 있지만, 이들 디폴트 매핑을 고수할 것이다. SPI는 전이중full-duplex 인터페이스로, 마스터와 선택한 슬레이브가 동시에 데이터를 보낼 수 있다.

다음은 4개의 SPI 신호 모두의 방향을 보여주는 블록 다이어그램이다.

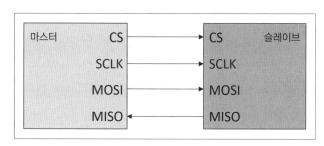

그림 12.4 SPI 시그널들

이제 비글본 블랙에서 ZOE-M8Q로 시선을 돌리자. u-blox의 제품 페이지(https://www.u-blox.com/en/product/zoe-m8-series)에서 다운로드할 수 있는 ZOE-M8 시리즈 데이터 시트부터 시작하겠다. SPI를 설명하는 섹션으로 이동한다. 핀이 UART 및 DDC 인터페이스와 공유되기 때문에 SPI가 디폴트로 비활성화돼 있다고 한다. ZOE-M8Q에서 SPI를 활성화하려면 D_SEL 핀을 접지에 연결해야 한다. D_SEL을 풀다운pull down하면 2개의 UART와 2개의 DDC 핀이 4개의 SPI 핀으로 변환된다.

웹 사이트(https://www.sparkfun.com/products/15193)의 제품 페이지에서 **Documents** 탭을 선택해 SparkFun ZOE-M8Q GPS 브레이크아웃의 회로도를 찾는다. D_SEL 핀을 검색하면 JP1이라고 표시된 점퍼의 왼쪽에 있음을 알 수 있다. 점퍼를 닫으면 D_SEL이 GND에 연결돼 SPI가 활성화된다.

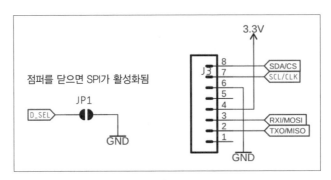

그림 12.5 GPS 브레이크아웃의 D_SEL 점퍼와 SPI 커넥터

CS, CLK, MOSI, MISO 핀용 커넥터는 3.3V 및 GND와 함께 배치된다. 점퍼를 닫고 헤더를 6개의 핀에 부착하려면 약간의 납땜이 필요하다.

칩이나 모듈을 연결할 때는 항상 핀 등급을 확인한다. GPS 브레이크아웃의 JP2 점퍼는 SCL/CLK와 SDA/CS 핀을 2.2kΩ 풀업 저항pull up resistor에 연결한다. AM335x 데이터 시트에 따르면, 이들 출력 핀은 6mA 드라이버이므로 약한 내부 풀업을 활성화하면 100μA의 풀업 전류가 추가된다. ZOE-M8Q는 동일한 핀에서 11kΩ 풀업을 가지며 3.3V에서 300μA를 추가한다. GPS 브레이크아웃의 2.2kΩ I2C 풀업은 총 1.9mA의 풀업 전류에 대해 또 다른 1.5mA를 추가한다.

그림 12.1로 돌아가서, 비글본 블랙은 P9 확장 헤더의 핀 3과 4에서 3.3V를 공급한다. 핀 1과 2, 43~46은 GND에 연결된다. GPS 브레이크아웃의 4개 SPI 라인을 핀 17, 18, 21, 22에 연결하는 것 외에도 GPS 모듈의 3.3V와 GND를 비글본 블랙의 P9 확장 헤더에 있는 핀 3과 43에 연결한다.

이제 ZOE-M8Q를 연결하는 방법에 대한 아이디어를 얻었으므로, 비글본 블랙에서 실행되는 리눅스에서 SPI0 버스를 활성화해본다. 이를 수행하는 가장 빠른 방법은 Beagle

Board.org에서 미리 빌드된 데비안 이미지를 설치하는 것이다.

비글본 블랙에 데비안 설치하기

BeagleBoard.org는 다양한 개발 보드용 데비안^{Debian} 이미지를 제공한다. 데비안은 포괄적인 오픈소스 소프트웨어 패키지 세트를 포함하는 널리 사용되는 리눅스 배포판으로, 전 세계의 기여자들과 함께하는 엄청난 노력의 결과물이다. 다양한 비글보드^{BeagleBoard}용 데비안을 빌드하는 절차는 교차 컴파일에 의존하지 않는다는 점에서 임베디드 리눅스 표준과 다르다. 비글본 블랙용 데비안을 직접 구축하려고 시도하기보다는 완성된 이미지를 BeagleBoard.org에서 직접 다운로드하길 바란다.

비글본 블랙용 Debian Buster IoT 마이크로SD 카드 이미지를 다운로드하려면 다음 명령을 실행한다.

```
$ wget https://debian.BeagleBoard.org/images/bone-debian-10.3-iot-armhf-
2020-04-06-4gb.img.xz
```

10.3은 이 책을 쓸 당시 AM335x 기반 비글본 보드를 위한 최신 데비안 이미지였다. 주버전 번호 10은 10.3이 데비안의 Buster LTS 릴리스임을 나타낸다. 데비안 10.0은 본래 2019년 7월 6일에 릴리스됐으므로, 해당 날짜로부터 최대 5년 동안 업데이트를 받을 수 있다.

> **NOTE**
>
> 가능하다면, 12장의 연습을 위해 BeagleBoard.org에서 최신 데비안 이미지 대신 버전 10.3(Buster라고도 함)을 다운로드하길 바란다. 비글본 부트로더, 커널, DTB, 명령줄 도구는 계속해서 유동적이므로, 이 책에서 설명한 내용이 이후의 데비안 릴리스에서 작동하지 않을 수 있다.

이제 비글본 블랙용 데비안 이미지가 있으므로 마이크로SD 카드에 기록하고 부팅해보자. Etcher를 통해 BeagleBoard.org에서 다운로드한 bone-debian-10.3-iot-armhf-2020-04-06-4gb.img.xz 파일을 찾아 마이크로SD 카드에 기록한다. 마이크로SD 카드를 비글본 블랙에 삽입하고 5V 전원 공급 장치로 전원을 켠다. 그다음, 이더넷 케이블을 사용해 비글본 블랙의 이더넷 케이블을 라우터의 빈 포트에 연결한다. 온보드 이더넷 표시등이 깜박이기 시작하면 비글본 블랙이 온라인 상태라는 뜻이다. 인터넷 액세스를 통해 데비안 내에서 깃 저장소로부터 패키지를 설치하고 코드를 가져올 수 있다.

리눅스 호스트에서 비글본 블랙으로 ssh하려면 다음 코드를 사용한다.

```
$ ssh debian@beaglebone.local
```

debian 사용자의 암호 프롬프트에서 temppwd를 입력한다.

NOTE

> 많은 비글본 블랙 보드가 온보드 플래시에 이미 데비안이 설치된 상태로 제공되므로, 마이크로SD 카드를 삽입하지 않아도 부팅된다. 만약 BeagleBoard.org Debian Buster IoT Image 2020-04-06 메시지가 암호 프롬프트 전에 표시되면, 비글본 블랙이 마이크로SD의 Debian 10.3 이미지로 부팅됐음을 뜻한다. 암호 프롬프트 전에 다른 데비안 릴리스 메시지가 표시되면 마이크로SD 카드가 제대로 삽입됐는지 확인하길 바란다.

이제 비글본 블랙이 준비됐으므로, 어떤 SPI 인터페이스를 사용할 수 있는지 살펴보자.

spidev 활성화하기

리눅스는 SPI 장치에 대한 read()와 write() 액세스를 제공하는 사용자 공간 API를 제공한다. 이 사용자 공간 API는 spidev로 알려져 있으며, 비글본 블랙용 데비안 Buster 이미지에 포함돼 있다. spidev 커널 모듈을 검색하면 이를 확인할 수 있다.

```
debian@beaglebone:~$ lsmod | grep spi
spidev                 20480  0
```

사용 가능한 SPI 주변 기기 주소를 살펴보자.

```
$ ls /dev/spidev*
/dev/spidev0.0  /dev/spidev0.1  /dev/spidev1.0  /dev/spidev1.1
```

/dev/spidev0.0과 /dev/spidev0.1 노드는 SPI0 버스에 있는 반면, /dev/spidev1.0과
/dev/spidev1.1 노드는 SPI1 버스에 있다. 이 프로젝트에는 SPI0 버스만 필요하다.

U-Boot는 비글본 블랙의 장치 트리 위에 오버레이를 로드한다. U-Boot의 uEnv.txt
구성 파일을 편집해 로드할 장치 트리 오버레이를 선택할 수 있다.

```
$ cat /boot/uEnv.txt
#Docs: http://elinux.org/Beagleboard:U-boot_partitioning_
layout_2.0

uname_r=4.19.94-ti-r42
.
.
.
###U-Boot Overlays###
###Documentation: http://elinux.org/
Beagleboard:BeagleBoneBlack_Debian#U-Boot_Overlays
###Master Enable
enable_uboot_overlays=1
###
.
.
.
###Disable auto loading of virtual capes (emmc/video/wireless/
adc)
#disable_uboot_overlay_emmc=1
#disable_uboot_overlay_video=1
#disable_uboot_overlay_audio=1
#disable_uboot_overlay_wireless=1
#disable_uboot_overlay_adc=1
.
.
.
###Cape Universal Enable
enable_uboot_cape_universal=1
```

enable_uboot_overlays와 enable_uboot_cape_universal 환경 변수가 모두 1로 설정돼 있는지 확인한다. 줄의 맨 앞에 있는 #은 줄에서 해당 문자 이후의 모든 항목이 주석 처리됐음을 의미한다. 따라서 U-Boot는 앞의 코드에 표시된 모든 disable_uboot_overlay_<device>=1 문을 무시한다. 이 구성 파일은 U-Boot 환경에 적용되므로 /boot/uEnv.txt에 저장한 모든 변경 사항을 적용하려면 재부팅해야 한다.

NOTE

오디오 오버레이가 비글본 블랙의 SPI1 버스와 충돌한다. SPI1을 통한 통신을 활성화하려면 /boot/uEnv.txt에서 disable_uboot_overlay_audio=1의 주석을 제거한다.

U-Boot가 로드한 장치 트리 오버레이를 나열하려면 다음 명령을 사용한다.

```
$ cd /opt/scripts/tools
$ sudo ./version.sh | grep UBOOT
UBOOT: Booted Device-Tree:[am335x-boneblack-uboot-univ.dts]
UBOOT: Loaded Overlay:[AM335X-PRU-RPROC-4-19-TI-00A0]
UBOOT: Loaded Overlay:[BB-ADC-00A0]
UBOOT: Loaded Overlay:[BB-BONE-eMMC1-01-00A0]
UBOOT: Loaded Overlay:[BB-NHDMI-TDA998x-00A0]
```

케이프 범용 기능(https://github.com/cdsteinkuehler/beaglebone-universal-io)은 AM3358 버전의 데비안에만 있으며, 장치 트리 소스를 수정하거나 커널을 재구축할 필요 없이 거의 모든 비글본 블랙의 하드웨어 I/O에 대한 액세스를 제공한다. 다른 핀 먹스 구성은 config-pin 명령줄 도구를 사용해 런타임에 활성화된다.

사용 가능한 모든 핀 그룹을 보려면 다음 코드를 사용한다.

```
$ cat /sys/kernel/debug/pinctrl/*pinmux*/pingroups
```

SPI 핀 그룹만 보려면 다음 코드를 사용한다.

```
$ cat /sys/kernel/debug/pinctrl/*pinmux*/pingroups | grep spi
group: pinmux_P9_19_spi_cs_pin
group: pinmux_P9_20_spi_cs_pin
```

```
group: pinmux_P9_17_spi_cs_pin
group: pinmux_P9_18_spi_pin
group: pinmux_P9_21_spi_pin
group: pinmux_P9_22_spi_sclk_pin
group: pinmux_P9_30_spi_pin
group: pinmux_P9_42_spi_cs_pin
group: pinmux_P9_42_spi_sclk_pin
```

핀 그룹에 하나의 핀만 할당하는 것은 드문 일이다. 일반적으로 버스의 모든 SPI 핀(CS, SCLK, D0, D1)은 동일한 핀 그룹에서 함께 다중화된다. 데비안 이미지의 /opt/source/dtb-4.19-ti/src/arm 디렉터리에 있는 장치 트리 소스를 보면, 이 이상한 일대일 핀 대 그룹 관계를 확인할 수 있다.

해당 소스 디렉터리의 am335x-boneblack-uboot-univ.dts 파일은 다음 include 문들을 담고 있다.

```
#include "am33xx.dtsi"
#include "am335x-bone-common.dtsi"
#include "am335x-bone-common-univ.dtsi"
```

이 .dts 파일은 포함^{include}된 3개의 .dtsi 파일과 함께 장치 트리 소스를 정의한다. dtc 도구는 이 4개의 소스 파일을 am335x-boneblack-ubootuniv.dtb 파일로 컴파일한다. U-Boot는 또한 이 케이프 범용 장치 트리 위에 장치 트리 오버레이를 로드한다. 이러한 장치 트리 오버레이의 파일 확장자는 .dtbo이다.

다음은 pinmux_P9_17_spi_cs_pin에 대한 핀 그룹 정의다.

```
P9_17_spi_cs_pin: pinmux_P9_17_spi_cs_pin { pinctrl-single,pins = <
    AM33XX_IOPAD(0x095c, PIN_OUTPUT_PULLUP | INPUT_EN | MUX_MODE0) >; };
```

pinmux_P9_17_spi_cs_pin 그룹은 P9 확장 헤더의 핀 17을 SPI0 버스의 CS 핀 역할을 하도록 설정한다.

다음은 P9_17_pinmux 정의다. 여기서 pinmux_P9_17_spi_cs_pin이 참조된다.

```
/* P9_17 (ZCZ ball A16) */
P9_17_pinmux {
    compatible = "bone-pinmux-helper";
    status = "okay";
    pinctrl-names = "default", "gpio", "gpio_pu", "gpio_pd",
 "gpio_input", "spi_cs", "i2c", "pwm", "pru_uart";
    pinctrl-0 = <&P9_17_default_pin>;
    pinctrl-1 = <&P9_17_gpio_pin>;
    pinctrl-2 = <&P9_17_gpio_pu_pin>;
    pinctrl-3 = <&P9_17_gpio_pd_pin>;
    pinctrl-4 = <&P9_17_gpio_input_pin>;
    pinctrl-5 = <&P9_17_spi_cs_pin>;
    pinctrl-6 = <&P9_17_i2c_pin>;
    pinctrl-7 = <&P9_17_pwm_pin>;
    pinctrl-8 = <&P9_17_pru_uart_pin>;
};
```

pinmux_P9_17_spi_cs_pin 그룹은 P9_17_pinmux를 구성할 수 있는 아홉 가지 다른 방법 중 하나다. spi_cs는 해당 핀의 기본 구성이 아니므로 SPI0 버스는 처음에 비활성화돼 있다.

/dev/spidev0.0을 활성화하려면 다음 config-pin 명령을 실행한다.

```
$ config-pin p9.17 spi_cs
Current mode for P9_17 is:    spi_cs
$ config-pin p9.18 spi
Current mode for P9_18 is:    spi
$ config-pin p9.21 spi
Current mode for P9_21 is:    spi
$ config-pin p9.22 spi_sclk
Current mode for P9_22 is:    spi_sclk
```

권한 오류가 발생하면 앞에 sudo를 붙여 config-pin 명령을 다시 실행한다. 데비안 사용자의 비밀번호로 temppwd를 입력한다. 책 코드 아카이브의 MELP/Chapter12 아래에 이네 가지 config-pin 명령을 포함하는 config-spi0.sh 스크립트가 있다.

데비안에는 깃이 설치돼 있으므로, 이 책의 저장소를 복제해 아카이브를 가져올 수 있다.

```
$ git clone https://github.com/PacktPublishing/Mastering-Embedded-Linux-
Programming-Third-Edition.git MELP
```

비글본 블랙을 부팅할 때 /dev/spidev0.0을 활성화하려면 다음 명령을 사용한다.

```
$ MELP/Chapter12/config-spi0.sh
```

sudo 비밀번호는 데비안 로그인 프롬프트와 동일하다.

리눅스 커널 소스는 spidev_test 프로그램과 함께 제공된다. 깃허브(https://github.com/rm-hull/
spidev-test)에서 얻은 이 spidev_test.c 소스 파일의 복사본이 이 책의 코드 아카이브(MELP/
Chapter12/spidev-test)에 포함돼 있다.

spidev_test 프로그램을 컴파일하려면 다음 명령을 사용한다.

```
$ cd MELP/Chapter12/spidev-test
$ gcc spidev_test.c -o spidev_test
```

이제 spidev_test 프로그램을 실행한다.

```
$ ./spidev_test -v
spi mode: 0x0
bits per word: 8
max speed: 500000 Hz (500 KHz)
TX | FF FF FF FF FF FF 40 00 00 00 00 95 FF FF FF FF FF FF FF
FF FF FF FF FF FF FF FF FF FF FF FF F0 0D | ......@....?.........
.........?.
RX | 00 00 00 00 00 00 00 00 00 00 00 00 00 00 00 00 00 00 00
00 00 00 00 00 00 00 00 00 00 00 00 00 00 | ....................
..........
```

-v 플래그는 --verbose의 약자이며 TX 버퍼의 내용을 표시한다. 이 버전의 spidev_test
프로그램은 기본적으로 /dev/spidev0.0 장치를 사용하므로 SPI0 버스를 선택하기 위해
--device 인수를 전달할 필요가 없다. SPI의 전이중 특성상 버스 마스터가 전송하는 동
안 데이터를 수신한다. 이 경우, RX 버퍼는 데이터가 수신되지 않았으므로 모두 0이다.

사실 TX 버퍼의 데이터가 전송됐음을 보장하지는 않는다.

다음과 같이 점퍼 와이어를 사용해 핀 18(SPI0_D1)을 비글본 블랙의 P9 확장 헤더에 있는 핀 21(SPI0_D0)에 연결한다.

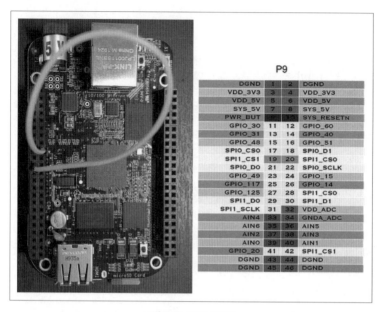

그림 12.6 SPI0 루프백

P9 확장 헤더의 맵은 USB 포트가 하단에 있을 때 헤더가 비글본 블랙의 왼쪽에 오도록 방향이 설정돼 있다. SPI0_D1에서 SPI0_D0까지의 점퍼 와이어는 MOSI(마스터 출력)를 MISO(마스터 입력)에 공급해 루프백 연결을 형성한다.

NOTE

/dev/spidev0.0 인터페이스를 다시 활성화하기 위해 비글본 블랙을 재부팅하거나 전원을 껐다가 켠 후 config-spi0.sh 스크립트를 다시 실행하는 것을 잊지 말길 바란다.

루프백 연결이 있는 상태에서 spidev_test 프로그램을 다시 실행한다.

```
$ ./spidev_test -v
spi mode: 0x0
bits per word: 8
```

```
max speed: 500000 Hz (500 KHz)
TX | FF FF FF FF FF FF 40 00 00 00 00 95 FF FF FF FF
FF FF FF FF FF FF FF FF FF FF FF FF FF FF F0 0D |
......@.....................
RX | FF FF FF FF FF FF 40 00 00 00 00 95 FF FF FF FF
FF FF FF FF FF FF FF FF FF FF FF FF FF FF F0 0D |
......@.....................
```

RX 버퍼의 내용은 이제 TX 버퍼의 내용과 일치할 것이며, /dev/spidev0.0 인터페이스가 완전히 작동함을 확인했다. 비글본 블랙의 장치 트리와 오버레이의 기원을 포함해 런타임 핀 먹스에 대한 자세한 내용을 알고 싶다면 웹 문서(https://cdn-learn.adafruit.com/downloads /pdf/introduction-to-the-beaglebone-black-device-tree.pdf)를 참고하길 바란다.

장치 트리 커스터마이징하기

BeagleBoard.org의 케이프 범용 장치 트리는 프로토타이핑에 적합하지만, config-pin 같은 도구는 프로덕션에 적합하지 않다. 우리는 가전제품을 배송할 때 어떤 주변 기기가 포함돼 있는지 알고 있으며, EEPROM에서 모델과 개정revision 번호를 읽는 것 외에 부팅 프로세스와 관련된 하드웨어 검색이 없어야 한다. 그러면 U-Boot는 이를 기반으로 로드할 장치 트리와 오버레이를 결정할 수 있다. 커널 모듈을 선택하는 것과 마찬가지로, 장치 트리의 내용은 런타임이 아니라 컴파일 시간에 가장 잘 결정된다.

결국 커스텀 AM335x 보드에 대한 장치 트리 소스를 커스터마이징해야 한다. 텍사스 인스트루먼트를 포함한 대부분의 SoC 공급업체는 장치 트리 소스를 생성하기 위한 대화형 핀 먹스 도구를 제공한다. 텍사스 인스트루먼트의 온라인 SysConfig 도구를 사용해 Nova 보드에 spidev 인터페이스를 추가한다. 이미 4장, '커널 구성과 빌드'의 '리눅스를 새 보드에 이식하기' 절에서는 Nova를 위한 장치 트리를 커스터마이징했으며, 다시 6장, '빌드 시스템 선택하기'에서 Buildroot용 커스텀 BSP를 만드는 방법을 배웠다. 이번에는 그대로 복사하는 대신 am335xboneblack.dts 파일에 추가할 것이다.

아직 계정이 없다면 웹 사이트(https://dev.ti.com)를 방문해 계정을 만든다. 온라인 SysConfig

도구에 액세스하려면 myTI 계정이 필요하다.

다음 단계에 따라 myTI 계정을 만든다.

1. 랜딩 페이지^{landing page} 우측 상단의 **Login ➤ Register** 버튼을 클릭한다.

2. **등록하기**^{Register now} 버튼을 클릭해 새 사용자 양식을 작성한다.

3. **Create account** 버튼을 클릭한다.

다음 단계에 따라 SysConfig 도구를 실행한다.

1. 랜딩 페이지 우측 상단의 **Login ➤ Register** 버튼을 클릭한다.

2. **Log in** 아래에 이메일 주소와 비밀번호를 입력해 로그인한다.

3. **클라우드 도구**^{Cloud tools} 아래의 SysConfig **시작**^{Launch} 버튼을 클릭한다.

시작 버튼을 누르면 SysConfig 시작 페이지(https://dev.ti.com/sysconfig/#/start)로 이동한다. 이 페이지를 북마크에 추가해 더 빠르게 액세스할 수 있다. SysConfig를 사용하면 작업 중인 설계를 클라우드에 저장해 나중에 다시 사용할 수 있다.

다음 단계에 따라 AM335x에 대한 SPI0 pinmux 구성을 생성한다.

1. **새 디자인 시작**^{Start a new Design} 아래의 **장치**^{Device} 메뉴에서 **AM335x**를 선택한다.

2. AM335x에 대한 디폴트 **부품**^{Part}과 **패키지**^{Package} 메뉴 선택을 **디폴트**^{Default}와 **ZCE** 그 대로 둔다.

3. **시작**^{Start} 버튼을 클릭한다.

4. 왼쪽 사이드바에서 **SPI**를 선택한다.

5. **추가**^{Add} 버튼을 클릭해 디자인에 SPI를 추가한다.

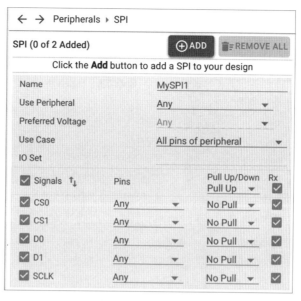

그림 12.7 SPI 주변 기기 추가

6. **이름**^{Name} 필드의 **MySP1**을 SPI0으로 바꾼다.

7. **주변 기기 사용**^{Use Peripheral} 메뉴에서 **SPI0**을 선택한다.

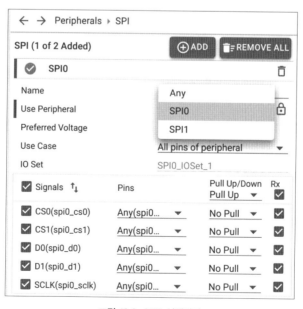

그림 12.8 SPI0 선택하기

8. **Use Case** 메뉴에서 **Master SPI with 1 chip select**를 선택한다.

그림 12.9 Master SPI with 1 chip select

9. **CS1** 체크박스의 선택을 해제해 해당 항목을 제거한다.

10. **생성된 파일**Generated Files 아래의 devicetree.dtsi를 클릭해 장치 트리 소스를 본다.

11. **시그널**Signals에 대한 **풀업/다운**Pull Up/Down 메뉴에서 **풀업**Pull Up을 선택한다.

그림 12.10 풀업 시그널

지금까지의 작업이, 표시된 장치 트리 소스에 어떤 영향을 미쳤는지 확인한다. PIN_INPUT의 모든 인스턴스는 PIN_INPUT_PULLUP으로 대체됐다.

12. **D1, SCLK, CS0**의 **Rx** 체크박스 선택을 해제한다. 이들 핀은 입력이 아니라 AM335x 마스터의 출력이기 때문이다.

그림 12.11 Rx 체크박스 선택을 해제하기

D0 핀은 MISO(마스터 인, 슬레이브 아웃)에 해당하므로 해당 핀의 **Rx**를 체크한 상태로 둔다. spi0_sclk, spi0_d1, spi0_cs0 핀은 이제 장치 트리 소스에서 PIN_OUTPUT_PULLUP으로 구성돼야 한다. SPI CS 신호는 일반적으로 활성 로우이므로 해당 라인이 플로팅floating되지 않도록 하려면 풀업이 필요하다.

13. devicetree.dtsi의 플로피 아이콘을 클릭해 장치 트리 소스 파일을 컴퓨터에 저장한다.

14. 왼쪽 상단 모서리에 있는 **파일**File 메뉴에서 **다른 이름으로 저장**Save As을 클릭해 디자인을 저장한다.

15. 디자인 파일에 nova.syscfg 같은 설명적인 이름을 지정하고 **저장**SAVE을 클릭한다.

16. 컴퓨터에 저장한 .dtsi 파일의 내용은 다음과 같을 것이다.

```
&am33xx_pinmux {
    spi0_pins_default: spi0_pins_default {
        pinctrl-single,pins = <
            AM33XX_IOPAD(0x950, PIN_OUTPUT_PULLUP | MUX_
MODE0) /* (A18) spi0_sclk.spi0_sclk */
            AM33XX_IOPAD(0x954, PIN_INPUT_PULLUP | MUX_
MODE0) /* (B18) spi0_d0.spi0_d0 */
            AM33XX_IOPAD(0x958, PIN_OUTPUT_PULLUP | MUX_
MODE0) /* (B17) spi0_d1.spi0_d1 */
            AM33XX_IOPAD(0x95c, PIN_OUTPUT_PULLUP | MUX_
MODE0) /* (A17) spi0_cs0.spi0_cs0 */
        >;
    };
    [...]
};
```

선택 사항인 절전 핀^{sleep pin} 설정은 필요하지 않으므로 생략했다. 위의 코드에 표시된 16
진수 핀 주소를 am335x-bone-common-univ.dtsi에 있는 동일한 SPI0 핀의 주소와
비교하면 정확히 일치함을 알 수 있다.

am335x-bone-common-univ.dtsi의 SPI0 핀은 모두 다음과 같이 구성돼 있다.

```
AM33XX_IOPAD(0x095x, PIN_OUTPUT_PULLUP | INPUT_EN | MUX_MODE0)
```

INPUT_EN 비트마스크^{bitmask}를 사용하면, 실제로 0x954의 spi0_ds0만 입력으로 동작해야
할 때 케이프 범용 장치 트리의 4개 SPI0 핀이 모두 출력뿐만 아니라 입력으로도 구성돼
있음을 알 수 있다.

INPUT_EN 비트마스크는 데비안 Buster IoT 이미지의 /opt/source/dtb-4.19-ti/include
/dt-bindings/pinctrl/am33xx.h 헤더 파일에 정의된 많은 매크로 중 하나다.

```
#define PULL_DISABLE        (1 << 3)
#define INPUT_EN            (1 << 5)
[...]
#define PIN_OUTPUT          (PULL_DISABLE)
#define PIN_OUTPUT_PULLUP   (PULL_UP)
#define PIN_OUTPUT_PULLDOWN 0
```

```
#define PIN_INPUT              (INPUT_EN | PULL_DISABLE)
#define PIN_INPUT_PULLUP       (INPUT_EN | PULL_UP)
#define PIN_INPUT_PULLDOWN     (INPUT_EN)
```

/opt/source/dtb-4.19-tiinclude/dt-bindings/pinctrl/omap.h 헤더 파일에 더 많은
TI 장치 트리 소스 매크로가 정의돼 있다.

```
#define OMAP_IOPAD_OFFSET(pa, offset)   (((pa) & 0xffff) - (offset))
[…]
#define AM33XX_IOPAD(pa, val)           OMAP_IOPAD_OFFSET((pa), 0x0800) (val)
```

이제 SPI0 핀을 적절히 다중화했으므로 생성된 장치 트리 소스를 nova.dts 파일에 복사
해 붙여넣는다. 이 새로운 spi0_pins_default 핀 그룹이 정의되면, 다음과 같이 오버라
이드override해 해당 핀 그룹을 spi0 장치 노드와 연결할 수 있다.

```
&spi0 {
    status = "okay";
    pinctrl-names = "default";
    pinctrl-0 = <&spi0_pins_default>;
    […]
}
```

장치 노드 이름 앞의 & 기호는 새 노드를 정의하는 대신 장치 트리의 기존 노드를 참조
하고 수정한다는 의미다.

완성된 nova.dts 파일은 이 책의 코드 아카이브(MELP/Chapter12/buildroot/board/melp/nova 디렉터리)
에 있다.

이 장치 트리를 사용해 Nova 보드용 커스텀 리눅스 이미지를 빌드하려면 다음 단계를
따른다.

1. Buildroot 설치 디렉터리에 MELP/Chapter12/buildroot를 복사한다.

   ```
   $ cp -a MELP/Chapter12/buildroot/* buildroot
   ```

이는 nova_defconfig 파일과 board/melp/nova 디렉터리를 추가하거나, 해당 디렉터리가 이미 있다면 기존 디렉터리를 MELP/Chapter06/buildroot에 포함된 것으로 교체한다.

2. Buildroot를 설치한 디렉터리로 이동한다.

```
$ cd buildroot
```

3. 이전 빌드 아티팩트를 모두 삭제한다.

```
$ make clean
```

4. Nova 보드용 이미지를 빌드할 준비를 한다.

```
$ make nova_defconfig
```

5. 이미지를 빌드한다.

```
$ make
```

빌드가 완료되면 이미지가 output/images/sdcard.img라는 파일에 기록된다. Etcher를 사용해 해당 이미지를 마이크로SD 카드에 쓴다. 그 방법을 배우려면 6장, '빌드 시스템 선택하기'의 'Buildroot 소개' 절에서 '실제 하드웨어에 타기팅'을 참고한다. Etcher가 깜박이면 마이크로SD를 비글본 블랙에 삽입한다. 루트 파일시스템에 SSH 데몬이 포함돼 있지 않으므로 로그인하려면 시리얼 케이블을 연결해야 한다.

시리얼 콘솔을 통해 비글본 블랙에 로그인하려면 다음 단계를 따른다.

1. 리눅스 호스트의 USB-TTL 3.3V 직렬 케이블을 비글본 블랙의 J1 헤더에 연결한다. 케이블의 FTDI 끝에 있는 검은색 와이어가 J1의 핀 1에 연결돼 있는지 확인한다. 시리얼 포트는 리눅스 호스트에 /dev/ttyUSB0으로 나타날 것이다.

2. gtkterm이나 minicom, picocom 같은 적절한 터미널 프로그램을 시작하고, 흐름 제

어 없이 115200bps^(초당 비트 수)로 포트에 연결한다. 아마도 gtkterm이 설정하고 사용하기에 가장 쉬울 것이다.

```
$ gtkterm -p /dev/ttyUSB0 -s 115200
```

3. 5V 배럴 커넥터를 통해 비글본 블랙에 전원을 공급한다. 시리얼 콘솔에 U-Boot 출력, 커널 로그 출력이 표시되고 마지막으로 로그인 프롬프트가 나타날 것이다.

4. 암호 없이 root로 로그인한다.

위로 스크롤하거나 dmesg를 입력해 부팅하는 동안의 커널 메시지를 본다. 다음과 같은 커널 메시지는 spidev0.0 인터페이스가 nova.dts에서 정의한 바인딩을 통해 성공적으로 프로브됐음을 알려준다.

```
[    1.368869] omap2_mcspi 48030000.spi: registered master spi0
[    1.369813] spi spi0.0: setup: speed 16000000, sample trailing edge, clk
normal
[    1.369876] spi spi0.0: setup mode 1, 8 bits/w, 16000000 Hz max --> 0
[    1.372589] omap2_mcspi 48030000.spi: registered child spi0.0
```

spi-tools 패키지는 테스트 목적으로 루트 파일시스템에 포함돼 있다. 이 패키지는 spi-config와 spi-pipe 명령줄 도구로 구성된다.

다음은 spi-config의 사용법이다.

```
# spi-config -h
usage: spi-config options...
  options:
    -d --device=<dev> use the given spi-dev character device.
    -q --query        print the current configuration.
    -m --mode=[0-3]   use the selected spi mode:
              0: low idle level, sample on leading edge,
              1: low idle level, sample on trailing edge,
              2: high idle level, sample on leading edge,
              3: high idle level, sample on trailing edge.
    -l --lsb={0,1}    LSB first (1) or MSB first (0).
```

```
    -b --bits=[7...]  bits per word.
    -s --speed=<int>  set the speed in Hz.
    -r --spirdy={0,1} consider SPI_RDY signal (1) or ignore it
(0).
    -w --wait         block keeping the file descriptor open
to avoid speed reset.
    -h --help         this screen.
    -v --version      display the version number.
```

다음은 spi-pipe의 사용법이다.

```
# spi-pipe -h
usage: spi-pipe options...
  options:
    -d --device=<dev>    use the given spi-dev character
device.
    -s --speed=<speed>   Maximum SPI clock rate (in Hz).
    -b --blocksize=<int> transfer block size in byte.
    -n --number=<int>    number of blocks to transfer (-1 =
infinite).
    -h --help            this screen.
    -v --version         display the version number.
```

이 장에서는 spi-tools를 사용하지 않고, spidev-test와 내가 spidev-read라고 부르는 동일한 프로그램의 수정된 버전에 의존한다.

지금까지 이 책에서 다룰 장치 트리 소스에 대해 설명했다. DTS는 매우 다재다능하지만 매우 실망스러울 수도 있다. dtc 컴파일러는 그다지 똑똑하지 않으므로, modprobe와 dmesg를 사용해 런타임에 많은 장치 트리 소스 디버깅을 해야 한다. 핀 먹스 시 풀업을 잊어버리거나 입력을 출력으로 잘못 구성하면 장치가 프로빙에 실패할 수 있다. SDIO 인터페이스가 있는 Wi-Fi/블루투스 모듈은 특히 구현하기가 어렵다.

SPI에서 벗어나 이제 GPS 모듈을 가까이에서 다룰 때다. SparkFun ZOE-M8Q GPS 브레이크아웃 배선을 마치면 일반 spidev 인터페이스 주제로 돌아갈 것이다.

⁘ 브레이크아웃 보드를 이용한 프로토타이핑

이제 비글본 블랙에서 SPI 작업을 수행했으므로 GPS 모듈로 다시 관심을 돌려보자. SparkFun ZOE-M8Q GPS 브레이크아웃을 연결하기 전에 납땜을 해야 한다. 납땜에는 책상 공간, 재료와 함께 상당한 시간 투자가 필요하다.

이 프로젝트의 납땜을 수행하려면 다음 항목이 필요하다.

- 끝이 원추형인 납땜 인두(온도 조절 가능)

- 실리콘 자동차 대시보드 미끄럼 방지 매트, 실리콘 베이킹 매트, 세라믹 타일 중 하나

- 미세한(0.031인치 게이지) 전기 로진 코어 솔더electrical rosin core solder

- 납땜 인두 스탠드

- 젖은 스펀지

- 와이어 커터wire cutter

- 보안경

- 헬핑 핸즈Helping Hands 도구, 돋보기, LED 조명

- #2 블레이드blade가 있는 X-Acto #2 칼이나 #11 블레이드가 있는 #1 칼

다음 항목은 있으면 좋지만 필수는 아니다.

- 절연 실리콘 납땜 매트

- 솔더 윅solder wick

- 황동 스펀지

- 스티키 택sticky tack이나 이와 유사한 퍼티 같은 접착제

- 치과 도구 키트

- 니들 노즈 플라이어

- 핀셋

이들 항목 대부분은 SparkFun 초보자 도구 키트^{SparkFun Beginner Tool Kit}와 함께 번들로 제공되지만, 다른 곳에서 더 저렴한 비용으로 구입할 수 있다. 납땜을 처음 하는 경우, ZOE-M8Q에서 작업하기 전에 연습할 일부 스크랩 PCB를 얻는 것이 좋다. SparkFun GPS 브레이크아웃의 구멍은 작아서 안정적이고 섬세한 터치가 필요하며, 돋보기와 악어 클립이 있는 헬핑 핸즈 도구가 큰 도움이 된다. 스티키 택을 사용하면, 납땜하는 동안 단단하고 평평한 표면에 브레이크 아웃 보드를 고정시킬 수 있다. 완료되면, X-Acto 칼을 사용해 접점 위나 근처에 남아 있는 스티키 택을 긁어낸다.

전자공학을 처음 접하는 경우에도 납땜을 배우기를 권장한다. 익숙해지기까지 며칠간 좌절을 겪을 수 있지만, 자신의 회로를 구축함으로써 얻게 되는 만족감은 그만한 가치가 있다. 시작하려면 미치 알트만^{Mitch Altman}과 앤디 노드그렌^{Andie Nordgren}이 지은 만화책 『Soldering is Easy』_(MightyOhm, 무료 제공)를 읽는 것이 좋다.

다음은 유용한 납땜 팁 중 일부다. 황동 스펀지로 인두 끝을 닦으면 번거로운 산화를 방지할 수 있다. X-Acto 칼을 사용해 PCB에서 솔더 조각을 긁어낸다. 뜨거운 인두를 사용해 실리콘 매트를 녹이고 땜납을 갖고 놀면서 특성에 익숙해지길 바란다. 마지막으로, 뜨거운 땜납을 다룰 때는 항상 보안경을 착용해 눈에 들어가지 않도록 한다.

SPI 점퍼 닫기

SparkFun GPS 브레이크아웃 회로도 중 JP1이라는 점퍼의 왼쪽에는 D_SEL 핀이 있다. D_SEL 핀을 점퍼 오른쪽의 GND에 연결하면 ZOE-M8Q가 I2C에서 SPI 모드로 전환된다. 2개의 SPI 점퍼 패드에는 이미 땜납이 있으며, 땜납을 움직일 수 있도록 패드를 가열해야 한다.

점퍼를 보려면 브레이크아웃 보드를 뒤집는다. JP1 점퍼는 보드 왼쪽 중앙에 SPI로 표시돼 있다.

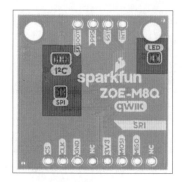

그림 12.12 점퍼들

SPI 점퍼를 닫으려면 다음을 수행한다.

1. 납땜 인두를 연결하고 화씨 600도[1]까지 가열한다.

2. 헬핑 핸즈에 있는 악어 클립으로 GPS 브레이크아웃을 제자리에 고정한다.

3. 헬핑 핸즈 돋보기와 LED 조명을 SPI 점퍼가 명확하게 보이도록 배치한다.

4. 땜납이 녹을 때까지 SPI 점퍼의 왼쪽과 오른쪽 패드에 인두 끝을 놓고 두 패드 사이에 브리지bridge를 형성한다.

5. 필요한 경우 땜납을 더 추가한다.

6. 납땜 인두 팁을 사용해 점퍼 패드에서 여분의 땜납을 녹이고 들어 올린다.

점퍼를 닫는 데 필요한 땜납은 거의 없다. 땜납에서 연기가 나기 시작하면 인두의 온도를 낮춘다. SPI 점퍼가 닫히면 ZOE-M8Q에서 시리얼과 I2C 통신이 비활성화된다. 브레이크아웃 보드 상단의 FTDI와 I2C 핀 레이블은 더 이상 적용되지 않는다. 보드 밑면에 있는 SPI 핀 레이블을 사용하길 바란다.

---

1 섭씨 315.56도 – 옮긴이

TIP

최상의 결과를 얻으려면 인두의 맨 끝이 아닌 팁의 측면('스위트 스팟(sweet spot)'이라고도 함)을 사용한다.

패드가 이미 해당 점퍼에 연결돼 있으므로 JP2에 대해 동일한 납땜 절차를 반복할 필요가 없다. JP2에는 2개의 2.2kΩ I2C 풀업 저항 각각에 대해 별도의 패드가 있다. JP2는 JP1 바로 위에 있고 브레이크아웃 보드에 I2C 레이블이 적혀 있다.

SPI 점퍼가 닫혔으니 이제 GNSS 안테나를 부착해보자.

GNSS 안테나 부착하기

세라믹이나 Molex 접착식 GNSS 안테나는 ZOE-M8Q가 GPS fix[2]를 얻는 데 도움이 된다. U.FL 커넥터는 깨지기 쉬우므로 주의해서 다뤄야 한다. 브레이크아웃 보드를 단단한 표면에 평평하게 놓고 돋보기를 사용해 안테나가 올바르게 배치됐는지 확인한다.

GNSS 안테나를 U.FL 커넥터에 연결하려면 다음 단계를 따른다.

1. 암 커넥터와 끝이 보드의 수 커넥터 표면에 고르게 놓이도록 케이블을 정렬한다.

2. 암 커넥터가 흔들리지 않도록 적층된 커넥터 위에 손가락을 가볍게 올려놓는다.

3. 위에서 쌓인 2개의 커넥터를 검사해 서로의 중앙에 있는지 확인한다.

4. 두 커넥터가 제자리에 고정되는 느낌이 들 때까지 손가락 중앙을 사용해 커넥터 중앙을 단단히 누른다.

안테나가 부착됐으므로, 이제 SPI 헤더를 부착할 준비가 됐다.

---

2   GPS 위성으로부터 받은 유효한 위치 정보 – 옮긴이

SPI 헤더 부착하기

SparkFun GPS 브레이크아웃을 비글본 블랙에 연결하기 위해 6개의 수-암 점퍼 와이어를 사용할 것이다. 점퍼 와이어의 수컷은 비글본 블랙의 P9 확장 헤더에 연결된다. 암컷은 우리가 브레이크아웃 보드에 납땜할 직선 분리 헤더 행에 연결된다. 헤더 핀의 스루홀 솔더링^{through-hole soldering}은 핀이 땜납과 인두 팁이 들어갈 구멍에 거의 공간을 남기지 않으므로 어려울 수 있다. 따라서 이 프로젝트에는 미세 게이지(0.031인치 이하) 땜납을 권장한다.

소형 전자 부품을 다룬 경험이 부족하다면, 먼저 일부 직선 분리 헤더를 스크랩 PCB에 납땜하는 연습을 해야 한다. 약간만 추가로 준비하면, 손상을 방지하고 값비싼 ZOE-M8Q GPS 모듈을 교체하지 않아도 된다. 적절한 납땜 이음이 헤더 핀 주위를 흐르고 구멍을 채워 화산 모양의 마운드^{mound}를 형성해야 한다. 납땜 이음은 구멍 주위의 금속 링에 닿아야 한다. 핀과 금속 링 사이에 틈이 있으면 연결이 불량해질 수 있다.

SPI 헤더를 연결할 수 있도록 SparkFun GPS 브레이크아웃을 준비하려면 다음 단계를 따른다.

1. 1열 8헤더 핀을 분리한다.

2. 1열 4헤더 핀을 분리한다.

3. 브레이크아웃 보드 아래쪽에 있는 SPI 구멍을 통해 8헤더 핀을 삽입한다.

4. 브레이크아웃 보드 아래쪽에 있는 SPI 행 반대편 구멍을 통해 4헤더 핀을 삽입한다. 이 헤더는 납땜하는 동안 보드를 안정적으로 유지하는 역할만 한다.

5. 헬핑 핸즈에 있는 악어 클립으로 GPS 브레이크아웃을 제자리에 고정한다.

6. 헬핑 핸즈 돋보기와 LED 조명을 브레이크아웃 보드 상단에 있는 8개의 FTDI와 I2C 구멍들을 명확하게 볼 수 있도록 배치한다.

7. 납땜 인두를 연결하고 납 기반 솔더의 경우 $600 \sim 650°F^3$, 무연 솔더의 경우

---

3   섭씨 315.56~343.33도 – 옮긴이

650~700°F[4]로 가열한다.

SDA, SCL, GND, 3V3, RXI, TXO라고 표시된 브레이크아웃 보드 상단의 6개 구멍에 대해 다음 단계를 수행한다.

1. 이음을 준비하는 데 도움이 되도록 뜨거운 인두 팁에 아주 작은 땜납 볼을 바른다.

2. 인두 팁으로 헤더 핀과 구멍 주위의 금속 링 가장자리를 만져 가열한다.

3. 인두 팁이 제자리에 있는 상태에서 구멍이 채워질 때까지 접합부에 땜납을 넣는다.

4. 녹은 땜납을 인두 팁으로 천천히 당겨 올려 마운드를 형성한다.

5. X-Acto 칼로 땜납 조각을 긁어내고 솔더 윅을 사용해 구멍 사이의 우발적인 땜납 브리지를 제거한다.

6. 젖은 스펀지나 황동 스펀지를 사용해 인두 팁에 생기는 검은 산화를 제거한다.

6개의 핀이 모두 구멍에 납땜될 때까지 이 단계를 반복한다. 완료되면 브레이크아웃 보드의 상단이 다음과 같을 것이다.

그림 12.13 납땜 이음

점퍼 와이어는 아직 연결하지 않았지만, 이 사진에는 이미 연결돼 있다. 8열에서 NC라

---

4   섭씨 343.33~371.11도 – 옮긴이

고 표시된 2개의 구멍은 아무것도 연결돼 있지 않으므로 납땜이 필요치 않다.

SPI 점퍼 와이어 연결하기

밑면이 다시 보이도록 브레이크아웃 보드를 뒤집는다. 이렇게 하면 점퍼 와이어를 연결할 수 있다. GND에는 검정색이나 회색 선을 사용하고 3V3에는 빨간색이나 주황색 선을 사용함으로써, 혼동으로 인해 브레이크아웃 보드가 손상되는 것을 방지한다. SPI 라인이 혼동되지 않도록 다른 와이어에 다른 색상을 사용하는 것도 도움이 된다.

다음은 브레이크아웃 보드 아래쪽의 헤더 핀에 삽입할 때 6개 점퍼 와이어의 암컷이 어떻게 보이는지를 나타낸다.

그림 12.14 SPI 점퍼 와이어의 암컷

SPI 점퍼 와이어의 수컷을 비글본 블랙의 P9 확장 헤더에 연결하려면 다음 단계를 따른다.

1. 비글본 블랙에서 전원을 분리한다.

2. GPS의 GND 와이어를 P9의 핀 1에 연결한다.

3. GPS의 CS 와이어를 P9의 핀 17에 연결한다.

4. GPS의 CLK 와이어를 P9의 핀 22에 연결한다.

5. GPS의 3V3 와이어를 P9의 핀 3에 연결한다.

6. GPS의 MOSI 와이어를 P9의 핀 18에 연결한다.

7. GPS의 MISO 와이어를 P9의 핀 21에 연결한다.

일반적으로 다른 전선보다 먼저 GND 전선을 연결하는 것이 가장 좋다. 이는 GPS 브레이크아웃에 축적됐을 수 있는 정전기의 방전으로부터 비글본의 I/O 라인을 보호한다.

6개 점퍼 와이어의 수컷이 연결되면 다음과 같이 보일 것이다.

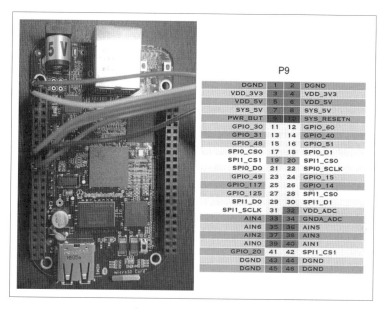

		P9		
DGND	1		2	DGND
VDD_3V3	3		4	VDD_3V3
VDD_5V	5		6	VDD_5V
SYS_5V	7		8	SYS_5V
PWR_BUT	9		10	SYS_RESETN
GPIO_30	11		12	GPIO_60
GPIO_31	13		14	GPIO_40
GPIO_48	15		16	GPIO_51
SPI0_CS0	17		18	SPI0_D1
SPI1_CS1	19		20	SPI1_CS0
SPI0_D0	21		22	SPI0_SCLK
GPIO_49	23		24	GPIO_15
GPIO_117	25		26	GPIO_14
GPIO_125	27		28	SPI1_CS0
SPI1_D0	29		30	SPI1_D1
SPI1_SCLK	31		32	VDD_ADC
AIN4	33		34	GNDA_ADC
AIN6	35		36	AIN5
AIN2	37		38	AIN3
AIN0	39		40	AIN1
GPIO_20	41		42	SPI1_CS1
DGND	43		44	DGND
DGND	45		46	DGND

그림 12.15 SPI 점퍼 와이어의 수컷

위 사진에서 1번 핀에 연결된 회색 선이 GND이고 3번 핀에 연결된 노란색 선이 3V3다. 핀 18에 연결된 파란색 와이어는 GPS 브레이크아웃의 MOSI이다. 브레이크아웃 보드가 파손될 수 있으므로, 3V3 와이어를 P9의 VDD_3V3 핀 바로 아래에 있는 VDD_5V 핀 중 하나에 꽂지 않도록 주의하길 바란다.

비글본 블랙에서 SPI0 버스를 활성화하고 GPS 브레이크아웃의 전원을 켜려면 다음 단계를 따른다.

1. 데비안 Buster IoT 마이크로SD 카드를 비글본 블랙에 삽입한다.

2. 5V 전원을 연결해 비글본 블랙에 전원을 공급한다.

3. 이더넷 케이블로 라우터의 포트에 보드를 연결해 비글본 블랙을 인터넷에 연결한다.

4. SSH를 통해 비글본 블랙에 데비안으로 연결한다.

   ```
   $ ssh debian@beaglebone.local
   ```

5. 비밀번호는 temppwd이다.

6. 이 책의 아카이브에서 12장의 디렉터리로 이동한다.

   ```
   $ cd MELP/Chapter12
   ```

7. /dev/spidev0.0 인터페이스를 활성화한다.

   ```
   $ sudo ./config-spi0.sh
   ```

spidev-test 소스 디렉터리로 이동해 spidev_test 프로그램을 연달아 몇 번 실행한다.

```
debian@beaglebone:~$ cd MELP/Chapter12/spidev-test
$ ./spidev_test
$ ./spidev_test
```

위쪽 화살표 키를 누르면 이전 명령을 다시 타이핑하지 않아도 된다. 두 번째 시도에서
RX 버퍼에 $GNRMC로 시작하는 NMEA 문자열이 표시될 것이다.

```
$ ./spidev_test
spi mode: 0x0
bits per word: 8
max speed: 500000 Hz (500 KHz)
RX | 24 47 4E 52 4D 43 2C 2C 56 2C 2C 2C 2C 2C 2C 2C
2C 2C 2C 4E 2A 34 44 0D 0A 24 47 4E 56 54 47 2C |
$GNRMC,,V,,,,,,,,,,N*4D..$GNVTG,
```

여기에 표시된 것과 같이 RX 버퍼에 NMEA 문장이 표시되면 모든 것이 계획대로 진행된 것이다. 축하한다! 이 프로젝트의 가장 어려운 부분은 이제 끝났다. 나머지는 업계에서 말하듯이 '그냥 소프트웨어'다.

spidev_test를 실행했을 때 GPS 모듈에서 NMEA 문장(https://en.wikipedia.org/wiki/NMEA_0183)이 수신되지 않는 경우, 다음과 같은 몇 가지 질문을 해야 한다.

1. 케이프 범용 장치 트리가 로드돼 있는가?

   /opt/scripts/tools 아래의 version.sh 스크립트를 sudo와 함께 실행해 이를 확인한다.

2. config-spi0 스크립트를 오류 없이 실행했는가?

   권한 오류가 발생하면 sudo로 config-spi0을 다시 실행한다. 이후의 No such file or directory 에러는 U-Boot가 케이프 범용 트리를 로드하지 못했음을 의미한다.

3. 브레이크아웃 보드의 전원 LED가 빨간색으로 켜져 있는가?

   그렇지 않으면, 3V3이 연결되지 않아 GPS 브레이크아웃의 전원이 켜지지 않는다. 멀티미터가 있는 경우, 이를 사용해 GPS 브레이크아웃이 실제로 비글본 블랙에서 3.3V를 받는지 확인할 수 있다.

4. GPS 브레이크아웃의 GND 점퍼 와이어가 P9의 핀 1이나 2에 연결돼 있는가?

   GPS 브레이크아웃이 적절한 접지로 작동하지 않을 것이다.

5. 양쪽 끝에 느슨한 점퍼 와이어가 있는가?

   나머지 4개의 와이어(CS, SCLK, MISO, MOSI)는 모두 SPI 인터페이스 작동에 필수적이다.

6. MOSI와 MISO 점퍼 와이어가 양쪽 끝에서 서로 바뀌었는가?

   UART에서 TX와 RX 라인을 혼동하는 것처럼, 이 실수는 저지르기 쉽다. 점퍼 와이어의 색상 코딩이 도움이 되기는 하지만, 테이프를 사용해 이름으로 레이블을 지정하면 더욱 좋다.

7. CS와 SCLK 점퍼 와이어가 양쪽 끝에서 서로 바뀌었는가?

점퍼 와이어에 대해 고유한 색상을 선택하면 이와 같은 실수를 피할 수 있다.

이 모든 질문에 대한 답이 확인되면, 이제 로직 분석기를 연결할 준비가 됐다. 로직 분석기가 없다면 JP1 점퍼와 6개의 납땜 이음을 모두 다시 검사하는 것이 좋다. JP1 점퍼 패드가 제대로 결합됐는지 확인하고, 헤더 핀과 주변 금속 링 사이의 틈을 메운다. 2개의 인접한 핀을 함께 단락시킬 수 있는 과도한 땜납을 제거하고, 부족할 수 있는 이음에 약간의 땜납을 추가한다. 이 재작업에 만족하면, 점퍼 와이어를 다시 연결하고 이 연습을 다시 시도한다. 운이 좋으면 이번에는 결과가 더 좋거나 다를 것이다.

이 연습을 성공적으로 완료하면 이 프로젝트에 필요한 모든 납땜과 배선이 완료된다. 완성된 제품이 실제로 작동하는지 확인하고 싶다면, 다음 절을 건너뛰고 'SPI를 통해 NMEA 메시지 수신하기' 절로 바로 넘어갈 수 있다. GPS 모듈에서 터미널 창으로 스트리밍되는 NMEA 데이터가 있으면, 중단한 부분으로 돌아와 SPI 신호와 디지털 논리에 대해 계속 학습할 수 있다.

⁘ 로직 분석기로 SPI 신호 프로빙하기

GPS 모듈에서 NMEA 수신에 성공했더라도 Saleae Logic 8과 같은 로직 애널라이저가 있으면 연결해야 한다. SPI 신호를 조사하면 SPI 프로토콜이 어떻게 작동하는지 이해하는 데 도움이 되며 문제가 발생할 때 강력한 디버깅 지원이 된다. 이 절에서는 Saleae Logic 8을 사용해 비글본 블랙과 ZOE-M8Q 간의 SPI 신호를 샘플링한다. 4개의 SPI 신호 중 하나라도 눈에 띄게 잘못된 경우, 로직 분석기는 해당 실수를 쉽게 식별할 수 있을 것이다.

Saleae Logic 8을 사용하려면 USB 2.0 포트가 있는 랩톱이나 데스크톱 컴퓨터가 필요하다. Saleae Logic 1 소프트웨어는 리눅스, 맥OS, 윈도우에서 사용할 수 있다. Logic의 리눅스 버전과 함께 제공되는 installdriver.sh 스크립트는 장치에 액세스할 수 있는 소프트웨어 권한을 부여한다. Logic이 설치된 곳의 Drivers 디렉터리에서 해당 스크립트를 찾아 명령줄에서 실행하면, Logic을 시작할 때마다 sudo를 사용할 필요가 없다. 설치 폴더에 Logic 실행 파일에 대한 바로 가기를 만들고 바탕 화면이나 런치 바launch bar에 배치해 더 빨리 액세스할 수 있다.

Logic 1 소프트웨어가 시스템에 설치되면, 함께 제공된 고속 USB 케이블을 사용해 장치에 연결한다. Logic 애플리케이션을 시작한 뒤 소프트웨어가 장치에 연결하고 구성할 때까지 잠시 기다린다. Logic 창이 상단에 Connected라고 표시하면, 테스트 벤치 배선을 시작할 준비가 된 것이다. 엄지손가락으로 각 테스트 클립의 넓은 끝을 아래로 눌러 그래버grabber를 확장하고 핀을 걸쇠에서 놓는다. 배율을 사용해 관통 구멍through-hole 옆에 있는 레이블을 읽고 테스트 클립이 해당 핀 주위에 단단히 감겨 있는지 확인한다.

Saleae Logic 8로 SPI 테스트 벤치를 조립하려면 다음 단계를 따른다.

1. 9핀 케이블 하니스harness를 로직 분석기에 연결한다. 다음과 같이 회색 리드가 로직 분석기의 아래쪽에 있는 접지 기호를 가리키고 검은 리드가 1을 가리키도록 케이블 하니스를 정렬한다.

그림 12.16 Saleae Logic 8

2. 회색, 주황색, 빨간색, 갈색, 검은색 리드의 끝에 테스트 클립을 부착한다. 각 테스트 클립에는 리드 끝에 있는 커넥터에 삽입할 수 있는 2개의 금속 핀이 있다. 이 핀 중 하나만 리드에 연결한다. 검정색, 갈색, 빨간색, 주황색 리드는 로직 분석기의

처음 4개 채널에 해당한다. 회색 리드는 항상 GND에 연결한다.

3. 5V 전원 공급 장치에서 비글본 블랙을 분리해 끈다.

4. GPS 브레이크아웃에 납땜한 헤더 핀에서 3V3을 제외한 모든 점퍼 와이어의 암컷을 뽑는다.

5. 주황색 리드의 클립으로 GPS 브레이크아웃의 CS 핀을 잡는다.

6. 빨간색 리드의 클립으로 GPS 브레이크아웃의 SCLK 핀을 잡는다.

7. 회색 리드의 클립으로 GPS 브레이크아웃의 GND 핀을 잡는다.

8. NC 및 3V3 핀은 조사하지 않으므로 건너뛴다.

9. 검정색 리드의 클립으로 GPS 브레이크아웃의 MOSI 핀을 잡는다.

10. 갈색 리드의 클립으로 GPS 브레이크아웃의 MISO 핀을 잡는다.

11. 점퍼 와이어의 암컷을 GPS 브레이크아웃에 납땜한 헤더 핀에 다시 연결한다. 점퍼 와이어가 이미 연결돼 있으면 암컷을 헤더 핀 위로 약간 밀어 테스트 클립을 부착한다. 쉽게 빠지지 않도록 암컷을 핀에 밀어 넣는다. 완성된 어셈블리는 다음과 같을 것이다.

그림 12.17 프로빙을 위해 부착된 테스트 클립

사진에서 노란색 점퍼 와이어는 3V3이라 테스트 클립이 부착돼 있지 않다. 파란색 점퍼 와이어는 MOSI이며 로직 분석기의 검정색 리드로 프로브된다.

12. 비글본 블랙을 5V 전원 공급 장치에 다시 연결한다. GPS 브레이크아웃의 전원이 켜지고 온보드 전원 LED가 빨간색으로 켜질 것이다.

4개의 SPI 채널에서 샘플링하도록 로직 8을 구성하려면 다음 단계를 따른다.

1. Logic 애플리케이션을 시작하고 USB 포트를 통해 로직 분석기에 연결될 때까지 기다린다.

2. 분석기를 추가하려면 **분석기**^{Analyzers} 창에서 **+** 기호를 클릭한다.

그림 12.18 분석기를 추가한다.

3. **분석기 추가**^{Add Analyzer} 팝업 메뉴에서 **SPI**를 선택한다.

4. **분석기 설정**^{Analyzer Settings} 대화 상자에서 **저장**^{Save} 버튼을 클릭한다.

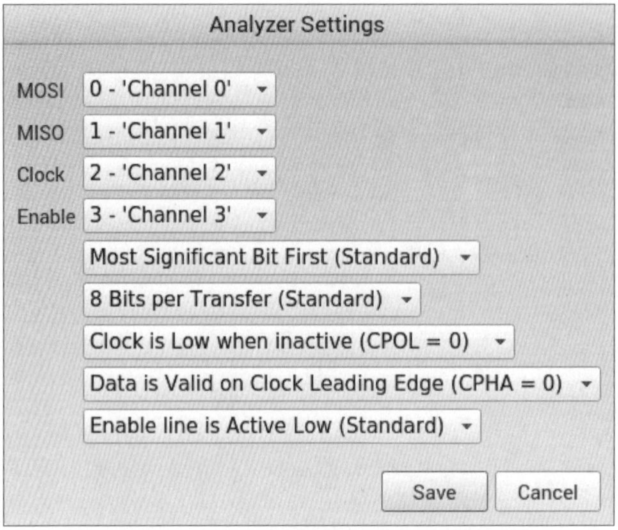

그림 12.19 분석기 설정

CPOL과 CPHA는 클럭 극성과 클럭 위상을 나타낸다. CPOL이 0이면 비활성 상태일 때 클럭이 낮음을 의미하고, CPOL이 1이면 비활성 상태일 때 클럭이 높음을 의미한다. CPHA가 0이면 데이터가 클럭 선행 에지$^{leading\ edge}$에서 유효함을 의미하고, CPHA가 1이면 데이터가 클럭 후행 에지$^{trailing\ edge}$에서 유효함을 의미한다. 모드 0(CPOL = 0, CPHA = 0), 모드 1(CPOL = 0, CPHA = 1), 모드 2(CPOL = 1, CPHA = 1), 모드 3(CPOL = 1, CPHA = 0)이라는 네 가지 SPI 모드를 사용할 수 있다. ZOE-M8Q는 디폴트로 SPI 모드 0으로 설정돼 있다.

5. 왼쪽 사이드바의 **채널 4**$^{Channel\ 4}$ 옆에 있는 톱니바퀴 버튼을 클릭해 **채널 설정**$^{Channel\ Settings}$ 팝업 메뉴를 연다.

그림 12.20 이 채널을 숨긴다.

6. **채널 설정** 메뉴에서 **이 채널 숨기기**^{Hide This Channel}를 선택한다.

7. 채널 0~3만 보이도록 채널 5, 6, 7에 대해 5단계와 6단계를 반복한다.

8. 왼쪽 사이드바에서 채널 0^(MOSI) 옆에 있는 톱니바퀴 버튼을 클릭해 **채널 설정** 팝업 메뉴를 연다.

9. **채널 설정** 메뉴에서 **4x**를 선택한다.

그림 12.21 채널을 확대한다.

10. 채널 1~3(MISO, CLOCK, ENABLE)에 대해 8단계와 9단계를 반복함으로써 해당 신호 그래
프를 확대한다.

11. 왼쪽 사이드바의 채널 3(ENABLE)에 대한 톱니바퀴 버튼 오른쪽에 있는 버튼을 클릭
해 **트리거 설정**Trigger Settings 팝업 메뉴를 연다. ENABLE은 SPI CS에 해당하므로, 해
당 채널에서 이벤트를 수신하면 샘플링이 시작되길 원한다.

12. **트리거 설정** 메뉴에서 하강 에지falling edge 기호를 트리거로 선택한다.

그림 12.22 하강 에지 트리거를 선택한다.

13. 왼쪽 상단 모서리에 있는 **시작**Start 버튼의 위/아래 화살표 기호를 클릭해 샘플링 속도와 기간을 설정한다.

14. 속도를 **2MS/s**로 낮추고 기간을 50밀리초로 설정한다.

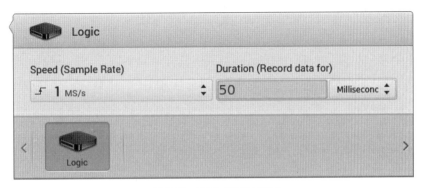

그림 12.23 속도와 기간을 낮춘다.

일반적으로 샘플 속도는 대역폭의 4배 이상 빨라야 한다. 이에 따르면 1MHz SPI 포트에는 4MS/s의 최소 샘플 속도가 필요하다. `spidev_test`는 SPI 포트의 속도를 500kHz로 설정하므로, 2MS/s의 샘플 속도는 따라잡기에 충분할 것이다. 언더샘플링은 불규칙한 CLOCK 신호를 생성한다. 비글본 블랙의 SPI 포트는 16MHz만큼 빠르게 작동할 수 있다. 사실, 16MHz는 dmesg에서 볼 수 있는 것처럼 우리의 커스텀 nova.dts에서 spi0.0의 기본 속도다.

비글본 블랙에서 SPI 전송을 캡처하려면 왼쪽 상단 모서리에 있는 **시작**Start 버튼을 누른다. CS 신호가 올바르게 작동하면 spidev_test 프로그램을 실행할 때까지 캡처가 시작되지 않을 것이다.

debian@bealglebone 터미널에서 spidev_test를 실행하면, 샘플링이 트리거되고 **로직**Logic 창에 다음과 유사한 그래프가 표시될 것이다.

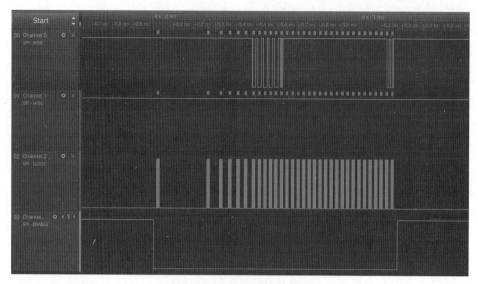

그림 12.24 spidev_test 전송

마우스의 스크롤 휠을 사용해 신호 그래프의 흥미로운 부분을 확대/축소한다. 채널 0(MOSI)의 비글본 블랙에서 데이터를 보낼 때마다 채널 3의 ENABLE 그래프가 낮아진다. SPI에 대한 CS 신호는 일반적으로 활성 로우active low이므로 ENABLE 그래프는 데이터가 전송되지 않을 때 높게 점프한다. ENABLE 그래프가 높게 유지되면, 해당 주변 기기가 SPI 버스에서 활성화되지 않으므로 더 이상 데이터가 GPS 모듈로 전송되지 않는다.

다음은 채널 0에서 MOSI 그래프의 흥미로운 부분을 확대한 것이다.

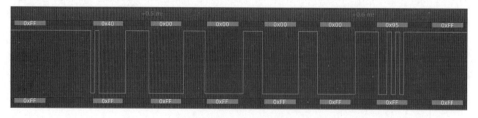

그림 12.25 MOSI 세그먼트

기록된 0x40 0x00 0x00 0x00 0x00 0x95 바이트 시퀀스는 spidev_test에 대한 디폴트 TX 버퍼의 내용과 일치한다. 그렇지 않고 채널 1에서 이와 동일한 바이트 시퀀스가 표시되면, MOSI와 MISO 와이어가 회로의 어딘가에서 서로 바뀌었을 수 있다.

다음은 SPI 전송의 끝부분이다.

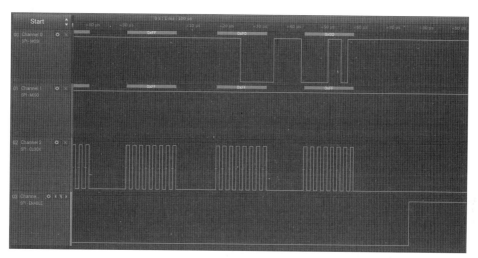

그림 12.26 spidev_test 전송의 끝

이 세그먼트의 채널 0(MOSI)에 있는 마지막 두 바이트는 기본 TX 버퍼에서와 같이 0xF0 과 0x0D이다. 또한 채널 2의 CLOCK 신호는 바이트가 전송될 때마다 일정한 주기로 진동한다는 점에 유의하길 바란다. CLOCK 신호가 불규칙하게 보이면, 전송 중인 데이 터가 삭제 또는 왜곡되거나 샘플 속도가 충분히 빠르지 않은 것이다. 채널 1(MISO)에 대한 신호 그래프는 첫 번째 SPI 전송에서 GPS 모듈에서 수신된 NMEA 메시지가 없기 때문 에 이 세션 내내 높은 상태를 유지한다.

채널 3(ENABLE)의 신호가 논리 0 상태로 안착되면, 이는 프로브 중인 핀이 PULL_UP 비트가 설정되지 않은 상태로 다중화됐음을 나타낸다. PULL_UP 비트는 CS 신호가 비활성화될 때 라인을 하이high로 유지하는 풀업 저항처럼 작동하므로 '활성 로우'라는 용어가 사용 된다. 2 이외의 채널에서 CLOCK 신호처럼 보이는 것을 본다면, 잘못된 핀을 조사했거 나 SCLK를 어딘가에서 다른 와이어와 서로 바꾼 것이다. 신호 그래프가 그림 12.24, 12.25, 12.26의 이미지와 일치하면 SPI가 의도한 대로 작동하는지 확인하는 데 성공한 것이다.

이제 내장된 '무기고'에 또 다른 강력한 도구가 있다. SPI 외에도 Logic 8을 사용해 I2C 신호를 조사하고 분석할 수 있다. 다음 절에서는 이를 다시 사용해 GPS 모듈에서 수신된 NMEA 메시지를 검사할 것이다.

SPI를 통해 NMEA 메시지 수신하기

NMEA는 대부분의 GPS 수신기에서 지원하는 데이터 메시지 형식이다. ZOE-M8Q는 디폴트로 NMEA 문장을 출력한다. 이러한 문장은 $ 문자로 시작하고 쉼표로 구분된 필드가 뒤따르는 ASCII 텍스트다. 원시 NMEA 메시지는 항상 읽기 쉬운 것은 아니므로, 파서를 사용해 데이터 필드에 유용한 주석을 추가할 것이다.

우리가 하려는 일은 /dev/spidev0.0 인터페이스에서 ZOE-M8Q의 NMEA 문장 스트림을 읽는 것이다. SPI는 전이중이므로 동일한 0xFF 값을 반복해서 쓸 수 있지만, 이는 /dev/spidev0.0에 쓰는 것도 의미한다. 이런 종류의 작업을 수행하도록 설계된 spi-pipe라는 프로그램이 있으며, spi-config와 함께 spi-tools 패키지의 일부다. 여기서는 spi-pipe에 의존하는 대신, spidev-test를 수정해 GPS 모듈에서 stdout으로 ASCII 입력을 스트리밍하도록 했다. 내 spidev-read 프로그램의 소스는 이 책의 코드 아카이브(MELP/Chapter12/spidev-read 디렉터리)에서 찾을 수 있다.

spidev_read 프로그램을 컴파일하려면 다음 명령을 사용한다.

```
debian@beaglebone:~$ cd MELP/Chapter12/spidev-read
$ gcc spidev_read.c -o spidev_read
```

이제 spidev_read 프로그램을 실행한다.

```
$ ./spidev_read
spi mode: 0x0
bits per word: 8
max speed: 500000 Hz (500 KHz)
$GNRMC,,V,,,,,,,,,,,N*4D
$GNVTG,,,,,,,,,,N*2E
$GNGGA,,,,,,0,00,99.99,,,,,,*56
$GNGSA,A,1,,,,,,,,,,,,,,99.99,99.99,99.99*2E
$GNGSA,A,1,,,,,,,,,,,,,,99.99,99.99,99.99*2E
```

```
$GPGSV,1,1,00*79
$GLGSV,1,1,00*65
$GNGLL,,,,,,V,N*7A
[…]
^C
```

1초에 한 번씩 NMEA 문장이 쏟아지는 것을 볼 수 있다. **Ctrl + C**를 눌러 스트림을 취소하고 명령줄 프롬프트로 돌아간다.

Logic 8을 사용해 이러한 SPI 전송을 캡처해보자.

1. 왼쪽 상단 모서리에 있는 **시작**^{Start} 버튼의 위/아래 화살표 기호를 클릭해 샘플링 기간을 변경한다.

2. 새 기간을 3초로 설정한다.

3. 왼쪽 상단 모서리에 있는 **시작** 버튼을 클릭한다.

4. spidev_read 프로그램을 다시 실행한다.

Logic 소프트웨어는 3초 후에 캡처를 중지하고, 다음과 유사한 그래프가 **Logic** 창에 표시될 것이다.

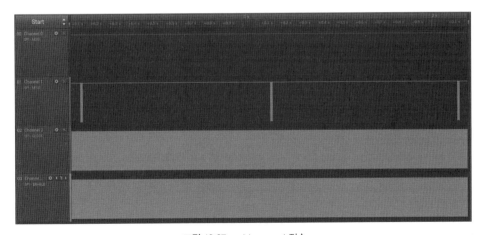

그림 12.27 spidev_read 전송

채널 1(MISO)에서 정확히 1초 간격으로 NMEA 문장이 세 번 분출되는 것을 명확히 볼 수 있다.

확대해서 다음 NMEA 문장 중 하나를 자세히 살펴보자.

그림 12.28 NMEA 문장 세그먼트

MISO 채널의 데이터는 이제 ENABLE 신호 강하 및 CLOCK 신호 진동과 일치한다. spidev_read 프로그램은 MOSI에 0xFF바이트만 쓰기 때문에 채널 0에서는 활동이 없다.

여기서는 spidev_read 소스 코드와 함께 파이썬으로 작성된 NMEA 파서 스크립트를 담았다. parse_nmea.py 스크립트는 pynmea2 라이브러리에 따라 다르다.

비글본 블랙에 pynmea2를 설치하려면 다음 명령을 사용한다.

```
$ pip3 install pynmea2
Looking in indexes: https://pypi.org/simple, https://www.
piwheels.org/simple
Collecting pynmea2
  Downloading https://files.pythonhosted.org/packages/88/5f/
a3d09471582e710b4871e41b0b7792be836d6396a2630dee4c6ef44830e5/
pynmea2-1.15.0-py3-none-any.whl
Installing collected packages: pynmea2
Successfully installed pynmea2-1.15.0
```

spidev_read의 출력을 NMEA 파서로 파이프하려면 다음 명령을 사용한다.

```
$ cd MELP/Chapter12/spidev-read
$ ./spidev_read | ./parse_nmea.py
```

파싱된 NMEA 출력은 다음과 같다.

```
<RMC(timestamp=None, status='V', lat='', lat_dir='',
lon='', lon_dir='', spd_over_grnd=None, true_course=None,
datestamp=None, mag_variation='', mag_var_dir='') data=['N']>
<VTG(true_track=None, true_track_sym='', mag_track=None, mag_
track_sym='', spd_over_grnd_kts=None, spd_over_grnd_kts_sym='',
spd_over_grnd_kmph=None, spd_over_grnd_kmph_sym='', faa_
mode='N')>
<GGA(timestamp=None, lat='', lat_dir='', lon='', lon_
dir='', gps_qual=0, num_sats='00', horizontal_dil='99.99',
altitude=None, altitude_units='', geo_sep='', geo_sep_units='',
age_gps_data='', ref_station_id='')>
<GSA(mode='A', mode_fix_type='1', sv_id01='', sv_id02='',
sv_id03='', sv_id04='', sv_id05='', sv_id06='', sv_id07='',
sv_id08='', sv_id09='', sv_id10='', sv_id11='', sv_id12='',
pdop='99.99', hdop='99.99', vdop='99.99')>
<GSA(mode='A', mode_fix_type='1', sv_id01='', sv_id02='',
sv_id03='', sv_id04='', sv_id05='', sv_id06='', sv_id07='',
sv_id08='', sv_id09='', sv_id10='', sv_id11='', sv_id12='',
pdop='99.99', hdop='99.99', vdop='99.99')>
<GSV(num_messages='1', msg_num='1', num_sv_in_view='00')>
<GSV(num_messages='1', msg_num='1', num_sv_in_view='00')>
<GLL(lat='', lat_dir='', lon='', lon_dir='', timestamp=None,
status='V', faa_mode='N')>
[...]
```

GPS 모듈이 위성을 볼 수 없거나 고정된 위치를 얻을 수 없었는데, 이는 잘못된 GPS 안테나를 선택하거나 하늘에 대한 명확한 가시선이 없는 것과 같은 여러 가지 이유 때문일 수 있다. 비슷한 오류가 발생하더라도 괜찮다. RF는 복잡하고 12장의 목표는 GPS 모듈이 작동하는 SPI 통신을 얻을 수 있다는 점을 증명하는 것뿐이었다. 이제 이를 수행했으므로, 대체 GPS 안테나와 훨씬 더 풍부한 UBX 메시지 프로토콜 지원과 같은 ZOE-M8Q의 고급 기능을 더 많이 실험할 수 있다.

이제 NMEA 데이터가 터미널로 스트리밍돼 프로젝트가 완료됐다. 비글본 블랙이 SPI

를 통해 ZOE-M8Q와 통신할 수 있음을 확인하는 데 성공했다. '로직 분석기로 SPI 신호 프로빙하기' 절을 건너뛰었다면, 지금이 그 연습을 재개하기에 좋은 시간이다. I2C와 마찬가지로 SPI는 대부분의 SoC에서 지원되므로, 특히 애플리케이션에 고속 주변 기기가 필요한 경우 익숙해지는 것이 좋다.

요약

12장에서는 주변 기기를 널리 사용되는 SoC와 통합하는 방법을 배웠다. 그렇게 하려면, 데이터 시트와 회로도에서 수집한 지식을 사용해 핀을 다중화하고 장치 트리 소스를 수정해야 했다. 완성된 하드웨어가 없었기 때문에 우리는 브레이크아웃 보드에 의존하고 부품이 개발 보드와 함께 배선될 수 있도록 약간의 납땜을 해야 했다. 마지막으로는 로직 분석기를 사용해 전기 신호를 확인하고 문제를 해결하는 방법을 배웠다. 이제 하드웨어가 작동하므로, 임베디드 애플리케이션 개발을 시작할 수 있다.

13장과 14장은 시스템 시작과 간단한 BusyBox init에서 System V init, systemd, BusyBox의 runit 같은 더 복잡한 시스템에 이르기까지 init 프로그램에 사용할 수 있는 다양한 옵션을 설명한다. init 프로그램을 선택하면 부팅 시간과 내결함성 모두에서 제품의 사용자 경험에 큰 영향을 미칠 수 있다.

⫸ 추가 자료

12장에서 소개된 주제에 대한 추가 정보는 다음 자료를 참고하길 바란다.

- 'SPI 인터페이스 소개Introduction to SPI Interface', 피유 다커Piyu Dhaker: https://www.analog.com/en/analog-dialogue/articles/introduction-to-spi-interface.html

- 'Soldering is Easy', 미치 앨트먼Mitch Altman, 앤디 노드그렌Andie Nordgren, 제프 키저

Jeff Keyzer: https://mightyohm.com/blog/2011/04/soldering-is-easy-comic-book

- 'SparkFun GPS Breakout (ZOE-M8Q and SAM-M8Q) Hookup Guide', 엘리아스 더 스파키스트Elias the Sparkiest: https://learn.sparkfun.com/tutorials/sparkfun-gpsbreakout-zoe-m8q-and-sam-m8q-hookup-guide

13

시스템 구동: init 프로그램

이제까지 4장, '커널 구성과 빌드'에서는 첫 번째 프로그램인 init을 실행시키는 시점에서 커널이 어떻게 구동되는지를 살펴봤고, 5장, '루트 파일시스템 만들기'와 6장, '빌드 시스템 선택하기'에서는 init 프로그램에 속해 있는 루트 파일시스템을 다양한 방식으로 생성하는 방법을 알아봤다. 이제는 init 프로그램을 좀 더 자세히 살펴보고 이 프로그램이 왜 시스템에서 중요한지에 초점을 맞춰 이야기해보자.

init을 구현하는 방식은 여러 가지가 있지만, 여기서는 세 가지 주요 방식인 BusyBox init, System V init, systemd를 다룬다. 각 방식이 어떻게 동작하는지와 함께 어떤 시스템 형식에 적합한지를 알아보고 각각의 크기, 복잡도, 유연성 사이에서 적절히 균형을 유지하는 것에 대해서도 살펴본다. BusyBox init과 System V init을 사용해 데몬을 시작하는 방법을 배우고, 이와 동일한 동작을 하는 서비스를 systemd에 추가하는 방법도 배울 것이다.

13장에서 다루는 내용은 다음과 같다.

- 커널 구동 이후

- init 프로그램 소개

- BusyBox init

- System V init

- systemd

::: 기술적 요구 사항

이 장의 예제를 따라 하려면 다음 사항을 준비해야 한다.

- 리눅스 기반 호스트 시스템

- Buildroot 2020.02.9 LTS 릴리스

- Yocto 3.1[Dunfell] LTS 릴리스

6장, '빌드 시스템 선택하기'를 읽었다면 아마 Buildroot 2020.02.9 LTS 릴리스를 이미 설치했을 것이다. 아직 설치하지 않았다면, 6장에서 설명한 대로 리눅스 호스트에 Buildroot를 설치하기 전에 Buildroot 사용자 매뉴얼(https://buildroot.org/downloads/manual/manual.html)에서 '시스템 요구 사항System Requirement' 절을 먼저 읽어보길 바란다.

이와 동일하게 6장, '빌드 시스템 선택하기'에서 Yocto 3.1[Dunfell] LTS 릴리스를 이미 빌드했을 것이다. 아직 빌드하지 않았다면, 6장에서 설명한 대로 리눅스 호스트에 Yocto를 빌드하기 전에 Yocto 프로젝트 퀵 빌드 가이드(https://www.yoctoproject.org/docs/current/brief-yoctoprojectqs/briefyoctoprojectqs.html)에서 '호환 가능한 리눅스 배포판Compatible Linux Distribution' 절과 '호스트 패키지 빌드Build Host Packages' 절을 읽어보자.

이 장에 나오는 모든 코드는 이 책의 깃허브 저장소(https://github.com/PacktPublishing/Mastering-Embedded-Linux-Programming-Third-Edition)에 있는 Chapter13 폴더에서 찾아볼 수 있다.

커널 구동 이후

4장, '커널 구성과 빌드'에서 설명했듯이, 커널의 부트스트랩은 initramfs나 커널 명령줄에서 root =로 지정한 파일시스템 중 하나인 루트 파일시스템을 찾아 프로그램을 실행한다. 이 프로그램은 기본적으로 initramfs에서는 /init을, 일반적인 파일시스템에서는 /sbin/init이다. init 프로그램은 root 권한을 갖고 있으며, 첫 번째로 실행하는 프로세스이므로 해당 프로그램의 프로세스 아이디^{PID}는 1이 된다. 만약 어떠한 이유에서든 init이 시작되지 못한다면 커널은 제대로 동작하지 못할 것이다.

init 프로그램은 모든 프로세스의 조상 프로세스다. 이는 다음과 같이 간단한 임베디드 리눅스 시스템에서 pstree 명령어를 실행해보면 명시적으로 알 수 있다.

```
# pstree -gn
init(1)-+-syslogd(63)
        |-klogd(66)
        |-dropbear(99)
        `-sh(100)---pstree(109)
```

init 프로그램이 하는 일은 사용자 공간의 boot 프로세스를 제어하고 이를 동작하도록 만드는 것이다. 해당 프로그램은 셸 스크립트를 실행하는 셸 명령어(5장, '루트 파일시스템 만들기'의 도입부에 설명했던 예제 참고)처럼 간단하지만, 대부분의 경우 다음과 같은 역할을 하도록 지정된 init 데몬을 사용하게 될 것이다.

- 부팅 시 init 프로그램은 다른 데몬 프로그램들을 시작하고 시스템이 동작하기 위해 필요한 시스템 매개변수와 그 외 사항들을 구성한다.

- 필요한 경우에는 터미널에서 로그인 셸을 실행할 수 있는 getty와 같은 데몬을 실행시키기도 한다.

- 부모 프로세스가 종료되면서 스레드 그룹에 다른 프로세스가 없는 고아 프로세스들을 채택한다.

- SIGCHLD 시그널을 찾아 리턴값을 수집해 종료되는 init의 자식 프로세스에 응답함

으로써 좀비 프로세스가 되는 것을 막는다. 좀비 프로세스는 17장, '프로세스와 스레드'에서 자세히 살펴본다.

- 종료된 데몬을 재시작하는 경우도 있다.
- 시스템 종료를 처리한다.

즉, init은 부팅부터 종료까지 시스템의 모든 라이프사이클을 제어한다고 볼 수 있다. init이 새로운 하드웨어와 모듈 로드 및 언로드 같은 다른 런타임 이벤트를 처리하는 데 적합하다고 주장하는 학설도 있으며, 이것이 바로 systemd가 하는 일이다.

⁞⁝ init 프로그램의 소개

임베디드 장치에서 가장 많이 접하게 될 세 가지 init 프로그램은 BusyBox init, System V init, systemd이다. Buildroot는 이 모두를 사용해 빌드할 수 있는 옵션이 있으며, 그중 BusyBox init을 기본값으로 사용한다. Yocto 프로젝트는 System V init과 systemd 중 하나를 고를 수 있으며 System V init을 기본값으로 사용한다. Yocto의 Pokytiny 배포판은 BusyBox init과 함께 제공되지만 대부분의 다른 배포판은 그렇지 않다.

다음 표는 3개의 init 프로그램을 비교한 것이다.

메트릭	BusyBox init	System V init	systemd
복잡도	낮음	중간	높음
부팅 속도	빠름	느림	중간
필요 셸	ash	ash나 bash	없음
실행 파일 수	1	4	50*
libc	모두 사용 가능	모두 사용 가능	glibc
크기(MiB)	< 0.1*	0.1	34**

* BusyBox init은 BusyBox의 단일 실행 파일의 일부로 디스크 크기에 최적화돼 있다.
** 해당 값은 systemd의 Buildroot 설정에 따라 다르다.

대체적으로 BusyBox init에서 systemd로 갈수록 유연성과 복잡성이 증가하는 경향이 있다.

⁂ BusyBox init

BusyBox는 /etc/inittab 구성 파일을 사용하는 매우 작은 init 프로그램을 갖고 있으며, 해당 파일에 부팅 시 시작할 프로그램과 종료 시 멈출 프로그램에 대한 규칙을 정의한다. 실제 작업은 대부분 /etc/init.d 디렉터리에 있는 셸 스크립트에 의해 수행된다.

init은 /etc/inittab을 읽으면서 시작된다. 여기에는 한 행에 하나씩, 실행할 프로그램 목록이 다음의 형식으로 포함돼 있다.

```
<id>::<action>:<program>
```

각 매개변수의 역할은 다음과 같다.

- **id**: 명령의 제어 터미널

- **action**: 아래에 나열되는 내용처럼 명령어를 실행하기 위한 조건을 포함하고 있다.

- **program**: 실행할 프로그램

action의 내용은 다음과 같다.

- **sysinit**: init이 시작될 때, 다른 유형의 작업보다 가장 먼저 이 프로그램을 실행한다.

- **respawn**: 프로그램을 실행하고 종료되는 경우 다시 시작한다. 이는 대부분 프로그램을 데몬으로 실행할 때 사용된다.

- **askfirst**: 이 action은 respawn과 동일한 역할을 하지만, 먼저 Please press Enter to activate this console이라는 메시지를 콘솔에 출력한다. 이후 **Enter**를 눌러야

만 프로그램이 실행된다. 이는 사용자 이름이나 암호를 묻지 않고 터미널에서 대화형 셸을 시작할 때 사용된다.

- **once**: 프로그램을 실행하고, 만약 종료됐다면 다시 시작하지 않는다.

- **wait**: 프로그램을 실행하고 완료될 때까지 기다린다.

- **restart**: init이 inittab 파일을 다시 읽어와야 하는 SIGHUP 신호를 받으면 프로그램을 실행한다.

- **ctrlaltdel**: init이 SIGINT 시그널을 받을 때 프로그램을 실행한다. 해당 시그널은 보통 콘솔에서 **Ctrl** + **Alt** + **Del**을 눌렀을 때 전송된다.

- **shutdown**: init이 종료될 때 프로그램을 실행한다.

다음은 proc과 sysfs를 마운트하고 시리얼 인터페이스에서 셸을 실행하는 예다.

```
null::sysinit:/bin/mount -t proc proc /proc
null::sysinit:/bin/mount -t sysfs sysfs /sys
console::askfirst:-/bin/sh
```

적은 수의 데몬을 실행하고 시리얼 터미널에서 로그인 셸을 시작하는 간단한 프로젝트의 경우 수동으로 스크립트를 작성하는 것이 쉬우며, 또한 RYO^{Roll Your Own} 임베디드 리눅스를 생성하는 경우에도 이러한 작업이 적합하다. 하지만 수작업으로 작성한 init 스크립트는 오래지 않아 설정해야 할 부분의 수가 증가함에 따라 관리가 어려워진다. 이들은 모듈화되지 않는 경향이 있으므로 새로운 구성 요소가 추가될 때마다 업데이트해야 할 필요가 있다.

Buildroot init 스크립트

Buildroot는 수년 동안 BusyBox init을 꽤 효과적으로 사용하고 있다. Buildroot의 /etc/init.d에는 rcS와 rcK라는 2개의 스크립트가 있다. 첫 번째 스크립트는 부팅 시 시작돼 /etc/init.d 디렉터리에 있는 스크립트 중 대문자 S 뒤에 두 자리 숫자로 시작하는 이름의 모든 스크립트에 대해 반복해 숫자 순서대로 실행한다. 이들이 바로 start 스크립트다. 두 번째 스크립트인 rcK는 종료 시 실행되며 대문자 K로 시작해 뒤에 두 자리 숫자가 붙은 모든 스크립트를 숫자 순서대로 반복해 실행한다. 이들이 바로 kill 스크립트다.

이러한 방법을 통해 Buildroot 패키지는 두 자리 숫자를 사용해 실행 순서를 지정함으로써 시스템을 확장할 수 있도록 자체적으로 start, kill 스크립트를 쉽게 제공할 수 있다. Buildroot를 사용한다면 이러한 스크립트는 굉장히 명시적이며, 사용하지 않는 경우 직접 BusyBox 초기화 스크립트를 작성하기 위한 모델로도 참고할 수 있다.

BusyBox init처럼 System V init은 /etc/init.d 내부의 셸 스크립트와 /etc/inittab 구성 파일에 의존한다. 두 init 시스템은 여러 면에서 비슷하지만, System V init에 더 많은 기능과 훨씬 더 긴 역사가 있다.

System V init

이 init 프로그램은 1980년대 중반으로 거슬러 올라가 유닉스 시스템 V^{Unix System V}의 프로그램에서 영감을 얻었다. 리눅스 배포판에서 가장 자주 사용하는 버전은 미구엘 반 스무렌버그^{Miquel van Smoorenburg}가 처음 작성한 버전으로, 최근까지 거의 모든 데스크톱과 서버 배포판, 대부분의 임베디드 시스템에서 init 데몬으로 사용됐다. 하지만 최근에는 systemd로 대체되는 추세로, 이와 관련된 내용은 다음 절에서 살펴본다.

위에서 설명했던 BusyBox init 데몬은 System V init의 축소 버전이라고 할 수 있는데, BusyBox init과 비교해 System V init에는 두 가지 장점이 있다.

- 첫째, 부트 스크립트가 잘 알려진 모듈 형식으로 작성되므로 빌드 시 또는 런타임에 새 패키지를 추가하는 것이 쉽다.

- 둘째, System V init은 런레벨^{runlevel}이라는 개념을 갖고 있어, 하나의 런레벨에서 다른 런레벨로 전환할 때 한 번에 여러 프로그램을 시작하거나 중지할 수 있다.

System V init에는 S를 포함해 0부터 6까지 총 8개의 런레벨이 존재한다.

- **S**: 시동 작업 실행
- **0**: 시스템 정지
- **1부터 5**: 일반 작업을 위해 사용
- **6**: 시스템 재시작

레벨 1~5는 사용자가 원하는 대로 지정할 수 있으며, 데스크톱 리눅스 배포판에서는 일반적으로 다음과 같이 할당돼 있다.

- **1**: 단일 사용자
- **2**: 네트워크 구성 요소를 사용하지 않는 다중 사용자
- **3**: 네트워크 구성 요소를 사용하는 다중 사용자
- **4**: 사용하지 않음
- **5**: 그래픽 로그인을 하는 다중 사용자

init 프로그램은 다음과 같이 /etc/inittab의 initdefault 행에 작성된 대로 기본 런레벨을 시작한다.

```
id:3:initdefault:
```

런타임 시 init에 메시지를 보내는 `telinit [runlevel]` 명령을 사용하면 런레벨을 변경할 수 있으며, `runlevel` 명령을 사용하면 현재 런레벨과 이전 런레벨을 확인할 수 있다. 다음은 그 예다.

```
# runlevel
N 5
# telinit 3
```

```
INIT: Switching to runlevel: 3
# runlevel
5 3
```

처음 runlevel 명령어의 출력값은 N 5로 이전 런레벨 값이 없는데, 이는 런레벨이 부팅한 후 변경되지 않았기에 부팅 시와 현재 런레벨이 모두 5이기 때문이다. 런레벨을 변경한 후 runlevel 명령어의 결과값은 5 3인데, 여기서 런레벨 5에서 3으로 변경이 일어났음을 확인할 수 있다.

halt와 reboot 명령어는 각각 0과 6의 런레벨로 전환한다. 또한 커널 명령줄에서 0부터 6까지의 숫자 중 하나를 입력해 기본 런레벨을 바꿀 수 있다. 예를 들어 단일 사용자 모드로 런레벨을 변경하고 싶다면 커널 명령줄의 마지막에 1을 붙이면 된다. 그 형태는 다음과 같다.

```
console=ttyAMA0 root=/dev/mmcblk1p2 1
```

각 런레벨에는 kill 스크립트라 불리는 프로그램을 중지시키는 스크립트들과 프로그램을 실행시키는 스크립트들인 start 스크립트가 있다. 새로운 런레벨에 들어가게 되면, init은 새 레벨의 kill 스크립트를 먼저 실행한 다음 새 레벨의 start 스크립트를 실행한다. 현재 실행 중이지만 새 런레벨에 start 스크립트나 kill 스크립트가 없는 데몬에는 SIGTERM 시그널이 전송된다. 이는 다시 말해, 런레벨 전환 시 따로 지시하지 않는 한 데몬을 종료하게 된다는 의미다.

사실, 런레벨은 임베디드 리눅스에서 그렇게 많이 사용되지 않는 편이다. 대부분의 장치는 기본 런레벨로 부팅한 이후 변경되지 않는 편인데, 아마도 대부분의 사람들이 이를 알지 못하기 때문일 것이다.

TIP

> 런레벨은 모드를 변경할 때, 예를 들어 운영 모드에서 유지보수 모드로 전환할 때 사용할 수 있는 간단하고 편리한 방법이다.

System V의 init은 Buildroot와 Yocto 프로젝트에서 옵션으로 사용 가능하다. 두 경우 모두, init 스크립트는 bash의 특성을 갖고 있지 않으므로 BusyBox ash 셸로 작업한다. 그러나 Buildroot는 BusyBox init 프로그램을 System V init으로 바꾸고 BusyBox의 동작을 모방한 inittab을 추가한 방법을 사용하고 있다. Buildroot는 0 또는 6의 레벨로 전환해 시스템을 중지하거나 재부팅하는 부분을 제외하고 런레벨을 구현하지 않는다.

지금부터는 좀 더 자세히 살펴보자. 다음은 Yocto 프로젝트의 3.1 릴리스에서 가져온 예제로, 다른 배포판에서는 init 스크립트를 조금 다르게 구현할 수도 있다.

inittab

init 프로그램은 /etc/inttab을 읽으면서 시작하게 되는데, 여기에는 각 런레벨에서 일어나는 일을 정의하는 항목이 들어 있다. 이 포맷은 처음에 BusyBox가 System V에서 빌려온 것으로, 앞 절에서 설명한 BusyBox inittab의 확장 버전으로 보는 것이 좋다!

inittab의 각 행의 형식은 다음과 같이 이뤄져 있다.

```
id:runlevels:action:process
```

위 필드의 의미는 다음과 같다.

- **id**: 최대 4자의 고유 식별자

- **runlevels**: 이 항목이 실행돼야 할 런레벨. BusyBox inittab의 경우 이 항목이 빈 칸으로 돼 있다.

- **action**: 다음 단락에서 주어지는 키워드 중 하나

- **process**: 실행할 명령

action의 값은 BusyBox의 init: sysinit, respawn, once, wait, restart, ctrlaltdel, shutdown과 동일하다. 하지만 askfirst의 경우 BusyBox에만 있으며, System V는 갖고

있지 않다.

예를 들어 다음은 Yocto 프로젝트에서 qemuarm 머신을 위한 coreimage-minimal에서 제공하는 전체 inttab의 내용이다.

```
# /etc/inittab: init(8) configuration.
# $Id: inittab,v 1.91 2002/01/25 13:35:21 miquels Exp $

# The default runlevel.
id:5:initdefault:

# Boot-time system configuration/initialization script.
# This is run first except when booting in emergency (-b) mode.
si::sysinit:/etc/init.d/rcS

# What to do in single-user mode.
~~:S:wait:/sbin/sulogin
# /etc/init.d executes the S and K scripts upon change
# of runlevel.
#
# Runlevel 0 is halt.
# Runlevel 1 is single-user.
# Runlevels 2-5 are multi-user.
# Runlevel 6 is reboot.

l0:0:wait:/etc/init.d/rc 0
l1:1:wait:/etc/init.d/rc 1
l2:2:wait:/etc/init.d/rc 2
l3:3:wait:/etc/init.d/rc 3
l4:4:wait:/etc/init.d/rc 4
l5:5:wait:/etc/init.d/rc 5
l6:6:wait:/etc/init.d/rc 6

# Normally not reached, but fallthrough in case of emergency.
z6:6:respawn:/sbin/sulogin
AMA0:12345:respawn:/sbin/getty 115200 ttyAMA0
# /sbin/getty invocations for the runlevels
#
# The "id" field MUST be the same as the last
# characters of the device (after "tty").
#
# Format:
```

```
# <id>:<runlevels>:<action>:<process>
#

1:2345:respawn:/sbin/getty 38400 tty1
```

첫 번째 항목인 id:5:initdefault는 기본 런레벨을 5로 설정한다. 다음 항목인 si::
sysinit:/etc/init.d/rcS는 부팅 시 rcS 스크립트를 실행한다. 이와 관련된 내용은 이후
더 자세히 다룰 것이다. 그 뒤의 l0:0:wait:/etc/init.d/rc 0으로 시작하는 6개의 항목
이 있는데, 이는 런레벨이 변경될 때마다 /etc/init.d/rc 스크립트를 실행하도록 한다. 이
스크립트는 start 및 kill 스크립트 처리를 담당한다.

inittab의 끝부분에는 런레벨 1부터 5까지 입력될 때마다 /dev/ttyAMA0에 로그인 프
롬프트를 생성하는 데몬인 getty를 실행하는 항목이 있으므로 사용자가 로그인한 후 대
화형 셸을 얻을 수 있게 된다.

```
AMA0:12345:respawn:/sbin/getty 115200 ttyAMA0
```

ttyAMA0 장치는 QEMU로 에뮬레이션할 ARM 버서테일Versatile 보드의 시리얼 콘솔로, 이
부분은 개발 보드마다 다를 수 있다. tty1에 getty를 실행하는 항목도 있는데, 이는 런레
벨 2에서 5까지 입력할 때 실행된다. tty1은 CONFIG_FRAMEBUFFER_CONSOLE 또는 VGA_
CONSOLE로 커널을 빌드한 경우 종종 그래픽 화면에 매핑되는 가상 콘솔이다. 데스크톱
리눅스 배포판은 일반적으로 가상 터미널 1~6까지 6개의 getty 프로세스를 생성하게 되
며, 이 프로세스는 Ctrl + Alt + F1부터 Ctrl + Alt + F6 키까지의 조합을 사용해 선택할 수
있다. 가상 터미널 7은 그래픽 화면용으로 예약돼 있다는 점에 유의하자. 다만, 우분투
Ubuntu와 아치 리눅스Arch Linux는 그래픽에 가상 터미널 1을 사용하므로 이 예외 사항도 기
억해둘 필요가 있다. 가상 터미널은 임베디드 장치에서 거의 사용되지 않는다.

sysinit 항목이 실행하는 /etc/init.d/rcS 스크립트는 런레벨 S를 입력하는 것보다는 좀
더 많은 역할을 수행한다.

```
#!/bin/sh
[…]
exec /etc/init.d/rc S
```

즉, 위 파일에서 입력된 첫 번째 런레벨은 S이고, 그다음으로는 기본 런레벨이 5로 설정됐다. 런레벨 S는 기록되지 않으며 runlevel 명령을 실행했을 때 이전 런레벨로 출력되지 않는다는 점을 기억하자.

init.d 스크립트

런레벨이 변경될 때 응답해야 하는 각 컴포넌트의 /etc/init.d에는 해당 변경을 수행하는 스크립트가 존재한다. 스크립트에는 start와 stop이라는 2개의 매개변수가 필요하며, 잠시 후 이에 대한 예제를 살펴본다.

런레벨 처리 스크립트인 /etc/init.d/rc는 변경할 런레벨의 값을 매개변수로 받는다. 각 런레벨에는 rc⟨runlevel⟩.d라는 이름의 디렉터리가 있다.

```
# ls -d /etc/rc*
/etc/rc0.d /etc/rc2.d /etc/rc4.d /etc/rc6.d
/etc/rc1.d /etc/rc3.d /etc/rc5.d /etc/rcS.d
```

여기서는 대문자 S로 시작해서 두 자리 숫자가 붙은 이름의 스크립트들을 찾을 수 있으며, 대문자 K로 시작하는 스크립트 또한 찾을 수 있다. 이는 start 스크립트와 kill 스크립트로, 다음은 런레벨 5의 스크립트 예다.

```
# ls /etc/rc5.d
S01networking S20hwclock.sh S99rmnologin.sh S99stop-bootlogd
S15mountnfs.sh S20syslog
```

실제로 이들은 init.d에 있는 해당 스크립트로 연결된 심볼릭 링크다. 즉, rc 스크립트는 K로 시작하는 모든 스크립트를 stop 매개변수에 추가해 실행한 후 S로 시작하는 모든 스크립트를 start 매개변수에 추가해 실행하게 되는 것이다. Buildroot처럼 여기서도 스크립트 이름 K와 S 뒤에 붙은 두 자리 숫자는 스크립트가 실행돼야 하는 순서를 알려준다.

새로운 데몬 추가

전통적인 유닉스 데몬으로 쓰여진, 다시 말해 백그라운드에서 포크하고 실행되는 simpl
eserver라는 프로그램이 있다고 가정해보자. MELP/chapter_13/simpleserver에서 해
당 프로그램 코드를 찾을 수 있으며, MELP/chapter_13/simpleserver-sysvinit과 같은
init.d 스크립트가 필요하다.

```
#! /bin/sh

case "$1" in
    start)
        echo "Starting simpelserver"
        start-stop-daemon -S -n simpleserver -a /usr/bin/simpleserver
        ;;
    stop)
        echo "Stopping simpleserver"
        start-stop-daemon -K -n simpleserver
        ;;
    *)
        echo "Usage: $0 {start|stop}"
        exit 1
esac

exit 0
```

start-stop-daemon은 이와 같은 백그라운드 프로세스를 좀 더 쉽게 조작할 수 있도록 해
주는 헬퍼 함수^{helper function}다. 원래는 데비안 설치 프로그램 패키지 dpkg에서 유래됐지
만, 현재 대부분의 임베디드 시스템은 BusyBox의 것을 사용한다. 이 함수는 -S 매개변
수를 사용해 데몬을 시작함으로써 한 번에 둘 이상의 인스턴스가 실행되지 않도록 만들
어준다. 데몬을 멈추려면, 데몬에게 이제 종료할 시간임을 알려주는 신호(기본적으로 SIGTERM)
를 보내도록 하는 -K 매개변수를 사용하면 된다.

이 simpleserver 스크립트를 실행하려면 이 스크립트를 /etc/init.d/simpleserver에 저장하고 실행 가능한 상태로 만들어줘야 한다. 그다음, 이 프로그램을 실행하고 싶은 각각의 런레벨에 링크를 추가한다. 이 예제의 경우 기본 런레벨인 5에만 추가한다.

```
# cd /etc/init.d/rc5.d
# ln -s ../init.d/simpleserver S99simpleserver
```

위에 나오는 숫자 99는 이것이 시작될 마지막 프로그램 중 하나라는 사실을 의미한다. S99로 시작하는 다른 링크가 있을 수 있다는 점에 유의하자. 이 경우 rc 스크립트는 어휘 순서로 해당 프로그램들을 실행하게 된다.

임베디드 디바이스에서는 종료 작업에 대해 너무 걱정할 필요가 없지만, 반드시 수행해야 할 것이 있으면 다음과 같이 레벨 0과 6에 kill 심볼릭 링크를 추가하는 것이 좋다.

```
# cd /etc/init.d/rc0.d
# ln -s ../init.d/simpleserver K01simpleserver
# cd /etc/init.d/rc6.d
# ln -s ../init.d/simpleserver K01simpleserver
```

init.d 스크립트에 대한 좀 더 즉각적인 테스트와 디버깅을 위해 런레벨과 스크립트 순서를 우회할 수 있다.

서비스 시작과 종료

다음에 나오는 syslogd와 klogd 데몬을 제어하는 syslog 스크립트처럼 /etc/init.d의 스크립트를 직접 호출해 사용하는 것도 가능하다.

```
# /etc/init.d/syslog --help
Usage: syslog { start | stop | restart }

# /etc/init.d/syslog stop
Stopping syslogd/klogd: stopped syslogd (pid 198)
stopped klogd (pid 201)
```

```
done

# /etc/init.d/syslog start
Starting syslogd/klogd: done
```

모든 스크립트에는 start와 stop, help 함수가 구현돼 있어야만 한다. 일부는 서비스가 실행 중인지 여부를 알려주는 status 함수를 구현하기도 한다. 여전히 System V init을 사용하는 주 배포판의 경우 서비스를 시작하고 중지하는 service라는 이름의 명령어가 있으며, 이 때문에 스크립트를 직접 호출하는 방법은 숨겨져 있다.

System V init은 수십 년 동안 리눅스 관리자가 사용할 수 있었던 간단한 init 데몬이다. 런레벨은 BusyBox init보다 훨씬 더 정교하지만, System V init은 여전히 서비스를 모니터링하고 필요한 경우 다시 시작하는 기능이 부족하다. System V init이 점점 나이가 들어가면서, 가장 인기 있는 리눅스 배포판은 systemd로 옮겨갔다.

systemd

systemd(https://www.freedesktop.org/wiki/Software/systemd/)는 그 자신을 시스템과 서비스 관리자로 정의하고 있다. 이 프로젝트는 2010년에 렌나르트 푀테링Lennart Poettering과 케이 시버스 Kay Sievers가 init 데몬을 기반으로 한 리눅스 시스템을 관리하는 통합 도구 세트를 만들기 위해 시작됐으며, 다른 기능들과 함께 장치 관리(udev)와 로깅 또한 포함하고 있다. systemd는 여전히 빠르게 진화하고 있는 최첨단 기술로, 데스크톱과 서버 리눅스 배포판에서 흔하게 사용되며 임베디드 리눅스 시스템 중에서도 특히 더 복잡한 장치에서 점점 더 인기를 얻고 있다. 그럼 systemd가 System V init보다 어떤 점에서 임베디드 시스템에 더 좋은지 알아보자.

- 한번 이해하기만 한다면 System V init의 복잡한 셸 스크립트보다 더 논리적이면서 더 간단한 구성을 갖고 있으며, 잘 정의된 형식으로 작성된 유닛 구성 파일을 갖고 있다.

560

- 스크립트가 실행되는 순서를 설정하는 두 자리 코드가 아니라 서비스 간의 의존성이 명시적으로 존재한다.

- 각 서비스에 대한 사용 권한과 리소스 제한을 설정하기 쉬우며, 이는 보안에 중요한 부분이다.

- `systemd`는 서비스를 모니터링하고 필요시 이를 재시작할 수 있다.

- 여러 서비스가 병렬적으로 실행돼 잠재적인 부팅 시간이 단축된다.

여기서 systemd에 대한 완전한 설명은 불가능하며 적절하지도 않다. 따라서 System V init과 마찬가지로, Yocto 프로젝트의 3.1 릴리스(systemd 버전 244)가 제작한 구성 요소를 기반으로 하는 예제와 함께 임베디드 사례에 중점을 둘 것이다. 먼저 개략적으로 빠르게 설명한 후 몇 가지 구체적인 사례를 보여주겠다.

Yocto 프로젝트와 Buildroot에서 system 빌드하기

Yocto 프로젝트의 기본 init 데몬은 System V이므로 `systemd`를 선택하려면 conf/local.conf 파일에 다음 행을 추가해야 한다.

```
INIT_MANAGER = "systemd"
```

Buildroot의 경우, BusyBox init을 기본으로 사용하고 있으므로 **System Configuration ➤ Init System** 메뉴에서 menuconfig를 통해 `systemd`를 선택해야 한다. 또한 systemd는 uClibc-ng나 musl을 지원하지 않으므로 C 라이브러리에 glibc를 사용하도록 툴체인을 설정해줘야 한다. 게다가 커널의 버전과 구성에는 제한이 있는데, systemd 소스 코드의 가장 상위단에 있는 README 파일에는 라이브러리와 커널 종속성의 전체 목록이 있다.

타깃, 서비스, 유닛의 소개

systemd가 어떻게 동작하는지 설명하기 전에 먼저 세 가지 주요 개념을 설명할 필요가 있다.

- **유닛**: 타깃, 서비스, 기타 여러 가지 사항을 설명하는 구성 파일로, 속성과 값이 포함된 텍스트 파일이다.
- **서비스**: System V의 init 서비스와 비슷하게 시작하거나 중지할 수 있는 데몬이다.
- **타깃**: System V의 init 런레벨과 비슷한 개념이지만, 그보다 좀 더 일반적인 서비스 그룹이다. 부팅할 때 시작되는 서비스들의 그룹인 기본 타깃이 존재한다.

systemctl 명령어를 사용하면 상태 변경과 확인이 가능하다.

유닛

설정의 기본 항목은 유닛 파일로, 다음 세 곳에 저장된다.

- **/etc/systemd/system**: 로컬 설정
- **/run/systemd/system**: 런타임 설정
- **/lib/systemd/system**: 배포판 설정

systemd가 유닛을 찾을 때는 디렉터리를 위 순서대로 검색해 일치하는 것을 찾자마자 /etc/systemd/system에 동일한 이름의 유닛을 배치해 배포판 설정 유닛의 동작을 재정의할 수 있도록 한다. 비어 있거나 /dev/null에 연결된 로컬 파일을 생성하면 유닛을 완전히 비활성화할 수 있다.

모든 유닛 파일의 값은 기본 정보와 의존성을 포함하는 [Unit] 섹션으로 시작한다. 예를 들어 D-Bus 서비스(/lib/systemd/system/dbus.service)의 유닛 부분을 살펴보자.

```
[Unit]
Description=D-Bus System Message Bus
Documentation=man:dbus-daemon(1)
Requires=dbus.socket
```

여기서는 설명과 문서에 대한 참조 외에도 Requires 키워드를 통해 dbus.socket 유닛에 대한 의존성을 보여주고 있다. 이는 systemd로 하여금 D-Bus 서비스가 시작될 때 로컬 소켓을 생성하도록 만든다.

유닛의 의존성은 다음과 같이 Requires, Wants, Conflicts 키워드를 통해 나타낼 수 있다.

- **Requires**: 이 유닛이 시작될 때 함께 시작되는, 이 장치가 의존하는 유닛의 목록이다.

- **Wants**: Requires보다 다소 완화된 옵션으로, 여기에 기록된 유닛 구동에 실패하더라도 이를 무시하고 유닛을 시작한다.

- **Conflicts**: 역방향 의존성을 뜻한다. 유닛이 시작되면 여기에 나열된 유닛이 중지되고, 반대로 나열된 유닛 중 하나라도 시작되면 이 유닛이 중지된다.

이 3개의 키워드는 outgoing dependency를 정의한다. 이들은 대개 타깃 간 의존성을 생성할 때 주로 사용한다. 이와 더불어 incoming dependency라는 종류의 의존성도 있는데, 이는 서비스와 타깃 간의 링크를 작성하는 데 사용한다. 즉, outgoing dependency는 시스템이 한 상태에서 다른 상태로 이동할 때 시작해야 하는 타깃의 목록을 작성하는 데 사용되며, incoming dependency는 특정 상태에서 시작되거나 중지돼야 하는 서비스를 판별하는 데 사용된다. incoming dependency는 이후 '직접 만든 서비스 추가' 절에서 설명할 WantedBy 키워드에 의해 생성된다.

의존성을 처리하면 시작하거나 중지해야 하는 유닛의 목록이 생성되고, Before와 After 키워드는 유닛이 시작되는 순서를 결정한다. 정지의 순서는 시작 순서와 반대다.

- **Before**: 유닛은 여기에 나열된 유닛보다 먼저 실행된다.

- **After**: 유닛은 여기에 나열된 유닛이 시작된 이후에 실행된다.

예를 들어, 다음 예는 네트워크 서브시스템이 시작한 다음 웹 서버가 시작되도록 After 지시문을 사용한 것이다.

```
[Unit]
Description=Lighttpd Web Server
After=network.target
```

Before나 After 지시문이 없다면, 유닛은 특별한 순서 없이 동시에 시작되거나 중지된다.

서비스

서비스^{service}는 System V의 **init** 서비스와 동일하게 시작과 중지가 가능한 데몬이다. 서비스는 .service 확장자를 가진 유닛 파일 형태다(예: lighttpd.service).

서비스 유닛은 어떻게 실행해야 하는지를 설명하는 [Service] 섹션을 반드시 포함하고 있어야 한다. 다음은 lighttpd.serviced에서 해당 섹션을 가져온 것이다.

```
[Service]
ExecStart=/usr/sbin/lighttpd -f /etc/lighttpd/lighttpd.conf -D
ExecReload=/bin/kill -HUP $MAINPID
```

위 코드에는 서비스를 시작하고 재시작할 때 실행할 명령이 있다. 이곳에 추가할 수 있는 더 많은 구성 요소가 있으므로, 자세한 정보를 원한다면 systemd.service(5)의 매뉴얼 페이지를 참조하길 바란다.

타깃

타깃^{target}이란 서비스(혹은 다른 유형의 유닛)를 그룹화한 또 다른 형태의 유닛을 말한다. 타깃은 그런 면에서 메타서비스라 할 수 있으며 동기화 지점 역할도 한다. 이는 의존성만을 가진 유닛으로, 이름의 마지막에 .target이 붙어 있다(예: multi-user.target). 타깃은 System V의 init 런레벨과 동일한 역할을 수행하며, 다음은 multi-user.target의 전체 유닛을 출력한 것이다.

```
[Unit]
Description=Multi-User System
Documentation=man:systemd.special(7)
Requires=basic.target
Conflicts=rescue.service rescue.target
After=basic.target rescue.service rescue.target
AllowIsolate=yes
```

위 예제는 basic 타깃이 multi-user 타깃보다 먼저 실행돼야 한다는 것을 알려준다. 또한 rescue 타깃과 충돌하기 때문에 rescue 타깃이 시작되면 multi-user 타깃이 먼저 종료될 것이라는 점도 보여준다.

Systemd로 시스템을 구동하는 방법

이제 systemd가 부트스트랩을 어떻게 구현하는지 살펴보자. systemd의 경우 /sbin/init이 /lib/systemd/systemd에 심볼릭 링크돼 있어 커널이 실행할 수 있는 것이다. 여기서 항상 적절한 타깃으로 연결된 기본 타깃인 default.target을 실행하게 되는데, 텍스트 로그인의 경우 multi-user.target, 그래픽 환경의 경우 graphical.target과 같이 적절한 타깃에 대한 연결을 하게 된다. 예를 들어 기본 타깃이 multi-user.target인 경우 다음과 같은 심볼릭 링크를 찾을 수 있다.

```
/etc/systemd/system/default.target -> /lib/systemd/system/multi-user.target
```

이 기본 타깃은 커널 명령줄에서 system.unit=<new target> 매개변수를 넘겨 재설정할 수 있다. 기본 타깃이 무엇인지 알고 싶다면, 다음 예제처럼 systemctl 명령어로 확인할 수 있다.

```
# systemctl get-default
multi-user.target
```

multi-user.target과 같은 타깃을 시작하면 시스템을 동작 상태로 만들기 위해 필요한
의존성 트리가 만들어진다. 일반적인 시스템에서 multi-user.target은 basic.target에
의존성을 가지며, basic.target은 sysinit.target에, sysinit.target은 초기에 시작해야
하는 서비스에 의존성을 갖고 있다. systemctl list-dependencies 명령어를 이용하면 이
러한 텍스트 그래프를 출력할 수 있으니 참고하길 바란다.

또한 다음과 같이 모든 서비스와 그들의 현재 상태를 출력할 수도 있다.

```
# systemctl list-units --type service
```

타깃도 동일하다.

```
# systemctl list-units --type target
```

이제 시스템의 의존성 트리를 봤다. 그럼 이 트리에 어떻게 추가 서비스를 삽입할까?

직접 만든 서비스 추가

다음은 기존의 simpleserver 예제를 사용한 서비스 유닛이다. 이 예제는 MELP/chapter
_13/simpleserver-systemd를 참고하길 바란다.

```
[Unit]
Description=Simple server

[Service]
Type=forking
ExecStart=/usr/bin/simpleserver

[Install]
WantedBy=multi-user.target
```

[Unit] 절은 유닛에 대한 설명만 포함하므로 systemctl이나 다른 명령어를 사용해 출력할 때 해당 유닛에 대한 정보를 올바르게 표시하게 된다. 의존성은 없으며, 매우 단순한 내용을 갖고 있다.

[Service] 절에는 실행 파일에 대한 링크와 포크를 나타내는 플래그가 있다. 만약 실행 파일이 포어그라운드foreground 환경에서 실행하는 더 간단한 파일이면, systemd는 이를 데몬으로 만들 것이며 Type = forking 부분은 필요 없다.

[Install] 절에서는 시스템이 multi-user 모드로 전환될 때 서버가 시작될 수 있도록 multi-user.target에 incoming dependency를 생성했다.

이 유닛이 /etc/systemd/system/simpleserver.service에 저장되면, systemctl start simpleserver와 systemctl stop simpleserver 명령을 사용해 이를 시작하고 중지할 수 있다. systemctl 명령어로 현재 상태 또한 파악할 수 있다.

```
# systemctl status simpleserver
simpleserver.service - Simple server
  Loaded: loaded (/etc/systemd/system/simpleserver.service;
disabled)
  Active: active (running) since Thu 1970-01-01 02:20:50 UTC;
8s ago
Main PID: 180 (simpleserver)
  CGroup: /system.slice/simpleserver.service
          └─180 /usr/bin/simpleserver -n

Jan 01 02:20:50 qemuarm systemd[1]: Started Simple server.
```

이 시점에서는 명령어를 통해서만 유닛을 시작하고 멈출 수 있다. 지속성을 유지하기 위해서는 타깃에 영구적으로 의존성을 추가하는 것이 좋은데, 이것이 위에서 설명한 유닛의 [Install] 섹션에서 하는 일이다. 즉, 이 서비스가 활성화되면 multi-user.target에 의존성을 갖게 되므로 이것도 부팅할 때 시작된다는 의미다. 다음과 같이 systemctl enable을 사용하면 해당 서비스를 활성화할 수 있다.

```
# systemctl enable simpleserver
Created symlink from /etc/systemd/system/multiuser.target.
wants/simpleserver.service to /etc/systemd/system/simpleserver.service.
```

이제 타깃의 유닛 파일을 편집하지 않아도 서비스가 의존성을 추가하는 방법을 알 수 있을 것이다. 타깃은 서비스에 대한 링크를 저장할 수 있는 〈target_name〉.target. wants라는 디렉터리를 가질 수 있는데, 이는 타깃의 [Wants] 섹션에 의존성 유닛을 추가하는 것과 완전히 동일한 동작을 한다. 다음 예제를 보면 해당 서비스에 대한 링크가 만들어졌음을 알 수 있다.

```
/etc/systemd/system/multi-user.target.wants/simpleserver.service -> /etc/
systemd/system/simpleserver.service
```

만약 서비스가 구동이 실패한 경우 다시 시작해야 하는 중요한 서비스라면 다음 플래그를 [Service] 섹션에 추가하면 된다.

```
Restart=on-abort
```

Restart의 다른 옵션 값은 on-success, on-failure, on-abnormal, on-watchdog, on-abort, always이다.

워치독 추가

워치독watchdog은 임베디드 장치에서 흔하게 사용된다. 중요한 서비스가 작동하지 않는 경우 대개 시스템을 재설정해 조치를 취해야만 하는데, 대부분의 임베디드 SoC에는 /dev/watchdog 장치 노드를 통해 접근할 수 있는 하드웨어 워치독이 있다. 워치독은 부팅 시 일정 타이머를 갖고 초기화되며 그 기간 내에 반복적으로 리셋돼야 한다. 그렇지 못했을 경우 워치독이 트리거돼 시스템이 재부팅된다. 워치독 드라이버의 인터페이스는 Documentation/watchdog의 커널 소스에 잘 설명돼 있으며 드라이버 코드는 drivers/watchdog에 있다.

하지만 워치독에 의해 보호돼야 하는 중요한 서비스가 2개 이상 있는 경우 문제가 발생한다. 이를 방지하기 위해 systemd에는 워치독을 여러 서비스 사이에 분배하는 유용한 기능이 있다.

systemd는 서비스가 정기적으로 keepalive 호출을 하도록 만들고, 서비스별 소프트웨어 워치독을 만들어서 호출이 수신되지 않은 경우 조치를 취하도록 구성할 수 있다. 이를 위해서는 keepalive 메시지를 보내는 코드를 데몬에 추가해야 한다. 이 코드는 WATCHDOG_USEC 환경 변수에 0이 아닌 값이 들어 있는지를 먼저 확인하고, 시간(워치독 타임아웃의 절반 시간을 권장) 내에 sd_notify(false, "WATCHDOG = 1")을 호출하도록 해야 한다. systemd 소스 코드에 관련된 예제 코드는 많다.

서비스 유닛에서 워치독을 활성화하려면 [Service] 섹션에 다음과 같이 추가하자.

```
WatchdogSec=30s
Restart=on-watchdog
StartLimitInterval=5min
StartLimitBurst=4
StartLimitAction=reboot-force
```

위 예제에서 서비스는 30초마다 keepalive 호출을 해야 하며, 해당 시그널이 전달되지 않으면 서비스가 다시 시작된다. 또한 5분 안에 네 번 이상 다시 시작하는 경우 systemd는 강제로 즉시 재부팅한다. 이러한 설정값들에 대한 더 자세한 설명은 systemd.service(5) 매뉴얼 페이지에 있으니 참고하길 바란다.

이와 같이 워치독이 개별 서비스를 처리하는 것은 가능하지만, systemd 자체가 실패하거나 커널이 충돌하거나 하드웨어가 잠기는 경우는 어떻게 해야 할까? 이 경우 워치독 드라이버를 사용하도록 systemd에 알려줘야 한다. 이를 위해 RuntimeWatchdogSec=NN을 /etc/systemd/system.conf.systemd에 추가하자. 이는 해당 기간(NN) 내에 워치독을 리셋하므로, systemd가 어떤 이유로 구동에 실패하면 시스템이 리셋된다.

임베디드 리눅스에서 중요한 점

여기서 모두 언급하지는 못했지만 systemd에는 임베디드 리눅스에 유용한 많은 기능, 다시 말해 슬라이스를 사용한 리소스 제어(systemd.slice(5)와 systemd.resource-control(5) 매뉴얼 페이지에 설명돼 있다)와 장치 관리(udev(7)), 시스템 로깅 기능(journald(5)) 등이 있다.

하지만 이와 동시에 핵심 구성 요소인 systemd, udevd, journald만으로 최소로 빌드를 해도 공유 라이브러리를 포함해 그 크기가 10MiB에 도달하기 때문에 파일의 크기를 균형에 맞춰 잘 사용해야 한다.

또한 systemd 개발은 커널과 glibc를 가깝게 따라야만 하므로 systemd의 릴리스보다 1년이나 2년 이상 오래된 커널에서는 동작하지 않는다는 점에 유의하자.

요약

모든 리눅스 장치에는 어떤 종류든 간에 init 프로그램이 반드시 필요하다. 시작할 때 소수의 데몬만 실행하고 그 후에도 꽤 정적인 시스템을 설계하는 경우 BusyBox init으로 충분하다. 일반적으로 Buildroot를 빌드 시스템으로 사용하는 경우 적합하다.

반면에 부팅 또는 실행 시 서비스 간에 복잡한 의존성이 있는 시스템을 갖고 있으며 저장 공간이 있다면, systemd가 가장 좋다. 복잡성을 제외하고 생각해도, systemd에는 워치독, 원격 로깅 등을 처리하는 데 유용한 기능이 있으므로 그 장점을 잘 생각해보는 것이 좋다.

하지만 System V init 또한 여전히 존재하고 있다. 많은 사람이 알고 있는 스크립트로, 중요한 구성 요소들에는 이미 이 init 스크립트가 들어가 있다. 또한 Yocto 프로젝트의 Poky 배포판의 기본 init이기도 하다.

부팅 시간을 줄이는 측면에서 보자면, systemd가 System V init보다 비슷한 작업 부하에 좀 더 빠른 편이다. 그러나 매우 빠른 부팅을 원한다면, 그 어느 것도 최소한의 부팅 스크립트만으로 부팅할 수 있는 간단한 BusyBox init을 이길 수 없다.

다음 장에서는 임베디드 리눅스 시스템에 잘 맞지만 덜 알려진 init 시스템을 자세히 살펴본다. BusyBox runit은 복잡성과 오버헤드를 추가하지 않고도 systemd의 성능과 유연성을 제공한다. Buildroot를 빌드 시스템으로 사용하고 있으며 BusyBox init이 요구 사항을 충족하지 않는 경우, 그 대신 BusyBox runit을 고려해보는 것이 좋다. 이제 그 이유가 무엇인지 배우고 그 과정에서 Buildroot에 대한 더 많은 실습 경험을 얻을 것이다.

⫶⫶ 추가 자료

- systemd System and Service Manager: https://www.freedesktop.org/wiki/Software/systemd/

위 URL이 가리키는 웹 페이지의 하단에는 유용한 링크가 꽤 많다.

14

BusyBox runit

13장에서는 고전적인 시스템 V init과 최첨단 systemd 프로그램을 살펴봤다. 또한 BusyBox의 아주 작은 init 프로그램도 다뤘다. 이제 BusyBox의 runit 프로그램 구현을 살펴볼 차례다. BusyBox runit은 시스템 V init의 단순성과 systemd의 유연성 사이에서 합리적인 균형을 유지한다. 따라서 runit의 정식 버전은 Void 같은 인기 있는 최신 리눅스 배포판에서 사용된다. systemd가 클라우드를 지배할 수 있지만, 일반적으로 많은 임베디드 리눅스 시스템에게는 지나치다. BusyBox runit은 systemd의 복잡성과 오버헤드 없이 서비스 관리와 전용 서비스 로깅 같은 고급 기능을 제공한다.

14장에서는 시스템을 별도의 BusyBox runit 서비스로 나누고, 각 서비스가 고유한 디렉터리와 실행 스크립트를 갖도록 하는 방법을 보여준다. 이어서 check 스크립트를 사용해 일부 서비스가 다른 서비스가 시작될 때까지 기다리도록 하는 방법을 살펴본다. 그런 다음, 서비스에 전용 로깅을 추가하고 로그 회전^{log rotation}을 구성하는 방법을 배운다. 마지막으로, 이름 있는 파이프^{named pipe}를 통해 하나의 서비스가 다른 서비스로 신호를 보내는 예제로 마무리한다. 시스템 V init과 달리, BusyBox runit 서비스는 순차적으로 시작하지 않고 동시에 시작하므로 부팅 시간을 크게 단축할 수 있다. init 프로그램의 선택은 제품의 동작과 사용자 경험에 눈에 띄는 영향을 미친다.

14장에서 다룰 주제는 다음과 같다.

- BusyBox runit 가져오기

- 서비스 디렉터리와 파일 생성

- 서비스 관리

- 다른 서비스에 대한 의존성

- 전용 서비스 로깅

- 서비스 시그널링

⁞⁞▶ 기술적 요구 사항

이 장의 예제를 따라 하려면 다음 사항을 준비해야 한다.

- 리눅스 기반 호스트 시스템

- 리눅스용 Etcher

- 마이크로SD 카드와 카드 리더

- USB to TTL 3.3V 시리얼 케이블

- 라즈베리 파이 4

- 5V 3A USB-C 전원 공급 장치

6장, '빌드 시스템 선택하기'를 위해 이미 Buildroot 2020.02.9 LTS 릴리스를 설치했을 것이다. 그렇지 않다면, 6장의 지침에 따라 리눅스 호스트에 Buildroot를 설치하기 전에 Buildroot 사용자 매뉴얼(https://buildroot.org/downloads/manual/manual.html)의 '시스템 요구 사항System Requirement' 절을 살펴보길 바란다.

14장의 모든 코드는 책의 깃허브 저장소(https://github.com/PacktPublishing/Mastering-Embedded-Linux-Programming-Third-Edition)에 있는 Chapter14 폴더에서 찾을 수 있다.

⁝⁝ **BusyBox runit 가져오기**

14장을 위해 시스템을 준비하려면 다음을 수행해야 한다.

1. 6장, '빌드 시스템 선택하기'를 위해 Buildroot를 복제한 디렉터리로 이동한다.

```
$ cd buildroot
```

2. BusyBox에서 runit을 제공하는지 확인한다.

```
$ grep Runit package/busybox/busybox.config
# Runit Utilities
```

BusyBox runit은 이 책을 쓸 당시 Buildroot 2020.02.9 LTS 릴리스에서 여전히 사용 가능했다. 이후의 릴리스에서 BusyBox runit을 더 이상 찾을 수 없다면, 해당 태그로 되돌린다.

3. 변경 사항을 실행 취소하고 추적되지 않은 파일이나 디렉터리를 삭제한다.

```
$ make clean
$ git checkout .
$ git clean --force -d
```

git clean --force는 Nova U-Boot 패치와 이전 연습에서 Buildroot에 추가한 다른 모든 파일을 삭제한다.

4. 작업을 기록하기 위해 busybox-runit이라는 새 브랜치를 만든다.

```
$ git checkout -b busybox-runit
```

5. 라즈베리 파이 4의 디폴트 구성에 BusyBox runit을 추가한다.

```
$ cd configs
$ cp raspberrypi4_64_defconfig rpi4_runit_defconfig
$ cd ..
$ cp package/busybox/busybox.config \
board/raspberrypi/busybox-runit.config
$ make rpi4_runit_defconfig
$ make menuconfig
```

6. 기본 메뉴에서 **Toolchain ➤ Toolchain type** 하위 메뉴를 선택하고 **External toolchain**을 선택한다.

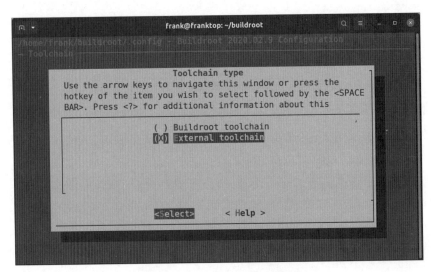

그림 14.1 External toolchain을 선택한다.

7. 한 수준 뒤로 물러나 **Toolchain** 하위 메뉴로 간다. **Linaro AArch64** 툴체인을 선택한 다음, 한 수준 뒤로 물러나 주 메뉴로 돌아간다.

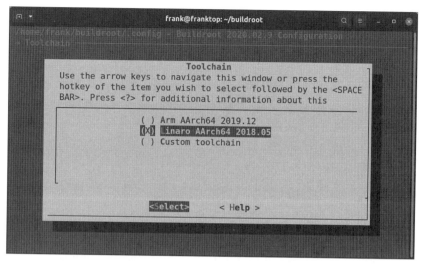

그림 14.2 Linaro AArch64 툴체인을 선택한다.

8. BusyBox가 이미 init 시스템으로 선택돼 있겠지만, **System configuration** ➤ **Init system** 하위 메뉴로 가서 **systemV**나 **systemd** 대신 **BusyBox**가 선택돼 있는지 확인한다. **Init system** 하위 메뉴에서 주 메뉴로 돌아간다.

9. 주 메뉴에서 **BusyBox** 아래의 **Target packages** ➤ **BusyBox configuration file to use?** 텍스트 필드로 간다.

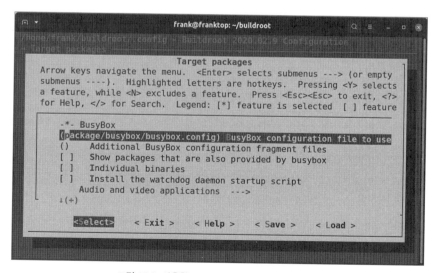

그림 14.3 사용할 BusyBox 구성 파일을 선택한다.

10. 해당 텍스트 필드의 package/busybox/busybox.config 문자열을 board/rasp
berrypi/busybox-runit.config로 바꾼다.

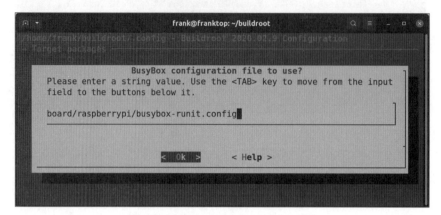

그림 14.4 BusyBox configuration file to use?

11. menuconfig를 종료하고 새 구성을 저장할 것인지 묻는 메시지가 나타나면 **예**^{Yes}를
선택한다. Buildroot는 디폴트로 .config라는 파일에 새 구성을 저장한다.

12. configs/rpi4_runit_defconfig에 BusyBox 구성의 새 위치를 업데이트한다.

```
$ make savedefconfig
```

13. 이제 runit용 BusyBox 구성을 시작한다.

```
$ make busybox-menuconfig
```

14. busybox-menuconfig에 들어가면 **Runit Utilities**라는 하위 메뉴가 보일 것이다. 해당
하위 메뉴로 가서 메뉴 페이지의 모든 옵션을 선택한다. chpst, setuidgid,
envuidgid, envdir, softlimit 유틸리티는 서비스 run 스크립트에서 자주 참조하는
명령줄 도구이므로 모두 포함하는 것이 좋다. svc와 svok 유틸리티는 daemontools
에서 가져온 것이므로 원하는 경우 선택하지 않아도 된다.

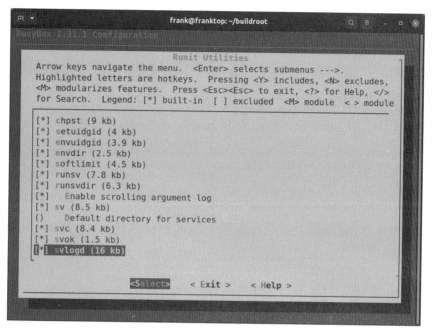

그림 14.5 Runit Utilities

15. **Runit Utilities** 하위 메뉴에서 **Default directory for services** 텍스트 필드로 간다.

16. **Default directory for services** 텍스트 필드에 /etc/sv를 입력한다.

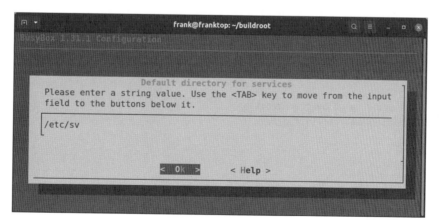

그림 14.6 Default directory for services

17. busybox-menuconfig를 종료하고, 새 구성을 저장할 것인지 묻는 메시지가 나타나

면 예^{Yes}를 선택한다. `menuconfig` 옵션과 마찬가지로, `busybox-menuconfig`는 새 BusyBox 구성을 출력 디렉터리의 .config 파일에만 저장한다. Buildroot 2020.02.9 LTS 버전에서 BusyBox 출력 디렉터리는 디폴트로 output/build/busybox-1.31.1이다.

18. 변경 사항을 board/raspberrypi/busybox-runit.config에 저장한다.

```
$ make busybox-update-config
```

19. BusyBox는 Buildroot의 package/busybox 디렉터리에 init 프로그램을 위한 inittab 파일을 담고 있다. 이 구성 파일은 BusyBox init이 다양한 파일시스템을 마운트하고 파일 디스크립터를 stdin, stdout, stderr 장치 노드에 연결해 사용자 공간을 시작하도록 지시한다. BusyBox init이 제어를 BusyBox runit으로 전달하려면 package/busybox/inittab에서 다음 줄을 교체해야 한다.

```
# now run any rc scripts
::sysinit:/etc/init.d/rcS
```

이들 줄을 해당 BusyBox runit에 해당하는 항목으로 교체해야 한다.

```
# now switch over to runit
null::respawn:runsvdir /etc/sv
```

20. 또한 BusyBox의 inittab에서 다음 줄을 제거해야 한다.

```
# Stuff to do before rebooting
::shutdown:/etc/init.d/rcK
```

BusyBox runit은 재부팅 전에 감독하는 프로세스를 자동으로 종료하므로 삭제된 ::shutdown 명령에 대한 대체 행이 필요하지 않다.

이제 새로운 configs/rpi4_runit_defconfig 및 board/raspberrypi/busybox-runit.config 파일과, 라즈베리 파이 4용 커스텀 리눅스 이미지에서 BusyBox runit을 활성

화하는 데 사용할 수 있는 수정된 package/busybox/inittab 파일이 있다. 작업이 손실되지 않도록 3개의 파일을 깃에 저장한다.

커스텀 이미지를 빌드하려면 다음 명령을 사용한다.

```
$ make rpi4_runit_defconfig
$ make
```

빌드가 완료되면 부팅 가능한 이미지가 output/images/sdcard.img 파일에 기록된다. Etcher를 사용해 이 이미지를 마이크로SD 카드에 기록하고, 라즈베리 파이 4에 삽입하고, 전원을 켠다. /etc/sv에 아직 runsvdir이 시작할 서비스가 없으므로 시스템은 부팅 외에 많은 작업을 수행하지 않는다.

BusyBox runit을 사용하려면, 시리얼 케이블을 라즈베리 파이 4에 연결하고 암호 없이 root로 로그인한다. 이 이미지에 connman을 추가하지 않았으므로 /sbin/ifup -a를 입력해 이더넷 인터페이스를 기동한다.

```
# /sbin/ifup -a
[  187.076662] bcmgenet: Skipping UMAC reset
[  187.151919] bcmgenet fd580000.genet: configuring instance
for external RGMII (no delay)
udhcpc: started, v1.31.1
udhcpc: sending discover
[  188.191465] bcmgenet fd580000.genet eth0: Link is Down
udhcpc: sending discover
[  192.287490] bcmgenet fd580000.genet eth0: Link is Up -
1Gbps/Full - flow control rx/tx
udhcpc: sending discover
udhcpc: sending select for 192.168.1.130
udhcpc: lease of 192.168.1.130 obtained, lease time 86400
deleting routers
adding dns 192.168.1.254
```

다음 절에서는 runit 서비스 디렉터리의 구조와 레이아웃을 알아본다.

🎯 서비스 디렉터리와 파일 만들기

runit은 daemontools 프로세스 관리 키트를 다시 구현한 것으로, 게릿 페이프^{Gerrit Pape}가 시스템 V init과 기타 유닉스 init 체계를 대체하기 위해 만들었다. 이 책을 쓰는 시점에서 runit에 대한 가장 좋은 정보를 얻을 수 있는 두 곳은 페이프의 웹 사이트(http://smarden.org/runit/)와 Void 리눅스의 온라인 문서였다.

BusyBox의 runit 구현은 대부분 자체 문서화 측면에서 표준 runit과 다르다. 예를 들어 sv --help는 실제로 BusyBox의 구현에서 지원하는 sv 유틸리티의 start와 check 옵션에 대해 언급하지 않는다. BusyBox runit의 소스 코드는 BusyBox의 output/build/busybox-1.31.1/runit 디렉터리에서 찾을 수 있다. 깃(https://git.busybox.net/busybox/tree/runit)에서 온라인으로 BusyBox runit 소스 코드의 최신 버전을 검색할 수도 있다. BusyBox의 runit 구현에 버그나 누락된 기능이 있는 경우 Buildroot의 busybox 패키지를 패치해 수정하거나 추가할 수 있다.

아치 리눅스^{Arch Linux} 배포판은 간단한 프로세스 관리를 위해 systemd와 함께 BusyBox runit 사용을 지원한다. 아치 리눅스 위키^{Wiki}에서 이를 수행하는 자세한 방법을 확인할 수 있다. BusyBox는 디폴트로 init으로 설정돼 있으며 BusyBox init을 runit으로 바꾸는 단계는 문서화돼 있지 않다. 따라서 BusyBox init을 runit으로 바꾸는 대신 BusyBox runit을 사용해 BusyBox init에 서비스 관리를 추가하는 방법을 보여주겠다.

서비스 디렉터리 레이아웃

다음은 runit에 대한 Void 리눅스 배포판의 원본 문서(현재는 사용되지 않음)에서 인용한 것이다.

> '서비스 디렉터리에는 포그라운드에서 프로세스를 실행(exec)하는 run이라는 실행 파일 하나만 있으면 된다.'

필수 실행 스크립트 외에, runit 서비스 디렉터리는 finish 스크립트, check 스크립트, conf 파일도 담고 있을 수 있다. 서비스 종료나 프로세스 중지 시 finish 스크립트가 실행된다. run 스크립트는 run 내에서 사용하기 전에 환경 변수를 설정하기 위해 conf 파일을 소스^{source}한다.

BusyBox init /etc/init.d 디렉터리 같은 /etc/sv 디렉터리는 일반적으로 runit 서비스가 저장되는 위치다. 다음은 간단한 임베디드 리눅스 시스템을 위한 BusyBox 초기화 스크립트 목록이다.

```
$ ls output/target/etc/init.d
S01syslogd  S02sysctl   S21haveged  S45connman  S50sshd  rcS
S02klogd    S20urandom  S30dbus     S49ntp      rcK
```

Buildroot는 이들 BusyBox 초기화 스크립트를 다양한 데몬용 패키지의 일부로 제공한다. BusyBox runit의 경우 이들 시작 스크립트를 직접 생성해야 한다.

다음은 동일한 시스템에 대한 BusyBox runit 서비스 목록이다.

```
$ ls -D output/target/etc/sv
bluetoothd  dbus   haveged  ntpd  syslogd
connmand    dcron  klogd    sshd  watchdog
```

각 BusyBox runit 서비스에는 내부에 실행 가능한 실행 스크립트가 있는 자체 디렉터리가 있다. 타깃 이미지에도 있는 BusyBox 초기화 스크립트는 inittab에서 ::sysinit:/etc/init.d/rcS를 제거했으므로 시작 시 실행되지 않는다. init 스크립트와 달리 run 스크립트는 runit과 함께 작동하기 위해 백그라운드가 아닌 포그라운드에서 실행돼야 한다.

Void 리눅스 배포판은 runit 서비스 파일의 보고다. 다음은 sshd를 위한 Void run 스크립트다.

```
#!/bin/sh
# Will generate host keys if they don't already exist
```

```
ssh-keygen -A >/dev/null 2>&1
[ -r conf ] && . ./conf
exec /usr/sbin/sshd -D $OPTS 2>&1
```

runsvdir 유틸리티는 /etc/sv 디렉터리에 정의된 서비스 모음을 시작하고 모니터링한
다. 이러한 이유로 sshd용 run 스크립트는 /etc/sv/sshd/run으로 설치돼야 시작 시
runsvdir이 찾을 수 있다. 또한 실행 가능해야 한다. 그렇지 않으면 BusyBox runit에서
시작할 수 없다.

/etc/sv/sshd/run의 내용을 Buildroot의 /etc/init.d/S50sshd에서 발췌한 내용과 비교
해보자.

```
start() {
    # Create any missing keys
    /usr/bin/ssh-keygen -A

    printf "Starting sshd: "
    /usr/sbin/sshd
    touch /var/lock/sshd
    echo "OK"
}
```

sshd는 기본적으로 백그라운드에서 실행된다. -D 옵션은 sshd가 포그라운드에서 실행되
도록 한다. runit은 run 스크립트에서 포그라운드에서 실행되는 명령 앞에 exec를 사용
하길 기대한다. exec 명령은 현재 프로세스의 현재 프로그램을 교체한다. 최종 결과로,
/etc/sv/sshd에서 시작된 ./run 프로세스가 포크 없이 /usr/sbin/sshd -D 프로세스가
된다.

```
# ps aux | grep "[s]shd"
  201 root     runsv sshd
  209 root     /usr/sbin/sshd -D
```

sshd 실행 스크립트는 $OPTS 환경 변수에 대한 conf 파일을 제공한다. /etc/sv/sshd 안
에 conf 파일이 없으면 $OPTS는 정의되지 않고 비어 있으며, 이 경우에는 문제가 없다.

대부분의 runit 서비스와 마찬가지로, sshd는 시스템 종료나 재부팅 전에 리소스를 해제하기 위한 finish 스크립트가 필요치 않다.

서비스 구성

Buildroot 패키지에 포함된 init 스크립트는 BusyBox init 스크립트다. 이들 초기화 스크립트는 BusyBox runit으로 이식되고 output/target/etc/sv 아래의 다른 디렉터리에 설치돼야 한다. 각 패키지를 개별적으로 패치하는 것보다 모든 서비스 파일을 Buildroot 트리 외부의 rootfs 오버레이나 umbrella 패키지로 묶는 것이 더 쉽다. Buildroot는 커스터마이제이션^{customization}을 담고 있는 디렉터리를 가리키는 BR2_EXTERNAL make 변수를 통해 트리 외부 커스터마이제이션^{out-of-tree customization}을 활성화한다.

Buildroot를 br2-external 트리로 가져오는 가장 일반적인 방법은 깃 저장소의 최상위 수준에 하위 모듈로 포함시키는 것이다.

```
$ cat .gitmodules
[submodule "buildroot"]
    path = buildroot
    url = git://git.buildroot.net/buildroot
    ignore = dirty
    branch = 15a05e6d5a875759d217d61b3c7b31ec87ea4eb5
```

Buildroot를 하위 모듈로 포함시키면 추가하는 패키지나 Buildroot에 적용하는 패치의 유지 관리가 간소화된다. 하위 모듈은 Buildroot가 의도적으로 업그레이드될 때까지 트리 외부 사용자 정의가 안정적으로 유지되도록 태그에 고정된다. 위의 buildroot 하위 모듈에 대한 커밋 해시^{commit hash}는 해당 Buildroot LTS 릴리스의 2020.02.9 태그에 고정된다.

```
$ cd buildroot
$ git show --summary
commit 15a05e6d5a875759d217d61b3c7b31ec87ea4eb5 (HEAD ->
busybox-runit, tag: 2020.02.9)
```

```
Author: Peter Korsgaard <peter@korsgaard.com>
Date:    Sun Dec 27 17:55:12 2020 +0100

    Update for 2020.02.9

    Signed-off-by: Peter Korsgaard <peter@korsgaard.com>
```

buildroot가 상위 BR2_EXTERNAL 디렉터리의 서브디렉터리일 때 make를 실행하려면 몇 가지 추가 인자를 전달해야 한다.

```
$ make -C $(pwd)/buildroot BR2_EXTERNAL=$(pwd) O=$(pwd)/output
```

다음은 Buildroot가 br2-external 트리에 권장하는 디렉터리 구조다.

```
+-- board/
|   +-- <company>/
|       +-- <boardname>/
|           +-- linux.config
|           +-- busybox.config
|           +-- <other configuration files>
|           +-- post_build.sh
|           +-- post_image.sh
|           +-- rootfs_overlay/
|           |   +-- etc/
|           |   +-- <some file>
|           +-- patches/
|               +-- foo/
|               |   +-- <some patch>
|               +-- libbar/
|                   +-- <some other patches>
+-- configs/
|   +-- <boardname>_defconfig
+-- package/
|   +-- <company>/
|       +-- package1/
|       |   +-- Config.in
|       |   +-- package1.mk
|       +-- package2/
|           +-- Config.in
|           +-- package2.mk
```

```
+-- Config.in
+-- external.mk
+-- external.desc
```

이전 절에서 생성한 커스텀 rpi4_runit_defconfig와 busybox-runit.config 파일이 이 트리에 삽입되는 위치에 유의하길 바란다. Buildroot의 지침에 따르면 이 두 구성은 보드별로 고유한 파일이어야 한다. `<boardname>_defconfig`에는 이미지를 구성할 보드 이름이 접두사로 붙는다. busybox.config는 해당 board/〈company〉/〈boardname〉 디렉터리로 이동한다. 또한 커스텀 BusyBox `inittab`이 이동할 rootfs_overlay/etc 디렉터리도 보드에 따라 다르다.

BusyBox runit에 대한 모든 서비스 구성 파일은 /etc/sv에 있으므로 보드별 `rootfs` 오버레이에 모두 커밋하는 것이 합리적으로 보일 수 있다. 내 경험상 이 방법은 너무 유연하지 않으며, 동일한 보드에 대해 둘 이상의 이미지를 구성해야 하는 경우가 종종 있다. 예를 들어, 소비자 장치에는 별도의 개발development, 프로덕션production, 양산manufacturing 이미지가 있을 수 있다. 각 이미지에는 고유한 서비스가 포함돼 있으므로 구성은 이미지마다 달라야 한다. 따라서 서비스 구성은 보드 수준이 아닌 패키지 수준에서 수행하는 것이 가장 좋다. 나는 트리 외부 umbrella 패키지(각 이미지 유형별로 하나의 패키지)를 사용해 BusyBox runit에 대한 서비스를 구성한다.

최상위 수준에서 `br2-external` 트리는 external.desc, external.mk, Config.in 파일을 담고 있다. external.desc 파일에는 `br2-external` 트리를 설명하는 몇 가지 기본 메타데이터가 포함돼 있다.

```
$ cat external.desc
name: ACME
desc: Acme's external Buildroot tree
```

Buildroot는 `BR2_EXTERNAL_<name>_PATH` 변수를 br2-external 트리의 절대 경로로 설정해 변수가 Kconfig와 makefile에서 참조될 수 있도록 한다. desc 필드는 `BR2_EXTERNAL_<name>_DESC` 변수로 사용할 수 있는 선택적인 설명이다. 이 external.desc에 따라

\<name\>을 ACME로 대체한다. external.mk 파일은 일반적으로 external.desc에 정의된 BR2_EXTERNAL_\<name\>_PATH 변수를 참조하는 한 줄만 포함한다.

```
$ cat external.mk
include $(sort $(wildcard $(BR2_EXTERNAL_ACME_PATH)/package/acme/*/*.mk))
```

이 include 라인은 외부 패키지 .mk 파일을 검색할 위치를 Buildroot에 알려준다. 외부 패키지를 위한 해당 Config.in 파일의 위치는 br2-external 트리의 최상위 Config.in 파일에 정의돼 있다.

```
$ cat Config.in
source "$BR2_EXTERNAL_ACME_PATH/package/acme/development/Config.in"
source "$BR2_EXTERNAL_ACME_PATH/package/acme/manufacturing/Config.in"
source "$BR2_EXTERNAL_ACME_PATH/package/acme/production/Config.in"
```

Buildroot는 br2-external 트리의 Config.in 파일을 읽고 그 안에 포함된 패키지 레시피를 최상위 구성 메뉴에 추가한다. Buildroot의 br2-external 트리 구조의 나머지 부분을 development, manufacturing, production umbrella 패키지들로 채워보자.

```
├── configs
│   ├── supergizmo_development_defconfig
│   ├── supergizmo_manufacturing_defconfig
│   └── supergizmo_production_defconfig
└── package
    └── acme
        ├── development
        │   ├── Config.in
        │   ├── development.mk
        │   ├── haveged_run
        │   ├── inittab
        │   ├── ntpd.etc.conf
        │   ├── sshd_config
        │   ├── sshd_run
        │   └── user-tables.txt
        ├── manufacturing
        │   ├── apply-squash-update
        │   ├── Config.in
```

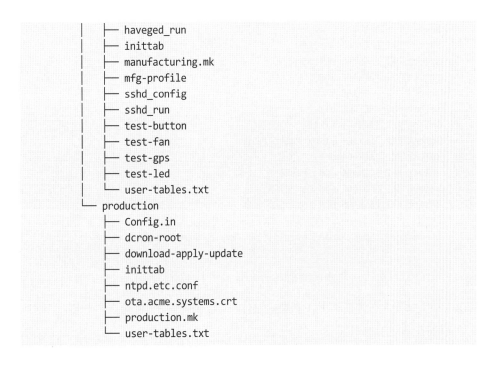

```
        |   ├── haveged_run
        |   ├── inittab
        |   ├── manufacturing.mk
        |   ├── mfg-profile
        |   ├── sshd_config
        |   ├── sshd_run
        |   ├── test-button
        |   ├── test-fan
        |   ├── test-gps
        |   ├── test-led
        |   └── user-tables.txt
        └── production
            ├── Config.in
            ├── dcron-root
            ├── download-apply-update
            ├── inittab
            ├── ntpd.etc.conf
            ├── ota.acme.systems.crt
            ├── production.mk
            └── user-tables.txt
```

이 디렉터리 트리를 Buildroot의 이전 트리와 비교하면, <boardname>이 supergizmo로 대체됐고 <company>가 acme로 대체됐음을 알 수 있다. umbrella 패키지는 일반적인 기본 이미지 위의 이미지 오버레이로 생각할 수 있다. 이렇게 하면 세 이미지 모두 동일한 U-Boot, 커널, 드라이버를 공유할 수 있어 변경 사항이 사용자 공간에만 적용된다.

장치의 개발 이미지가 효과적이려면 어떤 패키지를 포함해야 하는지 고려한다. 최소한 개발자는 장치에 ssh하고, sudo로 명령을 실행하고, vim으로 온보드 파일을 편집할 수 있길 기대한다. 또한 strace, gdb, perf 같은 도구를 사용해 프로그램을 추적, 디버그, 프로파일링할 수 있길 바란다. 보안상의 이유로 해당 소프트웨어는 장치의 프로덕션 이미지에 포함되지 않는다.

개발 umbrella 패키지용 Config.in은 사내 개발자의 프로덕션 이전 하드웨어에만 배포해야 하는 패키지를 선택한다.

```
$ cat package/acme/development/Config.in
config BR2_PACKAGE_DEVELOPMENT
```

```
    bool "development"
    select BR2_PACKAGE_HAVEGED
    select BR2_PACKAGE_OPENSSH
    select BR2_PACKAGE_SUDO
    select BR2_PACKAGE_TMUX
    select BR2_PACKAGE_VIM
    select BR2_PACKAGE_STRACE
    select BR2_PACKAGE_LINUX_TOOLS_PERF
    select BR2_PACKAGE_GDB
    select BR2_PACKAGE_GDB_SERVER
    select BR2_PACKAGE_GDB_DEBUGGER
    select BR2_PACKAGE_GDB_TUI
    help
      The development image overlay for Acme's SuperGizmo.
```

패키지 빌드 프로세스의 설치 단계에서 다양한 서비스 스크립트와 구성 파일이 output/target 디렉터리에 기록된다. 다음은 package/acme/development/development.mk 에서 발췌한 관련 내용이다.

```
define DEVELOPMENT_INSTALL_TARGET_CMDS
    $(INSTALL) -D -m 0644 $(@D)/inittab $(TARGET_DIR)/etc/inittab
    $(INSTALL) -D -m 0755 $(@D)/haveged_run $(TARGET_DIR)/etc/sv/haveged/run
    $(INSTALL) -D -m 0755 $(@D)/sshd_run $(TARGET_DIR)/etc/sv/sshd/run
    $(INSTALL) -D -m 0644 $(@D)/sshd_config $(TARGET_DIR)/etc/ssh/sshd_config
endef
```

Buildroot 〈패키지〉.mk 파일에는 〈패키지〉_BUILD_CMDS와 〈패키지〉_INSTALL_TARGET_CMDS 섹션이 포함돼 있다. 이 umbrella 패키지의 이름은 development이므로, 설치 매크로는 DEVELOPMENT_INSTALL_TARGET_CMDS로 정의된다. <package> 접두사는 패키지 Config.in 파일의 config BR2_<package> 행에 있는 <package> 접미사와 일치해야 한다. 그렇지 않으면 매크로 이름으로 인해 패키지 빌드 에러가 발생한다.

haveged/run과 sshd/run 스크립트는 타깃의 /etc/sv 디렉터리에 설치된다. runsvdir을 시작하는 데 필요한 커스텀 inittab은 타깃의 /etc에 설치된다. 이들 파일이 의도한 권한으로 올바른 위치에 설치되지 않으면, BusyBox runit은 haveged나 sshd 서비스를 시작할 수 없다.

haveged는 리눅스 /dev/random 장치의 낮은 엔트로피 조건을 완화하기 위한 소프트웨어 난수 생성기다. SSH 프로토콜이 난수에 크게 의존하므로 낮은 엔트로피 조건은 sshd 시작을 막을 수 있다. 일부 최신 SoC에는 하드웨어 난수 생성기에 대한 커널 지원이 아직 없을 수 있다. 이들 시스템에서 haveged를 실행하지 않으면, sshd가 부팅 뒤에 연결을 받아들이기 시작하는 데 몇 분이 걸릴 수 있다.

BusyBox runit에서 haveged를 실행하는 것은 매우 간단하다.

```
$ cat package/acme/development/haveged_run
#!/bin/sh
exec /usr/sbin/haveged -w 1024 -r 0 -F
```

production과 manufacturing umbrella 패키지는 이미지에 다양한 패키지와 서비스 세트가 중첩돼 있다. production 이미지에는 소프트웨어 업데이트를 다운로드하고 적용하기 위한 도구가 포함돼 있다. manufacturing 이미지에는 공장 기술자가 하드웨어를 준비provisioning하고 테스트하는 데 사용할 도구가 포함된다. BusyBox runit은 이 두 가지 사용 사례에 모두 적합하다.

production umbrella 패키지용 Config.in은 정기적인 무선 소프트웨어 업데이트에 필요한 패키지를 선택한다.

```
$ cat package/acme/production/Config.in
config BR2_PACKAGE_PRODUCTION
      bool "production"
      select BR2_PACKAGE_DCRON
      select BR2_PACKAGE_LIBCURL
      select BR2_PACKAGE_LIBCURL_CURL
      select BR2_PACKAGE_LIBCURL_VERBOSE
      select BR2_PACKAGE_JQ
      help
        The production image overlay for Acme's SuperGizmo.
```

강제 OTA 업데이트는 종종 개발과 양산 환경에 바람직하지 않으므로, 이들 패키지는 해당 이미지에서 제외된다. production 이미지에는 curl을 사용해 OTA 서버에 새로 사

용 가능한 소프트웨어 업데이트를 쿼리하는 download-apply-update 스크립트가 포함돼
있다. 공개 SSL 인증서도 온보드에 포함돼 있어 curl이 OTA 서버의 신뢰성을 확인할 수
있다. dcron 데몬은 순간적인 몰림을 피하기 위해 시간에 약간의 변동을 줘서 10~20분
마다 download-apply-update를 실행하도록 구성된다. 최신 업데이트를 사용할 수 있는
경우, 스크립트는 재부팅하기 전에 이미지를 다운로드하고 확인하고 마이크로SD 카드
에 저장한다. 다음은 관련 내용을 package/acme/production/production.mk에서 발
췌한 것이다.

```
define PRODUCTION_INSTALL_TARGET_CMDS
    $(INSTALL) -D -m 0644 $(@D)/inittab $(TARGET_DIR)/etc/inittab
    $(INSTALL) -D -m 0644 $(@D)/dcron-root $(TARGET_DIR)/etc/cron.d/root
    $(INSTALL) -D -m 0775 $(@D)/download-apply-update $(TARGET_DIR)/usr/
sbin/download-apply-update
    $(INSTALL) -D -m 0644 $(@D)/ota.acme.com.crt $(TARGET_DIR)/etc/ssl/
certs/ota.acme.com.crt
    $(INSTALL) -D -m 0644 $(@D)/ntpd.etc.conf $(TARGET_DIR)/etc/ntp.conf
endef
```

production 이미지 cd를 br2-external 트리의 루트에 빌드하고 다음 명령을 실행한다.

```
$ make clean
$ make supergizmo_production_defconfig
$ make
```

Acme SuperGizmo의 development와 manufacturing 이미지를 빌드하는 단계는
defconfig의 선택만 다르다. 세 가지 defconfig는 이미지 선택에 따라 BR2_PACKAGE_DEVEL
OPMENT=y나 BR2_PACKAGE_PRODUCTION=y, BR2_PACKAGE_MANUFACTURING=y인 마지막 줄을 제
외하고 거의 동일하다. 3개의 umbrella 패키지는 상호 배타적이므로 동일한 이미지에
포함할 umbrella 패키지를 2개 이상 선택하지 말아야 한다. 그렇지 않으면 예기치 않은
결과가 발생할 수 있다.

서비스 관리

/etc/sv 아래에 run 스크립트가 있는 서비스 디렉터리를 만들고 BusyBox init이 runsvdir을 시작하도록 하면, BusyBox runit이 나머지 모든 것을 처리한다. 거기에는 제어하에 있는 모든 서비스의 시작, 중지, 모니터링, 다시 시작이 포함된다. runsvdir 유틸리티는 각 서비스 디렉터리에 대해 runsv 프로세스를 시작하고, 종료되면 runsv 프로세스를 다시 시작한다. run 스크립트는 포그라운드에서 각각의 데몬을 실행하기 때문에 runsv는 run에 의해 실행이 중단될 것으로 예상하므로, run의 실행이 종료되면 runsv가 자동으로 다시 시작한다.

run 스크립트가 크래시^{crash}할 수 있으므로, 시스템 시작 중에는 서비스 자동 재시작이 바람직하다. 서비스가 차례로 시작되는 대신 거의 동시에 시작되는 BusyBox runit에서 특히 그렇다. 예를 들어, 의존하는 서비스나 필수 시스템 리소스(예: GPIO나 장치 드라이버)를 아직 사용할 수 없는 경우 서비스가 시작되지 않을 수 있다. 다음 절에서는 시스템 시작 순서가 결정적인 상태를 유지하도록 서비스 간의 의존성을 표현하는 방법을 살펴본다.

다음은 간단한 임베디드 리눅스 시스템에서 실행되는 runsv 프로세스다.

```
# ps aux | grep "[r]unsv"
  177 root     runsvdir /etc/sv
  179 root     runsv ntpd
  180 root     runsv haveged
  181 root     runsv syslogd
  182 root     runsv dcron
  185 root     runsv dbus
  187 root     runsv bluetoothd
  192 root     runsv watchdog
  195 root     runsv connmand
  199 root     runsv sshd
  202 root     runsv klogd
```

inittab의 runsvdir /etc/sv 명령은 PID가 177이 되기 전까지 실행되지 않는다. PID가 1인 프로세스는 /sbin/init이며, 이는 /bin/busybox를 가리키는 심볼릭 링크일 뿐이다. PID 2~176(표시되지 않음)은 모두 커널 스레드와 시스템 서비스이므로 해당 명령은 ps로 표시될 때 대괄호 안에 표시된다. 대괄호는 프로세스에 연결된 실제 명령줄이 없음을 뜻한다. connmand와 bluetoothd는 둘 다 시작하기 위해 D-Bus에 의존하므로, runsv는 D-Bus가 시작돼 실행되기 전에 두 서비스 중 하나를 여러 번 다시 시작했을 수 있다.

```
# pstree -a
init
  |-getty -L 115200 ttyS0
  |-hciattach /dev/ttyAMA0 bcm43xx 921600 flow -
60:81:f9:b0:8a:02
  |-runsvdir /etc/sv
  |    |-runsv ntpd
  |    |    `-ntpd -u ntp -c /etc/ntp.conf -U 60 -g -n
  |    |        `-{ntpd}
  |    |-runsv haveged
  |    |    `-haveged -w 1024 -r 0 -F
  |    |-runsv syslogd
  |    |    `-syslogd -n -O /var/data/log/messages -b 99 -s 1000
  |    |-runsv dcron
  |    |-runsv dbus
  |    |    `-dbus-daemon --system --nofork --nopidfile --syslogonly
  |    |-runsv bluetoothd
  |    |    `-bluetoothd -E --noplugin=* -n
  |    |-runsv watchdog
  |    |    `-watchdog -T 10 -F /dev/watchdog
  |    |-runsv connmand
  |    |    `-connmand -n
  |    |-runsv sshd
  |    |    `-sshd -D
  |    `-runsv klogd
  |        `-klogd -n
  `-wpa_supplicant -u
```

일부 서비스는 시작하기 전에 인터넷 연결이 필요하며, DHCP의 비동기 특성으로 인해 서비스 시작이 몇 초 지연될 수 있다. connmand는 이 시스템의 모든 네트워크 인터페이스를 관리하므로 이들 서비스는 결국 connmand에 의존한다. 네트워크 간 전환이나 DHCP 임대lease 갱신으로 인해 장치의 IP 주소가 변경된 경우, 이들 동일한 서비스 중 다수를 다시 시작해야 할 수 있다. 다행히 BusyBox runit은 명령줄에서 서비스를 쉽게 다시 시작할 수 있는 방법을 제공한다.

서비스 제어하기

BusyBox runit은 서비스 관리와 검사를 위한 sv 명령줄 도구를 제공한다.

```
# sv --help
BusyBox v1.31.1 () multi-call binary.

Usage: sv [-v] [-w SEC] CMD SERVICE_DIR...

Control services monitored by runsv supervisor.
Commands (only first character is enough):

status: query service status
up: if service isn't running, start it. If service stops,
restart it
once: like 'up', but if service stops, don't restart it
down: send TERM and CONT signals. If ./run exits, start ./
finish
    if it exists. After it stops, don't restart service
exit: send TERM and CONT signals to service and log service. If
they exit,
    runsv exits too
pause, cont, hup, alarm, interrupt, quit, 1, 2, term, kill:
send
STOP, CONT, HUP, ALRM, INT, QUIT, USR1, USR2, TERM, KILL signal
to service
```

sv에 대한 도움말 메시지는 up, Once, down, exit 명령이 수행하는 작업을 설명한다. 또한 pause, cont, hup, alarm, interrupt, quit, 1, 2, term, kill 명령이 POSIX 신호에 직접 매핑되는 방식도 보여준다. 각 명령의 첫 번째 문자만 사용해도 명령을 호출하기에 충분하다.

타깃 서비스로 ntpd를 사용해 다양한 sv 명령을 실험해보자. 여러분의 상태 시간[status time]은 명령 사이에 흐른 시간에 따라 다를 수 있다.

1. ntpd 서비스를 다시 시작한다.

```
# sv t /etc/sv/ntpd
# sv s /etc/sv/ntpd
run: /etc/sv/ntpd: (pid 1669) 6s
```

sv t 명령은 서비스를 다시 시작하고 sv s 명령은 상태를 가져온다. t는 term의 약자이므로 sv t는 서비스를 다시 시작하기 전에 서비스에 TERM 신호를 보낸다. 상태 메시지는 ntpd가 다시 시작한 후 6초 동안 실행되고 있음을 알린다.

2. 이제 sv d를 사용해 ntpd 서비스를 중지할 때 상태에 어떤 일이 발생하는지 살펴보자.

```
# sv d /etc/sv/ntpd
# sv s /etc/sv/ntpd
down: /etc/sv/ntpd: 7s, normally up
```

이번에는 상태 메시지가 ntpd가 중지된 후 7초 동안 다운됐음을 나타낸다.

3. ntpd 서비스를 다시 시작한다.

```
# sv u /etc/sv/ntpd
# sv s /etc/sv/ntpd
run: /etc/sv/ntpd: (pid 2756) 5s
```

상태 메시지는 이제 ntpd가 시작된 후 5초 동안 실행되고 있음을 알려준다. ntpd가 다시 시작된 후 일정 시간 동안 시스템이 실행됐으므로 PID가 이전보다 높다는 점에 유의한다.

4. ntpd의 일회성 시작을 수행한다.

```
# sv o /etc/sv/ntpd
# sv s /etc/sv/ntpd
run: /etc/sv/ntpd: (pid 3795) 3s, want down
```

sv o 명령은 타깃 서비스가 중지될 경우 다시 시작하지 않는다는 점을 제외하고는 sv u와 비슷하다. sv k /etc/sv/ntpd를 사용해 ntpd 서비스에 KILL 신호를 보내면 ntpd 서비스가 다운되고 계속 다운된 상태가 유지됨을 관찰해 확인할 수 있다.

다음은 지금까지 다룬 sv 명령의 긴 형태다.

```
# sv term /etc/sv/ntpd
# sv status /etc/sv/ntpd
# sv down /etc/sv/ntpd
# sv up /etc/sv/ntpd
# sv once /etc/sv/ntpd
```

서비스에 조건부 에러나 신호 처리가 필요한 경우, finish 스크립트 안에 해당 논리를 정의할 수 있다. 서비스 finish 스크립트는 선택 사항이며 실행이 종료될 때마다 실행된다. finish 스크립트는 2개의 인자를 사용하는데, $1은 run이 리턴한 종료 코드[exit code]이고, $2는 waitpid 시스템 호출에 의해 결정된 종료 상태[exit status]의 최하위 바이트다. 종료 코드는 run이 정상적으로 종료되면 0이고 run이 비정상적으로 종료되면 -1이다. 상태 바이트는 run이 정상적으로 종료되면 0이고 run이 시그널에 의해 종료되면 시그널 번호다. runsv가 run을 시작할 수 없는 경우, 종료 코드는 1이고 상태 바이트는 0이다.

IP 주소 변경을 감지하는 서비스는 sv t를 실행해 네트워크 서비스를 다시 시작할 수 있다. 이는 ifplugd가 IP 주소 변경 대신 이더넷 링크 상태를 기반으로 트리거한다는 점을 제외하고 ifplugd가 수행하는 작업과 비슷하다. 이들 서비스는 모든 네트워크 인터페이스를 지속적으로 폴링하는 단일 while 루프로 구성된 셸 스크립트만큼 간단할 수 있다. 서비스 간에 통신하는 방법으로 run이나 finish 스크립트에서 sv 명령을 실행할 수도 있는데, 지금부터 그 방법을 살펴보자.

⁘ 다른 서비스에 대한 의존성

connmand와 bluetoothd 같은 일부 서비스에 D-Bus가 어떻게 필요한지를 언급했다. D-Bus는 발행-구독[publish-subscribe] 프로세스 간 통신을 가능하게 하는 메시지 시스템 버스다. D-Bus용 Buildroot 패키지는 시스템 dbus-daemon과 참조 libdbus 라이브러리를 제공한다. libdbus 라이브러리는 저수준 D-Bus C API를 구현하지만 libdbus에 대한 고수준 바인딩은 파이썬 등의 다른 언어용도 있다. 일부 언어는 libdbus에 전혀 의존하지 않는 D-Bus 프로토콜의 대체 구현도 제공한다. connmand와 bluetoothd 같은 D-Bus 서비스는 시작하기 전에 시스템 dbus-daemon이 이미 실행 중일 것으로 기대한다.

시작 의존성

공식 runit 문서에서는 sv start를 사용해 runit이 제어하는 다른 서비스에 대한 의존성을 표현할 것을 권장한다. connmand가 시작되기 전에 D-Bus가 사용 가능한지 확인하려면, /etc/sv/connmand/run을 적절하게 정의해야 한다.

```
#!/bin/sh
/bin/sv start /etc/sv/dbus > /dev/null || exit 1
exec /usr/sbin/connmand -n
```

sv start /etc/sv/dbus는 시스템 dbus-daemon이 아직 실행되고 있지 않은 경우 시작하려고 시도한다. sv start 명령은 서비스를 시작하기 위해 -w 인자나 SVWAIT 환경 변수에 의해 지정된 시간(초)까지 대기한다는 점을 제외하고는 sv up과 비슷하다. -w 인자나 SVWAIT 환경 변수가 정의되지 않은 경우 디폴트 최대 대기 시간은 7초다. 서비스가 이미 작동 중이면 성공을 뜻하는 종료 코드 0을 리턴한다. 종료 코드 1은 실패를 나타내며, /etc/sv/connmand/run이 connmand를 시작하지 않고 조기 종료되도록 한다. connmand를 모니터링하는 runsv 프로세스는 결국 성공할 때까지 서비스 시작을 계속 시도한다.

Void의 run에서 파생된 우리의 /etc/sv/dbus/run은 다음과 같다.

```
#!/bin/sh
[ ! -d /var/run/dbus ] && /bin/install -m755 -g 22 -o 22 -d /var/run/dbus
[ -d /tmp/dbus ] || /bin/mkdir -p /tmp/dbus
exec /bin/dbus-daemon --system --nofork --nopidfile --syslog-only
```

이를 Buildroot의 /etc/init.d/S30dbus에서 발췌한 다음 코드와 비교해보자.

```
# Create needed directories.
[ -d /var/run/dbus ] || mkdir -p /var/run/dbus
```

```
[ -d /var/lock/subsys ] || mkdir -p /var/lock/subsys
[ -d /tmp/dbus ] || mkdir -p /tmp/dbus
RETVAL = 0
start() {
    printf "Starting system message bus: "
    dbus-uuidgen --ensure
    dbus-daemon --system
    RETVAL=$?
    echo "done"
    [ $RETVAL -eq 0 ] && touch /var/lock/subsys/dbus-daemon
}

stop() {
    printf "Stopping system message bus: "
    ## we don't want to kill all the per-user $processname, we
want
    ## to use the pid file *only*; because we use the fake
nonexistent
    ## program name "$servicename" that should be safe-ish
    killall dbus-daemon
    RETVAL=$?
    echo "done"
    if [ $RETVAL -eq 0 ]; then
        rm -f /var/lock/subsys/dbus-daemon
        rm -f /var/run/messagebus.pid
    fi
}
```

D-Bus 서비스 스크립트의 Buildroot 버전이 얼마나 더 복잡한지 주목하길 바란다. runit은 포그라운드에서 dbus-daemon을 실행하기 때문에 lock이나 pid 파일, 그리고 이와 관련된 모든 격식이 필요치 않다. runit의 경우에는 삭제할 dbus-daemon이나 pid 또는 lock 파일이 없다는 점을 제외하고 앞의 stop() 함수가 좋은 finish 스크립트가 된다고 가정할 수 있다. 서비스 finish 스크립트는 runit에서 선택 사항이므로 의미 있는 작업을 위해서만 사용하도록 예약돼 있다.

커스텀 시작 의존성

/etc/sv/dbus 디렉터리에 check가 있는 경우, sv는 이 스크립트를 실행해 서비스가 사용 가능한지 여부를 검사한다. check가 0으로 종료되면 서비스가 사용 가능한 것으로 간주된다. check 메커니즘을 사용하면 실행 중인 프로세스 외에 사용 가능한 서비스에 대한 추가 사후 조건을 표현할 수 있다. 예를 들어, connmand가 시작됐다고 해서 반드시 인터넷 연결이 설정됐다는 의미는 아니다. check 스크립트는 다른 서비스가 시작되기 전에 서비스가 의도한 작업을 완료하는지 확인한다.

Wi-Fi가 작동 중인지 여부를 확인하기 위해 다음과 같이 check를 정의할 수 있다.

```
#!/bin/sh
WIFI_STATE=$(cat /sys/class/net/wlan0/operstate)
"$WIFI_STATE" = "up" || exit 1
exit 0
```

앞의 스크립트를 /etc/sv/connmand/check에 설치하면 Wi-Fi가 connmand 서비스를 시작하기 위한 요구 사항으로 설정된다. 그렇게 하면, sv start /etc/sv/connmand를 실행할 때 connmand가 실행 중이더라도 Wi-Fi 인터페이스가 작동 중인 경우에만 명령이 종료 코드 0을 리턴한다.

sv check 명령을 사용하면 서비스를 시작하지 않고 check 스크립트를 실행할 수 있다. sv start와 마찬가지로 check가 서비스 디렉터리에 있으면, sv는 이 스크립트를 실행해 서비스를 사용할 수 있는지 여부를 확인한다. check가 0으로 종료되면 서비스가 사용 가능한 것으로 간주된다. sv는 check가 종료 코드 0을 리턴할 때까지 최대 7초를 기다린다. sv start와 달리, check가 0이 아닌 종료 코드를 리턴하면 sv는 서비스 시작을 시도하지 않는다.

모두 합치기

sv start와 check 메커니즘을 통해 서비스 간의 시작 의존성을 표현하는 방법을 살펴봤다. 이러한 기능을 finish 스크립트와 결합하면 프로세스 감독 트리를 구성할 수 있다. 예를 들어, 상위 프로세스의 역할을 하는 서비스는 중지될 때 종속 하위 서비스를 중단하기 위해 sv down을 호출할 수 있다. 이 고급 수준의 커스터마이제이션은 BusyBox runit을 매우 강력하게 만드는 것으로, 간단하고 잘 정의된 셸 스크립트만 사용해 원하는 대로 작동하도록 시스템을 조정할 수 있다. 관리 트리를 자세히 알아보려면 얼랭^{Erlang} 결함 포용성에 대한 문헌을 참고하길 바란다.

전용 서비스 로깅

전용 서비스 로깅은 단일 데몬에서 나오는 출력만 기록한다. 다른 서비스에 대한 진단 데이터가 별도의 로그 파일에 분리되므로 전용 로깅이 좋다. syslogd와 같은 중앙 집중식 시스템 로깅에 의해 생성된 일체식 로그 파일은 종종 분리해서 해석하기 어렵다. 두 가지 형태의 로깅은 각각 장점이 있는데, 전용 로깅은 가독성이 뛰어나고 중앙 집중식 로깅은 맥락을 제공한다. 서비스는 각각 전용 로깅을 가질 수 있으며 여전히 syslog에 쓸 수 있으므로 어느 쪽도 희생하지 않는다.

어떻게 동작하는가?

서비스 실행 스크립트는 포그라운드에서 실행되므로, 서비스에 전용 로깅을 추가하면 서비스의 run의 표준 출력을 로그 파일로 리디렉션할 뿐이다. 타깃 서비스 디렉터리 내부에 또 다른 run 스크립트가 포함된 log 서브디렉터리를 생성함으로써 전용 서비스 로깅을 활성화 가능하다. 이 추가 run 스크립트는 서비스 자체가 아니라 서비스의 로깅을 위한 것이다. 이 로그 디렉터리가 있으면, 서비스 디렉터리의 run 프로세스 출력에서 log 디렉터리의 run 프로세스 입력으로 파이프가 열린다.

다음은 sshd의 서비스 디렉터리 레이아웃을 보여주는 예다.

```
# tree etc/sv/sshd
etc/sv/sshd
|-- finish
|-- log
|   `-- run
`-- run
```

좀 더 정확히 말해, BusyBox runit runsv 프로세스가 이 서비스 디렉터리 레이아웃을 만나면 sshd/run과 sshd/finish를 시작하는 것 외에도 필요한 경우 여러 작업을 수행한다.

1. 파이프를 생성한다.

2. run과 finish의 표준 출력을 파이프로 리디렉션한다.

3. log 디렉터리로 전환한다.

4. log/run을 시작한다.

5. log/run의 표준 입력을 파이프에서 읽도록 리디렉션한다.

runsv는 sshd/run을 시작하고 모니터링하는 것처럼 sshd/log/run을 시작하고 모니터링한다. sshd용 로깅을 추가하면 sv d /etc/sv/sshd가 sshd만 중지함을 알 수 있다. 로깅을 중지하려면, sv d /etc/sv/sshd/log를 입력하거나 해당 명령을 /etc/sv/sshd/finish 스크립트에 추가해야 한다.

서비스에 전용 로깅 추가하기

BusyBox runit은 로그/실행 스크립트에 사용할 svlogd 로깅 데몬을 제공한다.

```
# svlogd --help
BusyBox v1.31.1 () multi-call binary.

Usage: svlogd [-tttv] [-r C] [-R CHARS] [-1 MATCHLEN] [-b
```

```
BUFLEN] DIR...

Read log data from stdin and write to rotated log files in DIRs

-r C        Replace non-printable characters with C
-R CHARS    Also replace CHARS with C (default _)
-t          Timestamp with @tai64n
-tt         Timestamp with yyyy-mm-dd_hh:mm:ss.sssss
-ttt        Timestamp with yyyy-mm-ddThh:mm:ss.sssss
-v          Verbose
```

svlogd에는 인자로 하나 이상의 DIR 출력 디렉터리 경로가 필요하다. 기존 BusyBox runit 서비스에 전용 로깅을 추가하려면 다음을 수행한다.

1. 서비스 디렉터리 안에 log 서브디렉터리를 생성한다.

2. log 서브디렉터리에 run 스크립트를 생성한다.

3. run 스크립트를 실행 가능하게 만든다.

4. exec를 사용해 run 내에서 svlogd를 실행한다.

다음은 Void의 /etc/sv/sshd/log/run 스크립트다.

```
#!/bin/sh
[ -d /var/log/sshd ] || mkdir -p /var/log/sshd
exec chpst -u root:adm svlogd -t /var/log/sshd
```

svlogd는 sshd 로그 파일을 /var/log/sshd에 기록하므로, 해당 디렉터리가 아직 없으면 먼저 생성해야 한다. sshd 로그 파일을 유지하려면, runsvdir을 시작하기 전에 부팅 시 쓰기 가능한 플래시 파티션에 /var를 마운트하도록 inittab을 수정해야 할 수 있다. exec의 chpst -u root:adm 부분은 svlogd가 root 사용자와 adm 그룹 권한으로 실행되도록 한다.

-t 옵션은 로그 파일에 기록된 각 행 앞에 TAI64N 형식의 타임스탬프를 붙인다. TAI64N 타임스탬프는 정확하지만 사람이 읽기에 가장 좋은 것은 아니다. svlogd가 제

공하는 다른 타임스탬프 옵션은 -tt와 -ttt이다. 일부 데몬은 표준 출력에 자체 타임스탬프를 기록한다. 한 줄에 2개의 타임스탬프를 기록하지 않으려면 log/run svlogd 명령에서 -t 계열 옵션을 생략하면 된다.

klogd와 syslogd 서비스에 전용 로깅을 추가하고 싶을 수 있지만, 그 유혹을 이겨내길 바란다. klogd와 syslogd는 시스템 전반에 걸친 로깅 데몬이며 둘 다 자신이 하는 일에 매우 능숙하다. 로깅이 오작동하고 디버깅해야 하는 경우가 아니면 로깅이 수행하는 작업을 기록하는 것은 의미가 없다. stdout과 syslog에 모두 기록하는 서비스를 개발하는 경우 syslog 메시지 텍스트에서 타임스탬프를 제외해야 한다. syslog 프로토콜에는 타임스탬프를 포함할 수 있는 타임스탬프 필드가 포함돼 있다.

전용 로깅은 각각 별도의 프로세스에서 실행된다. 이러한 추가 로거[logger] 프로세스를 지원하는 데 필요한 추가 오버헤드는 임베디드 시스템을 설계할 때 고려해야 할 사항이다. 리소스가 제한된 시스템에서 BusyBox runit을 사용해 수많은 서비스를 관리하려는 경우, 전용 로깅을 추가할 서비스를 신중하게 선택하길 바란다. 그렇지 않으면 응답성이 저하될 수 있다.

로그 회전

svlogd는 각각 최대 100만 바이트 크기의 기본 로그 파일 10개를 사용해 로그 파일을 자동으로 회전[rotation]시킨다. 이러한 회전된 로그 파일은 svlogd에 인수로 전달된 하나 이상의 DIR 출력 디렉터리 경로에 기록된다. 물론 이들 회전 설정은 변경할 수 있지만, 이에 대해 설명하기 전에 로그 회전이 작동하는 방식을 설명하겠다.

svlogd가 NUM과 SIZE라는 두 값에 대해 어떻게든 알고 있다고 가정해보자. NUM은 보유할 로그 파일의 수이고, SIZE는 로그 파일의 최대 크기다. svlogd는 current라는 로그 파일에 로그 메시지를 추가한다. current의 크기가 SIZE 바이트에 도달하면 svlogd는 current를 회전시킨다.

current 파일을 회전시키기 위해 svlogd는 다음을 수행한다.

1. current 로그 파일을 닫는다.

2. current를 읽기 전용으로 만든다.

3. current의 이름을 @〈timestamp〉.s로 바꾼다.

4. 새 current 로그 파일을 만들고 쓰기를 시작한다.

5. 현재 로그 파일 외에 기존 로그 파일의 수를 계산한다.

6. count가 NUM 이상인 경우 가장 오래된 로그 파일을 삭제한다.

회전되는 current 로그 파일의 이름을 바꾸는 데 사용되는 〈timestamp〉는 생성이 아닌 파일 회전 시점의 타임스탬프다.

이제 SIZE, NUM, PATTERN을 살펴보자.

```
# svlogd --help
BusyBox v1.31.1 () multi-call binary.
[Usage not shown]
DIR/config file modifies behavior:
sSIZE - when to rotate logs (default 1000000, 0 disables)
nNUM - number of files to retain
!PROG - process rotated log with PROG
+,-PATTERN - (de)select line for logging
E,ePATTERN - (de)select line for stderr
```

이들 설정은 DIR/config 파일(존재하는 경우)에서 읽는다. SIZE가 0이면 로그 회전이 비활성화되며 디폴트 값이 아니다. 다음은 svlogd가 최대 100개의 로그 파일을 각각 최대 9,999,999바이트 크기로 유지하도록 하는 DIR/config 파일로, 하나의 출력 디렉터리에 기록되는 로그의 총 크기는 약 1GB이다.

```
s9999999
n100
```

여러 DIR 출력 디렉터리가 svlogd에 전달되면 svlogd는 모든 디렉터리에 기록한다. 동일한 메시지를 둘 이상의 디렉터리에 기록하려는 이유는 무엇일까? 대답은 동일한 메시지를 여러 디렉터리에 기록하지 않는다는 것이다. 모든 출력 디렉터리에는 자체 config 파일이 있으므로 패턴 일치를 사용해 어떤 메시지를 어떤 출력 디렉터리에 기록할지 선택한다.

길이가 N인 PATTERN을 가정하고, DIR/config의 행이 +나 -, E, e로 시작하면 svlogd는 그에 따라 PATTERN에 대해 각 로그 메시지의 처음 N 문자를 일치시킨다. +와 - 접두사는 current에 적용되고 E와 e 접두사는 표준 오류에 적용된다. +PATTERN은 일치하는 줄을 선택해 current에 로깅하고 -PATTERN은 걸러낸다. EPATTERN은 일치하는 줄을 선택해 표준 에러로 출력하고 ePATTERN은 걸러낸다.

⠿ 서비스에 시그널 보내기

앞서 '시작 의존성' 절에서는 sv 명령줄 도구를 사용해 서비스를 제어하는 방법을 보여 줬다. 그 후에는 sv start와 sv down 명령을 run과 finish 스크립트에서 사용해 서비스 간에 통신하는 방법을 시연했다. 여러분은 이미 sv 명령이 실행될 때 runsv가 관리하는 실행 프로세스에 POSIX 시그널을 보내고 있다고 추측했을 것이다. 그러나 여러분이 몰랐을 수도 있는 것은 sv 도구가 이름 있는 파이프를 통해 대상 runsv 프로세스를 제어한다는 점이다. 이름 있는 파이프 supervise/control과 선택적으로 log/supervise/control이 열려 다른 프로세스가 runsv에 명령을 보낼 수 있다. sv 명령으로 서비스에 신호를 보내는 것은 쉽지만, 원하는 경우 sv를 완전히 무시하고 control 파이프에 직접 제어 문자를 보낼 수 있다.

전용 로깅이 없는 서비스의 런타임 디렉터리 레이아웃은 다음과 같다.

```
# tree /etc/sv/syslogd
/etc/sv/syslogd
|-- run
`-- supervise
    |-- control
    |-- lock
    |-- ok
```

```
|-- pid
|-- stat
`-- status
```

/etc/sv/syslogd 아래의 control 파일은 서비스의 이름 있는 파이프다. pid와 stat 파일은 서비스의 라이브 PID와 상태값(run이나 down)을 담고 있다. supervise 서브디렉터리와 모든 콘텐츠는 시스템이 시작될 때 runsv syslogd에 의해 생성되고 채워진다. 서비스에 전용 로깅이 포함돼 있으면, runsv는 이에 대한 supervise 서브디렉터리도 생성한다.

다음 제어 문자(t, d, u, o)는 우리가 이미 만난 짧은 형태의 sv 명령(term, down, up, once)에 직접 매핑된다.

- **t term**: 서비스를 다시 시작하기 전에 프로세스에 TERM 신호를 보낸다.

- **d down**: 프로세스에 TERM 신호 다음에 CONT 신호를 보내고 다시 시작하지 않는다.

- **u up**: 서비스를 시작하고 프로세스가 종료되면 다시 시작한다.

- **o once**: 최대 7초 동안 서비스 시작을 시도하고 이후에는 다시 시작하지 않는다.

- **1**: 프로세스에 USR1 신호를 보낸다.

- **2**: 프로세스에 USR2 신호를 보낸다.

제어 문자 1과 2는 사용자 정의 신호에 해당하므로 특히 중요하다. USR1과 USR2 신호에 응답하는 방법을 결정하는 것은 수신 측의 서비스에 달려 있다. 서비스 확장을 담당하는 개발자인 경우 신호 처리기를 구현해 이를 수행할 수 있다. 2개의 사용자 정의 신호는 작업하기가 쉽지 않은 것처럼 보일 수 있지만, 이러한 개별 이벤트를 구성 파일에 기록된 업데이트와 결합하면 많은 것을 얻을 수 있다. 사용자 정의 신호에는 STOP, TERM, KILL 시그널처럼 실행 중인 프로세스를 중지하거나 종료할 필요가 없다는 추가 이점이 있다.

⠿ 요약

이번 장에서는 개인적으로 과소 평가되는 것으로 생각하는 비교적 덜 알려진 init 시스템을 자세히 설명했다. systemd와 마찬가지로 BusyBox runit은 부팅 중과 런타임에 서비스 간에 복잡한 종속성을 적용할 수 있다. 그것은 systemd보다 훨씬 더 간단하고 유닉스다운 방식으로 작업을 수행한다. 또한 부팅 시간과 관련해 BusyBox runit을 능가하는 것은 없다. 이미 Buildroot를 빌드 시스템으로 사용하고 있다면 장치의 init 시스템에 BusyBox runit을 고려하는 것이 좋다.

이번 '탐사'에서는 많은 부분을 다뤘다. 먼저 BusyBox runit을 장치에 가져오고 Buildroot를 사용해 시작하는 방법을 배웠다. 그런 다음, 트리 외부 umbrella 패키지를 사용해 다양한 방식으로 서비스를 조합하고 구성하는 방법을 살펴봤다. 이어서 라이브 프로세스 감독 트리를 살펴본 다음, 서비스 의존성과 이를 표현하는 방법을 알아봤다. 그다음에는 전용 로거를 추가하고 서비스에 대한 로그 회전을 구성하는 방법을 보여줬다. 마지막으로는 서비스가 서로 신호를 보내는 방법으로서 기존의 이름 있는 파이프에 쓰는 방법을 설명했다.

15장에서는 에너지 소비를 줄이는 방법을 보여주기 위해 리눅스 시스템의 전원 관리에 주의를 기울일 것이다. 이는 배터리 전원으로 실행되는 장치를 설계하는 경우 특히 유용하다.

⠿ 추가 자료

14장에서 소개된 주제에 대한 추가 정보는 다음 자료를 참고하길 바란다.

- Buildroot 사용자 매뉴얼: http://nightly.buildroot.org/manual.html#customize

- runit 문서runit documentation, 게릿 페이프Gerrit Pape: http://smarden.org/runit/

- Void 핸드북Void Handbook: https://docs.voidlinux.org/config/services

- 'Adopting Erlang', 트리스탄 슬로터[Tristan Sloughter], 프레드 헤버트[Fred Hebert], 에반 비질-맥클라나한[Evan Vigil-McClanahan]: https://adoptingerlang.org/docs/development/supervision_trees

15

전원 관리

배터리 전원으로 작동하는 장치의 경우 전원 관리는 매우 중요한 문제로, 전력 사용을 줄여야만 배터리 수명을 늘릴 수 있다. 주 전원을 사용하는 장치의 경우라도 전력 사용량을 줄이면 냉각의 필요성과 전기 요금을 줄일 수 있다. 15장에서는 다음과 같은 전원 관리의 네 가지 원칙을 소개할 것이다.

- 그럴 필요가 없다면 서두르지 말자.

- 유휴^{idle} 상태로 두는 것을 꺼리지 말자.

- 사용하지 않는 것을 *끄자*.

- 할 작업이 없다면 절전^{sleep} 모드로 바꾸자.

이를 좀 더 기술적인 용어로 바꾸면, 전원 관리 시스템은 CPU 클럭 주파수를 줄이기 위해 노력해야 한다는 뜻이다. 유휴 기간 동안에는 가능한 한 가장 깊은 절전 상태를 선택해야 하고, 사용되지 않는 주변 기기의 전원을 차단해 부하를 줄여야 한다. 또한 전체 시스템을 일시 중지^{suspend} 상태로 만들 수 있어야 하며, 그럼에도 전원 상태 변경 시 빠른 변환은 보장돼야 한다.

리눅스에는 이러한 사항들을 처리하는 기능이 있다. 이제부터 전원을 최대한 활용할 수 있도록 임베디드 시스템에 이들을 적용하는 방법을 다양한 예제와 함께 차례대로 설명한다.

시스템 전원 관리에 관한 용어 중 C-state와 P-state 같은 용어는 ACPI[Advanced Configuration and Power Interface] 스펙에서 가져온 것이며, 해당 부분은 틈틈이 설명하겠다. 전체 스펙은 '추가 자료' 절에서 확인할 수 있다.

15장에서 다루는 내용은 다음과 같다.

- 전력 사용량 측정

- 클럭 주파수 스케일링

- 가장 적합한 유휴 상태 선택하기

- 주변 기기 전원 끄기

- 시스템을 절전 모드로 전환하기

⁝⁝ 기술적 요구 사항

이 장의 예제를 따라 하려면 다음 사항을 준비해야 한다.

- 리눅스 기반 시스템

- 리눅스용 Etcher

- 마이크로SD 카드와 카드 리더

- USB to TTL 3.3V 시리얼 케이블

- 비글본 블랙

- 5V 1A DC 전원 공급 장치

- 네트워크 연결을 위한 이더넷 케이블과 연결 포트

이 장의 모든 코드는 이 책의 깃허브 저장소(https://github.com/PacktPublishing/Mastering-Embedded-Linux-Programming-Third-Edition)에 있는 Chapter15 폴더에서 찾을 수 있다.

전력 사용량 측정

이 장의 예제에서는 가상이 아닌 실제 하드웨어를 사용해야 한다. 즉, 실제 동작하는 전원 관리 기능이 있는 비글본 블랙이 필요하다는 의미다. 안타깝게도, meta-yocto-bsp 레이어와 함께 제공되는 비글본용 BSP에는 PMIC^{Power Management IC}에 필요한 펌웨어가 포함돼 있지 않으므로 미리 빌드된 데비안 이미지를 대신 사용해야 한다. meta-ti 레이어에 누락된 펌웨어가 있을 수 있지만, 이에 대해서는 알아보지 않았다. 비글본 블랙에 데비안을 설치하는 절차는 데비안 버전이 다른 것을 제외하고 12장, '브레이크아웃 보드를 이용한 프로토타이핑'에서 다룬 것과 동일하다.

비글본 블랙용 Debian Stretch IoT 마이크로SD 카드 이미지를 다운로드하려면 다음 명령을 실행한다.

```
$ wget https://debian.beagleboard.org/images/bone-debian-9.9-iot-armhf-2019-
08-03-4gb.img.xz
```

10.3(Buster라고도 함)은 이 책을 쓸 당시 AM335x 기반 비글본 보드를 위한 최신 데비안 이미지였다. 다만, 데비안 10.3에 포함된 리눅스 커널에는 일부 전원 관리 기능이 없으므로 이 장의 예제에서는 데비안 9.9를 사용할 것이다. 마이크로SD 카드에 Debian Stretch IoT 이미지의 다운로드가 완료되면 Etcher를 사용해 마이크로SD 카드에 기록한다.

NOTE

가능하면, 15장의 예제를 위해서는 BeagleBoard.org에서 최신 데비안 이미지 대신 버전 9.9(Stretch라고도 함)를 다운로드하길 바란다. 버전 10.3에서는 CPUIdle 드라이버가 누락됐으므로 해당 버전의 배포판에는 menu와 ladder CPUIdle 거버너가 없다. 버전 9.9가 더 이상 사용 가능하지 않거나 지원되지 않으면 BeagleBoard.org에서 10.3보다 최신 버전의 데비안을 다운로드해 사용해보자.

이제 비글본 보드에 전원이 공급되지 않은 상태에서 마이크로SD 카드를 리더에 삽입하고 시리얼 케이블을 연결하자. 시리얼 포트는 PC에서 /dev/ttyUSB0으로 나타나야 한다. gtkterm, minicom, picocom과 같은 적절한 터미널 프로그램을 시작하고 흐름 제어 없이 115200bps(초당 비트 수)로 포트에 연결한다. gtkterm이 아마도 설정이나 사용이 가장 쉬울 것이다.

```
$ gtkterm -p /dev/ttyUSB0 -s 115200
```

권한 오류가 발생했다면, dialout 그룹에 자신을 추가한 후 이 포트를 사용하기 위해 재부팅해야 할 수 있다.

비글본 블랙의 마이크로SD 슬롯에 가장 가깝게 위치한 부팅 스위치Boot Switch 버튼을 길게 누르고, 외부 5V 전원 커넥터를 사용해 보드의 전원을 켠 다음, 약 5초 후에 버튼에서 손을 뗀다. 그럼 U-Boot와 커널 로그가 출력되고, 마지막으로 시리얼 콘솔에 로그인 프롬프트가 뜰 것이다.

```
Debian GNU/Linux 9 beaglebone ttyS0

BeagleBoard.org Debian Image 2019-08-03

Support/FAQ: http://elinux.org/Beagleboard:BeagleBoneBlack_Debian

default username:password is [debian:temppwd]

beaglebone login: debian
Password:
```

debian 사용자로 로그인하자. 암호는 위 스크린샷에서 본 것처럼 temppwd이다.

NOTE

많은 비글본 블랙 보드가 온보드 플래시에 이미 데비안이 설치된 상태로 제공되므로, 마이크로SD 카드를 삽입하지 않아도 부팅된다. 만약 BeagleBoard.org Debian Image 2019-08-03 메시지가 암호 프롬프트 전에 표시되면, 비글본 블랙이 마이크로SD의 debian 9.9 이미지로 부팅됐다는 의미다. 암호 프롬프트 전에 다른 데비안 릴리스 메시지가 출력되면 마이크로SD 카드가 제대로 삽입됐는지 확인하길 바란다.

어떤 데비안 버전이 실행 중인지 확인하려면 다음 명령을 실행한다.

```
debian@beaglebone:~$ cat /etc/os-release
PRETTY_NAME="Debian GNU/Linux 9 (stretch)"
NAME="Debian GNU/Linux"
VERSION_ID="9"
VERSION="9 (stretch)"
ID=debian
HOME_URL="https://www.debian.org/"
SUPPORT_URL="https://www.debian.org/support"
BUG_REPORT_URL="https://bugs.debian.org/"
```

이제 전원 관리가 동작 중인지 확인해보자.

```
debian@beaglebone:~$ cat /sys/power/state
freeze standby mem disk
```

네 가지 상태를 모두 확인할 수 있다면, 모든 것이 잘 동작하고 있다는 의미다. 만약 freeze만 나온다면 전원 관리의 서브시스템이 동작하고 있지 않다는 것이다. 이전 단계로 돌아가서 다시 확인해보자.

그럼 이제 전력 사용량을 측정할 수 있다. 이를 측정하는 방법으로는 외부에서 측정하는 방식과 내부에서 측정하는 방식 두 가지가 있다. 시스템 외부로부터 전류를 측정하려면 전류를 측정하기 위한 전류계와 전압을 측정하기 위한 전압계가 필요하며, 이 두 값을 곱해서 와트 값을 얻을 수 있다. 전력량을 보여주는 기본 계량기를 사용해도 되고 (이 경우 값을 직접 적어야 한다), 아니면 좀 더 정교하게 데이터 로깅이 결합돼 밀리초 단위로 값이 변할 때 전력 변화를 확인할 수 있는 계량기를 사용해도 된다. 이 장에서는 비글본의 전원으로 미니 USB 포트를 사용했으며 저렴한 USB 전원 측정기를 사용했다.

또 다른 접근 방법은 리눅스에 내장된 모니터링 시스템을 사용하는 것이다. sysfs를 통해 많은 정보가 이미 보고되고 있으며, 또한 다양한 소스에서 정보를 모아 한곳에서 볼 수 있는 PowerTOP이라는 매우 유용한 프로그램도 있다. PowerTOP은 Yocto 프로젝트와 Buildroot 패키지에서 모두 사용할 수 있으며, 데비안에도 설치할 수 있다.

Debian Stretch IoT에서 비글본 블랙에 PowerTop을 설치하려면 다음을 실행한다.

```
debian@beaglebone:~$ sudo apt update
[…]
debian@beaglebone:~$ sudo apt install powertop
Reading package lists... Done
Building dependency tree
Reading state information... Done
Suggested packages:
    laptop-mode-tools
The following NEW packages will be installed:
    powertop
0 upgraded, 1 newly installed, 0 to remove and 151 not
upgraded.
Need to get 177 kB of archives.
After this operation, 441 kB of additional disk space will be
used.
Get:1 http://deb.debian.org/debian stretch/main armhf powertop
armhf 2.8-1+b1 [177 kB]
Fetched 177 kB in 0s (526 kB/s)
```

PowerTOP을 설치하기 전에 비글본 블랙을 이더넷에 연결하고 사용 가능한 패키지 목록을 업데이트하는 것을 잊지 말자.

다음은 비글본 블랙에서 실행한 PowerTOP의 예제다.

616

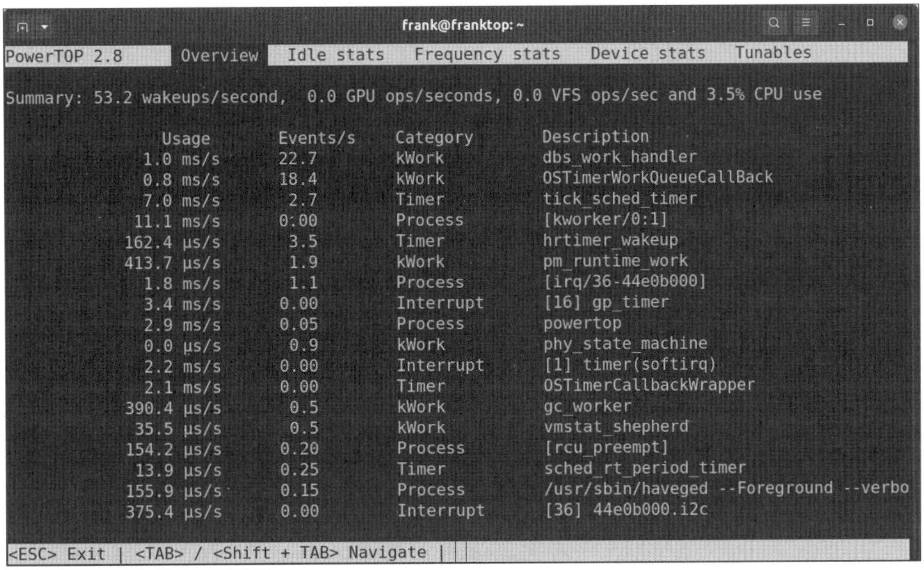

그림 15.1 PowerTOP 개요

이 스크린샷에서는 시스템이 굉장히 조용하며 CPU 사용량이 겨우 3.5%에 불과하다는 것을 알 수 있다. 이후 'CPUFreq 사용' 절과 'CPUIdle 드라이버' 절에서 더 흥미로운 예제를 보여주겠다.

이제 전력 소비를 측정할 수 있는 방법이 있으므로 임베디드 시스템에서 전력을 관리하는 데 가장 중요한 것 중 하나인 클럭 주파수를 살펴본다.

클럭 주파수 스케일링

모두 알다시피, 1KM를 달리는 것은 동일한 거리를 걷는 것보다 더 많은 에너지를 필요로 한다. 이와 비슷하게 CPU를 낮은 주파수에서 실행하면 에너지를 절약할 수 있다. 다음을 한번 살펴보자.

코드를 실행할 때 CPU가 소비하는 전력은 다른 것들 중 게이트 누설 전류gate leakage current로 인한 정적static 컴포넌트와 게이트를 스위칭할 때 발생하는 동적dynamic 컴포넌트의 합이다.

$$P_{cpu} = P_{static} + P_{dyn}$$

동적 전력 컴포넌트는 스위칭되는 논리 게이트의 총 정전 용량^{capacitance}, 클럭 주파수, 전압의 제곱에 따라 달라진다.

$$P_{dyn} = CfV^2$$

여기서, 주어진 루틴을 실행하려면 동일한 횟수의 CPU 사이클이 완료돼야 하므로 주파수를 바꾼다고 하더라도 전력을 전혀 절약할 수 없다는 사실을 알 수 있다. 주파수를 절반으로 줄이면 계산을 완료하는 데 두 배의 시간이 걸리지만, 동적 전원 컴포넌트 때문에 소비되는 총전력은 동일하다. 사실, 주파수를 줄이면 CPU가 유휴 상태가 되기까지 오랜 시간이 걸리기 때문에 실제 전력 예산이 증가할 수도 있다. 따라서 이러한 조건에서는 가능한 한 가장 높은 주파수를 사용해 CPU가 빠르게 유휴 상태로 되돌아갈 수 있도록 하는 것이 가장 좋다. 이것을 유휴 상태로의 전환^{race to idle}이라고 한다.

> **NOTE**
>
> 주파수를 줄여야 하는 또 다른 이유 중 하나는 바로 온도 관리에 있으며, 패키지의 온도를 일정한 범위 내로 유지하기 위해 낮은 주파수에서 작동해야만 할 수도 있다. 하지만 이것이 우리가 지금 집중하고 싶은 부분은 아니다.

따라서 전력 사용을 줄이려면 CPU 코어가 동작하는 전압을 변경할 수 있어야 하지만, 전압에는 게이트의 스위칭이 신뢰할 수 없는 상태가 되는 최대 주파수가 존재한다. 높은 주파수는 더 높은 전압이 필요하므로 2개를 함께 조정해야만 한다. 이를 위해 대부분의 SoC에는 동적 전압과 주파수 스케일링^{DVFS, Dynamic Voltage and Frequency Scaling}이라는 기능이 구현돼 있다. 제조업체에서는 코어 주파수와 전압의 최적 조합을 계산했으며, 각 조합을 동작 성능 점수^{OPP, Operating Performance Point}라고 한다. ACPI에서는 이를 P-state라고 부르며, P0이 가장 높은 주파수를 사용하는 OPP이다. OPP는 주파수와 전압의 조합이지만 사실 주파수 컴포넌트 자체로 더 많이 참조되는 편이다.

P-state 사이를 전환하려면 커널 드라이버가 필요하다. 다음으로는 해당 드라이버와 이를 제어하는 거버너^{governor}를 살펴본다.

CPUFreq 드라이버

리눅스에는 OPP 간 전환을 관리하는 CPUFreq라는 컴포넌트가 있다. 이 컴포넌트는 각 SoC용 패키지에 대한 지원의 일부로, 하나의 OPP에서 다른 OPP로 전환할 수 있게 해주는 드라이버(drivers/cpufreq에 위치)와 이를 언제 전환해야 할지에 대한 정책을 구현하는 거버너 목록으로 이뤄져 있다. 이는 /sys/devices/system/cpu/cpuN/cpufreq 디렉터리를 통해 CPU 단위로 제어되며, 여기서 N은 CPU의 번호다. 이 디렉터리에는 많은 파일이 있지만, 특히 흥미로운 파일은 다음과 같다.

- **cpuinfo_cur_freq, cpuinfo_max_freq, cpuinfo_min_freq**: 이 CPU의 현재 주파수와 최댓값 및 최솟값(KHz)

- **cpuinfo_transition_latency**: 한 OPP에서 다른 OPP로 전환하는 데 걸린 시간(나노초 단위). 값을 모르는 경우 -1로 설정됨

- **scaling_available_frequencies**: 이 CPU에서 사용할 수 있는 OPP 주파수 목록

- **scaling_available_governors**: 이 CPU에서 사용할 수 있는 거버너 목록

- **scaling_governor**: 현재 사용되고 있는 CPUFreq 거버너

- **scaling_max_freq and scaling_min_freq**: 거버너가 사용할 수 있는 주파수 범위(KHz)

- **scaling_setspeed**: 거버너가 userspace일 때 수동으로 주파수를 설정할 수 있는 파일. 다음 절의 마지막 부분에서 설명한다.

거버너는 OPP를 변경할 정책을 설정한다. scaling_min_freq와 scaling_max_freq의 범위 내에서 주파수를 설정할 수 있으며 거버너의 이름은 다음과 같다.

- **powersave**: 항상 가장 낮은 주파수를 선택한다.

- **performance**: 항상 가장 높은 주파수를 선택한다.

- **ondemand**: CPU 사용률을 기준으로 주파수를 변경한다. CPU가 유휴 상태로 있는 시간이 전체 시간의 20% 미만이라면 주파수를 최댓값으로 설정한다. 30% 이상

유휴 상태였다면 주파수를 5%만큼 감소시킨다.

- **conservative**: ondemand 방식이지만, 최고 주파수로 바로 전환하는 것이 아니라 5%씩 차례로 전환한다.

- **userspace**: 사용자 공간 프로그램이 주파수를 설정한다.

데비안이 시작할 때 기본 거버너의 값은 performance이다.

```
$ cd /sys/devices/system/cpu/cpu0/cpufreq
$ cat scaling_governor
performance
```

이 장의 예제에 사용해야 하는 거버너인 ondemand 거버너로 전환하려면 다음 명령을 실행한다.

```
$ sudo cpupower frequency-set -g ondemand
[sudo] password for debian:
Setting cpu: 0
```

암호 프롬프트가 뜨면 temppwd를 입력한다.

ondemand 거버너가 OPP를 변경할 시기를 결정하는 데 사용하는 매개변수는 /sys/devices/system/cpu/cpufreq/ondemand/에서 확인할 수 있으며, 이를 수정할 수도 있다. ondemand와 conservative 거버너는 주파수와 전압을 변경할 때 필요한 자원도 고려하는데, 해당 파라미터는 cpuinfo_transition_latency에서 확인할 수 있다. 위와 같은 계산은 일반적인 스케줄링 정책이 있는 스레드를 위한 것으로, 스레드가 실시간으로 스케줄링되는 경우에는 스레드가 스케줄링 마감 기한을 충족시킬 수 있도록 가장 높은 OPP를 바로 선택하게 된다.

userspace 거버너는 사용자 공간 데몬이 실행할 OPP를 선택하는 로직을 실행하도록 한다. cpudyn과 powernowd가 그 예이기는 하지만, 둘 다 임베디드 장치가 아닌 x86 기반 랩톱을 위한 것이다.

이제 CPUFreq 드라이버에 대한 런타임 세부 정보가 어디에 있는지 알았으니 컴파일 시 OPP를 정의하는 방법을 살펴본다.

CPUFreq 사용

비글본 블랙을 보면 OPP가 장치 트리에 이미 코딩돼 있는 것을 알 수 있다. 다음은 am33xx.dtsi의 내용이다.

```
cpu0_opp_table: opp-table {
    compatible = "operating-points-v2-ti-cpu";
    syscon = <&scm_conf>;
    [...]
    opp50-300000000 {
        opp-hz = /bits/ 64 <300000000>;
        opp-microvolt = <950000 931000 969000>;
        opp-supported-hw = <0x06 0x0010>;
        opp-suspend;
    };
    [...]
    opp100-600000000 {
        opp-hz = /bits/ 64 <600000000>;
        opp-microvolt = <1100000 1078000 1122000>;
        opp-supported-hw = <0x06 0x0040>;
    };
    [...]
    opp120-720000000 {
        opp-hz = /bits/ 64 <720000000>;
        opp-microvolt = <1200000 1176000 1224000>;
        opp-supported-hw = <0x06 0x0080>;
    };
    [...]
    oppturbo-800000000 {
        opp-hz = /bits/ 64 <800000000>;
        opp-microvolt = <1260000 1234800 1285200>;
        opp-supported-hw = <0x06 0x0100>;
    };
    oppnitro-1000000000 {
        opp-hz = /bits/ 64 <1000000000>;
```

```
        opp-microvolt = <1325000 1298500 1351500>;
        opp-supported-hw = <0x04 0x0200>;
    };
};
```

사용 가능한 주파수를 보면 이들이 시동 시 사용 중인 OPP인지 확인할 수 있다.

```
$ cd /sys/devices/system/cpu/cpu0/cpufreq
$ cat scaling_available_frequencies
300000 600000 720000 800000 1000000
```

userspace 거버너를 선택하면, scaling_setspeed를 직접 작성해 주파수를 설정할 수 있으므로 각 OPP에서 소비되는 전력을 측정할 수 있다. 하지만 이러한 측정값은 정확하지 않으므로 너무 심각하게 받아들이지는 말자.

먼저, 유휴 시스템의 경우 결과값은 70mA @ 4.6V = 320mW이다. 이 값은 이 특정 시스템 전력 소비의 정적 컴포넌트이므로 주파수와는 독립적인 값이다.

그럼 다음과 같이 계산 사용량이 많은(즉, CPU 사용량이 많은) 작업을 실행해 각 OPP에서 소비하는 최대 전력값을 알아보자.

```
# dd if=/dev/urandom of=/dev/null bs=1
```

그 결과는 다음 표와 같다. 전력차는 유휴 시스템일 때보다 추가적으로 필요한 전력 값을 말한다.

OPP	주파수(KHz)	전력(mW)	전력차(mW)
OPP50	300,000	370	50
OPP100	600,000	505	185
OPP120	720,000	600	280
Turbo	800,000	640	320
Nitro	1,000,000	780	460

위 값들은 다양한 OPP의 최대 전력값을 보여주고 있다. 하지만 CPU가 100%로 실행되면 더 높은 주파수에서 더 많은 명령어를 실행하므로 공정한 테스트로 볼 수는 없다. 그렇기 때문에 부하를 일정하게 유지하면서 주파수를 변화시키면 다음과 같은 결과를 얻을 수 있다.

OPP	주파수(KHz)	CPU 사용량(%)	전력(mW)
OPP50	300,000	94	320
OPP100	600,000	48	345
OPP120	720,000	40	370
Turbo	800,000	34	370
Nitro	1,000,000	28	370

위 표는 최저 주파수에서 15% 정도의 전력이 절약됨을 명확하게 보여준다.

PowerTop을 사용하면 각 OPP에서 소비되는 시간의 백분율을 볼 수 있는데, 다음 스크린샷은 낮은 부하에서 실행되는 비글본 블랙에서 ondemand 거버너를 사용한 것이다.

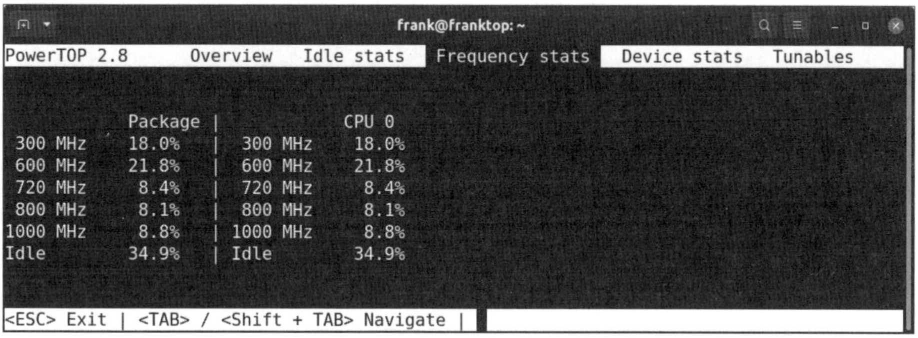

```
                                        frank@franktop: ~
PowerTOP 2.8        Overview    Idle stats    Frequency stats    Device stats    Tunables

            Package |              CPU 0
 300 MHz     18.0%  |   300 MHz     18.0%
 600 MHz     21.8%  |   600 MHz     21.8%
 720 MHz      8.4%  |   720 MHz      8.4%
 800 MHz      8.1%  |   800 MHz      8.1%
1000 MHz      8.8%  |  1000 MHz      8.8%
Idle         34.9%  |  Idle         34.9%

<ESC> Exit | <TAB> / <Shift + TAB> Navigate |
```

그림 15.2 PowerTOP Frequency stats

대부분의 경우 ondemand 거버너를 사용하는 것이 가장 좋다. 특정 거버너를 선택하고 싶다면, 기본 거버너(예: CPU_FREQ_DEFAULT_GOV_ONDEMAN)로 커널을 구성하거나 부팅 시 거버너를 변경하는 부팅 스크립트를 사용할 수 있다. MELP/Chapter15/cpufrequtils에 데비안에서 가져온 System V init 스크립트를 예제로 넣어뒀으니 참고하길 바란다.

CPU-Freq 드라이버에 대한 자세한 정보는 리눅스 커널 소스 트리 내 Documentation/cpu-freq 디렉터리의 파일을 참고하자.

이 절에서는 CPU가 사용 중일 때 소비하는 전력을 살펴봤다. 다음 절에서는 CPU가 유휴 상태일 때 전력을 절약하는 방법을 알아본다.

⁝⁝ 최적의 idle 상태 선택하기

프로세서가 더 이상 할 작업이 없으면 halt(종지) 명령을 실행하고 유휴 상태로 돌입한다. CPU는 유휴 상태일 때 더 적은 전력을 사용하며 하드웨어 인터럽트와 같은 이벤트가 발생할 때 유휴 상태를 종료한다. 대부분의 CPU는 다양한 양의 전력을 사용하는 여러 종류의 유휴 상태를 갖고 있는데, 일반적으로 전력 사용량과 지연 시간latency 또는 유휴 상태를 종료하는 데 소요되는 시간 사이에서 조절하게 된다. 이를 ACPI 스펙에서는 C-state라고 부른다.

깊은 단계의 C-state 상태에서는 더 많은 회로가 꺼져 일부 상태값을 지워버리기 때문에 정상 작동 상태로 돌아오는 데 더 오래 걸린다. 예를 들어, 일부 C-state에서는 CPU 캐시의 전원이 꺼질 수 있으므로 CPU가 다시 실행될 때 주메모리에서 일부 정보를 다시 로딩해야 할 수 있다. 이 작업은 비용이 많이 소요되므로, CPU가 일정 시간 이상 이 상태를 유지할 가능성이 있는 경우에만 이 작업을 수행하는 것이 좋다. 이러한 C-state의 개수는 시스템마다 다르며, 절전 상태에서 완전히 동작 가능한 상태로 돌아오기까지는 각각 어느 정도의 시간이 걸린다.

적절한 유휴 상태를 선택하는 열쇠는 CPU가 얼마나 오랫동안 정지 상태가 될지를 알아내는 것이다. 미래를 예측하는 것은 항상 까다로운 일이지만, 도움이 될 만한 몇 가지 사항이 있다. 그중 하나는 현재의 CPU 부하다. 현재의 CPU 부하가 높으면 당분간은 그렇게 유지될 가능성이 높으므로 깊은 단계의 절전이 도움이 되지 않을 것이다. 부하가 적더라도 곧 만료되는 타이머 이벤트가 있는지 확인하는 것이 좋다. 부하가 없고 타이머도 없다면, 더 깊은 유휴 단계로 가도 좋다.

리눅스에서 가장 적합한 유휴 상태를 선택하는 부분은 바로 CPUIdle 드라이버다. 리눅스 커널 소스 트리 내의 Documentation/cpuidle 디렉터리에서 이와 관련된 많은 정보를 찾아볼 수 있다.

CPUIdle 드라이버

CPUFreq 서브시스템과 마찬가지로, CPUIdle은 BSP의 일부인 드라이버와 정책을 결정하는 거버너로 구성돼 있다. 하지만 CPUFreq와는 달리 시동 시 거버너를 변경할 수 없으며 사용자 공간 거버너에 대한 인터페이스도 없다.

CPUIdle은 각 유휴 상태에 대한 정보를 /sys/devices/system/cpu/cpu0/cpuidle 디렉터리에 공개해뒀으며, 해당 디렉터리에는 state0에서 stateN까지 각 절전 상태에 대한 서브디렉터리가 존재한다. state0은 가장 가벼운 절전 상태이고, stateN은 가장 깊은 상태다. 여기서 번호는 C-state의 번호와 일치하지 않으며 CPUIdle은 C0(실행 중)에 해당하는 상태값이 없다. 각 상태의 디렉터리 내에는 다음과 같은 파일이 존재한다.

- **desc**: 상태에 관한 간단한 설명

- **disable**: 이 파일에 1을 쓰면 상태를 비활성화할 수 있다.

- **latency**: 상태를 종료하고 CPU 코어가 정상 작동을 재개하는 데 걸리는 시간(마이크로초)

- **name**: 상태의 이름

- **power**: 유휴 상태일 때 소비되는 전력(밀리와트)

- **time**: 유휴 상태로 소요된 총시간(마이크로초)

- **usage**: 이 상태로 돌입된 횟수

비글본 블랙의 AM335x Soc의 경우 2개의 유휴 상태가 있다. 첫 번째는 다음과 같다.

```
$ cd /sys/devices/system/cpu/cpu0/cpuidle
$ grep "" state0/*
state0/desc:ARM WFI
state0/disable:0
state0/latency:1
state0/name:WFI
state0/power:4294967295
state0/residency:1
state0/time:1023898
state0/usage:1426
```

이 상태의 이름은 WFI로, ARM의 중지 명령인 Wait For Interrupt에서 가져온 것이다. 이는 단순한 중지 명령이므로 지연 시간은 겨우 1마이크로초이며, 소모되는 전력은 -1로서 전력 예산을 알 수 없다는 뜻이다(CPUIdle 기준에서는 그렇다). 다음은 두 번째 상태다.

```
$ cd /sys/devices/system/cpu/cpu0/cpuidle
$ grep "" state1/*
state1/desc:mpu_gate
state1/disable:0
state1/latency:130
state1/name:mpu_gate
state1/power:0
state1/residency:300
state1/time:139156260
state1/usage:7560
```

이 상태의 이름은 mpu_gate이다. 지연 시간은 130마이크로초로 더 높다. 이러한 유휴 상태는 CPUIdle 드라이버에 하드코딩돼 있거나 장치 트리에 표시돼 있을 수 있다. 다음은 am33xx.dtsi에서 가져온 것이다.

```
cpus {
    cpu@0 {
        compatible = "arm,cortex-a8";
        enable-method = "ti,am3352";
        device_type = "cpu";
        reg = <0>;
.
.
```

```
            .
                cpu-idle-states = <&mpu_gate>;
        };

        idle-states {
            mpu_gate: mpu_gate {
                compatible = "arm,idle-state";
                entry-latency-us = <40>;
                exit-latency-us = <90>;
                min-residency-us = <300>;
                ti,idle-wkup-m3;
            };
        };
}
```

CPUIdle은 2개의 거버너를 갖고 있다.

- **ladder**: 마지막 유휴 기간에 소요된 시간에 따라 유휴 상태를 한 단계씩 위로 또는 아래로 이동한다. 일반 타이머 틱[tick]에서는 잘 동작하지만 동적 틱에서는 잘 통하지 않는다.

- **menu**: 이것은 예상 유휴 시간을 기반으로 유휴 상태를 선택한다. 동적인 틱에서 잘 동작한다.

NO_HZ의 구성에 따라 이 중 하나를 선택해야만 한다. 이와 관련된 내용은 이 절의 마지막 부분에서 설명한다.

여기서도 사용자와의 상호작용은 **sysfs** 파일시스템을 통해 이뤄진다. /sys/devices/system/cpu/cpuidle 디렉터리에는 다음과 같은 2개의 파일이 있다.

- **current_driver**: cpuidle 드라이버의 이름

- **current_governor_ro**: 거버너의 이름

여기서는 어떤 드라이버와 어떤 거버너가 사용되고 있는지를 확인할 수 있다. 유휴 상태값은 PowerTOP의 **Idle Stat** 탭에서 확인할 수 있다. 다음 스크린샷은 menu 거버너

를 사용한 비글본 블랙의 예다.

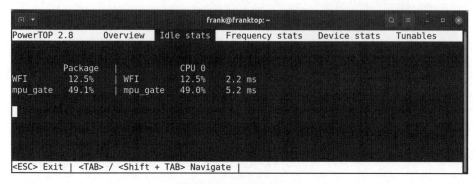

그림 15.3 PowerTOP Idle stats

이것은 시스템이 유휴 상태일 때 우리가 원하는 대로 대부분 더 깊은 `mpu_gate` 유휴 상태로 이동한다는 것을 보여준다.

CPU가 완전히 유휴 상태인 경우에도 대부분의 리눅스 시스템은 시스템 타이머 인터럽트를 수신하면 주기적으로 깨어나도록 구성된다. 더 많은 전력을 절약하려면 틱리스 작업을 위한 리눅스 커널을 구성해야 한다.

틱리스 작업

여기서 이야기할 내용은 틱리스^{tickless} 혹은 `NO_HZ` 옵션이다. 시스템이 실제로 유휴 상태일 경우, 가장 많이 발생하는 인터럽트의 원인은 초당 HZ의 속도(여기서 HZ는 일반적으로 100)로 정기적인 시간 틱을 생성하도록 프로그래밍돼 있는 시스템 타이머가 대부분이다. 이제까지 리눅스는 이러한 타이머 틱을 타임아웃을 측정하는 기본 시간 베이스로 사용해왔다.

하지만 이 특정 순간에 타이머 이벤트가 등록된 것이 아니라면 CPU를 깨워서 타이머 인터럽트를 처리하는 것이 완전히 낭비일 수 있다. 동적 틱 커널 구성 옵션인 `CONFIG_NO_HZ_IDLE`은 타이머 처리 루틴 마지막에 타이머 큐를 확인하고 다음 이벤트가 발생할 때 다음 인터럽트를 예약해 불필요하게 CPU를 깨우는 일을 피함으로써 CPU가 더 오랜 시간 동안 유휴 상태가 될 수 있도록 한다. 전력에 민감한 애플리케이션에서는 이 옵션을 활성화한 상태에서 커널을 구성해야 한다.

임베디드 리눅스 시스템에서는 CPU가 많은 전력을 소비하지만, 시스템에서 에너지 절약을 위해 전원을 끌 수도 있는 다른 컴포넌트도 있다.

주변 기기 전원 끄기

이제까지는 CPU와 CPU가 실행 중이거나 유휴 상태일 때 전력 소비를 줄이는 방법을 이야기했다. 그럼 지금부터는 시스템 주변 기기의 다른 부분에 초점을 맞추고 전력을 절약하는 방법이 있는지 알아보자.

리눅스 커널에서는 런타임 전원 관리 시스템runtime power management system, 줄여서 런타임 pmruntime pm이 주변 기기 전력을 관리한다. 드라이버가 런타임 pm을 지원한다면, 사용하지 않는 드라이버는 종료하고 다음에 필요할 때 다시 활성화할 수 있다. 이는 동적이며 사용자 공간에서도 확인할 수 있다. 하드웨어 관리 기능을 구현하는 것은 장치 드라이버에 달려 있지만, 여기에는 일반적으로 클럭 게이팅clock gating이라고 하는 서브시스템의 클럭을 종료하는 기능과 가능한 경우 코어 회로를 끄는 기능이 포함돼 있다.

런타임 전원 관리 시스템은 sysfs 인터페이스를 통해 제공된다. 각 장치에는 power라는 이름의 서브디렉터리가 있으며, 다음과 같은 파일이 포함돼 있다.

- **control**: 이 장치에서 런타임 pm을 사용할지 여부를 사용자 공간에서 결정할 수 있다. auto로 설정하면 런타임 pm이 활성화되지만, on으로 설정하면 장치가 항상 실행 중인 상태로 런타임 pm을 사용하지 않는다.

- **runtime_enabled**: 이는 런타임 pm이 enabled되거나 disabled된 상태를 기록하며 control 값이 on이라면 forbidden으로 기록한다.

- **runtime_status**: 장치의 현재 상태를 기록한다. active, suspended, unsupported 값을 가질 수 있다.

- **autosuspend_delay_ms**: 장치가 일시 중지되기 전의 시간이다. -1인 경우 영원히 기

다린다는 뜻이다. 일부 드라이버는 장치를 정지하는 데 상당한 비용이 드는 경우, 이를 구현해 너무 빠른 일시 중지/재개 주기를 방지한다.

좀 더 구체적인 예를 들기 위해 비글본 블랙의 MMC 드라이버를 살펴본다.

```
$ cd /sys/devices/platform/ocp/481d8000.mmc/mmc_host/mmc1/
mmc1:0001/power
$ grep "" *
async:enabled
autosuspend_delay_ms:3000
control:auto
runtime_active_kids:0
runtime_active_time:14464
runtime_enabled:enabled
runtime_status:suspended
runtime_suspended_time:121208
runtime_usage:0
```

여기서는 런타임 pm이 활성화돼 있고, 장치가 현재 일시 중지 상태이며, 마지막으로 사용된 후 다시 일시 중지 상태로 변경되기 전에 3000밀리초를 기다린다는 것을 알 수 있다. 이제 장치에서 한 블록을 읽어보고 값이 변경된 것이 있는지 확인해보자.

```
$ sudo dd if=/dev/mmcblk1p3 of=/dev/null count=1
1+0 records in
1+0 records out
512 bytes copied, 0.00629126 s, 81.4 kB/s
$ grep "" *
async:enabled
autosuspend_delay_ms:3000
control:auto
runtime_active_kids:0
runtime_active_time:17120
runtime_enabled:enabled
runtime_status:active
runtime_suspended_time:178520
runtime_usage:0
```

이제 MMC 드라이버가 활성화돼 보드의 전력 값이 320mW에서 500mW로 증가한 것을 확인할 수 있다. 3초 후에 다시 이 값을 확인하면, 다시 일시 중지 상태로 바뀌고 전력이 320mW로 되돌아오는 것을 확인할 수 있다.

런타임 pm을 더 자세히 알고 싶다면 Documentation/power/runtime_pm.txt의 리눅스 커널 소스를 확인하길 바란다.

이제 런타임 pm이 무엇이고 무엇을 하는지 알았으니 실제로 실행해보자.

시스템을 절전 모드로 전환하기

여기서 생각해봐야 할 또 한 가지 전원 관리 기술이 있다. 한동안 시스템을 다시 사용하지 않는다면 전체 시스템을 절전 모드로 만드는 것이다. 리눅스 커널에서는 이것을 시스템 절전^{system sleep}이라고 한다. 일반적으로 사용자가 한동안 장치를 종료해야 한다고 결정하는 경우 직접 이를 실행하게 된다. 예를 들어, 집에 갈 시간이 되면 노트북을 닫고 가방에 넣는 것이다. 리눅스의 시스템 절전 모드를 지원하는 대부분의 기능은 노트북에 대한 지원에서 비롯됐다. 노트북 세계에는 다음과 같은 두 가지 선택 사항이 있다.

- 일시 중지^{suspend}
- 최대 절전 모드^{hibernate}

'suspend to RAM'으로 알려진 첫 번째 옵션은 시스템 메모리를 제외한 모든 기능을 종료하므로, 시스템은 여전히 약간의 전력을 소비해야 한다. 시스템이 깨어나면 메모리는 이전 상태를 모두 유지하므로 노트북은 몇 초 내에 동작 가능한 상태가 된다.

하지만 최대 절전 모드 옵션을 선택하면 메모리의 내용이 하드 드라이브에 저장된다. 이 경우 시스템은 전력을 전혀 소비하지 않으므로 무기한으로 이 상태를 유지할 수 있지만, 시스템이 깨어나면 디스크에서 메모리를 복원하는 데 시간이 걸린다. 이러한 최대 절전 모드는 임베디드 시스템에서 거의 사용되지 않는다. 플래시 저장 장치의 읽기/쓰기 속도가 매우 느려서 그렇기도 하지만, 작업 흐름을 방해하기 때문이기도 하다.

자세한 정보는 Documentation/power 디렉터리의 커널 소스를 확인해보자.

일시 중지(suspend to RAM)와 최대 절전 모드 옵션은 리눅스에서 지원하는 네 가지 절전 상태 중 두 가지와 일치한다. 이어서 이 두 가지 유형의 시스템 절전 모드와 나머지 ACPI 전력 상태를 살펴본다.

전력 상태

ACPI 스펙에서는 절전 상태를 S-state라고 부른다. 리눅스는 총 4개의 절전 상태(freeze, standby, mem, disk)를 지원하는데, 이에 해당하는 ACPI의 S-state 값([S0], S1, S3, S4)과 함께 정리하면 다음과 같다.

- **freeze**([S0]): 사용자 공간에서 모든 활동을 중지(멈춤)하지만 CPU와 메모리는 정상적으로 동작한다.

  사용자 공간 코드가 실행되고 있지 않으므로 전력 사용을 줄일 수 있다. ACPI에는 이와 동일한 상태가 없으니 S0이 가장 가까운 값이다. S0은 시스템이 실행 중인 상태를 말한다.

- **standby**(S1): freeze와 비슷하지만 부팅 CPU를 제외한 모든 CPU를 오프라인으로 전환한다.

- **mem**(S3): 시스템의 전원을 끄고 메모리를 self-refresh 모드로 설정한다. suspend to RAM으로 알려져 있다.

- **disk**(S4): 메모리를 하드디스크에 저장하고 전원을 끈다. suspend to disk로 알려져 있다.

모든 시스템이 네 가지 상태를 모두 지원하는 것은 아니다. 다음 예처럼 /sys/power/state 파일을 보면 어떤 상태를 지원하고 있는지 확인할 수 있다.

```
# cat /sys/power/state
freeze standby mem disk
```

이 중 하나의 시스템 절전 모드로 들어가려면 /sys/power/state에 원하는 상태를 작성하기만 하면 된다.

임베디드 장치의 경우 mem 옵션을 사용해 suspend to RAM을 하는 것이 가장 일반적이다. 예를 들면 다음과 같이 비글본 블랙을 정지시킬 수 있다.

```
# echo mem > /sys/power/state
[ 1646.158274] PM: Syncing filesystems ...done.
[ 1646.178387] Freezing user space processes ... (elapsed 0.001
seconds) done.
[ 1646.188098] Freezing remaining freezable tasks ... (elapsed
0.001 seconds) done.
[ 1646.197017] Suspending console(s) (use no_console_suspend to
debug)
[ 1646.338657] PM: suspend of devices complete after 134.322
msecs
[ 1646.343428] PM: late suspend of devices complete after 4.716
msecs
[ 1646.348234] PM: noirq suspend of devices complete after
4.755 msecs
[ 1646.348251] Disabling non-boot CPUs ...
[ 1646.348264] PM: Successfully put all powerdomains to target
state
```

장치가 1초 이내에 꺼지고 전력 사용량이 10밀리와트 이하로 떨어졌다. 이는 내가 갖고 있는 측정기가 측정할 수 있는 한계값이다. 이제 이 시스템을 어떻게 깨울 수 있을까? 바로 다음 주제가 그것이다.

웨이크업 이벤트

장치를 일시 중지하기 전에 다시 깨우는 방법이 반드시 있어야 하며, 커널이 도움을 준다. 적어도 하나 이상의 웨이크업wakeup 소스가 없으면 시스템은 다음 메시지를 보낸 후

일시 중지를 거절할 것이다.

```
No sources enabled to wake-up! Sleep abort.
```

물론 이는 가장 깊은 절전 중에도 시스템 일부의 전원이 켜져 있어야 한다는 것을 의미한다. 보통 PMIC^Power Management IC, RTC^Real-Time Clock가 대부분이며 GPIO, UART, 이더넷과 같은 인터페이스일 수도 있다.

웨이크업 이벤트는 sysfs를 통해 제어된다. /sys/device 내 각 장치에는 서브디렉터리인 power가 있으며, 해당 디렉터리에는 다음 문자열 중 하나가 작성된 wakeup이라는 이름의 파일이 있다.

- **enabled**: 이 장치는 웨이크업 이벤트를 생성한다.

- **disabled**: 이 장치는 웨이크업 이벤트를 생성하지 않는다.

- **(비어 있음)**: 이 장치는 웨이크업 이벤트를 생성할 수 없다.

웨이크업 이벤트를 생성할 수 있는 장치의 목록을 얻으려면 enabled나 disabled 값이 적힌 wakeup 파일을 가진 장치를 검색하면 된다.

```
$ find /sys/devices/ -name wakeup | xargs grep "abled"
```

비글본 블랙의 경우 UART가 웨이크업 이벤트를 생성하므로 콘솔의 키를 누르면 비글본을 깨울 수 있다.

```
[ 1646.348264] PM: Wakeup source UART
[ 1646.368482] PM: noirq resume of devices complete after
19.963 msecs
[ 1646.372482] PM: early resume of devices complete after 3.192
msecs
[ 1646.795109] net eth0: initializing cpsw version 1.12 (0)
[ 1646.798229] net eth0: phy found : id is : 0x7c0f1
[ 1646.798447] libphy: PHY 4a101000.mdio:01 not found
[ 1646.798469] net eth0: phy 4a101000.mdio:01 not found on
```

```
slave 1
[ 1646.927874] PM: resume of devices complete after 555.337
msecs
[ 1647.003829] Restarting tasks ... done.
```

장치를 절전 모드로 전환한 후 UART와 같은 주변 기기 인터페이스의 이벤트로 장치를 깨우는 방법을 살펴봤다. 만약 외부의 상호작용 없이 장치가 스스로 깨어나도록 하려면 어떻게 해야 할까? 여기가 바로 RTC가 나설 곳이다.

실시간 클럭의 시간 지정 웨이크업

대부분의 시스템에는 향후 24시간까지 알람 인터럽트를 생성할 수 있는 실시간 클럭_{RTC, Real-Time Clock}이 있다. 만약 있다면 /sys/class/rtc/rtc0 디렉터리가 있을 것이며, 해당 디렉터리에는 wakealarm 파일이 있을 것이다. wakealarm 파일에 숫자를 작성하면 해당 초 이후에 알람이 생성된다. 또한 rtc에서 wakeup 이벤트를 활성화하면 RTC는 일시 중지된 장치를 다시 시작할 수 있다.

예를 들어, 다음의 rtcwake 명령은 RTC가 5초 후에 시스템을 깨우면서 시스템을 standby 모드 상태로 만든다.

```
$ sudo su -
# rtcwake -d /dev/rtc0 -m standby -s 5
  rtcwake: assuming RTC uses UTC ...
  rtcwake: wakeup from "standby" using /dev/rtc0 at Tue Dec 1
19:34:10 2020
[  187.345129] PM: suspend entry (shallow)
[  187.345148] PM: Syncing filesystems ... done.
[  187.346754] Freezing user space processes ... (elapsed 0.003
seconds) done.
[  187.350688] OOM killer disabled.
[  187.350789] Freezing remaining freezable tasks ... (elapsed
0.001 seconds) done.
[  187.352361] Suspending console(s) (use no_console_suspend to
debug)
[  187.500906] Disabling non-boot CPUs ...
```

```
[  187.500941] pm33xx pm33xx: PM: Successfully put all
powerdomains to target state
[  187.500941] PM: Wakeup source RTC Alarm
[  187.529729] net eth0: initializing cpsw version 1.12 (0)
[  187.605061] SMSC LAN8710/LAN8720 4a101000.mdio:00: attached
PHY driver [SMSC LAN8710/LAN8720] (mii_bus:phy_addr=4a101000.
mdio:00, irq=POLL)
[  187.731543] OOM killer enabled.
[  187.731563] Restarting tasks ... done.
[  187.756896] PM: suspend exit
```

UART도 웨이크업 소스이므로, 콘솔에서 키를 누르면 RTC의 wakealarm이 만료되기 전에 비글본 블랙을 깨운다.

```
[  255.698873] PM: suspend entry (shallow)
[  255.698894] PM: Syncing filesystems ... done.
[  255.701946] Freezing user space processes ... (elapsed 0.003
seconds) done.
[  255.705249] OOM killer disabled.
[  255.705256] Freezing remaining freezable tasks ... (elapsed
0.002 seconds) done.
[  255.707827] Suspending console(s) (use no_console_suspend to
debug)
[  255.860823] Disabling non-boot CPUs ...
[  255.860857] pm33xx pm33xx: PM: Successfully put all
powerdomains to target state
[  255.860857] PM: Wakeup source UART
[  255.888064] net eth0: initializing cpsw version 1.12 (0)
[  255.965045] SMSC LAN8710/LAN8720 4a101000.mdio:00: attached
PHY driver [SMSC LAN8710/LAN8720] (mii_bus:phy_addr=4a101000.
mdio:00, irq=POLL)
[  256.093684] OOM killer enabled.
[  256.093704] Restarting tasks ... done.
[  256.118453] PM: suspend exit
```

비글본 블랙의 전원 버튼도 웨이크업 소스이므로 시리얼 콘솔이 없는 경우 시스템을 standby 모드에서 다시 시작할 때 사용할 수 있다. 전원 버튼 옆에 있는 리셋 버튼이 아니라 전원 버튼을 눌러야 한다. 그렇지 않으면 보드가 재부팅된다.

이것으로 리눅스 시스템 절전 모드 네 가지에 대한 설명을 마친다. mem이나 standby 전력 상태값으로 장치를 일시 중지한 다음 UART, RTC, 전원 버튼의 이벤트를 통해 장치를 깨우는 방법을 살펴봤다. 리눅스의 런타임 pm은 주로 노트북용으로 만들어졌지만, 배터리 전원으로도 실행되는 임베디드 시스템에 대해서는 활용할 수 있다.

⫶ 요약

리눅스에는 잘 만들어진 전원 관리 기능이 있으며, 여기서는 4개의 주요 컴포넌트를 살펴봤다.

- CPU-Freq는 각 프로세서 코어의 동작 성능 점수^{OPP}를 변경해 사용량이 많지만 여유 대역폭을 보유한 프로세서의 전력을 줄이므로 주파수를 다시 스케일링할 수 있는 기회를 만든다. 이러한 OPP는 ACPI 스펙에서 P-state라고 알려져 있다.

- CPU-Idle은 CPU가 한동안 깨어나지 않을 것이라 예상될 때 더 깊은 유휴 상태를 선택한다. 이러한 유휴 상태는 ACPI 스펙에서 C-state라고 알려져 있다.

- 런타임 전원 관리 시스템(런타임 pm)은 필요하지 않은 주변 기기를 종료한다.

- 시스템 절전 모드는 전체 시스템을 저전력 상태로 전환한다. 보통 사용자가 대기 버튼을 누르는 등 직접 상태를 전환한다. 시스템 절전은 ACPI 스펙에서 S-state로 알려져 있다.

대부분의 전원 관리는 BSP에 의해 수행되므로 사용자가 해야 할 작업은 본인이 의도한 용도로 올바르게 구성됐는지만 확인하는 것이다. 다만, 시스템 절전 상태를 선택하는 마지막 모드에만 최종 사용자가 값을 입력하고 상태를 종료할 수 있도록 해주는 코드를 작성해야 한다.

다음 장에서는 임베디드 애플리케이션 작성을 다룬다. 파이썬 코드를 패키징하고 배포하는 것으로 시작해 10장, '소프트웨어 업데이트'에서 balena에 대해 이야기할 때 소개한 컨테이너화 기술을 더 깊이 살펴본다.

⠸ 추가 자료

- 'Advanced Configuration and Power Interface Specification', UEFI Forum, Inc.: https://uefi.org/sites/default/files/resources/ACPI_Spec_6_4_Jan22.pdf

3부

임베디드 애플리케이션 작성하기

3부에서는 임베디드 리눅스 플랫폼을 사용해 애플리케이션이 실행될 수 있는 환경을 만드는 방법을 보여준다. 3부는 애플리케이션의 반복적인 개발을 지원하기 위한 다양한 파이썬 패키징과 배포 옵션에 대한 조사로 시작한다. 그다음, 리눅스 프로세스와 스레드 모델을 효과적으로 사용하는 방법과 리소스가 제한된 장치에서 메모리를 관리하는 방법을 배운다.

3부는 다음 장들로 이뤄져 있다.

- 16장. 파이썬 패키징하기
- 17장. 프로세스와 스레드
- 18장. 메모리 관리

16

파이썬 패키징하기

파이썬은 머신러닝에 가장 널리 사용되는 프로그래밍 언어다. 이를 일상생활에서 머신 러닝의 확산과 결합하면 에지 장치[edge device]에서 파이썬을 실행하려는 욕구가 강화되는 것은 놀라운 일이 아니다. 트랜스파일러[transpiler]와 웹어셈블리[WebAssembly]의 시대에도 배포를 위해 파이썬 애플리케이션을 패키징하는 것은 해결되지 않은 문제로 남아 있다. 이 장에서는 파이썬 모듈을 번들로 묶을 때 어떤 선택이 있으며 언제 어떤 방법을 사용해야 하는지 알아본다.

기본 제공 표준 distutils에서 후속 제품인 setuptools에 이르기까지 오늘날 파이썬 패키징 솔루션의 기원을 되돌아보는 것으로 시작한다. 이어서 pip 패키지 관리자를 살펴본 뒤, 파이썬 가상 환경을 위한 venv로 넘어가고, 그다음으로 널리 사용되는 범용 크로스 플랫폼 솔루션인 conda로 넘어간다. 마지막으로, 도커[Docker]를 사용해 사용자 공간 환경과 함께 파이썬 애플리케이션 번들로 사용함으로써 클라우드에 빠르게 배포하는 방법을 살펴본다.

파이썬은 인터프리터 언어이므로 Go 등의 언어에서와 같이 프로그램을 독립 실행형 실행 파일로 컴파일할 수 없다. 이로 인해 파이썬 애플리케이션 배포가 복잡해진다. 파이썬 애플리케이션을 실행하려면 파이썬 인터프리터와 여러 런타임 의존 패키지를 설치해야 한다. 애플리케이션이 작동하려면 이러한 요구 사항이 코드 호환돼야 하며, 이를 위해서는 소프트웨어 구성 요소의 정확한 버전 관리가 필요하다. 이러한 배포 문제를 해결하는 것이 파이썬 패키징의 전부다.

16장에서 다룰 주제는 다음과 같다.

- 파이썬 패키징의 기원 추적

- pip를 사용한 파이썬 패키지 설치

- venv로 파이썬 가상 환경 관리

- conda로 미리 컴파일된 바이너리 설치

- 도커를 사용한 파이썬 애플리케이션 배포

⠿ 기술적 요구 사항

이 장의 예제를 따라 하려면 여러분의 리눅스 기반 호스트 시스템에 다음 소프트웨어가 설치돼 있어야 한다.

- **파이썬**: 파이썬 3 인터프리터와 표준 라이브러리

- **pip**: 파이썬 3용 패키지 설치자

- **venv**: 경량 가상 환경 생성 및 관리를 위한 파이썬 모듈

- **Miniconda**: conda 패키지와 가상 환경 관리자를 위한 최소 설치 프로그램

- **도커**: 컨테이너 안에 소프트웨어를 빌드하고 배포하고 실행하는 도구

16장에서는 우분투 20.04 LTS 이상을 사용하는 것이 좋다. 우분투 20.04 LTS가 라즈베리 파이 4에서 실행되지만, 나는 여전히 x86-64 데스크톱 PC나 랩톱에서 개발하는 것

을 선호한다. 우분투 배포판 관리자가 도커를 최신 상태로 유지하기 때문에 개발 환경으로는 우분투를 선택한다. 우분투 20.04 LTS는 파이썬 3와 함께 제공되며 파이썬이 시스템 전체에서 광범위하게 사용되므로 pip가 이미 설치돼 있다. python3는 제거하지 말라. 제거하면 우분투를 사용할 수 없게 된다. 우분투에 venv를 설치하려면 다음을 입력한다.

```
$ sudo apt install python3-venv
```

> **NOTE**
>
> conda에 대한 섹션에 도달할 때까지는 Miniconda를 설치하지 말자. 시스템 파이썬에 의존하는 초반부의 pip 실습에 방해가 되기 때문이다.

이제 도커를 설치하자.

도커 설치하기

우분투 20.04 LTS에 도커를 설치하려면 다음과 같이 한다.

1. 패키지 저장소를 업데이트한다.

    ```
    $ sudo apt update
    ```

2. 도커를 설치한다.

    ```
    $ sudo apt install docker.io
    ```

3. 도커 데몬을 시작하고 부팅 때 시작하도록 활성화한다.

    ```
    $ sudo systemctl enable --now docker
    ```

4. 자신을 docker 그룹에 추가한다.

```
$ sudo usermod -aG docker <username>
```

마지막 단계의 <username>은 사용자 이름으로 바꾼다. 관리 작업 전용인 디폴트 우분투 사용자 계정을 사용하기보다는 자신의 우분투 사용자 계정을 만드는 것이 좋다.

파이썬 패키징의 기원 추적

파이썬 패키징 환경은 실패한 시도와 버려진 도구의 광대한 '묘지'다. 의존성 관리에 대한 모범 사례는 파이썬 커뮤니티 내에서 자주 변경되며, 권장되는 솔루션도 1년 뒤에는 작동하지 않을 수 있다. 따라서 이 주제를 조사하면서 정보가 발표된 시기를 확인하고, 최신 정보가 아닐 수 있는 조언은 신뢰하지 말길 바란다.

PyPI^{Python Package Index}에 있는 모든 패키지를 포함해, 대부분의 파이썬 라이브러리는 distutils나 setuptools를 사용해 배포된다. 두 배포 방법 모두 pip^{package installer for Python}가 패키지를 설치하는 데 사용하는 setup.py 프로젝트 명세 파일을 사용한다. pip는 프로젝트가 설치된 후 정확한 의존 관계 목록을 생성하거나 기록^{freeze}할 수도 있다. pip는 setup.py와 함께 이 requirements.txt 파일을 선택적으로 사용해 프로젝트 설치를 반복할 수 있다.

distutils

distutils는 파이썬 본래의 패키징 시스템으로, 파이썬 2.0부터 파이썬 표준 라이브러리에 포함돼 있다. distutils는 같은 이름의 파이썬 패키지를 제공하고, setup.py 스크립트에서 임포트^{import}할 수 있다. distutils는 여전히 파이썬과 함께 제공되지만 일부 필수 기능이 부족하다. 따라서 distutils를 직접 사용하는 것은 이제 적극적으로 만류되며, 대신 setuptools를 권장한다.

distutils는 간단한 프로젝트에서 계속 작동하겠지만, 커뮤니티는 계속 움직였다. 오늘날 살아남은 distutils는 대부분 레거시^{legacy}용이다. 많은 파이썬 라이브러리는 distutils만 있었을 때 처음으로 발표됐다. 이제 setuptools로 이식하려면 상당한 노력이 필요하고 기존 사용자에게 불편을 끼칠 수 있다.

setuptools

setuptools에는 distutils를 확장해서 더 큰 애플리케이션을 더 쉽게 배포할 수 있도록 복잡한 구성에 대한 지원이 추가돼 있고, 파이썬 커뮤니티 내에서 사실상의 표준 패키징 시스템이 됐다. distutils와 마찬가지로 setuptools는 setup.py 스크립트로 임포트할 수 있는 같은 이름의 파이썬 패키지를 제공한다. distribute는 setuptools의 야심 찬 포크였는데, 결국 setuptools 0.7로 다시 머지^{merge}돼 파이썬 패키징을 위한 최종 선택으로서 setuptools의 입지를 확고히 했다.

setuptools는 easy_install(현재는 사용되지 않음)이라는 명령줄 유틸리티와, 런타임 패키지 검색과 리소스 파일 접근을 위한 pkg_resources라는 파이썬 패키지를 소개했다. setuptools는 다른 확장 가능한 패키지(예: 프레임워크와 애플리케이션)를 위한 플러그인 역할을 하는 패키지를 생성할 수도 있는데, 다른 중요한 패키지가 임포트할 수 있도록 setup.py 스크립트에 진입점을 등록하면 된다.

'배포판^{distribution}'이라는 용어는 파이썬에서 약간 다른 의미를 지닌다. 배포판은 릴리스를 배포하는 데 사용되는 패키지, 모듈, 기타 리소스 파일의 버전이 지정된 아카이브다. '릴리스^{release}'는 특정 시점에 생성된 파이썬 프로젝트의, 버전이 지정된 스냅샷이다. 설상가상으로 '패키지^{package}'와 '배포판'이라는 용어는 파이썬 사용자들 사이에서 종종 같은 의미로 사용된다. 여기서, 배포판은 다운로드하는 것이고 패키지는 설치되고 가져오는 모듈이라고 하겠다.

릴리스를 자르면 소스 배포판이나 하나 이상의 빌드 배포판 같은 여러 배포판을 만들 수 있다. 또한 윈도우 설치 프로그램이 포함된 배포판처럼 플랫폼마다 다른 빌드된 배포판이 있을 수 있다. 빌드된 배포판^{built distribution}이라는 말은 설치 전에 빌드 단계가 필요하지 않음을 뜻하는데, 반드시 미리 컴파일된 것을 의미하지는 않는다. 예를 들어 Wheel(.whl) 같은 빌드된 배포판 형식은 컴파일된 파이썬 파일을 제외한다. 컴파일된 확장을 포함하는 빌드된 배포판을 바이너리 배포판binary distribution이라고 한다.

확장 모듈은 C/C++로 작성된 파이썬 모듈이다. 모든 확장 모듈은 리눅스의 공유 개체(.so)나 윈도우의 DLL(.pyd)처럼 동적으로 로드된 단일 라이브러리로 컴파일된다. 이는 완전히 파이썬으로 작성해야 하는 순수 모듈과 대조된다. setuptools에서 도입한 Egg(.egg) 빌드 배포판 형식은 순수 모듈과 확장 모듈을 모두 지원한다. 파이썬 인터프리터가 런타임에 모듈을 임포트할 때 파이썬 소스 코드(.py) 파일이 바이트코드(.pyc) 파일로 컴파일되므로, Wheel 같은 빌드된 배포판 형식이 미리 컴파일된 파이썬 파일을 제외하는 방식을 확인할 수 있다.

setup.py

원격 REST API를 쿼리하고 응답 데이터를 로컬 SQL 데이터베이스에 저장하는 작은 프로그램을 파이썬으로 개발 중이라고 가정하자. 배포를 위해 의존 관계와 프로그램을 어떻게 함께 패키징할까? 먼저 setuptools가 프로그램을 설치하는 데 사용할 setup.py 스크립트를 정의한다. setuptools를 사용한 배포는 좀 더 정교한 자동화된 배포 체계를 향한 첫걸음이다.

프로그램이 단일 모듈에 편안하게 들어갈 만큼 충분히 작더라도, 오랫동안 그러리라는 법은 없다. 프로그램이 다음과 같이 follower.py라는 단일 파일로 구성돼 있다고 가정하자.

```
$ tree follower
follower
└── follower.py
```

이어서 follower.py를 3개의 개별 모듈로 분할하고, 이를 다시 follower라는 이름의 서브디렉터리에 배치해 이 모듈을 패키지로 변환할 수 있다.

```
$ tree follower/
follower/
└── follower
    ├── fetch.py
    ├── __main__.py
    └── store.py
```

__main__.py 모듈은 프로그램이 시작되는 곳이므로 대부분 최상위 수준의 사용자용 기능을 담고 있다. fetch.py 모듈은 원격 REST API에 HTTP 요청을 보내는 함수를 담고 있으며, store.py 모듈은 로컬 SQL 데이터베이스에 응답 데이터를 저장하는 함수를 담고 있다. 이 패키지를 스크립트로 실행하려면 다음과 같이 -m 옵션을 파이썬 인터프리터에 전달하면 된다.

```
$ PYTHONPATH=follower python -m follower
```

PYTHONPATH 환경 변수는 타깃 프로젝트의 패키지 디렉터리가 있는 디렉터리를 가리킨다. -m 옵션 뒤의 follower 인수는 파이썬이 팔로워 패키지에 속한 __main__.py 모듈을 실행하도록 한다. 이와 같이 프로젝트 디렉터리 내부에 패키지 디렉터리를 중첩하면 프로그램이 각각 고유한 네임스페이스를 가진 여러 패키지로 구성된 더 큰 애플리케이션으로 성장할 때 편리하다.

프로젝트의 모든 부분이 올바른 위치에 있으면, setuptools가 패키지를 만들고 배포하는 데 사용할 수 있는 최소한의 setup.py 스크립트를 만들 준비가 됐다.

```
from setuptools import setup

setup(
    name='follower',
    version='0.1',
    packages=['follower'],
    include_package_data=True,
    install_requires=['requests', 'sqlalchemy']
)
```

install_requires 인자는 프로젝트가 런타임에 작동하기 위해 자동으로 설치해야 하는 외부 의존성 목록이다. 예제에서는 이러한 의존성의 버전이 필요한지와 어디서 가져올지를 지정하지 않았으며, requests와 sqlalchemy처럼 보이고 작동하는 라이브러리만 요청했다. 이와 같이 구현에서 정책을 분리하면 버그를 수정하거나 기능을 추가해야 하는 경우 의존성의 공식 PyPI 버전을 자신의 것으로 쉽게 바꿀 수 있다. 의존성 선언에 선택적 버전 지정자를 추가하는 것은 괜찮지만, setup.py 내에서 의존성 링크로 배포판 URL을 하드코딩하는 것은 원칙적으로 잘못됐다.

packages 인수는 프로젝트 릴리스와 함께 배포할 트리 내 패키지를 setuptools에 알려준다. 모든 패키지는 상위 프로젝트 디렉터리의 서브디렉터리 내에 정의돼 있으므로, 이 경우 배포되는 유일한 패키지는 follower이다. 이 배포판 안에 파이썬 코드와 함께 데이터 파일이 담긴다. 그렇게 하려면, setuptools가 MANIFEST.in 파일을 찾고 거기에 나열된 모든 파일을 설치하도록 include_package_data 인수를 True로 설정해야 한다. MANIFEST.in 파일의 내용은 다음과 같다.

```
include data/events.db
```

data 디렉터리 안에 추가하려는 중첩된 데이터 디렉터리들이 있는 경우, recursive-include를 사용해 그 내용과 함께 모든 디렉터리를 추출glob할 수 있다.

```
recursive-include data *
```

최종 디렉터리 레이아웃은 다음과 같다.

```
$ tree follower
follower
├── data
│   └── events.db
├── follower
│   ├── fetch.py
│   ├── __init__.py
│   └── store.py
├── MANIFEST.in
└── setup.py
```

setuptools는 다른 패키지에 의존하는 파이썬 패키지를 빌드하고 배포하는 데 탁월한데, distutils에는 없는 진입점과 의존성 선언 같은 기능 덕분이다. setuptools는 pip와 잘 작동하며, setuptools의 새 릴리스가 정기적으로 발표된다. Wheel 빌드 배포판 형식은 setuptools에서 시작된 Egg 형식을 대체하기 위해 만들어졌다. 그 노력은 인기 있는 Wheel 빌드용 setuptools 확장의 추가와 Wheel 설치에 대한 pip의 뛰어난 지원이 더해져 크게 성공했다.

⸬ pip로 파이썬 패키지 설치하기

이제 setup.py 스크립트에서 프로젝트의 의존 관계를 정의하는 방법을 알게 됐다. 그러나 여전히 궁금한 점들이 남아 있다. 이 의존 패키지들을 어떻게 설치할까? 어떻게 의존 패키지를 업그레이드하고, 더 나은 의존 패키지를 찾으면 어떻게 대체할까? 더 이상 필요치 않은 의존성을 삭제해도 좋은 시점은 어떻게 결정할까? 프로젝트 의존성을 관리하는 것은 까다로운 일이다. 운 좋게도 파이썬은 특히 프로젝트 초기 단계에 도움이 될 수 있는 pip라는 도구를 제공한다.

pip의 초기 1.0 릴리스는 Node.js와 npm이 대중화하기 시작했던 2011년 4월 4일에 발표됐다. 처음에 이 도구의 이름은 pyinstall이었다. pyinstall은 당시 setuptools와 함께 번들로 제공됐던 easy_install의 대안으로 2008년에 만들어졌다. easy_install은 이제 더 이상 사용되지 않으며 setuptools는 대신 pip를 사용할 것을 권장한다.

pip는 파이썬 설치 프로그램에 포함돼 있고 시스템에 여러 버전의 파이썬(예: 2.7과 3.8)을 설치할 수 있으므로, 사용 중인 pip 버전을 알면 도움이 된다.

```
$ pip --version
```

시스템에 pip 실행 파일이 없으면, 아마도 우분투 20.04 LTS 이상을 사용 중이고 파이썬 2.7이 설치돼 있지 않다는 의미일 수 있다. 괜찮다. 앞으로 pip를 pip3으로, python을 python3로 대체하면 된다.

```
$ pip3 --version
```

python3는 있지만 pip3 실행 파일이 없는 경우, 우분투와 같은 데비안 기반 배포판의 방식대로 설치한다.

```
$ sudo apt install python3-pip
```

pip는 site-packages라는 디렉터리에 패키지를 설치한다. site-packages 디렉터리의 위치를 찾으려면 다음 명령을 실행한다.

```
$ python3 -m site | grep ^USER_SITE
```

NOTE

> 여기에 나오는 pip3과 python3 명령은 더 이상 파이썬 2.7이 설치된 상태로 제공되지 않는 우분투 20.04 LTS 이상에만 필요하다. 대부분의 리눅스 배포판은 여전히 pip와 python 실행 파일을 제공하므로, 리눅스 시스템에서 이미 제공하는 경우 pip와 python 명령을 사용한다.

시스템에 이미 설치된 패키지의 목록을 얻으려면 다음 명령을 사용한다.

```
$ pip3 list
```

목록에 따르면 pip도 또 다른 파이썬 패키지일 뿐이므로 pip를 사용해 스스로를 업그레이드할 수 있지만, 적어도 장기적으로는 그렇게 하지 않는 것이 좋다. 그 이유는 나중에 가상 환경을 소개할 때 설명하겠다.

site-packages 디렉터리에 설치된 패키지 목록을 얻으려면 다음을 사용한다.

```
$ pip3 list --user
```

이 목록은 비어 있거나 시스템 패키지 목록보다 훨씬 짧아야 한다.

이전 절의 예제 프로젝트로 돌아간다. setup.py가 있는 상위 follower 디렉터리로 이동한다. 이어서 다음 명령을 실행한다.

```
$ pip3 install --ignore-installed --user .
```

pip는 setup.py를 사용해 install_requires에 의해 선언된 패키지를 site-packages 디렉터리로 가져와 설치한다. --user 옵션은 pip가 패키지를 전역이 아니라 site-packages 디렉터리에 설치하도록 한다. --ignore-installed 옵션은 의존성이 누락되지 않도록, 시스템에 이미 있는 필수 패키지를 pip가 site-packages에 다시 설치하도록 한다. 이제 site-packages 디렉터리의 모든 패키지를 다시 나열한다.

```
$ pip3 list --user
Package     Version
----------  ---------
certifi     2020.6.20
chardet     3.0.4
follower    0.1
idna        2.10
requests    2.24.0
SQLAlchemy  1.3.18
urllib3     1.25.10
```

이번에는 requests와 SQLAlchemy가 모두 패키지 목록에 있음을 확인해야 한다. 방금 설치했을 가능성이 높은 SQLAlchemy 패키지에 대한 세부 정보를 보려면 다음을 실행한다.

```
$ pip3 show sqlalchemy
```

표시된 세부 정보에는 Requires와 Required-by 필드가 포함돼 있다. 둘 다 관련 패키지 목록이다. 이 필드의 값과 pip show의 연속 호출 결과를 이용해 프로젝트의 의존성 트리를 추적할 수 있다. 그러나 그보다는 pip install을 통해 pipdeptree라는 명령줄 도구를 설치하고 사용하는 편이 더 쉬울 것이다.

Required-by 필드가 비어 있다면, 이제 시스템에서 패키지를 제거해도 안전하다는 좋은 표시다. 삭제된 패키지의 Requires 필드에 있는 패키지에 의존하는 다른 패키지가 없는 경우 해당 패키지까지 제거해도 안전하다. 다음은 pip를 사용해 sqlalchemy를 제거하는 방법이다.

```
$ pip3 uninstall sqlalchemy -y
```

뒤에 -y를 붙이면 확인 프롬프트를 표시하지 않는다. 한 번에 둘 이상의 패키지를 제거하려면 -y 앞에 패키지 이름을 더 추가하면 된다. pip는 충분히 똑똑해서 패키지가 전역적으로도 설치된 경우 site-packages에서 먼저 제거하므로, 여기서는 --user 옵션을 생략했다.

때때로 어떤 목적에 필요하거나 특정 기술을 활용하는 패키지가 필요하지만 그 이름을 모를 수 있다. pip를 사용해 명령줄에서 PyPI에 대해 키워드 검색을 수행할 수 있지만, 이는 종종 너무 많은 결과를 내놓는다. 따라서 다양한 선별기classifier로 결과를 필터링할 수 있는 PyPI 웹 사이트(https://pypi.org/search/)에서 패키지를 검색하는 편이 훨씬 쉽다.

requirements.txt

pip install은 최신 버전의 패키지를 설치하지만, 종종 프로젝트 코드와 함께 작동하는 특정 버전의 패키지를 설치하고 싶을 때가 있다. 결국 프로젝트의 의존성을 업그레이드하고 싶을 것이다. 하지만 그 방법을 보여주기 전에 먼저 pip freeze를 사용해 의존성을 고정하는 방법을 살펴본다.

요구 사항requirement 파일을 사용하면 pip가 프로젝트에 설치할 패키지와 버전을 정확히 지정할 수 있다. 관례에 따르면, 프로젝트 요구 사항 파일의 이름은 항상 requirements.txt이다. 요구 사항 파일의 내용은 프로젝트의 의존성을 나열하는 pip 설치 인자의 목록일 뿐이다. 의존성에는 정확하게 버전이 지정되므로 누군가가 프로젝트를 다시 빌드하고 배포하려고 할 때 놀랄 일이 없다. 재현 가능한 빌드를 보장하기 위해 프로젝트 저장소에는 requirements.txt 파일을 추가하는 것이 좋다.

follower 프로젝트로 돌아가서 지금까지 모든 의존성을 설치하고 코드가 예상대로 작동하는지 확인했으므로, 이제 pip가 설치한 패키지의 최신 버전을 고정^{freeze}할 준비가 됐다. pip에는 설치된 패키지를 버전과 함께 출력하는 freeze 명령이 있다. 이 명령의 출력을 requirements.txt 파일로 리디렉트^{redirect}한다.

```
$ pip3 freeze --user > requirements.txt
```

이제 requirements.txt 파일이 있으므로, 프로젝트를 복제하는 사람들은 -r 옵션과 요구 사항 파일명을 사용해 모든 의존성을 설치할 수 있다.

```
$ pip3 install --user -r requirements.txt
```

자동 생성된 요구 사항 파일 형식은 디폴트로 정확한 버전 일치(==)로 설정된다. 예를 들어, requests==2.22.0 같은 줄은 pip가 설치할 requests의 버전이 정확히 2.22.0이어야 한다는 뜻이다. 최소 버전(>=), 제외 버전(!=), 최대 버전(<=) 등 요구 사항 파일에 활용할 수 있는 다른 버전 지정자들이 있으며, 최소 버전(>=)은 명시된 버전보다 크거나 같은 버전과 일치한다. 버전 제외(!=)는 명시된 버전을 제외한 모든 버전과 일치한다. 최대 버전은 명시된 버전보다 작거나 같은 모든 버전과 일치한다.

쉼표를 사용하면 한 줄에 여러 버전 지정자를 구분해 함께 사용할 수 있다.

```
requests >=2.22.0,<3.0
```

pip가 요구 사항 파일에 지정된 패키지를 설치할 때 디폴트 동작은 PyPI에서 패키지를 모두 가져오는 것이다. requirements.txt 파일의 맨 위에 다음과 같은 줄을 추가해 PyPI의 URL^(https://pypi.org/simple/)을 대체하는 파이썬 패키지 인덱스의 URL을 정의할 수 있다.

```
--index-url http://pypi.mydomain.com/mirror
```

자신의 개인 PyPI 미러를 구축하고 유지하는 데는 적지 않은 노력이 필요하다. 버그를 수정하거나 프로젝트 의존성에 기능을 추가하기만 하면 되는 경우에는 전체 패키지 인덱스 대신 패키지 소스를 재정의하는 것이 더 합리적이다.

TIP

NVIDIA Jetson Nano용 Jetpack SDK 버전 4.3은 우분투 18.04 LTS 배포판에 기반을 둔다. Jetpack SDK는 GPU 드라이버와 기타 런타임 구성 요소 같은 Nano의 NVIDIA Maxwell 128 CUDA 코어에 대한 광범위한 소프트웨어 지원을 추가한다. pip를 사용해 NVIDIA 패키지 인덱스에서 TensorFlow용 GPU 가속 wheel을 설치할 수 있다.

```
$ pip install --user --extra-index-url https://developer.download.nvidia
.com/compute/redist/jp/v43 tensorflow-gpu==2.0.0+nv20.1
```

앞에서 setup.py 내부에 배포판 URL을 하드코딩하는 것이 어떻게 잘못됐는지를 언급했으며, 요구 사항 파일에서 -e 인자를 사용하면 개별 패키지 소스를 재정의할 수 있다.

```
-e git+https://github.com/myteam/flask.git#egg=flask
```

아래 보기는 pip가 내 팀(myteam)의 깃허브 포크에서 flask 패키지 소스를 가져오도록 한다. -e 인자는 깃 브랜치 이름이나 커밋 해시commit hash, 태그 이름도 사용한다.

```
-e git+https://github.com/myteam/flask.git@master
-e git+https://github.com/myteam/flask.
git@5142930ef57e2f0ada00248bdaeb95406d18eb7c
-e git+https://github.com/myteam/flask.git@v1.0
```

pip를 사용해 프로젝트의 의존성을 PyPI에 발표된 최신 버전으로 업그레이드하는 것은 매우 간단하다.

```
$ pip3 install --upgrade -user -r requirements.txt
```

pip:requirements.txt로 설치한 최신 버전의 의존성이 프로젝트를 중단하지 않는다는 것을 확인한 다음, 요구 사항 파일에 다시 쓸 수 있다.

```
$ pip3 freeze --user > requirements.txt
```

freeze가 요구 사항 파일의 오버라이드^{override}나 특별 버전 처리를 덮어 쓰지 않았는지 확인한다. 실수를 수정하고 업데이트된 requirements.txt 파일을 버전 관리에 커밋한다.

어느 시점에서 프로젝트 의존성을 업그레이드하면 코드가 깨진다. 새 패키지 릴리스는 프로젝트에 회귀^{regression}[1]나 비호환성을 유발할 수 있다. 요구 사항 파일 형식은 이런 상황을 처리하기 위한 구문을 제공한다. 프로젝트에서 requests 버전 2.22.0을 사용하고 있고 버전 3.0이 발표됐다고 가정하자. 시맨틱 버전 관리 방식에 따르면, 메이저^{major} 버전 번호의 변경은 requests 버전 3.0의 라이브러리 API에 호환되지 않는 변경 사항^{breaking change}이 포함됨을 뜻한다. 새 버전 요구 사항은 다음과 같이 나타낼 수 있다.

```
requests ~= 2.22.0
```

호환 릴리스 지정자^{compatible release specifier}(~=)는 시맨틱 버전 관리에 의존한다. 지정된 버전보다 크거나 같고 다음 메이저 버전보다 작을 때, 호환된다고 한다(예: >= 1.1 and == 1.*). requests에 대해 위와 똑같은 버전 요구 사항을 다음과 같이 덜 모호하게 표현하는 것은 이미 확인했다.

```
requests >=2.22.0,<3.0
```

이런 pip 의존성 관리 기술은 한 번에 하나의 파이썬 프로젝트만 개발하는 경우에는 제대로 작동한다. 그러나 동일한 시스템을 사용해 한 번에 여러 파이썬 프로젝트에서 작업할 수 있으며, 각 프로젝트에는 서로 다른 버전의 파이썬 인터프리터가 필요할 수 있다. 여러 프로젝트에 pip만 사용할 때의 가장 큰 문제점은 특정 버전의 파이썬에 대해 모든 패키지를 동일한 사용자 site-packages 디렉터리에 설치한다는 것이다. 이로 인해 프로젝트별로 의존성을 격리하기가 매우 어렵다.

곧 살펴보겠지만, pip는 파이썬 애플리케이션 배포를 위한 도커와 잘 어울린다. Buildroot나 Yocto 기반 리눅스 이미지에 pip를 추가할 수 있지만 빠른 온보드 실험만

---

1   회귀 버그(regression bug)라고도 한다. – 옮긴이

가능하다. pip와 같은 파이썬 런타임 패키지 설치 프로그램은 빌드 때에 임베디드 리눅스 이미지의 전체 내용을 정의하려는 Buildroot와 Yocto 환경에 적합하지 않다. pip는 빌드 시와 실행 시 사이의 경계가 종종 모호한 도커와 같은 컨테이너 환경에서 잘 작동한다.

7장, 'Yocto를 이용한 개발'에서는 meta-python 계층에서 사용할 수 있는 파이썬 모듈과 자신의 애플리케이션에 대한 사용자 정의 계층을 정의하는 방법을 배웠다. pip freeze로 생성된 requirements.txt 파일을 사용하면 자신의 레이어 레시피에 대한 meta-python의 의존성 선택을 알릴 수 있다. Buildroot와 Yocto는 모두 시스템 차원으로 파이썬 패키지를 설치하므로 다음에 논의할 가상 환경 기술은 임베디드 리눅스 빌드에 적용되지 않지만, 정확한 requirements.txt 파일을 더 쉽게 생성할 수 있다.

⣿ venv를 이용해 파이썬 가상 환경 관리하기

가상 환경virtual environment은 특정 버전의 파이썬용 파이썬 인터프리터, 프로젝트 의존성을 관리하기 위한 pip 실행 파일, 로컬 site-packages 디렉터리를 담고 있는 자급자족적인 디렉터리 트리다. 가상 환경 간에 전환하면 셸에서 사용 가능한 유일한 파이썬과 pip 실행 파일이 활성 가상 환경에 있는 것으로 생각하도록 속인다. 모범 사례에 따르면 각 프로젝트마다 서로 다른 가상 환경을 생성해야 한다. 이러한 형태의 격리는 두 프로젝트가 동일한 패키지의 다른 버전에 의존할 때 생길 수 있는 문제를 해결한다.

가상 환경은 파이썬에서 새로운 것이 아니다. 이는 파이썬이 설치되면 시스템 전체에서 사용되기 때문에 필요하다. 가상 환경을 사용하면, 동일한 패키지의 다른 버전을 설치할 수 있을 뿐만 아니라 여러 버전의 파이썬 인터프리터를 쉽게 실행할 수 있다. 파이썬 가상 환경을 관리하기 위한 몇 가지 옵션이 있는데, 불과 2년 전만 해도 엄청난 인기를 끌었던 도구(pipenv)는 이 책을 쓰는 시점에는 시들해졌다. 한편, 새로운 경쟁자가 나타났고(poetry) 파이썬 3에서 기본으로 제공하는 가상 환경(venv)이 더 많이 채택되기 시작했다.

venv는 버전 3.3(2012년 발표)부터 파이썬과 함께 제공됐다. venv는 파이썬 3에만 번들로 제공되므로, 파이썬 2.7이 필요한 프로젝트와 호환되지 않는다. 이제 파이썬 2.7에 대한 지원이 2020년 1월 1일에 공식적으로 종료됐으므로, 이 파이썬 3 제한 사항은 예전보다 덜 중요해졌다. venv는 PyPI에서 계속 유지 관리되고 사용 가능한 인기 있는 virtualenv 도구에 기반을 둔다. 어떤 이유로 파이썬 2.7이 필요한 프로젝트가 하나 이상 있는 경우 venv 대신 virtualenv를 사용해 작업할 수 있다.

디폴트로 venv는 시스템에 있는 가장 최신 버전의 파이썬을 설치한다. 시스템에 여러 버전의 파이썬이 있는 경우, python3를 포함해 각 가상 환경을 생성할 때 원하는 버전을 실행함으로써 특정 파이썬 버전을 선택할 수 있다(The Python Tutorial, https://docs.python.org/3/tutorial/venv.html). 최신 버전의 파이썬으로 개발하는 것은 일반적으로 처음부터 새로 시작하는 프로젝트greenfield project에 적합하지만, 대부분의 레거시나 엔터프라이즈 소프트웨어에서는 적합하지 않다. 여기서는 우분투 시스템과 함께 제공되는 파이썬 3 버전을 사용해 가상 환경을 만들고 작업할 것이다.

가상 환경을 생성하려면, 먼저 배치할 위치를 결정한 후 타깃 디렉터리 경로가 있는 스크립트로 venv 모듈을 실행한다.

1. 우분투 시스템에 venv가 설치돼 있는지 확인한다.

```
$ sudo apt install python3-venv
```

2. 프로젝트용 디렉터리를 만든다.

```
$ mkdir myproject
```

3. 새로운 디렉터리로 이동한다.

```
$ cd myproject
```

4. venv라는 이름의 서브디렉터리 안에 가상 환경을 만든다.

```
$ python3 -m venv ./venv
```

이제 가상 환경을 만들었으며, 이를 활성화하고 확인하는 방법은 다음과 같다.

1. 프로젝트 디렉터리로 이동한다.

   ```
   $ cd myproject
   ```

2. 시스템의 pip3 실행 파일이 설치됐는지 확인한다.

   ```
   $ which pip3
   /usr/bin/pip3
   ```

3. 프로젝트의 가상 환경을 활성화한다.

   ```
   $ source ./venv/bin/activate
   ```

4. 프로젝트의 pip3 실행 파일이 설치됐는지 확인한다.

   ```
   (venv) $ which pip3
   /home/frank/myproject/venv/bin/pip3
   ```

5. 가상 환경에 설치된 패키지 목록을 확인한다.

   ```
   (venv) $ pip3 list
   Package        Version
   -------------- -------
   pip            20.0.2
   pkg-resources  0.0.0
   setuptools     44.0.0
   ```

가상 환경 내에서 which pip 명령을 입력하면 pip가 이제 pip3과 동일한 실행 파일을 가리키는 것을 볼 수 있다. 가상 환경을 활성화하기 전에는 우분투 20.04 LTS가 더 이상 파이썬 2.7이 설치된 상태로 제공되지 않으므로 pip가 아무것도 가리키지 않았을 것이다. python과 python3도 마찬가지다. 이제 가상 환경 내에서 pip나 python을 실행할 때 3을 생략할 수 있다.

다음으로는 기존 가상 환경에 hypothesis라는 프로퍼티 기반 테스트 라이브러리를 설치해보자.

1. 아직 이동하지 않은 경우 프로젝트 디렉터리로 이동한다.

```
$ cd myproject
```

2. 아직 활성화하지 않은 경우 프로젝트의 가상 환경을 다시 활성화한다.

```
$ source ./venv/bin/activate
```

3. hypothesis 패키지를 설치한다.

```
(venv) $ pip install hypothesis
```

4. 현재 가상 환경 내부에 설치된 패키지를 확인한다.

```
(venv) $ pip list
Package         Version
--------------- -------
attrs           19.3.0
hypothesis      5.16.1
pip             20.0.2
pkg-resources   0.0.0
setuptools      44.0.0
sortedcontainers 2.2.2
```

hypothesis, attrs, sortedcontainers 외에 2개의 새 패키지가 목록에 추가됐다. hypothesis는 이들 두 패키지에 의존한다. sortedcontainers 버전 19.3.0 대신 버전 18.2.0에 의존하는 다른 파이썬 프로젝트가 있다고 가정하자. 이 두 버전은 호환되지 않으므로 서로 충돌한다. 가상 환경을 사용하면 두 프로젝트 각각을 위해 동일한 패키지의 서로 다른 버전을 설치할 수 있다.

프로젝트 디렉터리에서 나와도 가상 환경이 비활성화되지 않는다는 사실을 눈치챘을 것이다. 괜찮다. 가상 환경은 다음과 같이 쉽게 비활성화할 수 있다.

```
(venv) $ deactivate
$
```

이렇게 하면 python3와 pip3을 다시 입력해야 하는 전역 시스템 환경으로 돌아간다. 이제 파이썬 가상 환경을 시작하기 위해 알아야 할 모든 것을 살펴봤다. 가상 환경을 만들고 가상 환경 간에 전환하는 것은 이제 파이썬에서 개발할 때 일반적인 방법이다. 격리된 환경을 사용하면 여러 프로젝트 간 의존성을 쉽게 추적하고 관리할 수 있다. 프로덕션용 임베디드 리눅스 장치에 파이썬 가상 환경을 배포하는 것은 의미가 없지만, 그럼에도 불구하고 dh-virtualenv(https://github.com/spotify/dh-virtualenv)라는 데비안 패키징 도구를 사용해 수행할 수 있다.

⠿ conda를 이용해 미리 컴파일된 바이너리 설치하기

conda는 PyData 커뮤니티용 Anaconda 소프트웨어 배포판에서 사용하는 패키지와 가상 환경 관리 시스템이다. Anaconda 배포판에는 파이썬뿐만 아니라 PyTorch, TensorFlow와 같이 빌드하기 어려운 여러 오픈소스 프로젝트용 바이너리가 포함돼 있다. conda는 매우 큰 전체 Anaconda 배포판이나 여전히 256MB가 넘는 최소 Miniconda 배포판 없이 설치할 수 있다.

pip 직후 파이썬용으로 만들어졌지만, conda는 APT나 Homebrew와 같은 범용 패키지 관리자로 발전했으며 이제 모든 언어용 소프트웨어를 패키징하고 배포하는 데 사용할 수 있다. conda는 미리 컴파일된 바이너리를 다운로드하기 때문에 파이썬 확장 모듈 설치가 아주 쉽다. conda의 또 다른 큰 장점 중 하나는 리눅스, 맥OS, 윈도우를 완벽하게 지원하는 크로스 플랫폼이라는 것이다.

패키지 관리 측면 외에, conda는 완전한 가상 환경 관리자이기도 하다. conda 가상 환경에는 파이썬 venv 환경 등에서 기대할 수 있는 모든 이점이 있다. venv와 마찬가지로 conda를 사용하면 pip를 사용해 패키지를 PyPI에서 프로젝트의 로컬 site-packages 디렉터리로 설치할 수 있으며, 원하는 경우 conda의 자체 패키지 관리 기능을 사용해 다른 채널의 패키지를 설치할 수 있다. 채널은 Anaconda와 기타 소프트웨어 배포판에서 제공하는 패키지 피드package feed다.

환경 관리

venv와 달리 conda의 가상 환경 관리자는 파이썬 2.7을 포함해 여러 버전의 파이썬을 쉽게 저글링할 수 있다. 다음 연습을 수행하려면 우분투 시스템에 Miniconda가 설치돼 있어야 한다. 가상 환경에 Anaconda 대신 Miniconda를 사용하는 이유는 무엇일까? Anaconda 환경에는 많은 패키지가 사전 설치돼 제공되는데, 그중 다수는 거의 사용하지 않을 것이기 때문이다. Miniconda 환경은 간소화돼 있으며 필요한 경우 Anaconda의 패키지를 쉽게 설치할 수 있다.

우분투 20.04 LTS에 Miniconda를 설치하고 업데이트하려면 다음 명령을 수행한다.

1. Miniconda를 다운로드한다.

```
$ wget https://repo.anaconda.com/miniconda/Miniconda3-latest-
Linux-x86_64.sh
```

2. Miniconda를 설치한다.

```
$ bash Miniconda3-latest-Linux-x86_64.sh
```

3. 설치된 모든 패키지를 루트 환경에서 업데이트한다.

```
(base) $ conda update --all
```

Miniconda를 새로 설치하면 conda와, 파이썬 인터프리터 및 일부 기본 패키지가 설치된 루트 환경이 함께 제공된다. conda 루트 환경의 python과 pip 실행 파일은 디폴트로 홈 디렉터리에 설치된다. conda 루트 환경을 base라고 한다. 다음 명령을 실행해 base의 위치와, 사용 가능한 다른 conda 환경의 위치를 볼 수 있다.

```
(base) $ conda env list
```

고유한 conda 환경을 만들기 전에 이 루트 환경을 확인한다.

1. Miniconda를 설치한 뒤에 새로운 셸을 연다.

2. 루트 환경의 python 실행 파일이 설치된 위치를 확인한다.

   ```
   (base) $ which python
   ```

3. 파이썬의 버전을 확인한다.

   ```
   (base) $ python --version
   ```

4. 루트 환경의 pip 실행 파일이 설치된 위치를 확인한다.

   ```
   (base) $ which pip
   ```

5. pip의 버전을 확인한다.

   ```
   (base) $ pip --version
   ```

6. 루트 환경에 설치된 패키지 목록을 확인한다.

   ```
   (base) $ conda list
   ```

이제 py377이라는 여러분의 conda 환경을 만들고 작업한다.

1. py377이라는 새로운 가상 환경을 만든다.

   ```
   (base) $ conda create --name py377 python=3.7.7
   ```

2. 새로운 가상 환경을 활성화한다.

   ```
   (base) $ source activate py377
   ```

3. 가상 환경의 python 실행 파일의 위치를 확인한다.

```
(py377) $ which python
```

4. 파이썬의 버전이 3.7.7인지 확인한다.

```
(py377) $ python --version
```

5. 환경에 설치된 패키지 목록을 확인한다.

```
(py377) $ conda list
```

6. 환경을 비활성화한다.

```
(py377) $ conda deactivate
```

conda를 사용하면 파이썬 2.7이 설치된 가상 환경을 다음과 같이 간단히 만들 수 있다.

```
(base) $ conda create --name py27 python=2.7.17
```

py377과 py27이 지금 목록에 보이는지 확인하려면 conda 환경 목록을 다시 확인한다.

```
(base) $ conda env list
```

마지막으로, py27 환경은 사용하지 않을 것이므로 삭제한다.

```
(base) $ conda remove --name py27 -all
```

이제 conda를 사용해 가상 환경을 관리하는 방법을 배웠으므로, 이를 사용해 이들 환경 안에서 패키지를 관리해보자.

패키지 관리

conda는 가상 환경을 지원하므로 venv에서 했던 것처럼 pip를 사용해 프로젝트 간의 파이썬 의존성을 격리된 방식으로 관리할 수 있다. 범용 패키지 관리자로서 conda에는 자체의 의존성 관리 기능이 있다. conda list가 conda가 활성 가상 환경에 설치한 모든 패키지의 목록을 보여주는 것은 이미 알고 있다. 또한 conda가 채널이라는 패키지 피드를 사용하는 것도 언급했다.

1. 다음 명령을 통해 conda가 가져오도록 설정된 채널 URL의 목록을 얻을 수 있다.

   ```
   (base) $ conda info
   ```

2. 계속 진행하기 전에 이전 연습에서 생성한 py377 가상 환경을 다시 활성화해보자.

   ```
   (base) $ source activate py377
   (py377) $
   ```

3. 요즘 대부분의 파이썬 개발은 jupyter 노트북 내에서 이뤄지므로, 먼저 해당 패키지를 설치하자.

   ```
   (py377) $ conda install jupyter notebook
   ```

4. 메시지가 표시되면 y를 입력한다. 그러면 모든 의존성과 함께 jupyter와 notebook 패키지가 설치된다. conda list를 입력하면, 설치된 패키지의 목록이 이전보다 훨씬 긴 것을 볼 수 있다. 이제 컴퓨터 비전 프로젝트에 필요한 파이썬 패키지를 몇 개 더 설치해보자.

   ```
   (py377) $ conda install opencv matplotlib
   ```

5. 다시 프롬프트가 표시되면 y를 입력한다. 이번에는 설치된 의존 항목의 수가 더 적다. opencv와 matplotlib은 모두 numpy에 의존하므로, 여러분이 numpy 패키지를 지정하지 않아도 conda가 자동으로 해당 패키지를 설치한다. 이전 버전의 opencv를 지정하려면 원하는 패키지 버전을 다음과 같이 설치할 수 있다.

```
    (py377) $ conda install opencv=3.4.1
```

6. 그러면 conda는 활성 환경에서 이 의존성을 해결^{solve}하려고 시도한다. 이 활성 가상 환경에는 opencv에 의존하는 다른 패키지가 설치돼 있지 않으므로, 타깃 버전은 쉽게 해결할 수 있다. 만약 의존하는 패키지가 있다면, 패키지 충돌이 발생하고 재설치가 실패할 수 있다. 해결 후 conda는 opencv와 해당 의존성을 다운그레이드하기 전에 메시지를 표시한다. y를 입력해 opencv를 버전 3.4.1로 다운그레이드한다.

7. 이제 마음이 바뀌었거나 이전 문제를 해결하는 최신 버전의 opencv가 출시됐다고 가정하자. 다음은 Anaconda 배포판에서 제공하는 최신 버전으로 opencv를 업그레이드하는 방법이다.

```
    (py377) $ conda update opencv
```

8. 이번에는 conda가 opencv와 의존성을 최신 버전으로 업데이트할지 묻는다. 이번에는 n을 입력해 패키지 업데이트를 취소한다. 패키지를 개별적으로 업데이트하는 대신에 활성 가상 환경에 설치된 모든 패키지를 한 번에 업데이트하는 것이 더 쉬운 경우가 흔하다.

```
    (py377) $ conda update --all
```

9. 설치된 패키지를 제거하는 것도 간단하다.

```
    (py377) $ conda remove jupyter notebook
```

10. conda가 jupyter와 notebook을 제거하면 그 댕글링 의존성^{dangling dependency}도 모두 제거된다. 댕글링 의존성은 설치된 패키지 중 다른 패키지가 의존하지 않는 패키지다. 대부분의 범용 패키지 관리자와 마찬가지로 conda는 설치된 다른 패키지가 여전히 의존하는 의존성을 제거하지 않는다.

11. 때로는 설치하려는 패키지의 정확한 이름을 모를 수 있다. 아마존^{Amazon}은 Boto라

는 파이썬용 AWS SDK를 제공한다. 많은 파이썬 라이브러리와 마찬가지로 파이썬 2용 Boto 버전과 파이썬 3용 최신 버전(Boto3)이 있다. Anaconda에서 이름에 boto라는 단어가 포함된 패키지를 검색하려면 다음 명령을 입력한다.

```
(py377) $ conda search '*boto*'
```

12. 검색 결과에 boto3과 botocore가 표시될 것이다. 이 책을 쓸 당시 Anaconda에서 사용할 수 있는 boto3의 최신 버전은 1.13.11이다. 특정 버전의 boto3에 대한 세부 정보를 보려면 다음 명령을 입력한다.

```
(py377) $ conda info boto3=1.13.11
```

13. 패키지 세부 정보에 따르면, boto3 버전 1.13.11은 botocore(botocore >=1.16.11,<1.17.0)에 의존하므로 boto3을 설치하면 둘 다 설치할 수 있다.

이제 Jupyter 노트북 내부에 OpenCV 프로젝트를 개발하는 데 필요한 모든 패키지를 설치했다고 가정하자. 다른 사람이 여러분의 작업 환경을 재현할 수 있도록 이들 프로젝트 요구 사항을 공유하는 방법은 무엇일까? 대답을 들으면 깜짝 놀랄 수 있다.

1. 활성 가상 환경을 YAML 파일로 익스포트한다.

```
(py377) $ conda env export > my-environment.yaml
```

2. pip freeze가 생성하는 요구 사항 목록과 매우 유사하게, conda가 익스포트하는 YAML은 가상 환경에 설치된 모든 패키지와 버전의 목록이다. 환경 파일에서 conda 가상 환경을 만들려면 -f 옵션과 파일명이 필요하다.

```
$ conda env create -f my-environment.yaml
```

3. 익스포트된 YAML에 환경 이름이 포함돼 있으므로 환경을 만들 때 --name 옵션은 필요 없다. my-environment.yaml로부터 가상 환경을 만드는 사람은 이제 conda env list를 실행할 때 환경 목록에 py377이 표시된다.

conda는 개발자의 '무기고'에서 매우 강력한 도구로, 범용 패키지 설치와 가상 환경을 결합해 매력적인 배포 방법을 제공한다. conda는 도커(다음에 설명한다)와 동일한 목표를 많이 달성하지만 컨테이너를 사용하지 않으며, 데이터 과학 커뮤니티에 중점을 두고 있으므로 파이썬과 관련해 도커보다 우위에 있다. 주요 머신러닝 프레임워크(예: PyTorch와 TensorFlow)는 대부분 CUDA 기반이므로 GPU 가속 바이너리를 찾기가 종종 어렵다. conda는 미리 컴파일된 여러 바이너리 버전의 패키지를 제공해 이 문제를 해결한다.

다른 시스템에 설치하기 위해 conda 가상 환경을 YAML 파일로 익스포트하는 것은 또 다른 배포 옵션을 제공한다. 이 솔루션은 데이터 과학 커뮤니티에서 널리 사용되지만, 임베디드 리눅스에서는 사용되지 않는다. conda는 Yocto가 지원하는 세 가지 패키지 관리자 중 하나가 아니다. conda가 지원되더라도, 리눅스 이미지에서 Miniconda를 수용하는 데 필요한 저장 공간은 자원이 제한된 대부분의 임베디드 시스템에 적합하지 않다.

개발 보드에 NVIDIA Jetson 시리즈와 같은 NVIDIA GPU가 있는 경우, 보드상 개발에 conda를 사용하고 싶을 것이다. 다행히도 Jetson 같은 64비트 ARM 머신에서 작동하는 것으로 알려진 Miniforge(https://github.com/conda-forge/miniforge)라는 conda 설치 프로그램이 있다. conda가 탑재되면 jupyter, numpy, pandas, scikit-learn을 비롯한 대부분의 인기 있는 파이썬 데이터 과학 라이브러리를 설치할 수 있다.

⁙ 도커를 사용해 파이썬 애플리케이션 배포하기

도커Docker는 파이썬 코드를 다른 언어로 작성된 소프트웨어와 번들로 묶는 또 다른 방법을 제공한다. 도커 이면의 아이디어는 사전 구성된 서버 환경에 애플리케이션을 패키징하고 설치하는 대신 애플리케이션 및 모든 런타임 의존성과 함께 컨테이너 이미지를 빌드하고 제공한다는 것이다. 컨테이너 이미지는 가상 머신보다 가상 환경에 가깝다. 가상 머신은 커널과 운영체제를 포함하는 완전한 시스템 이미지이며, 컨테이너 이미지는 애플리케이션을 실행하는 데 필요한 바이너리와 함께 제공되는 최소 사용자 공간 환경이다.

가상 머신은 하드웨어를 에뮬레이트하는 하이퍼바이저^{hypervisor} 위에서 실행되고, 컨테이너는 호스트 운영체제 위에서 직접 실행된다. 가상 머신과 달리, 컨테이너는 하드웨어 에뮬레이션을 사용하지 않고도 동일한 운영체제와 커널을 공유할 수 있다. 대신 격리를 위해 리눅스 커널의 두 가지 특수 기능인 네임스페이스와 cgroup에 의존한다. 도커는 컨테이너 기술을 발명하지 않았지만, 사용하기 쉽게 만든 도구를 최초로 구축했다. 도커를 사용해 컨테이너 이미지를 매우 간단하게 빌드하고 배포할 수 있게 됨에 따라 이제 '내 컴퓨터에서는 작동한다'는 피곤한 핑계가 더 이상 통하지 않는다.

도커파일 해부

도커파일^{Dockerfile}은 도커 이미지의 내용을 설명한다. 모든 도커파일에는 사용할 환경과 실행할 명령을 지정하는 일련의 지침이 포함돼 있다. 도커파일을 처음부터 작성하는 대신 프로젝트 템플릿에 기존 도커파일을 사용한다. 이 도커파일은 필요에 맞게 확장할 수 있는 매우 간단한 Flask 웹 애플리케이션용 도커 이미지를 생성한다. 도커 이미지는 컨테이너 배포에 일반적으로 사용되는 매우 슬림한 리눅스 배포판인 알파인 리눅스^{Alpine Linux}를 기반으로 한다. Flask 외에도 도커 이미지에는 더 나은 성능을 위해 uWSGI와 Nginx가 포함돼 있다.

웹 브라우저에서 깃허브(https://github.com/tiangolo/uwsgi-nginx-flask-docker)의 `uwsgi-nginx-flask-docker` 프로젝트를 지정해 시작한다. 그런 다음, README.md 파일에서 python-3.8-alpine 도커파일의 링크를 클릭한다.

이제 해당 도커파일의 첫 번째 줄을 살펴보자.

```
FROM tiangolo/uwsgi-nginx:python3.8-alpine
```

이 `FROM` 명령은 도커 허브^{Docker Hub}에서 `python3.8-alpine` 태그가 있는 `tiangolo` 네임스페이스에서 `uwsgi-nginx`라는 이미지를 가져오도록 도커에 지시한다. 도커 허브는 사람들이 다른 사람들이 가져와 배포할 수 있도록 도커 이미지를 게시^{publish}하는 공개 레지스트리다. 원하는 경우, AWS ECR이나 Quay 같은 서비스를 사용해 자체 이미지 레지스트리를 설정할 수 있다. 다음과 같이 네임스페이스 앞에 레지스트리 서비스 이름을 삽입해야 한다.

```
FROM quay.io/my-org/my-app:my-tag
```

그렇지 않으면, 도커는 기본적으로 도커 허브에서 이미지를 가져온다. FROM은 도커파일의 include 문과 같으며, 다른 도커파일의 내용을 사용자의 파일에 삽입해 빌드할 항목이 있다. 나는 이 접근 방식을 이미지 계층화image layering라고 생각하고 싶다. 알파인Alpine이 기본 계층이고, 그다음으로 파이썬 3.8, uWSGI, Nginx, 마지막으로 Flask 애플리케이션이다. 도커 허브(https://hub.docker.com/r/tiangolo/uwsgi-nginx)에서 python3.8-alpine 도커파일을 파헤쳐 이미지 계층화 작동 방식을 자세히 알아볼 수 있다.

도커파일에서 다음 줄은 아래와 같다.

```
RUN pip install flask
```

RUN 명령은 명령을 실행한다. 도커는 결과 도커 이미지를 빌드하기 위해 도커파일에 포함된 RUN 명령을 순차적으로 실행한다. 이 RUN 명령은 Flask를 시스템 site-packages 디렉터리에 설치한다. 알파인 기본 이미지에 파이썬 3.8도 포함돼 있으므로 pip를 사용할 수 있다.

Nginx의 환경 변수를 건너뛰고 바로 복사로 이동해보자.

```
COPY ./app /app
```

이 특정 도커파일은 다른 여러 파일 및 서브디렉터리와 함께 깃 저장소 내부에 있다. COPY 명령은 호스트 도커 런타임 환경(일반적으로 저장소의 깃 복제)에서 빌드 중인 컨테이너로 디렉터리를 복사한다.

여러분이 보고 있는 python3.8-alpine.도커파일 파일은 tiangolo/uwsgi-nginx-flask-docker 저장소의 dockerimages 서브디렉터리에 있다. docker-images 디렉터리 내부에는 Hello World Flask 웹 애플리케이션이 포함된 앱 서브디렉터리가 있다. 이 COPY 명령은 예제 저장소의 앱 디렉터리를 도커 이미지의 루트 디렉터리로 복사한다.

```
WORKDIR /app
```

WORKDIR 명령어는 컨테이너 내부에서 작업할 디렉터리를 도커에 알려준다. 이 예에서는 방금 복사한 /app 디렉터리가 작업 디렉터리가 된다. 타깃 작업 디렉터리가 없으면 WORKDIR 명령이 만든다. 따라서 이 도커파일에 나타나는 모든 후속 상대 경로는 /app 디렉터리에 상대적이다.

이제 컨테이너 내부에서 환경 변수가 어떻게 설정되는지 살펴보자.

```
ENV PYTHONPATH=/app
```

ENV는 도커에게 다음에 오는 것이 환경 변수 정의임을 알려준다. PYTHONPATH는 콜론으로 구분된 경로 목록으로 확장되는 환경 변수다. 파이썬 인터프리터는 모듈과 패키지를 찾는다.

이제 두 번째 RUN 명령으로 몇 줄 건너뛰어보자.

```
RUN chmod +x /entrypoint.sh
```

RUN 명령은 도커에게 셸에서 명령을 실행하도록 지시한다. 이 경우, 실행되는 명령은 파일 권한을 변경하는 chmod이다. 여기서는 /entrypoint.sh 실행 파일의 속성을 변경한다.

이 도커파일의 다음 줄은 선택 사항이다.

```
ENTRYPOINT ["/entrypoint.sh"]
```

ENTRYPOINT는 이 도커파일에서 가장 흥미로운 명령이며 컨테이너를 시작할 때 도커 호스트 명령줄에 실행 파일을 알려준다. 이렇게 하면 명령줄에서 컨테이너 내부의 실행 파일로 인자를 전달할 수 있다. 명령줄에서 `docker run <image>` 후에 이들 인자를 추가할 수 있는데, 도커파일에 둘 이상의 ENTRYPOINT 명령이 있는 경우 마지막 ENTRYPOINT만 실행된다.

도커파일의 마지막 줄은 다음과 같다.

```
CMD ["/start.sh"]
```

ENTRYPOINT 명령어와 마찬가지로, CMD 명령어는 빌드 때가 아닌 컨테이너 시작 때 실행된다. ENTRYPOINT 명령어가 도커파일에 정의되면, CMD 명령어는 해당 ENTRYPOINT에 전달할 디폴트 인자를 정의한다. 이 경우 /start.sh 경로는 /entrypoint.sh에 전달되는 인자다. /entrypoint.sh의 마지막 줄은 /start.sh를 실행한다.

```
exec "$@"
```

/start.sh 스크립트는 uwsgi-nginx 기본 이미지에 있는 것이다. /start.sh는 /entrypoint.sh가 컨테이너 런타임 환경을 구성한 뒤 Nginx와 uWSGI를 시작한다. CMD가 ENTRYPOINT와 함께 사용되는 경우, CMD로 설정한 디폴트 인자는 도커 호스트 명령줄에서 재정의할 수 있다.

대부분의 도커파일에는 ENTRYPOINT 명령이 없으므로, 도커파일의 마지막 줄은 일반적으로 디폴트 인자 대신 포그라운드에서 실행되는 CMD 명령이다. 이 도커파일 트릭을 사용해 개발용으로 범용 도커 컨테이너를 계속 실행한다.

```
CMD tail -f /dev/null
```

ENTRYPOINT와 CMD를 제외하고, 이 예제 python-3.8-alpine 도커파일의 모든 명령은 컨테이너가 빌드될 때만 실행된다.

도커 이미지 빌드하기

도커 이미지를 빌드하려면 도커파일이 필요하며, 시스템에 이미 도커 이미지가 있을 수 있다. 도커 이미지 목록을 보려면 다음 명령을 사용한다.

```
$ docker images
```

이제 방금 분석한 도커파일을 가져와 빌드해보자.

1. 도커파일이 포함된 저장소를 복제한다.

   ```
   $ git clone https://github.com/tiangolo/uwsgi-nginxflask-docker.git
   ```

2. 저장소 내부의 docker-images 서브디렉터리로 전환한다.

   ```
   $ cd uwsgi-nginx-flask-docker/docker-images
   ```

3. python3.8-alpine.dockerfile을 Dockerfile이라는 파일에 복사한다.

   ```
   $ cp python3.8-alpine.dockerfile Dockerfile
   ```

4. 도커파일에서 이미지를 빌드한다.

   ```
   $ docker build -t my-image .
   ```

이미지 빌드가 완료되면 로컬 도커 이미지 목록에 나타난다.

```
$ docker images
```

uwsgi-nginx 기본 이미지도 새로 빌드된 my-image와 함께 목록에 나타날 것이다. uwsgi-nginx 기본 이미지가 생성된 이후 경과된 시간은 my-image가 생성된 이후의 경과 시간보다 훨씬 크다.

도커 이미지 실행하기

이제 빌드된 도커 이미지가 있고 컨테이너로 실행할 수 있다. 시스템에 실행 중인 컨테이너의 목록을 얻으려면 다음 명령을 사용한다.

```
$ docker ps
```

my-image를 기반으로 컨테이너를 실행하려면 다음 docker run 명령을 실행한다.

```
$ docker run -d --name my-container -p 80:80 my-image
```

이제 실행 중인 컨테이너의 상태를 관찰한다.

```
$ docker ps
```

목록에 my-image라는 이미지를 기반으로 my-container라는 컨테이너가 표시될 것이다. docker run 명령의 -p 옵션은 컨테이너 포트를 호스트 포트에 매핑한다. 따라서 이 예에서 컨테이너 포트 80은 호스트 포트 80에 매핑된다. 이 포트 매핑을 통해 컨테이너 내부에서 실행되는 Flask 웹 서버가 HTTP 요청을 처리할 수 있다.

my-container를 중지하려면 다음 명령을 실행한다.

```
$ docker stop my-container
```

이제 실행 중인 컨테이너의 상태를 다시 확인한다.

```
$ docker ps
```

my-container는 더 이상 실행 중인 컨테이너 목록에 표시되지 않는다. 컨테이너가 없어진 것일까? 그렇지 않고, 중지됐을 뿐이다. docker ps 명령에 -a 옵션을 추가해 my-container와 상태를 여전히 볼 수 있다.

```
$ docker ps -a
```

더 이상 필요치 않은 컨테이너를 삭제하는 방법은 잠시 뒤에 살펴본다.

도커 이미지 가져오기

지금까지 도커 허브^{Docker Hub}, AWS ECR, Quay 같은 이미지 레지스트리를 설명했다. 곧 알게 되겠지만, 복제된 깃허브 저장소에서 로컬로 빌드한 도커 이미지는 이미 도커 허브에 게시돼 있다. 도커 허브에서 미리 빌드된 이미지를 가져오는 것이 시스템에서 직접 빌드하는 것보다 훨씬 빠르다. 프로젝트의 도커 이미지는 도커 허브(https://hub.docker.com /r/tiangolo/uwsgi-nginx-flask)에서 찾을 수 있다. my-image로 빌드한 것과 동일한 도커 이미지를 도커 허브에서 가져오려면 다음 명령을 입력한다.

```
$ docker pull tiangolo/uwsgi-nginx-flask:python3.8-alpine
```

이제 도커 이미지 목록을 다시 살펴보자.

```
$ docker images
```

목록에 새로운 uwsgi-nginx-flask 이미지가 표시될 것이다.

새로 가져온 이미지를 실행하려면 다음 docker run 명령을 실행한다.

```
$ docker run -d --name flask-container -p 80:80 tiangolo/uwsginginx-
flask:python3.8-alpine
```

전체 이미지 이름을 입력하고 싶지 않다면, 이전 docker run 명령의 전체 이미지 이름 (repo:tag)을 docker images의 해당 이미지 ID(해시)로 대체할 수 있다.

도커 이미지 게시하기

도커 이미지를 도커 허브에 게시하려면 먼저 계정이 필요하고 로그인을 해야 한다. 웹 사이트(https://hub.docker.com)로 이동해 가입하면 도커 허브에 계정을 만들 수 있다. 계정이 있으면, 기존 이미지를 도커 허브 저장소로 푸시^{push}할 수 있다.

1. 명령줄에서 도커 허브 이미지 레지스트리에 로그인한다.

   ```
   $ docker login
   ```

2. 메시지가 표시되면 도커 허브 사용자 이름과 암호를 입력한다.

3. 기존 이미지에 저장소 이름으로 시작하는 새 이름을 태그로 지정한다.

   ```
   $ docker tag my-image:latest <저장소>/my-image:latest
   ```

   위 명령의 <저장소>를 도커 허브의 저장소 이름(사용자 이름과 동일)으로 바꾼다. my-image:latest를 푸시하려는 다른 기존 이미지의 이름으로 대체할 수도 있다.

4. 도커 허브 이미지 레지스트리에 이미지를 푸시한다.

   ```
   $ docker push <저장소>/my-image:latest
   ```

   다시 3단계에서와 동일한 교체를 수행한다.

도커 허브에 푸시된 이미지는 디폴트로 공개된다. 새로 게시된 이미지의 웹 페이지를 방문하려면 해당 사이트(https://hub.docker.com/repository/docker/<repository>/my-image)로 이동하면 된다. 위 URL 중 <repository>는 도커 허브의 저장소 이름(사용자 이름과 동일)으로 바꿔야 한다. 푸시한 실제 이미지의 이름이 my-image:latest가 아니라면, my-image:latest를 실제 이미지의 이름으로 대체할 수도 있다. 해당 웹 페이지에서 태그^{Tags} 탭을 클릭하면, 해당 이미지를 가져오기 위한 docker pull 명령이 표시될 것이다.

뒷정리

docker images가 이미지를 나열하고 docker ps가 컨테이너를 나열한다는 것은 알고 있다. 도커 이미지를 삭제하려면, 먼저 이를 참조하는 모든 컨테이너를 삭제해야 한다. 도커 컨테이너를 삭제하려면 먼저 컨테이너의 이름이나 ID를 알아야 한다.

1. 타깃 도커 컨테이너의 이름을 찾는다.

```
$ docker ps -a
```

2. 실행 중인 컨테이너를 중지한다.

```
$ docker stop flask-container
```

3. 도커 컨테이너를 삭제한다.

```
$ docker rm flask-container
```

위의 두 명령에서 flask-container를 1단계의 컨테이너 이름이나 ID로 바꾼다. docker ps 아래에 표시되는 모든 컨테이너에는 연결된 이미지 이름이나 ID가 있다. 이미지를 참조하는 모든 컨테이너를 삭제했으면 이미지를 삭제할 수 있다.

도커 이미지 이름(repo:tag)은 상당히 길 수 있다(예: tiangolo/uwsginginx-flask:python3.8-alpine). 따라서 삭제할 때는 이미지의 ID(해시)를 복사해 붙여넣는 것이 더 쉽다.

1. 도커 이미지의 ID를 찾는다.

```
$ docker images
```

2. 도커 이미지를 삭제한다.

```
$ docker rmi <이미지 ID>
```

위 명령의 <이미지 ID>는 1단계의 이미지 ID로 바꿔야 한다.

시스템에서 더 이상 사용하지 않는 모든 컨테이너와 이미지를 지우려면 다음 명령을 사용한다.

```
$ docker system prune -a
```

docker system prune은 중지된 모든 컨테이너와 댕글링^{dangling} 이미지를 삭제한다.

pip를 사용해 파이썬 애플리케이션의 의존성을 설치하는 방법을 살펴봤다. 도커파일에 pip install을 호출하는 RUN 명령을 추가하기만 하면 된다. 컨테이너는 샌드박스 환경이므로 가상 환경과 동일한 이점을 많이 제공한다. 그러나 conda나 venv 가상 환경과 달리 Buildroot와 Yocto는 모두 도커 컨테이너를 지원한다. Buildroot에는 docker-engine과 docker-cli 패키지가 있고, Yocto에는 메타 가상화 계층이 있다. 파이썬 패키지 충돌로 인해 장치를 격리해야 하는 경우 도커를 사용해 격리할 수 있다.

docker run 명령은 운영체제 리소스를 컨테이너에 알려주는 옵션을 제공한다. 바인드 마운트를 지정하면 호스트 시스템의 파일이나 디렉터리가 읽기/쓰기를 위해 컨테이너 내부에 마운트될 수 있다. 기본적으로 컨테이너는 외부에 포트를 공개하지 않는다. my-container 이미지를 실행할 때 -p 옵션을 사용해 컨테이너에서 호스트의 포트 80으로 포트 80을 공개했다. --device 옵션은 /dev 아래의 호스트 장치 파일을 권한이 없는 컨테이너에 추가한다. 호스트의 모든 장치에 대한 접근 권한을 부여하려면 --privileged 옵션을 사용한다.

컨테이너는 배포에 강점이 있으며, 주요 클라우드 플랫폼에서 쉽게 가져와 실행할 수 있는 도커 이미지를 푸시할 수 있는 덕분에 데브옵스^{DevOps} 운동에 혁명을 일으켰다. 도커는 balena와 같은 OTA 업데이트 솔루션 덕분에 임베디드 리눅스에도 진출하고 있다. 도커의 단점 중 하나는 런타임의 저장 공간과 메모리 오버헤드다. Go 바이너리는 약간 부풀려져 있지만, 도커는 라즈베리 파이 4 같은 쿼드코어 64비트 ARM SoC에서 실행된다. 타깃 장치에 충분한 전력이 있으면 도커를 실행해보라. 그럼 소프트웨어 개발 팀이 여러분에게 고마워할 것이다.

⠶ 요약

지금쯤이면 파이썬 패키징이 임베디드 리눅스와 어떤 관련이 있는지 스스로에게 묻고 있을 것이다. 답은 많지 않지만, 이 책의 제목에도 '프로그래밍programming'이라는 단어가 있음을 명심하길 바란다. 그리고 이번 장은 오늘날의 프로그래밍과 관련된 모든 것을 담고 있다. 이 시대에 개발자로 성공하려면, 코드를 프로덕션에 빠르고 자주 반복 가능한 방식으로 배포할 수 있어야 한다. 즉, 의존성을 신중하게 관리하고 가능한 한 많은 프로세스를 자동화해야 한다. 이제 파이썬으로 이를 수행하는 데 사용할 수 있는 도구가 무엇인지 확인했다.

17장에서는 리눅스 프로세스 모델을 자세히 살펴보고 프로세스가 실제로 무엇인지, 스레드와 어떻게 관련되는지, 어떻게 협력하는지, 어떻게 스케줄링되는지 설명할 것이다. 강력하고 유지보수 가능한 임베디드 시스템을 만들려면 이러한 사항을 이해하는 것이 중요하다.

⠶ 추가 자료

이번 장에서 소개된 주제에 대한 추가 정보는 다음 자료를 참고하길 바란다.

- Python Packaging User Guide, PyPA: https://packaging.python.org

- setup.py vs requirements.txt, 도널드 스터프Donald Stufft: https://caremad.io/posts/2013/07/setup-vs-requirement

- pip User Guide, PyPA: https://pip.pypa.io/en/latest/user_guide/

- Poetry Documentation, Poetry: https://python-poetry.org/docs

- conda user guide, Continuum Analytics: https://docs.conda.io/ projects/ conda/en/latest/user-guide

- docker docs, Docker Inc.: https://docs.docker.com/engine/reference/ commandline/docker

17

프로세스와 스레드

지금까지 임베디드 리눅스 플랫폼 제작과 관련된 다양한 측면을 살펴봤다. 이제 이 플랫폼을 이용해 작동하는 장치를 만드는 방법을 알아볼 차례다. 17장에서는 리눅스 프로세스 모델의 영향과 그것이 어떻게 멀티스레드 프로그램을 아우르는지에 대해 이야기할 것이다. 단일 스레드 프로세스와 다중 스레드 프로세스의 장점과 단점도 알아본다. 또한 스케줄링도 살펴보고 시분할과 실시간 스케줄링 정책의 차이도 이야기할 것이다.

이들 주제는 임베디드 컴퓨팅에만 국한되지 않지만, 임베디드 장치를 설계하는 사람이 해당 주제에 대한 개요를 아는 것은 중요하다. 이들 주제에 대해서는 17장의 끝부분에 소개한 것들을 포함해 좋은 참고 자료가 많지만, 일반적으로 임베디드의 경우를 고려하고 있지 않다. 따라서 이 책에서는 함수 호출과 코드보다는 개념과 설계 결정 사항들에 초점을 맞추겠다.

17장에서 다룰 주제는 다음과 같다.

- 프로세스와 스레드
- 프로세스

- 스레드

- ZeroMQ

- 스케줄링

그럼 이제 시작해보자!

기술적 요구 사항

이 장의 예제를 따라 하려면 여러분의 리눅스 기반 호스트 시스템에 다음 소프트웨어가 설치돼 있어야 한다.

- **파이썬**: 파이썬 3 인터프리터와 표준 라이브러리

- **Miniconda**: conda 패키지와 가상 환경 관리자를 위한 최소 설치 프로그램

Miniconda를 아직 설치하지 않은 경우, 설치 방법은 16장, '파이썬 패키징하기'에서 conda에 대한 부분을 참고하길 바란다. 17장의 실습에는 GCC C 컴파일러와 GNU make 도 필요하지만, 이들 도구는 대부분의 리눅스 배포판에 이미 포함돼 있다.

17장에서 사용할 모든 코드는 이 책의 깃허브 저장소(https://github.com/PacktPublishing/Mastering-Embedded-Linux-Programming-Third-Edition)에 있는 Chapter17 폴더에서 찾을 수 있다.

프로세스와 스레드

RTOS^{Real-Time Operating System}에 익숙한 많은 임베디드 개발자는 유닉스 프로세스 모델이 번거롭다고 생각하는 반면, RTOS 태스크와 리눅스 스레드는 비슷하다고 생각해서 RTOS 태스크를 스레드로 1:1 대응해 기존의 설계를 이전하려는 경향이 있다. 나는 전체 애플리케이션이 40여 개의 스레드로 구성된 하나의 프로세스로 구현된 것을 여러 번

봤다. 여기서는 조금 지루하더라도 그것이 좋은 생각인지 아닌지를 살펴보려고 한다. 먼저 정의부터 살펴보자.

프로세스process는 아래 그림에서 볼 수 있듯이, 메모리 주소 공간과 실행되는 스레드다. 주소 공간은 해당 프로세스만 접근할 수 있으므로 다른 프로세스 안의 스레드는 접근할 수 없다. 메모리 분리는 커널의 메모리 관리 서브시스템이 담당하는데, 프로세스별로 메모리 매핑을 관리하고 문맥 전환context switch이 일어날 때마다 메모리 관리 장치를 다시 프로그래밍한다. 자세한 동작은 18장, '메모리 관리'에서 다시 설명할 것이다. 주소 공간의 일부는 다음 그림에서 볼 수 있듯이, 프로그램이 실행하는 코드와 정적 데이터를 담고 있는 파일에 매핑된다.

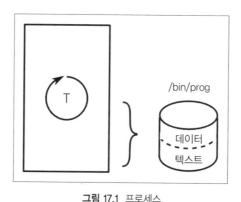

그림 17.1 프로세스

프로그램은 실행 중 스택 공간, 힙 메모리, 파일 참조 등의 자원을 할당할 것이다. 프로세스가 종료되면, 이들 자원은 시스템에 의해 회수된다. 모든 메모리는 해제되고 모든 파일 디스크립터는 닫힌다.

프로세스는 로컬 소켓 같은 IPCInter Process Communication를 통해 서로 통신할 수 있다. IPC는 나중에 다루겠다.

스레드thread는 프로세스 안에서 코드가 실행되는 줄기다. 모든 프로세스는 main() 함수를 실행하는 하나의 스레드로 시작하고, 이 스레드를 메인 스레드main thread라고 부른다. 예를 들어 POSIX 함수 pthread_create(3)을 사용해 추가 스레드를 만들 수 있는데, 다음 그림에서 볼 수 있듯이 여러 스레드가 같은 주소 공간에서 실행된다.

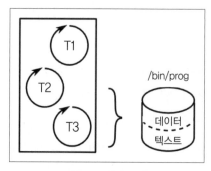

그림 17.2 여러 스레드

같은 프로세스 안에 있으므로 스레드들은 서로 자원을 공유한다. 같은 메모리를 읽고 쓸 수 있으며 같은 파일 디스크립터를 사용할 수 있으므로, 동기화와 잠금 이슈에만 신경 쓰면 스레드 간의 통신은 쉽다.

따라서 이런 간단한 정보에 기반을 두면, 40개의 RTOS 태스크가 있는 가상의 시스템을 리눅스에 이식하는 두 가지 극단적인 설계를 상상할 수 있을 것이다.

태스크를 프로세스에 매핑하고, 40개의 개별적인 프로그램이 IPC(예를 들어 소켓을 통해 전달되는 메시지)를 통해 통신하도록 할 수도 있다. 각각의 프로세스 안에서 실행되는 주 스레드가 다른 스레드로부터 보호되기 때문에 메모리 훼손 문제를 상당히 줄일 수 있을 것이고, 각 프로세스가 종료된 뒤 깔끔하게 정리되기 때문에 자원 누수도 줄일 수 있을 것이다. 하지만 프로세스 간 메시지 인터페이스는 제법 복잡하며, 프로세스 그룹 사이에 밀접한 협력이 필요할 때마다 메시지 수가 늘어나고 시스템 성능을 제한하는 요소가 될 것이다. 더욱이 40개의 프로세스 중 어느 하나라도, 아마도 버그 때문에 크래시해 종료되더라도 나머지 39개는 계속 실행될 것이다. 각각의 프로세스는 이웃이 더 이상 실행되지 않을 경우를 처리해서 적절하게 복구해야 할 것이다.

또 다른 극단으로, 태스크를 스레드로 매핑해 시스템을 40개의 스레드로 이뤄진 하나의 프로세스로 구현할 수도 있다. 스레드는 같은 주소 공간과 파일 디스크립터를 공유하기 때문에 협력이 매우 쉬워진다. 메시지를 보내는 부하는 줄어들거나 사라지고 스레드 간 문맥 전환은 프로세스 간 문맥 전환보다 빠르다. 단점은 한 태스크가 다른 태스크의 힙이나 스택을 훼손할 가능성이 생긴다는 것이다. 스레드 중 하나에 치명적인 버그가 발생하면, 전체 프로세스가 종료돼 그 안의 모든 스레드가 함께 종료될 것이다. 마지막으로, 복잡한 멀티스레드 프로세스를 디버깅하는 것은 악몽일 수 있다.

결론은 두 가지 설계 모두 이상적이지 않고 더 나은 방법이 있다는 것이다. 그러나 그것을 말하기 전에 API와 프로세스 및 스레드의 행동을 좀 더 깊이 살펴보려고 한다.

프로세스

프로세스는 메모리 매핑, 파일 디스크립터, 사용자와 그룹 ID 등 스레드가 실행될 수 있는 환경을 제공한다. 첫 번째 프로세스는 init 프로세스로, 부트 때 커널에 의해 만들어지고 PID는 1이다. 그다음부터, 프로세스는 포크라는 오퍼레이션을 통해 복제됨으로써 만들어진다.

새로운 프로세스 만들기

프로세스를 만드는 POSIX 함수는 fork(2)이다. 이 함수는 조금 이상한데, 호출이 성공하면 리턴값이 둘이기 때문이다. 다음 그림에서 볼 수 있듯이, 하나는 호출한 프로세스로서 부모parent라고 하고 다른 하나는 새로 만들어진 프로세스로서 자식child이라고 한다.

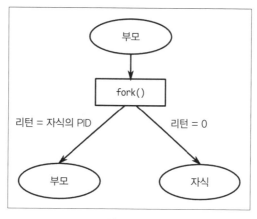

그림 17.3 포크

호출 직후에 자식은 부모의 완벽한 복제품으로, 같은 스택, 같은 힙, 같은 파일 디스크립터를 갖고 코드의 같은 행(fork() 다음 행)을 실행한다. 프로그래머가 구별할 수 있는 유일한 방법은 fork의 리턴값을 보는 것뿐이다. 리턴값이 0이면 자식이고 0보다 크면 부모다. 사실 부모의 리턴값은 새로 만들어진 자식 프로세스의 PID이다. 세 번째 가능성이 있는데, 리턴값이 음수인 경우로서 fork 호출이 실패해 여전히 하나의 프로세스만 있음을 뜻한다.

비록 두 프로세스가 처음에는 같지만, 분리된 주소 공간에 존재한다. 한 프로세스의 변수에 이뤄진 변경은 다른 프로세스에서는 보이지 않는다. 내막을 살펴보면, 커널은 부모 메모리의 물리적 복사본을 만들지 않는다. 이는 상당히 느린 오퍼레이션이고 불필요한 메모리를 소비한다. 대신에 메모리가 공유되지만 CoW$^{Copy-on-Write}$ 플래그로 표시된다. 부모나 자식이 메모리를 수정하면, 커널은 먼저 복사본을 만든 다음 그 복사본에 쓴다. 이렇게 하면 논리적인 프로세스 주소 공간 분리를 유지하면서 효율적인 fork 함수를 만들 수 있다. CoW는 18장, '메모리 관리'에서 이야기하겠다.

이제 프로세스를 종료하는 방법을 알아보자.

프로세스 종료하기

프로세스는 exit(3) 함수를 부르고 자발적으로 멈출 수도 있으며, 처리하지 않는 시그널을 받고 비자발적으로 멈출 수도 있다. 특히 한 가지 시그널, SIGKILL은 처리할 수 없으므로 언제나 프로세스를 종료한다. 어떤 경우를 막론하고 프로세스를 종료하면 모든 스레드를 멈추고, 모든 파일 디스크립터를 닫고, 모든 메모리를 해제한다. 시스템은 시그널 SIGCHLD를 부모에게 보내 자식 프로세스가 종료됐음을 알린다.

프로세스는 exit(3)의 인자(정상 종료의 경우)나 시그널 번호(시그널로 종료된 경우)로 이뤄진 리턴값을 갖는다. 리턴값은 주로 셸 스크립트에서 쓰이는데, 이를 이용하면 프로그램이 어떻게 종료됐는지를 확인할 수 있다. 관례상 0은 성공을 나타내고 다른 값은 실패를 나타내는 식이다.

부모는 wait(2)나 waitpid(2) 함수로 리턴값을 수집할 수 있는데, 이는 문제를 일으킨다. 자식이 종료되는 시점과 부모가 리턴값을 수집하는 시점 사이에 지연이 있기 때문이다. 그동안 리턴값은 어딘가 저장돼야 하고, 지금은 종료된 프로세스의 PID는 재사용되지 말아야 한다. 이런 상태의 프로세스를 좀비^{zombie}라고 하며, ps나 top 명령에서 상태 Z로 표시된다. 부모가 wait(2)나 waitpid(2)를 부르는 한, 자식의 종료를 통보받는다(SIGCHLD 시 그널을 통해. 시그널 처리는 로버트 러브^{Robert Love}의 『리눅스 시스템 프로그래밍』(한빛미디어, 2015)이나 마이클 커리스크^{Michael Kerrisk}의 『리눅스 API의 모든 것』(에이콘, 2012)을 참고하길 바란다). 흔히 좀비는 너무나 짧은 시간 동안 존재해서 프로세스 목록에 보이지 않는다. 부모가 리턴값을 수집하지 못하게 되면, 결국에는 더 이상 프로세스를 만들 충분한 자원이 없게 되므로 문제가 될 것이다.

MELP/Chapter17/fork-demo의 프로그램은 프로세스 생성 및 종료 방법을 보여준다.

```c
#include <stdio.h>
#include <stdlib.h>
#include <unistd.h>
#include <sys/types.h>
#include <sys/wait.h>

int main(void)
{
    int pid;
    int status;
    pid = fork();
    if (pid == 0) {
        printf("I am the child, PID %d\n", getpid());
        sleep(10);
        exit(42);
    } else if (pid > 0) {
        printf("I am the parent, PID %d\n", getpid());
        wait(&status);
        printf("Child terminated, status %d\n", WEXITSTATUS(status));
    } else
        perror("fork:");
    return 0;
}
```

wait 함수는 자식 프로세스가 종료돼 종료 상태를 저장할 때까지 기다린다. 이 프로그램을 실행하면 다음과 같은 결과를 볼 수 있을 것이다.

```
I am the parent, PID 13851
I am the child, PID 13852
Child terminated with status 42
```

자식 프로세스는 사용자 ID와 그룹 ID, 열려 있는 모든 파일 디스크립터, 시그널 처리, 스케줄링 특성을 포함해 부모 프로세스 속성의 대부분을 물려받는다.

다른 프로그램 실행하기

fork 함수는 실행 중인 프로그램의 복사본을 만들지만, 다른 프로그램을 실행하지는 않는다. 다른 프로그램을 실행하려면 exec 함수 중 하나가 필요하다.

```
int execl(const char *path, const char *arg, ...);
int execlp(const char *file, const char *arg, ...);
int execle(const char *path, const char *arg,
      ..., char * const envp[]);
int execv(const char *path, char *const argv[]);
int execvp(const char *file, char *const argv[]);
int execvpe(const char *file, char *const argv[],
      ..., char *const envp[]);
```

각각은 프로그램 파일의 경로를 인자로 받아 로드하고 실행한다. 함수 실행이 성공하면, 커널은 메모리와 파일 디스크립터를 포함한 현 프로세스의 모든 자원을 버리고 새로 로드되는 프로그램에게 메모리를 할당한다. exec*를 부른 스레드가 리턴할 때는 호출 코드 다음 줄이 아니라 새로운 프로그램의 main() 함수로 리턴한다. 다음은 MELP/Chapter17/exec-demo에 있는 명령 실행기의 예다. 명령(예: /bin/ls)을 입력하라는 프롬프트를 보여주고, 포크한 뒤 사용자가 입력한 문자열을 실행한다. 코드는 다음과 같다.

```c
#include <stdio.h>
#include <stdlib.h>
#include <string.h>
#include <unistd.h>
#include <sys/types.h>
#include <sys/wait.h>

int main(int argc, char *argv[])
{
    char command_str[128];
    int pid;
    int child_status;
    int wait_for = 1;

    while (1) {
        printf("sh> ");
        scanf("%s", command_str);
        pid = fork();
        if (pid == 0) {
            /* 자식 */
            printf("cmd '%s'\n", command_str);
            execl(command_str, command_str, (char *)NULL);
            /* execl에서 리턴하지 않으므로, 실패했을 때만 이 줄에 이르게 된다 */
            perror("exec");
            exit(1);
        }
        if (wait_for) {
            waitpid(pid, &child_status, 0);
            printf("Done, status %d\n", child_status);
        }
    }
    return 0;
}
```

프로그램을 실행한 결과는 다음과 같다.

```
# ./exec-demo
sh> /bin/ls
cmd '/bin/ls'
bin etc lost+found proc sys var
boot home media run tmp
```

```
dev lib mnt sbin usr
Done, status 0
sh>
```

Ctrl + C를 눌러 프로그램을 종료할 수 있다.

기존의 프로세스를 복사하는 함수 하나와 그 자원을 해제하고 다른 프로그램을 메모리에 로드하는 또 다른 함수가 있는 것이 이상해 보일 수도 있다. 특히 포크 뒤에 거의 즉시 exec 함수 중 하나가 따라오는 것이 일반적이기 때문이다. 대부분의 운영체제는 두 동작을 하나의 호출로 합쳐 놓았다.

하지만 이 방식에는 분명한 장점이 있다. 예를 들면, 셸의 리디렉션과 파이프를 구현하기가 매우 쉬워진다. 만약 디렉터리의 파일 목록을 얻고 싶다면, 다음과 같은 순서를 따를 것이다.

1. 셸 프롬프트 뒤에 ls를 입력한다.

2. 셸이 포크해서 자신의 복사본을 만든다.

3. 자식이 /bin/ls를 실행한다.

4. ls 프로그램이 디렉터리의 파일 목록을 stdout(파일 디스크립터 1. 터미널에 연결돼 있다)으로 출력한다. 사용자가 디렉터리의 파일 목록을 본다.

5. ls 프로그램이 종료되고 셸이 제어를 돌려받는다.

이제 출력을 > 문자로 리디렉트해 디렉터리의 파일 목록을 파일에 쓰고 싶다고 가정하자. 그 순서는 이제 다음과 같을 것이다.

1. 프롬프트에 ls > listing.txt를 입력한다.

2. 셸이 포크해서 자신의 복사본을 만든다.

3. 자식이 파일 listing.txt를 만들고 크기를 0으로 만든 다음, dup2(2)를 이용해 파일의 파일 디스크립터를 파일 디스크립터 1(stdout)에 복사한다.

4. 자식이 /bin/ls를 실행한다.

5. 프로그램이 앞서와 같이 디렉터리의 파일 목록을 출력하지만, 이번에는 listing.txt 파일에 쓴다.

6. ls 프로그램이 종료되고 셸이 제어를 돌려받는다.

NOTE

3단계에서 프로그램을 실행하기 전에 자식 프로세스의 환경을 수정할 기회가 있다는 점에 주목하자. ls 프로그램은 터미널이 아니라 파일에 쓰고 있음을 알 필요가 없다. stdout을 파일 대신 파이프에 연결함으로써, 여전히 ls 프로그램의 변경 없이 출력을 다른 프로그램으로 보낼 수 있다. 이는 각자의 일을 잘하는 여러 작은 요소를 결합하는 유닉스 철학의 일부로, 에릭 스티븐 레이먼드(Eric Steven Raymond)의 『The Art of Unix Programming』(Addison Wesley, 2003)에 설명돼 있다(특히 'Pipes, Redirection, and Filters' 절에서 중점적으로 다룬다).

지금까지 이 절에서 살펴본 프로그램은 모두 포그라운드에서 실행된다. 하지만 일이 일어나기를 기다리며 백그라운드에서 실행되는 프로그램은 어떨까? 한번 살펴보자.

데몬

이미 몇 군데서 데몬daemon을 언급한 적이 있다. 데몬은 백그라운드에서 실행되는 프로세스로, 소유자는 init 프로세스이고, 제어하는 터미널에 연결돼 있지 않다. 데몬을 만드는 단계는 다음과 같다.

1. fork()를 불러 새로운 프로세스를 만든 뒤, 부모 프로세스가 exit해 고아orphan 프로세스를 만들면 부모가 init으로 재설정된다.

2. 자식 프로세스가 setsid(2)를 불러 자신만 속하는 새로운 세션과 프로세스 그룹을 만든다. 자세한 사항은 여기서 중요하지 않다. 이는 모든 제어 터미널로부터 프로세스를 격리하는 방법이라고 생각하면 된다.

3. 작업 디렉터리를 루트로 바꾼다.

4. 모든 파일 디스크립터를 닫고 stdin , stdout , sterr(디스크립터 0, 1, 2)를 /dev/null로 리디렉트해서 입력을 없애고 모든 출력이 감춰지도록 한다.

고맙게도 이 모든 단계를 하나의 함수 호출 daemon(3)으로 이룰 수 있다.

프로세스 간 통신

각 프로세스는 메모리의 '섬'이다. 한 프로세스에서 다른 프로세스로 정보를 넘기는 방법은 두 가지가 있다. 첫째, 정보를 한 주소 공간에서 다른 주소 공간으로 복사할 수 있다. 둘째, 두 프로세스가 모두 접근할 수 있어 데이터를 공유하는 메모리를 만들 수 있다.

첫 번째는 흔히 큐나 버퍼와 결합돼 있어서 두 프로세스 사이에 일련의 메시지 전달이 발생한다. 이는 메시지 복사가 두 번 일어난다는 뜻이다. 먼저 메시지 보관 장소로 복사되고, 그다음에는 목적지로 복사된다. 이 방식의 예로는 소켓, 파이프, 메시지 큐를 들 수 있다.

두 번째 방식은 동시에 두(또는 둘 이상의) 주소 공간에 매핑되는 메모리를 만드는 방법뿐만 아니라 그 메모리로의 접근을 동기화하는 방법(예: 세마포어semaphore 나 뮤텍스mutex)도 필요하다.

POSIX는 이 모두를 위한 함수들을 갖고 있다. 시스템 V IPC라는 좀 더 오래된 API도 있는데, 메시지 큐, 공유 메모리, 세마포어를 제공하지만 POSIX 함수들만큼 유연하지 않으므로 여기서 다루지 않겠다. svipc(7)에 대한 매뉴얼 페이지를 보면 개요를 알 수 있고 자세한 사항은 마이클 커리스크의 『리눅스 API의 모든 것』과 리처드 스티븐스W. Richard Stevens의 『Unix Network Programming, Volume 2: Interprocess Communications』(Pearson Prentice Hall, 2008)를 참고하길 바란다.

일반적으로 메시지 기반 프로토콜이 공유 메모리보다 프로그래밍하고 디버깅하기 쉽지만, 메시지가 크면 느리다.

메시지 기반 IPC

메시지 기반 IPC에는 몇 가지 방식이 있으며, 그 모두를 아래와 같이 정리할 것이다. 각 방식을 차별화하는 속성은 다음과 같다.

- 메시지 흐름이 단방향인가, 양방향인가?

- 데이터 흐름이 메시지 경계가 없는 바이트 스트림인가, 경계가 보존되는 분리형 메시지인가? 후자의 경우, 메시지의 최대 크기가 중요하다.

- 메시지에 우선순위가 있는가?

다음 표는 FIFO, 소켓, 메시지 큐의 특징을 정리한 것이다.

특징	FIFO	유닉스 소켓: 스트림	유닉스 소켓: 데이터그램	POSIX 메시지 큐
메시지 경계	바이트 스트림	바이트 스트림	분리형	분리형
단방향/양방향	단방향	양방향	단방향	단방향
최대 메시지 크기	무제한	무제한	100~250KiB	기본: 8KiB, 절대 최대: 1MiB
우선순위	없음	없음	없음	0~32767

우리가 살펴볼 메시지 기반 IPC의 첫 번째 형태는 유닉스 소켓이다.

유닉스 소켓

유닉스(또는 로컬) 소켓은 대부분의 요구 사항을 만족하고 거기에 소켓 API의 친숙함이 더해진 덕분에 가장 많이 쓰이는 메커니즘이다.

유닉스 소켓은 주소 패밀리 `AF_UNIX`로 만들어지고 경로명에 바인드된다. 소켓에 대한 접근 권한은 소켓 파일의 접근 권한에 의해 결정된다. 인터넷 소켓과 마찬가지로, 소켓 종류는 `SOCK_STREAM`이나 `SOCK_DGRAM`일 수 있는데, 전자는 양방향 바이트 스트림을 제공하고 후자는 경계가 보존되는 분리형 메시지를 제공한다. 유닉스 소켓 데이터그램은 신뢰성이 있어서 누락되거나 순서가 바뀌지 않는다. 데이터그램의 최대 크기는 시스템에 따라 다르며 /proc/sys/net/core/wmem_max를 통해 알 수 있다. 흔히 100KiB 이상 이다.

유닉스 소켓에 메시지의 우선순위를 나타내는 메커니즘은 없다.

FIFO와 이름 있는 파이프

FIFO와 이름 있는 파이프^{named pipe}는 그 이름만 다를 뿐, 사실 같은 것이다. 따라서 두 용어 모두 셸에서 파이프를 구현할 때 부모 프로세스와 자식 프로세스 간 통신에 쓰이는 이름 없는 파이프의 확장을 의미한다.

FIFO는 mkfifo(1) 명령으로 만들어지는 특별한 종류의 파일이다. 유닉스 소켓과 마찬가지로, 파일 접근 권한이 소켓을 누가 읽고 쓸 수 있는지를 결정한다. 단방향으로 읽고 쓰는 여러 프로세스가 있을 수 있지만, 보통 한 프로세스가 쓰고 또 다른 프로세스가 읽는다. 데이터는 순수한 바이트 스트림이지만 파이프에 연결된 버퍼보다 작은 메시지는 원자성^{atomicity}이 보장된다. 다시 말해, 이 크기보다 작게 쓰면 여러 개로 나뉘지 않으므로 읽는 쪽의 버퍼가 충분히 크다면 전체 메시지를 한 번에 읽을 수 있다. 현대 커널에서 FIFO 버퍼의 기본 크기는 64KiB이고 fcntl(2)에 F_SETPIPE_SZ 옵션을 사용해 최대 /proc/sys/fs/pipe-max-size에 있는 값(보통 1MiB)까지 늘릴 수 있다. 우선순위 개념은 없다.

POSIX 메시지 큐

메시지 큐는 이름으로 식별되는데, 이름은 반드시 /로 시작해야 하고 하나의 / 문자만 포함해야 한다. 메시지 큐는 실제로 mqueue라는 가상 파일시스템에 저장된다. mq_open(3)(파일 디스크립터를 리턴한다)을 통해 메시지 큐를 만들거나 기존 큐의 레퍼런스^{reference}를 얻을 수 있다. 각 메시지에는 우선순위가 있고, 메시지의 우선순위와 오래된 순서에 따라 읽힌다. 메시지의 최대 크기는 /proc/sys/kernel/msgmax에 바이트 단위로 기록돼 있다.

기본값은 8KiB이지만, 128바이트~1MiB 범위의 값을 /proc/sys/kernel/msgmax에 적음으로써 임의의 크기로 조절할 수 있다. 레퍼런스는 파일 디스크립터이므로, select(2), poll(2) 등의 함수를 이용해서 큐 안의 활동을 기다릴 수 있다.

자세한 정보는 리눅스 매뉴얼 페이지 mq_overview(7)을 참고하길 바란다.

메시지 기반 IPC 요약

메시지 우선순위를 제외하고는 필요한 기능을 모두 제공하므로, 유닉스 소켓이 가장 자주 쓰인다. 또한 유닉스 소켓은 대부분의 운영체제에 구현돼 있으므로 최고의 이식성을 제공한다.

FIFO는 그보다 덜 쓰이는데, 데이터그램datagram 기능이 없기 때문이다. 반면에 API가 일반 파일 호출인 open(2), close(2), read(2), write(2)로 매우 간단하다.

메시지 큐는 비슷한 부류 중 가장 덜 쓰인다. 커널에서 이 코드 경로는 소켓(네트워크)과 FIFO(파일시스템) 호출처럼 최적화돼 있지 않다.

더 높은 수준으로 추상화된 API도 있는데, 예를 들어 D-Bus는 주류 리눅스에서 임베디드 장치로 옮아가고 있다. D-Bus는 그 아래에서 유닉스 소켓과 공유 메모리를 사용한다.

공유 메모리 기반 IPC

메모리를 공유하면 주소 공간 사이에 데이터를 복사할 필요가 없어지지만, 공유 메모리 접근 동기화 문제가 발생한다. 프로세스 간 동기화는 흔히 세마포어를 통해 이뤄진다.

POSIX 공유 메모리

프로세스 간에 메모리를 공유하려면, 다음 그림처럼 새로운 메모리 영역을 만들고 접근하고자 하는 각 프로세스의 주소 공간에 매핑해야 한다.

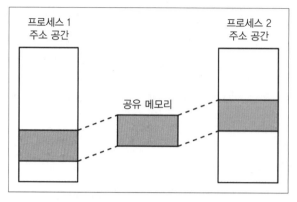

그림 17.4 POSIX 공유 메모리

POSIX 공유 메모리 세그먼트의 이름은 메시지 큐와 같은 패턴을 따른다. 세그먼트는 / 문자로 시작하고 단 하나의 / 문자를 포함하는 이름으로 식별된다.

```
#define SHM_SEGMENT_NAME "/demo-shm"
```

shm_open(3) 함수는 인자로 이름을 받고 그에 대한 파일 디스크립터를 리턴한다. 이미 존재하지 않고 O_CREAT 플래그가 설정돼 있으면, 새로운 세그먼트가 만들어진다. 초기 크기는 0이다. (헷갈리게 이름 지어진) ftruncate(2) 함수를 이용하면 원하는 크기로 확장할 수 있다.

```
int shm_fd;
struct shared_data *shm_p;
/* 공유 메모리 세그먼트 생성 시도 */
shm_fd = shm_open(SHM_SEGMENT_NAME, O_CREAT | O_EXCL | O_RDWR,
0666);
if (shm_fd > 0) {
    /* 성공: 원하는 크기로 확장한다(주의: ftruncate는 확장된 영역을 0으로 채우므로 매번 부르면
    안 된다) */
    printf("Creating shared memory and setting size=%d\n",
            SHM_SEGMENT_SIZE);
    if (ftruncate(shm_fd, SHM_SEGMENT_SIZE) < 0) {
        perror("ftruncate");
        exit(1);
    }
```

```
    [...]
} else if (shm_fd == -1 && errno == EEXIST) {
    /* 이미 존재함: O_CREAT 없이 다시 연다 */
    shm_fd = shm_open(SHM_SEGMENT_NAME, O_RDWR, 0);
    [...]
}
```

공유 메모리의 디스크립터가 있으면, mmap(2)를 이용해 프로세스의 주소 공간에 매핑할 수 있고 서로 다른 프로세스의 스레드들이 해당 메모리에 접근할 수 있게 된다.

```
/* 공유 메모리를 매핑한다 */
shm_p = mmap(NULL, SHM_SEGMENT_SIZE, PROT_READ | PROT_WRITE,
            MAP_SHARED, shm_fd, 0);
```

MELP/Chapter17/shared-mem-demo의 프로그램은 프로세스 간 통신에 공유 메모리 세그먼트를 사용하는 예로, 코드는 다음과 같다.

```
static sem_t *demo_sem;
[...]
int main(int argc, char *argv[])
{
    char *shm_p;
    printf("%s PID=%d\n", argv[0], getpid());
    shm_p = get_shared_memory();

    while (1) {
        printf("Press enter to see the current contents of shm\n");
        getchar();
        sem_wait(demo_sem);
        printf("%s\n", shm_p);
        /* 공유 메모리에 서명을 쓴다 */
        sprintf(shm_p, "Hello from process %d\n", getpid());
        sem_post(demo_sem);
    }
    return 0;
}
```

프로그램은 공유 메모리 세그먼트를 이용해 프로세스 간에 메시지를 주고받으면서 통신한다. 메시지는 Hello from process 문자열에 자신의 PID를 붙인 것이다. get_shaerd_memory 함수는 메모리 세그먼트가 없으면 세그먼트를 만들고, 세그먼트가 있으면 그 파일 디스크립터를 얻어 해당 메모리 세그먼트를 가리키는 포인터를 리턴한다. 프로세스가 다른 프로세스의 메시지를 덮어 쓰지 못하도록 메모리 접근을 동기화하기 위한 세마포어가 있다는 점에 주목하길 바란다.

시험해보려면, 별도의 터미널 세션에서 실행되는 2개의 프로그램 인스턴스가 필요하다. 첫 번째 터미널에서 다음과 같은 실행 결과를 볼 수 있다.

```
# ./shared-mem-demo
./shared-mem-demo PID=271
Creating shared memory and setting size=65536
Press enter to see the current contents of shm

Press enter to see the current contents of shm

Hello from process 271
```

프로그램이 처음 실행됐기 때문에 메모리 세그먼트를 만든다. 처음에는 메시지 영역이 비어 있지만, 루프를 한 번 돌고 나면 이 프로세스의 PID인 271이 담긴다. 이제 다른 터미널에서 두 번째 인스턴스를 실행할 수 있다.

```
# ./shared-mem-demo
./shared-mem-demo PID=279
Press enter to see the current contents of shm

Hello from process 271

Press enter to see the current contents of shm

Hello from process 279
```

두 번째 인스턴스는 공유 메모리 세그먼트가 이미 존재하므로 새로 만들지 않고 세그먼트에 이미 담겨 있는 메시지(다른 프로그램의 PID)를 보여준다. **Enter**를 누르면 자신의 PID를 쓰고 첫 번째 프로그램이 볼 수 있게 된다. 이런 식으로 두 프로그램이 서로 통신할 수 있다.

POSIX IPC 함수는 POSIX 실시간 확장의 일부이므로, `librt`와 링크해야 한다. 이상하게도 POSIX 세마포어는 POSIX 스레드 라이브러리에 구현돼 있으므로, Pthread 라이브러리와도 링크해야 한다. 따라서 ARM Cortex-A8 SoC가 타깃일 때 컴파일 인자는 다음과 같다.

```
$ arm-cortex_a8-linux-gnueabihf-gcc shared-mem-demo.c -lrt -pthread \
-o shared-mem-demo
```

이것으로 IPC 방법에 대한 조사를 마친다. ZeroMQ를 다룰 때 메시지 기반 IPC를 다시 다루겠다. 이제 멀티스레드 프로세스를 살펴볼 차례다.

스레드

스레드 프로그램 인터페이스는 POSIX 스레드 API다. 흔히 Pthread로 알려진 IEEE POSIX 1003.1c 표준(1995)에 최초로 정의됐으며, C 라이브러리의 추가적인 부분(libpthread.so)으로 구현됐다. 최근 약 15년간 두 가지 Pthread 구현이 있는데, 리눅스 스레드와 NPTL^{Native POSIX Thread Library}이다. 후자가 특히 시그널 처리 및 프로세스 ID와 관련해서 표준에 훨씬 더 충실하고 현재 상당히 지배적이지만, 간혹 리눅스 스레드를 사용하는 오래된 버전의 uClibc를 만날 수도 있다.

새로운 스레드 만들기

새로운 스레드를 만드는 함수는 pthread_create(3)이다.

```
int pthread_create(pthread_t *thread, const pthread_attr_t *attr,
    void *(*start_routine) (void *), void *arg);
```

이 함수는 start_routine 함수에서 시작하는 새로운 스레드를 만들고 thread가 가리키는 pthread_t형 데이터 구조에 디스크립터를 저장한다. 새 스레드는 호출 스레드의 스케줄링 파라미터를 상속받지만 attr에 스레드 속성의 포인터를 넘김으로써 오버라이드할 수 있다. 만들어진 스레드는 즉시 실행된다.

프로그램에서 스레드를 가리키는 주된 방법은 pthread_t이지만 프로그램 밖에서도 ps -eLf 같은 프로그램을 통해 살펴볼 수 있다.

```
UID PID PPID LWP C NLWP STIME TTY TIME CMD
...
chris 6072 5648 6072 0 3 21:18 pts/0 00:00:00 ./thread-demo
chris 6072 5648 6073 0 3 21:18 pts/0 00:00:00 ./thread-demo
```

위의 출력을 보면, 프로그램 thread-demo에는 두 스레드가 있다. PID와 PPID 열은 기대한 대로 두 스레드가 모두 같은 프로세스에 속하고 부모가 같음을 보여준다. 그럼에도 LWP 열은 흥미롭다. LWP는 Light Weight Process의 약어로, 이 맥락에서는 스레드의 다른 이름이다. 이 열에 있는 번호는 스레드 ID, 즉 TID라고 한다. 주 스레드에서 TID는 PID 와 같지만, 다른 스레드의 경우 다르다(더 크다). PID를 넣어야 한다고 문서에 적혀 있는 곳 에 TID를 넣어도 되지만, 이런 동작은 리눅스에만 해당되며 이식성이 없음을 명심해야 한다. 다음은 스레드의 생명주기를 보여주는 예제 프로그램이다(MELP/Chapter17/thead-demo).

```
#include <stdio.h>
#include <unistd.h>
#include <pthread.h>
#include <sys/syscall.h>

static void *thread_fn(void *arg)
{
    printf("New thread started, PID %d TID %d\n",
        getpid(), (pid_t)syscall(SYS_gettid));
    sleep(10);
    printf("New thread terminating\n");
    return NULL;
}

int main(void)
{
    pthread_t t;
```

```
        printf("Main thread, PID %d TID %d\n",
            getpid(), (pid_t)syscall(SYS_gettid));
        pthread_create(&t, NULL, thread_fn, NULL);
        pthread_join(t, NULL);
        return 0;
    }
```

thread_fn 함수에서는 syscall(SYS_gettid)를 이용해 TID를 구한다. glibc 2.80 이전에는 gettid()에 대한 C 라이브러리 래퍼가 없었으므로 syscall을 통해 리눅스를 직접 호출해야 했다.

커널이 스케줄할 수 있는 총 스레드 수에는 제한이 있다. 제한은 시스템의 크기에 따라 작은 장치에서는 대략 1,000개이고, 대규모 임베디드 장치에서는 수만 개에 이르기도 한다. 실제 숫자는 /proc/sys/kernel/threads-max에서 확인할 수 있다. 이 제한에 이르면 fork()와 pthread_create()가 실패할 것이다.

스레드 종료하기

스레드가 종료되는 경우는 다음과 같다.

- start_routine의 끝에 다다랐을 때

- pthread_exit(3)을 불렀을 때

- 다른 스레드가 pthread_cancel(3)을 불러 취소했을 때

- 스레드를 포함하는 프로세스가 종료됐을 때(예: 스레드가 exit()를 부르거나, 프로세스가 처리하거나 마스크하거나 무시하지 않는 시그널을 받은 경우)

멀티스레드 프로그램이 fork를 부르면, 호출한 스레드만 새 자식 프로세스에 존재할 것이라는 점에 유의하길 바란다. fork는 모든 스레드를 복제하지 않는다.

스레드는 리턴값을 갖는데, void형 포인터다. 하나의 스레드는 pthread_join(2)를 부름으로써 다른 스레드가 종료하기를 기다려 리턴값을 얻을 수 있다. 앞 절에서 언급된

thread-demo에 예제 코드가 있다. 이는 좀비 프로세스 문제와 매우 비슷한 문제를 일으킨다. 다른 스레드가 join할 때까지 스레드의 자원(예: 스택)을 해제할 수 없으며, 스레드가 계속 join되지 않으면 프로그램에서 자원 누수가 발생한다.

스레드를 사용하는 프로그램 컴파일하기

POSIX 스레드 지원은 C 라이브러리의 일부로, libpthread.so에 존재한다. 하지만 스레드를 사용하는 프로그램을 빌드하려면 라이브러리를 링크하는 것 외에도 여러 가지 작업이 필요하다. errno 같은 전역 변수가 전체 프로세스당 하나가 아니라 스레드마다 하나씩 존재하도록 컴파일러가 코드를 생성하게 해야 한다.

> **TIP**
>
> 스레드를 사용하는 프로그램을 빌드할 때는 컴파일과 링크 단계에 -pthread 스위치를 추가해야 한다. 그러나 -pthread를 사용하는 경우 예상할 수 있듯이, 링크 단계에도 -lpthread를 사용할 필요는 없다.

스레드 간 통신

스레드의 큰 장점은 주소 공간을 공유하므로 메모리 변수를 공유할 수 있다는 것이다. 이는 또한 큰 단점이기도 한데, 자료 일관성을 유지하려면 프로세스 간 공유 메모리 세그먼트와 비슷한 방식으로(하지만 스레드의 경우 모든 메모리가 공유된다는 조건이 붙는다) 동기화가 필요하기 때문이다. 사실 스레드는 TLS^Thread Local Storage를 사용해 사유 메모리^private memory를 만들 수 있지만, 여기서는 다루지 않는다.

pthreads 인터페이스는 동기화에 필요한 기초 기능(뮤텍스와 조건 변수)을 제공한다. 좀 더 복잡한 구조를 원한다면 스스로 만들어야 할 것이다.

이전에 설명한 모든 IPC 방법(소켓, 파이프, 메시지 큐)은 같은 프로세스 내의 스레드 간에도 똑같이 잘 동작한다는 점을 기억하길 바란다.

상호 배제

견고한 프로그램을 작성하려면, 각각의 공유 자원을 뮤텍스 잠금^{lock}으로 보호하고 자원을 읽거나 쓰는 각각의 코드 경로가 먼저 뮤텍스를 확실히 잠가야 한다. 이 규칙을 일관되게 적용하면, 대부분의 문제가 해결된다. 남아 있는 문제는 뮤텍스의 기초 동작과 관련돼 있다. 그것들을 여기에 간략히 나열하겠지만, 자세히 다루지는 않겠다.

- **데드락**^{deadlock}: 이는 뮤텍스가 영원히 잠겼을 때 발생한다. 전형적인 상황은 두 스레드 각각이 두 뮤텍스를 요구하고 그중 하나의 잠금을 가졌지만 다른 잠금을 갖지 못했을 때다. 각 스레드 블록은 다른 스레드가 가진 잠금을 기다리므로 계속 기다리게 된다. 데드락을 피하는 하나의 간단한 규칙은 뮤텍스들이 언제나 같은 순서로 잠그도록 하는 것이다. 다른 해결책은 타임아웃과 백오프^{back off} 기간을 이용하는 것이다.

- **우선순위 역전**^{priority inversion}: 뮤텍스를 기다리느라 발생한 지연 때문에 실시간 스레드가 데드라인을 놓칠 수 있다. 우선순위 역전의 구체적인 경우는 높은 우선순위의 스레드가 낮은 우선순위의 스레드가 가진 뮤텍스 잠금을 기다리느라 블록될 때 발생한다. 낮은 우선순위의 스레드가 다른 중간 우선순위의 스레드에 의해 선점되면, 높은 우선순위의 스레드는 무한정 기다려야 한다. 우선순위 상속^{priority inheritance}과 우선순위 상한^{priority ceiling}이라는 뮤텍스 프로토콜이 있는데, 이들은 잠금과 잠금 해제 호출마다 커널의 처리 부하를 증가시키지만 우선순위 역전 문제를 해결한다.

- **성능 저하**: 뮤텍스는 대부분의 경우 스레드가 블록돼야 하지 않는다면 최소한의 부하를 추가한다. 하지만 여러분의 설계에 수많은 스레드에 필요한 자원이 있다면, 접속 경쟁률^{contention ratio}이 상당해질 것이다. 이는 일반적으로 좀 더 세밀한 잠금이나 다른 알고리듬을 사용함으로써 해결할 수 있는 설계 이슈다.

뮤텍스는 스레드 간 동기화의 유일한 방법이 아니다. POSIX 공유 메모리를 다룰 때 두 프로세스가 세마포어를 사용해 서로에게 어떻게 알리는지를 살펴봤다. 스레드도 비슷한 구조를 갖고 있다.

조건 바꾸기

협조하는 스레드들은 서로에게 뭔가가 바뀌었고 주의를 요구함을 알리는 방법이 필요하다. 발생한 사건을 조건^{condition}이라고 부르며 경보는 조건 변수^{condition variable}, 즉 condvar를 통해 전달된다.

조건은 시험해서 '참'이나 '거짓'이라는 결과를 얻을 수 있는 것이다. 간단한 예는 0개 이상의 항목을 담고 있는 버퍼다. 한 스레드가 버퍼에서 항목을 꺼내고 버퍼가 비면 슬립^{sleep}한다. 다른 스레드가 버퍼에 항목을 넣고 다른 스레드에게 신호를 보내는데, 해당 스레드가 기다린 조건이 바뀌었기 때문이다. 유일한 복잡성은 조건이 분명히 공유 자원이고 뮤텍스로 보호돼야 한다는 것이다.

다음은 2개의 스레드를 가진 간단한 프로그램이다. 첫 번째는 생산자^{producer}다. 매초 깨어나 전역 변수에 데이터를 넣은 다음, 변경이 있다는 시그널을 보낸다. 두 번째 스레드는 소비자^{consumer}다. 조건 변수를 기다려 깨어날 때마다 조건_(버퍼에 길이가 0이 아닌 문자열이 있는지)을 확인한다. 코드는 MELP/Chapter17/condvar-demo에 있다.

```
#include <stdio.h>
#include <stdlib.h>
#include <pthread.h>
#include <unistd.h>
#include <string.h>

char g_data[128];
pthread_cond_t cv = PTHREAD_COND_INITIALIZER;
pthread_mutex_t mutx = PTHREAD_MUTEX_INITIALIZER;

void *consumer(void *arg)
{
    while (1) {
        pthread_mutex_lock(&mutx);
        while (strlen(g_data) == 0)
            pthread_cond_wait(&cv, &mutx);

        /* 데이터를 받았다 */
        printf("%s\n", g_data);
        /* 다시 널 스트링으로 자른다 */
```

```
        g_data[0] = 0;
        pthread_mutex_unlock(&mutx);
    }
    return NULL;
}

void *producer(void *arg)
{
    int i = 0;

    while (1) {
        sleep(1);
        pthread_mutex_lock(&mutx);
        sprintf(g_data, "Data item %d", i);
        pthread_mutex_unlock(&mutx);
        pthread_cond_signal(&cv);
        i++;
    }
    return NULL;
}
```

소비자가 condvar에 블록됐을 때, 소비자는 잠긴^{locked} 뮤텍스를 갖고 있다. 이는 다음에 생산자가 조건을 갱신하려고 할 때 데드락이 발생할 상황처럼 보인다. 이를 피하기 위해 pthread_condwait(3)은 스레드가 블록된 후에 뮤텍스를 풀고, unlock 스레드를 깨우고 대기 상태에서 돌아오기 전에 다시 잠근다.

문제 나누기

프로세스와 스레드의 기초와 통신 방법을 살펴봤으니 이제 이것들을 갖고 뭘 할 수 있는지 살펴볼 시간이다.

시스템을 빌드할 때 내가 사용하는 몇 가지 규칙을 나열해봤다.

- **규칙 1: 상호작용이 많은 태스크를 함께 묶는다:** 밀접하게 상호작용하는 스레드들을 하나의 프로세스로 묶음으로써 부하를 최소화하는 것이 중요하다.

- **규칙 2: 모든 스레드를 하나의 바구니에 담지 않는다:** 반면에 제한된 상호작용을 갖는 요소들은 회복력과 모듈성을 위해 분리된 프로세스로 격리한다.

- **규칙 3: 중요한 스레드와 중요치 않은 스레드를 같은 프로세스에 섞지 않는다:** 이는 규칙 2의 확장이다. 시스템의 중요 부분(기계 제어 프로그램 등)은 최대한 간단해야 하고 다른 부분보다 더 엄격하게 작성돼야 한다. 중요한 부분은 다른 프로세스들이 실패하더라도 계속할 수 있어야 한다. 실시간 스레드가 있다면, 실시간 스레드들은 당연히 중요하므로 자기들끼리 하나의 프로세스를 이뤄야 한다.

- **규칙 4: 스레드들은 너무 밀접하지 않아야 한다:** 멀티스레드 프로그램을 작성할 때 찾아오는 한 가지 유혹은, 일체형 프로그램이고 그리 하기 쉽다 보니 스레드 간에 코드와 변수를 섞는 것이다. 스레드들은 잘 정의된 상호작용을 갖는 모듈로 분리해야 한다.

- **규칙 5: 스레드가 공짜라고 생각하면 안 된다:** 추가 스레드를 만드는 것은 매우 쉽지만 대가가 따른다. 특히 스레드의 활동을 조율하기 위해 추가적인 동기화가 필요하다.

- **규칙 6: 스레드는 병렬로 동작할 수 있다:** 멀티코어 프로세서에서 스레드는 동시에 실행될 수 있어 더 많은 양을 처리할 수 있다. 대규모 컴퓨터 작업이 있다면, 코어당 하나의 스레드를 만들어 하드웨어를 최대로 활용할 수 있다. 이를 도와주는 OpenMP 같은 라이브러리가 있다. 라이브러리의 도움 없이 병렬 프로그래밍 알고리듬을 바닥부터 코딩하는 것은 좋은 생각이라고 할 수 없다.

안드로이드 설계는 좋은 예다. 각각의 애플리케이션은 분리된 리눅스 프로세스로, 메모리 관리 모듈화에 도움이 되며 특히 하나의 애플리케이션이 크래시되더라도 전체 시스템에 영향을 주지 않도록 한다. 프로세스 모델은 또한 접근 제어에도 사용된다. 프로세스는 자신의 UID와 GID가 허용하는 파일과 자원에만 접근할 수 있다. 각 프로세스에는 일군의 스레드가 있다. 사용자 인터페이스를 관리하고 갱신하는 스레드가 있으며,

운영체제로부터 전달되는 시그널을 처리하는 스레드, 동적 메모리 할당과 자바 객체 해제를 관리하는 몇몇 스레드, 바인더 프로토콜을 사용해서 시스템의 다른 부분으로부터 오는 메시지를 받는, 최소한 두 스레드로 이뤄진 워커 풀worker pool이 있다.

요약하자면, 프로세스는 각각의 프로세스가 보호된 메모리 공간을 갖고, 프로세스가 종료되면 메모리와 파일 디스크립터를 포함한 모든 자원이 해제돼 자원 누수를 줄이므로 회복력을 제공한다. 반면에 스레드는 자원을 공유하므로 공유 변수를 통해 쉽게 통신할 수 있고 파일과 기타 자원에 대한 접근을 공유함으로써 협력할 수 있다. 스레드는 워커 풀과 멀티코어 프로세서에서 유용한 기타 추상화를 통해 병행성parallelism을 제공한다.

ZeroMQ

소켓, 이름 있는 파이프, 공유 메모리는 프로세스 간 통신 수단이며 대부분의 중요한 애플리케이션에서 메시지 전달 프로세스의 전송 계층을 맡는다. 뮤텍스와 조건 변수 같은 동시성 기본 요소는 동일한 프로세스 내에서 실행되는 스레드 간의 공유 액세스를 관리하고 작업을 조정하는 데 사용된다. 멀티스레드 프로그래밍은 어렵기로 악명이 높으며 소켓과 이름 있는 파이프에는 고유한 문제가 있다. 비동기 메시지 전달의 복잡한 세부 사항을 추상화하려면 더 높은 수준의 API가 필요하다. 따라서 ZeroMQ를 시작해보자.

ZeroMQ는 동시성 프레임워크처럼 작동하는 비동기 메시징 라이브러리다. 프로세스 내, 프로세스 간, TCP, 멀티캐스트 전송 기능과 C, C++, Go, 파이썬 등 다양한 프로그래밍 언어를 위한 바인딩이 있다. 이런 바인딩과 ZeroMQ의 소켓 기반 추상화로 인해 팀들이 동일한 분산 애플리케이션 내에서 프로그래밍 언어를 쉽게 혼합할 수 있다. 요청/응답, 게시/구독, 병렬 파이프라인과 같은 일반적인 메시징 패턴에 대한 지원도 라이브러리에 내장돼 있다. ZeroMQ의 0은 비용 0을 나타내고 MQ 부분은 메시지 큐message queue를 나타낸다.

ZeroMQ를 이용한 프로세스 간/프로세스 내 메시지 기반 통신을 모두 살펴볼 것이다. 그럼 파이썬용 ZeroMQ를 설치하는 것부터 시작하자.

pyzmq 받기

다음 실습에서는 ZeroMQ의 공식 파이썬 바인딩을 사용하며, 이 pyzmq 패키지를 새로운 가상 환경에 설치하는 것이 좋다. 시스템에 이미 conda가 있으면 파이썬 가상 환경을 만드는 것이 쉽다. 다음은 conda를 사용해 필요한 가상 환경을 프로비저닝하는 단계다.

1. 예제를 담고 있는 zeromq 디렉터리로 이동한다.

   ```
   (base) $ cd MELP/Chapter17/zeromq
   ```

2. zeromq라는 이름의 새로운 가상 환경을 만든다.

   ```
   (base) $ conda create --name zeromq python=3.9 pyzmq
   ```

3. 새로운 가상 환경을 활성화한다.

   ```
   (base) $ source activate zeromq
   ```

4. 파이썬의 버전이 3.9인지 확인한다.

   ```
   (zeromq) $ python --version
   ```

5. 여러분의 환경에 설치된 패키지의 목록을 출력한다.

   ```
   (zeromq) $ conda list
   ```

패키지 목록에 pyzmq와 종속 패키지들이 표시되면 이제 다음 실습을 수행할 준비가 된 것이다.

프로세스 간 메시징

간단한 에코 서버로 ZeroMQ 탐색을 시작한다. 서버는 클라이언트로부터 문자열 형식의 이름을 기대하고 Hello <name>으로 응답한다. 코드는 MELP/Chapter17/zeromq/server.py에 있다.

```python
import time
import zmq

context = zmq.Context()
socket = context.socket(zmq.REP)
socket.bind("tcp://*:5555")

while True:
    # 클라이언트로부터의 다음 요청을 기다린다
    message = socket.recv()
    print(f"Received request: {message}")

    # 약간의 '작업'을 한다
    time.sleep(1)

    # 클라이언트로 응답을 보낸다
    socket.send(b"Hello {message}")
```

서버 프로세스는 응답을 위해 REP 유형의 소켓을 만들고, 해당 소켓을 포트 5555에 바인딩하고, 메시지를 기다린다. 1초 sleep은 요청이 수신되고 응답이 다시 전송되는 시간 사이에 수행되는 일부 작업을 시뮬레이션하는 데 사용된다.

에코 클라이언트의 코드는 MELP/Chapter17/zeromq/client.py에 있다.

```python
import zmq

def main(who):
    context = zmq.Context()

    # 소켓이 서버에게 이야기한다
    print("Connecting to hello echo server…")
    socket = context.socket(zmq.REQ)
    socket.connect("tcp://localhost:5555")

    # 5개의 요청을 보내는데, 보낼 때마다 응답을 기다린다
    for request in range(5):
```

```
            print(f"Sending request {request} …")
            socket.send(b"{who}")

            # 응답을 받는다
            message = socket.recv()
            print(f"Received reply {request} [ {message} ]")

if __name__ == '__main__':
    import sys

    if len(sys.argv) != 2:
        print("usage: client.py <username>")
        raise SystemExit
    main(sys.argv[1])
```

클라이언트 프로세스는 사용자 이름을 명령줄 인수로 취한다. 클라이언트는 요청에 대한 REQ 유형의 소켓을 생성하고, 포트 5555에서 수신 대기 중인 서버 프로세스에 연결한 뒤, 전달된 사용자 이름을 포함하는 메시지를 보내기 시작한다. 서버의 socket.recv()와 마찬가지로 socket.recv() 클라이언트는 메시지가 대기열에 도착할 때까지 차단된다.

에코 서버와 클라이언트 코드가 작동하는지 확인하려면, zeromq 가상 환경을 활성화하고 MELP/Chapter17/zeromq 디렉터리에서 planets.sh 스크립트를 실행한다.

```
(zeromq) $ ./planets.sh
```

planets.sh 스크립트는 Mars, Jupiter, Venus라는 세 가지 클라이언트 프로세스를 생성한다. 각 클라이언트가 다음 요청을 보내기 전에 서버의 응답을 기다리므로 세 클라이언트의 요청이 인터리브interleave됨을 알 수 있다. 각 클라이언트는 5개의 요청을 보내므로 서버에서 총 15개의 응답을 받아야 한다. ZeroMQ를 이용하면 메시지 기반 IPC가 매우 쉽다. 이제 ZeroMQ와 함께 파이썬의 내장 asyncio 모듈을 사용해서 프로세스 내 메시징을 수행해보자.

프로세스 내 메시징

asyncio 모듈은 파이썬 버전 3.4에서 도입됐으며, 코루틴^{coroutine}을 사용해 단일 스레드 동시 코드를 실행하기 위한 플러그형 이벤트 루프를 추가한다. 파이썬의 코루틴(그린 스레드 green thread라고도 한다)은 C#에서 도입된 async/await 구문으로 선언되며, POSIX 스레드보다 훨씬 가볍고 재개 가능한 함수^{resumable function}처럼 작동한다. 코루틴은 이벤트 루프의 단일 스레드 콘텍스트에서 작동하므로 프로세스 내 소켓 기반 메시징을 위해 asyncio와 함께 pyzmq를 사용할 수 있다.

다음은 깃허브 저장소(https://github.com/zeromq/pyzmq)에서 가져온 코루틴 예제를 약간 수정한 버전이다.

```python
import time
import zmq
from zmq.asyncio import Context, Poller
import asyncio

url = 'inproc://#1'
ctx = Context.instance()

async def receiver():
    """폴링을 이용한 메시지 수신"""
    pull = ctx.socket(zmq.PAIR)
    pull.connect(url)
    poller = Poller()
    poller.register(pull, zmq.POLLIN)
    while True:
        events = await poller.poll()
        if pull in dict(events):
            print("recving", events)
            msg = await pull.recv_multipart()
            print('recvd', msg)

async def sender():
    """매초 메시지 송신"""
    tic = time.time()
    push = ctx.socket(zmq.PAIR)
    push.bind(url)
    while True:
```

```
        print("sending")
        await push.send_multipart([str(time.time() - tic).encode('ascii')])
        await asyncio.sleep(1)

asyncio.get_event_loop().run_until_complete(
    asyncio.wait(
        [
            receiver(),
            sender(),
        ]
    )
)
```

receiver()와 sender() 코루틴은 동일한 콘텍스트를 공유한다. 소켓의 url 부분에 지정된 inproc 전송 방법은 스레드 간 통신을 위한 것이며 이전 예에서 사용한 tcp 전송보다 훨씬 빠르다. PAIR 패턴은 2개의 소켓을 배타적으로 연결한다. inproc 전송과 마찬가지로 이 메시징 패턴은 프로세스 내에서만 작동하며 스레드 간의 신호 전달을 위한 것이다. receiver()와 sender() 코루틴은 리턴하지 않는다. asyncio 이벤트 루프는 I/O를 차단하거나 완료할 때 두 코루틴 각각을 일시 중단하고 다시 시작하며, 둘 사이를 번갈아가면서 수행한다.

활성 zeromq 가상 환경에서 코루틴 예제를 실행하려면 다음 명령을 사용한다.

```
(zeromq) $ python coroutines.py
```

sender()는 타임스탬프를 receiver()에 보내고, receiver()가 이를 표시한다. **Ctrl + C**를 사용해 프로세스를 종료하자. 축하한다! 명시적 스레드를 사용하지 않는 프로세스 내 비동기 메시징을 방금 살펴봤다. 코루틴과 asyncio에 대해서는 말하고 배울 것이 훨씬 더 많으며, 이 예제는 그저 ZeroMQ와 짝을 이룰 때 이제 파이썬으로 무엇이 가능한지를 맛보기 위한 것이었다. 그럼 단일 스레드 이벤트 루프는 잠시 남겨두고 리눅스 주제로 돌아가자.

⁝⁚ 스케줄링

17장에서 다루는 두 번째로 큰 주제는 스케줄링이다. 리눅스 스케줄러에는 실행 준비된 스레드들의 큐가 있고, 스케줄러가 하는 일은 가용한 CPU에 스레드들을 스케줄링하는 것이다. 각 스레드는 시분할이나 실시간 같은 스케줄링 정책을 갖고 있다. 시분할 스레드는 CPU 시간 권리를 증가시키거나 감소시키는 nice 값을 갖는다. 실시간 스레드는 우선순위를 갖는데, 높은 우선순위의 스레드가 낮은 우선순위의 스레드를 선점preempt할 것이다. 스케줄러는 프로세스가 아니라 스레드를 대상으로 작용한다. 각 스레드는 자신이 속하는 프로세스와 무관하게 스케줄링된다.

다음 경우 중 하나라도 해당되면 스케줄러가 작동한다.

- 스레드가 sleep()이나 또 다른 블로킹 시스템 호출로 인해 블록됐을 때

- 시분할 스레드가 타임슬라이스timeslice를 다 썼을 때

- 인터럽트로 인해 스레드가 블록 해제됐을 때(예: I/O 완료)

리눅스 스케줄러에 대한 배경 지식을 원한다면, 로버트 러브Robert Love의 『리눅스 커널 심층 분석』(에이콘, 2012)에서 프로세스 스케줄링을 다룬 장을 참고하길 바란다.

공평성 대 결정성

스케줄링 정책을 시분할과 실시간의 범주로 나눠봤다. 시분할 정책은 공평성fairness의 원칙에 기반을 두고 있으며, 각 스레드가 공평한 분량의 프로세서 시간을 갖고 어느 한 스레드가 시스템을 독차지하지 않도록 설계됐다. 따라서 한 스레드가 너무 오래 실행되면 큐의 맨 뒤로 보내져서 다른 스레드들이 실행될 수 있도록 한다. 동시에 공평성 정책은 많은 일을 하는 스레드들이 작업을 마치기 위한 자원을 주도록 조정해야 한다. 시분할 스케줄링의 장점은 자동으로 폭넓은 작업 부하에 맞춰 조정된다는 점이다.

반면에 실시간 프로그램에는 공평성이 도움이 되지 않는다. 이 경우 결정적deterministic이

고 실시간 스레드가 정시에 스케줄링돼 데드라인을 놓치지 않도록 최소한이라도 보장하는 정책이 필요하다. 이는 실시간 스레드가 시분할 스레드를 선점해야 함을 뜻한다. 실시간 스레드는 또한 정적 우선순위를 갖고 있으므로 동시에 실행될 실시간 스레드가 여러 개 있어 스케줄러가 그중 하나를 고를 때 사용할 수 있다. 리눅스 실시간 스케줄러는 최고 우선순위 실시간 스레드를 실행하는 상당히 표준적인 알고리듬을 구현한다. 대부분의 RTOS 스케줄러들도 이런 식으로 작성돼 있다.

두 종류의 스레드가 함께 공존할 수 있는데, 결정적인 스케줄링이 필요한 스레드가 먼저 스케줄링되고 남은 시간이 시분할 스레드에 분배된다.

시분할 정책

시분할 정책은 공평성을 위해 설계됐다. 리눅스 2.6.23부터 사용된 스케줄러는 CFS^{Completely Fair Scheduler}였다. 여기서는 타임슬라이스를 일반적인 의미로 사용하지 않는다. 그 대신, 적정한 CPU 시간을 받을 경우 스레드가 실행하도록 부여받은 총시간과 실제로 실행하고 남은 시간을 계산한다. 부여된 시간을 초과하고 다른 시분할 스레드가 실행 대기 중이면, 스케줄러는 스레드를 중지시키고 그 대신에 대기 중인 스레드를 실행한다.

시분할 정책은 다음과 같다.

- **SCHED_NORMAL**(SCHED_OTHER라고도 한다): 기본 정책. 대부분의 리눅스 스레드는 이 정책을 사용한다.

- **SCHED_BATCH**: 스레드들이 좀 더 큰 시간 단위로 스케줄링된다는 점을 제외하고는 SCHED_NORMAL과 비슷하다. 즉, 스레드가 더 오랫동안 실행되지만 다시 스케줄링될 때까지 더 오래 기다려야 한다는 뜻이다. 이는 백그라운드 프로세싱을 위한 문맥 전환 횟수를 줄여서 CPU 캐시 교란을 감소시키기 위한 것이다.

- **SCHED_IDLE**: 이들 스레드는 실행 대기 중인 다른 정책의 스레드가 하나도 없을 때만 실행된다. 가능한 가장 낮은 우선순위다.

스레드의 정책과 우선순위를 얻고 설정하는 두 쌍의 함수들이 있다. 첫 번째 쌍은 PID를 인자로 받고 프로세스의 주 스레드에 영향을 준다.

```
struct sched_param {
    ...
    int sched_priority;
    ...
};

int sched_setscheduler(pid_t pid, int policy,
    const struct sched_param *param);

int sched_getscheduler(pid_t pid);
```

두 번째 쌍은 pthread_t에 작용해서 프로세스 내 다른 스레드들의 파라미터들을 바꿀 수 있다.

```
int pthread_setschedparam(pthread_t thread, int policy,
    const struct sched_param *param);
int pthread_getschedparam(pthread_t thread, int *policy,
    struct sched_param *param);
```

nice

시분할 스레드 중 어떤 것은 다른 것보다 더 중요하다. 중요도는 스레드의 CPU 부여entitlement에 계수 인자scaling factor를 곱하는 nice 값으로 나타낼 수 있다. 이 이름은 유닉스 초기부터 있던 함수 nice(2)에서 따온 것이다. 스레드는 시스템에 가하는 부하를 감소시키면 '나이스nice'해지고, 증가시키면 반대 방향으로 이동한다. 값의 범위는 19(정말 나이스함)부터 -20(정말 나이스하지 않음)까지다. 기본값은 0으로, 평균적인 나이스함(즉, 그저 그런 정도)을 의미한다.

nice 값을 바꿀 수 있는 것은 SCHED_NORMAL과 SCHED_BATCH 스레드들이다. nice를 감소시켜서 CPU 부하를 증가시키려면 CAP_SYS_NICE 능력capability이 필요한데, 루트 사용자에게는 이 능력이 있다. 능력에 대한 추가 정보는 capabilities(7) 매뉴얼 페이지를 참고하길 바란다.

nice 값을 바꾸는 함수와 명령(nice(2)와 nice, renice 명령)에 대한 거의 모든 문서가 프로세스 관점에서 이야기한다. 하지만 실제로는 스레드와 관련이 있다. 앞 절에서 말했듯이, PID 대신 TID를 사용해서 개별 스레드의 nice 값을 바꿀 수 있다. nice의 표준 설명에서 한 가지 오류는 nice 값이 스레드(때로 프로세스라고 잘못 언급되기도 한다)의 우선순위라는 언급이다. 내 생각에 이는 오해의 소지가 있으며 완전히 다른 개념인 실시간 우선순위 개념과 혼동을 일으키게 된다.

실시간 정책

실시간 정책은 결정성determinism을 위한 것이다. 실시간 스케줄러는 언제나 실행 대기 중인 가장 높은 우선순위의 실시간 스레드를 실행할 것이다. 실시간 스레드는 언제나 시분할 스레드를 선점한다. 본질적으로 시분할 정책 대신 실시간 정책을 선택하는 것은, 해당 스레드에 기대되는 스케줄링에 대한 내부 지식을 갖고 있으며 스케줄러에 내장된 가정을 오버라이드하고 싶다는 뜻이다.

실시간 정책에는 두 가지가 있다.

- **SCHED_FIFO**: 완료될 때까지 실행하는 알고리듬이다. 즉, 일단 스레드가 실행을 시작하면, 좀 더 높은 우선순위의 실시간 스레드에 의해 선점되거나 시스템 호출로 인해 블록되거나 종료(완료)될 때까지 실행을 계속한다.

- **SCHED_RR**: 타임슬라이스(기본값은 100ms)를 넘길 경우, 같은 우선순위의 스레드들을 순환하면서 실행하는 알고리듬이다. 리눅스 3.9부터 /proc/sys/kernel/sched_rr_timeslice_ms를 통해 timeslice 값을 제어할 수 있다. 이 외에는 SCHED_FIFO와 같은 방식으로 동작한다.

각각의 실시간 스레드는 1부터 99까지(99가 가장 높다)의 우선순위를 갖는다.

스레드에 실시간 정책을 적용하려면 CAP_SYS_NICE 능력이 필요한데, 기본적으로는 루트 사용자만 이 능력을 갖고 있다.

실시간 스케줄링의 한 가지 문제(리눅스에서나 다른 곳에서나)는 스레드에 종종 무한 루프를 일으키는 버그가 있어서 계산이 많아지고 시분할 스레드뿐만 아니라 좀 더 낮은 우선순위의 실시간 스레드까지도 실행되지 않도록 하는 경우가 있다는 것이다. 따라서 시스템에 오류가 생기고 전혀 반응하지 않게 되기도 한다. 이런 가능성으로부터 보호하는 몇 가지 방법이 있다.

첫 번째 방법으로, 리눅스 2.6.25부터 스케줄러가 기본으로 5%의 CPU 시간을 비실시간 스레드용으로 따로 잡아두기 때문에 제어가 안 되는 실시간 스레드라도 시스템을 완전히 멈출 수는 없다. 이는 두 가지 커널 컨트롤^{kernel control}을 통해 제어할 수 있다.

- /proc/sys/kernel/sched_rt_period_us
- /proc/sys/kernel/sched_rt_runtime_us

이들의 기본값은 각각 1,000,000(1초)과 950,000(950ms)이다. 즉, 매초 50ms가 비실시간 처리용으로 예약돼 있다는 뜻이다. 실시간 스레드가 100%를 차지할 수 있도록 하려면 sched_rt_runtime_us를 -1로 설정하면 된다.

두 번째 방법은 워치독^{watchdog}(하드웨어든 소프트웨어든)을 사용해서 핵심 스레드의 실행을 감시하고 데드라인을 놓치기 시작했을 때 조치를 취하는 것이다. 워치독은 13장, '시스템 구동: init 프로그램'에서 언급했다.

정책 선택하기

실제로는 시분할 정책으로 대부분의 컴퓨팅 작업량을 만족시킬 수 있다. I/O 중심 스레드는 많은 시간을 블록된 채로 소비하므로 언제나 부여받은 CPU 시간이 남게 되고, 블록 해제되면 거의 즉시 스케줄링될 것이다. 한편 CPU 중심 스레드는 자연히 남은 CPU 사이클을 차지할 것이다. 덜 중요한 스레드에는 양의 nice 값이, 중요한 스레드에는 음의 값이 적용될 수 있다.

물론 이는 단지 평균적인 동작일 뿐이고, 언제나 이렇게 동작할 것이라는 보장은 없다. 좀 더 결정적인 동작이 필요하면, 실시간 정책이 요구될 것이다. 실시간 스레드를 정하는 기준은 다음과 같다.

- 출력을 만들어내야 하는 데드라인이 있다.

- 데드라인을 놓치면 시스템의 효용이 위태로워진다.

- 이벤트 구동형이다.

- 계산 중심이 아니다.

실시간 태스크의 예로는 전통적인 로봇팔 서보 제어기, 멀티미디어 처리, 통신 처리 등을 들 수 있다. 실시간 시스템 설계는 21장, '실시간 프로그래밍'에서 다루겠다.

실시간 우선순위 선택하기

기대되는 모든 작업량에 적합한 실시간 우선순위를 선택하는 것은 어려운 일이고 처음에 실시간 정책을 피하게 되는 좋은 이유다.

우선순위를 정하는 데 가장 널리 쓰이는 절차는 리우Liu와 레이랜드Layland가 1973년 발표한 논문에 따라 RMARate Monotonic Analysis로 알려져 있다. 이는 매우 중요한 부류인 주기적인 스레드를 포함하는 실시간 시스템에 적용된다. 각 스레드는 주기, 사용률(실행할 주기에 비례한다)을 갖는다. 목표는 부하의 균형을 맞춰 모든 스레드가 다음 주기 전에 실행 단계를 마칠 수 있도록 하는 것이다. 이를 이루기 위한 RMA의 조건은 다음과 같다.

- 주기가 가장 짧은 스레드에게 최고 우선순위를 준다.
- 총사용률은 69% 미만이다.

총사용률은 모든 개별 사용률의 합이다. 스레드 간 상호작용이나 뮤텍스에 블록된 채로 소비된 시간 등은 무시할 수 있다고 가정한다.

요약

리눅스와 C 라이브러리에 담긴 오래된 유닉스의 유산은 안정되고 회복력 있는 임베디드 애플리케이션을 작성하는 데 필요한 거의 모든 것을 제공한다. 따라서 고민해봐야 할 문제가 있다면, 모든 일에 대해 원하는 목표를 이루는 최소한 두 가지의 방법이 있다는 점이다.

17장에서는 시스템 설계의 두 가지 측면인 독립된 프로세스(작업을 수행하는 하나 이상의 스레드로 이뤄진)로 나누기와 이들 스레드의 스케줄링에 초점을 맞췄다. 이 책이 해당 내용과 관련해 약간의 실마리와 추가 학습을 위한 기초 지식을 제공했길 바란다.

18장에서는 시스템 설계의 또 한 가지 중요한 측면인 메모리 관리에 대해 알아본다.

추가 자료

17장에서 소개된 주제에 대한 추가 정보는 다음 자료를 참고하길 바란다.

- 『The Art of Unix Programming』(Addison Wesley, 2003), 에릭 스티븐 레이먼드Eric Steven Raymond

- 『Linux System Programming, 2nd edition』(O'Reilly, 2013), 로버트 러브Robert Love

- 『리눅스 커널 심층 분석』(에이콘, 2012), 로버트 러브

- 『리눅스 API의 모든 것』(에이콘, 2012), 마이클 커리스크Michael Kerrisk

- 『Unix Network Programming, Volume 2: Interprocess Communications』(Pearson Prentice Hall, 2008), 리처드 스티븐스W. Richard Stevens

- 『POSIX^(포직스) 쓰레드를 이용한 프로그래밍』^(인포북, 2003), 데이비드 부텐호프^{David R. Butenhof}

- 'Scheduling Algorithm for multiprogramming in a Hard-Real-Time Environment', 리우^{C. L. Liu}와 제임스 레이랜드^{James W. Layland}, Journal of ACM, 1973, vol 20, no 1, pp. 46-61

18

메모리 관리

18장은 모든 리눅스 시스템에서 중요한 주제인 메모리 관리와 관련된 문제를 다룬다. 해당 내용은 특히 일반적으로 제한된 시스템 메모리를 갖고 있는 임베디드 리눅스에서 더욱 중요하다. 따라서 이번 장에서는 가상 메모리를 간단히 살펴본 후 메모리 사용량을 측정하는 방법, 메모리 누수를 포함해 메모리 할당에 관련된 문제를 알아내는 방법, 메모리 부족 시 발생하는 상황에 대해 설명할 것이다. 또한 사용 가능한 도구들도 이해해야 하는데, 예를 들어 free와 top 같은 간단한 도구에서부터 mtrace와 Valgrind 같은 복잡한 도구까지 살펴본다.

커널과 사용자 공간 메모리의 차이점과 커널이 메모리의 물리적 페이지를 프로세스의 주소 공간에 매핑하는 방법을 배울 것이다. 그런 다음, proc 파일시스템에서 개별 프로세스에 대한 메모리 맵을 찾아서 읽는다. 또한 mmap 시스템 호출을 사용해 프로그램의 메모리를 파일에 매핑함으로써 메모리를 대량으로 할당하거나 다른 프로세스와 공유할 수 있는 방법을 살펴본다. 후반부에서는 ps를 사용해 프로세스별 메모리 사용량을 측정하고, smem과 ps_mem 같은 좀 더 정확한 도구로 넘어갈 것이다.

18장에서는 다음의 주제를 다룬다.

- 가상 메모리 기초

- 커널 공간 메모리 레이아웃

- 사용자 공간 메모리 레이아웃

- 프로세스 메모리 맵

- 스와핑

- mmap으로 메모리 매핑

- 애플리케이션에서 얼마나 많은 메모리를 사용하고 있는가?

- 프로세스당 메모리 사용량

- 메모리 누수 알아내기

- 메모리 부족

⠿ 기술적 요구 사항

예제를 따라 하려면 다음 내용을 확인한다.

- gcc, make, top, procps, valgrind, smem이 설치된 리눅스 기반 호스트 시스템

이 모든 도구는 가장 널리 사용되는 리눅스 배포판(Ubuntu, Arch 등)에서 사용할 수 있다.

이 장의 모든 코드는 이 책의 깃허브 저장소(https://github.com/PacktPublishing/Mastering-Embedded-Linux-Programming-Third-Edition)에 있는 18장 폴더에서 찾을 수 있다.

가상 메모리 기초

다시 정리해보면, 리눅스는 CPU의 메모리 관리 장치^{MMU, Memory Management Unit}를 구성함으로써, 32비트 프로세서인 경우 주소가 0에서 시작해 `0xffffffff`로 끝나는 가상 주소 공간을 실행 중인 프로그램에 제공한다. 그 주소 공간은 4KiB의 페이지로 나뉜다. 4KiB 페이지가 애플리케이션에 비해 너무 작을 경우에는 페이지 테이블 항목에 접근하는 데 필요한 시스템 리소스의 양을 줄이고 TLB^{Translation Lookaside Buffer} 적중률을 높일 수 있도록 HugePage를 사용해 커널을 구성할 수 있다.

리눅스는 가상 주소 공간을 사용자 공간^{user space}이라고 하는 애플리케이션 영역과 커널 공간^{kernel space}이라고 하는 커널 영역으로 나눈다. 둘 사이의 분할은 커널 구성 파라미터인 `PAGE_OFFSET`으로 설정된다. 일반적인 32비트 임베디드 시스템에서 `PAGE_OFFSET`은 `0xc0000000`이며, 하위 3GB는 사용자 공간으로 주어지고 상위 기가바이트는 커널 공간으로 주어진다. 사용자 주소 공간은 프로세스마다 할당되므로 각 프로세스는 다른 프로세스들과 분리된 샌드박스 안에서 실행한다. 커널 주소 공간은 오직 하나의 커널만이 있으며 모든 프로세스에서 동일하다.

가상 주소 공간의 페이지는 MMU에 의해 물리적 주소에 매핑되며, 매핑을 수행하기 위해 페이지 테이블을 이용한다.

가상 메모리의 각 페이지는 다음과 같이 매핑 해제되거나 매핑될 수 있다.

- 매핑 해제된 상태에서 해당 주소로 접근을 시도할 때 `SIGSEGV`(Segmentation Violation 혹은 Segmentation Fault)가 발생한다.

- 프로세스 전용인 물리 메모리의 페이지에 매핑된다.

- 다른 프로세스와 공유되는 물리 메모리의 페이지에 매핑된다.

- CoW^{Copy-on-Write} 플래그를 세팅해 공유 및 매핑된다. 커널에서 쓰기가 트랩^{trap}되는데, 이는 페이지의 사본을 만들고 쓰기가 허용되기 전에 원본 페이지 대신 프로세스에 매핑한다.

- 커널에서 사용되는 물리 메모리 페이지에 매핑된다.

커널은 예를 들어 장치 드라이버의 레지스터와 버퍼 메모리를 액세스하기 위해 미리 예약된 메모리 영역에 페이지를 추가로 매핑할 수 있다.

여기서, 일반적인 RTOS 동작처럼 간단하게 물리 메모리에 직접 참조하는 방법 대신 왜 이런 방법으로 작업을 하는지가 궁금해진다.

가상 메모리를 사용하면 많은 이점이 따르며, 그중 몇 가지는 다음과 같다.

- 유효하지 않은 메모리 접근 시 트랩되고 애플리케이션에 SIGSEGV로 경고를 준다.

- 프로세스들은 다른 프로세스들과 독립적으로 자신의 메모리 공간에서 실행한다.

- 예를 들어 라이브러리에서 공통 코드 및 데이터의 공유를 통해 효과적으로 메모리를 사용한다.

- 임베디드 타깃에서 스와핑은 굉장히 드문 일이지만, 스왑^{swap} 파일을 추가해 물리 메모리의 양을 늘릴 수 있다.

위 내용들은 모두 설득력 있는 주장이지만, 또한 약간의 단점이 있다는 사실도 인정해야 한다. 애플리케이션이 실제로 사용할 메모리양을 결정하기가 어려운 점이 있는데, 이 내용은 이번 장의 주요 관심사 중 하나다. 기본 할당 전략은 오버커밋^{overcommit}하는 것인데, 이로 인해 다루기 힘든 메모리 부족 상황이 발생하게 된다. 이와 관련된 내용은 이후 '메모리 부족' 절에서 다시 논의할 것이다. 마지막으로, 페이지 폴트$^{page\ fault}$와 같은 예외 상황을 핸들링하는 메모리 관리 코드에서 소개되는 지연 방법은 시스템을 덜 결정적으로 만들며, 이는 실시간 프로그램에서 중요하다. 21장, '실시간 프로그래밍'에서 해당 내용을 살펴본다.

메모리 관리는 커널 공간과 사용자 공간에 따라 다르다. 다음 절에서 주요 차이점과 알아야 할 내용을 설명한다.

커널 공간 메모리 레이아웃

커널 메모리는 상당히 직관적인 방법으로 관리된다. 요구 페이징demand-paging(프로그램 실행 중 필요한 시점에 메모리 페이지로 적재하는 방식)으로 동작하지 않는데, 이는 kmalloc()이나 비슷한 함수를 사용하는 모든 할당에 대해 실제 물리 메모리가 있음을 의미한다. 커널 메모리는 폐기되거나 페이징되지 않는다.

일부 아키텍처는 부팅 시 커널 로그 메시지 안에서 메모리 매핑 요약 정보를 보여준다. 다음 로그는 32비트 ARM 장치(비글본 블랙BeagleBone Black)에서 가져온 내용이다.

```
Memory: 511MB = 511MB total
Memory: 505980k/505980k available, 18308k reserved, 0K highmem
Virtual kernel memory layout:
    vector  : 0xffff0000 - 0xffff1000  (    4 kB)
    fixmap  : 0xfff00000 - 0xfffe0000  (  896 kB)
    vmalloc : 0xe0800000 - 0xff000000  (  488 MB)
    lowmem  : 0xc0000000 - 0xe0000000  (  512 MB)
    pkmap   : 0xbfe00000 - 0xc0000000  (    2 MB)
    modules : 0xbf800000 - 0xbfe00000  (    6 MB)
     .text  : 0xc0008000 - 0xc0763c90  ( 7536 kB)
     .init  : 0xc0764000 - 0xc079f700  (  238 kB)
     .data  : 0xc07a0000 - 0xc0827240  (  541 kB)
      .bss  : 0xc0827240 - 0xc089e940  (  478 kB)
```

'505,980KB available'이라는 표현상의 수치는 커널이 실행을 시작할 때 동적 할당을 시작하기 전의 사용 가능한 메모리양이다.

커널 공간 메모리를 사용하는 곳은 다음과 같다.

- 커널 자체, 다시 말해 부팅 시 커널 이미지 파일로부터 로드된 코드와 데이터. 이와 관련된 내용은 이전 커널 로그에서 .text, .init, .data, .bss 세그먼트로 표시된다. 일단 커널 초기화가 완료되면 .init 세그먼트는 해제된다.

- 다양한 종류의 커널 데이터 구조에 사용되는 슬랩 할당자slab allocator를 통해 할당된 메모리. kmalloc()을 사용해 만든 할당을 포함하며, 그 할당들은 lowmem으로 마크

된 영역에 있다.

- vmalloc()으로 할당된 메모리. 일반적으로 kmalloc()을 통해 사용 가능한 것보다 더 큰 청크chunk 메모리인 경우이며 vmalloc 영역에 있다.

- 다양한 하드웨어 비트에 포함하는 레지스터와 메모리에 접근하기 위한 장치 드라이버의 매핑. 이 내용은 /proc/iomem을 읽음으로써 알 수 있다. vmalloc 영역에서 제공되지만, 메인 시스템 메모리의 밖에 존재하는 물리적 메모리에 매핑되므로 실제 메모리를 사용하지 않는다.

- 커널 모듈. modules로 마크된 영역에 로드된다.

- 다른 곳에서 추적되지 않는 그 외의 로우 레벨 할당

이제 커널 공간의 메모리 레이아웃을 알았으니, 커널이 실제로 얼마나 많은 메모리를 사용하고 있는지 알아보자.

커널이 얼마나 많은 메모리를 사용하는가?

불행히도 '커널이 얼마나 많은 메모리를 사용하는가?'라는 질문에 대한 정확한 답은 없지만, 다음 내용으로 가능한 한 근접하게 알아낼 수 있다.

먼저, 이전에 보여줬던 커널 로그에서 커널 코드와 데이터가 사용된 메모리를 볼 수 있으며, 또한 다음 예제처럼 size 명령어를 사용할 수 있다.

```
$ arm-poky-linux-gnueabi-size vmlinux
text data bss dec hex filename
9013448 796868 8428144 18238460 1164bfc vmlinux
```

일반적으로 여기서 보여주는 정적 코드와 데이터 세그먼트에 대해 커널이 사용하는 메모리양은 전체 메모리의 양에 비해 작다. 그렇지 않은 경우에는 커널 구성을 살펴보고 사용하지 않는 컴포넌트를 삭제해야 한다. Linux Kernel Tinification으로 알려진 작은

커널을 빌드할 수 있도록 하는 노력은 프로젝트가 중단될 때까지 진전이 보였고, 조쉬 트리플렛^{Josh Triplett}의 패치는 2016년 linux-next 트리에서 결국 제거됐다. 이제 커널의 메모리 내 크기를 줄이는 가장 좋은 방법은 램을 플래시로 교환하는 XIP^{Execute-in-Place}이다. 웹 사이트(https://lwn.net/Articles/748198)에서 좀 더 자세한 내용을 제공한다.

/proc/meminfo에서 메모리 사용에 대한 좀 더 많은 정보를 얻을 수 있다.

```
# cat /proc/meminfo
MemTotal: 509016 kB
MemFree: 410680 kB
Buffers: 1720 kB
Cached: 25132 kB
SwapCached: 0 kB
Active: 74880 kB
Inactive: 3224 kB
Active(anon): 51344 kB
Inactive(anon): 1372 kB
Active(file): 23536 kB
Inactive(file): 1852 kB
Unevictable: 0 kB
Mlocked: 0 kB
HighTotal: 0 kB
HighFree: 0 kB
LowTotal: 509016 kB
LowFree: 410680 kB
SwapTotal: 0 kB
SwapFree: 0 kB
Dirty: 16 kB
Writeback: 0 kB
AnonPages: 51248 kB
Mapped: 24376 kB
Shmem: 1452 kB
Slab: 11292 kB
SReclaimable: 5164 kB
SUnreclaim: 6128 kB
KernelStack: 1832 kB
PageTables: 1540 kB
NFS_Unstable: 0 kB
Bounce: 0 kB
WritebackTmp: 0 kB
CommitLimit: 254508 kB
```

```
Committed_AS: 734936 kB
VmallocTotal: 499712 kB
VmallocUsed: 29576 kB
VmallocChunk: 389116 kB
```

proc(5)의 매뉴얼 페이지에는 각 필드에 대한 설명이 있다. 커널 메모리 사용량은 다음 항목들을 더한 값이다.

- **Slab**: 슬랩 할당자로 할당된 전체 메모리

- **KernelStack**: 커널 코드를 실행할 때 사용되는 스택 공간

- **PageTables**: 페이지 테이블을 저장하기 위해 사용되는 메모리

- **VmallocUsed**: vmalloc()으로 할당된 메모리

슬랩 할당의 경우 /proc/slabinfo를 읽으면 더 많은 정보를 얻을 수 있다. 마찬가지로, vmalloc 영역에 대해 /proc/vmallocinfo 안에는 할당에 대한 분석이 있다. 두 경우 모두 어떤 서브시스템이 할당하고 있는지, 왜 할당되는지를 정확하게 확인하기 위해 커널과 커널 서브시스템의 세부 지식이 필요하다. 해당 내용은 이 책의 설명 범위를 벗어난다.

모듈의 경우 lsmod를 사용해 코드나 데이터가 차지하는 메모리 공간을 확인할 수 있다.

```
# lsmod
Module Size Used by
g_multi 47670 2
libcomposite 14299 1 g_multi
mt7601Usta 601404 0
```

기록에 남겨지지 않으며, 커널 공간의 메모리 사용량을 정확히 계산할 수 없게 만드는 로우 레벨 할당이 남는다. 이 로우 레벨에 할당된 메모리는 우리가 알고 있는 모든 커널과 사용자 공간에 할당된 것을 더하면 누락된 메모리로 나타날 것이다.

커널 공간 메모리 사용량을 측정하는 것은 복잡하다. /proc/meminfo의 정보는 다소 제한적이며, /proc/slabinfo와 /proc/vmallocinfo에서 제공하는 추가 정보는 해석하

기 어렵다. 사용자 공간은 프로세스 메모리 맵을 통해 메모리 사용량을 더 잘 파악할 수 있다.

사용자 공간 메모리 레이아웃

리눅스는 사용자 공간에 대해 지연 할당 전략lazy allocation strategy을 채택하고 있으며, 프로 그램이 액세스할 때 메모리의 물리 페이지에 매핑한다. 예를 들어, malloc(3)을 사용해 1MiB의 버퍼를 할당하면 실제 물리적 메모리가 아닌 메모리 주소 블록의 포인터를 리 턴한다. 페이지 테이블 엔트리에 있는 플래그가 설정돼 읽기 또는 쓰기 액세스가 커널 에 의해 트랩되는데, 이것을 페이지 폴트라고 한다. 이 시점에서만 커널은 물리 메모리 의 페이지를 찾아 프로세스를 위해 페이지 테이블 매핑에 추가하려고 시도한다. 다음과 같이 간단한 프로그램인 MELP/chapter_13/pagefault-demo로 위 내용을 확인해볼 수 있다.

```c
#include <stdio.h>
#include <stdlib.h>
#include <string.h>
#include <sys/resource.h>
#define BUFFER_SIZE (1024 * 1024)

void print_pgfaults(void)
{
    int ret;
    struct rusage usage;
    ret = getrusage(RUSAGE_SELF, &usage);
    if (ret == -1) {
        perror("getrusage");
    } else {
        printf("Major page faults %ld\n", usage.ru_majflt);
        printf("Minor page faults %ld\n", usage.ru_minflt);
    }
}

int main(int argc, char *argv[])
{
```

```
    unsigned char *p;
    printf("Initial state\n");
    print_pgfaults();
    p = malloc(BUFFER_SIZE);
    printf("After malloc\n");
    print_pgfaults();
    memset(p, 0x42, BUFFER_SIZE)
    printf("After memset\n");
    print_pgfaults();
    memset(p, 0x42, BUFFER_SIZE);
    printf("After 2nd memset\n");
    print_pgfaults();
    return 0;
}
```

실행하면 다음과 같은 결과를 얻을 수 있다.

```
Initial state
Major page faults 0
Minor page faults 172
After malloc
Major page faults 0
Minor page faults 186
After memset
Major page faults 0
Minor page faults 442
After 2nd memset
Major page faults 0
Minor page faults 442
```

프로그램 환경 초기화 후에 172번 마이너 페이지 폴트가 발생하고 있으며 getrusage(2)
를 호출할 때 14번 추가로 발생한다(이 횟수들은 사용 중인 C 라이브러리의 아키텍처와 버전에 따라 좌우된다). 중요
한 부분은 데이터로 메모리를 채울 때 증가(442-186=256)한다는 것이다. 버퍼는 1MiB이고
256페이지다. 두 번째 memset(3) 호출은 모든 페이지가 매핑됐기 때문에 차이가 없다.

위에서 볼 수 있는 것처럼, 페이지 폴트는 커널이 아직 매핑되지 않은 페이지에 대한 액
세스를 트랩할 때 발생한다. 실제로 페이지 폴트는 마이너minor와 메이저major라는 두 가
지 종류가 있다. 앞의 코드에서 볼 수 있듯이 마이너 폴트의 경우, 커널이 바로 물리 메

728

모리의 페이지를 찾고 프로세스 주소 공간에 매핑하면 된다. 메이저 페이지 폴트는 예를 들어 mmap(2)를 사용해 가상 메모리가 파일로 매핑될 때 발생하며, 해당 내용은 이후에 간략히 설명할 것이다. 이 메모리에서 읽는 것은 커널이 메모리 페이지를 찾고 매핑하는 것뿐만 아니라 파일의 데이터로 채워야 한다는 것을 의미한다. 결론적으로, 메이저 폴트는 시간과 시스템 자원 측면에서 훨씬 더 큰 비용이 든다.

getrusage(2)는 프로세스 내의 사소한 페이지 오류와 주요 페이지 오류에 대한 유용한 메트릭을 제공하지만, 때때로 우리가 실제로 보고 싶은 것은 프로세스의 전체 메모리 맵이다.

⠿ 프로세스 메모리 맵

사용자 공간에서 실행 중인 각 프로세스에는 검사할 수 있는 프로세스 맵이 있다. 이러한 메모리 맵은 프로그램의 메모리가 어떻게 할당되고 어떤 공유 라이브러리에 연결되는지 알려준다.

proc 파일시스템을 통해 프로세스의 메모리 맵을 볼 수 있다. 예를 들어 다음은 init 프로세스인 PID 1의 맵이다.

```
# cat /proc/1/maps
00008000-0000e000 r-xp 00000000 00:0b 23281745  /sbin/init
00016000-00017000 rwxp 00006000 00:0b 23281745  /sbin/init
00017000-00038000 rwxp 00000000 00:00 0         [heap]
b6ded000-b6f1d000 r-xp 00000000 00:0b 23281695  /lib/libc-2.19.so
b6f1d000-b6f24000 ---p 00130000 00:0b 23281695  /lib/libc-2.19.so
b6f24000-b6f26000 r-xp 0012f000 00:0b 23281695  /lib/libc-2.19.so
b6f26000-b6f27000 rwxp 00131000 00:0b 23281695  /lib/libc-2.19.so
b6f27000-b5f2a000 rwxp 00000000 00:00 0
b6f2a000-b6f49000 r-xp 00000000 00:0b 23281359  /lib/ld-2.19.so
b6f4c000-b6f4e000 rwxp 00000000 00:00 0
b6f4f000-b6f50000 r-xp 00000000 00:00 0         [sigpage]
b6f50000-b6f51000 r-xp 0001e000 00:0b 23281359  /lib/ld-2.19.so
b6f51000-b6f52000 rwxp 0001f000 00:0b 23281359  /lib/ld-2.19.so
beea1000-beec2000 rw-p 00000000 00:00 0         [stack]
ffff0000-ffff1000 r-xp 00000000 00:00 0         [vectors]
```

처음 두 열은 가상 주소의 시작과 끝 그리고 각 매핑에 대한 권한을 보여준다. 권한의 목록은 다음과 같다.

- r = 읽기

- w = 쓰기

- x = 실행

- s = 공유

- p = 내부용(CoW)

매핑이 파일과 연결돼 있다면 파일명은 마지막 열에 보이고, 세 번째, 네 번째, 다섯 번째 열은 파일의 시작부터의 옵셋, 블록 장치 번호, 파일의 inode이다. 매핑 대부분은 프로그램 자체와 링크된 라이브러리에 매핑된다. 프로그램이 메모리를 할당할 수 있는 영역은 [heap]과 [stack]으로 마크된 두 곳이다. malloc을 사용한 할당된 메모리는 전자([heap], 이후에 설명하겠지만 아주 큰 크기의 할당은 제외)에 할당되고, 스택에 할당되는 경우 후자([stack])에 할당된다. 두 영역의 최대 크기는 프로세스의 ulimit에 의해 제어된다.

- 힙heap: ulimit -d, 기본 무제한

- 스택stack: ulimit -s, 기본 8MiB

제한을 초과하는 할당은 SIGSEGV에 의해 거부된다.

메모리 부족이 발생할 때, 커널은 파일로 매핑되고 읽기 전용 페이지 삭제를 결정할 수 있다. 만약 해당 페이지에 다시 접근하면, 메이저 페이지 폴트가 발생되고 파일에서 다시 읽게 될 것이다.

⁑ 스와핑

스와핑^{swapping}의 개념은 커널이 파일에 매핑되지 않은 메모리 페이지를 배치할 수 있는 약간의 저장소를 잡아둠으로써 메모리를 다른 용도로 사용할 수 있도록 하는 것이다. 스왑 파일의 크기만큼 실제 유효한 물리 메모리 크기가 증가한다. 하지만 스와핑은 만병통치약이 아니며, 페이지를 스왑 파일로 복사하거나 스왑 파일로부터 복사하는 비용이 발생한다. 특히 아주 적은 메모리를 갖고 있는 시스템에서는 작업 부하가 걸리면서 오히려 스와핑 자체가 주된 동작이 돼버리고 만다. 이를 디스크 스래싱^{disk thrashing}이라고 한다.

스왑은 쓰기 횟수가 정해져 있는 플래시 스토리지에서는 잘 맞지 않으므로 임베디드 시스템에서는 거의 사용되지 않는다. 그러나 압축 램^(zram)으로 스와핑하는 것은 고려할 만하다.

압축 메모리(zram)로 스왑

zram 드라이버는 /dev/zram0, /dev/zram1 등과 같은 램 기반의 블록 장치를 생성한다. 이러한 장치에 작성된 페이지는 저장되기 전에 압축된다. 30~50% 정도의 압축 비율인 경우, 약간의 처리 비용과 함께 전력 사용이 늘어나지만 전반적으로 약 10%의 여유 메모리가 증가할 것으로 기대할 수 있다.

zram을 사용하려면 커널에서 다음의 옵션들을 세팅해야 한다.

```
CONFIG_SWAP
CONFIG_CGROUP_MEM_RES_CTLR
CONFIG_CGROUP_MEM_RES_CTLR_SWAP
CONFIG_ZRAM
```

이어서 /etc/fstab에 다음의 내용을 추가해 부팅 시 zram을 마운트한다.

```
/dev/zram0 none swap defaults zramsize=<size in bytes>,
swapprio=<swap partition priority>
```

다음 명령어로 스왑을 설정하거나 해제할 수 있다.

```
# swapon /dev/zram0
# swapoff /dev/zram0
```

메모리를 zram으로 스왑 아웃하는 것이 플래시 스토리지로 스왑 아웃하는 것보다 낫지만, 두 기술 모두 적절한 물리적 메모리를 대체할 수는 없다.

사용자 공간 프로세스는 커널에 따라 가상 메모리를 관리한다. 때때로 프로그램은 커널이 제공할 수 있는 것보다 메모리 맵에 대한 더 많은 제어를 원한다. 사용자 공간에서 직접 액세스할 수 있도록 메모리를 파일에 매핑할 수 있는 시스템 콜^system call이 있다.

⠿ mmap으로 메모리 매핑

프로세스는 링크된 공유 라이브러리와 함께 프로그램 파일의 텍스트(코드)와 데이터 세그먼트에 매핑된 약간의 메모리를 갖고 프로세스의 삶을 시작한다. malloc(3)을 사용해 런타임 중 힙에 메모리를 할당할 수 있고, 로컬 지역 변수와 alloca(3)을 통해 스택에 메모리를 할당할 수 있다. 또한 dlopen(3)을 사용해 런타임에 동적으로 라이브러리들을 로드할 수 있다. 이런 모든 매핑은 커널에 의해 처리된다. 그러나 프로세스는 mmap(2)를 사용해 명시적 방법으로 메모리 맵을 다룰 수 있다.

```
void *mmap(void *addr, size_t length, int prot, int flags,
int fd, off_t offset);
```

이 함수는 offset에서 시작하는 fd 디스크립터를 가진 파일로부터 length바이트의 메모리만큼 매핑하는데, 만약 성공했다고 가정하면 매핑한 포인터를 리턴한다. 기본 하드웨어는 페이지 단위로 동작하기 때문에 length는 가장 근접한 전체 페이지 수로 반올림된다. 보호 파라미터 prot는 읽기, 쓰기, 실행 권한의 조합이며, flags 파라미터는 적어도 MAP_SHARED나 MAP_PRIVATE을 포함한다. 그 외 다른 플래그들이 있으며, nmap 매뉴얼 페이지에서 확인할 수 있다.

mmap으로 할 수 있는 많은 것이 있다. 다음 절에서 그중 일부를 살펴본다.

mmap을 사용해 독립된 메모리 할당

flag 파라미터에 MAP_ANONYMOUS를 세팅하고 파일 디스크립터 fd를 -1로 설정해 mmap으로 독립된 메모리의 영역에 할당할 수 있다. 이는 메모리가 페이지 단위로 배열되고 페이지의 배수로 되는 것을 제외하면, malloc을 사용해 힙 메모리에 할당하는 것과 비슷하다. 메모리는 라이브러리에서 사용되는 영역과 동일한 영역에 할당된다. 사실 이런 이유로 이 영역은 mmap 영역으로 불린다.

익명 매핑은 메모리 청크의 힙에 얽매이지 않으므로 큰 메모리 할당에 더 좋지만, 파편화 가능성이 높아진다. 흥미롭게도 malloc(적어도 glibc에서)은 128KiB 이상의 요청에 대해 힙에 메모리를 할당하는 것을 중지하고 mmap을 사용하므로, 대부분의 경우 malloc을 사용하는 것이 올바른 방법이다. 시스템은 요청에 부합하는 가장 좋은 방법을 선택할 것이다.

mmap을 사용해 메모리 공유

17장, '프로세스와 스레드'에서 봤듯이, POSIX 공유 메모리는 mmap을 사용해 메모리 세그먼트에 액세스해야 한다. 이 경우 MAP_SHARED 플래그를 설정하고 shm_open() 결과값인 파일 디스크립터를 사용한다.

```
int shm_fd;
char *shm_p;

shm_fd = shm_open("/myshm", O_CREAT | O_RDWR, 0666);
ftruncate(shm_fd, 65536);
shm_p = mmap(NULL, 65536, PROT_READ | PROT_WRITE,
MAP_SHARED, shm_fd, 0);
```

다른 프로세스에서는 동일한 호출, 파일명, 길이, 플래그를 사용해 공유를 위해 해당 메모리 영역에 매핑한다. msync(2)에 대한 후속 호출은 메모리 업데이트가 기본 파일로 전달되는 시기를 제어한다.

mmap을 통한 메모리 공유는 또한 장치 메모리를 읽고 쓸 수 있는 간단한 방법을 제공한다.

mmap을 사용해 장치 메모리에 액세스

11장, '장치 드라이버 인터페이스'에서 언급했듯이, 드라이버는 장치 노드를 매핑하고 장치 메모리의 일부를 애플리케이션과 공유할 수 있다. 정확한 구현은 드라이버에 따라 다르다.

한 가지 예로 리눅스 프레임 버퍼 /dev/fb0이 있다. 자일링스 Zynq 시리즈와 같은 FPGA도 리눅스의 mmap을 통해 메모리로 접근한다. 프레임 버퍼 인터페이스는 /usr/include/linux/fb.h에 정의돼 있으며, 디스플레이 크기와 픽셀당 비트 수를 얻기 위한 ioctl 함수를 포함하고 있다. mmap을 사용하면 비디오 드라이버에게 애플리케이션과 프레임 버퍼를 공유하고 픽셀을 읽고 쓰도록 요청할 수 있다.

```
int f;
int fb_size;
unsigned char *fb_mem;

f = open("/dev/fb0", O_RDWR);
/* Use ioctl FBIOGET_VSCREENINFO to find the display dimensions and
 calculate fb_size */
fb_mem = mmap(0, fb_size, PROT_READ | PROT_WRITE, MAP_SHARED,fd, 0);
/* read and write pixels through pointer fb_mem */
```

두 번째 예제는 /usr/include/linux/videodev2.h에 정의된 스트리밍 비디오 인터페이스인 V4L2^{Video 4 Linux, version 2}이다. 각 비디오 장치는 /dev/video0으로 시작하는 /dev/videoN이라는 이름의 노드를 갖고 있으며, 드라이버에게 사용자 공간으로 매핑할 수 있는 여러 비디오 버퍼를 할당하도록 요청하기 위한 Ioctl 함수가 있다. 그러고 나면, 이는 단지 비디오 스트림을 재생하는지 또는 캡처하는지에 따라 버퍼를 순환시키고 비디오 데이터를 채우거나 비우는 문제다.

이제 메모리 레이아웃과 매핑을 다뤘으므로 메모리 사용량을 측정하는 방법부터 시작해 메모리 사용량을 살펴보자.

⁝⁝⁝ 애플리케이션에서 메모리를 얼마나 사용하고 있는가?

커널 공간과 마찬가지로, 사용자 공간 메모리를 할당하고 매핑하고 공유하는 여러 가지 방법 때문에 겉으로 보기에 간단한 위 제목과 같은 질문('애플리케이션에서 메모리를 얼마나 사용하고 있는가?')에 대답하기가 꽤 어렵다.

우선 free 명령어를 사용해 사용 가능한 메모리의 양을 커널에 요청할 수 있다. 다음은 일반적인 결과에 대한 예다.

```
    total used free shared buffers cached
 Mem: 509016 504312 4704 0 26456 363860
 -/+ buffers/cache: 113996 395020
 Swap: 0 0 0
```

언뜻 보기에 위 내용은 509,016KiB 중에 겨우 4,704KiB만 사용 가능한(즉, 1% 미만만 사용 가능한) 메모리 부족 시스템처럼 보인다. 그러나 26,456KiB인 버퍼와 무려 363,860KiB인 캐시가 있다는 점에 주목하자. 리눅스는 사용 가능한 여유 메모리를 낭비되는 메모리로 생각하며, 커널은 필요할 때 줄어들 수 있는 버퍼와 캐시에 여유 메모리를 사용한다. 버퍼와 캐시를 제거하면 실제 사용 가능한 메모리를 알 수 있으며, 이는 전체의 77%인 395,020KiB이다. 따라서 free 명령어를 사용하는 경우, -/+ buffers/cache라고 표시된 두 번째 줄의 숫자가 중요한 것이다.

/proc/sys/vm/drop_caches에 1과 3 사이의 숫자를 쓰면 커널이 캐시를 강제로 비우도록 할 수 있다.

```
# echo 3 > /proc/sys/vm/drop_caches
```

숫자는 실제로 free하고 싶은 캐시의 두 가지 유형 중 어느 것인지를 결정하기 위한 비트 마스크다. 1이면 페이지 캐시이고, 2이면 dentry와 inode 캐시 결합이다. 1과 2는 서로 다른 비트이므로 3을 쓰면 두 가지 유형의 캐시가 모두 해제된다. 이러한 캐시들의 정확한 역할은 여기서 그다지 중요하지 않으며, 다만 커널에서 사용하고 있지만 단기간에 회수할 수 있는 메모리가 있을 뿐이다.

free 명령어는 사용 중인 메모리의 양과 남은 메모리의 양을 알려준다. 어떤 프로세스가 사용할 수 없는 메모리를 사용하고 있는지, 어떤 비율로 사용하고 있는지는 알 수 없다. 이것을 측정하려면 다른 도구가 필요하다.

∷ 프로세스별 메모리 사용량

프로세스가 사용하는 메모리의 양을 측정하기 위한 몇 가지 메트릭이 있다. 여기서는 가장 쉽게 얻을 수 있는 두 가지 방법인 VSS$^{\text{Virtual Set Size}}$와 RSS$^{\text{Resident Set Size}}$를 살펴본다. 두 가지 방법 모두 대부분의 ps와 top 명령어에 구현돼 사용할 수 있다.

- **VSS**: ps 명령어에서는 VSZ, top 명령어에서는 VIRT로 불린다. 프로세스에 의해 매핑된 전체 메모리의 양으로, /proc/⟨PID⟩/map에 있는 모든 영역의 합계다. 가상 메모리의 일부분만이 언제든지 물리 메모리에 커밋되므로 이 숫자는 한계가 있다.

- **RSS**: ps에서는 RSS, top에서는 RES라고 불리며, 메모리의 물리적 페이지에 매핑된 메모리의 합이다. 프로세스의 실제 메모리 할당과 가까운 값을 얻지만 문제가 있다. 만약 모든 프로세스에 RSS를 추가하면, 일부 페이지는 공유되기 때문에 예상보다 초과된 사용 중인 메모리를 얻게 될 것이다.

top과 ps 명령을 자세히 알아보자.

top과 ps

BusyBox에 포함된 top과 ps는 매우 제한된 정보를 제공한다. 다음 예제는 procps 패키지의 정식 버전을 사용한 것이다.

ps 명령어는 -Aly 옵션과 함께 VSS(VSZ)와 RSS(RSS)를 보여주거나 vsz와 rss를 포함하는 사용자 정의 포맷을 사용할 수 있다.

```
# ps -eo pid,tid,class,rtprio,stat,vsz,rss,comm
PID TID CLS RTPRIO STAT VSZ RSS COMMAND
1   1   TS -Ss 4496 2652 systemd
[…]
205 205 TS -Ss 4076 1296 systemd-journal
228 228 TS -Ss 2524 1396 udevd
581 581 TS -Ss 2880 1508 avahi-daemon
584 584 TS -Ss 2848 1512 dbus-daemon
590 590 TS -Ss 1332 680  acpid
594 594 TS -Ss 4600 1564 wpa_supplicant
```

마찬가지로 top은 여유 메모리와 각 프로세스당 메모리 사용량에 대한 요약을 보여준다.

```
top - 21:17:52 up 10:04, 1 user, load average: 0.00, 0.01, 0.05
Tasks: 96 total, 1 running, 95 sleeping, 0 stopped, 0 zombie
%Cpu(s): 1.7 us, 2.2 sy, 0.0 ni, 95.9 id, 0.0 wa, 0.0 hi
KiB Mem: 509016 total, 278524 used, 230492 free, 25572 buffers
KiB Swap: 0 total, 0 used, 0 free, 170920 cached
PID USER PR NI VIRT RES SHR S %CPU %MEM TIME+ COMMAND
595 root 20 0 64920 9.8m 4048 S 0.0 2.0 0:01.09 node
866 root 20 0 28892 9152 3660 S 0.2 1.8 0:36.38 Xorg
[…]
```

top과 ps 같은 간단한 명령어로 메모리 사용에 대한 전체적인 윤곽을 얻을 수 있고, 프로세스의 RSS가 계속 증가하는 것을 본다면 메모리 누수가 있다는 사실을 바로 알 수 있다. 그러나 메모리 사용량에 대한 절대적인 측정에서는 그다지 정확하지 않다.

smem

2009년 맷 맥컬Matt Mackall은 프로세스 메모리 측정에서 공유 페이지를 계산하는 문제를 조사하기 시작했고 USSUnique Set Size와 PSSProportional Set Size라는 두 가지 새로운 메트릭을 추가했다.

- **USS**: 실제 메모리에 커밋돼 있는 메모리의 양이고, 프로세스에 고유해 다른 것과 공유하지 않는다. 프로세스가 종료된다면 해제될 메모리의 양이다.

- **PSS**: 매핑했던 모든 프로세스를 물리 메모리에 커밋된 공유 페이지로 나눈다. 예를 들어, 라이브러리 코드의 영역이 12페이지이고 6개의 프로세스를 공유한다면, 각 프로세스는 PSS에 두 페이지를 추가할 것이다. 따라서 모든 프로세스에 대해 PSS 수를 더하면, 해당 프로세스에서 사용 중인 실제 메모리양을 얻게 된다. 다시 말해, PSS는 찾고자 했던 값이다.

PSS에 대한 정보는 /proc/⟨PID⟩/smaps에서 확인할 수 있으며, /proc/⟨PID⟩/maps는 각 매핑에 대한 추가 정보를 포함한다. 다음은 libc 코드 세그먼트에 대한 매핑 정보를 제공하는 파일의 한 섹션이다.

```
b6e6d000-b6f45000 r-xp 00000000 b3:02 2444 /lib/libc-2.13.so
Size: 864 kB
Rss: 264 kB
Pss: 6 kB
Shared_Clean: 264 kB
Shared_Dirty: 0 kB
Private_Clean: 0 kB
Private_Dirty: 0 kB
Referenced: 264 kB
Anonymous: 0 kB
AnonHugePages: 0 kB
Swap: 0 kB
KernelPageSize: 4 kB
MMUPageSize: 4 kB
Locked: 0 kB
VmFlags: rd ex mr mw me
```

RSS는 264KiB이지만, 다른 많은 프로세스 사이에서 공유되기 때문에 PSS는 단지 6KiB에 불과하다.

smem이라는 도구는 smaps 파일의 정보를 수집하고 파이 차트^{pie chart}나 막대 차트^{bar chart}를 비롯한 다양한 방법으로 표시한다. smem의 프로젝트 페이지는 https://www.selenic.com/smem이며, 대부분의 데스크톱 배포판에서 패키지로 제공된다. 하지만 smem은 파이썬으로 작성됐기 때문에 임베디드 타깃에 설치하려면 파이썬 환경이 필요한데, 이는 하나의 도구를 설치하기 위해 많은 문제를 일으킬 수 있는 특성이다. 이런 측면을 돕기 위해 타깃의 /proc에서 상태를 캡처하고 TAR 파일로 저장하는 smemcap이라는 작은 프로그램이 있으며, TAR 파일은 나중에 호스트 컴퓨터에서 분석할 수 있다. smem은 BusyBox의 일부분으로 제공되지만 smem 소스를 컴파일해 얻을 수도 있다.

root 권한으로 smem을 실행하면 다음 결과를 볼 수 있다.

```
# smem -t
PID User Command Swap USS PSS RSS
610 0 /sbin/agetty -s tty00 11 0 128 149 720
1236 0 /sbin/agetty -s ttyGS0 1 0 128 149 720
609 0 /sbin/agetty tty1 38400 0 144 163 724
578 0 /usr/sbin/acpid 0 140 173 680
819 0 /usr/sbin/cron 0 188 201 704
634 103 avahi-daemon: chroot hel 0 112 205 500
980 0 /usr/sbin/udhcpd -S /etc 0 196 205 568
[...]
836 0 /usr/bin/X :0 -auth /var 0 7172 7746 9212
583 0 /usr/bin/node autorun.js 0 8772 9043 10076
1089 1000 /usr/bin/python -O /usr/ 0 9600 11264 16388
-------------------------------------------------------------
53 6 0 65820 78251 146544
```

출력 결과의 마지막 줄에서 전체 PSS가 RSS의 대략 절반임을 알 수 있다.

만약 타깃에서 파이썬을 설치하지 않았거나 원하지 않는다면, root 권한으로 smemcap을 사용해 상태를 캡처할 수 있다.

```
# smemcap > smem-bbb-cap.tar
```

그런 다음, TAR 파일을 호스트로 복사하고 smem -S를 사용해 읽는다. 이번에는 root로
실행하지 않아도 된다.

```
$ smem -t -S smem-bbb-cap.tar
```

출력 결과는 기본적으로 smem을 실행했을 때와 동일하다.

고려할 만한 다른 도구

PSS를 표시하는 또 다른 방법은 ps_mem(https://github.com/pixelb/ps_mem)을 사용하는 것이다.
ps_mem은 동일한 정보를 훨씬 간단한 포맷으로 보여준다. 이 또한 파이썬으로 만들어
졌다.

안드로이드는 각 프로세스에 대해 USS와 PSS의 요약 정보를 보여주는 procrank라는
도구를 갖고 있는데, 약간 수정해서 임베디드 리눅스용으로 크로스 컴파일할 수 있다.
해당 코드는 깃허브(https://github.com/csimmonds/procrank_linux)에서 제공한다.

이제 프로세스당 메모리 사용량을 측정하는 방법을 알게 됐다. 방금 소개한 도구를 사
용해 시스템에서 메모리 사용량이 많은 프로세스를 찾는다고 가정해보자. 그럼 어디에
서 문제가 발생하는지 파악하기 위해 해당 프로세스를 어떻게 분석하고 확인할 수 있을
까? 다음 절에서는 이 주제를 다룬다.

⫶ 메모리 누수 식별하기

메모리가 할당됐지만 더 이상 필요하지 않을 때 해제되지 않으면 메모리 누수가 발생한
다. 메모리 누수는 임베디드 시스템에만 국한되지 않지만, 애초에 타깃이 메모리가 그
다지 많지 않기 때문에 부분적으로 이슈가 되기도 하고 재부팅 없이 오랜 기간 동안 실
행되므로 이런 누수들이 큰 문제가 되기도 한다.

이전 절에서 설명한 것처럼, free나 top을 실행해 캐시를 삭제함에도 불구하고 여유 메

모리가 계속 줄어드는 것으로 누수가 있다는 사실을 알게 된다. 프로세스마다 USS와 PSS를 확인함으로써 원인을 발견할 수 있을 것이다.

프로그램에서 메모리 누수를 확인할 수 있는 몇 가지 도구가 있다. 여기서는 mtrace와 Valgrind 두 가지를 살펴본다.

mtrace

mtrace는 malloc, free와 관련 함수들에 대한 호출을 추적하는 glibc의 구성 요소로, 프로그램이 종료할 때 해제되지 않은 메모리 영역을 식별한다. 추적을 시작하려면 프로그램 안에서 mtrace() 함수를 호출한 다음, 런타임에 추적 정보가 기록된 MALLOC_TRACE 환경 변수에 경로 이름을 추가해야 한다. MALLOC_TRACE가 없거나 파일이 열리지 않는다면 mtrace 후크hook가 설치되지 않는다. 추적 정보는 ASCII로 작성되지만 일반적으로 mtrace 명령어를 사용해 확인한다.

다음 예제가 있다.

```c
#include <mcheck.h>
#include <stdlib.h>
#include <stdio.h>

int main(int argc, char *argv[])
{
    int j;
    mtrace();
    for (j = 0; j < 2; j++)
        malloc(100); /* Never freed:a memory leak */
    calloc(16, 16); /* Never freed:a memory leak */
    exit(EXIT_SUCCESS);
}
```

다음은 프로그램을 실행하고 추적된 내용을 확인할 때 볼 수 있는 내용이다.

```
$ export MALLOC_TRACE=mtrace.log
$ ./mtrace-example
$ mtrace mtrace-example mtrace.log

Memory not freed:
-----------------------
    Address Size Caller
0x0000000001479460 0x64 at /home/chris/mtrace-example.c:11
0x00000000014794d0 0x64 at /home/chris/mtrace-example.c:11
0x0000000001479540 0x100 at /home/chris/mtrace-example.c:15
```

불행히도 mtrace는 프로그램이 실행되는 동안 누출된 메모리에 대해 알려주지 않는다. 먼저 종료해야 한다.

Valgrind

Valgrind는 누수 혹은 기타 다른 문제를 포함한 메모리 문제를 발견하는 데 사용되는 매우 강력한 도구다. 한 가지 장점은 체크할 프로그램과 라이브러리를 다시 컴파일할 필요가 없다는 것이다. 디버거 심볼 테이블을 포함하도록 -g 옵션을 사용해 컴파일한 경우라면 더 잘 동작한다. 에뮬레이트된 환경에서 프로그램을 실행하고 다양한 지점에서 실행을 트랩함으로써 동작하는데, 이는 Valgrind의 큰 단점이 된다. 프로그램이 정상 속도보다 약간 느리게 실행돼 실시간 제약 조건으로 테스트하는 데는 유용하지 않기 때문이다.

> **NOTE**
>
> Valgrind의 이름을 종종 잘못 발음하게 된다는 점에 유의하자. Valgrind FAQ에 따르면, grind는 'grind'(find의 라임으로)보다는 오히려 'grinned'(tinned의 라임으로)처럼 짧은 i로 발음된다. FAQ, 문서, 다운로드 파일들은 해당 홈페이지(https://valgrind.org)에 있다.

Valgrind는 몇 가지 진단 도구를 포함하고 있다.

- **memcheck**: 기본 도구이며 메모리 누수와 메모리의 일반적인 오용을 감지한다.

- **cachegrind**: 프로세서 캐시 적중률cache hit rate을 계산한다.

- **callgrind**: 각 함수 호출의 비용을 계산한다.

- **helgrind**: 잠재적인 교착 상태(데드락deadlock)와 경쟁 조건race condition을 포함하는 Pthread API의 오용을 강조해 보여준다.

- **DRD**: 또 다른 Pthread 분석 도구다.

- **massif**: 힙과 스택의 사용을 프로파일링한다.

-tool 옵션을 사용해 원하는 도구를 선택할 수 있다. Valgrind는 주요 임베디드 플랫폼인 32비트와 64비트 버전으로 제공되는 ARM(Cortex A), PPC, MIPS, X86에서 실행되고 Yocto 프로젝트와 Buildroot 모두에서 패키지로 제공된다.

메모리 누수를 찾으려면, 누수가 발견된 줄을 출력하기 위해 --leakcheck=full 옵션으로 기본 memcheck 도구를 사용해야 한다.

```
$ valgrind --leak-check=full ./mtrace-example
==17235== Memcheck, a memory error detector
==17235== Copyright (C) 2002-2013, and GNU GPL'd, by Julian Seward et
al.==17235==Using Valgrind-3.10.0.SVN and LibVEX; rerun with -h for
copyright info
==17235== Command: ./mtrace-example
==17235==
==17235==
==17235== HEAP SUMMARY:
==17235== in use at exit: 456 bytes in 3 blocks
==17235== total heap usage: 3 allocs, 0 frees, 456 bytes allocated
==17235==
==17235== 200 bytes in 2 blocks are definitely lost in loss record
1 of 2==17235== at 0x4C2AB80: malloc (in /usr/lib/valgrind/vgpreload_
memcheck-linux.so)
==17235== by 0x4005FA: main (mtrace-example.c:12)
==17235==
==17235== 256 bytes in 1 blocks are definitely lost in loss record
2 of 2==17235== at 0x4C2CC70: calloc (in /usr/lib/valgrind/vgpreload
memcheck-linux so)
==17235== by 0x400613: main (mtrace-example.c:14)
```

```
==17235==
==17235== LEAK SUMMARY:
==17235== definitely lost: 456 bytes in 3 blocks
==17235== indirectly lost: 0 bytes in 0 blocks
==17235== possibly lost: 0 bytes in 0 blocks
==17235== still reachable: 0 bytes in 0 blocks
==17235== suppressed: 0 bytes in 0 blocks
==17235==
==17235== For counts of detected and suppressed errors, rerun with:
-v==17235== ERROR SUMMARY: 2 errors from 2 contexts (suppressed: 0 from 0)
```

Valgrind의 출력은 mtrace example.c의 12번째 줄 malloc과 14번째 줄 calloc에서 메모리 누수를 보여준다. 이 두 메모리 할당에 맞게 호출돼야 할 free에 대한 후속 호출이 프로그램에서 누락됐다. 체크하지 않고 그대로 두면, 장기간 실행되는 프로세스에서 메모리 누수가 발생해 결국 시스템의 메모리가 부족해질 수 있다.

⋗ 메모리 부족

기본 메모리 할당 정책은 오버커밋하는 것이다. 이는 커널이 실제 메모리보다 더 많은 메모리를 애플리케이션에 할당하도록 허용하는 것을 의미한다. 애플리케이션이 실제로 필요한 것보다 좀 더 많은 메모리를 요청하는 것이 일반적이므로, 대부분의 경우 오버커밋은 괜찮다. 이는 또한 fork(2)의 구현에 도움이 된다. 메모리 페이지는 CoW 플래그 세트와 공유되므로 대용량 프로그램의 복사본을 만드는 것이 안전하다. 대부분의 경우 fork 다음에 exec 함수 호출이 되며, 메모리의 공유를 해제하고 새로운 프로그램을 로드한다.

그러나 특정 작업 부하로 인해 일련의 프로세스가 동시에 약속됐던 할당을 캐시하려고 할 가능성이 항상 있으므로, 실제보다 좀 더 많은 메모리를 요구한다. 이를 메모리 부족 상황^{OOM, Out Of Memory}이라고 한다. 이 시점에서는 문제가 사라질 때까지 프로세스를 종료하는 것 외에 다른 대안이 없다. 이것이 OOM 킬러^{killer}가 해야 할 일이다.

OOM에 다다르기 전에 /proc/sys/vm/overcommit_memory에는 커널 할당을 위한

튜닝 파라미터가 있으며, 다음과 같이 세팅할 수 있다.

- **0**: 휴리스틱heuristic 오버커밋

- **1**: 항상 오버커밋, 결코 체크하지 않음

- **2**: 항상 체크, 결코 오버커밋하지 않음

기본값은 옵션 0이고 대다수의 경우에 가장 잘 맞는 선택이다.

옵션 1은 큰 희소 배열sparse array로 동작하고 많은 양의 메모리를 할당하지만 그중 적은 비율의 메모리를 사용하는 프로그램을 실행하게 될 때 실제로 유용하다. 이런 프로그램은 임베디드 시스템 환경에서는 거의 드물다.

오버커밋을 하지 않는 옵션 2는 OOM에 대해 걱정이 되는 프로그램, 아마도 임무 수행에 반드시 필요하거나 안전성이 필수인 프로그램에서 괜찮은 선택으로 보인다. 커밋 제한commit limit, 즉 스왑 공간의 크기와 전체 메모리에 오버커밋 비율을 곱한 값을 더한 값보다 크게 할당하려고 하면 실패할 것이다. 오버커밋 비율은 /proc/sys/vm/overcommit_ratio에 의해 제어되며, 기본값으로 50%이다.

예를 들어 시스템 램이 512MB인 장치를 갖고 있고 실제로 보수적인 비율인 25%로 설정했다고 가정해보자.

```
# echo 25 > /proc/sys/vm/overcommit_ratio
# grep -e MemTotal -e CommitLimit /proc/meminfo
MemTotal:      509016 kB
CommitLimit:   127252 kB
```

스와핑이 일어나지 않았으므로, 예상대로 커밋 제한은 MemTotal의 25%이다.

/proc/meminfo에는 또 다른 중요한 변수인 Committed_AS가 있다. 이는 지금까지 만들어진 모든 할당을 수행하기 위해 필요한 전체 메모리의 크기로, 다음과 같이 시스템에서 확인할 수 있다.

```
# grep -e MemTotal -e Committed_AS /proc/meminfo
MemTotal: 509016 kB
Committed_AS: 741364 kB
```

다시 말해, 커널은 사용 가능한 메모리보다 더 많은 메모리를 이미 세팅해 놓았다. 따라서 overcommit_memory를 2로 설정한다는 것은 overcommit_ratio에 상관없이 모든 할당이 실패한다는 것을 의미한다. 동작하는 시스템을 확보하기 위해, 램 용량을 두 배로 늘리거나 실행 중인 프로세스 수를 약 40여 개로 크게 줄여야 할 것이다.

모든 경우에서 최종 방어 수단은 oom-killer이다. 휴리스틱 메소드를 사용해 각 프로세스에 대해 0에서 1,000까지 배드 스코어^{badness score}를 계산한 다음, 충분한 여유 메모리를 확보할 때까지 최고 점수를 가진 프로세스를 종료한다. 커널 로그에서 다음과 같은 내용을 볼 수 있다.

```
[44510.490320] eatmem invoked oom-killer: gfp_mask=0x200da,
order=0, oom_score_adj=0
...
```

echo f > /proc/sysrq-trigger를 사용해 OOM 이벤트를 강제로 실행할 수 있다.

/proc/<PID>/oom_score_adj에 조정값을 기록해 프로세스의 배드 스코어에 영향을 줄 수 있다. -1000 값은 배드 스코어가 0보다 클 수 없으므로 결코 종료되지 않을 것임을 의미한다. 반대로 +1000 값은 항상 1,000보다 크므로 항상 종료될 것임을 의미한다.

⠿ 요약

가상 메모리 시스템에서 사용된 모든 메모리 바이트를 확인하는 것은 거의 불가능하다. 그러나 free 명령어를 사용하면, 버퍼와 캐시에서 차지하는 메모리를 제외하고 사용 가능한 메모리의 총량에 대해서는 상당히 정확한 수치를 얻을 수 있다. 일정 기간 동안 다양한 작업 부하를 모니터링함으로써, 메모리 사용량이 주어진 한도 내에서 유지된다는 확신을 가질 수 있어야 한다.

메모리 사용량을 조정하거나 예상하지 않은 할당의 소스를 식별하려는 경우 좀 더 자세한 정보를 제공하는 리소스가 있다. 커널 공간에서 가장 유용한 정보는 /proc에 있는 meminfo, slabinfo, vmallocinfo이다.

사용자 공간에 대해 정확한 측정을 얻길 원한다면, smem이나 다른 도구에서 보여준 것처럼 PSS가 가장 좋다. 메모리 디버깅의 경우 mtrace와 같은 간단한 추적 프로그램에서 도움을 받거나 Valgrind의 memcheck 도구가 갖춘 강력한 옵션을 사용할 수도 있다.

만약 OOM 상황에 대한 결과가 걱정된다면, /proc/sys/vm/overcommit_memory를 통해 할당 메커니즘을 세밀하게 조정할 수 있고 oom_scror_adj 파라미터를 통해 특정 프로세스가 종료될 가능성을 제어할 수 있다.

19장에서는 GNU 디버거를 사용해 사용자 공간과 커널 코드를 디버깅하는 것과 여기서 다뤘던 메모리 관리 기능을 포함해 실행되는 코드를 관찰할 때 얻을 수 있는 통찰력에 관한 모든 것을 살펴본다.

⠶ 추가 자료

18장에서 소개된 주제에 대한 추가 정보는 다음 자료를 참고하길 바란다.

- 『리눅스 커널 심층 분석』(에이콘, 2012), 로버트 러브[Robert Love]

- 『Linux System Programming, 2nd edition』(O'Reilly, 2013), 로버트 러브

- 『Understanding the Linux Virtual Memory Manager』(Prentice Hall, 2004), 멜 고르만[Mel Gorman]: https://www.kernel.org/doc/gorman/pdf/understand.pdf

- 『Valgrind 3.3 – Advanced Debugging and Profiling for Gnu/Linux Applications』(Network Theory, 2008), 제이 스와드[J Seward], N. 네더코트[N. Nethercote], J. 바이덴도르퍼[J. Weidendorfer]

4부

디버깅과 성능 최적화

4부에서는 문제를 감지하고 병목 현상을 식별하기 위해 리눅스가 제공하는 많은 디버깅과 프로파일링 도구를 효과적으로 사용하는 방법을 알아본다. 19장에서는 디버거를 통해 코드가 실행되는 흐름을 관찰하는 전통적인 접근 방식에만 초점을 맞춰 이야기할 것이다. 여기서 다루는 디버거는 리눅스의 GNU 디버거GDB다. 20장에서는 top에서 시작해 perf로 넘어간 뒤, 마지막으로 strace 등 다양한 프로파일러와 추적 프로그램을 다룰 것이다.

4부는 다음 장들로 이뤄져 있다.

- 19장. GDB로 디버깅하기

- 20장. 프로파일링과 추적

- 21장. 실시간 프로그래밍

19

GDB로 디버깅하기

버그는 언제나 존재하기 마련이다. 그러므로 이를 확인하고 수정하는 것은 개발 과정의 일부로 볼 수 있다. 정적 혹은 동적으로 코드를 분석하거나 코드 리뷰, 추적, 프로파일링과 상호작용 디버깅처럼 프로그램 결함을 찾아 이를 특성화하는 데는 여러 가지 기술이 있는데, 트레이서와 프로파일러는 다음 장에서 살펴보고 여기서는 디버거, 특히 GNU 프로젝트 디버거GNU Project Debugger인 GDB를 통해 코드 실행을 살펴보는 접근 방법을 집중적으로 설명하고자 한다. GDB는 강력하고 유연성이 높은 도구로, 이를 사용하면 애플리케이션을 디버깅하거나 프로그램이 깨진 후 작성된 포스트모템postmortem 파일(코어 파일)을 검사할 수 있고 커널 코드를 단계별로 실행하는 것도 가능하다.

19장에서 다루는 내용은 다음과 같다.

- GNU 디버거

- 디버깅 준비하기

- 애플리케이션 디버깅

- JIT 디버깅

- 디버깅 포크와 스레드

- 코어 파일

- GDB 사용자 인터페이스

- 커널 코드 디버깅

⠿ 기술적 요구 사항

이 장의 예제를 따라 하려면 다음 사항을 준비해야 한다.

- 사용 가능한 디스크 공간이 최소 60GB인 리눅스 기반 호스트 시스템

- Buildroot 2020.02.9 LTS 릴리스

- Yocto 3.1^(Dunfell) LTS 릴리스

- 리눅스용 Etcher

- 마이크로SD 카드와 카드 리더

- USB-TTL 3.3V 시리얼 케이블

- 라즈베리 파이 4

- 5V 3A USB-C 전원 공급 장치

- 네트워크 연결을 위한 이더넷 케이블과 연결 포트

- 비글본 블랙

- 5V 1A DC 전원 공급 장치

6장, '빌드 시스템 선택하기'를 읽었다면 아마 Buildroot 2020.02.9 LTS 릴리스를 이미 설치했을 것이다. 아직 하지 않았다면, 6장에서 설명한 대로 리눅스 호스트에 Buildroot

를 설치하기 전에 Buildroot 사용자 매뉴얼(https://buildroot.org/downloads/manual/manual.html)에서 '시스템 요구 사항System Requirement' 절을 먼저 읽어보길 바란다.

이와 동일하게 6장, '빌드 시스템 선택하기'에서 Yocto 3.1(Dunfell) LTS 릴리스를 이미 빌드했을 것이다. 아직 하지 않았다면, 6장에서 설명한 대로 리눅스 호스트에 Yocto를 빌드하기 전에 Yocto 프로젝트 퀵 빌드 가이드(https://www.yoctoproject.org/docs/current/brief-yoctoprojectqs/briefyoctoprojectqs.html)에서 '호환 가능한 리눅스 배포판Compatible Linux Distribution' 절과 '호스트 패키지 빌드Build Host Packages' 절을 읽어보자.

19장에 나오는 모든 코드는 이 책의 깃허브 저장소(https://github.com/PacktPublishing/Mastering-Embedded-Linux-Programming-Third-Edition)에 있는 Chapter19 폴더에서 찾아볼 수 있다.

⸬ GNU 디버거

GDB는 컴파일된 언어(주로 C와 C++)에 대한 소스 레벨 디버거이지만 Go와 오브젝티브 CObjective-C 같은 다양한 언어 또한 지원한다. 현재 어떤 언어들을 지원하는지 알아보려면 사용 중인 GDB 버전의 노트를 확인해야 한다.

프로젝트 웹 사이트는 http://www.gnu.org/software/gdb이며 GDB 사용자 매뉴얼인 'Debugging with GDB'를 비롯한 많은 참고 자료가 있으니 시간이 된다면 찾아보자.

GDB는 기본적으로 약간만 연습해도 사용하기 쉽지만 모든 사용자가 좋아하지는 않는 형태인 명령줄 UI를 갖고 있다. 하지만 이러한 명령줄 인터페이스가 마음에 들지 않는 경우 사용할 수 있는 많은 프론트엔드 UI 인터페이스가 있으며, 그중 세 가지를 이번 장에서 살펴본다.

⸬ 디버깅 준비하기

먼저 디버깅하려는 코드를 디버그 심볼을 이용해 컴파일해야 한다. GCC는 -g와 -ggdb라는 두 가지 옵션을 제공한다. 후자는 GDB에 특정한 디버그 정보를 추가하는 반면, 전자는 사용 중인 운영체제에 맞는 적절한 형식으로 정보를 생성하므로 더 융통성 있는 옵션을 제공한다. 하지만 이 책에서 사용하는 운영체제는 항상 리눅스이므로 -g를 사용하든 -ggdb를 사용하든 거의 차이가 없다. 여기서 재미있는 점은 두 옵션 모두 디버그 정보의 레벨을 0부터 3까지 지정할 수 있다는 점이다.

- **0**: 디버그 정보를 전혀 생성하지 않으며 -g 또는 -ggdb 스위치를 생략하는 것과 동일한 결과를 낸다.

- **1**: 백트레이스backtrace를 생성할 수 있을 정도의 함수 이름과 외부 변수를 포함한 최소한의 정보를 생성한다.

- **2**: 기본값으로 설정된 레벨로 소스 레벨 디버깅과 단일 단계별 코드 분석을 수행할 수 있도록 로컬 변수와 행 번호에 대한 정보를 포함한다.

- **3**: 여기서는 GDB가 매크로 확장 프로그램을 올바르게 처리하는지에 대한 추가 정보가 포함된다.

대부분의 경우는 -g 옵션만으로도 충분하지만 코드를 단계별로 실행하는 데 문제가 있는 경우, 특히 매크로가 포함돼 있을 때는 -g3 또는 -ggdb3을 사용하는 것을 추천한다.

다음으로 고려해야 할 사항은 코드의 최적화 레벨이다. 컴파일러 최적화는 소스 코드와 머신 코드의 관계를 파괴하는 경향이 있어 소스를 단계적으로 실행했을 때 결과를 예측할 수 없게 만든다. 이와 관련한 문제가 발생하면, -O 컴파일 스위치를 제외해 최적화 없이 컴파일하거나 -Og를 이용해 디버깅을 방해하지 않는 최적화를 수행해야 한다.

이와 관련해 GDB가 현재의 함수를 호출할 때까지의 백트레이스를 생성할 때 필요한 스택 프레임 포인터와 연관된 문제가 있다. 일부 아키텍처에서는 GCC가 높은 최적화 수준(-O2나 그 이상)의 스택 프레임 포인터를 생성하지 않는 경우가 있다. 만약 -O2로 컴파일할 수밖에 없는 상황에서 백트레이스를 하고 싶다면, -fno-omit-frame-pointer를 사용해 기본 동작을 오버라이드해야 한다. 이 경우 -fomit-frame-pointer를 추가해 프레임 포인터를 제외하도록 수동으로 최적화된 코드가 있는지 반드시 살펴보자. 만약 존재한다면, 이 부분은 일시적으로 제거하는 것이 좋다.

⠿ 애플리케이션 디버깅

GDB를 사용하면 아래 두 가지 방법 중 하나로 애플리케이션을 디버깅하는 것이 가능하다. 데스크톱과 서버에서 실행되는 코드를 개발하거나 동일한 시스템에서 코드를 컴파일하고 실행하는 경우 GDB를 네이티브[native]로 실행하는 것이 당연하다. 그러나 대부분의 임베디드 개발은 크로스 툴체인을 사용해 수행하는 경우가 대부분이므로, 장치에서 실행되는 코드를 디버깅하고 싶어도 소스 코드와 도구가 있는 크로스 개발 환경에서 이를 제어해야만 한다. 대부분의 임베디드 개발자들이 경험할 수 있을 만한 상황은 후자이므로 19장에서 초점을 맞춰 이야기하겠지만, 네이티브 디버깅을 위한 시스템을 셋업하는 방법도 설명할 것이다. GDB에 대해서는 매뉴얼과 이 장 마지막의 '추가 자료' 절에서 제공하는 레퍼런스 등 이미 많은 자료가 있으므로, 이에 대한 기초 지식은 굳이 다루지 않겠다.

gdbserver를 이용한 원격 디버깅

원격 디버깅을 위한 핵심 구성 요소는 바로 디버그 에이전트인 gdbserver이다. gdbserver는 타깃 장치에서 실행되며 디버깅 중인 프로그램의 실행을 제어한다. gdbserver는 네트워크 연결이나 시리얼 인터페이스를 통해 호스트 머신에서 실행되는 GDB에 연결된다.

gdbserver를 통한 디버깅은 네이티브 코드 디버깅과 거의 비슷하기는 하지만 조금 다른 부분이 있는데, gdbserver는 주로 두 대의 컴퓨터가 관련돼 있으며 두 컴퓨터가 모두 디버깅을 수행하는 데 적절한 상태에 있어야 한다는 사실이 주요 차이점이다. 다음은 주의해야 할 몇 가지 사항이다.

- 디버그 세션을 시작할 때 gdbserver를 사용해 타깃 장치에서 디버깅하려는 프로그램을 로드한 후 호스트의 크로스 툴체인에서 GDB를 별도로 로드해야 한다.
- GDB와 gdbserver는 디버그 세션이 시작하기 전에 서로 연결돼 있어야 한다.
- 특히 공유 라이브러리의 경우, 호스트 머신에서 실행되고 있는 GDB는 디버그 심

볼과 소스 코드를 어디에서 찾을지 미리 알고 있어야 한다.

- GDB run 명령어는 예상했던 것처럼 동작하지 않는다.

- 디버깅 세션이 끝나면 gdbserver가 종료되므로 다른 디버깅 세션을 원하면 gdbser
  ver를 재시작해야 한다.

- 디버깅할 바이너리에 대한 디버그 심볼과 소스 코드는 호스트 장치에서는 필요하
  지만, 타깃 장치의 경우 필수 조건이 아니다. 대개 타깃 장치에는 충분한 저장 공
  간이 없으므로 타깃에 배포하기 전에 이를 제거하는 것이 좋다.

- GDB와 gdbserver의 조합은 네이티브 형태로 실행되는 GDB의 모든 기능을 지원
  하지 않는다. 예를 들어, gdbserver는 네이티브 GDB와 달리 fork 후의 자식 프로세
  스를 따라갈 수 없다.

- GDB와 gdbserver가 다른 버전이거나 동일한 버전이지만 다르게 구성된 경우 이
  상한 동작을 할 수도 있다. 그러므로 가장 좋은 방법은 원하는 빌드 도구를 사용해
  같은 소스에서 둘 모두를 빌드하는 것이다.

디버그 심볼은 실행 파일의 크기를 극적으로 증가시키기 때문에 때로는 10배가 될 때도
있다. 5장, '루트 파일시스템 만들기'에서 말했듯이 모든 것을 다시 컴파일하지 않고 디
버그 심볼을 제거하는 것이 유용할 수 있다. 이러한 작업을 위해서는 크로스 툴체인의
binutils 패키지에 있는 strip을 사용하면 된다. 다음 스위치로 이러한 제거 정도를 제
어할 수 있다.

- **--strip-all**: (기본값) 모든 기호 제거

- **--strip-unneeded**: 재배치^{relocation} 프로세스에 필요하지 않은 기호 제거

- **--strip-debug**: 디버그 심볼만 제거

NOTE

—strip-all(기본값)은 애플리케이션과 공유 라이브러리의 경우에는 괜찮지만 커널 모듈에 적용하게 되면 모듈 로딩이 중지된다. 따라서 그 대신 —strip-unneeded를 사용하길 바란다. -strip-debug를 언제 써야 할지에 대해서는 아직 연구 중이다.

위 사항을 염두에 두고 Yocto 프로젝트와 Buildroot를 사용해 디버깅하는 방법을 자세히 살펴보자.

원격 디버깅을 위한 Yocto 프로젝트 셋업하기

Yocto 프로젝트를 사용해 원격으로 애플리케이션을 디버깅하려면 해야 할 일이 두 가지 있다. 먼저 타깃 이미지에 gdbserver를 추가해야 하며, 다음으로 GDB와 디버깅할 실행 파일의 디버그 심볼을 포함한 SDK를 만들어야 한다.

첫째, 타깃 이미지에 gdbserver를 포함하려면 이를 conf/local.conf에 추가해 패키지를 명시적으로 추가하는 방법이 있다.

```
IMAGE_IN STALL_append = " gdbserver"
```

시리얼 콘솔이 없는 경우 타깃에서 gdbserver를 시작할 수 있도록 SSH 데몬도 추가해야 한다.

```
EXTRA_IMAGE_FEATURES ?= "ssh-server-openssh"
```

혹은, EXTRA_IMAGE_FEATURES에 tools-debug를 추가하면 gdbserver와 네이티브 gdb, strace가 모두 타깃 이미지에 추가된다(strace는 20장에서 설명한다).

```
EXTRA_IMAGE_FEATURES ?= "tools-debug ssh-server-openssh"
```

둘째, 6장, '빌드 시스템 선택하기'에서 설명한 것처럼 SDK를 빌드하면 된다.

```
$ bitbake -c populate_sdk <image>
```

SDK에는 GDB가 들어 있으며, 타깃 이미지의 일부로 모든 프로그램 및 라이브러리에 대한 디버그 심볼과 함께 타깃의 sysroot도 포함돼 있다. 또한 실행 파일의 소스 코드도 함께 들어 있다. 예를 들어, 라즈베리 파이 4용으로 빌드된 Yocto 프로젝트 버전 3.1.5가 생성한 SDK를 살펴보면 기본적으로 /opt/poky/3.1.5/에 설치된다. 타깃의 sysroot는 /opt/poky/3.1.5/sysroots/aarch64-poky-linux/이다. 프로그램은 sysroot 디렉터리 내부의 /bin/, /sbin/, /usr/bin/, /usr/sbin/에 있으며 라이브러리는 /lib/와 /usr/lib/에 있다. 각 디렉터리에는 각 프로그램과 라이브러리의 심볼이 들어 있는 .debug/라는 서브디렉터리가 있으므로 GDB는 심볼 정보를 검색할 때 .debug/를 찾아봐야 한다는 것을 안다. 실행 파일의 소스 코드는 sysroot 디렉터리 내부의 /usr/src/debug/에 저장된다.

원격 디버깅을 위한 Buildroot 셋업하기

Buildroot는 SDK가 없으므로 빌드 환경과 애플리케이션 개발에 사용되는 경우가 다르지 않다. Buildroot 내부 툴체인을 사용하는 경우, 호스트에 크로스 GDB를 빌드하고 타깃에 gdbserver를 빌드하려면 다음 옵션을 활성화해야 한다.

- **Toolchain ➤ Build cross gdb for the host** 메뉴의 BR2_PACKAGE_HOST_GDB

- **Target packages ➤ Debugging, profiling and benchmark ➤ gdb** 메뉴의 BR2_PACKAGE_GDB

- **Target packages ➤ Debugging, profiling and benchmark ➤ gdbserver** 메뉴의 BR2_PACKAGE_GDB_SERVER

또한 **Build options ➤ build packages with debugging symbols** 메뉴의 BR2_ENABLE_DEBUG를 활성화해 실행 파일을 디버그 심볼과 함께 빌드해야 한다.

그러면 output/host/usr/⟨arch⟩/sysroot에 라이브러리가 디버그 심볼과 함께 생성될 것이다.

디버깅 시작하기

타깃에 gdbserver가 설치되고 호스트 머신에 크로스 GDB가 설치됐다면 디버깅 세션을 시작할 준비가 된 것이다.

GDB와 gdbserver 연결하기

GDB와 gdb 서버 간의 연결은 네트워크 또는 시리얼 인터페이스를 통해 이뤄질 수 있다. 네트워크 연결의 경우, 수신할 TCP 포트 번호 및 연결을 허용할 IP 주소(선택 사항)와 함께 gdbserver를 실행한다. 대부분의 경우 어떤 IP 주소가 연결할지 신경 쓰지 않으므로 포트 번호만 입력하면 된다. 다음 예제에서 gdbserver는 어떤 호스트로부터든 10000번 포트에 연결되기를 기다리고 있다.

```
# gdbserver :10000 ./hello-world
Process hello-world created; pid = 103
Listening on port 10000
```

그런 다음, 툴체인에서 GDB를 시작해 GDB가 심볼 테이블을 로드하도록 unstripped[1] 된 버전의 프로그램을 실행하게 하자.

```
$ aarch64-poky-linux-gdb hello-world
```

GDB에서 타깃의 IP 주소 또는 호스트 이름과 대기 중인 포트 번호를 target remote 명령어와 함께 사용해 gdbserver와 연결을 시도한다.

---

[1] 디버깅 정보와 심볼 정보를 제거한 바이너리를 stripped라고 한다. 그 반대로 모두 갖고 있는 바이너리를 unstripped라고 한다. – 옮긴이

```
(gdb) target remote 192.168.1.101:10000
```

gdbserver가 호스트에서의 연결 시도를 감지하면 다음과 같이 출력된다.

```
Remote debugging from host 192.168.1.1
```

시리얼 연결도 이와 비슷한 절차를 따른다. 먼저 타깃에서 gdbserver에 사용할 시리얼 포트를 지정한다.

```
# gdbserver /dev/ttyO0 ./hello-world
```

stty(1) 또는 이와 비슷한 프로그램을 사용해 포트의 전송 속도baud rate를 미리 구성해야 할 수도 있다. 간단한 예로 다음을 참조하자.

```
# stty -F /dev/ttyO0 115200
```

stty에 관련한 다양한 옵션에 대해서는 매뉴얼 페이지를 참조하길 바란다. 여기서는 다른 곳에서 사용 중인 포트는 사용돼서는 안 된다는 점에 주의하자. 예를 들어, 현재 시스템 콘솔로 사용되고 있는 포트는 사용할 수 없다.

호스트에서는 target remote 명령어에 호스트와 케이블로 연결된 시리얼 장치를 사용해 gdbserver와 연결하며, 대부분의 경우 GDB 명령어 set serial baud를 사용해 호스트 시리얼 포트의 전송 속도를 먼저 설정하곤 한다.

```
(gdb) set serial baud 115200
(gdb) target remote /dev/ttyUSB0
```

GDB와 gdbserver가 이제 연결됐지만, 아직 중단점breakpoint을 설정하고 소스 코드를 단계별로 실행할 준비가 되지 않았다.

sysroot 설정하기

GDB는 디버깅하고자 하는 공유 라이브러리와 프로그램의 디버그 심볼, 소스 코드를 어디서 찾아야 하는지 알아야 한다. 네이티브로 디버깅하는 경우 GDB 내에 내장돼 있어 해당 경로를 잘 알고 있지만, 크로스 툴체인을 사용하면 GDB는 타깃 파일시스템의 루트가 어디인지 추측할 방법이 없다. 그렇기에 이 정보를 제공해야 한다.

Yocto 프로젝트 SDK를 사용해 애플리케이션을 빌드했다면 sysroot는 SDK 내에 있으므로 GDB에서 다음과 같이 설정하면 된다.

```
(gdb) set sysroot /opt/poky/3.1.5/sysroots/aarch64-poky-linux
```

Buildroot를 사용한 경우, sysroot는 output/host/usr/⟨toolchain⟩/sysroot에 위치해 있으며 outage/staging에 심볼릭 링크가 걸려 있다. 따라서 Buildroot의 경우 sysroot를 다음과 같이 설정하면 된다.

```
(gdb) set sysroot /home/chris/buildroot/output/staging
```

또한 GDB는 디버깅하는 파일의 소스 코드도 알아야 한다. GDB는 소스 파일을 검색하는 경로 정보를 따로 갖고 있는데, 이는 show directories 명령을 사용해 확인할 수 있다.

```
(gdb) show directories
Source directories searched: $cdir:$cwd
```

$cwd와 $cdir은 기본값이다. $cwd는 호스트에서 실행 중인 GDB 인스턴스의 현재 작업 디렉터리이고, $cdir은 소스가 컴파일된 디렉터리다. $cdir은 DW_AT_comp_dir 태그를 사용해 객체 파일로 인코딩돼 있으며 objdump --dwarf를 사용하면 이러한 태그를 볼 수 있다. 예를 들면 다음과 같다.

```
$ aarch64-poky-linux-objdump --dwarf ./helloworld | grep DW_AT_
comp_dir
[...]
<160> DW_AT_comp_dir : (indirect string, offset: 0x244): /home/
```

```
chris/helloworld
[…]
```

대부분의 경우, 기본값인 $cdir:$cwd로 충분하지만 컴파일 시점과 디버깅 시점 사이에 디렉터리가 이동된 경우 문제가 발생할 수 있다. Yocto 프로젝트에서 그런 일이 생길 수 있는데, Yocto 프로젝트 SDK를 사용해 컴파일된 프로그램의 DW_AT_comp_dir 태그를 자세히 살펴보면 다음과 같은 사실을 알 수 있다.

```
$ aarch64-poky-linux-objdump --dwarf ./helloworld | grep DW_AT_
comp_dir
<2f> DW_AT_comp_dir : /usr/src/debug/glibc/2.31-r0/git/csu
<79> DW_AT_comp_dir : (indirect string, offset: 0x139): /usr/
src/debug/glibc/2.31-r0/git/csu
<116> DW_AT_comp_dir : /usr/src/debug/glibc/2.31-r0/git/csu
<160> DW_AT_comp_dir : (indirect string, offset: 0x244): /home/
chris/helloworld
[…]
```

여기서 /usr/src/debug/glibc/2.31-r0/git 디렉터리를 참조하는 곳이 여러 개 있다는 것을 확인할 수 있다. 하지만 이 디렉터리의 정확한 위치는 어디일까? 바로 SDK의 sysroot이다. 그러므로 전체 경로는 /opt/poky/3.1.5/sysroots/aarch64-poky-linux/usr/src/debug/glibc/2.31-r0/git이 된다. SDK는 타깃 이미지의 모든 프로그램과 라이브러리의 소스 코드를 갖고 있으며, GDB에는 substitute-path처럼 이동하는 전체 디렉터리 구조를 처리하는 간단한 방법이 있다. 따라서 Yocto 프로젝트 SDK로 디버깅한다면 다음 명령어를 사용해야 한다.

```
(gdb) set sysroot /opt/poky/3.1.5/sysroots/aarch64-poky-linux
(gdb) set substitute path /usr/src/debug/opt/poky/3.1.5/
sysroots/aarch64-poky-linux/usr/src/debug
```

sysroot 외부에 추가 공유 라이브러리가 저장돼 있을 수 있다. 이 경우에는 공유 라이브러리를 검색할 수 있도록 콜론으로 구분된 디렉터리 목록을 포함하는 set solib-search-path를 사용할 수 있다. GDB는 sysroot에서 바이너리를 찾을 수 없는 경우에만 solib-search-path를 검색한다.

라이브러리와 프로그램 모두에 대해 GDB가 소스 코드를 찾을 곳을 지정하는 세 번째 방법은 directory 명령을 사용하는 것이다.

```
(gdb) directory /home/chris/MELP/src/lib_mylib
Source directories searched: /home/chris/MELP/src/lib_
mylib:$cdir:$cwd
```

이러한 방법으로 추가된 경로는 GDB가 sysroot나 solib-search-path를 이용하기 전에 먼저 검색하므로 다른 방법보다 더 높은 우선순위를 갖고 있다.

GDB 명령 파일

sysroot를 설정할 때처럼 GDB를 실행할 때마다 반드시 해야 할 일이 있다. 이는 반복되는 작업이므로 이러한 명령어들을 모두 명령 파일에 넣고 GDB를 시작할 때마다 해당 파일을 실행하는 것이 편할 수 있다. GDB는 $HOME/.gdbinit에서 명령을 읽은 후 현재 디렉터리의 .gdbinit에서 명령을 읽고, 그 이후 명령줄에서 -x 매개변수로 지정된 파일의 명령을 읽게 된다. 하지만 최근 버전의 GDB는 보안상의 이유로 현재 디렉터리에서 .gdbinit을 로드하는 것을 막고 있기 때문에 $HOME/.gdbinit에 다음과 같은 행을 추가해 해당 동작을 오버라이드해야 한다.

```
set auto-load safe-path /
```

만약 auto-load를 전체로 활성화하고 싶지 않다면, 특정 디렉터리만 다음과 같이 지정할 수도 있다.

```
add-auto-load-safe-path /home/chris/myprog
```

개인적으로 선호하는 방법은 -x 매개변수를 사용해 명령 파일을 지정하는 것이다. 이 명령 파일은 파일의 위치를 보여주므로 해당 파일에 대해 잊을 일이 없다.

이러한 GDB 설정을 돕기 위해 Buildroot는 output/staging/usr/share/buildroot/ gdbinit에 적절한 sysroot 명령어가 들어 있는 GDB 명령 파일을 생성해준다. 해당 명령 파일에는 다음과 같은 행들이 포함돼 있다.

```
set sysroot /home/chris/buildroot/output/host/usr/aarch64-
buildroot-linux-gnu/sysroot
```

이제 GDB가 실행 중이고 필요한 정보를 찾을 수 있으므로 GDB로 수행할 수 있는 몇 가지 명령을 살펴본다.

GDB 명령 개요

GDB에는 많은 명령어가 있으며 온라인 설명서와 '추가 자료' 절에서 소개한 참고 자료에 설명돼 있다. 여기서는 가능한 한 빨리 GDB를 설정하기 위해 가장 일반적으로 사용되는 명령 목록을 다음과 같이 정리했다. 대부분의 경우 명령어의 약어가 있으며 목록에 함께 포함돼 있다.

중단점

다음은 중단점을 제어하는 명령어다.

명령어	약어	설명
break <위치>	b <위치>	함수 이름, 행 번호, 행에 중단점을 설정한다. 위치는 다음과 같이 설정할 수 있다. main, 5, sortbug.c:42
info breakpoints	i b	중단점을 나열한다.
delete breakpoint <N>	d b <N>	중단점 <N>을 삭제한다.

프로그램 실행과 단계별 실행

다음은 프로그램 실행을 제어하는 명령어다.

명령어	약어	설명
`run`	`r`	프로그램을 새롭게 메모리에 로드하고 시작한다. gdbserver를 사용한 원격 디버깅에는 작동하지 않는다.
`continue`	`c`	중단점에서부터 프로그램 실행을 계속 진행한다.
`Ctrl + C`	`-`	프로그램 디버깅을 중단한다.
`step`	`s`	한 행의 코드를 단계적으로 실행해 호출되는 모든 함수 내부로 들어간다.
`next`	`n`	한 행의 코드를 단계적으로 실행하며 함수 호출은 건너뛴다.
`finish`	`-`	현재 함수가 리턴할 때까지 실행한다.

정보 얻기

다음은 디버거와 관련한 정보를 얻는 명령어다.

명령어	약어	설명
`backtrace`	`bt`	콜 스택을 출력한다.
`info threads`	`i th`	프로그램 내에 실행되고 있는 스레드의 정보를 출력한다.
`info sharedlibrary`	`I share`	프로그램에 현재 로드된 공유 라이브러리의 정보를 출력한다.
`print <변수>`	`p <변수>`	변수의 값을 출력한다(예: print foo).
`list`	`l`	현재 프로그램 카운터 주위 소스 코드를 보여준다.

디버깅 세션에서 프로그램을 단계별로 실행하기 전에 먼저 초기 중단점을 설정해야 한다.

중단점 실행하기

gdbserver는 프로그램을 메모리에 로드한 후 첫 번째로 지정한 곳에 중단점을 설정하고 나서 GDB로부터의 연결을 기다린다. 연결이 성공적으로 이뤄지면 그때 디버깅 세션을 시작한다. 하지만 바로 다음 단계에서 다음과 같은 에러 메시지가 나타날 것이다.

```
Cannot find bounds of current function
```

이는 C/C++ 프로그램의 런타임 환경을 만드는 어셈블리로 작성된 코드에서 프로그램
이 중단됐기 때문이다. C/C++ 코드의 첫 번째 행은 main() 함수다. 만약 main()에서 멈
추고 싶다면, 해당 위치에 중단점을 설정한 다음 continue 명령(약자 c)을 사용해 gdbserver
에게 프로그램 시작 부분의 중단점에서 중단하지 말고 계속 진행하되 main에서 중지하
도록 알려야 한다.

```
(gdb) break main
Breakpoint 1, main (argc=1, argv=0xbefffe24) at helloworld.c:8
printf("Hello, world!\n");
(gdb) c
```

이 단계에서는 다음과 같은 경고 메시지를 받을 수 있다.

```
Reading /lib/ld-linux.so.3 from remote target...
warning: File transfers from remote targets can be slow. Use
"set sysroot" to access files locally instead.
```

예전 버전의 GDB에서는 다음과 같은 메시지를 받을 것이다.

```
warning: Could not load shared library symbols for 2 libraries,
e.g. /lib/libc.so.6.
```

두 경우 모두 sysroot를 설정하는 것을 잊었다는 뜻이다! sysroot에 대해 앞서 설명한 부
분을 다시 한번 읽어보자.

이는 그저 run을 입력해서 프로그램을 네이티브로 시작하는 것과 완전히 다르다. 실제
로 원격 디버그 세션에서 run 명령어를 입력해보면, 원격 타깃이 run을 지원하지 않는다
는 메시지가 표시되거나 오래된 버전의 GDB에서는 아무 설명 없이 중단되기도 한다.

파이썬으로 GDB 확장하기

기능을 확장하려면 전체 파이썬 인터프리터를 GDB에 내장할 수 있으며, 빌드하기 전에 --with-python 옵션을 사용해 GDB를 구성하면 가능하다. GDB에는 내부 상태의 대부분을 파이썬 객체로 보여주는 API가 있는데, 이 API를 사용하면 파이썬으로 작성된 스크립트로 직접 사용자화된 GDB 명령을 정의할 수 있다. 이러한 추가 명령에는 GDB에 내장되지 않은 tracepoint나 pretty printer처럼 유용한 디버깅 도구가 포함될 수 있다.

파이썬을 지원하는 GDB 빌드하기

원격 디버깅을 위해 Buildroot를 설정하는 법은 이미 배웠다. 하지만 GDB에서 파이썬 지원을 활성화하려면 몇 가지 추가 단계가 필요하다. 이 책을 쓸 당시 Buildroot는 GDB에 파이썬 2.7 버전만 포함할 수 있도록 지원하고 있는데, 이는 불행한 일이지만 파이썬을 전혀 지원하지 않는 것보다는 낫다. 필요한 스레드를 지원하지 않기 때문에 파이썬을 지원하도록 GDB를 빌드하기 위해 Buildroot에서 생성된 툴체인을 사용할 수 없다.

파이썬을 지원하도록 호스트에 크로스 GDB를 빌드하려면 다음 단계를 진행한다.

1. Buildroot를 설치한 디렉터리로 이동한다.

```
$ cd buildroot
```

2. 이미지를 빌드하려는 보드의 구성 파일을 복사한다.

```
$ cd configs
$ cp raspberrypi4_64_defconfig rpi4_64_gdb_defconfig
$ cd ..
```

3. output 디렉터리에서 이전 빌드 아티팩트를 정리한다.

```
$ make clean
```

4. 구성 파일을 활성화한다.

```
$ make rpi4_64_gdb_defconfig
```

5. 이미지 사용자화를 시작한다.

```
$ make menuconfig
```

6. **Toolchain ➤ Toolchain type ➤ External toolchain**으로 이동해 해당 항목을 선택함으로써 외부 툴체인을 활성화한다.

7. **External toolchain** 메뉴에서 나와 **Toolchain** 하위 메뉴를 열고 **Linaro AArch64 2018.05**와 같이 잘 알려진 툴체인을 외부 툴체인으로 선택한다.

8. **Toolchain** 페이지에서 **Build cross gdb for the host**를 선택해 **TUI support**와 **Python support**를 모두 활성화한다.

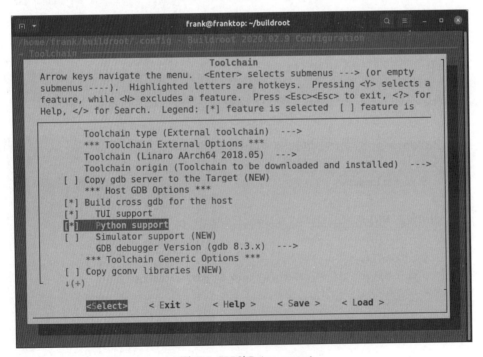

그림 **19.1** GDB의 Python support

9. **Toolchain** 페이지에서 **GDB debugger Version** 하위 메뉴로 이동해 Buildroot에서 사용 가능한 최신 버전의 GDB를 선택한다.

10. **Toolchain** 페이지에서 나와 **Build options**로 이동하고 **build packages with debugging symbols**를 선택한다.

11. **Build options** 페이지에서 나와 **System Configuration**으로 이동하고 **Enable root login with password**를 선택한다. **Root password**를 열고 텍스트 필드에 공백이 아닌 암호를 입력한다.

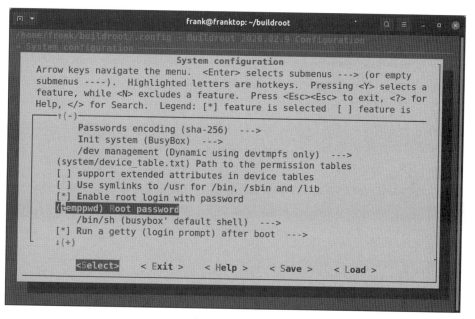

그림 19.2 Root password

12. **System Configuration** 페이지를 나와 **Target packages ➤ Debugging, profiling and benchmark** 메뉴로 이동한다. 타깃 이미지에 gdbserver를 추가하기 위해 **gdb** 패키지를 선택한다.

13. **Debugging, profi ling and benchmark**를 나와 **Target packages ➤ Networking applications**로 이동한다. 타깃에 scp와 ssh 접근을 활성화하기 위해 **dropbear** 패키지를 선택한다. dropbear는 암호 없이 root scp와 ssh 접근을 허용하지 않는다는

점을 유의하자.

14. **Target packages ➤ Miscellaneous** 아래에서 **haveged** 엔트로피 데몬을 찾아 추가함으로써 부팅 시 SSH를 더 빨리 사용할 수 있도록 한다.

15. 디버깅할 무언가가 있어야 하니 이미지에 다른 패키지를 추가하자. 이 예제에서는 **Target packages ➤ Development tools** 아래에서 C로 작성된 바이너리 패치/비교 도구인 `bsdiff`를 선택했다.

16. 변경 사항을 저장하고 Buildroot의 `menuconfig`를 종료한다.

17. 변경 사항을 구성 파일에 저장한다.

```
$ make savedefconfig
```

18. 타깃에 이미지를 빌드한다.

```
$ make
```

앞서 진행한 `menuconfig` 단계를 건너뛰고 싶다면 라즈베리 파이 4용으로 미리 만들어진 rpi4_64_gdb_defconfig 파일을 이 장의 코드 저장소에서 찾을 수 있다. MELP/Chapter19/buildroot/configs/에서 해당 파일을 buildroot/configs 디렉터리에 복사하고 원하는 경우 `make`를 실행하면 된다.

빌드가 완료되면, Etcher를 사용해 마이크로SD 카드에 쓸 수 있는 부팅 가능한 sdcard.img 파일이 output/images/에 있어야 한다. 해당 마이크로SD를 타깃 장치에 삽입하고 부팅하자. 이더넷 케이블을 사용해 타깃 장치를 로컬 네트워크에 연결하고 `arp-scan`을 사용해 해당 IP 주소를 찾는다. 장치에 root로 SSH 접속해 이미지를 구성할 때 설정한 암호를 입력한다. 이 예제의 경우 rpi4_64_gdb_defconfig 이미지의 root 암호로 `temppwd`를 지정했다.

이제 GDB를 사용해 원격으로 `bsdiff`를 디버깅해보자.

1. 먼저 타깃에서 /usr/bin 디렉터리로 이동한다.

```
# cd /usr/bin
```

2. 그런 다음, 이전에 helloworld에서 했던 것처럼 gdbserver로 bdiff를 시작한다.

```
# gdbserver :10000 ./bsdiff pcregrep pcretest out
Process ./bsdiff created; pid = 169
Listening on port 10000
```

3. 다음으로는 GDB가 심볼 테이블을 로드할 수 있도록 unstripped된 프로그램을 사용해 툴체인에서 GDB를 시작한다.

```
$ cd output/build/bsdiff-4.3
$ ~/buildroot/output/host/bin/aarch64-linux-gdb bsdiff
```

4. GDB에서 sysroot를 다음과 같이 설정한다.

```
(gdb) set sysroot ~/buildroot/output/staging
```

5. 이어서 target remote 명령을 사용해 타깃의 IP 주소나 호스트 이름, 현재 대기 중인 포트 번호를 입력함으로써 gdbserver에 연결한다.

```
(gdb) target remote 192.168.1.101:10000
```

6. gdbserver가 호스트로부터 접근 시도를 확인하면 다음과 같이 출력된다.

```
Remote debugging from host 192.168.1.1
```

7. 이제 tp.py와 같은 파이썬 명령 스크립트를 〈data-directory〉/python으로부터 GDB로 로드해 다음과 같은 명령을 사용할 수 있다.

```
(gdb) source tp.py
(gdb) tp search
```

이 경우 tp는 tracepoint 명령의 이름이고 search는 bsdiff에 있는 재귀 함수의 이름이다.

8. GDB가 파이썬 명령 스크립트를 검색하는 디렉터리를 출력하려면 다음 명령을 실행한다.

```
(gdb) show data-directory
```

GDB의 파이썬 지원 기능은 파이썬 프로그램을 디버깅할 때도 사용할 수 있다. GDB는 파이썬용 표준 pdb 디버거는 보지 못하는 CPython의 내부도 볼 수 있다. 또한 실행 중인 파이썬 프로세스에 파이썬 코드를 삽입할 수도 있다. 이런 이점을 활용하면, 페이스북의 파이썬 3 메모리 분석기(https://github.com/facebookincubator/memory-analyzer)와 같은 강력한 디버깅 도구를 만들 수 있다.

네이티브 디버깅

타깃 장치에서 네이티브 GDB를 실행하는 것은 원격에서 디버깅하는 것만큼 흔하지는 않지만 가능하다. 이를 위해서는 타깃 이미지에 GDB를 설치해야 할 뿐만 아니라 디버깅할 실행 파일의 unstripped된 버전과 타깃 이미지에 설치된 해당 소스 코드도 필요하다. Yocto 프로젝트와 Buildroot에서 모두 할 수 있다.

> **NOTE**
>
> 네이티브 디버깅은 임베디드 개발자가 흔히 하는 일은 아니지만, 타깃에서 profile과 trace 도구를 실행하는 일은 매우 일반적이다. 이러한 도구는 대개 타깃에 unstripped된 바이너리 버전과 소스 코드를 갖고 있는 경우 가장 잘 동작한다. 이와 관련된 내용은 20장에서 다시 살펴본다.

Yocto 프로젝트

일단 conf/local.conf에 다음을 추가해 타깃 이미지에 gdb를 추가하자.

```
EXTRA_IMAGE_FEATURES ?= "tools-debug dbg-pkgs"
```

두 번째로는 디버깅하려는 패키지의 디버깅 정보가 필요하다. Yocto 프로젝트는 unstripped 버전의 바이너리와 소스 코드가 포함된 패키지의 디버깅용 버전을 빌드한다. <패키지 이름>-dbg를 직접 conf/local.conf에 추가해 원하는 디버깅 패키지를 타깃 이미지에 추가할 수도 있다. 아니면 dbg-pkgs를 EXTRA_IMAGE_FEATURES에 추가해 모든 디버깅 패키지를 설치할 수도 있다. 하지만 이 경우 타깃 이미지의 크기를 약 수백 MB만큼 크게 늘릴 수 있다는 점을 주의하자.

소스 코드는 타깃 이미지의 /usr/src/debug/<패키지 이름>에 설치된다. 이는 GDB가 set substitute-path를 실행하지 않아도 이 소스를 설치할 것이라는 의미다. 소스 코드가 필요하지 않다면, 다음을 conf/local.conf 파일에 추가해 소스가 설치되지 않도록 할 수 있다.

```
PACKAGE_DEBUG_SPLIT_STYLE = "debug-without-src"
```

Buildroot

Buildroot를 사용하면 다음 옵션으로 타깃 이미지에 GDB의 네이티브 버전을 설치할 수 있다.

- **Target packages** ➤ **Debugging, profiling and benchmark** ➤ **Full debugger** 메뉴 내의 BR2_PACKAGE_GDB_DEBUGGER

그런 다음, 디버깅 정보를 가진 바이너리를 빌드해 타깃 이미지에 unstripped된 버전으로 설치하려면 다음의 첫 번째 옵션은 활성화하고 두 번째 옵션은 비활성화해야 한다.

- **Build options** ➤ **Build packages with debugging symbols** 메뉴 내의 BR2_ENABLE_DEBUG

- Build options > Strip target binaries 메뉴 내의 BR2_STRIP_strip

이것이 내가 네이티브 디버깅에 대해 말할 수 있는 전부다. 다시 말하지만, 추가 소스 코드와 디버깅 기호 때문에 타깃 이미지의 크기가 커지므로 임베디드 장치에서는 이러한 방식이 일반적이지 않다. 이제 다른 형태의 원격 디버깅을 살펴본다.

⠏ JIT 디버깅

프로그램이 한동안 실행된 후 오작동을 한다면, 그 프로그램이 무엇을 하고 있는지 궁금할 것이다. GDB attach 기능은 정확히 이런 경우를 위한 것이다. 나는 이를 JIT$^{Just-In-Time}$ 디버깅이라고 부르는데, 네이티브와 원격 디버그 세션에서 모두 사용 가능하다.

원격 디버깅의 경우 디버깅할 프로세스의 PID를 찾은 후 --attach 옵션을 사용해 gdbserver에 전달해야 한다. 예를 들어 PID가 109라면 다음과 같이 입력한다.

```
# gdbserver --attach :10000 109
Attached; pid = 109
Listening on port 10000
```

이렇게 되면 마치 중단점에 걸린 것처럼 프로세스가 강제로 종료되므로 크로스 GDB를 정상적으로 시작해 다시 gdbserver에 연결할 수 있다. 이러한 작업이 완료되면, 디버거 없이 프로그램을 계속 실행할 수 있도록 이를 detach할 수 있다.

```
(gdb) detach
Detaching from program: /home/chris/MELP/helloworld/helloworld, process 109
Ending remote debugging.
```

PID로 실행 중인 프로세스에 연결하는 것은 확실히 편하지만, 다중 프로세스나 다중 스레드 프로그램은 어떻게 해야 할까? GDB를 사용해 이러한 유형의 프로그램을 디버깅하는 기술도 있다.

디버깅 포크와 스레드

디버깅하는 프로그램이 포크를 하면 무슨 일이 일어날까? 디버깅 세션이 부모나 자식 중 누구를 따르게 될까? 이러한 작업은 follow-fork-mode가 parent, child 중 어떤 값을 갖고 있는지에 따라 제어할 수 있는데(기본값은 parent이다), 안타깝게도 현재 버전(10.1)의 gdbserver는 이 옵션을 지원하지 않으므로 이는 네이티브 디버깅에서만 동작한다. gdbserver를 사용하면서 자식 프로세스를 디버깅해야 한다면, 임시 해결 방법은 포크 직후에 자식 프로세스가 변수를 루프하도록 코드를 수정하는 것이다. 그러면 새 gdbserver 세션을 여기에 연결한 후 변수를 설정할 수 있어 루프에서 빠져나올 수 있다.

다중 스레드 프로세스의 스레드가 중단점에 도달하면 기본적으로 모든 스레드가 중지된다. 대부분의 경우, 이는 다른 스레드가 변수의 값을 변경하는 것을 막기 때문에 보고자 하는 정적 변수를 마음껏 확인할 수 있으므로 가장 좋은 방식이다. 스레드를 다시 실행하면 단일 단계의 중단점이었다고 하더라도 중지된 스레드가 모두 시작되는데, 여기서 문제가 일어날 가능성이 있다. 이 경우 scheduler-locking이라는 매개변수를 사용해 GDB가 중지된 스레드를 처리하는 방식을 바꿀 수 있다. 이 매개변수의 기본값은 off이지만, 이를 on으로 변경하면 중단점에서 중지된 스레드만 다시 시작되고 다른 스레드는 중지된 채로 있는다. 따라서 다른 방해 없이 해당 스레드가 홀로 수행하는 작업을 볼 수 있다. 이러한 동작은 scheduler-locking을 다시 해제할 때까지 계속되며 gdbserver도 이 기능을 지원한다.

코어 파일

코어 파일은 실패한 프로그램의 상태가 종료되는 시점을 포착해 생성되므로, 버그가 나타난 순간에 사용자가 디버거를 실행해야 할 필요가 없다. 따라서 Segmentation fault (core dumped)가 발생하면, 당황하지 말고 코어 파일을 확인해 거기에 있는 핵심 정보를 찾아내면 된다.

기본적으로 코어 파일은 생성하지 않도록 설정돼 있으며, 프로세스의 코어 파일의 리소스 한도가 0이 아닐 경우에만 생성된다. ulimit -c를 사용하면 현재 셸의 한도를 변경할 수 있다. 코어 파일의 크기 한도를 모두 제거하려면 다음 명령어를 입력하자.

```
$ ulimit -c unlimited
```

코어 파일은 일반적으로 core라는 이름을 가지며 /proc/⟨PID⟩/cwd가 가리키는 프로세스의 현재 작업 디렉터리에 저장된다. 이러한 스키마에는 여러 가지 문제가 있는데, 첫 번째로 core라는 이름의 파일이 다수인 경우 어느 프로그램이 어떤 프로그램을 생성했는지가 불분명하다. 둘째, 프로세스의 현재 작업 디렉터리가 읽기 전용 파일시스템에 있거나 코어 파일을 저장할 공간이 충분하지 않은 경우, 혹은 프로세스가 현재 작업 디렉터리에 쓸 수 있는 권한이 없는 경우도 있을 수 있다.

이러한 코어 파일의 이름과 위치를 제어하는 파일은 총 2개가 있다. 첫 번째는 /proc/sys/kernel/core_uses_pid로, 해당 파일의 값이 1인 경우 죽은 프로세스의 PID 번호가 파일명 뒤에 추가된다. 이는 PID 번호로 로그 파일의 프로그램 이름을 찾아낼 수 있는 경우 유용하게 사용할 수 있다.

하지만 좀 더 유용한 것은 /proc/sys/kernel/core_pattern으로, 이는 더 효과적으로 코어 파일을 제어할 수 있다. 기본 패턴은 기존과 같은 core라는 값을 갖지만, 다음 메타 문자를 이용해 다른 패턴으로 변경할 수 있다.

- **%p**: PID

- **%u**: 덤프된 프로세스의 실제 UID

- **%g**: 덤프된 프로세스의 실제 GID

- **%s**: 덤프를 일으킨 시그널의 번호

- **%t**: 덤프된 시간(에포크Epoch의 초 시간 방식, 예: 1970-01-01 00:00:00 +0000 (UTC))

- **%h**: 호스트 이름

- **%e**: 실행한 파일명

- **%E**: 실행한 파일의 경로명(슬래시(/)는 느낌표(!)로 대체)

- **%c**: 덤프된 프로세스의 코어 파일 크기 연성 자원 제한

모든 코어 파일이 한 곳에 모이도록 절대 경로명으로 시작하는 패턴을 사용할 수도 있다. 예를 들어, 다음 패턴은 모든 코어 파일을 /corefiles 디렉터리에 두고 프로그램 이름과 사고 발생 시간으로 파일명을 지정하는 것이다.

```
# echo /corefiles/core.%e.%t > /proc/sys/kernel/core_pattern
```

코어 덤프를 따라가보면, 아마 다음과 같은 결과물을 얻을 수 있을 것이다.

```
# ls /corefiles
core.sort-debug.1431425613
```

더 자세한 정보를 원한다면 core(5)의 매뉴얼 페이지를 확인해보자.

GDB를 이용해 코어 파일 살펴보기

다음은 코어 파일을 읽기 위한 GDB 세션의 예제다.

```
$ arm-poky-linux-gnueabi-gdb sort-debug /home/chris/rootfs/
corefiles/core.sort-debug.1431425613
[...]
Core was generated by `./sort-debug'.
Program terminated with signal SIGSEGV, Segmentation fault.
#0  0x000085c8 in addtree (p=0x0, w=0xbeac4c60 "the") at sortdebug.c:41
41      p->word = strdup (w);
```

이는 프로그램이 41번 행에서 중지됐음을 보여주고 있다. list 명령어는 중지된 행 근처의 코드를 보여준다.

```
(gdb) list
37 static struct tnode *addtree (struct tnode *p, char *w)
38 {
39 int cond;
40
41 p->word = strdup (w);
42 p->count = 1;
43 p->left = NULL;
44 p->right = NULL;
45
```

backtrace 명령어(bt)는 어떻게 이 지점에 도달했는지를 보여주는 명령어다.

```
(gdb) bt
#0 0x000085c8 in addtree (p=0x0, w=0xbeac4c60 "the") at sortdebug.
c:41
#1 0x00008798 in main (argc=1, argv=0xbeac4e24) at sortdebug.
c:89
```

이제 여기서 명백하게 잘못된 부분이 보인다. dddtree()가 널 포인터null pointer로 호출된 것이다.

GDB는 명령줄 디버거로 시작됐으며, 많은 사람이 여전히 이 방법을 사용한다. LLVM 프로젝트의 LLDB 디버거가 인기를 얻고 있지만, GCC와 GDB는 여전히 리눅스용 주요 컴파일러와 디버거로 사용되고 있다. 지금까지 GDB의 명령줄 인터페이스에만 집중했다면, 이제 더 현대적인 사용자 인터페이스를 가진 GDB의 여러 프론트엔드를 살펴보자.

⁞⁞⁞ GDB 사용자 인터페이스

GDB는 GDB 머신 인터페이스인 GDB/MI를 통해 낮은 레벨에서 제어된다. GDB/MI는 사용자 인터페이스나 큰 프로그램의 일부로 GDB를 래핑하는 데 사용되며 상당히 다양한 옵션을 제공하고 있다.

다음 절에서는 임베디드 장치를 디버깅하는 데 적합한 세 가지, 즉 터미널 사용자 인터페이스인 TUI와 데이터 디스플레이 디버거인 DDD, 비주얼 스튜디오 코드에 대해 설명할 것이다.

터미널 사용자 인터페이스

터미널 사용자 인터페이스TUI, Terminal User Interface는 표준 GDB 패키지에서 선택 사항으로 설치할 수 있다. 주요 기능으로는 중단점과 함께 실행될 코드 줄을 보여주는 코드 창이 있는데, GDB의 명령줄 모드에서의 list 명령어보다 매우 개선된 부분이라고 할 수 있다.

TUI의 매력은 추가적인 작업이 필요하지 않고 그대로 동작 가능하며, 텍스트 모드이므로 SSH 터미널에서 사용할 수 있다는 점이다. 예를 들면, 타깃 장치에서 **gdb**를 네이티브로 실행할 때가 그런 경우다. 대부분의 크로스 툴체인은 GDB에 TUI를 제공하며, **-tui**를 명령줄에 추가하기만 하면 다음과 같은 화면을 확인할 수 있다.

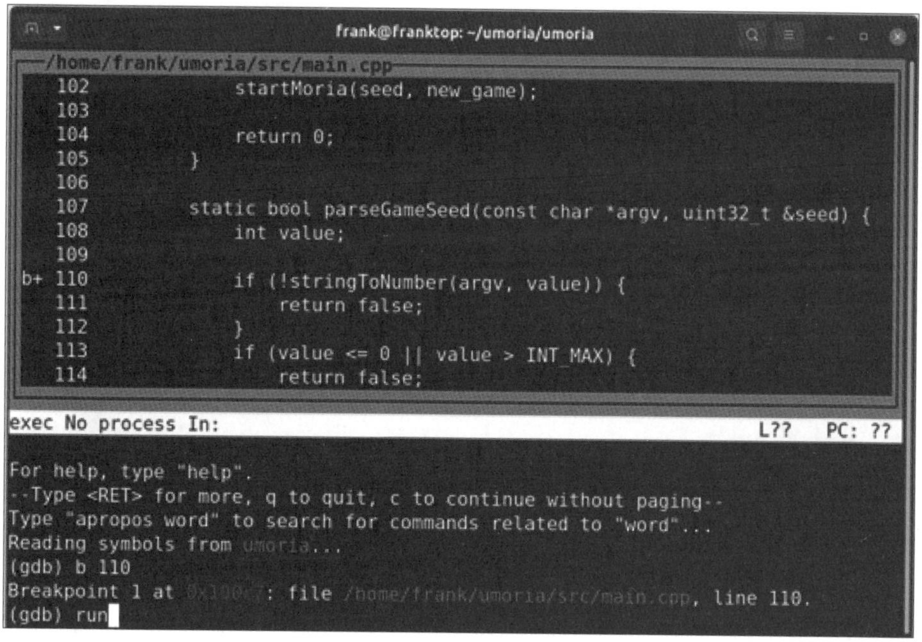

그림 19.3 TUI

여전히 TUI가 부족하다고 느끼며 GDB의 진정한 그래픽 프론트엔드를 원한다면, GNU 프로젝트도 그러한 프론트엔드를 제공한다는 점을 알아두자(https://www.gnu.org/software/ddd).

데이터 디스플레이 디버거

데이터 디스플레이 디버거DDD, Data Display Debugger는 GDB에 대한 그래픽 사용자 인터페이스를 제공하는 간단한 독립실행형 프로그램으로, 구식 UI처럼 보이긴 해도 쓸데없이 잡다한 기능 없이 필요한 모든 작업을 할 수 있다.

또한 --debugger 옵션을 사용하면 툴체인에서 GDB를 사용하도록 DDD에게 알려주며, -x 인자를 사용하면 GDB 명령 파일의 위치를 지정할 수 있다.

```
$ ddd --debugger arm-poky-linux-gnueabi-gdb -x gdbinit sortdebug
```

다음 스크린샷은 DDD의 가장 멋진 기능 중 하나를 보여주는데, 격자로 원하는 대로 재배열할 수 있는 항목들이 있는 데이터 창이다. 포인터를 두 번 클릭하면 새 데이터 항목으로 확장되고 화살표 링크가 나타난다.

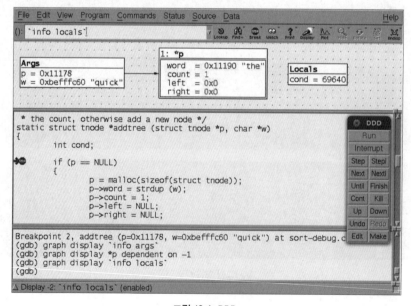

그림 19.4 DDD

만약 업계의 최신 도구로 작업하는 데 익숙한 풀스택 웹 개발자에게 이 두 GDB 프론트 엔드 중 어느 것도 충분하지 않다면, 또 다른 도구가 준비돼 있다.

비주얼 스튜디오 코드

마이크로소프트의 비주얼 스튜디오 코드^{Visual Studio Code}는 매우 인기 있는 오픈소스 코드 편집기다. 타입스크립트^{TypeScript}로 작성된 일렉트론^{Electron} 애플리케이션이므로, 비주얼 스튜디오 코드는 이클립스^{Eclipse}와 같은 완전한 IDE보다 가볍고 반응성이 뛰어나다. 또한 대규모 사용자 커뮤니티에서 제공하는 확장 프로그램을 이용하면 많은 언어를 풍부하게 지원(코드 완성, 정의 이동)한다. 원격 크로스 GDB 디버깅은 CMake와 C/C++용 확장 기능을 사용하면 비주얼 스튜디오 코드에 통합할 수 있다.

비주얼 스튜디오 코드 설치하기

우분투 리눅스 시스템에 비주얼 스튜디오 코드를 설치하는 가장 쉬운 방법은 snap을 사용하는 것이다.

```
$ sudo snap install --classic code
```

라즈베리 파이 4에 배포하고 원격으로 디버깅할 수 있는 C/C++ 프로젝트를 생성하려면 먼저 툴체인이 필요하다.

툴체인 설치하기

여기서는 라즈베리 파이 4용 SDK를 빌드할 때 Yocto를 사용할 것이다. 이 SDK에는 라즈베리 파이 4의 64비트 Arm 코어를 타깃으로 하는 툴체인이 포함돼 있다. 이미 7장, 'Yocto를 이용한 개발'의 '기존 BSP 위에서 빌드' 절에서 Yocto를 사용해 라즈베리 파이 4용 64비트 Arm 이미지를 빌드한 적이 있다.

7장에서 사용한 poky/build-rpi의 출력 디렉터리를 사용해 새 `core-image-minimal-dev` 이미지와 그 이미지에 해당하는 SDK를 빌드해보자.

1. 먼저 Yocto를 복제한 디렉터리의 한 레벨 위 디렉터리로 이동한다.

2. 다음으로는 `build-rpi` 빌드 환경을 소싱한다.

   ```
   $ source poky/oe-init-build-env build-rpi
   ```

3. 다음을 포함하도록 conf/local.conf 파일을 수정한다.

   ```
   MACHINE ?= "raspberrypi4-64"
   IMAGE_INSTALL_append = " gdbserver"
   EXTRA_IMAGE_FEATURES ?= "ssh-server-openssh debug-tweaks"
   ```

   debug-tweaks 기능을 사용하면 루트 암호가 필요하지 않으므로 scp와 ssh 같은 명령줄 도구를 사용해 호스트에서 타깃으로 새로 빌드된 바이너리를 배포하고 실행할 수 있다.

4. 이어서 라즈베리 파이 4용 개발 이미지를 빌드한다.

   ```
   $ bitbake core-image-minimal-dev
   ```

5. Etcher를 사용해 tmp/deploy/images/raspberrypi4-64/에 있는 결과값 `core-image-minimal-devraspberrypi4-64.wic.bz2` 이미지를 마이크로SD 카드에 기록한 후 라즈베리 파이 4에서 이를 이용해 부팅한다.

6. 이더넷을 통해 라즈베리 파이 4를 로컬 네트워크에 연결하고 `arp-scan`을 사용해 라즈베리 파이 4의 IP 주소를 찾아야 한다. 나중에 원격 디버깅을 위해 CMake를 구성할 때 이 IP 주소가 필요하다.

7. 마지막으로는 SDK를 빌드한다.

   ```
   $ bitbake -c populate_sdk core-image-minimal-dev
   ```

NOTE

> 상용 이미지에서는 절대 debug-tweaks를 사용하면 안 된다. OTA 소프트웨어 업데이트를 위한 자동화된 CI/CD 파이프라인은 필수적이지만, 개발 이미지가 실수로 상용 시스템으로 유출되지 않도록 각별히 주의해야 한다.

이제 poky/build-rpi 아래의 tmp/deploy/sdk 디렉터리에 poky-glibc-x86_64-core-imageminimal-dev-aarch64-raspberrypi4-64-toolchain-3.1.5.sh라는 자동 압축 풀림 설치 프로그램이 있을 것이다. 이 새로 빌드된 SDK는 어느 리눅스 개발 시스템에도 설치할 때 사용할 수 있다. tmp/deploy/sdk에서 SDK 설치 프로그램을 찾아 실행해보자.

```
$ ./poky-glibc-x86_64-core-image-minimal-dev-aarch64-raspberrypi4-64-
toolchain-3.1.5.sh
Poky (Yocto Project Reference Distro) SDK installer version
3.1.5
================================================================
===
Enter target directory for SDK (default: /opt/poky/3.1.5):
You are about to install the SDK to "/opt/poky/3.1.5". Proceed
[Y/n]? Y
[sudo] password for frank:
Extracting SDK................................................
.........done
Setting it up...done
SDK has been successfully set up and is ready to be used.
Each time you wish to use the SDK in a new shell session, you need to source
the environment setu p script e.g.
$ . /opt/poky/3.1.5/environment-setup-aarch64-poky-linux
```

SDK는 /opt/poky/3.1.5에 설치됐다. 가이드에 따라 environment-setup-aarch64-poky-linux를 소싱하지 않지만, 해당 파일의 내용은 비주얼 스튜디오 코드의 향후 프로젝트 파일에 사용될 것이다.

CMake 설치하기

CMake를 사용해 라즈베리 파이 4에 배포하고 디버깅할 C 코드를 크로스 컴파일해야
한다. 우분투 리눅스에 다음 명령을 실행해 CMake를 설치한다.

```
$ sudo apt update
$ sudo apt install cmake
```

CMake는 2장, '툴체인을 배우자'의 실습에서 다뤘으므로 호스트 컴퓨터에 이미 설치돼
있을 것이다.

비주얼 스튜디오 코드 프로젝스 생성하기

CMake로 빌드된 프로젝트에는 CMakeLists.txt 파일과 별도의 src, 빌드 디렉터리가
포함된 표준 구조가 있다.

홈 디렉터리에 hellogdb라는 이름의 비주얼 스튜디오 코드 프로젝트를 생성해보자.

```
$ mkdir hellogdb
$ cd hellogdb
$ mkdir src build
$ code .
```

마지막의 code . 명령은 비주얼 스튜디오 코드를 실행하고 hellogdb 디렉터리를 연다.
프로젝트의 settings.json과 launch.json이 포함돼 숨겨져 있는 .vscode 디렉터리도
디렉터리에서 비주얼 스튜디오 코드를 시작할 때 생성된다.

비주얼 스튜디오 코드 확장 프로그램 설치

SDK의 체인을 사용해 코드를 크로스 컴파일하고 디버깅하려면 다음 비주얼 스튜디오
코드의 확장 프로그램을 설치해야 한다.

- 마이크로소프트의 C/C++

- twxs의 CMake

- 마이크로소프트의 CMake Tools

비주얼 스튜디오 코드 창의 왼쪽 가장자리에 있는 **Extensions** 아이콘을 클릭하고 마켓 플레이스에서 이 확장 프로그램을 검색해 설치하자. 확장 프로그램이 설치되면 **Extensions** 사이드바는 다음과 같을 것이다.

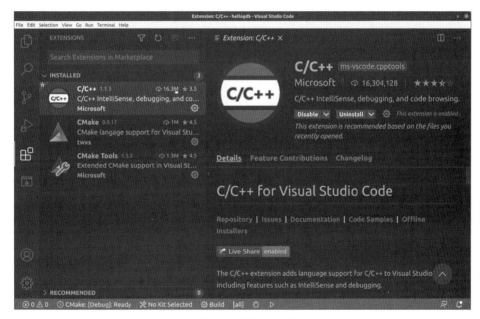

그림 19.5 확장 프로그램

이제 hellogdb 프로젝트를 크로스 컴파일하고 디버깅하기 위해 CMake를 사용해 빌드한 SDK와 제공되는 툴체인을 통합할 것이다.

CMake 구성

이 툴체인으로 hellogdb 프로젝트를 크로스 컴파일하려면 CMakeLists.txt와 cross.

cmake를 만들어야 한다.

1. 먼저 MELP/Chapter19/hellogdb/CMakeLists.txt를 홈 디렉터리의 `hellogdb` 프로젝트 폴더에 복사한다.

2. 비주얼 스튜디오 코드 내부에서 비주얼 스튜디오 창의 왼쪽 상단 모서리에 있는 **Explorer** 아이콘을 클릭해 **Explorer** 사이드바를 연다.

3. **Explorer** 사이드바에서 CMakeLists.txt를 클릭해 파일 내용을 확인한다.

   프로젝트 이름은 `HelloGDBProject`로 정의되고 타깃 보드의 IP 주소는 `192.168.1.128`로 하드코딩돼 있다.

4. 이를 라즈베리 파이 4의 IP 주소와 일치하도록 변경하고 CMakeLists.txt 파일을 저장한다.

5. **Explorer** 사이드바에서 src 폴더를 확장하고 **New File** 아이콘을 클릭해 `hellogdb` 프로젝트의 src 디렉터리 안에 main.c라는 파일을 만든다.

6. 다음 코드를 main.c 소스 파일에 입력한 후 저장한다.

```
#include <stdio.h>

int main() {
    printf("Hello CMake\n");
    return 0;
}
```

7. MELP/Chapter19/hellogdb/cross.cmake를 홈 디렉터리의 `hellogdb` 프로젝트 폴더에 복사한다.

8. 마지막으로, **Explorer** 사이드바에서 cross.cmake를 클릭해 파일 내용을 확인하자. cross.cmake에 정의된 `sysroot_target`과 `tools` 경로는 SDK를 설치한 /opt/poky/3.1.5 디렉터리를 가리키고 있다. 또한 `CMAKE_C_COMPILE`, `CMAKE_CXX_COMPILE`, `CMAKE_CXX_FLAGS` 변수의 값은 SDK에 포함된 환경 설정 스크립트에서 직접 유래된 것이다.

이 두 파일이 준비되면 hellogdb 프로젝트를 빌드할 준비가 거의 완료된 것이다.

빌드를 위한 프로젝트 설정 구성하기

이제 CMakeLists.txt와 cross.cmake를 빌드할 때 사용하도록 hellogdb 프로젝트의 settings.json 파일을 구성해보자.

1. 비주얼 스튜디오 코드에서 hellogdb 프로젝트를 열고, 그 상태에서 **Ctrl + Shift + P**를 눌러 **Command Palette** 필드를 불러온다.

2. **Command Palette** 필드에 >settings.json을 입력하고 옵션 목록에서 **Preferences: Open Workspace Settings (JSON)**을 선택한다.

3. 다음과 같이 hellogdb의 .vscode/settings.json을 편집한다.

```
{
    "cmake.sourceDirectory": "${workspaceFolder}",
    "cmake.configureArgs": [
        "-DCMAKE_TOOLCHAIN_FILE=${workspaceFolder}/cross.cmake"
    ],
    "C_Cpp.default.configurationProvider": "ms-vscode.cmake-tools"
}
```

cmake.configureArgs에 정의돼 있는 cross.cmake를 확인하자.

4. **Ctrl + Shift + P**를 눌러 **Command Palette** 필드를 다시 불러온다.

5. **Command Palette** 필드에 >CMake: Delete Cache and Configuration을 입력하고 실행한다.

6. 비주얼 스튜디오 창의 왼쪽 가장자리에 있는 **CMake** 아이콘을 클릭해 **CMake** 사이드바를 연다.

7. **CMake** 사이드바에서 HelloGDBProject 바이너리를 클릭해 빌드한다.

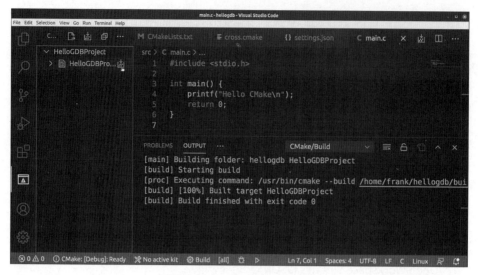

그림 19.6 HelloGDBProject 빌드하기

모든 것을 올바르게 구성했다면, 출력 창의 내용은 다음과 같아야 한다.

```
[main] Building folder: hellogdb HelloGDBProject
[build] Starting build
[proc] Executing command: /usr/bin/cmake --build /home/frank/
hellogdb/build --config Debug --target HelloGDBProject -- -j 14
[build] [100%] Built target HelloGDBProject
[build] Build finished with exit code 0
```

이제 비주얼 스튜디오 코드를 사용해 64비트 Arm을 타깃으로 하는 실행 가능한 바이너리를 빌드했으므로 원격 디버깅을 위해 라즈베리 파이 4에 배포해본다.

원격 디버깅을 위한 시작 설정 구성

이제 Launch.json 파일을 만들어 HelloGDBProject 바이너리를 라즈베리 파이 4에 배포하고 비주얼 스튜디오 코드 내에서 원격으로 디버깅할 수 있도록 해보자.

1. 비주얼 스튜디오 코드 창의 왼쪽 가장자리에 있는 **Run** 아이콘을 클릭해 **Run** 사이드바를 연다.

2. **Run** 사이드바에서 **Create a launch.json file**을 클릭하고 환경으로는 **C++ (GDB/LLDB)**를 선택한다.

3. C/C++ 디버깅 구성 유형을 묻는 메시지가 나타나면 옵션 목록에서 **Default Configuration**을 선택한다.

4. .vscode/launch.json 내의 "(gdb) Launch" 구성에서 다음 필드를 추가하거나 편집한다.

```
"program" : "${workspaceFolder}/build/HelloGDBProject",
"miDebuggerServerAddress": "192.168.1.128:10000",
"targetArchitecture": "aarch64",
"miDebuggerPath": "/opt/poky/3.1.5/sysroots/x86_64-pokysdk-linux/usr/
bin/aarch64-poky-linux/aarch64-pokylinux-gdb",
```

5. miDebuggerServerAddress의 192.168.1.128 주소를 라즈베리 파이 4의 IP 주소로 바꾸고 파일을 저장한다.

6. main() 함수 본문의 첫 번째 줄에 있는 main.c에 중단점을 설정한다.

7. **Run** 사이드바에서 새로 **build_and_debug - Utitlty**를 클릭해 HelloGDBProject 바이너리를 라즈베리 파이 4로 보내고, 이를 gdbserver와 시작한다.

라즈베리 파이 4와 launch.json 파일이 올바르게 설정됐으면 출력 창의 내용이 다음과 같아야 한다.

```
[main] Building folder: hellogdb build_and_debug
[build] Starting build
[proc] Executing command: /usr/bin/cmake --build /home/frank/
hellogdb/build --config Debug --target build_and_debug -- -j 14
[build] [100%] Built target HelloGDBProject
[build] Process ./HelloGDBProject created; pid = 552
[build] Listening on port 10000
```

비주얼 스튜디오 코드 창의 왼쪽 상단 모서리에 있는 **(gdb) Launch** 버튼을 클릭한다. GDB가 main.c에서 설정한 중단점에 도달하면 다음과 같은 행이 **출력**^{Output} 창에 나타날 것이다.

```
[build] Remote debugging from host 192.168.1.69, port 44936
```

이것이 GDB가 중단점에 도달했을 때 비주얼 스튜디오 코드의 모습이다.

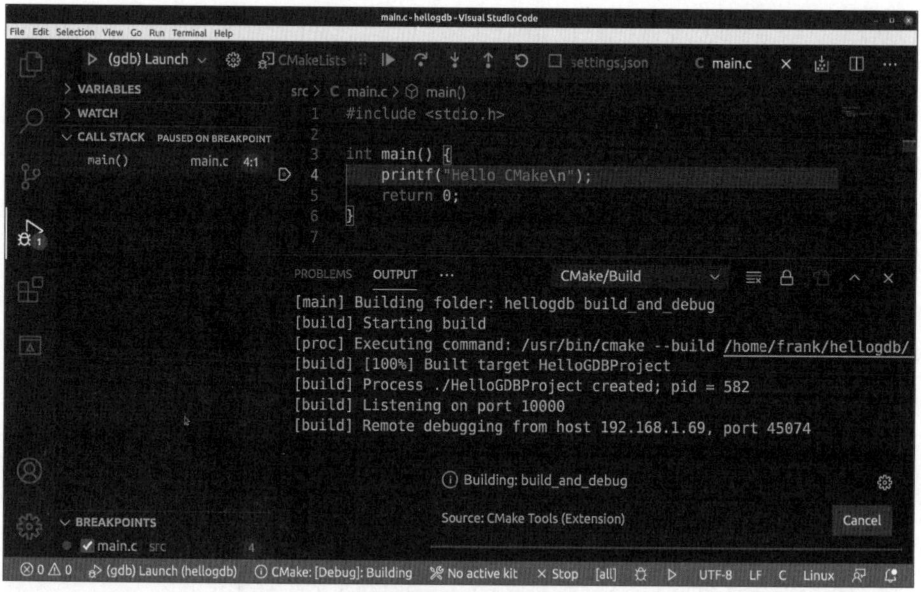

그림 19.7 GDB 원격 디버깅

위쪽에 있는 파란색 **Continue** 버튼을 누르면 출력 창에 다음 행이 표시된다.

```
[build] Hello CMake
[build]
[build] Child exited with status 0
[build] [100%] Built target build_and_debug
[build] Build finished with exit code 0
```

축하한다! 타깃 장치에 GDB 원격 디버깅을 활성화하기 위해 CMake를 사용해 Yocto 로 빌드된 SDK를 비주얼 스튜디오 코드에 성공적으로 통합했다. 쉽게 이룰 수 있는 일은 아니었지만, 이제 어떻게 하는지를 살펴봤으니 각자의 프로젝트에 대해서도 동일하게 수행할 수 있을 것이다.

커널 코드 디버깅

gdbserver를 사용한 원격 디버깅과 비슷한 방식으로 소스 레벨 디버깅에 kgdb를 사용하는 방법이 있다. 자체 호스팅 커널 디버거인 kdb도 사용할 수 있는데, 이 유틸리티는 명령어 실행 여부를 확인하고 어떻게 실행됐는지를 추적하는 백트레이스 등의 가벼운 작업을 수행할 때 편리하다. 마지막으로 커널의 웁스^{oops} 메시지와 패닉을 사용할 수 있는데, 이는 커널 예외 상황의 원인에 대해 많이 알려준다.

kgdb를 사용한 커널 코드 디버깅

소스 디버거를 사용해 커널 코드를 살펴볼 때는 커널이 실시간으로 동작하는 복잡한 시스템이라는 점에 유의해야 한다. 즉, 커널 코드 디버깅이 애플리케이션만큼 쉽지는 않을 것이라는 의미다. 애플리케이션 디버깅처럼 메모리 매핑이나 콘텍스트를 변경하는 코드를 단계별로 실행하면 이상한 결과가 발생할 수 있다.

kgdb란 몇 년 동안 리눅스 주류의 일부였던 커널 GDB의 스텁^{stub}을 말한다. 커널의 DocBook에는 이에 대한 사용자 매뉴얼이 있으며, 웹 사이트(https://www.kernel.org/doc/html docs/kgdb/index.html)에서 온라인 버전을 찾아볼 수 있다.

kgdb에 연결하는 가장 흔한 방법은 시리얼 인터페이스를 통한 방식으로, 일반적으로 시리얼 콘솔과 공유되기 때문에 이러한 방식을 kgdboc$^{kgdb\ over\ console}$이라고 부른다. 이를 동작하게 하려면, kgdb가 GDB와 통신할 때 인터럽트를 비활성화해야 하므로 인터럽트 대신 I/O 폴링을 지원하는 tty 드라이버 플랫폼이 필요하다. 몇몇 플랫폼은 USB를 이용한 kgdb도 지원했으며 이더넷을 통해 동작하는 버전도 있었지만, 유감스럽게도 그중 어느 것도 리눅스 주류에 들어가지는 못했다.

최적화와 스택 프레임에 관한 주의 사항은 커널에 동일하게 적용되며, 커널은 적어도 -01의 최적화 수준을 가정한다는 제한 사항이 있다. 하지만 make를 실행하기 전에 KCFLAGS를 설정해 커널 컴파일 플래그를 오버라이드할 수 있다.

다음은 커널 디버깅에 필요한 커널 구성 옵션이다.

- Kernel hacking ➤ Compile-time checks and compiler options ➤ Compile the kernel with debug info 메뉴 내의 CONFIG_DEBUG_INFO

- Kernel hacking ➤ Compile-time checks and compiler options ➤ Compile the kernel with frame pointers 메뉴 내의 CONFIG_FRAME_POINTER 또한 선택할 수 있다.

- Kernel hacking ➤ KGDB: kernel debugger 메뉴 내의 CONFIG_KGDB

- Kernel hacking ➤ KGDB: kernel debugger ➤ KGDB: use kgdb over the serial console 메뉴 내의 CONFIG_KGDB_SERIAL_CONSOLE

uImage나 zImage 같은 압축 커널 이미지 외에, GDB가 기호를 메모리에 로드할 수 있도록 ELF 오브젝트 형식의 커널 이미지도 필요하다. 이것이 바로 리눅스가 빌드된 디렉터리에서 생성된 vmlinux라는 파일이다. Yocto 프로젝트에서는 타깃 이미지와 SDK에 이 파일을 포함하도록 요청할 수 있다. 이 패키지는 kernel-vmlinux라는 패키지로 빌드돼 있으므로 다른 패키지와 동일한 방식으로 설치가 가능한데, 예를 들면 이를 IMAGE_INSTALL 목록에 추가해 설치할 수 있다.

이 파일은 sysroot의 boot 디렉터리에 다음과 같은 이름으로 저장된다.

```
/opt/poky/3.1.5/sysroots/cortexa8hf-neon-poky-linux-gnueabi/boot/vmlinux-
5.4.72-yocto-standard
```

Buildroot에서는 커널이 빌드된 디렉터리, output/build/linux-⟨버전명⟩/vmlinux에서 vmlinux 파일을 찾을 수 있다.

디버그 세션 샘플

디버깅이 어떻게 동작하는지를 보여주는 가장 좋은 방법은 간단한 예를 살펴보는 것이다.

먼저, 커널의 명령줄을 이용하거나 런타임 시 sysfs를 통해 kgdb에게 사용할 시리얼 포트를 알려줘야 한다. 커널의 명령줄을 이용하려면, 다음과 같이 kgdboc = <tty>, <baud rate>를 명령줄에 추가하자.

```
kgdboc=tty00,115200
```

sysfs를 사용하려면 다음과 같이 장치를 부팅한 후 /sys/module/kgdboc/parameters/kgdboc에 터미널 이름을 작성하자.

```
# echo tty00 > /sys/module/kgdboc/parameters/kgdboc
```

이러한 방식으로 전송 속도를 설정할 수 없다는 점에 유의하자. 콘솔과 동일한 tty인 경우, stty 또는 이와 유사한 프로그램을 사용하지 않는 한 기존에 이미 설정돼 있다.

이제 실행 중인 커널과 일치하는 vmlinux 파일을 선택하면 호스트에서 GDB를 시작할 수 있다.

```
$ arm-poky-linux-gnueabi-gdb ~/linux/vmlinux
```

GDB는 vmlinux에서 심볼 테이블을 로드한 후 추가 입력을 기다린다.

다음으로 해야 할 일은 이제 GDB에 사용해야 하니 콘솔에 연결된 터미널 에뮬레이터를 닫는 것이다. 만약 터미널 에뮬레이터가 동시에 모두 활성화돼 있으면 일부 디버깅 문자열이 손상될 수 있다.

이제 GDB로 돌아가서 kgdb에 연결을 시도해보자. 그러나 지금 시점에서는 원격 시스템에서 받는 응답이 딱히 도움이 되지 않는다는 것을 알 수 있다.

```
(gdb) set serial baud 115200
(gdb) target remote /dev/ttyUSB0
Remote debugging using /dev/ttyUSB0
Bogus trace status reply from target: qTStatus
```

문제는 kgdb가 이 시점에서 연결 신호를 듣고 있지 않다는 것이다. 이처럼 대화형 GDB 세션을 시작하기 전에 커널을 인터럽트해야 하는데, 안타깝게도 애플리케이션에서처럼 **Ctrl** + **C**를 누르는 것만으로는 GDB에서 먹히지 않는다. 이를 위해서는 SSH를 통해 타깃에서 다른 셸을 실행해 커널을 강제로 트랩^{trap}시켜야 한다. 예를 들면 타깃 보드의 /proc/sysrq-trigger에 g를 작성하는 것처럼 말이다.

```
# echo g > /proc/sysrq-trigger
```

이 순간 타깃 커널은 마치 죽은 것처럼 멈추게 된다. 이제 케이블에 연결된 호스트의 시리얼 장치를 통해 kgdb에 연결하면 된다.

```
(gdb) set serial baud 115200
(gdb) target remote /dev/ttyUSB0
Remote debugging using /dev/ttyUSB0
0xc009a59c in arch_kgdb_breakpoint ()
```

마침내 GDB를 제어할 수 있게 됐다. 이제 중단점을 설정하고, 변수를 검사하고, 백트레이스를 보는 등의 작업을 할 수 있다. 예를 들어 다음과 같이 sys_sync에 중단점을 설정해보자.

```
(gdb) break sys_sync
Breakpoint 1 at 0xc0128a88: file fs/sync.c, line 103.
(gdb) c
Continuing.
```

이제 타깃이 다시 동작하기 시작했다. 타깃에 sync를 입력하면 sys_sync가 호출되고 중단점에 도달하게 된다.

```
[New Thread 87]
[Switching to Thread 87]

Breakpoint 1, sys_sync () at fs/sync.c:103
```

디버깅 세션을 끝내고 kgdboc를 비활성화하려면 kgdboc 터미널을 null로 설정하면 된다.

```
# echo "" > /sys/module/kgdboc/parameters/kgdboc
```

GDB를 사용해 실행 중인 프로세스에 연결하는 것과 같이, 커널을 트래핑^{trapping}하고 시리얼 콘솔을 통해 kgdb에 연결하는 이 기술은 커널 부팅이 완료되면 동작한다. 하지만 버그 때문에 커널이 부팅을 끝내지 못한다면 어떻게 될까?

얼리 코드 디버깅

앞의 예제는 시스템이 완전히 부팅된 이후에 원하는 코드가 실행되는 경우에만 동작한다. 만약 이보다 일찍 살펴봐야 할 코드가 있다면, 부팅 중에 명령줄에서 kgdboc 옵션 뒤에 kgdbwait를 추가해 커널에게 멈추라고 지시할 수 있다.

```
kgdboc=tty00,115200 kgdbwait
```

이제 부팅을 시작하면 다음과 같은 메시지를 콘솔에서 확인할 수 있다.

```
[ 1.103415] console [tty00] enabled
[ 1.108216] kgdb: Registered I/O driver kgdboc.
[ 1.113071] kgdb: Waiting for connection from remote gdb...
```

이제 콘솔을 닫고 위에서 했던 것처럼 GDB에 연결하면 된다.

디버깅 모듈

커널 모듈을 디버깅하려면, 런타임에 코드가 재배치되므로 원하는 모듈이 어느 주소에 있는지를 찾아야 하는 어려움이 있다. 이 정보는 sysfs를 통해 제공되는데, 모듈의 각 섹션에 대한 재배치 주소는 /sys/module/〈모듈명〉/sections에 저장된다. ELF 섹션은 '.'으로 시작하는데, 이는 숨겨진 파일로 나타난다. 따라서 이를 표시하려면 ls -a를 사용해야 한다는 점에 유의하자. 가장 중요한 파일은 .text, .data, .bss이다.

mbx라는 이름의 모듈을 예로 들어본다.

```
# cat /sys/module/mbx/sections/.text
0xbf000000
# cat /sys/module/mbx/sections/.data
0xbf0003e8
# cat /sys/module/mbx/sections/.bss
0xbf0005c0
```

이제 다음과 같이 GDB에서 이 숫자를 사용해 해당 주소에 있는 모듈의 심볼 테이블을 로드할 수 있다.

```
(gdb) add-symbol-file /home/chris/mbx-driver/mbx.ko 0xbf000000
\
-s .data 0xbf0003e8 -s .bss 0xbf0005c0
add symbol table from file "/home/chris/mbx-driver/mbx.ko" at
.text_addr = 0xbf000000
.data_addr = 0xbf0003e8
.bss_addr = 0xbf0005c0
```

이제 모든 것이 정상적으로 동작할 것이다. vmlinux에서와 마찬가지로 모듈에 중단점을 설정하고 전역 변수와 지역 변수를 검사해보자.

```
(gdb) break mbx_write
Breakpoint 1 at 0xbf00009c: file /home/chris/mbx-driver/mbx.c,
line 93.
(gdb) c
Continuing.
```

그런 다음, `mbx_write`를 호출하도록 장치 드라이버를 강제 실행하면 중단점에 도달하게 된다.

```
Breakpoint 1, mbx_write (file=0xde7a71c0, buffer=0xadf40
"hello\n\n",
length=6, offset=0xde73df80)
at /home/chris/mbx-driver/mbx.c:93
```

이미 GDB를 사용해 사용자 공간에서 코드를 디버깅한 적이 있다면, kgdb를 사용해 커널 코드와 모듈을 디버깅하는 것은 편하게 느껴질 것이다. 다음으로 kdb를 살펴보자.

kdb를 사용한 커널 코드 디버깅

kdb는 kgdb와 GDB에 있는 기능들을 갖고 있지 않지만 그럼에도 사용되는 분야가 있고, 자체 운영되기 때문에 외부 의존성과 관련해 걱정할 필요가 없다. Kdb에는 시리얼 콘솔에서 사용할 수 있는 간단한 명령줄 인터페이스가 있다. 이 도구를 사용하면 메모리, 레지스터, 프로세스 목록, dmesg를 검사하고 중단점을 설정해 특정 위치에서 중지할 수도 있다.

시리얼 콘솔을 통해 kdb를 호출할 수 있도록 커널을 구성하려면, 이전에 했던 방식대로 kgdb를 활성화한 후 다음 추가 옵션을 활성화하자.

- KGDB: Kernel hacking ➤ kernel debugger ➤ KGDB_KDB: include kdb frontend for kgdb 메뉴 내의 `CONFIG_KGDB_KDB`

이제 커널을 강제로 트랩시키면 콘솔에 기존의 GDB 세션 대신 kdb 셸이 나타날 것이다.

```
# echo g > /proc/sysrq-trigger
[ 42.971126] SysRq : DEBUG
Entering kdb (current=0xdf36c080, pid 83) due to Keyboard Entry
kdb>
```

kdb 셸에서 할 수 있는 작업은 여러 가지가 있으며 help 명령어를 통해 알아볼 수 있다. 다음은 해당 내용을 요약한 것이다.

- **정보 얻기:**
    - ps: 활성화된 프로세스 출력
    - ps A: 모든 프로세스 출력
    - lsmod: 모듈 목록 출력
    - dmesg: 커널 로그 버퍼 출력

- **중단점:**
    - bp: 중단점 설정
    - bl: 중단점 목록 출력
    - bc: 중단점 삭제
    - bt: 백트레이스 출력
    - go: 계속 실행

- **메모리와 레지스터 검사:**
    - md: 메모리 출력
    - rd: 레지스터 출력

다음은 중단점을 설정하는 예다.

```
kdb> bp sys_sync
Instruction(i) BP #0 at 0xc01304ec (sys_sync)
is enabled addr at 00000000c01304ec, hardtype=0 installed=0
kdb> go
```

커널이 다시 동작하면 콘솔에 정상적인 셸 프롬프트가 표시된다. sync를 입력하면, 중단점에 도달하고 kdb로 다시 들어가게 된다.

```
Entering kdb (current=0xdf388a80, pid 88) due to Breakpoint
@0xc01304ec
```

kdb는 소스 레벨 디버거가 아니므로 소스 코드나 단일 단계를 보는 것이 불가능하다. 하지만 bt 명령을 사용해 백트레이스를 출력하는 것은 가능하므로, 프로그램 흐름 및 콜 계층 구조를 이해하는 데 유용하게 사용할 수 있다.

웁스 메시지 살펴보기

커널이 잘못된 메모리 액세스를 수행하거나 잘못된 명령을 실행하면 커널 웁스 메시지가 커널 로그에 기록된다. 이 메시지를 가장 유용하게 사용할 수 있는 부분이 바로 백트레이스이며, 이를 이용해 오류를 일으킨 코드 행을 찾는 방법을 보여주려고 한다. 또한 시스템이 중단되는 경우 웁스 메시지를 보존하는 문제도 다룰 것이다.

다음 웁스 메시지는 MELP/Chapter19/mbx-driver-oops의 mailbox 드라이버를 작성할 때 생성된 것이다.

```
Unable to handle kernel NULL pointer dereference at virtual
address 00000004
pgd = dd064000
[00000004] *pgd=9e58a831, *pte=00000000, *ppte=00000000
Internal error: Oops: 817 [#1] PREEMPT ARM
Modules linked in: mbx(O)
CPU: 0 PID: 408 Comm: sh Tainted: G O 4.8.12-yocto-standard #1
Hardware name: Generic AM33XX (Flattened Device Tree)
task: dd2a6a00 task.stack: de596000
PC is at mbx_write+0x24/0xbc [mbx]
LR is at __vfs_write+0x28/0x48
pc : [<bf0000f0>] lr : [<c024ff40>] psr: 800e0013
sp : de597f18 ip : de597f38 fp : de597f34
r10: 00000000 r9 : de596000 r8 : 00000000
```

```
r7 : de597f80 r6 : 000fda00 r5 : 00000002 r4 : 00000000
r3 : de597f80 r2 : 00000002 r1 : 000fda00 r0 : de49ee40
Flags: Nzcv IRQs on FIQs on Mode SVC_32 ISA ARM Segment none
Control: 10c5387d Table: 9d064019 DAC: 00000051
Process sh (pid: 408, stack limit = 0xde596210)
```

읍스 파일에서 PC is at mbx_write+0x24/0xbc [mbx]라는 행은 여기서 알아야 할 대부분을 설명하고 있다. 즉, 마지막 명령은 mbx라는 커널 모듈의 mbx_write 함수에 있었다는 것이다. 또한 함수의 시작으로부터 0x24바이트(0xbc 바이트 길이) 오프셋에 있다는 것도 알려준다.

이제 백트레이스를 보자.

```
Stack: (0xde597f18 to 0xde598000)
7f00: bf0000cc 00000002
7f20: 000fda00 de597f80 de597f4c de597f38 c024ff40 bf0000d8
de49ee40 00000002
7f40: de597f7c de597f50 c0250c40 c024ff24 c026eb04 c026ea70
de49ee40 de49ee40
7f60: 000fda00 00000002 c0107908 de596000 de597fa4 de597f80
c025187c c0250b80
7f80: 00000000 00000000 00000002 000fda00 b6eecd60 00000004
00000000 de597fa8
7fa0: c0107700 c0251838 00000002 000fda00 00000001 000fda00
00000002 00000000
7fc0: 00000002 000fda00 b6eecd60 00000004 00000002 00000002
000ce80c 00000000
7fe0: 00000000 bef77944 b6e1afbc b6e73d00 600e0010 00000001
d3bbdad3 d54367bf
[<bf0000f0>] (mbx_write [mbx]) from [<c024ff40>] (__vfs_
write+0x28/0x48)
[<c024ff40>] (__vfs_write) from [<c0250c40>] (vfs_
write+0xcc/0x158)
[<c0250c40>] (vfs_write) from [<c025187c>] (SyS_
write+0x50/0x88)
[<c025187c>] (SyS_write) from [<c0107700>] (ret_fast_
syscall+0x0/0x3c)
Code: e590407c e3520b01 23a02b01 e1a05002 (e5842004)
---[ end trace edcc51b432f0ce7d ]---
```

여기서는 단지 가상 파일시스템의 함수인 _fs_write에서 mbx_write가 호출된다는 사실 외에는 더 이상 알 수 있는 것이 없다.

그러므로 mbx_write+0x24와 관련된 코드 행을 찾는 것이 매우 중요하다. 이를 위해서는 GDB 명령어인 disassemble을 /s와 함께 사용해 소스 코드와 어셈블리 코드를 모두 확인해야 한다. 이 예제에서는 코드가 mbx.ko 모듈에 있으므로, 이를 gdb에 로드하자.

```
$ arm-poky-linux-gnueabi-gdb mbx.ko
[…]
(gdb) disassemble /s mbx_write
Dump of assembler code for function mbx_write:
99 {
0x000000f0 <+0>: mov r12, sp
0x000000f4 <+4>: push {r4, r5, r6, r7, r11, r12, lr, pc}
0x000000f8 <+8>: sub r11, r12, #4
0x000000fc <+12>: push {lr} ; (str lr, [sp, #-4]!)
0x00000100 <+16>: bl 0x100 <mbx_write+16>
100 struct mbx_data *m = (struct mbx_data *)file->private_data;
0x00000104 <+20>: ldr r4, [r0, #124] ; 0x7c
0x00000108 <+24>: cmp r2, #1024 ; 0x400
0x0000010c <+28>: movcs r2, #1024 ; 0x400
101 if (length > MBX_LEN)
102 length = MBX_LEN;
103 m->mbx_len = length;
0x00000110 <+32>: mov r5, r2
0x00000114 <+36>: str r2, [r4, #4]
```

옵스 메시지는 mbx_write + 0x24에서 오류가 발생했음을 알려줬다. 이를 분해해보면, mbx_write가 0xf0 주소에 있음을 알 수 있다. 0x24를 추가하면 103행의 코드에 의해 생성된 0x114가 출력된다.

NOTE

> 위 목록에 0x00000114 <+36>: str r2, [r4, #4]가 있으므로 뭔가 잘못됐다고 생각할 수 있다. 여기서는 +36이 아니라 +24를 찾아야 하지 않을까? 하지만 GDB의 작성자(author)들은 바로 여기서 우리를 혼란스럽게 하고 있다. 이 오프셋 값은 16진수가 아닌 10진수로 표시돼 있다. 즉, 36 = 0x24이므로 결국 올바른 값을 얻은 것이다.

여기서 100번째 행의 m이 struct mbx_data * 타입을 갖고 있음을 알 수 있다. 다음은 이 구조가 정의된 곳이다.

```
#define MBX_LEN 1024
struct mbx_data {
    char mbx[MBX_LEN];
    int mbx_len;
};
```

이제 변수 m이 널 포인터이며 웁스를 발생시킨 원인임을 알 수 있다. m이 초기화된 코드를 살펴보면 누락된 행이 있음을 알 수 있다. 다음 코드 블록에서 강조해둔 것처럼 포인터를 초기화하기 위해 드라이버를 수정하면 웁스 메시지 없이 잘 동작한다.

```
static int mbx_open(struct inode *inode, struct file *file)
{
    if (MINOR(inode->i_rdev) >= NUM_MAILBOXES) {
        printk("Invalid mbx minor number\n");
        return -ENODEV;
    }
    file->private_data = &mailboxes[MINOR(inode->i_rdev)];
    return 0;
}
```

모든 웁스가 이렇게 쉬운 것은 아니다. 특히 커널 로그 버퍼의 내용이 표시되기 전에 발생하는 경우에는 더욱 그렇다.

웁스 메시지의 보존

웁스 메시지를 해석하는 것은 우선 이를 캡처할 수 있는 경우에만 가능하다. 만약 부팅 시 콘솔이 활성화되기 전에 시스템에 크래시가 발생하거나 시스템이 정지됐다면 웁스 메시지가 존재하지 않을 것이다. 커널 웁스와 메시지를 MTD 파티션이나 영구 메모리에 기록하는 메커니즘이 있기는 하지만, 여기에는 간단하고 다양한 곳에 적용 가능하며 미리 많이 생각할 필요가 없는 기술이 있다.

리셋 중에 메모리의 내용이 손상되지 않는 한(일반적인 경우 그런 일은 없다), 부트로더로 재부팅하고 이를 이용해 메모리를 출력할 수 있다. 이를 위해서는 커널 로그 버퍼의 위치를 알아야 하며, 해당 버퍼가 텍스트 메시지의 간단한 링 버퍼라는 것을 알아야 한다. 해당 로그의 심볼은 __log_buf로, 이를 커널의 System.map에서 찾아보자.

```
$ grep __log_buf System.map
c0f72428 b __log_buf
```

그런 다음, 커널의 논리 주소에서 PAGE_OFFSET을 빼고 램의 물리적인 시작 주소를 추가해 U-Boot가 이해할 수 있는 물리 주소로 매핑해야 한다. 비글본의 경우 PAGE_OFFSET은 거의 항상 0xc0000000이며, 램의 시작 주소는 0x80000000이다. 즉, 이를 계산해보면 c0f72428 - 0xc0000000 + 0x8000000 = 80f72428이 나온다.

이제 U-Boot의 md 명령어를 사용해 로그를 확인해보자.

```
U-Boot#
md 80f72428
80f72428: 00000000 00000000 00210034 c6000000 ........4.!.....
80f72438: 746f6f42 20676e69 756e694c 6e6f2078 Booting Linux on
80f72448: 79687020 61636973 5043206c 78302055 physical CPU 0x
80f72458: 00000030 00000000 00000000 00730084 0............s.
80f72468: a6000000 756e694c 65762078 6f697372 ....Linux versio
80f72478: 2e34206e 30312e31 68632820 40736972 n 4.1.10 (chris@
80f72488: 6c697562 29726564 63672820 65762063 builder) (gcc ve
80f72498: 6f697372 2e34206e 20312e39 6f726328 rsion 4.9.1 (cro
80f724a8: 6f747373 4e2d6c6f 2e312047 302e3032 sstool-NG 1.20.0
80f724b8: 20292029 53203123 5720504d 4f206465 ) ) #1 SMP Wed O
80f724c8: 32207463 37312038 3a31353a 47203533 ct 28 17:51:53 G
```

NOTE

리눅스 3.5 이상에서는 커널 로그 버퍼의 각 행에 타임스탬프, 로그 수준과 그 외 사항을 인코딩하는 16바이트 바이너리 헤더가 있다. 이와 관련해 리눅스 위클리 뉴스(Linux Weekly News, https://lwn.net/Articles/492125/)에서 더 안정적인 로깅을 목표로 이야기한 내용이 있으니 관심이 있다면 확인해보자.

이 절에서는 kgdb를 사용해 소스 수준에서 커널 코드를 디버깅하는 방법을 다뤘으며, kdb 셸 내부에서 중단점을 설정하고 백트레이스를 출력하는 방법을 살펴봤다. 마지막으로는 dmesg나 U-Boot 명령줄을 이용한 콘솔에서 커널 웁스 메시지를 읽는 방법을 배웠다.

⁖ 요약

인터랙티브 디버깅^{interactive debugging}을 위해 GDB를 사용하는 방법을 아는 것은 임베디드 개발에서 매우 유용하다. GDB는 안정적이고, 문서화가 잘돼 있으며, 잘 알려져 있다. 타깃에 에이전트를 배치해 원격으로 디버깅할 수도 있고, 이는 애플리케이션의 경우 gdbserver가 되며, 커널 코드의 경우 kgdb가 될 수도 있다. 기본으로 사용되는 명령줄 사용자 인터페이스는 익숙해지기까지 시간이 걸리지만, 이를 대신해 사용할 수 있는 많은 프론트엔드가 있다. 이 장에서 언급한 세 가지는 TUI, DDD, 비주얼 스튜디오 코드다. 이클립스도 CDT 플러그인을 통해 GDB로 디버깅을 지원하는 또 다른 인기 있는 프론트엔드다. 크로스 툴체인과 함께 동작할 수 있도록 CDT를 구성하고 원격 장치에 연결하는 방법은 '추가 자료' 절의 참고 자료에서 확인하길 바란다.

두 번째이자 똑같이 중요한 디버깅 방법은 크래시 보고서를 수집하고 이를 오프라인에서 분석하는 것이다. 여기서는 애플리케이션 코어 덤프와 커널 웁스 메시지를 살펴봤다.

그러나 이는 프로그램의 결함을 식별하는 한 가지 방법일 뿐이다. 다음 장에서는 프로그램을 분석하고 최적화하는 방법으로서 프로파일링과 추적을 살펴본다.

⁖ 추가 자료

19장에서 소개한 주제에 대한 추가 정보는 다음의 자료를 참고하길 바란다.

- 『The Art of Debugging with GDB, DDD, and Eclipse』^(No Starch, 2008), 노먼 매틀로프^{Norman Matloff}, 피터 제이 살츠만^{Peter Jay Salzman}

- 『GDB Pocket Reference』(O'Reilly, 2005), 아놀드 로빈스[Arnold Robbins]

- 'Python Interpreter in GNU Debugger', crazyguitar: https://www.pythonsheets.com/appendix/python-gdb.html

- 'Extending GDB with Python', 리사 로치[Lisa Roach]: https://www.youtube.com/watch?v=xt9v5t4_zvE

- 'Cross-compiling with CMake and VS Code', Enes .ZT.RK: https://enesozturk.medium.com/cross-compiling-with-cmake-and-vscode-9ca4976fdd1

- 'Remote Debugging with GDB', Enes .ZT.RK: https://enes-ozturk.medium.com/remote-debugging-with-gdb-b4b0ca45b8c1

- 'Getting to grips with Eclipse: cross compiling': https://2net.co.uk/tutorial/eclipse-cross-compile

- 'Getting to grips with Eclipse: remote access and debugging': https://2net.co.uk/tutorial/eclipse-rse

20

프로파일링과 추적

19장에서 설명한 것처럼 소스 수준 디버거를 사용하는 대화식 디버깅은 프로그램 작동 방식에 대한 통찰력을 제공할 수 있지만, 시야를 작은 코드 일부로 제한한다. 20장에서는 시스템이 의도한 대로 작동하는지 확인하기 위해 더 큰 그림을 살펴볼 것이다.

프로그래머와 시스템 설계자는 병목 현상이 어디에 있는지 추측하는 데 서툴기로 악명이 높다. 따라서 시스템에 성능 문제가 있는 경우 전체 시스템을 살펴보고 시작하면서 점점 더 정교한 도구를 사용해 작업하는 것이 현명하다. 20장에서는 개요를 알아보기 위한 수단으로 잘 알려진 top 명령부터 시작하겠다. 종종 문제는 리눅스 프로파일러 perf를 사용해 분석할 수 있는 단일 프로그램에 국한될 수 있다. 문제가 지역화되지 않고 더 넓은 그림을 보고 싶다면, perf도 그렇게 할 수 있다. 커널과 관련된 문제를 진단하기 위해 자세한 정보를 수집하는 수단으로 Ftrace, LTTng, BPF와 같은 일부 추적 도구를 설명한다.

또한 샌드박스 실행 환경으로 인해 프로그램을 모니터링하고 실행되는 코드에 대해 보고할 수 있는 Valgrind도 다룰 것이다. 간단한 추적 도구인 strace에 대한 설명으로 20장을 마치겠다. 이 도구는 프로그램의 시스템 호출을 추적해 프로그램의 실행을 보여준다.

20장에서 다룰 주제는 다음과 같다.

- 관찰자 효과

- 프로파일링 시작하기

- top을 이용한 프로파일링

- 가난한 사람의 프로파일러

- perf

- 이벤트 추적

- Ftrace

- LTTng 사용하기

- BPF 사용하기

- Valgrind 사용하기

- strace 사용하기

⫶ 기술적 요구 사항

이 장의 예제를 따라 하려면 다음 사항을 준비해야 한다.

- 리눅스 기반 호스트 시스템

- Buildroot 2020.02.9 LTS 릴리스

- 리눅스용 Etcher

- 마이크로SD 카드와 카드 리더

- 라즈베리 파이 4

- 5V 3A USB 전원 공급 장치

- 네트워크 연결을 위한 이더넷 케이블과 포트

6장, '빌드 시스템 선택하기'를 위해 Buildroot 2020.02.9 LTS 릴리스를 이미 설치했을 것이다. 그렇지 않은 경우라면, 6장의 지침에 따라 리눅스 호스트에 Buildroot를 설치하기 전에 Buildroot 사용자 매뉴얼(https://buildroot.org/downloads/manual/manual.html)의 '시스템 요구 사항System Requirement' 절을 참고하길 바란다.

20장의 모든 코드는 이 책의 깃허브 저장소(https://github.com/PacktPublishing/Mastering-Embedded-Linux-Programming-Third-Edition)에 있는 Chapter20 폴더에서 찾을 수 있다.

⁝⁝⁑ 관찰자 효과

도구에 대해 알아보기 전에 도구가 표시할 내용을 이야기해보자. 많은 분야의 경우와 마찬가지로, 특정 속성을 측정하는 것은 관찰 자체에 영향을 미친다. 전원 공급선의 전류를 측정하려면 작은 저항으로 인한 전압 강하를 측정해야 한다. 그러나 저항 자체가 전류에 영향을 미친다. 프로파일링의 경우도 마찬가지다. 모든 시스템 관찰에는 CPU 주기 비용이 있으며, 해당 리소스는 더 이상 애플리케이션에 사용되지 않는다. 측정 도구는 또한 캐싱 동작을 엉망으로 만들고, 메모리 공간을 잡아먹고, 디스크에 쓰기를 수행해 모든 것을 악화시킨다. 오버헤드가 없는 측정은 없다.

엔지니어들은 종종 프로파일링 작업의 결과가 완전히 오해할 소지가 있다고 말하기도 한다. 일반적으로 실제 상황과 가깝지 않은 것을 측정했기 때문이다. 항상 타깃에서 소프트웨어의 릴리스 빌드release build를 사용해 유효한 데이터 세트를 갖고 가능한 한 적은 수의 추가 서비스를 사용해 측정을 시도하라.

릴리스 빌드는 일반적으로 디버그 기호 없이 완전히 최적화된 바이너리를 빌드한다는 뜻이다. 이러한 프로덕션production 요구 사항은 대부분의 프로파일링 도구가 제공하는 기능을 심각하게 제한한다.

심볼 테이블과 컴파일 플래그

시스템이 가동되고 실행되면, 즉시 문제가 발생한다. 시스템을 자연 상태에서 관찰하는 것이 중요하지만, 도구에는 이벤트를 이해하기 위해 추가 정보가 필요한 경우가 많다.

일부 도구에는 특별한 커널 옵션이 필요하다. 20장에서 살펴볼 도구 중 perf, Ftrace, LTTng, BPF가 그렇다. 따라서 이들 테스트를 위해 새 커널을 빌드하고 배포해야 할 것이다.

디버그 기호는 소스 프로그램 주소를 함수 이름과 코드 줄로 변환하는 데 매우 유용하다. 디버그 기호가 있는 실행 파일을 배포해도 코드 실행이 변경되지는 않지만, 최소한 프로파일링하려는 구성 요소의 경우에는 디버그 정보로 컴파일된 커널과 바이너리 복사본이 있어야 한다. 일부 도구는 타깃 시스템에 설치돼 있을 때 가장 잘 작동한다(예: perf). 방법은 19장, 'GDB로 디버깅하기'에서 논의한 일반 디버깅과 동일하다.

호출 그래프^{call graph}를 생성하는 도구를 원하면, 스택 프레임이 활성화된 상태로 컴파일해야 할 수 있다. 도구가 코드 행의 주소를 정확하게 지정하려면, 낮은 수준의 최적화로 컴파일해야 할 수 있다.

마지막으로, 일부 도구는 샘플을 캡처하기 위해 프로그램에 도구를 삽입해야 하므로, 해당 구성 요소를 다시 컴파일해야 한다. 커널용 Ftrace와 LTTng가 그렇다.

관찰 중인 시스템을 많이 변경할수록 측정 결과를 프로덕션 시스템과 관련짓기가 더 어려워진다.

> **TIP**
>
> 필요가 분명할 때만 변경하고 변경할 때마다 측정 대상을 변경하게 된다는 점을 염두에 두면서, 인내심을 갖고 지켜보는 접근 방식을 채택하는 것이 가장 좋다.

프로파일링의 결과는 매우 모호할 수 있으므로, 좀 더 복잡하고 침습적인 도구에 도달하기 전에 쉽게 사용할 수 있는 간단한 도구로 시작한다.

⁑ 프로파일링 시작하기

전체 시스템을 볼 때, 시작하기에 좋은 것은 매우 빠르게 개요를 제공하는 top 같은 간단한 도구다. top은 얼마나 많은 메모리가 사용되고 있는지, 어떤 프로세스가 CPU 주기를 잡아먹고 있는지, CPU와 메모리 사용량이 서로 다른 코어와 시간에 어떻게 분산돼 있는지를 보여준다.

top이 단일 애플리케이션이 사용자 공간의 모든 CPU 주기를 사용하고 있다고 하면, perf를 사용해 해당 애플리케이션을 프로파일링할 수 있다.

2개 이상의 프로세스에서 CPU 사용량이 높은 경우, 데이터 통신과 같이 둘 이상의 프로세스를 함께 연결하는 무언가가 있을 수 있다. 시스템 호출이나 인터럽트 처리에 많은 주기가 소요되면, 커널 구성이나 장치 드라이버에 문제가 있을 수 있다. 두 경우 모두 perf를 사용해 전체 시스템의 프로파일부터 살펴봐야 한다.

커널과 이벤트 순서에 대해 더 알고 싶다면 Ftrace나 LTTng, BPF를 사용한다.

top이 도움이 되지 않는 다른 문제가 있을 수 있다. 다중 스레드 코드가 있고 잠금에 문제가 있거나 임의의 데이터 손상이 있는 경우, Valgrind와 Helgrind 플러그인이 도움이 될 수 있다. 메모리 누수도 이 범주에 해당한다. 메모리 관련 진단은 18장, '메모리 관리'에서 다뤘다.

이들 고급 프로파일링 도구를 사용하기 전에, 프로덕션 환경을 포함해 대부분의 시스템에서 볼 수 있는 가장 기본적인 것부터 시작하겠다.

⁑ top을 이용한 프로파일링

top 프로그램은 특별한 커널 옵션이나 심볼 테이블이 필요치 않은 간단한 도구다. BusyBox에는 기본 버전이 있고, Yocto 프로젝트와 Buildroot에 있는 procps 패키지에는 더 기능이 많은 버전이 있다. 기능은 top과 비슷하지만 사용자 인터페이스가 더 좋은 htop을 사용하는 것도 고려할 수 있다(일부 사람들은 그렇게 생각한다).

먼저 top의 요약 줄(BusyBox를 사용하는 경우 두 번째 줄, procps의 top을 사용하는 경우 세 번째 줄)에 초점을 맞춘다. 다음은 BusyBox의 top을 사용한 예다.

```
Mem: 57044K used, 446172K free, 40K shrd, 3352K buff, 34452K
cached
CPU: 58% usr 4% sys 0% nic 0% idle 37% io 0% irq 0% sirq
Load average: 0.24 0.06 0.02 2/51 105
PID PPID USER STAT VSZ %VSZ %CPU COMMAND
105 104 root R 27912 6% 61% ffmpeg -i track2.wav
[...]
```

다음 표와 같이 요약 줄은 다양한 상태에서 소요한 시간의 백분율을 보여준다.

procps	BusyBox	설명
us	usr	디폴트 nice 값을 사용하는 사용자 공간 프로그램
sy	sys	커널 코드
ni	nic	디폴트가 아닌 nice 값을 사용하는 사용자 공간 프로그램
id	idle	유휴(idle)
wa	io	I/O 대기
hi	irq	하드웨어 인터럽트
si	sirq	소프트웨어 인터럽트
st	—	스틸(steal) 시간. 가상 환경에만 의미가 있다.

앞의 예에서 거의 모든 시간(58%)이 사용자 모드에서 소비되고 소량(4%)이 시스템 모드에서 소비되므로, 사용자 공간에서 CPU 바운드 시스템이다. 요약 뒤의 첫 번째 줄은 ffmpeg라는 하나의 애플리케이션 때문임을 보여준다. CPU 사용량을 줄이기 위한 모든 노력은 ffmpeg를 향해야 한다.

다음은 또 다른 예다.

```
Mem: 13128K used, 490088K free, 40K shrd, 0K buff, 2788K cached
CPU: 0% usr 99% sys 0% nic 0% idle 0% io 0% irq 0% sirq
Load average: 0.41 0.11 0.04 2/46 97
```

```
PID PPID USER STAT VSZ %VSZ %CPU COMMAND
92 82 root R 2152 0% 100% cat /dev/urandom
[…]
```

이 시스템은 cat이 /dev/urandom을 읽기 때문에 거의 모든 시간을 커널 공간(99% sys)에서 보내고 있다. 이 인위적인 예에서 cat 자체를 프로파일링하는 것은 도움이 되지 않지만, cat이 호출하는 커널 함수를 프로파일링하는 것은 도움이 될 수 있다.

top의 기본 보기는 프로세스만 표시하므로 CPU 사용량은 프로세스의 모든 스레드의 합계다. 각 스레드에 대한 정보를 보려면 H 키를 누른다. 마찬가지로 모든 CPU에서 시간을 집계한다. procps 버전의 top을 사용하는 경우, 1 키를 눌러 CPU당 요약을 볼 수 있다.

top을 사용해 문제 프로세스를 알아내면, GDB를 연결attach해볼 수 있다.

가난한 사람의 프로파일러

GDB를 사용하면, 애플리케이션을 임의의 간격으로 중지해 수행 중인 작업을 보면서 프로파일링할 수 있다. GDB는 '가난한 사람의 프로파일러'로, 설정하기 쉽고 프로파일 데이터를 수집하는 한 가지 방법이다.

절차는 간단하다.

1. gdbserver(원격 디버그용)나 GDB(네이티브 디버그용)를 사용해 프로세스에 연결한다. 프로세스가 중지된다.

2. 중지된 함수를 관찰한다. backtrace GDB 명령을 사용해 호출 스택을 볼 수 있다.

3. continue를 입력해 프로그램을 재개한다.

4. 잠시 후 Ctrl + C를 눌러 다시 중지하고 2단계로 돌아간다.

2~4단계를 여러 번 반복하면 반복 중인지 진행 중인지 빠르게 알 수 있고, 충분히 자주 반복하면 코드의 어디에 핫스팟이 있는지 알 수 있다.

이 아이디어 전용으로 만들어진 웹 페이지와 이를 좀 더 쉽게 해주는 스크립트가 웹 사이트(http://poormansprofiler.org)에 있다. 나는 이 기술을 다양한 운영체제와 디버거에서 수년에 걸쳐 여러 번 사용했다.

이는 프로그램 상태를 간격을 두고 샘플링하는 통계적 프로파일링statistical profiling의 예다. 여러 샘플링 후에 실행 중인 함수의 통계적 가능성을 배우기 시작하며, 여러분에게 정말로 필요한 것이 얼마나 적은지 알면 놀라울 것이다. 다른 통계 프로파일러로는 perf record, OProfile, gprof가 있다.

디버거를 사용한 샘플링은 샘플을 수집하는 과정에서 오랜 기간 동안 프로그램이 중지되므로 방해가 된다. 훨씬 낮은 오버헤드로 이 작업을 수행할 수 있는 도구도 있는데, 그중 하나가 perf이다.

⁛ perf

perf는 리눅스 성능 이벤트 카운터 서브시스템performance event counter subsystem인 perf_events의 약어이며 perf_events와 상호작용하기 위한 명령줄 도구의 이름이기도 하다. 둘 다 리눅스 2.6.31부터 커널의 일부였으며, tools/perf/Documentation과 웹 사이트(https://perf.wiki.kernel.org)의 리눅스 소스 트리에 유용한 정보가 많이 있다.

초기 perf 개발 동기는 대부분의 최신 프로세서 코어에 포함된 PMUPerformance Measurement Unit의 레지스터에 접근하는 통합된 방법을 제공하는 것이었다. API가 정의되고 리눅스에 통합되자, 다른 유형의 성능 카운터를 포함하도록 확장하는 것이 마땅했다.

기본적으로 perf는 언제 활성화돼 데이터를 수집할지에 대한 규칙이 있는 이벤트 카운터 모음이다. 규칙을 설정하면 전체 시스템이나 커널, 하나의 프로세스와 그 자식에서 그리고 모든 또는 하나의 CPU에서 데이터를 캡처할 수 있으며, 매우 유연하다. 이 도구 하나로 전체 시스템을 살펴본 다음, 문제를 일으키는 것으로 보이는 장치 드라이버나 느리게 실행되는 애플리케이션, 실행하는 데 시간이 더 오래 걸리는 라이브러리 기능에 집중할 수 있다.

perf 명령줄 도구의 코드는 tools/perf 디렉터리에 있는 커널의 일부다. 도구와 커널 서브시스템은 함께 개발되고, 같은 버전의 커널과 도구를 사용해야 한다. perf는 많은 것을 할 수 있지만, 20장에서는 프로파일러로만 살펴본다. 다른 기능에 대한 설명은 perf 매뉴얼 페이지를 읽고 이 절의 시작 부분에 언급된 문서를 참고하길 바란다.

디버그 기호 외에도 커널에서 perf를 완전히 활성화하기 위해 설정해야 하는 두 가지 구성 옵션이 있다.

perf를 위한 커널 구성

타깃에서 실행하려면, perf_events용으로 구성된 커널과 크로스 컴파일된 perf 명령이 필요하다. 관련 커널 구성은 CONFIG_PERF_EVENTS이며 **General setup > Kernel Performance Events and Counters** 메뉴에 있다.

추적 지점tracepoint을 사용해 프로파일링하려면(이 주제는 이후에 좀 더 자세히 다룬다), Ftrace 관련 절에서 설명하는 옵션도 활성화하면 된다. 또한 CONFIG_DEBUG_INFO도 활성화하는 것이 좋다.

perf 명령에는 많은 의존성이 있으므로, 크로스 컴파일이 매우 복잡하다. 그러나 Yocto 프로젝트와 Buildroot 모두에 타깃 패키지가 있다.

또한 프로파일링하려는 타깃 바이너리에는 디버그 심볼이 필요하다. 디버그 심볼을 갖추지 못하면, perf가 주소를 의미 있는 심볼로 해석할 수 없다. 이상적으로는 커널을 포함한 전체 시스템에 대한 디버그 심볼이 필요하다. 후자의 경우, 커널의 디버그 심볼이 vmlinux 파일에 있음을 기억하길 바란다.

Yocto 프로젝트를 이용해 perf 빌드하기

표준 linux-yocto 커널을 사용하는 경우 perf_events가 이미 활성화돼 있으므로 더 이상 할 일이 없다.

perf 도구를 빌드하려면, 타깃 이미지 의존성에 명시적으로 추가하거나 tools-profile 기능을 추가할 수 있다. 앞서 언급했듯이, 타깃 이미지와 커널 vmlinux 이미지에 디버그 기호가 필요할 것이다. 통틀어서 다음 항목이 conf/local.conf에 필요하다.

```
EXTRA_IMAGE_FEATURES = "debug-tweaks dbg-pkgs tools-profile"
IMAGE_INSTALL_append = "kernel-vmlinux"
```

Buildroot 기반 이미지에 perf를 추가하는 것은 기본 커널 구성의 소스에 따라 더 복잡할 수 있다.

Buildroot를 이용해 perf 빌드하기

많은 Buildroot 커널 구성에 perf_events가 포함돼 있지 않으므로, 먼저 커널에 이전 절에서 언급한 옵션이 포함돼 있는지 확인해야 한다.

perf를 크로스 컴파일하려면 Buildroot menuconfig를 실행하고 다음을 선택한다.

- **Kernel ➤ Linux Kernel Tools** 메뉴의 BR2_LINUX_KERNEL_TOOL_PERF

디버그 심볼이 있는 패키지를 빌드하고 타깃에 스트립되지 않은 상태로 설치하려면, 다음 두 설정을 선택한다.

- **Build options ➤ build packages with debugging symbols** 메뉴의 BR2_ENABLE_DEBUG
- **Build options ➤ strip command for binaries on target** 메뉴의 BR2_STRIP = none

그런 다음, make clean을 실행하고 make를 실행한다.

모든 것을 빌드했으면, vmlinux를 타깃 이미지에 수동으로 복사해야 한다.

perf를 이용해 프로파일링하기

perf를 사용하면, 이벤트 카운터 중 하나를 사용해 프로그램 상태를 샘플링하고 일정 기간 동안 샘플을 축적해 프로필을 생성할 수 있다. 이는 통계적 프로파일링의 또 다른 예다. 디폴트 이벤트 카운터의 이름은 cycle인데, 코어 클럭 주파수에서 사이클 수를 나타내는 PMU 레지스터에 매핑되는 일반 하드웨어 카운터다.

perf를 사용해 프로파일링하는 것은 2단계 절차다. perf record 명령으로 샘플을 캡처해 perf.data(디폴트)라는 파일에 기록하고, 이어서 perf report로 결과를 분석한다. 두 명령 모두 타깃에서 실행된다. 수집 중인 샘플은 지정한 명령의 프로세스와 하위 항목에 대해 필터링된다. 다음은 리눅스 문자열을 검색하는 셸 스크립트를 프로파일링하는 예다.

```
# perf record sh -c "find /usr/share | xargs grep linux > /dev/
null"
[ perf record: Woken up 2 times to write data ]
[ perf record: Captured and wrote 0.368 MB perf.data (~16057
samples) ]
# ls -l perf.data
-rw------- 1 root root 387360 Aug 25 2015 perf.data
```

이제 perf report 명령을 사용해 perf.data의 결과를 표시할 수 있다. 명령줄에서 선택할 수 있는 세 가지 사용자 인터페이스가 있다.

- --stdio: 사용자 상호작용이 없는 순수 텍스트 인터페이스다. 성능 보고서를 시작하고 추적의 각 보기에 대해 주석을 달아야 한다.

- --tui: 이는 화면 사이를 순회하는 간단한 텍스트 기반 메뉴 인터페이스다.

- --gtk: 그래픽 인터페이스라는 점을 제외하고는 --tui와 같은 방식으로 작동한다.

디폴트는 다음 예와 같이 TUI이다.

```
Samples: 9K of event 'cycles', Event count (approx.): 2006177260
  11.29%  grep  libc-2.20.so        [.] re_search_internal
   8.80%  grep  busybox.nosuid      [.] bb_get_chunk_from_file
   5.55%  grep  libc-2.20.so        [.] _int_malloc
   5.40%  grep  libc-2.20.so        [.] _int_free
   3.74%  grep  libc-2.20.so        [.] realloc
   2.59%  grep  libc-2.20.so        [.] malloc
   2.51%  grep  libc-2.20.so        [.] regexec@@GLIBC_2.4
   1.64%  grep  busybox.nosuid      [.] grep_file
   1.57%  grep  libc-2.20.so        [.] malloc_consolidate
   1.33%  grep  libc-2.20.so        [.] strlen
   1.33%  grep  libc-2.20.so        [.] memset
   1.26%  grep  [kernel.kallsyms]   [k] __copy_to_user_std
   1.20%  grep  libc-2.20.so        [.] free
   1.10%  grep  libc-2.20.so        [.] _int_realloc
   0.95%  grep  libc-2.20.so        [.] re_string_reconstruct
   0.79%  grep  busybox.nosuid      [.] xrealloc
   0.75%  grep  [kernel.kallsyms]   [k] __do_softirq
   0.72%  grep  [kernel.kallsyms]   [k] preempt_count_sub
   0.68%  find  [kernel.kallsyms]   [k] __do_softirq
   0.53%  grep  [kernel.kallsyms]   [k] __dev_queue_xmit
   0.52%  grep  [kernel.kallsyms]   [k] preempt_count_add
   0.47%  grep  [kernel.kallsyms]   [k] finish_task_switch.isra.85
Press '?' for help on key bindings
```

그림 20.1 perf report TUI

perf는 커널 공간에서 샘플을 수집하기 때문에 프로세스를 대신해 실행된 커널 기능을
기록할 수 있다.

목록은 가장 활동적인 기능순으로 정렬된다. 이 예에서는 grep이 실행되는 동안 하나를
제외하고 모두 캡처됐다. 일부는 라이브러리 libc-2.20에 있고, 일부는 프로그램
busybox.nosuid에 있으며, 일부는 커널에 있다. 모든 바이너리가 디버그 정보와 함께 타
깃에 설치됐고 커널 심볼이 /boot/vmlinux에 있으므로, 프로그램과 라이브러리 함수
의 심볼 이름을 볼 수 있다. 다른 위치에 vmlinux가 있는 경우, perf report 명령에 -k
<path>를 추가한다. perf.data에 샘플을 저장하는 대신, perf record -o <file name>을
사용해 샘플을 다른 파일에 저장하고 perf report -i <file name>을 사용해 분석할 수
있다.

디폴트로 perf record는 cycle 카운터를 사용해 1,000Hz의 빈도로 샘플링한다.

TIP

> 1,000Hz의 샘플링 빈도는 실제로 필요한 것보다 높을 수 있으며 관찰자 효과의 원인일 수 있다. 더 낮
> 은 빈도로 시도해보자. 경험상 대부분의 경우 100Hz면 충분하다. -F 옵션을 사용해 샘플링 빈도를 설
> 정할 수 있다.

우리 삶이 편안해지기에는 이것만으로 충분하지 않다. 목록 맨 위에 있는 기능은 대부분 저수준 메모리 작업이며 이미 최적화돼 있음을 상당히 확신할 수 있다. 다행히도 perf record는 호출 스택을 크롤링하고 이들 기능이 호출되는 위치를 볼 수 있는 기능도 제공한다.

호출 그래프

한 발 물러서서 이렇게 비용이 많이 드는 함수의 주변 콘텍스트를 보는 것이 좋다. 각 샘플에서 역추적(백트레이스backtrace)을 캡처하기 위해 perf record에 -g 옵션을 추가할 수 있다.

이제 성능 보고서에는 함수가 호출 체인call chain의 일부인 곳에 더하기(+) 기호가 표시된다. 트레이스를 확장해 체인의 아래쪽에 있는 함수를 볼 수 있다.

```
Samples: 10K of event 'cycles', Event count (approx.): 2256721655
-    9.95%    grep   libc-2.20.so        [.] re_search_internal
   - re_search_internal
         95.96% 0
         3.50% 0x208
+    8.19%    grep   busybox.nosuid      [.] bb_get_chunk_from_file
+    5.07%    grep   libc-2.20.so        [.] _int_free
+    4.76%    grep   libc-2.20.so        [.] _int_malloc
+    3.75%    grep   libc-2.20.so        [.] realloc
+    2.63%    grep   libc-2.20.so        [.] malloc
+    2.04%    grep   libc-2.20.so        [.] regexec@@GLIBC_2.4
+    1.43%    grep   busybox.nosuid      [.] grep_file
+    1.37%    grep   libc-2.20.so        [.] memset
+    1.29%    grep   libc-2.20.so        [.] malloc_consolidate
+    1.22%    grep   libc-2.20.so        [.] _int_realloc
+    1.15%    grep   libc-2.20.so        [.] free
+    1.01%    grep   [kernel.kallsyms]   [k] __copy_to_user_std
+    0.98%    grep   libc-2.20.so        [.] strlen
+    0.89%    grep   libc-2.20.so        [.] re_string_reconstruct
+    0.73%    grep   [kernel.kallsyms]   [k] preempt_count_sub
+    0.68%    grep   [kernel.kallsyms]   [k] finish_task_switch.isra.85
+    0.62%    grep   busybox.nosuid      [.] xrealloc
+    0.57%    grep   [kernel.kallsyms]   [k] __do_softirq
Press '?' for help on key bindings
```

그림 20.2 perf report (호출 그래프)

NOTE

호출 그래프 생성은 GDB의 역추적에 필요한 것처럼 스택에서 호출 프레임을 추출하는 기능에 의존한다. 스택을 되감는(unwind) 데 필요한 정보는 실행 파일의 디버그 정보에 인코딩되지만, 모든 아키텍처와 툴체인이 이 기능을 제공하는 것은 아니다.

역추적도 좋지만, 이들 함수에 대한 어셈블러나 더 편리한 소스 코드는 어디에 있을까?

perf annotate

이제 어떤 함수를 봐야 하는지 알았으므로, 내부로 들어가서 코드를 보고 각 명령어의 히트 카운트$^{hit\ count}$를 확인하는 것이 좋겠다. 그것이 perf annotate가 하는 일인데, 타깃에 설치된 objdump를 호출해 이뤄진다. perf report 대신 perf annotate를 사용하면 된다.

perf annotate는 실행 파일과 vmlinux의 심볼 테이블이 필요하다. 다음은 주석이 달린 함수의 예다.

```
re search internal  /lib/libc-2.20.so
                cmp     r1,
                beq     c362c <gai_strerror+0xcaf8>
                str     r3, [fp, #-40]        ; 0x28
                b       c3684 <gai_strerror+0xcb50>
     0.65       ldr     ip, [fp, #-256]       ; 0x100
     0.16       ldr     r0, [fp, #-268]       ; 0x10c
     2.44       add     r3,
     4.15       cmp     r0,
     3.91       strle   r3, [fp, #-40]        ; 0x28
                ble     c3684 <gai_strerror+0xcb50>
     4.72       ldrb    r1, [r2, #1]!
    10.26       ldrb    r1, [ip, r1]
     6.68       cmp     r1,
                beq     c3660 <gai_strerror+0xcb2c>
     0.90       str     r3, [fp, #-40]        ; 0x28
     2.12       ldr     r3, [fp, #-40]        ; 0x28
     0.08       ldr     r2, [fp, #-268]       ; 0x10c
     0.33       cmp     r2,
                bne     c3804 <gai_strerror+0xccd0>
     0.08       mov     r3,
                ldr     r2, [fp, #-280]       ; 0x118
     0.08       cmp     r3,
Press 'h' for help on key bindings
```

그림 20.3 perf annotate (어셈블러)

어셈블러와 소스 코드를 함께 보려면 해당 소스 파일을 타깃 장치에 복사하면 된다. Yocto 프로젝트를 사용하고 dbg-pkgs 추가 이미지 기능으로 빌드하거나 개별 -dbg 패키지를 설치한 경우, 소스가 /usr/src/debug에 설치된다. 그렇지 않으면, 디버그 정보를 조사해 소스 코드의 위치를 확인할 수 있다.

```
$ arm-buildroot-linux-gnueabi-objdump --dwarf lib/libc-2.19.so
| grep DW_AT_comp_dir
<3f> DW_AT_comp_dir : /home/chris/buildroot/output/build/
hostgcc-initial-4.8.3/build/arm-buildroot-linux-gnueabi/libgcc
```

타깃의 경로는 DW_AT_comp_dir에서 볼 수 있는 경로와 정확히 동일해야 한다.

다음은 소스와 어셈블러 코드가 함께 있는 주석의 예다.

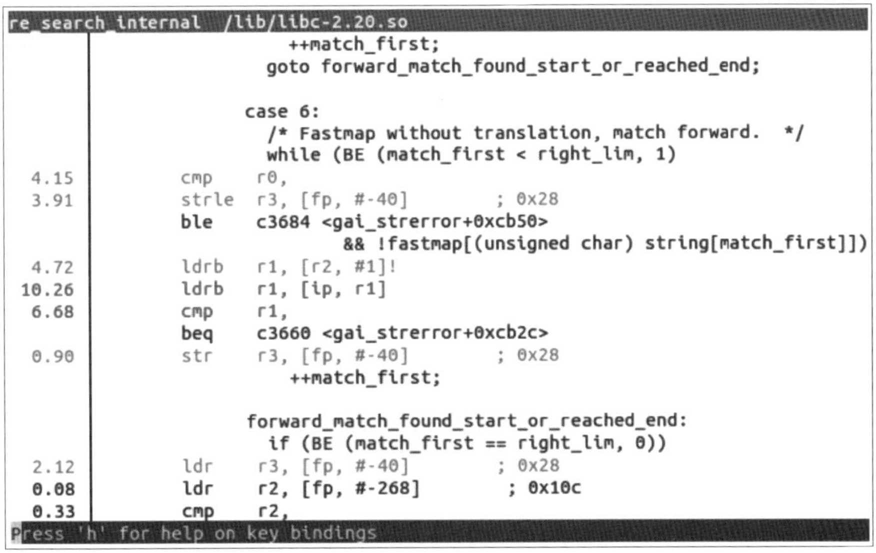

그림 20.4 perf annotate (소스 코드)

이제 cmp r0 위와 str r3, [fp, #-40] 명령어 아래에서 해당 C 소스 코드를 볼 수 있다.

이것으로 perf에 대한 설명을 마친다. perf보다 앞선 OProfile과 gprof 같은 다른 통계적 샘플링 프로파일러가 있지만, 이들 도구는 최근 몇 년 동안 인기가 떨어졌으므로 생략하기로 결정했다. 다음으로는 이벤트 트레이서를 살펴본다.

⠿ 이벤트 추적

지금까지 본 도구는 모두 통계적 샘플링을 사용하는데, 이벤트를 보고 서로 관련시킬 수 있도록 이벤트 순서에 대해 더 알고 싶어 하는 경우가 많다. 함수 추적에는 이벤트에 대한 정보를 캡처하는 추적점 코드를 추가하는 작업^{instrumenting}이 포함되며, 이벤트 정보에는 다음 중 일부나 전체가 포함될 수 있다.

- 타임스탬프

- 현재 PID 같은 콘텍스트

- 함수 인자와 리턴 값

- 호출 스택

이는 통계적 프로파일링보다 애플리케이션 실행에 더 많은 영향을 미치며 데이터양도 많아질 수 있다. 후자의 문제는 샘플을 캡처할 때와 나중에 트레이스를 볼 때 필터를 적용해 완화할 수 있다.

여기서는 세 가지 추적 도구(커널 기능 추적 프로그램인 Ftrace, LTTng, BPF)를 설명한다.

⠿ Ftrace

커널 기능 추적 프로그램인 Ftrace는 스티븐 로스테트^{Steven Rostedt}와 많은 다른 사람들이 실시간 애플리케이션에서 높은 스케줄링 대기 시간의 원인을 추적하며 수행한 작업에서 발전했다. Ftrace는 리눅스 2.6.27에서 등장했으며 그 이후로 활발하게 개발됐다. 커널 소스의 Documentation/trace에는 커널 추적을 설명하는 많은 문서가 있다.

Ftrace는 커널에서 다양한 유형의 활동을 기록할 수 있는 여러 추적기로 구성된다. 여기서는 function, function_graph 추적기와 이벤트 추적점을 이야기하겠다. 21장, '실시간 프로그래밍'에서 Ftrace를 다시 언급하고 실시간 대기 시간을 표시하는 데 사용할 것이다.

function 추적기는 호출을 기록하고 타임스탬프를 찍을 수 있도록 각 커널 함수를 인스트루먼트instrument한다. 흥미로운 점은 -pg 스위치를 사용해 커널을 컴파일함으로써 인스트루먼트한다는 것이다. function_graph 추적기는 더 나아가 호출 그래프를 생성할 수 있도록 함수의 시작과 종료를 모두 기록한다. 이벤트 추적점 기능은 호출과 관련된 인자도 기록한다.

Ftrace는 debugfs 파일시스템 안의 가상 파일을 통해 전적으로 구현되는 매우 임베디드 친화적인 사용자 인터페이스를 갖고 있으므로, 타깃에서 작동시키기 위해 아무런 도구도 설치할 필요가 없다. 그럼에도 불구하고, 원할 경우 다른 사용자 인터페이스를 선택할 수 있다. trace-cmd는 트레이스를 기록하고 보는 명령줄 도구이며 Buildroot(BR2_PACKAGE_TRACE_CMD)와 Yocto 프로젝트(trace-cmd)에서 사용할 수 있다. 또한 Yocto 프로젝트용 패키지로 사용할 수 있는 KernelShark라는 그래픽 트레이스 뷰어가 있다.

perf와 마찬가지로, Ftrace를 활성화하려면 특정 커널 구성 옵션을 설정해야 한다.

Ftrace를 사용하기 위한 준비

Ftrace와 다양한 옵션은 커널 구성 메뉴에서 설정된다. 최소한 다음 설정이 필요하다.

- **Kernel hacking ➤ Tracers ➤ Kernel Function Tracer** 메뉴의 CONFIG_FUNCTION_TRACER

이유는 나중에 설명하겠지만, 다음 옵션도 켜는 것이 좋다.

- **Kernel hacking ➤ Tracers ➤ Kernel Function Graph Tracer** 메뉴의 CONFIG_FUNCTION_GRAPH_TRACER
- **Kernel hacking ➤ Tracers ➤ enable/disable function tracing dynamically** 메뉴의 CONFIG_DYNAMIC_FTRACE

모든 것이 커널에서 호스팅되므로 사용자 공간 구성은 필요치 않다.

Ftrace 사용하기

Ftrace를 사용하기에 앞서, 관례상 /sys/kernel/debug 디렉터리에 있는 debugfs 파일
시스템을 마운트해야 한다.

```
# mount -t debugfs none /sys/kernel/debug
```

Ftrace에 대한 모든 컨트롤은 /sys/kernel/debug/tracing 디렉터리에 있다. README
파일에는 미니 HOWTO도 있다.

다음은 커널에서 사용할 수 있는 추적 프로그램의 목록이다.

```
# cat /sys/kernel/debug/tracing/available_tracers
blk function_graph function nop
```

활성 추적 프로그램은 current_tracer를 통해 표시되며, 처음에는 널^{null} 추적 프로그램
인 nop이다.

트레이스를 캡처하려면, available_tracer 중 하나의 이름을 current_tracer에 기록해
추적 프로그램을 선택한 후 다음과 같이 잠시 동안 추적을 활성화한다.

```
# echo function > /sys/kernel/debug/tracing/current_tracer
# echo 1 > /sys/kernel/debug/tracing/tracing_on
# sleep 1
# echo 0 > /sys/kernel/debug/tracing/tracing_on
```

그 1초 안에 추적 버퍼$^{trace\ buffer}$는 커널이 호출한 모든 함수의 세부 정보로 채워질 것이
다. 추적 버퍼의 형식은 Documentation/trace/ftrace.txt에 설명된 대로 일반 텍스트
다. trace 파일에서 추적 버퍼를 읽을 수 있다.

```
# cat /sys/kernel/debug/tracing/trace
# tracer: function
#
# entries-in-buffer/entries-written: 40051/40051   #P:1
#
```

```
#                       _-----=> irqs-off
#                      / _----=> need-resched
#                     | / _---=> hardirq/softirq
#                     || / _--=> preempt-depth
#                     ||| /     delay
# TASK-PID    CPU#    ||||    TIMESTAMP   FUNCTION
#    | |       |      ||||       |           |
sh-361  [000]  ...1  992.990646: mutex_unlock <-rb_simple_write
sh-361  [000]  ...1  992.990658: __fsnotify_parent <-vfs_write
sh-361  [000]  ...1  992.990661: fsnotify <-vfs_write
sh-361  [000]  ...1  992.990663: __srcu_read_lock <-fsnotify
sh-361  [000]  ...1  992.990666: preempt_count_add <-__srcu_read_
lock
sh-361  [000]  ...2  992.990668: preempt_count_sub <-__srcu_read_
lock
sh-361  [000]  ...1  992.990670: __srcu_read_unlock <-fsnotify
sh-361  [000]  ...1  992.990672: __sb_end_write <-vfs_write
sh-361  [000]  ...1  992.990674: preempt_count_add <-__sb_end_
write
[…]
```

단 1초 만에 많은 수의 데이터 포인트(이 경우 40,000개 이상)를 캡처할 수 있다.

프로파일러와 마찬가지로, 이런 함수 목록을 이해하기는 어렵다. function_graph 추적기를 선택하면, Ftrace는 다음과 같이 호출 그래프를 캡처한다.

```
# tracer: function_graph
#
# CPU DURATION            FUNCTION CALLS
#  |   |   |               |   |   |   |
0) + 63.167 us  |                } /* cpdma_ctlr_int_ctrl */
0) + 73.417 us  |                } /* cpsw_intr_disable */
0)              |                disable_irq_nosync() {
0)              |                  __disable_irq_nosync() {
0)              |                    __irq_get_desc_lock() {
0) 0.541 us     |                      irq_to_desc();
0) 0.500 us     |                      preempt_count_add();
0) + 16.000 us  |                    }
0)              |                    __disable_irq() {
0) 0.500 us     |                      irq_disable();
0) 8.208 us     |                    }
```

```
0)                      |               __irq_put_desc_unlock() {
0) 0.459 us     |                 preempt_count_sub();
0) 8.000 us     |                 }
0) + 55.625 us |                         }
0) + 63.375 us |                   }
```

이제 중괄호 {와 }로 구분된 함수 호출의 중첩을 볼 수 있다. 종료 중괄호에는 함수에 소요된 시간이 있으며, 10µs 이상 걸리면 더하기[+] 기호로, 100µs 이상 걸리면 느낌표[!]로 표시된다.

단일 프로세스나 스레드로 인한 커널 활동에만 관심이 있는 경우가 많은데, 이 경우 스레드 ID를 set_ftrace_pid에 기록해 하나의 스레드로 제한함으로써 추적할 수 있다.

동적 Ftrace와 트레이스 필터

CONFIG_DYNAMIC_FTRACE를 활성화하면 Ftrace가 런타임에 함수 트레이스 사이트를 수정할 수 있으며, 이는 몇 가지 이점이 있다. 첫째, 트레이스 함수 프로브의 추가 빌드 시간 처리를 트리거해 Ftrace 서브시스템이 부팅 시 검색을 찾고 NOP 명령으로 덮어 쓰도록 함으로써 기능 추적 코드의 오버헤드를 거의 없음으로 줄인다. 그런 다음, 성능에 영향을 주지 않고 프로덕션이나 준프로덕션 커널에서 Ftrace를 활성화할 수 있다.

두 번째 장점은 모든 것을 추적하는 대신 함수 트레이스 사이트를 선택적으로 활성화할 수 있다는 것이다. 함수 목록은 available_filter_functions에 저장되며, 그 수가 수만 개에 달한다. available_filter_functions에서 set_ftrace_filter로 이름을 복사해 필요에 따라 함수 트레이스를 선택적으로 활성화하고, set_ftrace_notrace에 이름을 추가해 해당 함수 추적을 중지할 수 있다. 와일드카드를 사용해 목록에 이름을 추가할 수도 있다. 예를 들어 tcp 처리에 관심이 있다고 가정하자.

```
# cd /sys/kernel/debug/tracing
# echo "tcp*" > set_ftrace_filter
# echo function > current_tracer
# echo 1 > tracing_on
```

몇 가지 테스트를 실행한 다음 트레이스를 확인한다.

```
# cat trace
# tracer: function
#
# entries-in-buffer/entries-written: 590/590    #P:1
#
#                              _-----=> irqs-off
#                             / _----=> need-resched
#                            | / _---=> hardirq/softirq
#                            || / _--=> preempt-depth
#                            ||| /     delay
#  TASK-PID    CPU#  ||||    TIMESTAMP  FUNCTION
#     | |        |   ||||       |         |
dropbear-375 [000] ...1 48545.022235: tcp_poll <-sock_poll
dropbear-375 [000] ...1 48545.022372: tcp_poll <-sock_poll
dropbear-375 [000] ...1 48545.022393: tcp_sendmsg <-inet_
sendmsg
dropbear-375 [000] ...1 48545.022398: tcp_send_mss <-tcp_
sendmsg
dropbear-375 [000] ...1 48545.022400: tcp_current_mss <-tcp_
send_mss
[…]
```

set_ftrace_filter는 예를 들어 특정 함수가 실행될 때 추적을 시작/중지하는 명령을 포함할 수도 있다. 여기서는 이와 관련된 세부 내용을 다루지 않지만, 더 자세히 알아보려면 Documentation/trace/ftrace.txt의 '필터 명령Filter commands' 절을 읽길 바란다.

트레이스 이벤트

앞 절에서 설명한 function과 function_graph 추적 프로그램은 함수가 실행된 시간만 기록한다. 트레이스 이벤트trace event 기능은 호출과 관련된 인자도 기록하므로 트레이스가 더 읽기 쉽고 더 많은 정보를 담게 된다. 예를 들어, 추적 이벤트에 kmalloc 함수가 호출됐음뿐만 아니라 요청된 바이트 수와 리턴된 포인터까지 기록한다. 추적 이벤트는 Ftrace뿐만 아니라 perf와 LTTng에서도 사용되지만, 추적 이벤트 서브시스템의 개발은 LTTng 프로젝트에서 시작됐다.

트레이스 이벤트는 각각 다르기 때문에 커널 개발자의 노력이 필요하며, `TRACE_EVENT` 매크로를 사용해 소스 코드에 정의돼 있다(현재 1,000개가 넘는다). /sys/kernel/debug/tracing/available_events에서 런타임에 사용 가능한 이벤트 목록을 볼 수 있으며, 이름은 `subsystem:function`으로 지정된다(예: `kmem:kmalloc`). 각 이벤트는 다음과 같이 tracing/events/[subsystem]/[function]의 서브디렉터리로도 표시된다.

```
# ls events/kmem/kmalloc
enable filter format id trigger
```

각 파일은 다음과 같다.

- **enable**: 이벤트를 활성화하려면 이 파일에 1을 기록한다.

- **filter**: 이벤트를 추적하려면 true로 평가돼야 하는 표현식이다.

- **format**: 이벤트와 인자의 형식이다.

- **id**: 숫자 식별자다.

- **trigger**: Documentation/trace/ftrace.txt의 '필터 명령' 절에 정의된 구문을 사용해 이벤트가 발생할 때 실행되는 명령이다.

kmalloc과 kfree가 관련된 간단한 예를 보여주겠다. 이벤트 추적은 함수 추적기가 필요치 않으므로, 먼저 nop 추적기를 선택하자.

```
# echo nop > current_tracer
```

그런 다음, 각각을 개별적으로 활성화해 추적할 이벤트를 선택한다.

```
# echo 1 > events/kmem/kmalloc/enable
# echo 1 > events/kmem/kfree/enable
```

다음과 같이 이벤트 이름을 set_event에 쓸 수도 있다.

```
# echo "kmem:kmalloc kmem:kfree" > set_event
```

이제 트레이스를 읽을 때 함수와 해당 인자를 볼 수 있다.

```
# tracer: nop
#
# entries-in-buffer/entries-written: 359/359 #P:1
#
#                        _-----=> irqs-off
#                       / _-----=> need-resched
#                      | / _----=> hardirq/softirq
#                      || / _--=> preempt-depth
#                      ||| /     delay
#   TASK-PID   CPU#   ||||    TIMESTAMP  FUNCTION
#      | |       |    ||||       |          |
     cat-382   [000] ...1  2935.586706: kmalloc:call_
site=c0554644 ptr=de515a00
       bytes_req=384 bytes_alloc=512
       gfp_flags=GFP_ATOMIC|GFP_NOWARN|GFP_NOMEMALLOC
     cat-382   [000] ...1  2935.586718: kfree: call_
site=c059c2d8 ptr=(null)
```

정확히 동일한 추적 이벤트가 perf에서 tracepoint 이벤트로 표시된다.

빌드에 덩치 큰 사용자 공간 구성 요소가 없으므로, Ftrace는 대부분의 임베디드 타깃에 배포하는 데 적합하다. 다음으로는 Ftrace보다 먼저 기원한 또 다른 인기 있는 이벤트 추적 프로그램을 살펴본다.

⠿ LTTng 사용하기

LTT^Linux Trace Toolkit 프로젝트는 카림 야그모어^Karim Yaghmour가 커널 활동을 추적하는 수단으로 시작했으며, 일반적으로 리눅스 커널에 사용할 수 있는 최초의 추적 도구 중 하나였다. 이후 마티유 드노이에^Mathieu Desnoyers가 이 아이디어를 채택해 차세대 추적 도구인

LTTng로 다시 구현했다. 그런 다음, 커널뿐만 아니라 사용자 공간 추적을 포함하도록 확장됐다. 프로젝트 웹 사이트는 https://lttng.org/이며 포괄적인 사용자 매뉴얼을 담고 있다.

LTTng는 세 가지 요소로 구성된다.

- 핵심 세션 관리자

- 커널 모듈 그룹으로 구현된 커널 추적 프로그램

- 라이브러리로 구현된 사용자 공간 추적기

그 외에도 호스트나 타깃에서 원시 추적 데이터를 표시하고 필터링하려면 Babeltrace (https://babeltrace.org)나 Eclipse Trace Compass 플러그인 같은 트레이스 뷰어가 필요하다.

LTTng는 `CONFIG_TRACEPOINTS`가 설정된 커널을 요구하며, 이는 **Kernel hacking ➤ Tracers ➤ Kernel Function Tracer**를 선택하면 활성화된다.

다음 설명은 LTTng 버전 2.5를 나타낸다. 다른 버전은 다를 수 있다.

LTTng와 Yocto 프로젝트

다음 패키지를 conf/local.conf의 타깃 의존성에 추가해야 한다.

```
IMAGE_INSTALL_append = " lttng-tools lttng-modules lttng-ust"
```

타깃에서 Babeltrace를 실행하려면 `babeltrace` 패키지도 추가한다.

LTTng와 Buildroot

다음 항목을 활성화해야 한다.

- **Target packages ➤ Debugging, profiling and benchmark ➤ lttng-modules** 메뉴
  의 `BR2_PACKAGE_LTTNG_MODULES`

- **Target packages ➤ Debugging, profiling and benchmark ➤ lttng-tools** 메뉴의
  `BR2_PACKAGE_LTTNG_TOOLS`

사용자 공간 추적을 위해서는 다음을 활성화한다.

- **Target packages ➤ Libraries ➤ Other, enable lttng-libust** 메뉴의 `BR2_PACKAGE_`
  `LTTNG_LIBUST`

타깃용 `lttng-babeltrace` 패키지가 있다. Buildroot는 babeltrace 호스트를 자동으로 빌
드해 output/host/usr/bin/babeltrace에 저장한다.

LTTng를 사용해 커널 추적하기

LTTng는 이전에 잠재적인 추적점으로 설명한 ftrace 이벤트 세트를 사용할 수 있다. 처
음에는 비활성화돼 있다.

LTTng의 제어 인터페이스는 lttng 명령이다. 다음과 같이 커널 프로브^{kernel probe}를 나열
할 수 있다.

```
# lttng list --kernel
Kernel events:
-------------
writeback_nothread (loglevel: TRACE_EMERG (0)) (type:
tracepoint)
writeback_queue (loglevel: TRACE_EMERG (0)) (type: tracepoint)
writeback_exec (loglevel: TRACE_EMERG (0)) (type: tracepoint)
[…]
```

트레이스는 세션 콘텍스트에서 캡처되며, 이 예에서는 test라고 한다.

```
# lttng create test
Session test created.
Traces will be written in /home/root/lttng-traces/test-
20150824-140942
# lttng list
Available tracing sessions:
1) test (/home/root/lttng-traces/test-20150824-140942)
[inactive]
```

이제 현재 세션에서 몇 가지 이벤트를 활성화한다. --all 옵션을 사용해 모든 커널 추적
점을 활성화할 수 있지만, 너무 많은 추적 데이터를 생성한다는 사실을 기억해야 한다.
몇 가지 스케줄러 관련 추적 이벤트부터 시작하자.

```
# lttng enable-event --kernel sched_switch,sched_process_fork
```

모든 설정이 완료됐는지 확인한다.

```
# lttng list test
Tracing session test: [inactive]
    Trace path: /home/root/lttng-traces/test-20150824-140942
    Live timer interval (usec): 0
 === Domain: Kernel ===
 Channels:
 -------------
 - channel0: [enabled]
 Attributes:
      overwrite mode: 0
      subbufers size: 26214
      number of subbufers: 4
      switch timer interval: 0
      read timer interval: 200000
      trace file count: 0
      trace file size (bytes): 0
      output: splice()
 Events:
      sched_process_fork (loglevel: TRACE_EMERG (0)) (type:
tracepoint) [enabled]
      sched_switch (loglevel: TRACE_EMERG (0)) (type:
tracepoint) [enabled]
```

이제 추적을 시작한다.

```
# lttng start
```

테스트를 실행한 다음, 추적을 중지한다.

```
# lttng stop
```

세션에 대한 트레이스는 세션 디렉터리인 lttngtraces/⟨session⟩/kernel에 기록된다.

Babeltrace 뷰어를 사용해 원시 추적 데이터를 텍스트 형식으로 덤프할 수 있다. 이 경우 호스트 컴퓨터에서 실행했다.

```
$ babeltrace lttng-traces/test-20150824-140942/kernel
```

출력은 이 페이지에 맞추기에는 너무 장황하므로, 이 방법으로 추적을 캡처하고 표시하는 것은 연습을 위한 과제로 남겨두겠다. Babeltrace의 텍스트 출력은 grep 등의 명령을 사용해 문자열을 쉽게 검색할 수 있다는 이점이 있다.

그래픽 추적 뷰어로서 좋은 선택은 이클립스^{Eclipse}용 Trace Compass 플러그인이며, 현재 C/C++ 개발자 번들용 이클립스 IDE의 일부다. 추적 데이터를 이클립스로 가져오는 것은 상당히 까다롭다. 간단히 말하면, 다음 단계를 따라야 한다.

1. **Tracing** 퍼스펙티브를 연다.

2. **File ➤ New ➤ Tracing project**를 선택해 새로운 프로젝트를 만든다.

3. 프로젝트 이름을 입력하고 **Finish**를 클릭한다.

4. **Project Explorer** 메뉴의 **New Project** 옵션을 마우스 오른쪽 버튼으로 클릭하고 **Import**를 선택한다.

5. **Tracing**을 확장한 다음 **Trace Import**를 선택한다.

6. 트레이스가 포함된 디렉터리(예: test-20150824-140942)로 이동하고, 상자를 선택해 원하는 서브디렉터리(kernel일 수 있음)를 표시한 후 **Finish**를 클릭한다.

7. 프로젝트를 확장하고 그 안에서 **Traces[1]**을 확장한 다음, 그 안에서 **kernel**을 두 번 클릭한다.

이제 LTTng에 대한 설명을 마치고, 리눅스용으로 최신이자 최고로 꼽히는 이벤트 추적기를 살펴본다.

BPF 사용하기

BPF[Berkeley Packet Filter]는 네트워크 트래픽을 캡처, 필터링, 분석하기 위해 1992년에 처음 소개된 기술이다. 2013년 알렉시 스타로보이토프[Alexi Starovoitov]는 다니엘 보크만[Daniel Borkmann]의 도움으로 BPF를 다시 작성했다. 당시 eBPF[extended BPF]로 알려진 이 작업은 2014년 커널에 병합돼 리눅스 3.15부터 사용할 수 있게 됐다. BPF는 프로그램을 실행하기 위한 샌드박스 실행 환경을 리눅스 커널 내에 제공한다. BPF 프로그램은 C로 작성되며 네이티브 코드로 JIT[Just-In-Time] 컴파일된다. 그러기 전에 중간 BPF 바이트코드는 프로그램이 커널을 크래시시키지 않도록 먼저 일련의 안전 검사를 통과해야 한다.

네트워킹에서 기원했지만, BPF는 이제 리눅스 커널 내에서 실행되는 범용 가상 머신이다. 특정 커널과 애플리케이션 이벤트에서 작은 프로그램을 쉽게 실행할 수 있도록 함으로써, BPF는 가장 강력한 리눅스용 추적 프로그램으로 빠르게 부상했다. 컨테이너화된 배포에서의 cgroup처럼, BPF는 사용자가 프로덕션 시스템을 완전히 계측할 수 있도록 해서 관찰 가능성을 혁신할 수 있는 잠재력이 있다. 넷플릭스[Netflix]와 페이스북[Facebook]은 성능 분석과 분산 서비스 거부[DDoS, Distributed Denial of Service] 공격을 막기 위해 마이크로서비스와 클라우드 인프라 전반에서 BPF를 광범위하게 사용한다.

BPF 주변의 도구로, BCC[BPF Compiler Collection]와 bpftrace가 가장 눈에 띄는 두 프런트엔드로 자리 잡으면서 진화하고 있다. 브렌던 그레그[Brendan Gregg]는 두 프로젝트에 깊이 관여했으며 『BPF Performance Tools: Linux System and Application Observability』

(Addison-Wesley, 2019)에서 BPF에 대해 광범위하게 저술했다. 이처럼 광대한 범위를 포괄하고 여러 가지 가능성을 갖고 있으므로, BPF 같은 새로운 기술은 대응하기 어려워 보일 수 있다. 그러나 cgroup과 마찬가지로, BPF를 사용하기 위해 BPF가 작동하는 방식을 이해할 필요는 없다. BCC는 명령줄에서 간단히 실행할 수 있는 몇 가지 도구와 예제를 함께 제공한다.

BPF를 위한 커널 구성

BCC를 사용하려면 리눅스 커널 버전 4.1 이상이 필요하다. 이 책을 쓰는 시점에서 BCC는 소수의 64비트 CPU 아키텍처만 지원하므로, 임베디드 시스템에서는 BPF 사용이 심각하게 제한된다. 다행히도 지원되는 64비트 아키텍처 중 하나는 aarch64이므로, 라즈베리 파이 4에서 BCC를 실행할 수 있다. 먼저 해당 이미지에 대해 BPF 지원 커널을 구성해보자.

```
$ cd buildroot
$ make clean
$ make raspberrypi4_64_defconfig
$ make menuconfig
```

BCC는 LLVM을 사용해 BPF 프로그램을 컴파일한다. LLVM은 매우 큰 C++ 프로젝트이므로, 빌드하려면 wchar, 스레드 등의 기능이 포함된 툴체인이 필요하다.

TIP

ply(https://github.com/iovisor/ply)라는 패키지가 2021년 1월 23일에 Buildroot에 병합됐으며, Buildroot 2021.02 LTS 릴리스에 포함될 것이다.[1] ply는 커널의 임의 지점에 프로브를 연결할 수 있도록 BPF를 활용하는 리눅스용 경량 동적 추적 프로그램이다. BCC와 달리, ply는 LLVM에 의존하지 않으며 libc 외에 필요한 외부 의존성이 없다. 따라서 arm과 powerpc 같은 임베디드 CPU 아키텍처에 훨씬 쉽게 이식할 수 있다.

---

1   웹 사이트(http://lists.busybox.net/pipermail/buildroot/2021-March/305168.html)를 참고하자. - 옮긴이

BPF용 커널을 구성하기 전에 외부 툴체인을 선택하고, BCC를 수용하도록 raspberrypi 4_64_defconfig를 수정하자.

1. **Toolchain ➤ Toolchain type ➤ External toolchain**으로 이동해 외부 툴체인 사용을 활성화한다.

2. **External toolchain**에서 나와 **Toolchain** 하위 메뉴를 연다. 가장 최근의 ARM AArch64 툴체인을 외부 툴체인으로 선택한다.

3. **Toolchain** 페이지에서 나와 **System configuration ➤ /dev management** 메뉴로 이동한다. **Dynamic using devtmpfs + eudev**를 선택한다.

4. **/dev management**에서 나와 **Enable root login with password**를 선택한다. **Root password**를 열고 텍스트 필드에 비어 있지 않은[non-empty] 암호를 입력한다.

5. **System configuration** 페이지에서 나와 파일 **Filesystem images** 메뉴로 이동한다. 커널 소스 코드를 위한 충분한 공간이 있도록 **exact size** 값을 2G로 늘린다.

6. **Filesystem images**에서 나와 **Target packages ➤ Networking applications** 메뉴로 이동한다. **dropbear** 패키지를 선택해 타깃에 대한 scp와 ssh 접근을 활성화한다. dropbear는 암호 없는 root scp와 ssh 접근을 허용하지 않는다.

7. **Networking applications**에서 나와 **Miscellaneous** 타깃 패키지로 이동한다. **haveged** 패키지를 선택해 프로그램이 /dev/urandom이 타깃에서 초기화되기를 기다리지 않도록 한다.

8. 변경 사항을 저장하고 menuconfig를 종료한다.

이제 이상의 menuconfig 변경 사항으로 configs/raspberrypi4_64_defconfig를 덮어 쓰고 구성을 위해 리눅스 커널 소스를 준비한다.

```
$ make savedefconfig
$ make linux-configure
```

make linux-configure 명령은 커널 소스 코드를 가져오고 추출하고 구성하기 전에 외부 도구 모음을 다운로드 및 설치하고 일부 호스트 도구를 빌드한다. 이 책을 쓸 당시 Buildroot 2020.02.9 LTS 릴리스의 raspberrypi4_64_defconfig는 여전히 라즈베리 파이 재단의 깃허브 포크에서 가져온 사용자 지정 4.19 커널 소스 tarball을 가리킨다. raspberrypi4_64_defconfig의 내용을 검사해 현재 사용 중인 커널 버전을 확인한다. make linux-configure가 커널 구성을 완료하면 BPF용으로 다시 구성할 수 있다.

```
$ make linux-menuconfig
```

대화형 메뉴에서 특정 커널 구성 옵션을 검색하려면 / 키를 누르고 검색 문자열을 입력한다. 검색하면 번호가 매겨진 일치 목록이 리턴될 것이다. 주어진 번호를 입력하면 해당 구성 옵션으로 바로 이동한다.

BPF에 대한 커널 지원을 활성화하려면 최소한 다음을 선택해야 한다.

```
CONFIG_BPF=y
CONFIG_BPF_SYSCALL=y
```

또한 BCC를 위해 다음을 추가해야 한다.

```
CONFIG_NET_CLS_BPF=m
CONFIG_NET_ACT_BPF=m
CONFIG_BPF_JIT=y
```

리눅스 커널 버전 4.1~4.6에는 다음 플래그가 필요하다.

```
CONFIG_HAVE_BPF_JIT=y
```

리눅스 커널 버전 4.7 이상에는 대신 이 플래그가 필요하다.

```
CONFIG_HAVE_EBPF_JIT=y
```

리눅스 커널 버전 4.7부터는 사용자가 BPF 프로그램을 kprobe, uprobe, tracepoint 이벤트에 연결할 수 있도록 다음을 추가한다.

```
CONFIG_BPF_EVENTS=y
```

리눅스 커널 버전 5.2부터는 커널 헤더에 대해 다음을 추가한다.

```
CONFIG_IKHEADERS=m
```

BCC는 BPF 프로그램을 컴파일하기 위해 커널 헤더를 읽어야 하므로, CONFIG_IKHEADERS를 선택하면 kheaders.ko 모듈을 로드해 접근할 수 있다.

BCC 네트워킹 예제를 실행하려면 다음 모듈도 필요하다.

```
CONFIG_NET_SCH_SFQ=m
CONFIG_NET_ACT_POLICE=m
CONFIG_NET_ACT_GACT=m
CONFIG_DUMMY=m
CONFIG_VXLAN=m
```

BPF 지원 커널을 빌드하기 전에 output/build/linux-custom/.config에 적용되도록 make linux-menuconfig를 종료할 때 변경 사항을 저장해야 한다.

Buildroot를 이용해 BCC 툴킷 빌드하기

이제 BPF에 필요한 커널 지원이 준비됐으므로, 이미지에 사용자 공간 라이브러리와 도구를 추가해본다. 이 책을 쓰는 시점에서 유구르타 벨칼렘^{Jugurtha Belkalem}과 여러 사람들이 Buildroot에 BCC를 통합하기 위해 열심히 노력해왔지만, 패치는 아직 병합되지 않았다. LLVM 패키지가 이미 Buildroot에 통합됐지만, 컴파일을 위해 BCC에 필요한 BPF 백엔드를 선택하는 옵션은 없다. 새로운 bcc와 업데이트된 llvm 패키지 구성 파일은 MELP/Chapter20/ 디렉터리에서 찾을 수 있으며, Buildroot 2020.02.09 LTS 설치에 복사하려면 다음을 수행한다.

```
$ cp -a MELP/Chapter20/buildroot/* buildroot
```

이제 bcc와 llvm 패키지를 raspberrypi4_64_defconfig에 추가해보자.

```
$ cd buildroot
$ make menuconfig
```

Buildroot 버전이 2020.02.09 LTS이고 MELP/Chapter20에서 buildroot 오버레이를 올바르게 복사했다면, 이제 **Debugging, profiling and benchmark**에서 bcc 패키지를 사용할 수 있을 것이다. 시스템 이미지에 bcc 패키지를 추가하려면 다음 단계를 수행한다.

1. **Target packages ➤ Debugging, profiling and benchmark**로 이동해서 **bcc**를 선택한다.

2. **Debugging, profiling and benchmark**에서 나와 **Libraries ➤ Other**로 이동한다. **clang**, **llvm**, LLVM의 **BPF backend**가 모두 선택됐는지 확인한다.

3. **Libraries ➤ Other**에서 나와 **Interpreter languages and scripting** 메뉴로 이동한다. BCC와 함께 제공되는 다양한 도구와 예제를 실행할 수 있도록 **python3**가 선택됐는지 확인한다.

4. **Interpreter languages and scripting**에서 나와 **Target packages** 페이지의 BusyBox에서 **Show packages that are also provided by busybox**를 선택한다.

5. **System tools**로 이동하고 커널 헤더 추출용으로 **tar**가 선택됐는지 확인한다.

6. 변경 사항을 저장하고 menuconfig를 종료한다.

menuconfig 변경 사항으로 configs/raspberrypi4_64_defconfig를 다시 덮어 쓰고 이미지를 빌드한다.

```
$ make savedefconfig
$ make
```

LLVM과 Clang은 컴파일하는 데 오랜 시간이 걸린다. 이미지 빌드가 완료되면, 만들어진 output/images/sdcard.img 파일을 Etcher를 사용해 마이크로SD 카드에 복사한다. 마지막으로, output/build/linux-custom의 커널 소스를 마이크로SD 카드의 루트 파티션에 있는 새 /lib/modules/〈커널 버전〉/build 디렉터리로 복사한다. 이 마지막 단계는 BCC가 BPF 프로그램을 컴파일하기 위해 커널 소스 코드에 접근해야 하므로 중요하다.

완성된 마이크로SD를 라즈베리 파이 4에 삽입하고, 이더넷 케이블을 사용해 로컬 네트워크에 연결한 다음, 장치의 전원을 켠다. arp-scan을 사용해 라즈베리 파이 4의 IP 주소를 알아내고, 앞 절에서 설정한 비밀번호를 사용해 root로 해당 주소에 SSH한다. MELP/Chapter20/buildroot 오버레이에 포함된 configs/rpi4_64_bcc_defconfig의 root 비밀번호는 temppwd이다. 이제 BPF를 직접 실험해볼 준비가 됐다.

BPF 추적 도구 사용하기

BCC 도구와 예제 실행을 포함해, BPF 관련 작업은 거의 모두 root 권한이 필요하다. 이것이 SSH를 통한 root 로그인을 활성화한 이유다. 또 다른 전제 조건은 다음과 같이 debugfs를 마운트하는 것이다.

```
# mount -t debugfs none /sys/kernel/debug
```

BCC 도구가 있는 디렉터리는 PATH 환경 변수에 등록돼 있지 않으므로, 쉽게 실행할 수 있도록 해당 디렉터리로 이동한다.

```
# cd /usr/share/bcc/tools
```

CPU 사용 시간을 히스토그램으로 표시하는 도구부터 시작하자.

```
# ./cpudist
```

cpudist는 스케줄러가 해당 작업을 중단deschedule하기 전까지 CPU를 사용한 시간을 보여준다.

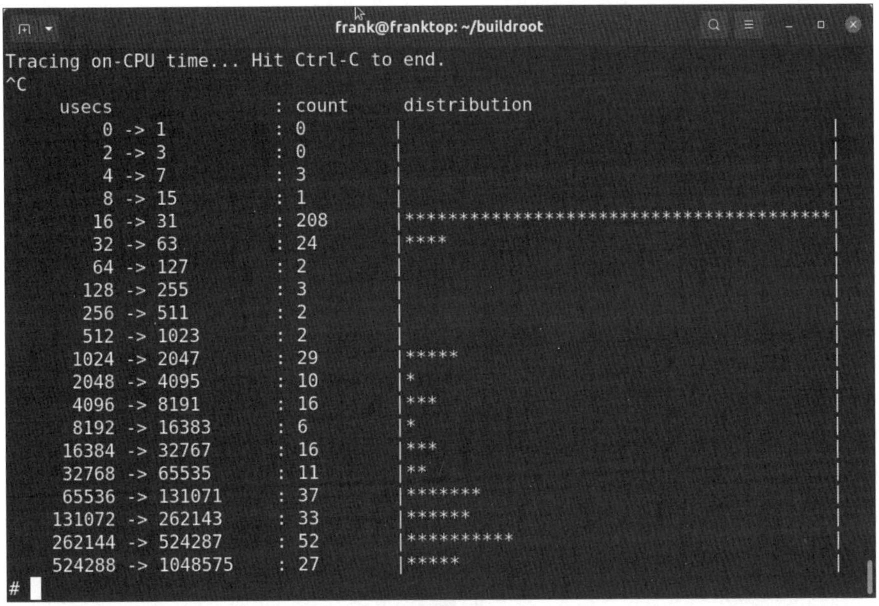

그림 20.5 cpudist

히스토그램 대신 다음 오류가 표시되면, 커널 소스를 마이크로SD 카드에 복사하는 과정을 잊은 것이다.

```
modprobe: module kheaders not found in modules.dep
Unable to find kernel headers. Try rebuilding kernel with
CONFIG_IKHEADERS=m (module) or installing the kernel
development package for your running kernel version.
chdir(/lib/modules/4.19.97-v8/build): No such file or directory
[…]
Exception: Failed to compile BPF module <text>
```

시스템 전반에 걸친 또 다른 유용한 도구는, 캐시 참조와 캐시 미스 이벤트를 추적하고 PID와 CPU별로 요약하는 llcstat이다.

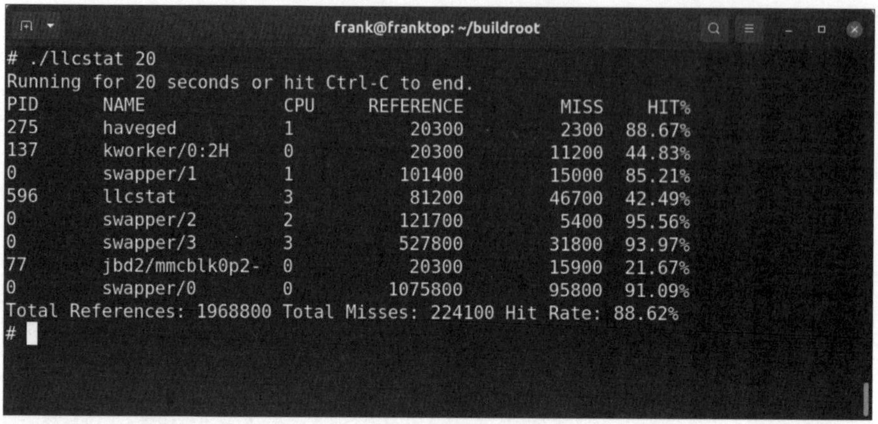

그림 20.6 llcstat

모든 BCC 도구에서 **Ctrl + C**를 눌러 종료해야 하는 것은 아니다. llcstat 같은 도구는 명령줄 인자로 샘플링 기간을 취한다.

명령줄 인자로 패턴을 취하는 funccount 같은 도구를 사용해 특정 함수를 더 자세히 살펴볼 수 있다.

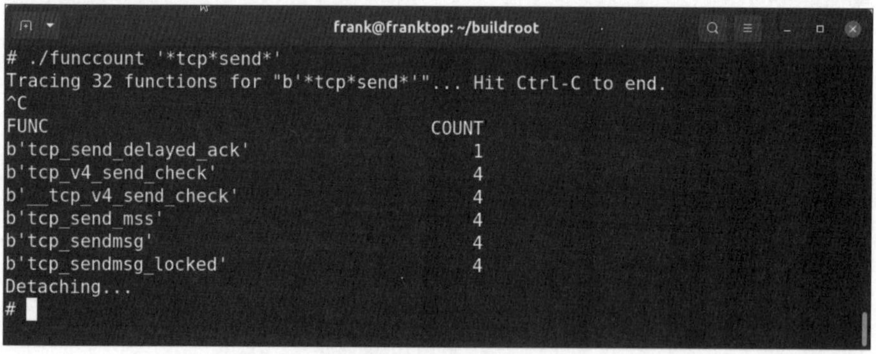

그림 20.7 funccount

이 예에서는 이름에 tcp와 send를 포함하는 모든 커널 함수를 추적하고 있다. 여러 BCC 도구를 사용해 사용자 공간에서 함수를 추적할 수도 있다. 이를 위해서는 디버그 심볼이나 USDT^{User Statically Defined Tracepoint} 프로브로 소스 코드를 인스트루먼트해야 한다.

임베디드 개발자들이 특히 관심을 갖는 것은 하드 인터럽트를 서비스하는 커널에서 소비한 시간을 측정하는 hardirqs 도구다.

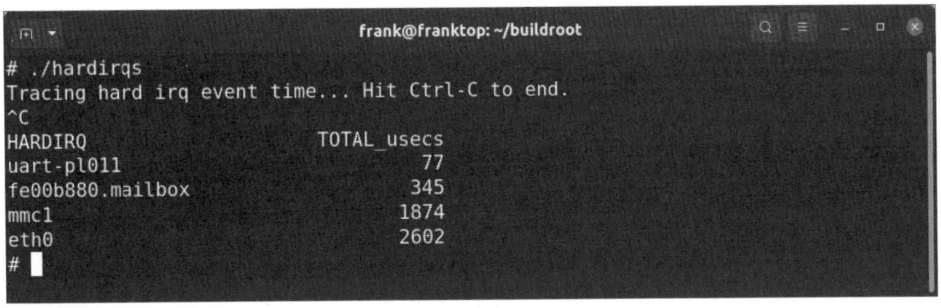

그림 20.8 hardirqs

파이썬에서 자신만의 범용, 즉 사용자 정의 BCC 추적 도구를 작성하는 것은 예상보다
쉽다. BCC와 함께 제공되는 /usr/share/bcc/examples/tracing 디렉터리에서는 직접
다뤄볼 수 있는 몇 가지 예를 찾을 수 있다.

이것으로 리눅스 이벤트 추적 도구인 Ftrace, LTTng, BPF에 대한 설명을 마친다. 모두
작동하려면 적어도 일부 커널 구성이 필요하다. Valgrind는 편안한 사용자 공간에서 전
적으로 작동하는 더 많은 프로파일링 도구를 제공한다.

⫶⫶ Valgrind 사용하기

18장, '메모리 관리'에서 memcheck 도구를 사용해 메모리 문제를 식별하는 도구로
Valgrind를 소개했다. Valgrind에는 애플리케이션 프로파일링을 위한 다른 유용한 도
구가 있으며, 여기서 Callgrind와 Helgrind를 살펴본다. Valgrind는 샌드박스에서 코
드를 실행해 작동하므로, 실행 시 코드를 확인하고 기본 추적 프로그램과 프로파일러가
수행할 수 없는 특정 동작을 보고할 수 있다.

Callgrind

Callgrind는 프로세서 캐시 적중률과 분기 예측에 대한 정보도 수집하는 호출 그래프
생성 프로파일러다. Callgrind는 병목 현상이 CPU에 종속된 경우에만 유용하다. 따라

서 I/O가 많거나 여러 프로세스가 관련된 경우에는 유용하지 않다.

Valgrind는 커널 구성이 필요치 않지만 디버그 심볼은 필요하며, Yocto 프로젝트와 Buildroot(BR2_PACKAGE_VALGRIND) 모두에 타깃 패키지로 존재한다.

다음과 같이 타깃의 Valgrind에서 Callgrind를 실행한다.

```
# valgrind --tool=callgrind <program>
```

이렇게 하면 callgrind.out.〈PID〉라는 파일이 생성되며, 이를 호스트에 복사하고 callgrind_annotate로 분석할 수 있다.

디폴트는 모든 스레드에 대한 데이터를 단일 파일에 함께 캡처하는 것이다. 캡처할 때 --separate-threads=yes 옵션을 추가하면 callgrind.out.〈PID〉-〈thread id〉라는 파일에 각 스레드에 대한 프로필이 저장된다(예: callgrind.out.122-01과 callgrind.out.122-02).

Callgrind는 프로세서 L1/L2 캐시를 시뮬레이션하고 캐시 누락을 보고할 수 있으며, --simulate-cache=yes 옵션을 사용해 추적을 캡처한다. L2 미스는 L1 미스보다 훨씬 비싸므로, D2mr이나 D2mw 카운트가 높은 코드에 주의해야 한다.

Callgrind의 원시 출력은 너무 많고 해결하기 어려울 수 있다. KCachegrind(https://kcachegrind.github.io/html/Home.html) 같은 시각화 도구는 Callgrind가 수집하는 방대한 데이터를 탐색하는 데 도움이 될 수 있다.

Helgrind

Helgrind는 POSIX 스레드를 포함하는 C, C++, 포트란 프로그램에서 동기화 오류를 감지하기 위한 스레드 오류 감지기다.

Helgrind는 세 가지 유형의 오류를 감지할 수 있다. 첫째, API의 잘못된 사용을 감지할 수 있다. 몇 가지 예를 들면, 이미 잠금 해제된 뮤텍스의 잠금을 해제하거나, 다른 스레드에 의해 잠긴 뮤텍스의 잠금을 해제하거나, 특정 pthread 함수의 리턴 값을 확인하지 않는 것 등이 있다. 둘째, 스레드가 잠금을 획득하는 순서를 모니터링해 교착 상태(데드락 deadlock, 치명적 포옹deadly embrace이라고도 함)를 초래할 수 있는 순환을 감지한다. 마지막으로, 2개의 스레드가 단일 스레드 액세스를 보장하기 위해 적절한 잠금이나 기타 동기화를 사용하지 않고 공유 메모리 위치에 접근할 때 발생할 수 있는 데이터 경쟁race을 감지한다.

Helgrind를 사용하는 것은 간단하다. 다음과 같은 명령이면 충분하다.

```
# valgrind --tool=helgrind <program>
```

문제와 잠재적인 문제를 찾는 대로 인쇄한다. `--log-file=<filename>`을 추가하면 이들 메시지를 파일로 보낼 수 있다.

Callgrind와 Helgrind는 프로파일링과 교착 상태 감지를 위해 Valgrind의 가상화에 의존한다. 이 무거운 접근 방식은 프로그램 실행을 느리게 해서 관찰자 효과의 가능성을 높인다.

프로그램의 버그가 재현 가능하고 격리하기 쉬운 경우, 더 간단하고 영향을 덜 주는 도구로 신속하게 디버깅할 수 있다. 그런 도구의 대표적인 예가 strace이다.

⠿ strace 사용하기

20장은 간단하고 어디에나 있는 도구인 top으로 시작했는데, 이제 또 다른 도구인 strace로 마무리하려고 한다. strace는 프로그램과 선택적으로 그 자식에 의해 만들어진 시스템 호출을 캡처하는 매우 간단한 추적 프로그램이다. 이를 사용해 다음을 수행할 수 있다.

- 프로그램이 만드는 시스템 호출을 알아본다.

- 실패한 시스템 호출과 오류 코드를 찾는다. 프로그램 시작에 실패했지만 오류 메시지를 인쇄하지 않거나 메시지가 너무 일반적인 경우에 유용하다.

- 프로그램이 여는 파일을 찾는다.

- 예를 들어, 실행 중인 프로그램이 루프에 갇혀 있는지 여부를 확인하기 위해 실행 중인 프로그램이 어떤 시스템 호출을 하는지 확인한다.

온라인에 더 많은 예가 있으며 'strace tips and tricks'로 검색하면 찾을 수 있다. 누구든 각자가 좋아하는 이야기를 찾을 수 있다(예: https://alexbilson.dev/posts/strace-debug/).

strace는 ptrace(2) 함수를 사용해 사용자 공간에서 커널로 호출을 가로챈다. ptrace의 작동 방식을 더 자세히 알고 싶다면, 매뉴얼 페이지를 참고하길 바란다. 매뉴얼 페이지는 상세하고 놀라울 정도로 읽기 쉽다.

트레이스를 가져오는 가장 간단한 방법은 다음과 같이 추적할 명령을 인자로 실행하는 것이다(목록은 더 명확하도록 편집됐다).

```
# strace ./helloworld
execve("./helloworld", ["./helloworld"], [/* 14 vars */]) = 0
brk(0)                                  = 0x11000
uname({sys="Linux", node="beaglebone", ...}) = 0
mmap2(NULL, 4096, PROT_READ|PROT_WRITE, MAP_PRIVATE|MAP_
ANONYMOUS, -1, 0) = 0xb6f40000
access("/etc/ld.so.preload", R_OK)      = -1 ENOENT (No such
file or directory)
open("/etc/ld.so.cache", O_RDONLY|O_CLOEXEC) = 3
fstat64(3, {st_mode=S_IFREG|0644, st_size=8100, ...}) = 0
mmap2(NULL, 8100, PROT_READ, MAP_PRIVATE, 3, 0) = 0xb6f3e000
close(3)                                = 0
open("/lib/tls/v7l/neon/vfp/libc.so.6", O_RDONLY|O_CLOEXEC) =
-1
 ENOENT (No such file or directory)
[...]
 open("/lib/libc.so.6", O_RDONLY|O_CLOEXEC) = 3
read(3,
 "\177ELF\1\1\1\0\0\0\0\0\0\0\0\0\3\0(\0\1\0\0\0$`\1\0004\0\0\
0"...,
 512) = 512
fstat64(3, {st_mode=S_IFREG|0755, st_size=1291884, ...}) = 0
mmap2(NULL, 1328520, PROT_READ|PROT_EXEC, MAP_PRIVATE|MAP_
DENYWRITE,
```

```
 3, 0) = 0xb6df9000
mprotect(0xb6f30000, 32768, PROT_NONE)  = 0
mmap2(0xb6f38000, 12288, PROT_READ|PROT_WRITE,
 MAP_PRIVATE|MAP_FIXED|MAP_DENYWRITE, 3, 0x137000) = 0xb6f38000
mmap2(0xb6f3b000, 9608, PROT_READ|PROT_WRITE,
 MAP_PRIVATE|MAP_FIXED|MAP_ANONYMOUS, -1, 0) = 0xb6f3b000
close(3)
[...]
 write(1, "Hello, world!\n", 14Hello, world!
    )            = 14
exit_group(0)                           = ?
+++ exited with 0 +++
```

대부분의 트레이스는 런타임 환경이 생성되는 방식을 보여준다. 특히 라이브러리 로더가 어떻게 libc.so.6을 검색해 결국 /lib에서 찾는지 볼 수 있다. 마지막으로는 프로그램의 main() 함수를 실행해 메시지를 출력하고 종료한다.

strace가 원래 프로세스에 의해 생성된 자식 프로세스나 스레드를 따르도록 하려면 -f 옵션을 추가한다.

> **TIP**
>
> 스레드를 생성하는 프로그램을 추적하기 위해 strace를 사용한다면, 거의 확실히 -f 옵션을 사용하고 싶을 것이다. 더 좋은 방법은 -ff와 -o 〈파일명〉을 사용해 각 자식 프로세스 또는 스레드의 출력이 〈파일명〉.〈PID | TID〉라는 별도의 파일에 기록되도록 하는 것이다.

strace의 일반적인 용도는 시작 시 프로그램이 열려고 하는 파일을 찾는 것이다. -e 옵션을 통해 추적되는 시스템 호출을 제한할 수 있으며, -o 옵션을 사용해 stdout 대신 파일에 트레이스를 저장할 수 있다.

```
# strace -e open -o ssh-strace.txt ssh localhost
```

이는 연결을 설정할 때 ssh가 여는 라이브러리와 구성 파일을 보여준다.

strace를 기본 프로파일 도구로 사용할 수도 있다. -c 옵션을 사용하면, 시스템 호출에 소요된 시간을 누적하고 다음과 같이 요약해 인쇄한다.

```
# strace -c grep linux /usr/lib/* > /dev/null
% time     seconds  usecs/call     calls    errors syscall
------ ----------- ----------- --------- --------- ----------
 78.68    0.012825           1     11098        18 read
 11.03    0.001798           1      3551           write
 10.02    0.001634           8       216        15 open
  0.26    0.000043           0       202           fstat64
  0.00    0.000000           0       201           close
  0.00    0.000000           0         1           execve
  0.00    0.000000           0         1         1 access
  0.00    0.000000           0         3           brk
  0.00    0.000000           0       199           munmap
  0.00    0.000000           0         1           uname
  0.00    0.000000           0         5           mprotect
  0.00    0.000000           0       207           mmap2
  0.00    0.000000           0        15        15 stat64
  0.00    0.000000           0         1           getuid32
  0.00    0.000000           0         1           set_tls
------ ----------- ----------- --------- --------- ----------
100.00    0.016300                 15702        49 total
```

strace는 매우 다재다능하다. 이 책에서는 도구가 할 수 있는 일을 수박 겉핥기식으로만 살펴봤으므로, 웹 사이트(https://wizardzines.com/zines/strace/)에서 줄리아 에반스[Julia Evans]의 무료 잡지 「Spying on your programs with strace」를 다운로드하기를 권한다.

⠿ 요약

아무도 리눅스에 프로파일링과 추적 옵션이 없다고 불평할 수 없다. 20장에서는 가장 일반적인 몇 가지에 대한 개요를 제공했다.

원하는 대로 작동하지 않는 시스템을 맞닥뜨렸을 때는 먼저 top을 사용해 문제를 식별해보길 바란다. 단일 애플리케이션 문제로 판명되면 perf 기록/보고서를 사용해 프로파일링할 수 있다. perf를 활성화하도록 커널을 구성해야 하고 바이너리와 커널의 디버그 심볼이 필요하다는 점을 염두에 두길 바란다. 문제가 잘 좁혀지지 않은 경우 perf나 BCC 도구를 사용해 시스템 전체를 살펴볼 수 있다.

Ftrace는 커널 동작에 대한 특정 질문이 있을 때 진가를 발휘한다. function과 function_graph 추적 프로그램은 함수 호출의 관계와 순서를 자세히 보여준다. 이벤트 추적기를 사용하면 인자와 리턴 값을 포함해 함수에 대한 추가 정보를 추출할 수 있다. LTTng도 유사한 역할을 수행하는데, 이벤트 추적 메커니즘을 사용하고 고속 링 버퍼를 추가해 커널에서 대량의 데이터를 추출한다. Valgrind는 샌드박스에서 코드를 실행하는 이점이 있으며 다른 방법으로 추적하기 어려운 오류에 대해 보고할 수 있다. Callgrind 도구를 사용하면 호출 그래프를 생성하고 프로세서 캐시 사용량을 보고할 수 있으며, Helgrind를 사용하면 스레드 관련 문제를 보고할 수 있다.

마지막으로, strace를 잊지 말길 바란다. strace는 파일 열기 호출 추적을 통한 파일 경로 이름 찾기, 시스템 깨우기와 수신 신호 확인에 이르기까지 프로그램이 수행하는 시스템 호출을 찾기 위한 좋은 비상용품이다.

그동안, 관찰자 효과를 인식하고 피하길 바란다. 수행 중인 측정이 프로덕션 시스템에 유효한지 확인하라. 21장에서는 이 주제를 계속 살펴보면서, 타깃 시스템의 실시간 성능을 정량화하는 데 도움이 되는 지연 시간 추적 프로그램을 알아본다.

⁞ 추가 자료

브렌던 그레그가 쓴 『시스템 성능 분석과 최적화』(위키북스, 2015)와 『BPF Performance Tools: Linux System and Application Observability』(Addison-Wesley, 2019)를 강력히 추천한다.

21

실시간 프로그래밍

컴퓨터 시스템과 현실 세계 간의 상호작용은 대부분 실시간으로 발생하므로, 실시간 프로그래밍은 임베디드 시스템 개발자에게 중요한 주제다. 이 책에서는 지금까지 여러 곳에서 실시간 프로그래밍을 다뤘다. 17장, '프로세스와 스레드'에서 스케줄링 정책과 우선순위 반전을 살펴봤고, 18장, '메모리 관리'에서 페이지 폴트 문제와 메모리 잠금의 필요성을 설명했다. 이제 이들 주제를 한데 묶어 실시간 프로그래밍을 좀 더 깊이 살펴볼 때다.

21장에서는 실시간 시스템의 특성에 대한 논의로 시작해 애플리케이션 및 커널 수준에서 시스템 설계에 미치는 영향을 논할 것이다. 실시간 `PREEMPT_RT` 커널 패치에 대해 설명하고, 어떻게 가져와서 주류 커널에 적용하는지 살펴본다. 마지막 절에서는 cyclictest와 Ftrace라는 두 가지 도구를 사용해 시스템 대기 시간의 특징을 나타내는 방법을 설명한다.

임베디드 리눅스 장치에서 실시간 동작을 달성하는 다른 방법이 있다. 예를 들어 Xenomai와 RTAI가 수행하는 방식으로, 리눅스 커널과 함께 전용 마이크로컨트롤러나 별도의 실시간 커널을 사용하는 것이다. 하지만 이 책은 임베디드 시스템의 핵심으로 리눅스를 사용하는 것에 초점을 맞추므로, 그와 관련된 내용은 여기서 다루지 않을 것이다.

21장에서 다룰 주제는 다음과 같다.

- 실시간이란 무엇인가?

- 비결정성의 원인 파악하기

- 스케줄링 지연 이해하기

- 커널 선점

- 실시간 리눅스 커널(PREEMPT_RT)

- 선점형 커널 잠금

- 고해상도 타이머

- 페이지 폴트 피하기

- 인터럽트 차폐하기

- 스케줄링 지연 측정하기

⫶⫶ 기술적 요구 사항

이 장의 예제를 따라 하려면 다음 사항을 준비해야 한다.

- 사용 가능한 디스크 공간이 최소 60GB인 리눅스 기반 호스트 시스템

- Buildroot 2020.02.9 LTS 릴리스

- Yocto 3.1(Dunfell) LTS 릴리스

- 리눅스용 Etcher

- 마이크로SD 카드와 카드 리더

- 비글본 블랙

- 5V 1A DC 전원 공급 장치

- 네트워크 연결을 위한 이더넷 케이블과 포트

6장, '빌드 시스템 선택하기'를 위해 Buildroot 2020.02.9 LTS 릴리스를 이미 설치했을 것이다. 그렇지 않은 경우, 6장의 지침에 따라 리눅스 호스트에 Buildroot를 설치하기 전에 Buildroot 사용자 매뉴얼(https://buildroot.org/downloads/manual/manual.html)의 '시스템 요구 사항System Requirement' 절을 참고하길 바란다.

또한 6장, '빌드 시스템 선택하기'를 위해 Yocto 3.1(Dunfell) LTS 릴리스를 이미 설치했을 것이다. 그렇지 않은 경우, 6장의 지침에 따라 리눅스 호스트에 Yocto를 설치하기 전에 Yocto 프로젝트 퀵 빌드 가이드(https://www.yoctoproject.org/docs/current/briefyoctoprojectqs/briefyoctoprojectqs.html)의 '호환 가능한 리눅스 배포판Compatible Linux Distribution' 절과 '호스트 패키지 빌드Build Host Packages' 절을 참고하길 바란다.

⁂ 실시간이란 무엇인가?

실시간 프로그래밍의 본질은 소프트웨어 엔지니어가 길게 논의하기를 좋아하는 주제 중 하나이며 종종 모순되는 정의를 제공한다. 여기서는 실시간에 대해 중요하다고 생각하는 것을 설정하는 것으로 시작하겠다.

특정 시점(즉, 데드라인deadline) 이전에 완료해야 하는 작업을 실시간 작업이라고 한다. 실시간 작업과 비실시간 작업의 차이는 리눅스 커널을 컴파일하는 동안 컴퓨터에서 오디오 스트림을 재생할 때 발생하는 일을 생각하면 알 수 있다. 오디오 스트림 재생은 오디오 드라이버로 들어오는 일정한 데이터 스트림이 있고 오디오 샘플 블록이 재생 속도에 맞춰 오디오 인터페이스에 기록돼야 하므로 실시간 작업이다. 한편 컴파일은 기한이 없으므로 실시간이 아니다. 가능한 한 빨리 완료되길 원할 뿐이다. 10초가 걸리든, 10분이 걸리든 커널 바이너리의 품질에는 영향을 미치지 않는다.

고려해야 할 또 다른 중요한 사항은 데드라인을 놓친 결과(경미한 성가심부터 시스템 장애, 가장 극단적인 경우 부상이나 사망에 이르기까지)다. 예를 들면 다음과 같다.

- **오디오 스트림 재생**: 수십 밀리초 정도의 데드라인이 있다. 오디오 버퍼가 부족하면 딸깍하는 소리가 들릴 것이다. 성가신 일이지만 극복할 수 있을 것이다.

- **마우스 이동 및 클릭**: 데드라인은 역시 수십 밀리초 정도다. 데드라인을 놓친 경우 마우스가 비정상적으로 움직이고 버튼 클릭이 손실된다. 문제가 지속되면 시스템을 사용할 수 없게 된다.

- **종이 한 장 인쇄**: 용지 공급 데드라인은 밀리초 범위로, 이를 놓치면 프린터에 용지 걸림이 발생할 수 있으며 누군가가 가서 고쳐야 한다. 가끔 용지 걸림이 발생하는 것은 허용되지만, 계속 용지가 걸리는 프린터를 구입하려는 사람은 없을 것이다.

- **생산 라인의 병에 유통기한 인쇄**: 한 병이 인쇄되지 않으면, 전체 생산 라인을 정지하고 병을 제거한 후 라인을 다시 시작해야 하므로 비용이 많이 든다.

- **케이크 굽기**: 30분 정도의 데드라인이 있다. 몇 분 정도 늦어지면 케이크가 망가질 수 있다. 많이 늦어지면 집이 타버릴 수 있다.

- **전력 서지 감지 시스템**: 시스템이 서지surge를 감지하면 회로 차단기가 2밀리초 이내에 트리거돼야 한다. 그렇지 않으면, 장비가 손상되고 사람이 다치거나 사망할 수 있다.

즉, 데드라인을 놓치면 여러 가지 결과가 발생하는데, 종종 다음과 같은 범주로 나눈다.

- **소프트 실시간**: 데드라인을 지키는 것이 바람직하지만, 때로 놓치더라도 시스템 실패로 간주되지 않는다. 위 목록에 제시된 첫 번째와 두 번째 항목이 이에 대한 예다.

- **하드 실시간**: 여기서 데드라인을 놓치면 심각한 영향을 받는다. 하드 실시간은 네

번째 예처럼 데드라인을 놓치면 비용이 드는 미션 크리티컬 시스템^{mission-critical} ^{system}과, 마지막 두 가지 예처럼 생명과 신체에 위험이 따르는 안전 크리티컬 시스템^{safety-critical system}으로 더 세분화할 수 있다. 모든 하드 실시간 시스템에 밀리초나 마이크로초 단위로 측정되는 데드라인이 있는 것은 아님을 보여주고자 케이크 굽기 예제를 넣었다.

안전 크리티컬 시스템용으로 작성된 소프트웨어는 안정적인 성능을 보장하기 위해 다양한 표준을 준수해야 한다. 리눅스와 같은 복잡한 운영체제에서는 이러한 요구 사항을 충족하기가 매우 어렵다.

미션 크리티컬 시스템의 경우, 리눅스가 광범위한 제어 시스템에 사용되는 것이 가능하고 일반적이다. 소프트웨어 요구 사항은 일반적으로 광범위한 테스트를 통해 결정할 수 있는 데드라인과 신뢰 수준의 조합에 따라 다르다.

따라서 시스템이 실시간이라고 말하려면, 최대 예상 부하에서 응답 시간을 측정하고 합의된 시간에 대한 데드라인을 충족하는지 보여야 한다. 일반적으로 주류 커널을 사용해 잘 구성된 리눅스 시스템은 마감 시간이 수십 밀리초 이하인 소프트 실시간 작업에 적합하고, `PREEMPT_RT` 패치가 있는 커널은 마감 시간이 수백 마이크로초 이하인 소프트 및 하드 실시간 미션 크리티컬 시스템에 적합하다.

실시간 시스템을 만드는 핵심은 응답 시간의 변동성을 줄여서 데드라인을 놓치지 않을 것이라는 확신을 갖는 것이다. 즉, 시스템을 좀 더 결정적으로 만들어야 한다. 종종 이는 성능을 희생해 수행된다. 예를 들어 캐시는 데이터 항목에 액세스하는 평균 시간을 더 짧게 만들어 시스템을 더 빠르게 실행하지만, 캐시 미스^{cache miss}의 경우에는 최대 시간이 더 길어진다. 캐시는 시스템을 더 빠르게 하지만 덜 결정적으로 만든다. 이는 우리가 원하는 것과 반대다.

TIP

> 빠르다는 것은 실시간 컴퓨팅의 '신화(근거 없는 믿음)'로, 사실이 아니다. 시스템이 더 결정적일수록 최대 처리량은 줄어든다.

21장의 나머지 부분에서는 대기 시간의 원인을 식별하고 대기 시간을 줄이기 위해 수행할 수 있는 작업을 다룬다.

⫸ 비결정성의 원인 식별하기

기본적으로 실시간 프로그래밍은 실시간 출력을 제어하는 스레드가 필요할 때 스케줄링돼 데드라인 전에 작업을 완료할 수 있도록 하는 것이다. 따라서 이를 막는 모든 것이 문제다. 다음은 몇 가지 문제 영역이다.

- **스케줄링**: 실시간 스레드는 다른 스레드보다 먼저 스케줄링돼야 하므로 실시간 정책 SCHED_FIFO나 SCHED_RR이 있어야 한다. 또한 17장, '프로세스와 스레드'에서 설명한 RMA 이론에 따라 기한이 가장 짧은 것부터 내림차순으로 우선순위를 할당해야 한다.

- **스케줄링 지연**: 커널은 인터럽트나 타이머와 같은 이벤트가 발생하는 즉시 다시 스케줄링할 수 있어야 하며 무한한 지연의 영향을 받지 않아야 한다. 스케줄링 대기 시간 단축은 21장의 뒷부분에 나오는 핵심 주제다.

- **우선순위 역전**: 이것은 우선순위 기반 스케줄링의 결과로, 17장, '프로세스와 스레드'에서 설명한 것처럼 우선순위가 낮은 스레드가 보유한 뮤텍스에서 높은 우선순위 스레드가 차단될 때 무한한 지연으로 이어진다. 사용자 공간에는 우선순위 상속과 우선순위 상한 뮤텍스가 있다. 커널 공간에는 우선순위 상속을 구현하는 RT-뮤텍스[RT-mutex]가 있으며, 이에 대해서는 실시간 커널을 다루면서 설명하겠다.

- **정확한 타이머**: 낮은 밀리초나 마이크로초 영역에서 데드라인을 관리하려면 이에 대응하는 타이머가 필요하다. 고해상도 타이머는 중요하며 거의 모든 커널에서 구성 옵션이다.

- **페이지 폴트**: 코드의 중요한 부분을 실행하는 동안 페이지 폴트가 발생하면 모든 예상 시간이 뒤바뀌게 된다. 나중에 설명하겠지만, 메모리를 잠금[lock]으로써 이 문

제를 피할 수 있다.

- **인터럽트**: 예측할 수 없는 시간에 발생하며, 갑자기 많이 발생하면 예기치 않은 처리 오버헤드가 발생할 수 있다. 이를 피하는 두 가지 방법이 있다. 하나는 커널 스레드로 인터럽트를 실행하는 것이고, 다른 하나는 멀티코어 장치에서 인터럽트 처리로부터 하나 이상의 CPU를 보호하는 것이다. 이후 두 가지 가능성에 대해 논의할 것이다.

- **프로세서 캐시**: 이는 CPU와 주메모리 사이에 버퍼를 제공하며, 모든 캐시와 마찬가지로 특히 멀티코어 장치에서 비결정성의 원인이다. 하지만 이와 관련된 내용은 이 책의 범위를 벗어나므로, 자세한 내용을 알고 싶다면 이 장의 끝부분에서 소개하는 참고 자료를 활용하길 바란다.

- **메모리 버스 경합**: 주변 기기가 DMA 채널을 통해 직접 메모리에 액세스할 때는 메모리 버스 대역폭의 일부를 사용해 CPU 코어(또는 코어들)로부터의 액세스 속도를 늦추고 프로그램의 비결정적 실행에 기여한다. 그러나 이는 하드웨어 문제이며 관련 내용은 이 책의 범위를 벗어난다.

중요한 문제는 이후의 절들에서 부연 설명하고 각각에 대해 할 수 있는 일을 살펴볼 것이다.

⸬ 스케줄링 지연 이해하기

실시간 스레드는 할 일이 있는 즉시 스케줄링돼야 한다. 그러나 우선순위가 같거나 더 높은 다른 스레드가 없더라도, wake-up 이벤트(인터럽트나 시스템 타이머)가 발생한 시점부터 스레드가 실행을 시작하는 시간까지 항상 지연이 있다. 이를 스케줄링 지연^{scheduling} ^{latency}이라고 하며, 다음 다이어그램과 같이 여러 구성 요소로 나눌 수 있다.

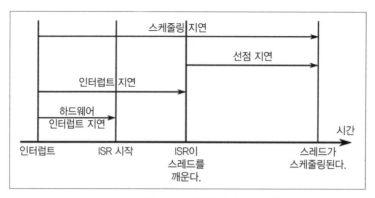

그림 21.1 스케줄링 지연

첫째, 인터럽트가 발생하는 시점부터 ISR^{Interrupt Service Routine}이 실행되기 시작할 때까지 하드웨어 인터럽트 지연^{hardware interrupt latency}이 있다. 이 중 작은 일부는 인터럽트 하드웨어 자체의 지연이지만, 가장 큰 문제는 소프트웨어에서 인터럽트가 비활성화된 것이다. 따라서 이 IRQ off 시간을 최소화하는 것이 중요하다.

다음은 ISR이 인터럽트를 처리하고 이 이벤트를 기다리고 있는 스레드를 깨울 때까지의 시간 길이인 인터럽트 지연^{interrupt latency}이다. 이는 주로 ISR이 작성된 방식에 따라 다르다. 일반적으로 마이크로초 단위로 측정되는 짧은 시간만 소요된다.

마지막 지연은 선점 지연^{preemption latency}으로, 커널에 스레드를 실행할 준비가 됐다는 알림을 받은 시점부터 스케줄러가 스레드를 실제로 실행하는 시점까지의 시간이다. 이는 커널을 선점할 수 있는지 여부에 따라 결정된다. 크리티컬 섹션^{critical section}에서 코드를 실행 중인 경우, 다시 스케줄링되기를 기다려야 한다. 지연 시간은 커널 선점 구성에 따라 다르다.

⠿ 커널 선점

선점 지연은 현재 실행 스레드를 선점하고 스케줄러를 호출하는 것이 항상 안전하거나 바람직하지 않기 때문에 발생한다. 주류 리눅스에는 **Kernel Features ➤ Preemption Model** 메뉴를 통해 선택할 수 있는 세 가지 선점 설정이 있다.

- **CONFIG_PREEMPT_NONE**: 선점 없음

- **CONFIG_PREEMPT_VOLUNTARY**: 선점 요청에 대한 추가 검사를 활성화한다.

- **CONFIG_PREEMPT**: 커널이 선점되도록 허용한다.

선점 없음으로 설정되면, 커널 코드는 syscall을 통해 선점이 항상 허용되는 사용자 공간으로 다시 돌아가거나 현재 스레드를 중지하는 수면 대기^{sleeping wait}가 발생할 때까지 다시 스케줄링하지 않고 계속 실행된다. 커널과 사용자 공간 사이의 전환 횟수를 줄이고 총 콘텍스트 스위치 수를 줄일 수 있으므로, 이 옵션은 큰 선점 지연을 대가로 가장 높은 처리량을 제공한다. 응답성보다 처리량이 더 중요한 서버와 일부 데스크톱 커널의 디폴트 값이다.

두 번째 옵션은 need_resched 플래그가 설정된 경우 명시적 선점 지점을 활성화하고, 거기서 스케줄러를 호출한다. 또한 처리량이 약간 줄어들면서 최악 선점 지연이 줄어든다. 일부 배포판은 데스크톱에서 이 옵션을 설정한다.

세 번째 옵션은 커널을 선점 가능하게 한다. 즉, 커널이 아토믹 콘텍스트^{atomic context}에서 실행되지 않는 한 인터럽트가 즉시 다시 스케줄링될 수 있음을 뜻하며, 관련 내용은 다음 절에서 설명할 것이다. 이는 최악의 경우 선점 지연을 줄여 일반적인 임베디드 하드웨어에서 몇 밀리초 정도의 전체 스케줄링 지연을 줄인다.

이는 종종 소프트 실시간 옵션으로 설명되며, 대부분의 임베디드 커널은 이런 식으로 구성된다. 물론 전체 처리량은 약간 감소하지만, 일반적으로 임베디드 장치의 경우 좀 더 결정적인 스케줄링을 갖는 것이 더 중요하다.

실시간 리눅스 커널(PREEMPT_RT)

이들 기능에 대한 커널 구성 옵션의 이름인 PREEMPT_RT로 알려진, 대기 시간을 더욱 줄이기 위한 오랜 노력이 있다. 이 프로젝트는 인고 몰나르^{Ingo Molnar}, 토머스 글릭스너^{Thomas Gleixner}, 스티븐 로스테트^{Steven Rostedt}에 의해 시작됐으며 수년 동안 더 많은 개발자

가 기여하고 있다. 커널 패치는 웹 사이트(https://www.kernel.org/pub/linux/kernel/projects/rt)에 있으며, 위키도 해당 사이트(https://wiki.linuxfoundation.org/realtime/start)에 있다. 오래됐지만 FAQ 역시 웹 사이트(https://rt.wiki.kernel.org/index.php/Frequently_Asked_Questions)에서 찾을 수 있다.

고해상도 타이머, 커널 뮤텍스, 스레드 인터럽트 핸들러를 비롯해 프로젝트의 많은 부분이 수년에 걸쳐 주류 리눅스에 통합됐다. 그러나 핵심 패치는 약간 거슬리고 (혹자가 주장하길) 전체 리눅스 사용자 기반의 작은 비율에만 혜택을 주므로 주류 외부에 남아 있다. 언젠가는 전체 패치 세트가 업스트림에 병합될 것이다.

중심 계획은 스케줄러를 호출하고 다른 스레드로 전환하는 것이 안전하지 않은 아토믹 콘텍스트에서 커널이 실행하는 데 소비하는 시간을 줄이는 것이다. 일반적인 아토믹 콘텍스트는 커널이 다음 상태에 있는 경우다.

- 인터럽트나 트랩 처리기를 실행 중일 때
- 스핀 잠금을 유지하거나 RCU-크리티컬RCU-critical 섹션에 있을 때. 스핀 잠금과 RCU는 커널 잠금 기본 요소이며, 자세한 내용은 여기서 다루는 내용과 관련이 없다.
- preempt_disable()과 preempt_enable() 호출 사이
- 하드웨어 인터럽트가 비활성화돼 있을 때(IRQ off)

PREEMPT_RT에 포함된 변경 사항은 두 가지 주요 영역으로 나뉜다. 하나는 인터럽트 핸들러를 커널 스레드로 전환해 영향을 줄이는 것이고, 다른 하나는 잠금을 선점형으로 만들어 스레드가 잠금을 보유하는 동안 sleep 상태가 될 수 있도록 하는 것이다. 이러한 변경에 큰 오버헤드가 있는 것은 분명하다. 이는 평균적인 경우 인터럽트 처리를 더 느리지만 훨씬 더 결정적으로 만드는데, 이것이 바로 우리가 추구하는 바다.

스레드 인터럽트 핸들러

모든 인터럽트가 실시간 작업의 트리거는 아니지만, 모든 인터럽트는 실시간 작업의 사

이클을 훔친다. 스레드 인터럽트 핸들러threaded interrupt handler를 사용하면, 다음 그림과 같이 우선순위를 인터럽트와 연결하고 적절한 시간에 스케줄링할 수 있다.

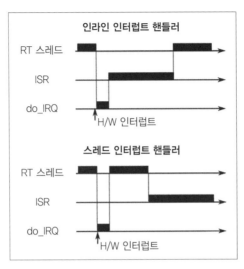

그림 21.2 인라인 인터럽트 핸들러와 스레드 인터럽트 핸들러

인터럽트 핸들러 코드가 커널 스레드로 실행되면, 더 높은 우선순위의 사용자 공간 스레드에 의해 선점되지 않을 이유가 없다. 따라서 인터럽트 핸들러는 사용자 공간 스레드의 스케줄링 지연에 기여하지 않는다. 스레드 인터럽트 핸들러는 2.6.30부터 주류 리눅스의 기능이었으며, 일반 request_irq() 대신 request_threaded_irq()에 등록해 개별 인터럽트 핸들러가 스레드가 되도록 요청할 수 있다. CONFIG_IRQ_FORCED_THREADING=y로 커널을 구성해 스레드 IRQ를 기본값으로 만들 수 있는데, 그러면 IRQF_NO_THREAD 플래그를 설정해 명시적으로 이를 막지 않는 한 모든 핸들러를 스레드로 만든다. PREEMPT_RT 패치를 적용하면, 인터럽트는 디폴트로 이런 식으로 스레드로 구성된다. 여러분은 다음과 같은 실행 예를 볼 수도 있다.

```
# ps -Leo pid,tid,class,rtprio,stat,comm,wchan | grep FF
PID TID CLS RTPRIO STAT COMMAND WCHAN
3 3 FF 1 S ksoftirqd/0 smpboot_th
7 7 FF 99 S posixcputmr/0 posix_cpu_
19 19 FF 50 S irq/28-edma irq_thread
20 20 FF 50 S irq/30-edma_err irq_thread
```

```
42 42 FF 50 S irq/91-rtc0 irq_thread
43 43 FF 50 S irq/92-rtc0 irq_thread
44 44 FF 50 S irq/80-mmc0 irq_thread
45 45 FF 50 S irq/150-mmc0 irq_thread
47 47 FF 50 S irq/44-mmc1 irq_thread
52 52 FF 50 S irq/86-44e0b000 irq_thread
59 59 FF 50 S irq/52-tilcdc irq_thread
65 65 FF 50 S irq/56-4a100000 irq_thread
66 66 FF 50 S irq/57-4a100000 irq_thread
67 67 FF 50 S irq/58-4a100000 irq_thread
68 68 FF 50 S irq/59-4a100000 irq_thread
76 76 FF 50 S irq/88-OMAP UAR irq_thread
```

이 경우는 `linux-yocto-rt`를 실행하는 비글본으로, `gp_timer` 인터럽트만 스레드가 아니다. 타이머 인터럽트 핸들러는 인라인으로 실행되는 것이 보통이다.

> **NOTE**
>
> 인터럽트 스레드에는 모두 디폴트 SCHED_FIFO 정책과 50의 우선순위가 부여돼 있다. 그러나 디폴트 값으로 두는 것은 의미가 없다. 지금이 실시간 사용자 공간 스레드와 비교해 인터럽트의 중요도에 따라 우선순위를 지정할 수 있는 기회다.

다음은 내림차순으로 제안하는 스레드 우선순위의 순서다.

- POSIX 타이머 스레드인 posixcputmr은 항상 가장 높은 우선순위를 가져야 한다.

- 가장 높은 우선순위의 실시간 스레드와 관련된 하드웨어 인터럽트

- 가장 높은 우선순위의 실시간 스레드

- 점진적으로 우선순위가 낮은 실시간 스레드에 대한 하드웨어 인터럽트와 스레드 자체

- 다음으로 높은 우선순위의 실시간 스레드

- 비실시간 인터페이스를 위한 하드웨어 인터럽트

- 소프트 IRQ 데몬인 ksoftirqd는 RT 커널에서 지연된 인터럽트 루틴 실행을 담당하고, 리눅스 3.6 이전에는 네트워크 스택, 블록 I/O 계층, 기타 항목 실행을 담당

했다. 균형을 이루기 위해 다양한 우선순위 수준으로 실험해야 할 수도 있다.

다음과 같은 명령을 사용해 부팅 스크립트의 일부로 chrt 명령을 사용함으로써 우선순위를 변경할 수 있다.

```
# chrt -f -p 90 `pgrep irq/28-edma`
```

pgrep 명령은 procps 패키지의 일부다.

스레드 인터럽트 핸들러를 통해 실시간 리눅스 커널을 소개했으므로, 이제 구현을 더 자세히 살펴보자.

⠿ 선점 가능한 커널 잠금

대부분의 커널 잠금을 선점형으로 만드는 것은 PREEMPT_RT가 만드는 가장 거슬리는 변경이며, 이 코드는 주류 커널 외부에 남아 있다.

문제는 대부분의 커널 잠금에 사용되는 스핀 잠금spin lock에서 발생한다. 스핀 잠금은 경합 시 콘텍스트 전환이 필요치 않은 busy-wait 뮤텍스이므로, 잠금이 짧은 시간 동안 유지되는 한 매우 효율적이다. 이상적으로는 재스케줄링을 두 번 하는 데 걸리는 시간보다 짧은 시간 동안 잠가야 한다. 아래 그림은 동일한 스핀 잠금을 두고 경합하는 2개의 서로 다른 CPU에서 실행되는 스레드들을 보여준다. CPU 0이 먼저 얻고, 잠금이 해제될 때까지 CPU 1이 스핀하며 기다리도록 한다.

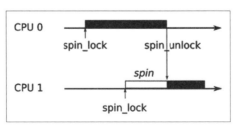

그림 21.3 스핀 잠금

스핀 잠금을 보유하고 있는 스레드는 선점될 수 없다. 그렇게 하면, 새 스레드가 동일한 스핀 잠금을 잠그려고 할 때 동일한 코드와 교착 상태(데드락)에 들어갈 수 있기 때문이다. 결과적으로, 주류 리눅스에서 스핀 잠금 시 커널 선점이 비활성화돼 아토믹 콘텍스트가 생성된다. 이는 스핀 잠금을 보유하는 낮은 우선순위 스레드가 높은 우선순위 스레드가 스케줄링되는 것을 막을 수 있음(우선순위 역전priority inversion)을 뜻한다.

> **NOTE**
>
> PREEMPT_RT가 채택한 솔루션은 거의 모든 스핀 잠금을 RT-뮤텍스로 교체하는 것이다. 뮤텍스는 스핀 잠금보다 느리지만 완전히 선점형이다. 또한 RT-뮤텍스는 우선순위 상속(priority inheritance)을 구현하므로 우선순위 역전에 취약하지 않다.

이제 PREEMPT_RT 패치에 무엇이 있는지 알았다. 그럼 패치를 어떻게 가져올 수 있을까?

PREEMPT_RT 패치 가져오기

RT 개발자는 관련된 이식 작업의 양 때문에 모든 커널 버전에 대해 패치 세트를 생성하지 않는다. 평균적으로는 두 번째 커널마다 패치를 만든다. 이 책을 쓰는 시점에 지원되는 최신 커널은 다음과 같다.

- 5.10-rt

- 5.9-rt

- 5.6-rt

- 5.4-rt

- 5.2-rt

- 5.0-rt

- 4.19-rt

- 4.18-rt

- 4.16-rt

- 4.14-rt

- 4.13-rt

- 4.11-rt

NOTE

패치는 웹 사이트(https://www.kernel.org/pub/linux/kernel/projects/rt)에서 구할 수 있다.

Yocto 프로젝트를 사용한다면, 커널의 rt 버전이 이미 있다. 그렇지 않으면, 커널을 가져온 곳에 이미 PREEMPT_RT 패치가 적용됐을 수 있다. 그렇지 않은 경우에는 패치를 직접 적용해야 한다. 먼저 PREEMPT_RT 패치 버전과 커널 버전이 정확히 일치하는지 확인한다. 그렇지 않으면 패치를 깔끔하게 적용할 수 없다. 이어서 다음 명령줄처럼 일반적인 방법으로 적용한다. 그런 다음, CONFIG_PREEMPT_RT_FULL을 사용해 커널을 구성할 수 있다.

```
$ cd linux-5.4.93
$ zcat patch-5.4.93-rt51.patch.gz | patch -p1
```

이전 문단에 문제가 있다. RT 패치는 호환되는 주류 커널을 사용하는 경우에만 적용된다. 임베디드 리눅스 커널의 특성 때문에 여러분의 커널은 아마도 그렇지 않을 것이다. 따라서 실패한 패치를 살펴보고 수정한 다음, 타깃에 대한 보드 지원을 분석하고 누락된 실시간 지원을 추가하는 데 시간을 할애해야 한다. 이들 세부 사항은 역시 이 책의 범위를 벗어난다. 무엇을 해야 할지 잘 모르겠다면, 사용 중인 커널 공급업체와 커널 개발자 포럼에 지원을 요청해야 한다.

Yocto 프로젝트와 PREEMPT_RT

Yocto 프로젝트는 2개의 표준 커널 레시피를 제공한다. linux-yocto와 실시간 패치가 이미 적용된 레시피다. Yocto 커널이 타깃을 지원한다고 가정하면, linux-yocto-rt를 선호하는 커널로 선택하고 conf/local.conf에 다음과 비슷한 줄을 추가해 시스템이 호환된다고 선언하면 된다.

```
PREFERRED_PROVIDER_virtual/kernel = "linux-yocto-rt"
COMPATIBLE_MACHINE_beaglebone = "beaglebone"
```

이제 실시간 리눅스 커널을 얻을 수 있는 곳을 알았으므로, 기어를 전환하고 타이밍에 대해 이야기해보자.

⠿ 고해상도 타이머

실시간 애플리케이션이 일반적으로 그렇듯이 정확한 타이밍 요구 사항이 있는 경우, 타이머 분해능timer resolution이 중요하다. 리눅스의 기본 타이머는 구성 가능한 속도로 실행되는 클럭이다. 일반적으로 임베디드 시스템의 경우 100Hz이고, 서버와 데스크톱의 경우 250Hz이다. 두 타이머 틱 사이의 간격은 '지피jiffy'로 알려져 있으며, 앞서 보여준 예에서 임베디드 SoC의 경우 10밀리초이고 서버의 경우 4밀리초다.

리눅스는 버전 2.6.18의 실시간 커널 프로젝트에서 더 정확한 타이머를 얻었고, 이제 고해상도 타이머 소스와 장치 드라이버가 있는 경우(거의 항상 그렇다) 모든 플랫폼에서 사용할 수 있다. CONFIG_HIGH_RES_TIMERS=y로 커널을 구성해야 한다.

이를 활성화하면, 모든 커널과 사용자 공간 클럭이 기본 하드웨어의 정밀도만큼 정확해진다. 실제 시계 정밀도를 찾기는 어렵다. 분명한 대답은 clock_getres(2)가 제공하는 값이지만, 항상 1나노초의 분해능을 주장한다. 이후 설명할 cyclictest 도구에는 시계가 보고한 시간을 분석해 해상도를 추측하는 옵션이 있다.

```
# cyclictest -R
# /dev/cpu_dma_latency set to 0us
WARN: reported clock resolution: 1 nsec
WARN: measured clock resolution approximately: 708 nsec
```

866

커널 로그 메시지에서 다음과 같은 문자열을 찾아볼 수도 있다.

```
# dmesg | grep clock
OMAP clockevent source: timer2 at 24000000 Hz
sched_clock: 32 bits at 24MHz, resolution 41ns, wraps every
178956969942ns
OMAP clocksource: timer1 at 24000000 Hz
Switched to clocksource timer1
```

두 가지 방법은 다소 다른 숫자를 제공한다. 이에 대한 설명이 잘되지는 않지만, 둘 다 1 마이크로초 미만이므로 만족한다.

고해상도 타이머는 충분한 정확도로 지연 시간의 변화를 측정할 수 있다. 이제 이러한 비결정성을 완화하는 몇 가지 방법을 살펴보자.

⁝⁞ 페이지 폴트 피하기

페이지 폴트는 애플리케이션이 실제 메모리에 커밋되지 않은 메모리를 읽거나 쓸 때 발생한다. 페이지 폴트가 발생할 시기를 예측하는 것은 불가능하므로(또는 매우 어려우므로), 컴퓨터에서 비결정성의 또 다른 원인이 된다.

다행히 프로세스에서 사용하는 모든 메모리를 커밋하고 페이지 폴트가 발생하지 않도록 잠그는 기능이 있다. mlockall(2)이다. 두 가지 플래그가 있는데 다음과 같다.

- MCL_CURRENT: 현재 매핑된 모든 페이지를 잠근다.

- MCL_FUTURE: 나중에 매핑되는 페이지를 잠근다.

일반적으로 애플리케이션을 시작하는 동안 현재와 미래의 모든 메모리 매핑을 잠그도록 설정된 두 플래그를 사용해 mlockall을 호출한다.

TIP

MCL_FUTURE는 malloc()/free()나 mmap()을 사용해 힙 메모리를 할당하거나 해제할 때 여전히 비결
정적 지연이 있다는 점에서 '마법'과도 같은 수단은 아니다. 이러한 작업은 메인 제어 루프에서가 아니
라 시작 시 수행하는 것이 가장 좋다.

스택에 할당된 메모리는 자동으로 수행되기 때문에 더 까다롭고, 스택을 이전보다 더 깊게 만드는 함수를 호출하면 더 많은 메모리 관리 지연이 발생한다. 이를 수정하는 간단한 방법은 스택을 시작할 때 필요하다고 생각하는 것보다 더 큰 크기로 늘리는 것이다. 코드는 다음과 같다.

```
#define MAX_STACK (512*1024)
static void stack_grow (void)
{
    char dummy[MAX_STACK];
    memset(dummy, 0, MAX_STACK);
    return;
}

int main(int argc, char* argv[])
{
    […]
    stack_grow ();
    mlockall(MCL_CURRENT | MCL_FUTURE);
    […]
```

stack_grow() 함수는 스택에 큰 변수를 할당한 다음 모두 0으로 써서, 메모리의 해당 페이지를 이 프로세스에 강제로 커밋하도록 한다.

인터럽트는 우리가 경계해야 하는 비결정성의 또 다른 원인이다.

⫸ 인터럽트 쉴딩

스레드 인터럽트 핸들러를 사용하면, 실시간 작업에 영향을 주지 않는 인터럽트 핸들러보다 높은 우선순위로 일부 스레드를 실행해 인터럽트 오버헤드를 완화하는 데 도움이

된다. 멀티코어 프로세서를 사용하는 경우 다른 접근 방식을 취할 수 있는데, 하나 이상의 코어를 인터럽트 처리로부터 완전히 분리해서 대신 실시간 작업 전용으로 사용할 수 있다. 이는 일반 리눅스 커널이나 PREEMPT_RT 커널 모두에서 작동한다.

이를 달성하려면 실시간 스레드를 하나의 CPU에 고정하고 인터럽트 핸들러를 다른 CPU에 고정해야 한다. taskset 명령줄 도구를 사용해 스레드 또는 프로세스의 CPU 선호도를 설정하거나 sched_setaffinity(2)와 pthread_setaffinity_np(3) 함수를 사용할 수 있다.

인터럽트 선호도를 설정하려면, 먼저 /proc/irq/〈IRQ 번호〉에 각 인터럽트 번호별로 서브디렉터리가 있다는 점에 유의하길 바란다. 그 안에는 smp_affinity의 CPU 마스크를 포함해 인터럽트에 대한 제어 파일이 있다. 해당 IRQ를 처리할 수 있는 각 CPU에 대해 비트 세트를 사용함으로써 해당 파일에 비트마스크를 쓴다.

스택 증가stack growing와 인터럽트 쉴딩interrupt shielding은 응답성을 향상시키는 멋진 기술이지만, 실제로 작동하는지 여부를 어떻게 알 수 있을까?

🢒 스케줄링 지연 측정하기

장치가 데드라인을 충족한다는 것을 보여줄 수 없다면, 구성과 튜닝이 가능하더라도 모두 무의미하다. 최종 테스트를 위해서는 자신만의 벤치마크가 필요하지만, 여기서는 cyclictest와 Ftrace라는 두 가지 중요한 측정 도구를 설명하겠다.

cyclictest

cyclictest는 토마스 글라익스너Thomas Gleixner가 맨 처음 작성했으며, 이제 rt-tests라는 패키지로 대부분의 플랫폼에서 사용할 수 있다. Yocto 프로젝트를 사용하는 경우, 다음과 같이 실시간 이미지 레시피를 빌드해 rt-test를 포함하는 타깃 이미지를 만들 수 있다.

```
$ bitbake core-image-rt
```

Buildroot를 사용하는 경우, `BR2_PACKAGE_RT_TESTS` 패키지를 **Target packages ➤ Debugging, profiling and benchmark ➤ rt-tests** 메뉴에 추가해야 한다.

cyclictest는 실제 수면^{sleeping} 시간과 요청된 시간을 비교해 스케줄링 지연 시간을 측정한다. 지연 시간이 없는 경우, 두 시간이 서로 같고 보고된 지연 시간은 0이 된다. cyclictest는 1마이크로초 미만의 타이머 해상도를 가정한다.

cyclictest에는 많은 수의 명령줄 옵션이 있다. 먼저 타깃에서 root로 다음 명령을 실행해보자.

```
# cyclictest -l 100000 -m -n -p 99
# /dev/cpu_dma_latency set to 0us
policy: fifo: loadavg: 1.14 1.06 1.00 1/49 320
T: 0 ( 320) P:99 I:1000 C: 100000 Min: 9 Act: 13 Avg: 15 Max:
134
```

사용된 옵션들은 다음과 같다.

- **-l N**: N번 반복한다(디폴트는 무제한).

- **-m**: mlockall로 메모리를 잠근다.

- **-n**: nanosleep(2) 대신 clock_nanosleep(2)를 사용한다.

- **-p N**: 실시간 우선순위 N을 사용한다.

결과 줄은 아래 내용을 보여준다. 왼쪽부터 오른쪽으로 읽어보자.

- **T: 0**: 이것은 이번 실행의 유일한 스레드인 스레드 0이다. -t 인자를 사용해 스레드 수를 설정할 수 있다.

- **(320)**: PID 320이다.

- **P:99**: 우선순위는 99이다.

- **I:1000**: 루프 간 간격이 1,000마이크로초다. -i N 매개변수를 사용해 간격을 설정할 수 있다.

- **C:100000**: 이 스레드의 최종 루프 수는 100,000이다.

- **Min: 9**: 최소 지연 시간은 9마이크로초다.

- **Act:13**: 실제 지연 시간^{actual latency}은 13마이크로초다. 실제 지연 시간은 가장 최근의 지연 시간 측정값이며, 실행되는 cyclictest를 보고 있는 경우에만 의미가 있다.

- **Avg: 15**: 평균 지연 시간은 15마이크로초다.

- **Max:134**: 최대 지연 시간은 134마이크로초다.

위 결과는 툴의 빠른 데모를 위한 것으로, 수정되지 않은 linux-yocto 커널을 실행하는 유휴^{idle} 시스템에서 얻은 것이다. 실제로 사용하려면, 예상한 최대 부하로 실행하면서 24시간 이상 테스트를 실행해야 한다.

cyclictest에서 생성된 숫자 중 최대 지연 시간이 가장 흥미롭지만, 값의 분산에 대한 아이디어를 얻는 것이 좋다. -h <N>을 추가하면, 최대 N마이크로초 지연된 샘플의 히스토그램을 얻고 분산에 대한 아이디어를 얻을 수 있다. 이 기술을 사용해, 핑 공격^{flood ping}으로 이더넷 트래픽에 부하가 걸리게 하면서 세 가지 종류의 커널(선점 없음, 표준 선점, RT 선점)을 실행하는 동일한 타깃 보드에 대한 3개의 트레이스^{trace}를 얻었다. 명령줄은 다음과 같다.

```
# cyclictest -p 99 -m -n -l 100000 -q -h 500 > cyclictest.data
```

그런 다음, gnuplot을 사용해 아래와 같은 3개의 그래프를 만들었다. 코드 아카이브의 MELP/Chapter21/plot에 데이터 파일과 gnuplot 명령 스크립트가 있으니 궁금한 점이 있으면 확인해보길 바란다.

다음은 선점이 없는 경우의 출력이다.

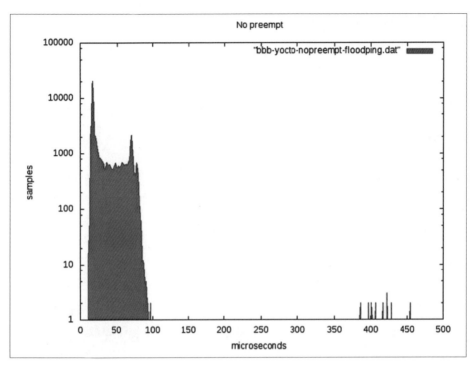

그림 21.4 선점 없음

선점이 없으면, 대부분의 샘플이 데드라인인 100마이크로초 이내에 있다. 하지만 최대 500마이크로초까지 이상값[outlier]이 있으며, 이는 거의 예상한 대로다.

다음은 표준 선점의 경우다.

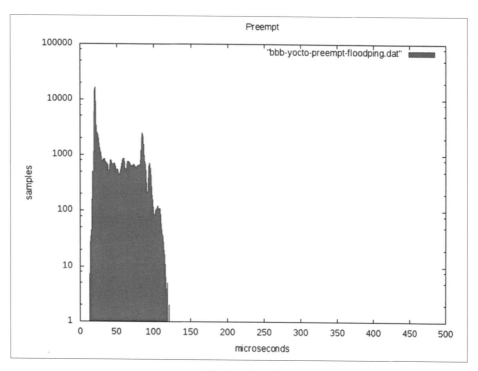

그림 21.5 표준 선점

선점을 사용하면 샘플이 하단에 분산되지만, 120마이크로초를 초과하는 것은 없다.

다음은 RT 선점으로 생성된 출력이다.

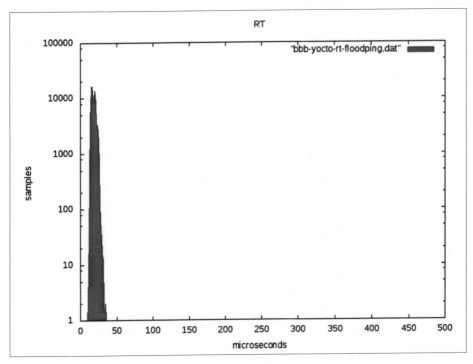

그림 21.6 RT 선점

RT 커널은 확실한 승자다. 모든 것이 20마이크로초 주위에 촘촘하게 몰려 있고, 35마이크로초 이후에는 아무것도 없기 때문이다.

cyclictest는 스케줄링 지연 시간을 위한 표준 척도다. 그러나 커널 지연 시간과 관련된 특정 문제를 식별하고 해결하는 데는 도움이 되지 않는다. 그러려면 Ftrace가 필요하다.

Ftrace

커널 함수 추적기^{kernel function tracer}에는 커널 지연 시간을 추적하는 데 도움이 되는 추적기가 있다. 이 추적기는 실행 중에 감지된 최악의 지연 시간에 대한 트레이스를 캡처해서 지연을 일으킨 함수를 보여준다.

커널 구성 매개변수와 함께 관심 있는 추적기는 다음과 같다.

- **irqsoff**: CONFIG_IRQSOFF_TRACER는 인터럽트를 비활성화하는 코드를 추적해 최악의 경우를 기록한다.

- **preemptoff**: CONFIG_PREEMPT_TRACER는 irqsoff와 유사하지만, 커널 선점이 비활성화된 가장 긴 시간을 추적한다(선점형 커널에서만 사용 가능).

- **preemptirqsoff**: 이전 두 트레이스를 결합해 irq와 선점이 비활성화된 가장 긴 시간을 기록한다.

- **wakeup**: 깨어난 후 가장 높은 우선순위 작업이 스케줄링되는 데 걸리는 최대 지연 시간을 추적하고 기록한다.

- **wakeup_rt**: wakeup과 동일하지만 SCHED_FIFO나 SCHED_RR, SCHED_DEADLINE 정책을 사용하는 실시간 스레드에만 해당한다.

- **wakeup_dl**: 동일하지만 SCHED_DEADLINE 정책으로 데드라인 스케줄링된 스레드에만 해당한다.

Ftrace를 실행하면 새로운 최댓값을 캡처할 때마다 수십 밀리초 정도의 많은 지연 시간이 추가된다. Ftrace 자체는 추가된 시간을 무시할 수 있지만, cyclictest와 같은 사용자 공간 추적 프로그램의 결과는 왜곡된다. 즉, 트레이스를 캡처하는 동안 실행된 cyclictest의 결과는 무시해야 한다.

추적기를 선택하는 것은 20장, '프로파일링과 추적'에서 살펴본 함수 추적기와 동일하다. 다음은 60초 동안 선점을 비활성화한 상태에서 최대 기간 동안 트레이스를 캡처하는 예다.

```
# echo preemptoff > /sys/kernel/debug/tracing/current_tracer
# echo 0 > /sys/kernel/debug/tracing/tracing_max_latency
# echo 1 > /sys/kernel/debug/tracing/tracing_on
# sleep 60
# echo 0 > /sys/kernel/debug/tracing/tracing_on
```

기록된 트레이스는 (많이 편집됐지만) 다음과 같다.

```
# cat /sys/kernel/debug/tracing/trace
# tracer: preemptoff
#
# preemptoff latency trace v1.1.5 on 3.14.19-yocto-standard
# --------------------------------------------------------------
# latency: 1160 us, #384/384, CPU#0 | (M:preempt VP:0, KP:0,
SP:0 HP:0)
# -----------------
# | task: init-1 (uid:0 nice:0 policy:0 rt_prio:0)
# -----------------
# => started at: ip_finish_output
# => ended at: __local_bh_enable_ip
#
#
#        _------=> CPU#
#       / _-----=> irqs-off
#      | / _----=> need-resched
#      || / _---=> hardirq/softirq
#      ||| / _--=> preempt-depth
#      |||| / delay
# cmd pid ||||| time | caller
# \ / |||||| \ | /
init-1 0..s. 1us+: ip_finish_output
init-1 0d.s2 27us+: preempt_count_add <-cpdma_chan_submit
init-1 0d.s3 30us+: preempt_count_add <-cpdma_chan_submit
init-1 0d.s4 37us+: preempt_count_sub <-cpdma_chan_submit
[…]
init-1 0d.s2 1152us+: preempt_count_sub <-__local_bh_enable
init-1 0d..2 1155us+: preempt_count_sub <-__local_bh_enable_ip
init-1 0d..1 1158us+: __local_bh_enable_ip
init-1 0d..1 1162us!: trace_preempt_on <-__local_bh_enable_ip
init-1 0d..1 1340us : <stack trace>
```

여기서 추적을 실행하는 동안 커널 선점이 비활성화된 가장 긴 기간이 1160마이크로초임을 알 수 있다. 이 간단한 사실은 /sys/kernel/debug/tracing/tracing_max_latency를 읽으면 알 수 있지만, 위의 트레이스는 더 나아가 해당 측정으로 이어진 커널 함수 호출 시퀀스를 제공한다. delay로 표시된 열은 1162us에 trace_preempt_on() 호출로 끝나는 각 함수가 호출된 추적 지점을 보여준다. 이 지점에서 커널 선점이 다시 한 번 활성화된다. 이 정보를 사용해 호출 체인^{call chain}을 뒤돌아보고 이것이 문제인지 여부를 (바라건대)

알아낼 수 있다.

언급된 다른 추적기들도 같은 방식으로 작동한다.

cyclictest와 Ftrace를 함께 사용하기

cyclictest가 예기치 않게 긴 지연 시간을 보고하는 경우, breaktrace 옵션을 사용해 프로그램을 중단하고 Ftrace를 트리거해 추가 정보를 얻을 수 있다.

-b<N>이나 --breaktrace=<N>을 사용해 breaktrace를 호출한다. 여기서 N은 추적을 트리거할 지연 시간의 마이크로초 수다. -T[tracer name]이나 다음 중 하나를 사용해 Ftrace 추적기를 선택한다.

- -C: 콘텍스트 전환

- -E: 이벤트

- -f: 함수

- -w: 웨이크업wakeup

- -W: 웨이크업-RTwakeup-RT

예를 들어, 다음은 100마이크로초 이상의 지연 시간이 측정될 때 Ftrace 함수 추적기를 트리거한다.

```
# cyclictest -a -t -n -p99 -f -b100
```

지금까지 지연 문제 디버깅을 위한 두 가지 보완 도구를 살펴봤다. cyclictest는 일시 중지를 감지하고 Ftrace는 세부 정보를 제공한다.

⁍ 요약

'실시간real-time'이라는 용어는 데드라인과 허용 가능한 실패율로 자격을 갖추지 않는 한 의미가 없다. 이 두 가지 정보가 있으면 리눅스가 운영체제로서 적합한 후보인지 여부를 결정할 수 있으며, 그렇다면 요구 사항을 충족하도록 시스템 조정을 시작할 수 있다. 실시간 이벤트를 처리하도록 리눅스와 애플리케이션을 조정한다는 것은 실시간 스레드가 데드라인을 안정적으로 맞출 수 있도록 좀 더 결정적으로 만든다는 뜻이다. 결정성은 일반적으로 총처리량을 희생해야 하므로, 실시간 시스템은 비실시간 시스템만큼 많은 데이터를 처리할 수 없다.

리눅스 같은 복잡한 운영체제가 항상 주어진 기한을 준수한다는 수학적 증거를 제공하는 것은 불가능하다. 따라서 유일한 방법은 cyclictest와 Ftrace 같은 도구를 사용하고, 더 중요하게는 여러분의 애플리케이션을 위한 자신의 벤치마크를 사용하는 광범위한 테스트를 통하는 것이다.

결정성을 향상시키려면 애플리케이션과 커널을 모두 고려해야 한다. 실시간 애플리케이션을 작성할 때는 21장에서 제공하는 스케줄링, 잠금, 메모리에 대한 지침을 따라야 한다.

커널은 시스템의 결정성에 큰 영향을 미친다. 고맙게도 수년 동안 이에 대한 많은 작업이 있었다. 커널 선점 활성화는 좋은 첫 단계다. 그렇게 해도 원하는 것보다 더 자주 데드라인을 놓치고 있는 경우라면, PREEMPT_RT 커널 패치를 고려할 수 있다. 확실히 지연을 줄일 수 있는 수단이지만, 아직 주류에 속하지 않는다는 사실은 특정 보드 공급업체의 커널과 통합하는 데 문제가 있을 수 있음을 뜻한다. 그 대신(또는 추가로), Ftrace나 유사한 도구를 사용해 지연의 원인을 찾는 연습을 시작해야 할 수도 있다.

이것으로 임베디드 리눅스에 대한 설명을 마치겠다. 임베디드 시스템 엔지니어가 되려면, 하드웨어의 낮은 수준에 대한 지식과 커널이 하드웨어와 상호작용하는 방법을 포함해 매우 광범위한 기술이 필요하다. 여러분은 사용자 애플리케이션을 구성하고 효율적인 방식으로 작동하도록 조정할 수 있는 우수한 시스템 엔지니어가 돼야 한다. 종종 이 모든 작업은 작업을 간신히 수행할 수 있는 하드웨어로 수행돼야 한다. 이는 '엔지니어는 다른 사람이 2달러로 할 수 있는 일을 1달러로 할 수 있다'라는 말로 간단히 요약할 수 있다. 이 책을 읽는 동안 내가 제시한 정보를 통해 이와 같은 목표를 성취할 수 있길 바란다.

⫸ 추가 자료

21장에서 소개된 주제에 대한 추가 정보는 다음 자료를 참고하길 바란다.

- 『Hard Real-Time Computing Systems: Predictable Scheduling Algorithms and Applications』(Springer, 2011), 조르지오 버타조 Giorgio Buttazzo

- 『멀티코어 애플리케이션 프로그래밍』(한빛미디어, 2012), 대릴 고브 Darryl Gove

찾아보기

임베디드 리눅스 프로그래밍 완전정복 3/e

3판 발행 | 2024년 1월 2일

옮긴이 | 김 기 주 · 김 병 극 · 송 지 연
지은이 | 프랭크 바스케즈 · 크리스 시먼즈

펴낸이 | 권 성 준
편집장 | 황 영 주
편 집 | 김 진 아
　　　　　임 지 원
디자인 | 윤 서 빈

에이콘출판주식회사
서울특별시 양천구 국회대로 287 (목동)
전화 02-2653-7600, 팩스 02-2653-0433
www.acornpub.co.kr / editor@acornpub.co.kr

한국어판 ⓒ 에이콘출판주식회사, 2024, Printed in Korea.
ISBN 979-11-6175-800-8
http://www.acornpub.co.kr/book/embedded-linux-3e

책값은 뒤표지에 있습니다.